Horizons lointains

Horizons lointains

Une anthologie présentée par
Robert Silverberg

millénaires

Titre original :
FAR HORIZONS

Avon Books, Inc., N.Y.

ISBN 2-290-30485-9

SOMMAIRE

INTRODUCTION

Les meilleures idées de la science-fiction sont celles, grandioses, qui ne se sont jamais entièrement présentées à quiconque auparavant, et les écrivains chez qui de telles idées surgissent très fréquemment peuvent les réutiliser une, deux, trois, quatre, voire cinq fois d'affilée. Et ainsi, l'une des splendeurs de la science-fiction moderne a été l'étendue des séries dans lesquelles l'écrivain creuse de plus en plus profondément son concept original et, ce faisant, découvre de nouvelles richesses chaque fois.

Bien entendu, je ne parle pas ici de cette sorte de séries que James Blish appelait, il y a fort longtemps, une série « rayonnante » – dans laquelle l'écrivain, ayant mis au premier plan une idée commode ainsi qu'une structure appropriée pour la rendre dramatique, la répète et la reprend inlassablement, la refondant parfois en d'innombrables versions. Ce qui n'est pas nécessairement répréhensible en soi – la série des *Sherlock Holmes*, par exemple, est une série qui a incontestablement procuré un plaisir inouï aux lecteurs pendant plus d'un siècle, et la ressemblance fondamentale d'un épisode à l'autre, qui s'appuie invariablement sur la relation Holmes/Watson, constitue la raison essentielle d'une telle délectation. Mais dans les histoires de Sherlock Holmes, nous ne trouvons pas cette perspicacité croissante dans les problèmes de résolution des crimes de l'Angleterre victorienne, ou dans la personnalité somme toute curieuse de Sherlock Holmes. C'est par un processus d'« imitation de soi » qu'elle s'étend, non par un processus évolutif, comme de nombreux magazines superficiels d'une époque lointaine l'ont fait et la façon dont la majorité des programmes télévisés le font de nos jours. La plupart des feuilletons que le *Saturday Evening Post* a publiés de manière si féconde, il y a cinquante ans, sont oubliés aujourd'hui, comme le sont également les shows télévisés de l'avant-dernière saison; il revient au génie supérieur de Conan Doyle d'avoir gardé les histoires de Holmes vivantes en dépit de la nature formelle qui les sous-tend.

Nous avons également eu maintes et maintes sagas en science-fiction, depuis Tom Swift dans les années 1910, en passant par les aventures martiennes de John Carter, le héros créé par Edgar Rice Burroughs dans les années 1920, les récits du Captain Future une vingtaine d'années plus tard, sans oublier tous ces nombreux volumes à tendance commerciale qui inondent les librairies aujourd'hui. Quelques-uns d'entre eux sont certes amusants, à leur manière, bien que leur contenu se réduise en définitive à un remplissage d'âneries, où une idée des plus dérisoires se dilate de manière froissée et bouffie à l'intérieur de trois gros volumes (ou plus), et qui se satisfont de contraindre les lecteurs à tourner autour du même petit concept débile pendant des centaines de milliers de mots. (Nous avons aussi les innombrables novélisations de *Star Trek* et de *Star Wars*, dont la plupart racontent des histoires pleines d'entrain et divertissantes, mais qui, à dessein et en raison d'un décret sévère des maisons d'édition, ne font rien pour faire avancer le concept qui dirige ces séries.

Cependant, il existe d'autres sagas de S.-F., de celles qui guident le lecteur à travers une montée en puissance d'un concept de départ et qui – parfois – confèrent une profondeur nouvelle aux personnages. Et c'est à partir de ce genre de séries que le présent ouvrage a été conçu.

Quiconque possède un minimum de culture S.-F. peut citer nombre de ces sagas sans avoir à réfléchir trop longtemps. E.E. Smith, pionnier en matière de S.-F., a ainsi sévi à au moins deux reprises en publiant, dans les années 1920 et 1930, les romans qui composent le cycle *Skylark*, puis ceux de la saga *Lensman*, modèle du *space opera*, transposition dans l'espace de la littérature d'aventures et de conquêtes des terres vierges.

Dans les années 1940 et 1950, Robert A. Heinlein a réuni nombre de récits et de romans en une gigantesque fresque, *L'Histoire du futur*. Poul Anderson s'est lancé dans une entreprise similaire deux décennies plus tard. A.E. Van Vogt a écrit deux éblouissants et ahurissants romans mettant en scène Gilbert Gosseyn et les divers protagonistes du monde du Non-A (je ne parle pas du troisième avatar, nettement moins éblouissant, publié plusieurs décennies plus tard).

Le cycle *Fondation* d'Isaac Asimov, comprenant la trilogie d'origine ainsi que les divers épisodes ultérieurs, plonge au cœur du concept de «psycho-histoire» développé par l'auteur; et à mesure que le cycle se prolongeait, Asimov y reliait son autre œuvre majeure, le cycle des *Robots*. Les mémorables histoires de Henry Kuttner, regroupées sous le titre générique *Mutant*, en constituaient de merveilleuses réinterprétations sous une forme plus brève. Tout comme l'étaient les incontournables *Chroniques martiennes* de Ray Bradbury...

La liste pourrait ainsi s'allonger à l'infini, si l'on faisait notamment apparaître les noms de Blish, Simak, Clarke, Herbert, Leiber, Cordwainer Smith et autres héros explorateurs du Temps et de l'Espace.

Malgré toutes les trilogies besogneuses et les innombrables séries à rallonge qui inondent les tables des libraires, de nombreux livres splendides continuent d'être publiés, constituant ainsi de grandes sagas dont chaque nouvel épisode enrichit toujours plus le matériau originel. L'objectif que je me suis fixé avec *Horizons lointains* a consisté à réunir les meilleurs bâtisseurs d'univers contemporains, en leur demandant d'écrire une histoire courte ou une nouvelle qui explore quelque aspect de leurs mondes qu'ils n'avaient pas eu le loisir d'exploiter dans leurs romans.

Bien sûr, de grands noms manquent à l'appel. J'aurais volontiers inclus un nouvel avatar du cycle *Fondation*, ou encore un court extrait de *L'Histoire du futur* de Heinlein, ou une nouvelle incursion vers la planète Arrakis chère à Frank Herbert. Mais aucune anthologie ne peut se targuer d'être exhaustive, et encore moins parfaite. En outre, deux des auteurs toujours vivants que j'ai directement contactés m'ont rétorqué qu'ils avaient déjà épuisé les sujets qu'ils avaient traités. Honnêteté à laquelle je ne pouvais que rendre hommage, même si je regrette profondément leurs refus.

Mais ceux qui ont répondu présents ont permis de faire de ce recueil un impressionnant tour d'horizon de ce que la science-fiction de la fin du XXe siècle peut offrir. Je leur suis donc particulièrement reconnaissant d'avoir accepté de renouer avec leurs univers de prédilection et d'avoir fait revivre les personnages qui ont donné tant de plaisir aux lecteurs au cours de ces deux dernières décennies.

Tout concept S.-F., comme nous l'avons sans cesse appris, est, par définition, inépuisable – tout comme l'est l'Infini –, et ses meilleurs représentants ici réunis sont là pour nous le prouver une fois de plus. Pour notre plus grand plaisir à tous.

Robert SILVERBERG,
mai 1998

Les Ekumen

Ursula K. Le Guin

La plupart de mes récits de science-fiction sont nécessairement axés autour d'un cadre historique futuriste. Comme cette vision s'étend au petit bonheur tout au long des livres et des histoires, elle embrasse quelques inconséquences, mais le plan général est le suivant : le peuple d'un monde appelé Hain colonisa dans sa totalité la constellation d'Orion, il y a plus d'un million d'années. Toutes les espèces *hominides* rencontrées jusque-là sont les descendants colons Hainish (souvent conçus génétiquement pour cadrer les colonies de la planète ou pour d'autres raisons).

Après cette Expansion, les Hainish se sont retirés de Hain pour des centaines de millénaires, laissant leur vaste progéniture à l'abandon.

Quand le peuple de la Terre commença à explorer l'espace aux alentours, utilisant des vaisseaux qui se déplacent à une vitesse proche de celle de la lumière, ainsi que l'appareil de communication instantanée appelé l'ansible, ils ont rencontré les Hainish qui se dispersent encore aujourd'hui afin de retrouver les leurs. Une Ligue des Mondes fut instaurée (on peut se reporter aux romans *Le Monde de Rocannon, Planète d'exil, La Cité des illusions*). Celle-ci s'est étendue et a mûri au sein d'une association égalitaire des Mondes et des Peuples appelée les Ekumen, administrée depuis Hain par les Stabiles, alors que les Mobiles s'en allèrent explorer des mondes inconnus, rencontrer des gens nouveaux, et servir les Mondes membres en tant qu'envoyés et ambassadeurs.

Les romans « Ekuméniques » sont : *La Main gauche de la nuit, Le nom du monde est forêt*, et *Les Dépossédés*. En fait, la plupart de mes récits concernent le cycle des *Ekumen*.

Dans *Four Ways to Forgiveness* apparaissent les planètes Werel et Yeowe. Sur Werel, il y a trois mille cinq cents ans, un peuple agressif à la peau noire domina les races pâles du Nord et fonda une société et une économie d'esclaves, dirigée par les peaux noires. Le premier contact des Werelians xénophobes avec les Ekumen leur fit peur en raison d'un développement rapide des armes et des vaisseaux spatiaux et de la colonisation accidentelle de Yeowe, la planète proche de leur soleil, dont ils tiraient parti grâce à l'exploitation féroce des esclaves. Bientôt, après que Werel eut finalement admis les diplomates des Ekumen, une grande rébellion des esclaves surgit sur Yeowe. Après trente ans de guerre, Yeowe gagna son indépendance de Voe Deo, la nation dominante sur Werel. La société Voe Dean fut déstabilisée par le goupe de libération Yeowan, et grâce aux nouvelles perspectives offertes par les Ekumen. En quelques années, le soulèvement de la nation Voe Deo par les esclaves opposa « propriétaires » et « biens » dans une guerre civile impressionnante. L'histoire présente se situe tard dans cette guerre.

Ursula K. LE GUIN

OLD MUSIC ET LES FEMMES ESCLAVES

Ursula K. Le Guin

Le Commandant en chef de l'Intelligence Service de l'Ambassade Ekuménique de Werel, un homme qui dans son monde natal s'appelait Sohikelwenyanmurkeres Esdan, et qui à Voe Deo était connu sous le sobriquet d'Esdardon Aya ou encore Old Music, en avait marre. Il avait fallu trois ans et une guerre civile pour qu'il en ait marre, mais il en était arrivé au point où dans ses rapports aux Stabiles sur Hain via l'ansible il s'identifiait lui-même comme le Commandant en chef du *Service de la Stupidité*.

Il avait néanmoins réussi à conserver quelques liens clandestins avec des amis dans la Ville Libre, même après le blocus de l'Ambassade prononcé par le Gouvernement Légitime, interdisant que toute information ou personne n'y entre ou bien n'en sorte. Au cours du troisième été de la guerre, il avait présenté une requête auprès de l'Ambassadeur. Privé de tout moyen de communication fiable avec l'Ambassade, le Commandement de Libération lui avait demandé (comment ? demanda l'Ambassadeur ; par l'intermédiaire de l'un des livreurs chargés de l'alimentation, expliqua-t-il) si l'Ambassade accepterait de laisser un ou deux de ses hommes franchir les lignes armées pour venir leur parler, être vu avec eux, apporter la preuve que, malgré la propagande et la désinformation, et quand bien même l'Ambassade était paralysée à Jit City, son personnel ne soutenait en aucun cas les Légitimes, mais restait neutre et était disposé à traiter avec qui de droit dans les deux camps.

– Jit City ? dit l'Ambassadeur. Passons. Mais comment faites-vous pour vous y rendre ?

– C'est toujours le problème avec Utopia, dit Esdan. Eh bien, je peux passer avec des verres de contact, en espérant que personne ne regardera mes yeux de trop près. Le plus délicat sera de traverser la Ligne de Démarcation.

La majeure partie de la grande ville était encore physiquement sur pied, les bâtiments publics, les usines, les entrepôts, l'université, les monuments: le Grand Palais de Tual, la Rue du Théâtre, le Vieux Marché avec ses superbes espaces de démonstration et la vaste Salle des Enchères, désaffectés depuis que les ventes et les locations d'asservis avaient été transférées à la Bourse électronique; les rues innombrables, les avenues, les boulevards, les parcs en terre battue à l'ombre des beya aux fleurs pourpres, les kilomètres et les kilomètres de magasins, de fabriques, de chemins, de gares, d'immeubles, de maisons, de propriétés, de quartiers, les proches banlieues, les lointaines banlieues. L'essentiel était encore là, l'essentiel de ses quinze millions d'habitants y habitaient encore, mais sa profonde complexité avait disparu. Plus de communications. Plus d'interactions. Un cerveau après une attaque d'apoplexie.

Le coup le plus grave avait été brutal, un coup de hache en plein système nerveux central, un no man's land d'un kilomètre de large, bâtiments soufflés, rues bloquées, décombres, gravats. À l'est de la Ligne de Démarcation c'était le territoire des Légitimes: le centre-ville, les bureaux publics, les ambassades, les banques, les tours de communications, l'université, les grands parcs, les beaux quartiers, les routes qui allaient à l'arsenal, aux baraquements, aux aéroports et à la base aérospatiale. À l'ouest de la Ligne de Démarcation, c'étaient la Ville Libre, le Secteur des Poussiéreux, le territoire de la Libération: des usines, les locaux syndicaux, les quartiers des gens à louer, d'anciens quartiers résidentiels *gareot*, des kilomètres et des kilomètres de petites rues qui allaient finalement se perdre dans la plaine. Transperçant les deux zones, les grandes autoroutes est-ouest, vides.

Ceux de la Libération le firent sortir en douce de l'Ambassade et lui firent franchir presque avec succès la Ligne de Démarcation. Lui et eux avaient une grande expérience en la matière, à l'époque, lorsqu'il s'agissait de faire passer clandestinement certains asservis pour les conduire à Yeowe, jusqu'à la liberté. Il nota avec intérêt que cette fois-ci il était le clandestin et non pas le contrebandier; c'était plus effrayant mais moins difficile car il n'était pas responsable, il était le paquet et non le facteur. Mais à un moment donné, il y avait eu une connexion défectueuse.

Ils s'étaient rendus à pied à l'intérieur de la Ligne de Démarcation, avaient parcouru la moitié du chemin, et s'étaient arrêtés à un petit camion abandonné sur ses jantes, sous un immeuble dont il ne restait plus que les murs. Un type au volant, derrière le pare-brise fissuré, lui avait adressé un sourire. Le passeur lui avait fait signe de monter à l'arrière. Le camion démarra comme un chat sauvage, suivit un drôle d'itinéraire, zigzagua entre les ruines. Ils étaient quasiment arrivés de l'autre côté, franchissaient cahin-caha les décombres de ce qui avait dû être une rue ou bien une place de marché, au moment où le camion prit un virage, s'arrêta, il y eut des cris, des coups de feu, l'arrière du van fut ouvert violemment et des hommes se ruèrent sur lui. « Doucement, dit-il, allez-y doucement », car ils n'y allaient pas de main morte, ils le tirèrent du véhicule en lui remontant le bras dans le dos. Ils lui enlevèrent son manteau, le jetèrent au sol et le fouillèrent pour voir s'il était armé, puis le conduisirent de force jusqu'à la voiture qui se trouvait à côté du camion. Il essaya de regarder si son conducteur était mort, mais ne put regarder autour de lui, déjà on le poussait à l'intérieur de la voiture.

C'était un vieux carrosse rouge foncé, large et long, prévu pour les défilés, jadis utilisé pour emmener au Conseil les grands propriétaires immobiliers et aller chercher des ambassadeurs à la base aérospatiale. Il y avait moyen de tirer un rideau dans la partie principale de l'habitacle, de manière à séparer les passagers des passagères, et le compartiment du chauffeur était hermétiquement isolé pour que les passagers n'inspirent pas de l'air ayant été expiré par un esclave.

Un des hommes lui avait tenu le bras retourné dans le dos jusqu'à le faire rentrer tête la première dans le véhicule, et tout ce qui lui était venu à l'esprit quand il s'était retrouvé assis entre deux hommes, et face à trois autres, fut : *Je me fais trop vieux pour ça.*

Il se tint tranquille, laissa la douleur et la peur décroître, mais il n'était pas encore prêt à se frotter l'épaule qui lui faisait terriblement mal, il s'efforça de ne pas regarder les visages, ni de manière trop évidente les rues. Deux coups d'œil lui suffirent pour savoir qu'ils passaient Rei Street et roulaient vers l'est, ils quittaient la ville. C'est alors qu'il se rendit compte qu'il avait espéré qu'on le ramènerait à l'Ambassade. Quel naïf.

Ils avaient les rues à eux, à l'exception des regards effarouchés que lançaient les piétons sur leur passage. Ils étaient à présent sur un large boulevard, ils roulaient à grande vitesse, toujours vers l'est. Quand bien même il était dans une sale posture, il ne put s'empêcher d'éprouver une certaine ivresse à être hors de l'Ambassade, au grand air, dehors, roulant à tombeau ouvert.

Il leva très lentement la main et se massa l'épaule. Puis, en évitant tout geste brusque, il regarda les hommes à ses côtés et devant lui. Ils avaient tous la peau mate, deux étaient noir ébène. Les deux qui se trouvaient devant lui étaient jeunes. Vigoureux, le visage impassible. Le troisième était un veot de troisième rang, un oga. Il arborait le visage calme et inexpressif caractéristique de ceux de sa caste. Esdan l'observa, leurs regards se croisèrent. Ils détournèrent tous deux instantanément le regard.

Esdan aimait bien les veots. Pour lui, les soldats autant que les propriétaires d'esclaves faisaient partie du vieux Voe Deo, c'étaient les membres d'une espèce condamnée. Les hommes d'affaires et les bureaucrates survivraient et prospéreraient à la Libération, et ils trouveraient toujours des soldats pour accepter de combattre pour eux, mais ce ne serait pas le cas de la caste des militaires. Leur code de la loyauté, de l'honneur et de l'austérité ressemblait trop à celui de leurs esclaves, esclaves avec qui ils partageaient la même idolâtrie de Kamye, la Fine Lame, le Serf. Combien de temps ce mysticisme de la souffrance survivrait-il après la Libération ? Les veots étaient les vestiges intransigeants d'un ordre intolérable. Il leur avait toujours fait confiance, et cette confiance avait rarement été déçue.

L'oga était très noir, très beau, comme Teyeo, un veot qu'Esdan avait tout particulièrement apprécié. Il avait quitté Werel bien avant la guerre, pour Terra et Hain, avec sa femme, qui serait un de ces jours une Mobile de l'Ekumen. D'ici quelques siècles. Longtemps après la fin de la guerre, longtemps après la mort d'Esdan. À moins qu'il ne choisisse de les suivre et ne rentre au pays.

Vaines pensées. Car en pleine révolution, on ne choisit pas. On est emporté, une goutte d'eau en plein déluge, une étincelle dans un feu de joie, un homme sans armes dans une voiture avec sept hommes armés roulant à toute blinde sur la large Voie à Grande Circulation déserte... Ils quittaient la ville. En direction des Provinces de l'Est. Le Gouvernement Légitime de Voe Deo se réduisait à présent à la moitié de la capitale et à deux provinces, où sept personnes sur huit étaient ce que la huitième personne, le « possédant », appelait des « asservis ».

Les deux hommes à l'avant discutaient, mais derrière, dans le compartiment des possédants, on ne pouvait pas les entendre. L'homme à la tête ronde, assis à droite d'Esdan, murmura une question à l'intention du oga devant lui. Celui-ci hocha la tête.

– Oga, dit Esdan.

Le regard inexpressif du veot croisa le sien.

– J'ai besoin de pisser.

L'homme ne broncha pas et regarda ailleurs. Ni l'un ni l'autre n'ajoutèrent quoi que ce soit pendant un certain temps. Ils arrivaient sur un tronçon en mauvais état de l'autoroute, qui avait été endommagé au cours du premier été de l'Insurrection, et n'avait, depuis, tout simplement pas été remis en état. Les chocs et les secousses étaient difficiles à supporter pour la vessie d'Esdan.

– Laissons donc le connard d'œil blanc se pisser dessus, dit un des deux jeunes devant lui à l'autre, qui sourit franchement.

Esdan envisagea différentes manières de réagir, réponse joviale, plaisanterie, pas agressive, pas provocante, mais se tut. Ces deux-là attendaient la première occasion. Il ferma les yeux et essaya de se détendre, de prendre conscience de sa douleur à l'épaule, de sa douleur à la vessie, de rester conscient tout court.

L'homme à sa gauche, qu'il ne pouvait pas voir distinctement, prit la parole :

– Chauffeur. Arrête-toi là.

Il avait parlé dans l'hygiaphone. Le chauffeur opina. La voiture ralentit, quitta la route, les secousses furent terribles. Ils descendirent tous. Esdan vit que l'homme à sa gauche était aussi un veot, de second rang, un zadyo. Un des jeunes attrapa Esdan par le bras au moment où il sortait, un autre lui enfonça un pistolet dans le foie. Les autres se tinrent sur le bas-côté poussiéreux et pissèrent dans la poussière, sur le gravier, sur les racines des broussailles. Esdan réussit à ouvrir sa braguette, mais ses jambes étaient si percluses de crampes et tremblaient tellement qu'il put à peine se tenir debout. Le jeune en armes avait fait le tour et se trouvait à présent juste devant lui, le flingue braqué sur son pénis. Il y avait un nœud douloureux quelque part entre sa vessie et sa bite.

– Reculez un peu, dit-il d'une voix plaintive et irritée. Je ne veux pas mouiller vos chaussures.

Au lieu de ça, le jeune avança d'un pas, jusqu'à ce que le pistolet touche l'aine d'Esdan.

Le zadyo fit un petit geste. Le jeune recula d'un pas. Esdan frissonna et se mit soudain à pisser une fontaine. Il était content, malgré la douleur, de voir qu'il faisait reculer le jeune de deux pas supplémentaires.

– Ça a presque l'air humain, dit le jeune.

Esdan rentra sa bite marron d'étranger avec une discrète promptitude et referma son pantalon. Il portait encore les verres de contact destinés à cacher le blanc de ses yeux, et il était vêtu comme un type à louer en cavale, des vêtements grossiers jaune pâle, la seule couleur teinte permise aux esclaves urbains. La bannière de la Libération était de ce même jaune pâle. La mauvaise couleur, ici. Et le corps dans les vêtements était lui aussi de la mauvaise couleur.

Ayant vécu trente-trois ans à Werel, Esdan était habitué à la peur et à la haine qu'il inspirait mais il n'avait encore jamais été à la merci de ceux qui le craignaient et le haïssaient. Il avait été sous la protection de l'Ekumen. Quelle bêtise d'avoir quitté l'Ambassade, où au moins il était inoffensif, quelle bêtise de tomber entre les griffes de ces défenseurs d'une cause perdue, qui risquaient de faire de sacrés dégâts, non seulement contre lui mais aussi grâce à lui. De quelle résistance, de quelle endurance était-il capable ? Heureusement, même par la torture ils ne pourraient lui extorquer le moindre renseignement relatif aux plans de la Libération, puisqu'il ne savait absolument rien de ce que ses amis mijotaient. Mais tout de même, quel imbécile.

De nouveau dans la voiture, pris en sandwich sur son siège sans rien à voir hormis la mine renfrognée des jeunes et le visage inexpressif mais vigilant du oga, il referma les yeux. À cet endroit, l'autoroute était en bon état. Bercé par la vitesse et le silence, il se laissa aller à un roupillon post-adrénaline.

Quand il reprit conscience, le ciel était doré, deux des petites lunes brillaient au-dessus d'un coucher de soleil sans nuages. Ils cahotaient à présent sur une petite route, ils passèrent devant des champs, des vergers, des plantations d'arbres et de roseaux destinés à la construction, l'immense enceinte d'une cité agricole, une autre cité. Ils firent halte à un point frontière gardé par un seul homme armé et ne s'arrêtèrent que peu de temps avant que celui-ci ne leur fasse signe de passer. La route traversait un immense parc vallonné. Il fut troublé par le sentiment d'être en terrain connu. Les forêts et les bois qui s'entrelaçaient jusqu'à perte de vue, la courbe de la route parmi les bosquets et les clairières. Il savait que le fleuve se trouvait de l'autre côté de cette grande colline.

– C'est Yaramera, dit-il tout haut.

Personne ne broncha.

Des années auparavant, des décennies auparavant, cela ne faisait alors qu'un an qu'il était à Werel, une soirée avait été donnée par l'Ambassade à Yaramera, le grand domaine de Voe Deo. Le Joyau de l'Est. Un modèle d'efficacité esclavagiste. Des milliers d'asservis travaillant dans les champs, les usines, les fabriques du domaine, vivant à l'intérieur d'énormes enceintes, des villes murées. L'ordre régnait partout, tout était propre, industrieux, paisible. Et la bâtisse au sommet de la colline, dominant le fleuve, un palace, trois cents pièces, des meubles d'une inestimable valeur, des sculptures, des instruments de musique – il se souvenait d'un concert privé donné dans une salle aux murs de mosaïques de verre sur fond d'or, un temple Tualite qui consistait en une immense fleur taillée en bois parfumé.

C'est vers cette bâtisse qu'ils se dirigeaient à présent. La voiture tourna. Il risqua un coup d'œil et ne vit que des traînées noires dans le ciel.

Les deux jeunes eurent la permission de le reprendre en main, de le tirer de la voiture, de lui retourner le bras et de lui faire monter les marches en le poussant. Tout en s'efforçant de ne pas résister et de faire abstraction de ce qu'ils étaient en train de lui infliger, il ne cessa de regarder tout autour de lui. Le corps du gigantesque bâtiment et l'aile sud étaient en ruine et n'avaient plus de toit. Derrière l'ouverture noircie d'une fenêtre brillait un ciel aveugle d'un jaune clair. Même là, au cœur de la Loi, les esclaves s'étaient soulevés. Cela faisait maintenant trois ans, au cours de ce premier terrible été où des milliers d'habitations avaient brûlé, des cités, des agglomérations, des villes. Quatre millions de morts. Il ignorait que l'Insurrection était allée jusqu'à Yaramera. La nouvelle n'avait pas remonté le fleuve. Quel lourd tribut les esclaves de Jewel avaient-ils payé pour cette nuit de feu et de flammes ? Les possédants avaient-ils été massacrés ou bien avaient-ils survécu pour infliger des mesures punitives ? L'information n'avait pas remonté le fleuve.

Tout cela lui traversa l'esprit à une vitesse et avec une clarté inhabituelles, tandis qu'ils lui faisaient monter les marches basses de l'aile nord du bâtiment, le tenant en respect avec leurs armes, comme s'ils s'imaginaient qu'un homme de soixante-deux ans, avec d'épouvantables crampes aux jambes à force d'immobilité, allait tenter une échappée en prenant ses jambes à son cou, ici, trois cents kilomètres à l'intérieur de leur propre territoire. Ses pensées filaient à plein régime, rien ne lui échappait.

Cette partie de l'édifice, qui communiquait avec le corps du bâtiment par une longue galerie, avait échappé aux flammes. Les murs soutenaient encore le toit, mais en entrant il vit qu'il n'y avait plus que les pierres nues, les lambris sculptés avaient brûlé. Un lino miteux remplaçait le parquet ou le sol carrelé de jadis. Il n'y avait pas un seul meuble. Le grand hall, désormais décati et crasseux, était superbe, dépouillé, baigné de la claire lumière du soir. Les deux veots avaient quitté le groupe et faisaient leur rapport à des hommes postés dans l'encadrement de la porte de ce qui avait jadis dû être une salle de réception. Il avait le sentiment que les veots étaient en quelque sorte ses gardiens, il espérait qu'ils reviendraient, mais ils ne revinrent pas. Un des jeunes lui maintenait toujours le bras retourné dans le dos. Un homme au physique massif s'approcha et le dévisagea.

– Vous êtes l'étranger du nom d'Old Music ?

– Je viens de Hain, c'est le nom que j'utilise ici.

– Monsieur Old Music, vous comprendrez qu'en quittant votre ambassade, et donc en violant l'accord de protection entre votre ambassadeur et le Gouvernement de Voe Deo, vous avez renoncé à votre immunité diplomatique. Vous vous êtes exposé à être retenu en captivité, interrogé, et dûment puni pour les contraventions à la loi civile et les crimes que vous aurez pu commettre avec les insurgés et les ennemis de l'État.

– J'ai bien compris que c'est ainsi que vous concevez ma position, dit Esdan. Mais vous devriez savoir, monsieur, que l'Ambassadeur et les Stabiles de l'Ekumen des Mondes me confèrent une double protection à la fois au titre de l'immunité diplomatique et des lois de l'Ekumen.

Ça ne coûtait rien d'essayer, mais ses mensonges verbeux ne furent pas entendus. Après avoir récité sa litanie, l'homme fit volte-face, et les jeunes s'emparèrent à nouveau d'Esdan. On lui fit passer des portes, il dut marcher dans des couloirs que la souffrance l'empêcha de voir, on lui fit dévaler des escaliers en pierre, traverser une cour pavée, pour arriver dans une pièce où, après qu'on lui eut une dernière fois tordu le bras avant de le faire tomber en lui tirant violemment les pieds par-derrière, la porte claqua, et il se retrouva seul à plat ventre sur la pierre, dans le noir.

Il resta allongé, le front sur le bras, tout tremblant, essayant de reprendre sa respiration en poussant d'interminables gémissements plaintifs.

Plus tard, lui revinrent à l'esprit cette nuit-là ainsi que d'autres instants des jours et des nuits qui suivirent. Il ne sut jamais, ni sur le moment ni plus tard, si la torture avait eu pour objet de le faire craquer ou bien s'il avait juste été abandonné à la brutalité et à la rancune aveugles, une sorte de jouet pour les gars. Il y eut des coups de pied, un passage à tabac, beaucoup de douleur, mais rien dont il se souvint clairement, hormis la cage accroupie.

Il en avait entendu parler, il avait déjà lu des choses à ce sujet. Il n'en avait jamais vu. Il n'avait jamais pénétré à l'intérieur d'une cité. Les étrangers, les visiteurs n'entraient jamais dans les quartiers des esclaves sur les propriétés de Voe Deo. Ils étaient servis par des domestiques dans les maisons des possédants.

Celle-ci était une cité de petite taille, pas plus d'une vingtaine de huttes côté femmes, trois constructions en longueur côté entrée. C'est là qu'avaient été logés environ deux cents domestiques et autres esclaves affectés aux immenses jardins de Yaramera. Ç'avait dû être une position privilégiée, comparée à ceux qui travaillaient dans les champs. Quoique non exempte de punitions. Le poteau où ils se faisaient fouetter était encore là, près de l'entrée percée entre les hautes murailles.

– Là ? dit Nemeo, celui qui lui tordait toujours le bras, mais l'autre, Alatual, dit :

– Non, viens, c'est par ici, et il courut devant, tout excité.

Il actionna le treuil pour faire descendre la cage accroupie suspendue sous la guérite principale, en hauteur, à l'intérieur du mur.

C'était un tube en grossier grillage rouillé, fermé à une extrémité, et qui s'ouvrait à l'autre. Il était suspendu à une chaîne par un crochet. Posé par terre, cela ressemblait à un piège pour animaux de petite taille. Les deux jeunes le déshabillèrent et, pour l'y faire entrer, le poussèrent à coups d'aiguillon électrifié que les contremaîtres utilisaient sur les esclaves fainéants et avec lequel ils avaient joué depuis deux jours. Ils émirent des hurlements de joie en lui enfonçant l'aiguillon dans l'anus et le scrotum. Il se tortilla dans la cage jusqu'à être accroupi tête en bas, les bras et les jambes repliés contre son corps. En refermant d'un coup, ils lui écrasèrent un de ses pieds nus, déclenchant en lui une douleur aveuglante, tandis qu'ils hissaient la cage en l'air. La cage tangua dans tous les sens, et il s'agrippa au grillage. Quand il ouvrit les yeux, il vit le sol bouger, sept ou huit mètres plus bas. Au bout d'un certain temps, les mouvements de rotation et de balancier s'arrêtèrent. Il ne pouvait pas du tout bouger la tête. Il voyait ce qu'il y avait sous la cage, à l'aplomb, et en faisant l'effort de regarder sur les côtés, il pouvait voir pratiquement tout ce qu'il y avait à l'intérieur de l'enceinte.

À l'époque, des gens venaient en dessous assister au spectacle édifiant de l'esclave dans la cage accroupie. Les enfants apprenaient ainsi la leçon, voilà ce qui arrivait à une servante qui ne faisait pas correctement son travail, à un jardinier qui bâclait ses coupes, à un domestique qui osait répondre à un maître. Mais là, il n'y avait personne. Il n'y avait que le sol nu et poussiéreux. Les jardins desséchés, le petit cimetière en bordure du secteur des femmes, le fossé entre les deux secteurs, les passerelles, un vague rond d'herbe plus verte, juste sous lui, tout était désert. Ses tortionnaires restèrent un moment sur place, ils discutèrent et rigolèrent, puis en eurent marre et s'en allèrent.

Il essaya de trouver une meilleure position mais ne pouvait presque pas bouger. Chaque mouvement provoquait un balancement de la cage, qui lui donnait le tournis et lui faisait de plus en plus craindre de s'écraser. Il ne savait pas si la cage tenait bien, fixée à ce simple crochet. Son pied, pris en étau dans l'ouverture, lui faisait tellement mal qu'il désirait perdre connaissance, mais malgré le tournis, il restait conscient. Le simple fait de respirer était un exercice épuisant, la respiration facile et insouciante remontait à une éternité, dans un autre monde. Dans ce monde-là et dans cette cage, c'était impossible. Ses poumons étaient coincés dans sa cage thoracique, si bien que chaque inspiration était extrêmement pénible. Il essayait de ne pas suffoquer. Il essayait de ne pas paniquer. Il essayait de rester conscient, juste conscient, mais rester conscient était insupportable.

Quand la cage passa au soleil, les étourdissements se transformèrent en nausée. C'est à peu près à ce moment-là qu'il perdit connaissance.

Vinrent la nuit et le froid et il essaya d'imaginer de l'eau, mais il n'y avait pas d'eau.

Rétrospectivement, il pensa être resté deux jours dans la cage accroupie. Il se rappelait la morsure du grillage sur sa chair nue striée de coups de soleil quand ils le firent sortir et l'aspergèrent d'eau froide avec un tuyau d'arrosage. Il avait eu un moment de lucidité, il s'était vu, petite poupée, chiffe molle posée dans la poussière, alors que des hommes au-dessus de lui parlaient et criaient à propos de quelque chose. Ils avaient dû ensuite le ramener à la cellule ou à l'écurie où ils l'avaient enfermé, car il n'y eut plus que du silence et de l'obscurité, mais pour autant il restait encore suspendu dans la cage accroupie, rôtissant sous le feu glacé du soleil, crevant de froid dans son corps en feu, épousant de plus en plus la forme du grillage qui imprimait en lui une insupportable douleur.

À un moment donné, il fut amené dans une chambre avec un lit et une fenêtre, mais il était encore dans la cage accroupie, se balançant dans le vide au-dessus du sol poussiéreux, du sol des Poussiéreux, au-dessus du rond d'herbe verte.

Le zadyo et le type massif étaient là, n'étaient plus là. Une esclave à la peau tavelée, accroupie et toute tremblante, lui fit mal en essayant de passer du baume sur ses bras, son dos et ses jambes brûlés. Elle était là, elle n'était plus là. Le soleil brillait à la fenêtre. Il sentait le grillage se refermer en lui écrasant le pied encore et encore.

L'obscurité l'apaisait. Il dormit la plupart du temps. Au bout de quelques jours il put s'asseoir et manger ce que la domestique effrayée lui apportait. Ses coups de soleil commençaient à guérir, et la plupart de ses plaies et de ses douleurs devenaient moins cuisantes. Il avait le pied terriblement enflé ; il avait des os cassés ; ce qui importait peu jusqu'à ce qu'il ait à se lever. Il somnola, partit à la dérive. Lorsque Rayaye pénétra dans la pièce, il le reconnut immédiatement.

Ils s'étaient rencontrés à plusieurs reprises, avant l'Insurrection. Rayaye avait été Ministre des Affaires Étrangères sous le Président Oyo. Quelle position occupait-il à présent au sein du Gouvernement Légitime, Esdan l'ignorait. Rayaye était petit pour un Werelien, mais large et compact, un visage très noir qui semblait lustré, le cheveu grisonnant, un type impressionnant, un politicien.

– Monsieur le Ministre Rayaye, dit Esdan.

– Monsieur Old Music. Comme c'est gentil de votre part de vous souvenir de moi ! Je suis navré que vous ayez été souffrant. J'espère que les gens ici s'occupent de vous de manière satisfaisante.

– Merci.

– Quand j'ai entendu dire que vous étiez souffrant, j'ai envoyé chercher un médecin, mais ici il n'y a qu'un vétérinaire. Pas de personnel du tout. Pas comme au bon vieux temps ! Quel changement ! Je regrette que vous n'ayez vu Yaramera à la grande époque.

– Je l'ai vue. (Sa voix était faible mais semblait assez naturelle.) Ça remonte à trente-deux ou trente-trois ans. Lord et Lady Aneo avaient organisé une soirée pour notre ambassade.

– Vraiment ? Alors vous savez comme c'était, dit Rayaye en s'asseyant dans l'unique fauteuil, une belle pièce à laquelle manquait un accoudoir. C'est affligeant de voir Yaramera dans cet état, n'est-ce pas ! Les bâtiments ont subi les pires outrages. Toute l'aile des femmes et les grandes pièces ont brûlé. Mais les jardins ont été épargnés, louée soit Lady. Plantés par Meneya lui-même, vous savez, il y a quatre cents ans. Et les champs sont encore cultivés. On me dit qu'il y a encore près de trois mille asservis attachés à la propriété. Quand les ennuis seront passés, il sera bien plus facile de restaurer Yaramera que nombre de grands domaines. (Il regarda par la fenêtre.) Magnifique, magnifique. Et les domestiques d'Aneo étaient réputés pour leur beauté, vous savez. Et leurs compétences. Il faudra beaucoup de temps pour revenir à ce niveau.

– Sans doute.

Le Werelien le dévisagea avec une attention affable.

– Je suppose que vous vous demandez pourquoi vous êtes ici.

– Pas particulièrement, répondit aimablement Esdan.

– Ah ?

– Dans la mesure où j'ai quitté l'Ambassade sans autorisation, je m'attendais que le Gouvernement veuille m'avoir à l'œil.

– Certains d'entre nous étaient contents d'apprendre que vous aviez quitté l'Ambassade. Cloîtré là-bas – quel gâchis de votre talent.

– Oh, mon talent, dit Esdan en procédant à un humble haussement d'épaules, qui réveilla sa douleur à l'épaule.

Il grimacerait de douleur plus tard. Pour l'instant, il s'amusait. Il aimait jouer au chat et à la souris.

– Vous êtes un homme de grand talent, monsieur Old Music. L'étranger le plus sage et le plus rusé de Werel, c'est ainsi que le Seigneur Mehao vous avait une fois appelé. Vous avez travaillé avec nous – et contre nous, oui – plus efficacement que tout autre individu étranger à ce monde. Nous nous comprenons. Nous pouvons parler.

Je crois que fondamentalement vous voulez le bien de mon peuple et que si je vous proposais un moyen de le servir – l'espoir de mettre un terme à ce terrible conflit –, vous accepteriez.

– Mon espoir serait seulement d'en être capable.

– Est-ce important à vos yeux d'être perçu comme acquis à la cause de l'une des parties du conflit ou bien préféreriez-vous rester neutre ?

– Toute action peut remettre en cause la question de la neutralité.

– Le fait d'avoir été kidnappé à l'Ambassade par les rebelles n'est pas une preuve de sympathie que vous pourriez avoir à leur égard.

– Effectivement. Plutôt le contraire.

– Effectivement. Si vous y tenez.

– Ce à quoi je tiens importe peu, Monsieur le Ministre.

– Détrompez-vous, monsieur Old Music. Enfin bon. Vous avez été souffrant. Je vous fatigue. Nous continuerons notre conversation demain, si vous le voulez bien.

– Bien entendu, Monsieur le Ministre, dit Esdan sur un ton de politesse qui frisait la soumission, un ton qui, il le savait, convenait aux hommes de la trempe de Rayaye, davantage accoutumés à l'attention des esclaves qu'à la compagnie de quelqu'un sur un pied d'égalité.

N'ayant jamais confondu absence de politesse et fierté, Esdan, comme la plupart des siens, était disposé à se montrer poli en toute circonstance qui le lui permettait, n'aimant pas les circonstances contraires. La pure hypocrisie ne l'ennuyait guère. Il en était lui-même parfaitement capable. Si l'homme de Rayaye l'avait torturé alors que Rayaye feignait de ne pas le savoir, Esdan n'avait rien à gagner en insistant dessus.

Il était content, en fait, de ne pas avoir à en parler, et espérait ne pas y penser. Son corps y pensait à sa place, il s'en souvenait avec précision, chaque articulation, à présent, chaque muscle. Jusqu'à la fin de sa vie, désormais, il ne pourrait empêcher les souvenirs de l'assaillir. Il avait appris des choses qu'il avait jusqu'alors ignorées. Il avait cru comprendre ce que c'était qu'être impuissant. Maintenant il savait qu'il n'avait pas compris.

Lorsque la femme timorée entra, il lui demanda d'aller chercher le vétérinaire.

– J'ai besoin d'un plâtre pour mon pied, dit-il.

– Maître, il répare les domestiques, les serfs, chuchota-t-elle en se recroquevillant.

Les asservis ici parlaient un dialecte qui semblait archaïque, parfois difficile à suivre.

– Est-ce qu'il peut entrer dans la maison ?

Elle fit non de la tête.

– Est-ce que quelqu'un ici peut s'en occuper ?

– Je demanderai, maître, chuchota-t-elle.

Une vieille esclave se présenta ce soir-là. Elle avait un visage ratatiné, effrayé et austère, mais n'avait pas l'attitude servile des autres. Lorsqu'elle le vit pour la première fois, elle murmura : « Seigneur tout-puissant ! » Mais elle exécuta sa révérence avec raideur, puis examina le pied enflé à la manière impersonnelle de n'importe quel médecin. Elle dit :

– Si vous me laissez mettre bandage, maître, ça guérira.

– Qu'est-ce qui est cassé ?

– Ces orteils. Là. Peut-être les petits os ici. Beaucoup, beaucoup d'os dans pieds.

– Je t'en prie, mets-moi un bandage.

Elle s'exécuta, avec fermeté, elle enroula le pied jusqu'à ce que le bandage soit suffisamment épais pour que son pied tienne à angle droit. Elle dit :

– Vous marchez, alors vous prenez un bâton, monsieur. Et seulement ce talon vous posez par terre.

Il lui demanda son nom.

– Gana, répondit-elle.

En prononçant son nom, elle lui adressa un regard de face, franc, ce qui était tout à fait osé de la part d'une esclave. Elle voulait sans doute contempler ses yeux d'étranger, après avoir jugé que le reste de son corps, en dépit d'une drôle de couleur, était d'une grande banalité, les os des pieds et tout ça.

– Merci, Gana. Je te remercie pour ton aide et ta gentillesse.

Elle inclina la tête mais ne fit pas de révérence, et quitta la pièce.

Elle-même semblait avoir du mal à marcher, mais elle se tenait bien droite. « Toutes les grand-mères sont des rebelles », lui avait jadis dit quelqu'un avant l'Insurrection.

Le lendemain il put se lever et clopiner jusqu'au fauteuil cassé. Il s'assit un moment et regarda par la fenêtre.

La chambre était au premier étage et donnait sur les jardins de Yaramera, des pentes aménagées en terrasses et des plates-bandes, des promenades, des pelouses et une série de lacs et de bassins d'agrément qui descendaient jusqu'au fleuve : un vaste panorama de courbes et de surfaces planes, de plantes et de sentiers, de terre et d'eau calme dans le grand coude de la rivière. Toutes les parcelles, les promenades et les terrasses formaient une géométrie douce centrée de manière très subtile autour d'un énorme chêne, au bord du fleuve. Ce devait déjà être un grand arbre lorsque le jardin avait été planté, quatre cents ans plus tôt. Il dominait toute la berge, bien que très en retrait sur la rive, mais ses branches s'étiraient au-dessus de l'eau, un village aurait pu être construit sous sa ramure. L'herbe des terrasses en pente douce avait séché et était maintenant d'un doré moelleux. Le fleuve, les lacs et les étangs étaient du même bleu nébuleux qu'un ciel d'été. Les plates-bandes et les bosquets n'étaient plus entretenus, mais ils n'étaient pas non plus tout à fait à l'abandon. Dans leur désolation, les jardins de Yaramera étaient d'une formidable beauté. Désolés, misérables, abandonnés, tous ces mots romantiques leur convenaient à merveille, mais ils étaient également empreints de rationalité, de noblesse et de paix. Ils avaient été aménagés par les esclaves laborieux. Leur dignité et la paix qu'ils inspiraient étaient le fruit de la cruauté, de la misère, du malheur et de la souffrance. Esdan était de Hain, il était issu d'un peuple ancestral, un peuple qui avait construit et détruit Yaramera des milliers de fois. Son esprit intégrait la beauté et l'affliction terrible du lieu, convaincu que l'existence de l'un ne peut pas justifier l'autre, que la destruction de l'un ne peut pas détruire l'autre. Il était conscient des deux, mais conscient seulement.

Et conscient aussi, maintenant que son corps lui accordait un semblant de répit, que les charmantes et tristes terrasses de Yaramera pouvaient contenir en leur sein les terrasses de Darranda à Hain, un toit sous le toit rouge, jardin sous les verts jardins, tombant à pic jusqu'au port étincelant, avec ses promenades, ses embarcadères et ses bateaux à voile. Passé le port, l'eau monte, se dresse aussi haut que sa maison, aussi haut que ses yeux. Esi sait que d'après les livres la mer est couchée au sol. « La mer se dresse, un mur, le mur gris-bleu du bout du monde. Quand on navigue dessus, elle paraît plate, mais si on regarde bien, elle est aussi haute que les montagnes de Darranda, et si l'on navigue vraiment dessus, on traverse le bout, au-delà du bout du monde.

« Le ciel est le toit que le mur retient. La nuit, les étoiles brillent à travers l'aérien toit de verre. On peut naviguer jusqu'à elles, aussi, jusqu'aux mondes au-delà du monde. »

« Esi », quelqu'un l'appelle de l'intérieur, il quitte la mer et le ciel, sort du balcon pour saluer les invités, ou pour sa leçon de musique, ou bien pour déjeuner en famille. C'est un gentil petit garçon, Esi : obéissant, joyeux, pas bavard mais plutôt sociable, s'intéressant aux gens. Très bien élevé, évidemment ; après tout, c'est un Kelwen et l'ancienne génération ne tolérerait rien de moins de la part d'un enfant de la famille, peut-être aussi parce qu'il n'avait jamais côtoyé quelqu'un qui fût mal élevé. Pas un enfant rêveur pour autant. Alerte, présent, rien ne lui échappe. Mais capable de réflexion, prompt à expliquer les choses pour lui-même, comme le mur de mer et le toit d'air. Esi n'est plus aussi proche d'Esdan qu'auparavant ; le petit garçon, c'était il y a longtemps, très loin d'ici, il est resté loin derrière, il est resté à la maison. Désormais, Esdan ne voit plus que rarement à travers ses yeux, ni ne respire l'air aux mille senteurs merveilleuses de la maison de Darranda – le bois, l'huile de résine utilisée pour polir le bois, les nattes d'herbe moelleuse, les fleurs fraîches, les herbes aromatiques de la cuisine, le vent de la mer –, il n'entend plus que rarement la voix de sa mère : « Esi ? Viens, maintenant, mon chéri. Les cousins de Dorased sont arrivés ! »

Esi court à la rencontre des cousins, le vieux Iliawad avec ses sourcils en bataille et ses poils dans les narines, qui fait des tours de magie avec du scotch, et Tuitui qui, bien que plus jeune, est plus forte qu'Esi lorsqu'ils jouent à chat, tandis qu'Esdan s'endort dans le fauteuil cassé, près de la fenêtre, tout en observant les jardins d'une terrible beauté.

Les autres discussions avec Rayaye furent reportées. Le zadyo vint lui présenter des excuses. Le Ministre avait été rappelé pour parler avec le Président, il serait de retour d'ici trois à quatre jours. Esdan réalisa qu'il avait entendu un appareil volant décoller tôt dans la matinée, pas loin. Ce fut une surprise. Il aimait jouer au chat et à la souris mais était encore très fatigué, très remué, et il avait besoin de repos. Personne ne vint lui rendre visite hormis la femme apeurée, Heo, et le zadyo une fois par jour, pour lui demander s'il avait tout ce dont il avait besoin.

Lorsqu'il le pouvait, on le laissait quitter sa chambre, sortir. Pour cela, il prenait appui sur un bâton et avait fixé son pied bandé sur une vieille semelle raide de chaussure que Gana lui avait apportée ; ainsi il pouvait marcher, aller dans les jardins et s'asseoir au soleil, qui pendant la journée devenait de moins en moins chaud au fur et à mesure que l'été passait. Les deux veots étaient ses gardes, ou plus exactement ses gardiens. Il vit les deux jeunes qui l'avaient torturé ; ils se tenaient à distance. À l'évidence, ils avaient reçu l'ordre ne pas l'approcher. L'un des veots était souvent visible, mais jamais trop près.

Il ne pouvait pas aller loin. Il avait parfois l'impression d'être un insecte sur la plage. La partie de bâtiment encore utilisable était immense, les jardins étaient vastes, les gens fort peu nombreux. Il y avait les six hommes qui l'avaient amené, et cinq ou six autres qui se trouvaient déjà sur place, sous le commandement du massif Tualenem. De la population originale des asservis attachés à la maison ou au domaine, il n'en restait qu'une dizaine ou une douzaine, alors qu'il y avait jadis eu des cuisiniers, des aides-cuisiniers, des femmes de ménage, de femmes de chambre, des bonnes, des servantes, des cireurs de chaussures, des laveurs de vitres, des jardiniers, des terrassiers, des serveurs, des valets de pied, des garçons de courses, des garçons d'étable, des chauffeurs, des hommes à tout faire, des bonnes à tout faire, pour jadis servir les possédants et leurs invités. Ceux qui restaient n'étaient plus enfermés la nuit dans l'enceinte de la cité des domestiques où se trouvait la cage accroupie, mais ils dormaient dans la cour, dans un dédale d'écuries, là où on l'avait tout d'abord retenu, ou bien dans l'une des pièces situées autour des cuisines. La plupart étaient des femmes, dont deux jeunes, et il y avait deux ou trois hommes d'allure frêle.

Il rechigna au début à leur adresser la parole, de peur de leur attirer des ennuis, mais ceux qui les surveillaient les ignoraient, se contentant de leur donner des ordres, à l'évidence ils les considéraient comme loyaux, et à juste titre. Les fauteurs de troubles, ceux qui s'étaient échappés de la cité, qui avaient mis le feu à la grande bâtisse, tué les chefs et les possédants, étaient partis depuis belle lurette : morts, enfuis, ou bien retombés en esclavage, marqués d'une croix au fer rouge sur chaque joue. Ceux qui étaient restés étaient des Poussiéreux fiables. Selon toute probabilité, ils avaient depuis le début été loyaux. Nombre de serfs, en particulier les domestiques, aussi effrayés par l'Insurrection que leurs maîtres, avaient essayé de les défendre ou bien s'étaient enfuis avec eux. Ils n'étaient pas davantage des traîtres que les possédants passés dans le camp de la Libération. Tout autant, mais pas davantage.

Les filles, les jeunes ouvrières agricoles, étaient amenées les unes après les autres pour servir au bon plaisir des hommes. Tous les jours, ou tous les deux jours, les hommes qui l'avaient torturé repartaient le matin en voiture avec une jeune fille « ayant servi » et revenaient avec une nouvelle.

Parmi les deux plus jeunes domestiques de la maison, l'une qui s'appelait Kamsa portait son bébé partout où elle allait. L'autre, Heo, était celle à l'air terrifié qui s'était occupée de lui. Tualenem se « servait » d'elle chaque soir. Les autres hommes ne l'approchaient pas.

Quand elles ou bien d'autres domestiques croisaient Esdan dans la maison ou dehors, ils laissaient pendre les mains le long du corps, menton contre la poitrine, et regardaient par terre, immobiles : la révérence formelle obligatoire du domestique devant un possédant.

– Bonjour, Kamsa.

Cela faisait des années qu'il n'avait pas côtoyé le produit final de générations d'esclavage, le genre d'esclave décrit comme « parfaitement entraîné, obéissant, altruiste, loyal, l'asservi idéal », lorsqu'on le proposait à la vente. La plupart des asservis qu'il avait connus, ses amis et collègues, avaient été des gens installés en ville, loués par leurs possédants à des compagnies ou à de grandes sociétés pour travailler dans des usines, des magasins ou dans certains commerces. Il avait connu aussi de nombreux esclaves agricoles. Ceux-ci n'avaient que rarement de contact avec les possédants ; ils travaillaient sous les ordres de patrons gareot, et leurs cités étaient sous la direction d'asservis eunuques, les coupés. Ceux qu'il avait connus avaient dans l'ensemble été des fuyards protégés par la Hame, le chemin de fer souterrain, en route pour l'indépendance à Yeowe. Aucun d'entre eux n'avait fondamentalement été privé d'éducation, de choix, et de la possibilité de penser à la liberté, contrairement aux domestiques. Il avait oublié à quoi ressemblait un bon Poussiéreux. Il avait oublié l'extrême impénétrabilité de la personne qui n'a plus de vie privée, à quel point celui qui est totalement vulnérable est intact.

Le visage de Kamsa était doux, serein, et ne trahissait aucune émotion, quand bien même il l'entendait parfois parler et chanter tout doucement à son bébé, un petit son joyeux et gai. Cela l'attira. Il la vit un après-midi assise à travailler au sommet de la grande terrasse, le bébé sur son dos, dans un porte-bébé. Il s'avança en clopinant et s'assit non loin d'elle. Il ne put l'empêcher de poser couteau et planchette, de se relever, bras le long du corps, tête inclinée, et les yeux au sol, en signe de révérence.

– Je t'en prie, rassieds-toi, continue ton travail, dit-il. (Elle obéit.) Qu'est-ce que tu découpes ?

– Du dueli, maître, murmura-t-elle.

Il s'agissait d'un légume qu'il avait souvent mangé, et qu'il aimait bien. Il la regarda travailler. Chaque volumineuse cosse devait être ouverte selon un certain axe, ce qui exigeait une grande adresse ; il fallait d'abord trouver le point d'ouverture, puis retourner le couteau avec vigueur pour ouvrir la cosse. Il fallait ensuite sortir une par une les grosses graines comestibles et les arracher à une texture filandreuse et collante.

– Cette partie-là, a-t-elle mauvais goût ? demanda-t-il.

– Oui, maître.

C'était un processus laborieux, qui demandait de la force, du savoir-faire et de la patience. Il eut honte.

– Je n'avais encore jamais vu un dueli non préparé, dit-il.

– Non, maître.

– Quel gentil bébé, dit-il, un peu au hasard.

La minuscule créature dans le fond de son porte-bébé avait posé la tête sur l'épaule de sa mère, de grands yeux très noirs regardaient vaguement le monde. Il ne l'avait jamais entendu pleurer. Cela lui paraissait mystérieux, mais il n'avait jamais eu beaucoup affaire aux bébés.

Elle sourit.

– Un garçon ?

– Oui, maître.

Il dit :

– Je t'en prie, Kamsa, je m'appelle Esdan. Je ne suis pas un maître. Je suis un prisonnier. Tes maîtres sont mes maîtres. Veux-tu bien m'appeler par mon nom ?

Elle ne répondit pas.

– Nos maîtres ne seraient pas d'accord.

Elle fit un hochement de tête. Les Wereliens acquiesçaient en renversant la tête en arrière et non pas en avant. Il était tout à fait habitué à cela après toutes ces années. C'est ainsi que lui-même acquiesçait. Il en prenait conscience seulement à cet instant. Sa captivité et la façon dont on l'avait traité ici l'avaient désorienté, lui avaient fait changer de perspective. Au cours de ces derniers jours, il avait plus pensé à Hain que pendant des années, des décennies. Il s'était senti chez lui à Werel, mais plus maintenant. Comparaisons inappropriées, souvenirs non pertinents. Aliéné.

– Ils m'ont mis dans la cage, dit-il, parlant aussi lentement qu'elle, en hésitant sur le dernier mot.

Il ne pouvait pas dire la formule en entier, la cage accroupie.

Mouvement arrière de la tête à nouveau. Cette fois-ci, pour la première fois, elle leva les yeux et lui adressa un bref coup d'œil. Elle dit d'une voix imperceptible : « Je sais », et continua son travail.

Il ne trouva rien de plus à dire.

– J'étais toute mioche, que j'habitais là-bas, dit-elle en lançant un regard du côté de l'enceinte derrière laquelle se trouvait la cage. (Le murmure de sa voix était profondément contrôlé, de même que tous ses gestes et mouvements.) Avant ce temps, la maison a brûlé. Quand les maîtres habitaient ici. Ils suspendaient souvent la cage. Une fois, un homme jusqu'à ce qu'il meure. Là-dedans. J'ai vu ça.

Silence entre eux.

– Nous les mioches, on ne passait jamais dessous. On n'allait jamais courir dessous.

– J'ai vu que le... le sol était différent, en dessous, dit Esdan d'une voix tout aussi douce, la bouche sèche, le souffle court. J'ai vu, en regardant en bas. L'herbe. Je me suis dit que peut-être... là où...

Sa voix s'assécha complètement.

– Une grand-mère avait pris un grand bâton, avec un linge au bout, et l'avait mouillé et le lui avait donné. Les coupés regardaient ailleurs. Mais il est mort. Et il a pourri un moment.

– Qu'avait-il fait ?

– *Enna*, dit-elle, le terme de dénégation qu'il avait souvent entendu dans la bouche des asservis – je ne sais pas, ce n'est pas moi qui l'ai fait, je n'étais pas là, ce n'est pas ma faute, qui sait...

Il avait vu l'enfant d'un possédant se faire gifler non pas pour avoir cassé une tasse, mais pour avoir dit « enna », pour avoir utilisé le jargon des esclaves.

– Une leçon bien utile, dit-il.

Il savait qu'elle comprendrait. Les moins que rien connaissaient l'ironie aussi bien que l'air qu'ils respiraient.

– Ils vous ont mis dedans, alors j'ai eu peur, dit-elle.

– C'était une leçon pour moi, pas pour toi, cette fois-ci, dit-il.

Elle travaillait avec attention, sans interruption. Il la regardait travailler. Son visage soumis, couleur glaise avec des ombres sombres, était composé, calme. Le bébé avait la peau plus mate qu'elle. Elle ne s'était pas accouplée avec un domestique mais avait servi à un propriétaire. Violer une femme, ils appelaient ça « s'en servir ». Les yeux du bébé se fermèrent lentement, il avait des paupières translucides noires comme des coquilles. Il était petit et délicat, il n'avait sans doute qu'un mois ou deux. La tête posée avec une infinie patience sur l'épaule inclinée.

Il n'y avait personne d'autre à l'extérieur, sur les terrasses. Un vent léger tournoyait derrière eux dans les arbres en fleurs, griffant au loin le fleuve de striures argentées.

– Ton bébé, Kamsa, tu sais, il sera libre, dit Esdan.

Elle leva les yeux, ce n'est pas lui qu'elle regarda, son regard alla du côté du fleuve et au-delà. Elle dit :

– Oui, il sera libre.

Et se remit au travail.

Esdan se sentit ragaillardi, qu'elle lui ait dit ça. Ça lui fit du bien de savoir qu'elle avait confiance en lui. Il avait besoin de quelqu'un qui lui fît confiance, car depuis la cage il n'avait plus confiance en lui-même. Avec Rayaye, ça allait ; il pouvait encore jouer au chat et à la souris ; ce n'était pas le problème. C'était quand il était seul, quand il gambergeait, quand il dormait. Il était seul pratiquement tout le temps. Quelque chose dans son esprit, au fond de lui, était blessé, cassé, pas réparé, et il craignait que son propre poids ne fût déjà de trop.

Il entendit l'appareil volant descendre dans l'air matinal. Ce soir Rayaye l'avait invité à dîner. Tualenem et les deux veots se firent excuser, le laissant lui et Rayaye avec une demi-bouteille de vin sur la table de fortune dressée dans l'une des pièces les moins endommagées du rez-de-chaussée. Ç'avait jadis été un pavillon de chasse ou une salle des trophées, ici dans cette aile de la bâtisse qui avait été l'azade, le secteur des hommes, où aucune femme n'aurait jamais pénétré ; les femmes asservies, les femmes de chambre et autres femmes « pour servir » ne comptaient pas en tant que femmes. Sur la cheminée, la tête d'un gros chien de meute à l'air féroce, sa fourrure roussie et poussiéreuse, ses yeux de verre devenus flous. Des arbalètes avaient été montées sur le mur d'en face. Leurs ombres foncées se détachaient nettement sur le bois mat. Le chandelier électrique se mit à clignoter puis s'éteignit. Le générateur avait parfois des ratés. Un des domestiques était constamment en train de le bricoler.

– Parti rejoindre la femme dont il se sert, dit Rayaye en indiquant du menton la porte que Tualenem venait de refermer, non sans avoir souhaité une bonne nuit au ministre. Baiser une Blanche. Comme baiser de la crotte. Ça me donne la chair de poule. Rentrer sa bite dans une chatte d'esclave. Quand la guerre sera terminée, de telles choses n'auront plus lieu. Les sang-mêlé sont à l'origine de cette révolution. Maintenir les races séparées. Faire en sorte que le sang de ceux qui dominent reste propre. C'est la seule solution. (Il avait parlé comme s'il s'attendait que son interlocuteur partage sans hésiter ce point de vue, mais il n'attendit pas d'en recevoir le moindre signe. Il remplit le verre d'Esdan et poursuivit de sa voix sonore de politicien, en hôte prévenant, en maître des lieux:) Ma foi, monsieur Old Music, j'espère que votre séjour à Yaramera vous est agréable, et que votre santé s'améliore.

Murmure poli.

– Le Président Oyo a été désolé d'apprendre que vous aviez été souffrant, il vous transmet tous ses vœux de rétablissement. Il est heureux de savoir que vous êtes dorénavant à l'abri d'éventuels mauvais traitements que les insurgés auraient pu vous faire subir. Vous pouvez rester ici en sécurité aussi longtemps que vous le désirerez. Quoi qu'il en soit, quand le moment sera venu, le Président et son cabinet auront plaisir à vous accueillir à Bellen.

Murmure poli.

Une longue expérience fit qu'Esdan ne posa pas les questions qui auraient révélé l'ampleur de son ignorance. Rayaye, comme la plupart des politiciens, aimait le son de sa propre voix, et tandis qu'il parlait, Esdan tâcha de brosser à la hâte un tableau de la situation présente. Il apparaissait que le gouvernement légitime avait quitté la ville pour s'installer dans un bourg, Bellen, au nord-est de Yaramera, non loin de la côte Est. Un poste de commandement était resté en ville. Les allusions que Rayaye y avait faites amenèrent Esdan à se demander si la ville n'était pas en réalité semi-indépendante du gouvernement Oyo, entre les mains d'une faction, peut-être une faction militaire.

Lorsque l'Insurrection commença, Oyo avait pour un temps reçu les pouvoirs extraordinaires; mais l'Armée Légitime de Voe Deo, après les cuisantes défaites à l'ouest, s'était montrée réticente sous son commandement, désirant davantage d'autonomie sur le terrain.

Le gouvernement civil avait exigé des représailles, une attaque et la victoire. L'armée voulait contenir la rébellion. Le Rega-général Aydan avait instauré la Ligne de Démarcation en centre-ville et tenté d'établir une frontière entre le nouvel État Libre et les Provinces Légitimes. Les veots passés du côté de l'Insurrection avec leurs troupes d'asservis avaient pareillement insisté auprès du Commandement de Libération pour instaurer une zone frontière neutre. L'armée revendiquait l'armistice, les combattants revendiquaient la paix. Mais : « Tant qu'il y aura encore un esclave, je ne serai pas libre », s'était écrié Nekam-Anna, leader de l'État Libre, et le Président Oyo avait tonné en réponse : « La nation ne sera pas divisée ! Nous défendrons la propriété légitime jusqu'à la dernière goutte de notre sang ! » Le Rega-Général avait soudain été remplacé par un nouveau commandant en chef. Très peu de temps après, l'Ambassade faisait l'objet d'un blocus total, tout accès aux informations était suspendu.

Si bien que pour ce qui s'était passé au cours des six mois qui avaient suivi, Esdan ne pouvait que se livrer à des conjectures. Rayaye parlait de « nos victoires dans le Sud », comme si l'Armée Légitime avait attaqué, s'enfonçant dans l'État Libre, au-delà du fleuve Devan, au sud de la ville. Si c'était le cas, ils avaient regagné du terrain, pourquoi le gouvernement s'était-il retiré de la ville et était-il allé s'enterrer à Bellen ? Les propos victorieux de Rayaye pouvaient signifier en réalité que l'Armée de Libération avait tenté de passer le Devan au sud, et que les Légitimes avaient réussi à les repousser. S'ils avaient l'intention d'appeler cela une victoire, ils avaient finalement renoncé au rêve de renverser la révolution et de reprendre en main tout le pays, ils acceptaient de revoir leurs exigences à la baisse.

– Une nation divisée n'est pas une option envisageable, dit Rayaye en réduisant à néant cet espoir. Vous le comprenez, je pense.

Assentiment civil.

Rayaye servit ce qu'il restait de vin.

– Mais la paix est notre objectif. Notre objectif le plus urgent et notre vœu le plus cher. Notre malheureux pays a suffisamment souffert.

Assentiment ferme.

– Je sais que vous êtes un homme de paix, monsieur Old Music. Nous savons que l'Ekumen prône l'harmonie au sein de ses États membres. La paix est ce à quoi nous aspirons de tout notre cœur.

Assentiment, plus signe léger demandant davantage d'informations.

– Comme vous le savez, le Gouvernement de Voe Deo a toujours eu le pouvoir de mettre un terme à la rébellion. Les moyens d'y mettre un terme brièvement et définitivement.

Pas de réaction, mais attention alerte.

– Et je crois que vous savez que c'est uniquement par respect pour la politique de l'Ekumen, dont ma nation est membre, que nous n'avons pas eu recours à ces moyens.

Absolument aucune réaction ni aucun acquiescement.

– Vous le savez, monsieur Old Music, n'est-ce pas ?

– Je supposais que vous souhaitiez naturellement survivre.

Rayaye secoua la tête, comme agacé par un insecte.

– Depuis que nous avons rejoint l'Ekumen – et d'ailleurs bien avant que nous l'ayons rejoint, monsieur Old Music –, nous avons loyalement suivi ses directives et accepté ses théories. Et c'est ainsi que nous avons perdu Yeowe ! Et c'est ainsi que nous avons perdu l'Ouest ! Quatre millions de morts, monsieur Old Music. Quatre millions lors de la première Insurrection. Et des millions depuis. Des millions. Si nous l'avions matée à l'époque, beaucoup moins de gens auraient péri. Asservis autant que possédants.

– Du suicide, dit Esdan d'une voix douce, à la manière dont les domestiques parlaient.

– Les pacifistes considèrent toutes les armes comme un suicide diabolique et désastreux. En raison de la sagesse ancestrale de votre peuple, monsieur Old Music, sur des sujets tels que la guerre, vous ne partagez pas la perspective fondée sur l'expérience que des peuples plus jeunes et moins raffinés comme nous sont obligés d'adopter. Croyez-moi, nous ne sommes pas suicidaires. Nous voulons que notre peuple, notre nation survivent. Nous sommes déterminés en ce sens. La biobo était entièrement testée bien avant que nous ne rejoignions l'Ekumen. Contrôlable, maîtrisable, opérationnelle. C'est une arme exacte, un outil de guerre d'une grande précision. La rumeur et la peur en ont largement exagéré les capacités et la nature. Nous savons comment nous en servir, comment en limiter les effets. C'est la réaction des Stabiles, via votre ambassadeur, qui nous a empêchés de procéder à un déploiement sélectif, lors du premier été de la rébellion.

– J'ai eu le sentiment que le haut commandement de l'Armée de Voe Deo était également opposé à ce déploiement.

– Quelques généraux l'étaient. Bon nombre de veots sont rigides dans leur façon de penser, comme vous le savez.

– Cette décision a-t-elle changé ?

– Le Président Oyo a autorisé le déploiement de la biobo contre les forces qui se sont regroupées en vue d'envahir cette province par l'ouest.

Quel joli mot, « biobo ». Esdan ferma les yeux un moment.

– La destruction sera épouvantable, dit Rayaye.

Assentiment.

– Il est possible, dit Rayaye en se penchant en avant, ses yeux noirs au milieu de son visage noir aussi intenses que ceux d'un chat à l'affût, que si l'on en informe les insurgés, ceux-ci se replient. Et acceptent de parlementer. S'ils se replient, nous n'attaquerons pas. S'ils acceptent de discuter, nous discuterons. Un holocauste peut être évité. Ils respectent l'Ekumen. Ils vous respectent, vous personnellement, monsieur Old Music. Ils vous font confiance. Si vous acceptez de leur parler sur le réseau, ou bien si leurs leaders acceptent une rencontre, ils vous écouteront ; vous n'êtes pour eux ni un ennemi ni un oppresseur, mais une voix bienveillante, vous incarnez une neutralité inspirée avant tout par l'amour de la paix, la voix de la sagesse, qui leur intimera de sauver leur peau tant qu'il en est encore temps. C'est l'opportunité que je vous offre, à vous et à l'Ekumen. Épargner vos amis parmi les rebelles, éviter à ce monde d'indescriptibles souffrances. Ouvrir la voie à une paix durable.

– Je ne suis pas habilité à parler au nom de l'Ekumen. L'Ambassadeur...

– Ne fera rien. Ne peut pas. N'est pas libre. Alors que vous l'êtes. Vous êtes un agent libre, monsieur Old Music. Votre position à Werel est unique. Les deux camps vous respectent. Vous font confiance. Et votre voix est porteuse d'infiniment plus de poids parmi les Blancs que la sienne. Il n'est arrivé qu'un an avant la rébellion. Vous êtes, si je puis dire, l'un des nôtres.

– Je ne suis pas l'un des vôtres. Je ne suis ni possédant ni asservi. Il faut que vous vous redéfinissiez pour m'inclure parmi les vôtres.

Rayaye, l'espace d'un instant, n'eut rien à dire. Il était interloqué, il allait se mettre en colère. Idiot, se dit Esdan, vieil idiot, monter sur ses grands chevaux, se placer sur le terrain moral ! Mais il ignorait sur quel terrain se placer.

Effectivement, sa parole aurait plus de poids que celle de l'Ambassadeur. Mais sinon, rien de ce qu'avait dit Rayaye ne tenait la route. Si le Président Oyo voulait la bénédiction de l'Ekumen quant à l'usage de cette arme et pensait sérieusement qu'Esdan la lui donnerait, pourquoi passait-il par Rayaye, et pourquoi gardait-il Esdan caché à Yaramera ? Rayaye travaillait-il avec Oyo, ou bien travaillait-il pour une faction qui prônait l'usage de la biobo tandis qu'Oyo s'y opposait ?

Mais, selon toute probabilité, tout cela était du bluff. Il n'y avait pas d'arme. Esdan était tenté d'opter pour cette hypothèse, laissant Oyo en dehors de tout ça si le coup de bluff ne prenait pas.

La biobombe, la biobo, pesait depuis des décennies, des siècles, comme une malédiction sur Voe Deo. En pleine peur panique d'une invasion étrangère, après que l'Ekumen les eut d'abord contactés quelque quatre cents ans plus tôt, les Wereliens avaient mis à disposition toutes leurs ressources pour développer les vols dans l'espace et l'armement. Les scientifiques qui étaient à l'origine de cette invention l'avaient désavouée, informant leur gouvernement qu'elle ne serait pas maîtrisable; il s'agissait de la destruction de toute vie humaine et animale sur une surface gigantesque et la propagation dans l'eau et l'atmosphère serait la cause à l'échelle mondiale de dégâts génétiques permanents et irréversibles. Le gouvernement n'avait jamais eu recours à cette arme, mais avait toujours refusé de la détruire, et son existence avait empêché Werel de faire partie de l'Ekumen, tant que l'embargo serait en vigueur. Voe Deo insista en faisant valoir que c'était leur seule garantie face à une éventuelle invasion extraterrestre, et croyait sans doute que cela constituait un moyen d'empêcher la révolution. Toutefois, ils ne s'en étaient pas servi quand Yeowe, la planète esclave, s'était rebellée. Ensuite, après que l'Ekumen eut levé l'embargo, ils annoncèrent que les stocks avaient été détruits. Werel devint membre de l'Ekumen. Voe Deo proposa que l'on procède à l'inspection des sites d'armement. L'Ambassadeur déclina poliment, évoquant la politique de confiance Ekuménique en vigueur. À présent, la biobo existait de nouveau. Dans les faits ? Dans la tête de Rayaye ? Était-il acculé ? S'agissait-il d'un canular, d'une tentative d'utiliser l'Ekumen pour donner du poids à une stratégie visant à refouler une invasion : le scénario le plus probable, mais néanmoins pas tout à fait convaincant ?

– Il faut mettre un terme à cette guerre, dit Rayaye.

– Je suis d'accord.

– Nous ne nous rendrons jamais. Il faut que vous compreniez cela. (Rayaye avait abandonné son ton flatteur et raisonnable.) Nous restaurerons l'ordre saint du monde, dit-il, et là il était parfaitement crédible. (Ses yeux, des yeux noirs de Werelien sans blanc, étaient insondables dans la faible lumière. Il vida son verre de vin.) Vous croyez que nous combattons pour défendre nos propriétés. Pour conserver ce que nous possédons. Mais je vais vous dire, nous combattons pour défendre notre Lady. Dans ce combat, pas de reddition possible. Et pas de compromis.

– Votre Lady est pleine de grâce.

– La Loi est sa grâce.

Esdan resta silencieux.

– Demain, je dois repartir à Bellen, dit Rayaye au bout d'un certain temps, reprenant son ton autoritaire et suave. Nos perspectives d'installation sur le front sud doivent être parfaitement coordonnées. À mon retour, j'aurai besoin de savoir si vous acceptez de coopérer. Notre réaction dépendra dans une très large mesure de cela. De votre position. L'on sait que vous êtes ici, dans les Provinces de l'Est – je veux dire par là que les insurgés le savent, de même que notre peuple –, même si l'endroit exact est, bien entendu, tenu secret, pour votre propre sécurité. L'on sait que vous préparez peut-être une déclaration annonçant un changement de l'Ekumen quant à l'attitude à adopter dans la guerre civile. Un changement qui pourrait sauver des millions de vies et apporter une paix juste à notre pays. J'espère que vous mettrez à profit le temps passé pour vous y employer.

Il fait partie d'une faction, songea Esdan. Il ne va pas à Bellen, ou bien s'il s'y rend, ce n'est pas là que siège le gouvernement d'Oyo. Il s'agit d'un stratagème mis au point par lui. Cinglé. Ça ne marchera pas. Il n'a pas la biobo. Mais il a un flingue. Et il me descendra.

– Merci pour cet agréable dîner, Monsieur le Ministre, dit-il.

Le lendemain matin, il entendit l'appareil volant décoller à l'aube. Après le petit déjeuner, il sortit dans le soleil matinal en boitant. Un de ses gardes veots l'observa d'une fenêtre, puis s'occupa d'autre chose. Dans un recoin abrité sous la balustrade de la terrasse sud, à proximité d'un opulent bosquet aux fleurs blanches épanouies qui embaumaient, il aperçut Kamsa, son bébé et Heo. Il s'approcha en clopinant. Les distances, à Yaramera, même à l'intérieur de la maison, étaient décourageantes pour un éclopé. Une fois sur place, il dit :

– Je me sens seul. Puis-je m'asseoir avec vous ?

Les femmes se relevèrent, bien entendu, elles firent une révérence, mais celle de Kamsa était devenue relativement sommaire. Il s'assit sur un banc incurvé constellé de fleurs tombées. Elles se rassirent sur le sentier pavé avec le bébé. Elles l'avaient démailloté pour qu'il profite du soleil doux. C'était un bébé très maigre, se dit Esdan. Les articulations très sombres des bras et des jambes ressemblaient aux nœuds translucides des tiges de fleurs. Le bébé bougeait plus qu'il ne l'avait jamais vu bouger, il étirait les bras et tournait la tête, on aurait dit qu'il appréciait l'air ambiant. La tête était imposante, par rapport au cou, là aussi comme une fleur, trop grosse pour une tige trop frêle. Kamsa agita l'une des fleurs devant le bébé. Ses yeux sombres suivirent le mouvement. Ses paupières et ses sourcils étaient d'une exquise délicatesse. Les rayons de soleil lui passaient à travers les doigts. Il sourit. Esdan retint sa respiration. Le sourire du bébé devant la fleur était beauté de la fleur, la beauté du monde.

– Comment s'appelle-t-il ?

– Rekam.

Petit-fils de Kamye. Kamye, Seigneur et esclave, chasseur et mari, guerrier et pacificateur.

– Très joli nom. Quel âge a-t-il ?

Dans le langage qu'elles parlaient, ça donnait : « Depuis combien de temps vit-il ? », et la réponse de Kamsa fut étrange :

– Aussi longtemps que sa vie, dit-elle, c'est du moins ce qu'il comprit de son dialecte et de son chuchotement.

Peut-être était-il mal élevé de demander l'âge d'un enfant, ou bien ça portait peut-être malheur.

Il se rassit sur le banc.

– Je me sens très vieux, dit-il. Ça fait cent ans que je n'ai pas vu d'enfant.

Heo était penchée en avant, elle lui tournait le dos ; il eut l'impression qu'elle voulait se boucher les oreilles. Il lui inspirait de la terreur, lui l'étranger. La vie n'avait pas beaucoup souri à Heo, elle n'avait connu que la peur, pensa-t-il. Quel âge avait-elle, vingt ans, vingt-cinq ? On lui en aurait donné quarante. Elle en avait peut-être dix-sept. Les femmes dont on « se servait », dont on abusait, vieillissaient vite. Kamsa ne devait guère avoir plus d'une vingtaine d'années. Elle était mince et ordinaire, mais elle était pleine d'entrain et de vitalité, contrairement à Heo.

– Maître a eu enfants ? demanda Kamsa, amenant l'enfant au sein avec une certaine fierté discrète, teintée de timide effronterie.

– Non.

– *A yera yera,* murmura-t-elle, encore un terme d'esclaves qu'il avait souvent entendu dans les cités urbaines : oh, dommage, dommage.

– Tu vois si bien le cœur des choses, Kamsa, dit-il.

Elle lui lança un regard et sourit. Elle avait de mauvaises dents, mais c'était un sourire bon. L'enfant ne tétait pas, se dit-il. Il demeurait tranquillement installé au creux de son bras. Heo restait aux aguets, sursautant chaque fois qu'il prenait la parole, si bien qu'il n'ajouta rien. Il regarda ailleurs, au-delà des buissons, contemplant la vue sublime qui, quels que soient le point de vue ou l'heure, composait un tableau parfait harmonieux : les niveaux couverts de dalles, d'herbe brune et d'eau bleutée, les courbes des avenues, les volumes et les lignes des buissons, le grand et vieil arbre, le fleuve embrumé et sa berge verdie, au loin. Les deux femmes s'étaient remises à parler doucement. Il ne prêta pas l'oreille à ce qu'elles disaient. Il entendait leurs voix, sentait le soleil sur sa peau, appréciait la quiétude.

La vieille Gana apparut sur la terrasse supérieure, s'approcha d'un pas lourd, fit une petite révérence à l'intention d'Esdan et s'adressa à Kamsa et à Heo :

– Choyo veut vous voir. Laisse-moi ce bébé.

Kamsa reposa le bébé par terre sur la dalle chaude. Elle et Heo se redressèrent vivement et s'en allèrent, avec légèreté, deux femmes minces filant gracieusement. Grognant et grimaçant, la vieille femme s'installa péniblement sur le chemin, à côté de Rekam. Elle s'empressa de l'emmailloter, tout en pestant après la mère. Esdan observa ses mouvements attentionnés, la douceur dont elle fit preuve quand elle prit l'enfant, cette tête lourde et ces membres minuscules, elle le berça tendrement de tout son corps.

Elle leva la tête vers Esdan. Elle sourit, son visage se brisa en une multitude de rides.

– C'est mon merveilleux cadeau, dit-elle.

Il murmura :

– Ton petit-fils ?

Le mouvement de tête en arrière. Elle continua de le bercer en douceur. Le bébé avait les yeux fermés, sa tête reposait paisiblement sur le sein étriqué et asséché.

– Je crois maintenant lui mourra dans pas longtemps.

Au bout d'un certain temps, Esdan dit :

– Mourir ?

Mouvement de la tête. Elle souriait encore. Le berçait doucement, tout doucement.

– Il a deux ans d'âge, maître.

– Je croyais qu'il était né cet été, fit Esdan dans un souffle.

La vieille femme dit :

– Il est venu pour rester un peu avec nous.

– Qu'est-ce qui ne va pas ?

– Le mal qui ronge.

Esdan avait déjà entendu cette expression.

– Avo ? dit-il, le terme correspondant, une infection virale systémique fréquente chez les enfants wereliens, une épidémie classique dans les cités d'asservis des villes.

Elle opina.

– Mais ça se guérit !

La vieille femme ne dit rien.

Avo était une maladie tout à fait guérissable. À condition qu'il y ait des médecins. À condition qu'il y ait des médicaments. On guérissait Avo en ville, pas à la campagne. Dans la bâtisse principale, pas dans les quartiers des asservis. En temps de paix, pas en temps de guerre. Quelle folie !

Peut-être savait-elle que c'était guérissable, peut-être l'ignorait-elle, peut-être ignorait-elle jusqu'à la signification du mot, elle berçait le bébé en lui chantonnant un air, sans prêter la moindre attention à ce fou. Mais elle l'avait entendu et finit par lui répondre, sans le regarder, tout en observant le visage du bébé endormi :

– Depuis que je suis née, j'appartiens à quelqu'un, il en est de même de mes filles. Mais lui non. Lui, c'est un cadeau. Un don à nous. Il n'appartient à personne. Un don du Seigneur Kamye de lui-même. Qui pourrait garder ce cadeau ?

Esdan inclina la tête.

Il avait dit à la mère : « Il sera libre. » Et elle avait dit : « Oui. »

Il dit finalement :

– Puis-je le prendre dans mes bras ?

La grand-mère cessa de le bercer et le garda un moment dans ses bras.

– Oui, dit-elle.

Elle se releva et, avec mille précautions, confia le bébé endormi à Esdan.

– Vous tenez ma joie, dit-elle.

L'enfant ne pesait rien – six ou sept livres. C'était comme tenir une fleur toute chaude, un minuscule animal, un oiseau. Le lange de l'enfant glissa sur les dalles. Gana le rattrapa et le reposa en douceur sur le bébé, lui cachant le visage. Tendue, nerveuse, pleine d'orgueil, elle s'agenouilla. Peu après, elle reprit le bébé contre son cœur.

– Voilà, dit-elle, son visage disait tout son bonheur.

Cette nuit-là, Esdan, qui dormait dans la chambre donnant sur les terrasses de Yaramera, rêva qu'il avait perdu un caillou rond qui provenait du pueblo et qu'il gardait toujours sur lui dans une petite bourse. Quand il l'avait au creux de la main et le réchauffait, il pouvait parler, parler avec lui. Mais il ne lui avait pas parlé depuis bien longtemps. Il se rendait maintenant compte qu'il ne l'avait plus sur lui. Il l'avait perdu, il l'avait laissé quelque part. Dans le sous-sol de l'Ambassade, pensait-il. Il essayait de pénétrer au sous-sol, mais la porte était fermée à clé, et il ne trouvait pas l'autre porte.

Il s'éveilla. Tôt le matin. Inutile de se lever. Il fallait qu'il réfléchisse à ce qu'il devait faire, à ce qu'il devait dire, Rayaye allait revenir. Impossible. Il repensa à son rêve, à la pierre qui parlait. Il regrettait de ne pas avoir entendu ce qu'elle disait. Il pensa au pueblo. La famille du frère de son père vivait dans l'Arkanan Pueblo, dans le Haut Pays, loin au sud. Quand il était petit, chaque année au cœur de l'hiver nordique, Esi allait y passer quarante jours d'été. Avec ses parents tout d'abord, tout seul par la suite. Son oncle et sa tante avaient grandi à Darranda et n'étaient pas des gens du pueblo. Leurs enfants l'étaient, eux. Ils avaient grandi dans l'Arkanan, c'était leur patrie. L'aîné, Suhan, quatorze ans de plus qu'Esdan, était né avec une anomalie incurable au cerveau, et c'était pour lui que ses parents s'étaient installés dans un pueblo. Là-bas, il y avait de la place pour lui. Il était devenu gardien de troupeau. Il était allé en montagne avec les yamas, des animaux que les populations du sud de Hain avaient amenés de O plus d'un millier d'années plus tôt. Il s'occupait des animaux. Il revenait vivre au pueblo uniquement l'hiver. Esi ne le voyait que rarement, et en était très content, il trouvait que c'était quelqu'un d'effrayant – un grand qui traînait les pieds, sentait mauvais, une voix tonitruante, articulant des mots incompréhensibles. Esi ne comprenait pas comment les parents et les sœurs de Suhan pouvaient l'aimer. Il pensait qu'ils faisaient semblant. Personne ne pouvait l'aimer.

Pour Esdan adolescent, c'était encore un problème. Sa cousine Noy, la sœur de Suhan, qui était devenue la Responsable de l'Eau d'Arkanan, lui avait dit que ce n'était pas un problème mais un mystère.

– Suhan est notre guide, est-ce que tu as vu ? dit-elle. Réfléchis-y.

C'est lui qui a amené mes parents ici. Si bien que ma sœur et moi sommes nées ici. Et toi tu viens chez nous. C'est ainsi que tu as appris à vivre au pueblo. Tu ne seras jamais juste un citadin. Tout cela parce que Suhan t'a guidé jusqu'ici. Nous a tous guidés ici. Dans les montagnes.

– Il ne nous a pas vraiment guidés, protesta le garçon de quatorze ans.

– Si. Nous avons suivi sa faiblesse. Son point faible. Sa brèche. Regarde l'eau. Elle trouve les anfractuosités de la roche, les ouvertures, les creux, les absences. C'est en suivant l'eau que l'on sait d'où l'on vient.

Puis elle avait quitté la ville pour aller arbitrer un différend portant sur les droits d'accès à un système d'irrigation, car la partie est des montagnes était un pays d'une grande sécheresse, et les gens d'Arkanan avaient beau être hospitaliers, ils n'en étaient pas moins querelleurs, et la Responsable de l'Eau était toujours occupée.

L'état de santé de Suhan avait été sans appel, même les sommités médicales de Hain n'avaient rien pu pour lui. Mais ce bébé était en train de mourir d'une maladie que l'on pouvait guérir par une simple série de piqûres. Il y avait quelque chose qui clochait dans l'acceptation de sa maladie et de sa mort. Il y avait quelque chose qui clochait dans le fait de laisser sa vie lui échapper au nom des circonstances, de la malchance, d'une société injuste et d'une religion fataliste. Une religion qui prônait et encourageait la terrifiante passivité des esclaves, qui disait aux femmes de ne rien faire, de laisser les enfants dépérir et mourir.

Il fallait qu'il intervienne, il fallait qu'il fasse quelque chose, que pouvait-on faire ?

Depuis combien de temps vit-il ?

Aussi longtemps que sa vie.

Ils ne pouvaient rien faire. Ils n'avaient nulle part où aller. Personne à qui s'adresser. Il existait pourtant un remède contre Avo, ailleurs, pour d'autres enfants. Pas ici, pas pour cet enfant. Il ne servait à rien ni de se mettre en colère, ni d'espérer. Le chagrin était vain. L'heure du chagrin n'avait pas encore sonné. Rekam était là avec eux, et ils se réjouiraient de sa présence tant qu'il serait à leurs côtés. Aussi longtemps que sa vie. *C'est mon merveilleux cadeau. Vous tenez ma joie.*

Quel endroit étrange pour apprendre la qualité de la joie. L'eau est mon guide, songea-t-il. Il avait encore sur les mains le contact de l'enfant qu'il venait de tenir, le poids léger, la brève chaleur.

Le lendemain matin, il était dehors sur la terrasse, il attendait l'arrivée de Kamsa et du bébé, comme à l'accoutumée, mais à la place, c'est le vieux veot qui se présenta.

– Monsieur Old Music, je dois vous demander de ne pas sortir un certain temps, dit-il.

– Zadyo, je ne vais pas m'enfuir en courant, dit Esdan en montrant son pied bandé.

– Je suis désolé, monsieur.

Il suivit de mauvais gré le veot à l'intérieur et fut enfermé en bas dans une pièce, une remise sans fenêtres où l'on stockait des marchandises, derrière les cuisines. Ils l'avaient aménagée en y mettant un lit de camp, une table, une chaise, un pot et une lampe électrique au cas où le générateur aurait des ratés, comme ça arrivait pratiquement tous les jours.

– C'est que vous attendez une attaque, alors ? fit-il en constatant ces préparatifs, mais le veot se contenta de refermer la porte à clé.

Esdan s'assit sur le lit de camp et médita, comme il avait appris à le faire à l'Arkanan Pueblo. Il chassa la détresse et la colère de son esprit en se répétant inlassablement santé, bon travail, courage, patience, paix pour le zadyo... pour Kamsa, pour bébé Rekam, ou Rayaye, pour Heo, pour Tualenem, pour l'oga, pour Nemeo qui l'avait mis dans la cage accroupie, pour Alatual qui l'avait enfermé dans la cage accroupie, pour Gana qui s'était occupé de son pied, pour les gens qu'il connaissait à l'Ambassade, à la ville, santé et bon travail, courage, patience, paix... cela se passa bien, mais la méditation elle-même se solda par un échec. Il ne pouvait s'empêcher de gamberger. Alors il se laissa aller à ses pensées. Il pensa à ce qu'il pouvait faire. Il ne trouva rien. Il était faible comme l'eau, sans recours comme le bébé. Il s'imagina à l'holonet disant un texte comme quoi l'Ekumen acceptait à contrecœur l'usage limité d'armes biologiques dans le but de mettre un terme à la guerre civile. Il s'imagina sur l'holonet, laissant tomber le texte et annonçant que l'Ekumen n'approuverait jamais l'usage d'armes biologiques, quel que soit le motif. Les deux scénarios imaginés étaient pure fantaisie. Les hypothèses de Rayaye étaient fantaisistes. Voyant que son otage ne lui était d'aucun secours, Rayaye le ferait abattre. Combien de temps avait-il vécu ? Aussi longtemps que soixante-deux ans. Une durée bien plus remarquable que celle accordée à Rekam. Son esprit se remit à gamberger sur le passé.

Le zadyo ouvrit la porte et lui annonça qu'il pouvait sortir.

– À quelle distance se trouve l'Armée de Libération, zadyo ? demanda-t-il.

Il ne s'attendait pas à une réponse. Il sortit sur la terrasse. C'était la fin de l'après-midi. Kamsa était là, assise avec le bébé sur sa poitrine. Il avait son téton dans la bouche, mais il ne tétait pas. Elle se couvrit le sein. Pour la première fois, son visage parut triste.

– Est-ce qu'il dort ? Est-ce que je peux le prendre ? demanda Esdan en s'asseyant à côté d'elle.

Elle fit passer le petit paquet sur les genoux d'Esdan. Son visage paraissait encore contrarié. Esdan eut l'impression que la respiration du bébé était plus difficile. Mais il était éveillé, il leva la tête et regarda Esdan de ses grands yeux. Esdan fit des grimaces, il retroussa les lèvres et cligna de l'œil. Il eut droit à un petit sourire.

– Dans les champs, ils disent que l'Armée arrive, dit Kamsa de sa voix très douce.

– Libération ?

– Enna. Une armée.

– De l'autre côté du fleuve ?

– Je crois.

– Ce sont des asservis – des affranchis. C'est ton peuple. Ils ne te feront pas de mal.

Peut-être.

Elle avait peur. Elle se contrôlait à la perfection, mais elle était effrayée. Elle avait connu l'Insurrection. Et les représailles.

– Cache-toi, si tu le peux, s'ils lâchent des bombes ou s'il y a des combats, dit-il. En sous-sol. Il doit bien y avoir des endroits où se cacher, ici.

Elle réfléchit et dit :

– Oui.

Les jardins de Yaramera étaient paisibles. Pas un bruit, juste le bruissement des feuilles, le doux ronron du générateur. Même les ruines brûlées de la maison paraissaient veloutées, sans âge. Le pire était arrivé, disaient les ruines. Était arrivé à elles. Peut-être pas à Kamsa et Heo, à Gana et Esdan. Mais il n'y avait pas le moindre signe annonciateur de violence dans l'air estival. Le bébé refit un faible sourire, en se blottissant dans les bras d'Esdan. Il pensa à la pierre qu'il avait perdue dans son rêve.

Il fut enfermé pour la nuit dans la remise sans fenêtres. Il n'avait aucun moyen de savoir l'heure qu'il était quand il entendit une voix, et fut franchement réveillé par une série de coups de feu ou d'explosions de grenades. Il y eut du silence, puis une seconde série d'explosions, des coups de feu, plus lointains. Puis le silence à nouveau, qui se prolongea, se prolongea. Il entendit alors un appareil volant juste au-dessus de la maison, on aurait dit qu'il tournait au-dessus, puis des bruits à l'intérieur de la maison : un cri, une course. Il alluma la lampe, enfila son pantalon à la hâte, pas facile à mettre avec son pied bandé. En entendant l'appareil volant revenir, suivi d'une explosion, il se précipita sur la porte, cédant à la panique, il n'avait plus qu'une idée en tête : il fallait qu'il s'échappe coûte que coûte de ce piège mortel. Il avait toujours eu peur du feu, toujours eu peur de mourir par le feu. La porte était en bois massif, solidement fixée à un solide chambranle. Il n'avait absolument aucune chance d'en venir à bout, et malgré sa panique, il le savait. Il s'écria une fois : « Faites-moi sortir d'ici ! », puis se reprit, retourna sur le lit de camp, et au bout d'une minute s'assit par terre entre le lit et le mur, l'endroit le mieux protégé de la pièce, il essaya d'imaginer ce qui se passait. Un raid de Libération et les hommes de Rayaye qui ripostaient, essayant d'abattre l'avion, voilà ce qu'il imagina.

Silence de mort. Qui n'en finissait pas.

La lumière de sa lampe se mit à trembloter.

Il se leva et se tint à la porte.

– Faites-moi sortir !

Pas un bruit.

Un seul coup de feu. Des voix à nouveau, des coups de feu, un appel. Après un autre long silence, des voix au loin, le pas d'hommes qui s'engouffraient dans le corridor, de l'autre côté de la porte. Un homme dit : « Qu'ils restent dehors, pour l'instant », une voix plate, dure. Il hésita, puis prit son courage à deux mains et s'écria :

– Je suis prisonnier ! Ici !

Une pause.

– Qui est là ?

Ce n'était pas une voix déjà entendue. Pourtant il avait bonne mémoire, pour ce qui était des voix, des visages, des noms, des intentions.

– Esdardon Aya de l'Ambassade de l'Ekumen.

– Seigneur Dieu ! s'exclama la voix.

– Faites-moi sortir d'ici, vous voulez bien ?

Pas de réponse, mais la porte trembla en vain sur ses gonds massifs, elle subit plusieurs assauts ; d'autres voix dehors, d'autres coups. « Une hache », dit quelqu'un. « Trouve la clé », dit quelqu'un d'autre ; ils s'en allèrent. Esdan attendit. Il lutta contre l'envie d'éclater de rire, craignant de succomber à l'hystérie, mais c'était amusant, bêtement amusant, tous ces coups de feu de l'autre côté de la porte, ces clés et ces haches qu'ils allaient chercher, une farce en plein milieu de la bataille. Quelle bataille ?

Il l'apprit après coup. Les hommes de la Libération avaient pénétré dans la maison et tué les hommes de Rayaye, les prenant presque tous par surprise. Ils avaient attendu l'appareil volant de Rayaye. Ils devaient avoir des contacts parmi les esclaves agricoles, des informateurs, des guides. Enfermé dans sa pièce, il n'avait entendu que la fin bruyante de l'assaut. Quand on le libéra, ils sortaient les morts. Il vit se déchirer le corps horriblement mutilé de l'un des jeunes, Alatual ou Nemeo, les jambes restèrent sur place tandis qu'ils le tiraient, laissant une traînée de sang visqueux et d'entrailles dans tout le couloir. Celui qui tirait le corps était perplexe, il tenait les épaules et le torse.

– Et merde, dit-il, et Esdan resta bouche bée, essayant à nouveau de ne pas rire, de ne pas vomir.

– Viens, dirent les hommes qui étaient avec lui, et il vint.

La lumière du petit matin pénétrait de biais par les fenêtres cassées. Esdan ne cessait de regarder autour de lui, il vit l'un des domestiques. Les hommes l'emmenèrent dans la pièce où se trouvait la tête de chien au-dessus de la cheminée. Six ou sept hommes étaient réunis autour de la table. Ils ne portaient pas d'uniformes, mais certains arboraient à la manche ou à la casquette le nœud jaune de la Libération. Ils étaient vêtus de haillons, ils avaient l'air dur. Certains étaient mats, d'autres avaient une peau beige, ou glaise, ou sombre, ils paraissaient tous à cran et dangereux. Un de ceux qui étaient avec lui, un grand type maigre, dit de la voix rauque qui avait prononcé « Seigneur Dieu » de l'autre côté de la porte :

– C'est lui.

– Je suis Esdardon Aya, Old Music, de l'Ambassade de l'Ekumen, répéta-t-il, sur le ton le plus léger possible. J'étais retenu prisonnier. Merci de m'avoir libéré.

Plusieurs d'entre eux le dévisagèrent à la manière dont on dévisageait un étranger quand on n'en avait jamais vu, sa peau marron roussi, ses yeux enfoncés avec du blanc, les subtiles différences dans la structure du crâne et les traits du visage. Un ou deux d'entre eux le regardèrent d'un air plus agressif, comme pour voir s'il ne mentait pas, montrant qu'il lui faudrait apporter la preuve de ce qu'il avancerait. Un grand type aux épaules larges, blanc de peau, à la chevelure brune, un pur Poussiéreux, un sang-pur de l'ancienne race conquise, regarda Esdan un long moment.

– C'est pour ça qu'on est venus, dit-il.

Il avait parlé d'une voix douce, une voix d'asservi. Il faudrait sans doute toute une génération pour qu'ils apprennent à moduler leur voix, à parler librement.

– Comment avez-vous su que j'étais là ?

– La toile des champs.

C'est ainsi qu'ils appelaient le système clandestin d'information de bouche à oreille, des champs aux cités, aux villes, aller et retour, bien avant que l'holonet n'existe. La Hame s'était servie de la toile des champs et ç'avait été l'outil principal de l'Insurrection.

Un petit homme courtaud sourit et esquissa un léger hochement de tête, puis s'immobilisa en voyant que les autres ne divulguaient aucune information.

– Alors vous savez qui m'a amené ici, Rayaye. J'ignore pour le compte de qui il agissait. Tout ce que je sais, je vais vous le dire. (Maintenant qu'il était délivré, il se sentait idiot, il parlait trop, il faisait des chichis alors qu'eux jouaient les durs.) J'ai des amis ici, poursuivit-il d'une voix plus neutre, les regardant les uns après les autres dans les yeux, de manière directe mais courtoise. Des esclaves, des domestiques. J'espère qu'ils sont sains et saufs.

– Ça dépend, dit un homme aux cheveux gris à l'air très fatigué.

– Une femme avec un bébé, Kamsa. Une vieille femme, Gana.

Plusieurs secouèrent la tête pour signifier leur ignorance ou leur indifférence. La plupart ne réagirent pas du tout. Il les considéra de nouveau les uns après les autres, réprimant sa colère et son irritation devant ces grands airs pompeux et cette attitude muette.

– On veut savoir ce qu'on fabrique ici, dit l'homme à la chevelure brune.

– Un contact de l'Armée de Libération m'emmenait de l'Ambassade au Commandement de Libération il y a une quinzaine de jours. Nous avons été interceptés à la Ligne de Démarcation par les hommes de Rayaye. Ils m'ont amené ici. J'ai passé un certain temps dans la cage accroupie, dit Esdan de la même voix neutre. Mon pied a été blessé, je ne peux pas trop marcher. J'ai parlé deux fois à Rayaye. Avant d'en dire davantage, je pense que vous comprendrez que j'ai besoin de savoir à qui je m'adresse.

Le grand mince qui l'avait fait sortir de la remise où il était enfermé fit le tour de la table et conversa brièvement avec l'homme aux cheveux gris. Celui à la chevelure brune écouta tout en donnant son assentiment. Le grand mince s'adressa à Esdan de sa voix âpre et plate :

– Nous sommes une mission de la Force Spéciale de l'Armée de Libération du Monde. Je suis le Marshal Metoy.

Les autres déclinèrent leur nom. Le type massif aux cheveux bruns était le général Banarkamye, le plus âgé à l'air fatigué était le général Tueyo. Ils donnèrent leur nom et leur grade, mais n'y firent pas référence en s'adressant les uns aux autres, pas plus qu'ils ne l'appelèrent Maître. Avant la Libération, les gens à louer utilisaient rarement les titres entre eux, outre ceux de parenté : père, sœur, tante. Les titres n'avaient cours que devant un nom de possédant : Seigneur, Maître, Monsieur, Chef. De toute évidence, la Libération avait décidé de faire sans. Ça lui fit plaisir de voir une armée qui ne claquait pas des talons et ne hurlait pas le grade du supérieur ! Mais il ne savait pas avec certitude sur quelle armée il était tombé.

– Ils vous ont enfermé dans cette pièce ? lui demanda Metoy.

C'était un drôle d'homme, une voix froide et plate, un visage froid, mais moins sur les nerfs que les autres. Il avait l'air sûr de lui, il était habitué à commander.

– Ils m'ont enfermé là-dedans hier soir. Comme s'ils avaient eu une sorte d'avertissement comme quoi il allait y avoir du grabuge. Normalement, j'avais une chambre en haut.

– Vous pouvez y retourner à présent, dit Metoy. Restez à l'intérieur.

– Entendu. Merci encore, leur dit-il à tous. Je vous en prie, si vous avez des nouvelles de Kamsa et de Gana...

Il n'attendit pas d'essuyer une rebuffade, fit volte-face et sortit.

Un des plus jeunes l'accompagna. Il avait pris pour nom Zadyo Tema. L'Armée de Libération utilisait d'anciens grades veot, donc. Il y avait des veots parmi eux, Esdan le savait, mais Tema n'en était pas un. Il avait la peau claire et l'accent sec, haché et doux des Poussiéreux de la ville. Esdan n'essaya pas de lui parler. Tema était extrêmement nerveux, hanté par les corps à corps de la nuit ou par autre chose ; il y avait un frémissement quasi constant dans ses épaules, ses bras et ses mains, et son visage d'une grande pâleur arborait une mine renfrognée. Il n'était pas d'humeur à tailler le bout de gras avec un ancien étranger civil ayant été fait prisonnier.

En temps de guerre, tout le monde est prisonnier, avait écrit l'historien Henennemores.

Esdan avait remercié ses nouveaux ravisseurs de l'avoir délivré, mais pour l'instant, il savait où il était. Il était encore à Yaramera.

Il éprouva un certain soulagement à revoir sa chambre, à s'asseoir dans le fauteuil à un seul accoudoir, près de la fenêtre, pour contempler les premiers rayons du soleil, les ombres allongées des arbres sur la pelouse et les terrasses.

Aucun des domestiques ne sortit comme à l'accoutumée pour vaquer à ses occupations ou bien faire une pause. Personne ne vint le voir dans sa chambre. La matinée passa. Il fit les quelques exercices de tanhai qu'il pouvait faire, compte tenu de l'état de son pied. Il resta assis, somnola, s'éveilla, essaya de rester éveillé, incapable de se reposer, anxieux, ressassant les mots dans sa tête : Une mission de la Force Spéciale de l'Armée de Libération du Monde.

Le Gouvernement Légitime appelait l'armée ennemie les « forces insurgées » ou les « hordes rebelles » aux holo-infos. Au départ, elle s'appelait l'Armée de Libération... il n'était pas question de Libération du Monde ; mais depuis l'Insurrection il avait été coupé de tout contact avec les combattants de la liberté et coupé de toute information depuis le blocus de l'Ambassade – à l'exception de mondes situés à des années-lumière, bien sûr, cela n'avait pas été interrompu, l'ansible regorgeait de ce type d'infos... mais pour ce qui se passait à deux pas, rien, pas un mot. À l'Ambassade, il avait été ignorant, inutile, d'aucune aide pour quiconque, passif. Exactement comme ici. Depuis que la guerre avait commencé, il avait été, comme Henennemores avait dit, un prisonnier. Comme tout le monde à Werel. Un prisonnier de la cause de la liberté.

Il craignait d'être amené à accepter son impuissance, que ce sentiment ne finisse par contaminer son âme. Il fallait qu'il se rappelle l'enjeu de cette guerre. Mais que la Libération advienne vite, se dit-il, que je sois enfin libre !

En milieu d'après midi, le jeune zadyo lui apporta une assiette froide, manifestement des restes trouvés en cuisine, et une bouteille de bière. Il but et mangea de bon appétit. Mais il était clair qu'ils n'avaient pas libéré les domestiques. Ou bien qu'ils les avaient tués. Il ne laisserait pas son esprit se focaliser là-dessus.

Après le coucher du soleil, le zadyo revint et le fit descendre dans la pièce avec la tête de chien sur la cheminée. Le générateur ne marchait pas, évidemment ; il n'y avait que les bricolages du vieux Saka pour le faire marcher. Des hommes tenaient des lampes électriques, et des lampes à huile brûlaient sur la table, conférant aux visages une clarté dorée, projetant des ombres profondes derrière eux.

– Asseyez-vous, dit le général aux cheveux bruns, Banarkamye (on pouvait transcrire son nom par Bible-lire). Nous avons quelques questions à vous poser.

Silence mais acquiescement civil.

Ils lui demandèrent comment il était sorti de l'Ambassade, qui avaient été ses contacts avec la Libération, où il était allé, pourquoi il avait essayé de partir, ce qui s'était passé pendant le kidnapping, ce qu'on lui avait demandé. Ayant décidé en cours d'après-midi que la candeur serait son meilleur atout, il répondit à toutes les questions de manière directe et brève, jusqu'à la dernière.

– Je suis personnellement dans votre camp, dans cette guerre, dit-il, mais l'Ekumen est nécessairement neutre. Dans la mesure où je suis le seul étranger de Werel libre de parler, tout ce que je dirai risque d'être pris, à tort, comme émanant de l'Ambassade et des Stabiles. C'est pour cela que j'étais précieux aux yeux de Rayaye. C'est peut-être pour cela que je suis précieux à vos yeux. Mais il s'agit d'un leurre. Je ne peux pas parler au nom de l'Ekumen. Je ne suis investi d'aucune autorité.

– Ils voulaient vous faire dire que l'Ekumen soutenait les Jits, dit l'homme fatigué, Tueyo.

Esdan opina.

– Ont-ils parlé d'avoir recours à des tactiques particulières, à des armes ?

C'était Banarkamye, le sinistre, qui essayait de ne pas prononcer sa question avec trop de sérieux.

– Je préférerais répondre à cette question quand je serai derrière vos lignes, mon général, et parler à des gens du Commandement de Libération que je connais.

– Vous vous adressez au Commandement de l'Armée de Libération du Monde. Le refus de répondre pourra être pris comme une preuve d'intelligence avec l'ennemi.

C'était la voix rauque, dure et désinvolte de Metoy.

– Je sais ça, Marshal.

Ils échangèrent un coup d'œil. Malgré la menace non dissimulée qu'il avait formulée, Metoy était celui à qui Esdan était tenté de faire le plus confiance. Il était solide. Les autres étaient nerveux, instables. Il était sûr à présent que c'étaient des factionalistes. Quant à savoir si leur faction était importante, et quels étaient leurs points de désaccord avec le Commandement de Libération, tout dépendrait de ce qu'ils allaient lui divulguer.

– Écoutez, monsieur Old Music, dit Tueyo. (Les vieilles habitudes ne disparaissaient pas comme ça.) Nous savons que vous avez travaillé pour la Hame. Vous avez aidé à faire passer des gens à Yeowe. À cette époque vous étiez de notre côté. (Esdan opina.) Il faut que vous soyez maintenant de notre côté. Nous vous parlons en toute franchise. Selon nos informations, les Jits préparent une contre-attaque. Ce que ça signifie aujourd'hui, c'est qu'ils s'apprêtent à se servir de la biobo. C'est la seule signification que cela peut avoir. Cela ne doit pas arriver. On ne peut pas les laisser faire ça. Il faut les en empêcher.

– Vous dites que l'Ekumen est neutre, dit Banarkamye. C'est un mensonge. Il y a cent ans, l'Ekumen refusait que ce monde se joigne à eux, car nous avions la biobo. Nous l'avions, nous ne nous en sommes pas servis, le simple fait de l'avoir était suffisant. Maintenant il se dit neutre. Au moment où c'est important. Maintenant que ce monde fait partie du leur ! Il faut agir. Agir contre cette arme. Il doit empêcher les Jits de s'en servir.

– Si les Légitimes l'avaient, s'ils avaient l'intention de s'en servir, et si je pouvais passer le mot à l'Ekumen – que pourraient-ils faire ?

– Parlez-leur. Dites au président Jit : l'Ekumen ordonne d'en rester là. L'Ekumen va envoyer les vaisseaux, va envoyer les troupes. Soutenez-nous ! Si vous n'êtes pas avec nous, vous êtes avec eux.

– Mon général, le vaisseau le plus proche se trouve à des années-lumière. Les Légitimes le savent.

– Mais vous pouvez les appeler, vous avez le transmetteur.

– L'ansible de l'Ambassade ?

– Les Jits en ont un aussi.

– L'ansible du Ministère des Affaires Étrangères a été détruit pendant l'Insurrection. Lors de la première attaque des bâtiments gouvernementaux. Ils ont fait sauter tout le bâtiment.

– Comment le savons-nous ?

– Ce sont vos propres forces qui ont fait ça. Général, croyez-vous que les Légitimes auraient un lien par ansible avec l'Ekumen que vous n'avez pas ? Non. Ils auraient pu s'emparer de l'Ambassade et de son ansible, mais en faisant cela, ils auraient perdu leur crédibilité auprès de l'Ekumen. Et qu'en auraient-ils tiré ? L'Ekumen n'a pas de troupes à envoyer. (Et il ajouta, parce que soudain il n'était pas sûr que Banarkamye était au courant :) Comme vous le savez certainement. Si c'était le cas, il faudrait des années pour les faire venir. Pour cette raison et bien d'autres, l'Ekumen n'a pas d'armée et ne se livre à aucune guerre.

Il était profondément inquiet de leur ignorance, de leur amateurisme, de leurs craintes. Il fit en sorte que son inquiétude et son impatience ne s'entendent pas dans sa voix, il parla calmement et les regarda d'un air serein, comme s'il s'attendait qu'ils le comprennent et soient de son avis. Il suffit parfois de faire croire que l'on ressent une telle confiance pour que la confiance s'impose. Malheureusement, à voir leurs visages, il venait d'annoncer aux deux généraux qu'ils s'étaient trompés et annonçait à Metoy qu'il avait eu raison. Il prenait parti pour les uns et contre les autres.

Banarkamye dit :

– Restons-en là pour l'instant, et il posa d'autres questions plus légères, lui redemanda des détails, écoutant les réponses sans broncher.

Le visage impassible. Montrant qu'il ne faisait pas confiance à l'otage. Il insista pour savoir tout ce que Rayaye avait dit concernant une invasion ou une contre-attaque dans le Sud. Esdan répéta à plusieurs reprises que Rayaye avait dit que le Président Oyo attendait une invasion de Libération de cette province, en aval. Chaque fois, il ajouta : « Dans tout ce que Rayaye m'a dit, je ne sais pas s'il y a quoi que ce soit de vrai. » À la quatrième ou cinquième fois, il dit :

– Excusez-moi, général. Je voudrais avoir des nouvelles des gens d'ici...

– Connaissiez-vous qui que ce soit ici avant d'y arriver ? demanda un jeune du tac au tac.

– Non. Ma requête concerne les domestiques. Ils ont été gentils avec moi. Le bébé de Kamsa est malade, il faut le soigner. Je voudrais savoir si on s'occupe d'eux.

Les généraux discutèrent entre eux, ne s'intéressant pas le moins du monde à cette diversion.

– Quiconque est resté ici, dans un endroit comme ici, après l'Insurrection, est un collaborateur, dit le zadyo, Tema.

– Où vouliez-vous qu'ils aillent ? demanda Esdan en essayant de garder son ton désinvolte. On n'est pas en pays libéré. Les patrons envoient encore les esclaves dans les champs. Ils se servent encore de la cage accroupie.

Sa voix trembla sur ces derniers mots, et il s'en voulut.

Banarkamye et Tueyo étaient encore en conférence, ignorant sa question. Metoy se leva et déclara :

– Suffit pour aujourd'hui. Venez avec moi.

Esdan traversa le hall derrière lui en boitant. Le jeune zadyo suivit à la hâte, à l'évidence envoyé par Banarkamye. Pas de conversation privée possible. De toute façon, Metoy s'arrêta devant la porte d'Esdan, le regarda et dit :

– On va se renseigner à propos des domestiques.

– Merci, dit Esdan d'une voix chaleureuse. (Il ajouta :) Gana s'occupait de cette blessure. Il faut que je la voie.

S'ils le voulaient vivant et en bon état, ils n'hésiteraient pas à se servir de ses points faibles comme moyen de pression. Sinon, il ne leur serait plus d'une grande utilité.

Il dormit peu et mal. C'était toujours dans l'action, et informé, qu'il gardait sa vigueur. C'était exténuant d'être maintenu dans l'ignorance et l'impuissance, estropié mentalement et physiquement. Et puis il avait faim.

Peu après le lever du soleil, il essaya d'ouvrir sa porte et découvrit qu'elle était verrouillée. Il tambourina et hurla avant que quelqu'un arrive, un jeune homme à l'air effrayé, une sentinelle certainement, puis Tema, endormi et renfrogné, avec la clé de la porte.

– Je veux voir Gana, dit Esdan sur un ton assez péremptoire. C'est elle qui s'occupe de ceci, ajouta-t-il en indiquant son pied bandé.

Tema ferma la porte sans dire un mot. Au bout d'une heure environ, la clé se fit à nouveau entendre dans la serrure et Gana entra. Metoy la suivit. Lui-même suivi de Tema.

Gana exécuta sa révérence devant Esdan. Il s'avança vivement et posa les mains sur ses bras, colla sa joue contre la sienne.

– Que le Seigneur Kamye soit loué, je le vois, tu es bien ! dit-il, des mots qui lui avaient souvent été dits par des gens comme elle. Kamsa, le bébé, comment vont-ils ?

Elle avait peur, elle tremblait, ses cheveux étaient en désordre, elle avait les paupières rouges, mais elle se remit plutôt bien de cette salutation fraternelle franchement inattendue.

– Ils sont dans la cuisine, maintenant, monsieur, dit-elle. Les hommes de l'Armée, ils ont dit que ce pied vous donne mal.

– C'est ce que je leur ai dit. Pourrais-tu refaire le bandage ?

Il s'assit sur le lit, et elle se mit à défaire le bandage.

– Les autres, sont-ils sains et saufs ? Heo ? Choyo ?

Elle secoua la tête une seule fois.

– Je suis navré, dit-il.

Il ne pouvait en demander davantage.

Elle ne fit pas un pansement aussi réussi que les fois précédentes. Elle avait moins de force dans les mains, si bien qu'elle ne put l'enrouler aussi serré, et puis elle dut se hâter, dérangée dans son travail par les inconnus qui l'observaient.

– J'espère que Choyo est revenu en cuisine, dit-il à moitié pour elle à moitié pour eux. Il faut bien que quelqu'un prépare à manger, ici.

– Oui, monsieur, murmura-t-elle.

Pas de monsieur, pas de maître ! Il voulait la prévenir, il avait peur pour elle. Il leva les yeux, dévisagea Metoy pour essayer de le jauger, mais n'y parvint guère.

Gana termina. Metoy lui donna congé d'un mot, et envoya le zadyo pour la raccompagner. Gana était contente de s'en aller. Tema résista.

– Général Banarkamye... commença-t-il.

Metoy le regarda. Le jeune homme hésita, se renfrogna, obéit.

– Je m'occuperai de ces gens, dit Metoy. Je l'ai toujours fait. J'étais chef de camp. (Il observa Esdan de ses yeux noirs froids.) Je suis un coupé. Plus beaucoup comme moi, de nos jours.

Au bout d'un certain temps, Esdan dit :

– Merci, Metoy. Ils ont besoin d'aide. Ils ne comprennent pas.

Metoy opina.

– Je ne comprends pas non plus, dit Esdan. Est-ce que la Libération a l'intention d'envahir ? Ou bien est-ce que Rayaye avait inventé ça comme excuse pour avoir recours à la biobo ? Oyo le croit-il ? Est-ce que vous, vous le croyez ? Est-ce que l'Armée de Libération est de l'autre côté de la rivière, là ? Est-ce de là que vous arrivez ? Qui êtes-vous ? Je n'attends pas de réponse de votre part.

– Je ne répondrai pas, dit l'eunuque.

Si c'était un agent double, se dit Esdan après qu'il fut parti, il travaillait pour le Commandement de Libération. Du moins l'espérait-il. Metoy était un homme qu'il voulait de son côté.

Mais je ne sais pas de quel côté je me trouve, songea-t-il en revenant à son fauteuil près de la fenêtre. La Libération, bien sûr, oui, mais qu'est-ce que la Libération ? Pas une idée, la liberté pour les esclaves. Pas maintenant. Plus jamais. Depuis l'Insurrection, la Libération est une armée, une force politique, beaucoup de gens et des chefs et des gens qui aspiraient à devenir chef, des ambitions et de la convoitise entravant les espoirs et la force, un gouvernement maladroit et semi-amateur qui vacillait sous le coup de la violence à force de compromis de plus en plus compliqués, qui ne connaîtrait plus jamais la belle simplicité de l'idéal, l'idée pure de liberté. Or c'est ce que je voulais, ce pour quoi j'ai travaillé toutes ces années. Gripper la structure majestueusement simple de la hiérarchie de caste en l'infectant avec l'idée de justice. Et ensuite confondre la structure majestueusement simple de l'idéal de l'égalité humaine en essayant de la transformer en réalité. Le mensonge monolithique s'effrite, grignoté par un millier de vérités incompatibles, et c'est ce que je voulais. Mais je suis pris dans la folie, la stupidité, la brutalité aveugle de l'événement.

Ils veulent tous se servir de moi, mais je suis plus qu'inutile, se dit-il ; et la pensée le traversa comme un puits de lumière claire. Il n'avait cessé de penser qu'il pouvait faire quelque chose. Mais il ne pouvait rien faire.

C'était une sorte de liberté.

Pas étonnant que lui et Metoy se fussent compris l'un l'autre sans dire un mot et du premier coup.

Tema le zadyo vint à sa porte pour le conduire en bas. De retour dans la pièce au chien. Tous ceux qui avaient un profil de chef étaient attirés par cette pièce, par cette austère masculinité. Il n'y avait que cinq hommes, cette fois-ci, Metoy, les deux généraux et les deux au grade de rega. Banarkamye les dominait tous. Il n'était plus d'humeur à poser des questions, à présent il donnait des ordres.

– Nous nous en allons demain, dit-il à Esdan. Vous nous accompagnez. Nous aurons accès à l'holonet de la Libération. Vous parlerez pour nous. Vous direz au gouvernement Jit que l'Ekumen sait qu'ils ont l'intention de recourir aux armes prohibées, et les prévient que si cela se produit, il y aura des représailles instantanées et terribles.

Esdan avait la tête qui tournait à cause de la faim et du manque de sommeil. Il resta tranquillement debout – il n'avait pas été invité à s'asseoir – et regarda par terre, les mains le long du corps. Il murmura d'une voix à peine audible :

– Oui, maître.

Banarkamye releva la tête d'un geste soudain, ses yeux lancèrent des éclairs.

– Que venez-vous de dire ?

– Enna.

– Non mais, vous vous prenez pour qui ?

– Un prisonnier de guerre.

– Vous pouvez disposer.

Esdan s'en alla. Tema le suivit mais ne l'arrêta pas ni ne lui indiqua de direction à suivre. Il se rendit directement à la cuisine, où il entendit le tintamarre des casseroles, et dit :

– Choyo, s'il te plaît, donne-moi quelque chose à manger !

Le vieil homme intimidé, tremblotant, marmonna, s'excusa, mais lui tendit des fruits et du pain rassis. Esdan s'assit au plan de travail et dévora. Il en offrit à Tema qui refusa avec raideur. Esdan mangea tout. Quand il eut fini, il se dirigea en traînant la jambe vers une des sorties qui donnaient sur la grande terrasse. Il espérait y voir Kamsa, mais aucun des domestiques n'était dehors. Il s'assit sur un banc, à la balustrade qui surplombait le grand bassin brillant comme un miroir. Tema resta à ses côtés, de faction.

– Vous avez dit que les domestiques qui, dans un endroit comme ici, n'avaient pas rejoint l'Insurrection étaient des collaborateurs, dit Esdan.

Tema ne bougeait pas, mais il écoutait.

– Vous ne vous êtes pas dit que certains d'entre eux n'avaient peut-être tout simplement pas compris ce qui se passait ? Et ne comprennent toujours pas ? Ici, c'est un endroit plongé dans l'ignorance, zadyo. Difficile tout simplement d'imaginer la liberté, ici.

Le jeune homme résista à la tentation de répondre, mais Esdan continua de parler, tâchant d'établir un contact avec lui, de l'atteindre d'une manière ou d'une autre. Soudain, il dit quelque chose qui fit mouche.

– Les femmes dont ils se servent, dit Tema. Se font baiser tous les soirs par les Noirs. Les putes des Jits. Qui portent des gosses noirs, ouimaître ouimaître. Vous l'avez dit, elles ne savent pas ce qu'est la liberté. Ne le sauront jamais. On ne peut pas affranchir quelqu'un qui se laisse baiser par un Noir. Elles sont pourries. Sales, ne pourront plus redevenir propres. Elles ont du foutre noir qui leur traverse le corps. Du foutre de Jit !

Il cracha par terre et s'essuya la bouche.

Esdan resta paisiblement assis, regarda l'eau calme du bassin, les terrasses en contrebas, le grand arbre, le fleuve brumeux, le lointain rivage vert. Si seulement il pouvait être en forme et bien travailler, avoir de la patience, de la compassion, de la paix. *C'est votre peuple...* Il baissa les yeux et regarda l'épais crachat sur le grès jaune de la terrasse. Quel idiot, laisser son propre peuple une vie entière derrière lui pour venir se mêler d'un autre monde. Quel idiot de penser pouvoir donner la liberté à quiconque. Voilà à quoi servait la mort. À nous faire sortir de la cage accroupie.

Il se leva et retourna en boitant vers la maison. Le jeune homme le suivit.

Les lumières réapparurent juste au moment où il commençait à faire sombre. Ils avaient dû autoriser le vieux Saka à se livrer de nouveau à son bricolage. Préférant la pénombre, Esdan éteignit la lumière de sa chambre. Il était allongé sur son lit quand Kamsa frappa et entra, un plateau à la main.

– Kamsa ! dit-il, faisant de son mieux pour se redresser, il l'aurait prise dans ses bras, mais le plateau l'en empêcha. Rekam est... ?

– Avec ma mère, murmura-t-elle.

– Il va bien ?

Le mouvement de tête en arrière. Elle posa le plateau sur le lit, car il n'y avait pas de table.

– Et toi, tu vas bien ? Sois prudente, Kamsa. Je regrette de... Ils s'en vont demain, ont-ils dit. Ne reste pas sur leur passage, si tu peux.

– Entendu. Et vous à l'abri, monsieur, dit-elle de sa voix douce.

Il ne savait pas si c'était une question ou un souhait. Il fit un petit geste d'impuissance, en souriant. Elle se retourna, s'apprêtant à sortir.

– Kamsa, est-ce que Heo... ?

– Elle était avec celui-là. Dans son lit.

Après un moment de silence, il dit :

– Y a-t-il un endroit où tu puisses te cacher ?

Il craignait que les hommes de Banarkamye n'exécutent ces gens avant de partir, pour cause de « collaboration » ou pour ne pas laisser de traces derrière.

– Il y a un trou où aller, comme vous avez dit, dit-elle.

– Bien. Allez-y, si vous pouvez. Disparaissez ! Qu'ils ne vous voient pas.

Elle dit : « Je ne bougerai pas, monsieur.

Elle fermait la porte derrière elle quand un appareil volant qui approchait fit trembler les fenêtres. Ils s'immobilisèrent tous deux, elle dans l'encadrement de la porte, lui près de la fenêtre. Des cris en bas, dehors, des bruits de course. Plusieurs appareils volants en provenance du sud-est.

– Éteignez les lumières ! cria quelqu'un.

Des hommes sortaient des appareils volants posés sur le gazon et les terrasses et se précipitaient. La fenêtre s'illumina, une explosion fit tout trembler.

– Venez avec moi, dit Kamsa, elle lui prit la main et le tira derrière elle, ils franchirent le seuil, allèrent jusqu'au bout du couloir, passèrent par une porte de service qu'il n'avait jamais vue.

Il la suivit tant bien que mal dans des escaliers en pierre aussi raides qu'une échelle, débouchèrent dans un dédale d'écuries. Ils se trouvèrent dehors au moment où des explosions retentissaient partout autour d'eux. Ils traversèrent la cour le plus vite possible dans le bruit assourdissant et les détonations, Kamsa le tenait toujours par la main, faisant preuve d'une grande assurance pour l'itinéraire, ils se réfugièrent dans l'une des remises au bout des écuries. Gana était là et un des vieux domestiques ouvrit une trappe dans le sol. Ils descendirent, Kamsa d'un saut, les autres plus lentement et avec plus de difficultés en s'agrippant à l'échelle en bois. C'est Esdan qui eut le plus de mal, il se réceptionna sur son pied cassé. Le vieillard passa en dernier et referma la trappe derrière eux. Gana avait une lampe électrique, mais ne la laissa allumée qu'un bref instant, juste le temps d'apercevoir une grande cave basse au sol en terre battue, des étagères, un passage voûté qui donnait sur une autre pièce, un tas de cageots en bois, cinq visages : le bébé éveillé, qui observait plus silencieux que jamais, le porte-bébé à l'épaule de Gana. Puis l'obscurité. Et pendant un certain temps le silence.

Une nouvelle série d'explosions, au loin apparemment, mais qui firent trembler le sol et la pénombre. Et eux aussi tremblèrent.

– Ô Kamye, chuchota l'un d'entre eux.

Esdan s'assit sur un cageot qui tremblait encore et attendit que les coups de poignard qu'il ressentait dans sa jambe se transforment en une pulsation brûlante.

Des explosions : trois, quatre.

L'obscurité était une substance, comme de l'eau épaisse.

– Kamsa, murmura-t-il.

Elle émit un son, si bien qu'il put la localiser à côté de lui.

– Merci.

– Vous avez dit de se cacher, alors on a parlé de cet endroit, murmura-t-elle.

Le vieillard avait une respiration asthmatique et se raclait souvent la gorge. La respiration du bébé était aussi perceptible, un petit bruit irrégulier, on aurait presque dit qu'il haletait.

– Donne-le-moi.

C'était Gana. Elle avait dû le passer à sa mère.

Kamsa murmura :

– Pas maintenant.

Le vieillard parla soudain d'une voix forte qui les fit tous sursauter :

– Pas d'eau là-dedans !

Kamsa lui demanda de se taire et Gana souffla :

– Ne crie pas, homme fou !

– Sourd, murmura Kamsa à Esdan, avec un soupçon de rire.

S'ils n'avaient pas d'eau, ils ne pourraient rester là longtemps; la nuit, la journée du lendemain; même cela risquait d'être trop pour une femme qui allaitait. Kamsa en était à peu près au même point de ses réflexions qu'Esdan. Elle dit :

– Comment savoir, on va sortir ?

– On tentera notre chance le moment venu.

Il y eut un long silence. Il était difficile d'accepter que les yeux ne s'habituent pas à l'obscurité, qu'on aurait beau attendre aussi longtemps qu'on voulait, on ne verrait rien. Il faisait froid comme dans une cave. Esdan regrettait que sa chemise ne soit pas plus chaude.

– Tiens-le bien au chaud, dit Gana.

– C'est ce que je fais, murmura Kamsa.

– Ces hommes, c'étaient des domestiques ?

Kamsa venait de chuchoter à l'intention d'Esdan. Elle était assez près de lui, sur sa gauche.

– Oui. Des affranchis. Du Nord.

Elle dit :

– Beaucoup, beaucoup de gens viennent ici, depuis que l'ancien Possédant est mort. Soldats de l'armée, un peu. Mais encore jamais des domestiques. Ils ont tué Heo. Ils ont tiré sur Vey et le vieux Seneo. Il est pas mort, mais ils lui ont tiré dessus.

– Quelqu'un des champs a dû leur montrer le chemin, leur indiquer où les gardes étaient postés. Mais ils ne faisaient pas la différence entre les soldats et les domestiques. Où étais-tu quand ils sont arrivés ?

– Je dormais, dans le fond de la cuisine. Nous tous. Six personnes.

Cet homme il était là comme un mort. Il a dit : « À terre ! bougez pas ! » Alors on a obéi. On les a entendus crier et tirer dans toute la maison. Seigneur tout-puissant ! Qu'est-ce que j'ai eu peur ! Et puis plus de coups de feu, et puis cet homme est revenu, il nous a menacés avec son arme et nous a emmenés à la cité. Ils nous ont enfermés derrière la vieille barrière. Comme avant.

– Pourquoi ils ont fait ça, si c'est des domestiques ? fit la voix de Gana dans l'obscurité.

– Ils essayaient d'être libres, répondit Esdan consciencieusement.

– Comment ça, libres ? En tirant et en tuant ? En tuant une fille au lit ?

– Ils se battent contre tous les autres, mama, dit Kamsa.

– Je croyais que c'était fini, tout ça, depuis trois ans, dit la vieille femme. (Sa voix était étrange. Elle était en larmes.) À l'époque, j'ai cru que ce serait la liberté.

– Ils ont tué le maître dans son lit ! s'écria le vieillard de toute sa voix perçante. Et tout ça pour quoi ?

Il y eut des bruits de pas dans l'obscurité. Gana secouait le vieillard, lui demandant de se taire. Il cria : « Laissez-moi sortir », mais se calma, se mit à marmonner et à respirer de son souffle asthmatique.

Le cageot était de plus en plus inconfortable, Esdan voulait relever son pied douloureux, au moins le changer de position. Il s'étendit par terre. C'était froid, grumeleux, désagréable au toucher. Il n'y avait rien sur quoi s'appuyer.

– Si tu me donnes de la lumière une minute, Gana, dit-il, on pourra peut-être trouver des sacs, quelque chose sur quoi s'allonger.

Le monde de la cave se révéla avec précision dans le rai de lumière. Ils ne trouvèrent rien d'autre que des planches d'étagères. Ils en posèrent plusieurs de manière à construire une sorte de plate-forme, et se juchèrent dessus, tandis que Gana replongeait tout le monde dans une nuit simple et informe. Ils avaient tous froid. Ils se blottirent les uns contre les autres, flanc contre flanc, dos contre dos.

Au bout d'un long moment, une heure ou plus, durant lequel rien ne vint briser le profond silence de la cave, Gana dit dans un murmure impatient :

– Je crois que là-haut tout le monde est mort.

– Pour nous, ça simplifierait les choses, murmura Esdan.

– Mais les enterrés, c'est nous, dit Kamsa.

Leurs voix réveillèrent le bébé et il se mit à gémir, c'était la première fois qu'Esdan l'entendait se plaindre. C'était une pleurnicherie minuscule, un gémissement épuisé, pas des pleurs. Sa respiration était devenue plus difficile, il haletait entre ses gémissements. « Oh, bébé, bébé, chut, chut », murmura la mère, et Esdan sentit son corps se balancer, elle berçait son bébé en le tenant tout contre elle pour qu'il reste au chaud. Elle chanta d'une voix presque inaudible : « *Suna meya, suna ra... Sura rena, sura na...* » Un roucoulement monotone, rythmé, un son qui évoquait la chaleur et le confort.

Il dut s'assoupir. Il était allongé en boule sur les planches. Il ignorait combien de temps ils avaient pu passer dans la cave.

J'ai vécu quarante ans à désirer la liberté, lui dit son esprit. C'est ce désir qui m'a amené ici. C'est ce désir qui me fera sortir d'ici. Je ne bougerai pas.

Il demanda aux autres s'ils avaient entendu quelque chose depuis les bombardements. Non, répondirent-ils.

Il se frotta la tête.

– Qu'est-ce que tu en penses, Gana ? dit-il.

– Je pense que l'air froid est mauvais pour ce bébé, dit-elle de sa voix presque normale, qui était toujours basse.

– Vous parlez ? Vous dites quoi ? s'écria le vieillard.

Kamsa, à côté de lui, lui donna une tape apaisante.

– Je vais sortir voir, dit Gana.

– J'y vais.

– Vous avez qu'un pied, dit la vieille femme sur un ton dégoûté. (Elle grogna et s'appuya de tout son poids sur l'épaule d'Esdan quand il essaya de se relever.) Du calme. (Elle n'alluma pas, se dirigea à tâtons jusqu'à l'échelle et l'escalada, soufflant à chaque échelon. Elle poussa la trappe. Un trait de lumière apparut. Ils distinguèrent vaguement les contours de la cave, ils se virent les uns les autres, et regardèrent la masse sombre que formait la tête de Gana dans la lumière. Elle resta un long moment dans cette posture, puis referma la trappe.) Personne, murmura-t-elle du haut de l'échelle. Pas de bruit. Comme au premier matin.

– On ferait mieux d'attendre, dit Esdan.

Elle redescendit les rejoindre. Au bout d'un moment, elle dit :

– On sort, c'est des étrangers dans la maison, d'autres soldats de l'Armée. Alors où ?

– Est-ce que tu peux aller jusqu'à la cité des champs ? suggéra Esdan.

– Le chemin est long.

Au bout d'un certain temps, il dit :

– Tant qu'on ne saura pas qui est là-haut, on ne pourra pas savoir quoi faire. Très bien. Mais laisse-moi sortir, Gana.

– Pourquoi ?

– Parce que je saurai qui ils sont, dit-il en espérant avoir raison.

– Et eux aussi, dit Kamsa avec un drôle de petit rire pointu. Ils ne risquent pas de vous prendre pour un autre, c'est ça ?

– C'est ça, dit-il. (Il se rétablit tant bien que mal sur son pied, se dirigea jusqu'à l'échelle et grimpa laborieusement. Je suis trop vieux pour ça, se dit-il à nouveau. Il poussa la trappe et jeta un regard circulaire. Il écouta pendant un long moment. Il finit par murmurer à l'intention de ceux qui étaient en dessous dans le noir :) Je reviens le plus vite possible. Il s'extirpa du trou et se redressa avec difficulté. Il retint son souffle, l'air était âcre, suite aux bombardements. La lumière était étrange, voilée. Il longea le mur jusqu'à pouvoir regarder par la porte de la remise.

Ce qui restait de la vieille bâtisse avait été rasé, comme le reste, tout avait sauté, encore fumant, envahi par une fumée nauséabonde. De la suie et du verre brisé jonchaient la cour pavée. Hormis la fumée, il n'y avait pas un mouvement. De la fumée grise, de la fumée jaune. Au-dessus de l'ensemble, le bleu compact de l'aube.

Il arriva sur la terrasse, traînant la patte, trébuchant, son pied lui causait une douleur rayonnante dans toute la jambe. En arrivant à la balustrade, il vit les carcasses noircies des deux appareils volants. La moitié de la terrasse supérieure était un cratère à vif. En contrebas, les jardins de Yaramera s'étendaient, plus sublimes et sereins que jamais, sur différents plateaux, jusqu'au vieil arbre et au fleuve. Un homme était allongé en travers des marches qui donnaient sur la terrasse la plus basse, les bras en croix. Rien ne bougeait à part la fumée rampante et les bosquets aux fleurs blanches qui dodelinaient dans le vent.

La sensation d'être observé de derrière, des fenêtres aveugles du fragment de bâtisse qui tenait encore debout était intolérable.

– Y a quelqu'un ? lança soudain Esdan.

Silence.

Il cria à nouveau, plus fort.

Il y eut une réponse, un appel lointain, qui provenait de l'autre côté, devant la bâtisse. Il s'engagea sur le sentier en boitant, déboucha dans la clairière, sans chercher à se dissimuler; à quoi bon ? Des hommes arrivèrent de l'autre côté de la bâtisse, trois hommes, puis un quatrième – une femme. C'étaient des asservis vêtus sommairement, sans doute des agricoles qui arrivaient de la cité.

– Je suis avec plusieurs domestiques, dit-il en s'arrêtant quand ils firent halte à dix mètres de lui. On s'est cachés dans une cave. Il y a encore du monde à part vous ?

– Qui êtes-vous ? demanda l'un d'eux en s'approchant, remarquant qu'il n'avait pas la bonne couleur de peau, qu'il n'avait pas les bons yeux.

– Je vais vous dire qui je suis. Mais est-ce qu'on peut sortir sans danger ? Il y a des vieux, un bébé. Est-ce que les soldats sont partis ?

– Ils sont morts, dit la femme, une femme élancée, au visage osseux très pâle.

– Un qu'on a trouvé blessé, dit l'un des hommes. Tous les domestiques morts. Qui a jeté ces bombes ? Quelle armée ?

– J'ignore quelle armée, dit Esdan. Je vous en prie, dites à ceux qui sont avec moi qu'ils peuvent remonter. Par là, du côté des écuries. Appelez-les. Dites-leur qui vous êtes. Moi je ne peux pas marcher.

Les bandages de son pied s'étaient desserrés, et les fractures avaient bougé; la douleur se mit à lui couper le souffle. Il s'assit sur le sentier, suffocant. La tête lui tournait. Les jardins de Yaramera devinrent très brillants et très petits, puis s'éloignèrent de lui, de plus en plus loin, plus loin encore que chez lui.

Il ne perdit pas tout à fait connaissance, mais pendant un bon moment les choses furent confuses dans son esprit. Il y avait beaucoup de monde tout autour, ils étaient dehors et tout empestait la viande grillée, une pestilence qui s'installa au fond de sa bouche et lui donna des haut-le-cœur. Il y avait Kamsa, la petite ombre noire du visage endormi de son bébé contre son épaule. Il y avait Gana, qui disait aux autres : « Il nous a traités en amis. » Un jeune homme avec de grandes mains lui parla et s'occupa de son pied, refit le bandage, plus serré, provoquant d'abord une terrible douleur, puis un début de soulagement.

Il était sur le dos, dans l'herbe. À côté de lui, un homme était sur le dos, dans l'herbe. C'était Metoy, l'eunuque. Les cheveux de Metoy baignaient dans le sang, ses cheveux noirs avaient roussi. La couleur poussiéreuse de sa peau était pâle, noire comme celle du bébé. Il était allongé tranquillement, il clignait parfois des yeux.

Le soleil descendit. Des gens parlaient, beaucoup de gens, quelque part, pas loin, mais lui et Metoy étaient allongés dans l'herbe, et personne ne les importunait.

– Les appareils volants venaient de Bellen, Metoy ? dit Esdan.

– Venaient de l'est. (La voix âpre de Metoy était faible et enrouée.) Enfin je crois. (Au bout d'un certain temps il dit :) Ils veulent passer de l'autre côté du fleuve.

Esdan y réfléchit un moment. Son esprit ne fonctionnait pas bien du tout.

– Qui ? finit-il par demander.

– Ces gens. Les domestiques, des agricoles, les asservis de Yaramera. Ils veulent retrouver l'Armée.

– D'invasion ?

– De Libération.

Esdan se redressa en prenant appui sur ses coudes. Le fait de relever la tête lui donna l'impression que ses idées s'éclaircissaient. Il considéra Metoy.

– Est-ce qu'ils les trouveront ? demanda-t-il.

– Si le Seigneur le veut, dit l'eunuque.

Metoy essaya de se redresser comme Esdan mais n'y parvint pas.

– Il y a eu une explosion, dit-il, à bout de souffle. J'ai été touché à la tête. Je vois double.

– Une commotion cérébrale certainement. Restez allongé. Restez éveillé. Vous étiez avec Banarkamye ou bien en train d'observer ?

– Je suis des vôtres.

Esdan opina, le mouvement de tête en arrière.

– Les factions seront notre mort, dit Metoy d'une voix faible.

Kamsa vint s'accroupir à côté d'Esdan.

– Ils disent qu'il faut que nous traversions le fleuve, lui dit-elle de sa voix douce. Là, les gens de l'Armée nous protégeront. Je ne sais pas.

– Personne ne sait, Kamsa.

– Je ne peux pas faire traverser le fleuve à Rekam, chuchota-t-elle. (Son visage se ferma, ses lèvres se crispèrent, ses sourcils tombèrent. Elle pleura sans larmes et en silence.) L'eau est froide.

– Ils auront des bateaux, Kamsa, ils s'occuperont de toi et de Rekam. Ne t'en fais pas. Tout va bien se passer.

Il savait que ces mots n'avaient aucun sens.

– Je ne peux pas y aller, murmura-t-elle.

– Reste ici, alors, dit Metoy.

– Ils disent que l'autre armée va arriver.

– C'est possible. Le plus probable est que la nôtre arrive.

Elle regarda Metoy.

– Vous êtes le coupé, dit-elle. Avec les autres, là. (Elle regarda de nouveau Esdan.) Choyo a été tué. Toute la cuisine en feu.

Elle cacha son visage dans ses bras.

Esdan s'assit sur son séant et s'approcha d'elle, il lui caressa l'épaule et le bras. Il effleura la tête fragile du bébé et caressa sa fine chevelure.

Gana arriva et se tint devant eux.

– Tous ceux des champs vont traverser le fleuve, dit-elle. Pour être à l'abri.

– Vous serez plus à l'abri ici. Il y a de la nourriture et de quoi s'abriter. (Metoy parlait par petites rafales, les yeux clos.) Plutôt qu'aller au-devant de l'invasion.

– Je ne peux pas l'emmener, mama, murmura Kamsa. Il faut qu'il soit au chaud. Je ne peux pas, je ne peux pas l'emmener.

Gana se courba et regarda le visage du bébé, le caressant tout doucement avec le doigt. Le visage du petit se ferma comme un poing. Elle se releva mais ne se tint pas droite, comme d'habitude. Elle resta courbée.

– Très bien, dit-elle. On reste.

Elle s'assit sur l'herbe à côté de Kamsa. Autour d'eux, les gens étaient sur le départ. La femme qu'Esdan avait vue sur la terrasse s'arrêta à la hauteur de Gana et dit :

– Allons, grand-mère. Faut y aller. Les bateaux sont prêts, ils nous attendent.

– On reste, dit Gana.

– Pourquoi ? Peux pas quitter la vieille maison où tu as travaillé ? dit la femme sur le ton de la raillerie. Tout a brûlé, grand-mère. Emmène cette fille et son bébé. (Elle regarda Esdan et Metoy, un petit coup d'œil rapide. Ils ne l'intéressaient pas.) Viens, répéta-t-elle. Lève-toi, maintenant.

– On reste, dit Gana.

– Vous êtes fous, les domestiques, dit la femme.

Elle se détourna, puis se retourna, haussa les épaules et s'en alla.

D'autres s'arrêtèrent, mais ce ne fut que l'espace d'un instant, le temps de poser une question. Ils descendirent les terrasses les uns derrière les autres, le long des sentiers baignés de soleil, à côté des bassins paisibles, jusqu'aux hangars à bateaux au-delà du grand arbre. Au bout d'un certain temps, ils avaient disparu.

Le soleil commençait à chauffer. Il devait être près de midi. Metoy était plus blanc que jamais, mais il s'assit en disant que la plupart du temps il ne voyait plus double.

– On devrait aller à l'ombre, Gana, dit Esdan. Metoy, est-ce que vous pouvez vous relever ?

Il traîna les pieds, vacilla, mais avança sans l'aide de personne, et ils arrivèrent à l'ombre d'un mur du jardin. Gana s'en alla chercher de l'eau, Kamsa portait Rekam dans ses bras, contre sa poitrine, le protégeant du soleil. Cela faisait un bon moment qu'elle n'avait pas dit un mot. Quand ils s'étaient installés, elle avait dit sur un ton mi-interrogatif en regardant mollement autour d'elle :

– On est seuls ici.

– D'autres ont dû rester. Dans les cités, dit Metoy. Ils finiront par se montrer.

Gana revint; elle n'avait pas de récipient pour transporter l'eau, mais elle avait humecté son écharpe et fit couler l'eau fraîche sur la tête de Metoy. Il frissonna.

– Si tu peux mieux marcher, on peut aller à la maison dans l'enceinte, coupé, dit-elle. Des endroits où on peut habiter, là-bas.

– J'y ai passé mon enfance, grand-mère, dit-il.

Comme il disait pouvoir marcher, ils s'engagèrent sur une route dont Esdan se souvenait vaguement, la route de la cage accroupie. Le trajet parut long. Ils arrivèrent à la grande enceinte, la porte était ouverte.

Esdan se retourna pour contempler un instant les ruines de la grande bâtisse. Gana s'arrêta à côté de lui.

– Rekam est mort, dit-elle dans un souffle.

Il retint sa respiration.

– Quand ?

Elle secoua la tête.

– Je ne sais pas. Elle veut le garder. Quand elle aura fini de le tenir, alors elle le laissera. (Elle regarda par l'entrée à l'intérieur de l'enceinte les huttes alignées et les maisons tout en longueur, les carrés de jardins desséchés, le sol poussiéreux.) Beaucoup, beaucoup de petits bébés là-dedans, dit-elle. Dans ce sol. Deux à moi. Ses sœurs.

Elle entra, suivit Kamsa. Esdan resta un peu plus longtemps sur le seuil, puis il se mit à faire ce qu'il avait à faire: creuser une tombe pour l'enfant, et attendre la Libération avec les autres.

Traduit de l'américain par Nicolas RICHARD

La Guerre éternelle

Joe Haldeman

La Guerre éternelle raconte l'histoire de William Mandella et de Marygay Potter, deux Américains nés à la fin du XXe siècle et enrôlés dans une guerre interstellaire de plus de mille ans. En raison des effets de la relativité, ils vont vivre cette guerre dans son intégralité.

Lorsqu'ils reviennent sur Terre, vers le milieu du récit, ils découvrent que la culture qu'ils étaient censés défendre a tellement changé qu'ils ne peuvent s'y adapter – l'armée, qu'ils détestent, a au moins le mérite de leur offrir un univers familier, et ils décident de se réengager. Dans le dernier quart du roman, ils doivent se séparer et sont persuadés que cette séparation est définitive. Tout à la fin du roman se réalise pourtant ce qui paraissait quasiment impossible, et ils se retrouvent enfin.

Depuis la parution de ce livre, beaucoup de gens m'ont demandé d'écrire une suite; ma réponse a toujours été négative, car pour moi, le livre se suffisait à lui-même. Mais j'avais l'intention d'écrire un jour une nouvelle qui raconterait ce qu'il était advenu par la suite des personnages de *La Guerre éternelle*.

L'éditeur Silverberg m'a gentiment demandé d'écrire cette nouvelle à l'occasion de la publication de ce livre, et je me suis mis au travail avec enthousiasme, mais je me suis vite aperçu que j'étais en train d'écrire cette fameuse suite que je m'étais promis de ne jamais publier. Je l'ai alors travaillée sous forme de roman, avant de la transmettre à mon éditeur. Je me suis ensuite remis à l'ouvrage et j'ai écrit une histoire différente pour le présent volume.

De toute évidence, ce qui manque dans *La Guerre éternelle*, c'est le récit de ce qui arrive à Marygay dans la partie du roman où elle se trouve séparée de William. J'ai écrit *Une guerre à part* afin de combler cette lacune, mais aussi dans le but de fournir une sorte d'avant-propos au nouveau roman.

« Théorie des ensembles »

Il y a quelques années de cela, j'ai écrit un roman intitulé *La Paix éternelle*; dans la préface, j'ai pris soin de préciser que ce n'était pas une suite de *La Guerre éternelle*. Le nouveau récit couvrait pourtant en partie le même sujet, du point de vue du même auteur, à plus de vingt ans d'écart.

Le critique Gary Wolfe a remarqué que ces deux livres se combinaient avec mon roman *1968*, plus « classique », pour former un triptyque sur le thème de l'amour et de la guerre. C'était une idée forte, élégante, et voici que je viens maintenant la saccager en écrivant un autre roman. Je ne crois pas qu'il soit bien vu d'écrire ou de peindre des « quadriptyques ».

Depuis longtemps, je me doutais qu'une suite était nécessaire, à dire vrai depuis la vente des droits de *La Guerre éternelle* pour publication en collection de poche. Mon éditrice m'avait dit alors qu'elle n'aurait jamais acheté les droits si une *« fin heureuse »* n'était pas venue conclure le livre.

Il existe des moments et des lieux où il vaudrait mieux se taire, et c'était le cas ce jour-là. Mais cela se passait dans un autre pays, et l'éditrice est d'ailleurs décédée depuis. La fin de *La Guerre éternelle* n'est pas une fin heureuse. William et Marygay se retrouvent effectivement – le livre se termine par l'annonce de la naissance de leur premier enfant –, mais ils doivent vivre sur une sorte de planète-prison, une réserve pour les curiosités génétiques dont ils font malgré eux partie, dans un univers où le genre humain a abdiqué son humanité, dans une monstrueuse alliance avec son ancien ennemi.

Dans la suite, *Forever Free*, ils décident d'agir contre cet état de fait. Ou de mourir en essayant d'y parvenir.

Joe HALDEMAN

UNE GUERRE À PART

Joe Haldeman

1

Nos blessures étaient affreuses, mais l'armée nous traitait bien et nous offrait le paradis, au moins pour un temps, et une fortune à y dépenser.

L'élément le plus coûteux et le plus difficile à remplacer, dans une tenue de combat, c'est le soldat qui se trouve à l'intérieur, et s'il est suffisamment handicapé pour devoir quitter le théâtre des opérations, sa tenue essaie de sauver ce qui reste de lui. Dans le cas de William, elle l'avait amputé automatiquement de sa jambe déchiquetée, avant d'en cautériser le moignon. Quant à moi, c'était le bras droit, juste au-dessus du coude. Ils disent que pour nous les femmes, il est plus facile de perdre un bras qu'une jambe. Où ont-ils été chercher pareille idée ?

C'était en tout cas une sacrée chance d'avoir tous les deux à subir une amputation en même temps, car cela nous permettait de rester ensemble.

C'était à l'époque de la campagne Tet-2, qui se déroulait de façon catastrophique ; nous nous défoncions la tête, William et moi, en sirotant du Happyjuice pendant que d'autres s'en allaient mourir en rangs serrés dans le désastre d'Aleph-7. Le résultat à la fin des deux batailles était de cinquante-quatre morts, et trente-sept des nôtres amochés ; deux étaient devenus cinglés, et il ne restait que douze soldats plus ou moins opérationnels qui, on s'en doute, étaient loin de frétiller d'enthousiasme. On ne peut malheureusement pas livrer bataille avec seulement douze soldats, et le *Sangre y Victoria* fut donc détourné vers la planète-hôpital Ciel.

Il nous fallut longtemps – trois sauts collapsars – pour arriver jusqu'à Ciel. Les Taurans peuvent vous poursuivre après un saut, s'ils se trouvent au bon endroit juste au bon moment. Deux sauts, c'est peu probable; trois, c'est tout simplement hors de question.

(L'expression «hors de question» porte probablement malheur. À cause des distorsions, liées à la relativité, qui se produisent lorsque l'on voyage par sauts collapsars, on ne sait jamais, lorsque l'on se trouve face à l'ennemi, s'il vient de votre époque, ou de plusieurs siècles dans le passé ou l'avenir. Dans un millénaire ou deux, peut-être seront-ils capables de nous poursuivre après trois sauts, comme on suit quelqu'un en étudiant l'empreinte de ses pas. Leur première réaction serait alors de vaporiser Ciel. Et ensuite la Terre.)

Ciel ressemble à une Terre qui aurait été épargnée par l'industrie et la rapacité des hommes, avec des forêts, des prairies et des montagnes vierges de toute souillure – mais c'est aussi un monument érigé à l'industrie humaine, et à la cupidité.

Lorsque vous finissez par guérir – il n'y a pas de «*si*»; vous ne seriez pas là s'ils n'étaient pas certains de pouvoir vous remettre sur pied –, non seulement vous faites toujours partie de l'armée, mais vous êtes immensément riche. Même la solde d'un simple soldat se monte à une fortune, investie automatiquement à travers les siècles qui s'intercalent tant bien que mal entre les batailles. L'une des fonctions de Ciel consiste à réintroduire ces millions dans le circuit économique. On trouve sur place une infinité de choses à faire, toutes plus chères les unes que les autres.

Une fois guéris, William et moi, on nous accorda six mois de «repos et de détente» sur Ciel. J'étais d'ailleurs sortie deux jours avant lui, mais je m'étais contentée d'attendre et de lire. Ils possédaient encore des livres, pour les soldats trop dépassés pour vouloir se brancher sur des aventures ou des extases à des milliers de dollars la minute. Je possédais 529755012 dollars, et j'aurais très bien pu me livrer à la défonce virtuelle, mais on m'avait avertie que j'en aurais droit à une bonne dose lors de l'entraînement, avant de rejoindre notre nouveau poste. L'OSVA, «ordinateur simulateur de vie accélérée », vous formait à vos nouvelles tâches en vous forçant à les accomplir dans la réalité virtuelle. Il vous fallait recommencer sans cesse, jusqu'à ce que vous soyez parfaitement au point.

William disposait de plus d'argent que moi, une bonne moitié en plus, car il était de rang supérieur depuis des siècles, mais je ne perdis pas de temps à essayer de mettre la main sur sa fortune. J'aurais probablement recherché sa compagnie, même si je n'avais pas été amoureuse de lui. Sur Ciel, nous étions les deux seules personnes nées au XXe siècle, et il n'y avait qu'une poignée de natifs du XXIe. Très peu d'entre eux, des militaires en permission, parlaient un langage que je parvenais à comprendre, même si l'on enseignait à tous les soldats l'anglais « prémoderne », comme une sorte de *lingua franca* temporelle. Quelques-uns prétendaient que l'anglais était leur langue maternelle, mais ils parlaient extrêmement vite et semblaient avoir perdu un certain nombre de voyelles en cours de route. Quatre siècles... Ma manière de parler aurait-elle paru aussi insolite aux pèlerins fondateurs de l'Amérique ? J'en doute.

(Il serait intéressant de retrouver l'un de ces Pères Pèlerins et de lui montrer comment la vie a évolué depuis son époque de piété sinistre et de labeur harassant. La religion sur Terre est devenue une curiosité, presque aussi peu répandue que l'hétérosexe. Sur Ciel, il n'existe pas de Dieu non plus, et les hommes et les femmes qui sont amoureux ou font l'amour avec des gens du sexe opposé se rendent coupables d'une forme de perversion anachronique.)

Avant la sortie de William, j'avais déjà réservé une somptueuse suite « spéciale lune de miel » à Aeria, une station de villégiature aéroportée, et nous passâmes cinq jours à nous distraire de manière tout à fait anachronique. Ensuite, nous louâmes un aéronef pour partir à la découverte du monde qui nous entourait.

William se prêta volontiers à mon désir d'explorer tout d'abord les aspects physiques, sauvages, du monde. Nous campâmes dans le désert, dans la jungle, dans les glaciales étendues arctiques, au sommet des montagnes, dans des îles abandonnées. Nous disposions de champs énergétiques individuels pour maintenir les animaux dangereux à l'écart, ce qui nous permettait de les observer de près tandis qu'ils tentaient de comprendre ce qui les empêchait d'approcher de leur déjeuner; ils étaient impressionnants – dans ce monde, l'évolution n'a pas favorisé les mammifères au détriment des reptiles, et les deux familles ont développé des types de prédateurs vifs et de taille imposante, dans une grande diversité de formes et de couleurs, belles ou laides.

Nous visitâmes ensuite les villes, d'une variété limitée. Certaines d'entre elles, comme la ville sylvestre de Seuil, où nous avions regardé croître et se développer nos nouveaux membres avant de les soumettre à l'entraînement, se fondaient dans leur environnement naturel. Elle était bâtie selon les canons esthétiques du XXIIe siècle, trop fades, trop évidents pour les goûts modernes. Les villes plus récentes, comme Aeria, affichaient ouvertement leur caractère artificiel.

Nous nous sentîmes tous deux nerveux à Atlantis, sous mille mètres d'eau qui semblaient menacer de nous écraser, avec ces énormes monstres luisants qui venaient heurter les champs énergétiques dans l'obscurité qui régnait nuit et jour au-dehors. Peut-être n'était-ce qu'une métaphore trop exacte de nos vies: les peaux fines de nos croiseurs et de nos tenues de combat maintenaient au loin le néant opaque de l'espace pendant que des monstres cherchaient à nous détruire.

Beaucoup de villes n'avaient d'autre fonction que de délester les soldats de leur argent, si bien qu'en dépit de leur variété, il existait une similitude entre elles. Manger, boire, se droguer, se brancher sur un monde virtuel, faire l'amour ou regarder d'autres le faire.

Je m'intéressais plus aux spectacles de sexe que William, mais il est vrai que les hommes, dans l'ensemble, ne lui inspiraient que répulsion. Ce qu'ils faisaient ne me paraissait guère différent de ce que nous faisions nous-mêmes – cela ne nous était en tout cas pas aussi étranger que la défonce sexuelle virtuelle: il fallait pour cela se brancher sur une machine qui vous fournissait l'image du partenaire idéal et nettoyait tout après votre passage.

William m'accompagna tout de même une fois pour assister à un show de lesbiennes et, ce soir-là, il me fit l'amour avec une énergie inhabituelle. Je me surpris à penser qu'il n'était pas seulement émoustillé par ce qu'il avait vu, et qu'il essayait de prouver quelque chose. Nous plaisantâmes tous les deux à ce sujet – « Moi Tarzan, toi Jane », « Moi Tarzan, toi Heathcliff ». Qui d'autre en ce monde aurait pu comprendre ce dont nous nous amusions ?

La prostitution avait trouvé une bonne combine avec les drogues empathiques qui tissaient un lien profond – et bien réel pendant la durée de la séance – entre le client et le prestataire de services. Je suppose qu'ils tenaient à demeurer compétitifs face aux nouvelles fantaisies électroniques. Nous nous étions dit que nous ne tenions pas à en faire l'expérience, mais j'éprouvais cependant une certaine curiosité, et j'aurais sans doute essayé si j'avais été seule. Je ne crois pas que William aurait été tenté, car les drogues ne fonctionnent pas entre hommes et femmes, c'est en tout cas ce que certaines d'entre elles nous ont dit, gênées, tout en gloussant avec des yeux écarquillés. L'idée n'était pas bête, il fallait y penser !

Nous passâmes six mois de communion tranquille et de plaisir sauvage et désespéré, et il nous restait énormément d'argent lorsque cela cessa brusquement. Nous déjeunions dans un élégant restaurant d'Aeria en contemplant le soleil qui semblait pétiller sur l'océan calme en contrebas, lorsqu'un deuxième classe nerveux apparut. Il nous salua et nous donna nos ordres de mission, sous pli scellé.

Ils nous envoyaient dans des endroits différents. William devait se rendre à Sad-138, un trou noir lointain vers le Grand Nuage de Magellan. Quant à moi, je partais pour Aleph-10, dans le groupe d'Orion.

William était major, commandant la Force de Combat Yod-4, et j'étais capitaine, nommée officier de détail pour Aleph-10.

C'était incroyable, irréel ; incroyablement stupide et injuste. Nous étions ensemble depuis l'époque de notre entraînement de base – il y avait de cela un millénaire et demi – et aucun de nous deux n'avait l'étoffe d'un chef. Nous n'étions même pas de bons soldats de deuxième classe ! Tout était là pour le prouver, l'armée ne pouvait l'ignorer ! Et pourtant, William devait partir une semaine plus tard pour Stargate, et diriger des hommes et des femmes. Ma Force de Combat devait se rassembler en orbite autour de Ciel dans deux jours. J'allais devoir me débrouiller pour devenir un chef à mon tour.

Nous prîmes un vol pour rentrer à Seuil, à un demi-monde de là, et nous arrivâmes juste au moment où ouvraient les bureaux administratifs. William se débattit et intrigua pour parvenir à négocier avec les gros bonnets pour qu'au minimum je puisse partir avec lui en tant qu'officier de détail. Quelle différence cela pouvait-il bien faire ? La plupart des gens qu'il devait rejoindre à Stargate n'étaient même pas encore nés.

Bien entendu, ce n'était nullement une question de logique ; c'était une question de protocole. Et aucune armée dans l'histoire n'avait jamais été prisonnière à ce point des rigueurs du protocole. La personne qui avait signé ces ordres pour des gens qui n'étaient à l'époque pas encore nés était sans doute déjà morte.

La journée et la nuit qui nous restaient ne furent pas agréables. Bien entendu, nous songeâmes à nous enfuir. Nous connaissions bien Ciel et nous n'étions pas sans ressources. Mais la planète appartenait à l'armée. Nous ne serions en sécurité dans aucune ville, et nous deviendrions vite très voyants dans la nature sauvage, car il nous serait impossible de survivre sans nos champs énergétiques individuels, très facilement détectables.

La désertion était passible de la peine de mort, bien sûr, et nous évoquâmes la possibilité de mourir ainsi ensemble, en un ultime geste de défi. Mais c'eût été une attitude trop passive de donner purement et simplement nos vies à l'armée. Mieux valait encore les offrir une fois de plus aux Taurans.

Finalement, épuisés par les discussions, la colère et le chagrin, nous nous réfugiâmes dans les bras l'un de l'autre pour notre dernière nuit et notre dernière aube. J'aimerais pouvoir prétendre que chacun a pu donner un peu de sa force à l'autre.

Lorsque William m'accompagna vers la chambre d'isolation trois heures avant le lancement, notre attitude l'un envers l'autre était presque déférente, comme c'est peut-être le cas lorsque l'on se trouve en présence d'un être aimé qui vient de mourir. Parmi tous les poètes qui ont tenté de mettre en parallèle l'idée de mort et celle de séparation, aucun n'aurait pu imaginer une telle impression de porte ainsi brutalement claquée. À cause de la géométrie spatio-temporelle du saut collapsar, même si nous étions partis pour la Terre à quelques jours d'intervalle, nous serions arrivés à destination avec des décennies ou même des siècles d'écart.

De plus, il ne s'agissait pas de la Terre. Cent cinquante mille années-lumière séparaient Sad-138 et Aleph-10. La distance absolue ne signifie rien dans la géométrie des collapsars, prétendent-ils. Mais si William devait mourir au cours d'une attaque de bombes nova, la minuscule étincelle de son trépas mettrait quinze cents siècles pour se frayer un chemin jusqu'à Orion, ou jusqu'à la Terre. Une durée et une distance qui défient l'imagination.

Le spatiodrome était bien entendu situé sur l'équateur, sur une île qu'ils avaient baptisée Pærw'l, un nom qui évoquait Farewell – l'adieu. Il s'y trouvait une haute falaise, ou plutôt un pic écrasé, qui dominait la baie à l'est, où William et moi avions jadis passé quelques jours silencieux de jeûne et de méditation. Il m'annonça qu'il s'y rendrait pour assister au lancement. J'espérais pouvoir m'approcher d'un hublot pour voir l'île, et je me suis effectivement frayé un passage vers l'un d'eux lorsque nous sommes entrés en file indienne dans la navette. Malheureusement, je ne parvenais pas à apercevoir le pic depuis le niveau de la mer, et lorsque les moteurs se sont mis à hurler et que la force invisible m'a poussée en arrière contre le dossier de mon siège, j'ai voulu regarder, mais les larmes m'aveuglaient, et j'étais incapable de faire un geste pour les sécher.

2

Par chance, je pus disposer de quelques heures de liberté après notre arrivée à la station spatiale d'Athènes, avant de me présenter à l'entraînement OSVA : le temps de me remettre sur pied en ingurgitant un ou deux *slowballs*. Je rejoignis mes quartiers de modestes dimensions, défis mon paquetage, avalai mes pilules et m'étendis un moment sur ma couchette. Je me dirigeai ensuite vers le salon et me plongeai dans la contemplation de la planète qui tournoyait en contrebas, verte, blanche et bleue. Onze vaisseaux étaient en orbite à quelque distance de là, dont un gros croiseur, sans doute le *Bolivar*, qui allait nous convoyer vers Aleph-10.

Le salon était immense et presque désert, si ce n'était la présence de deux autres femmes, vêtues d'uniformes beiges qui ne m'étaient pas familiers. Elles faisaient certainement partie du personnel d'Athènes, et parlaient l'étrange langue des Anges, les natifs de Ciel; je les écoutais, le cerveau passablement embrumé.

Tandis que je buvais un café, un homme entra. Il portait un treillis de camouflage brun-vert semblable au mien. Nous n'étions d'ailleurs pas aussi bien camouflés que les femmes en beige, dans cet environnement dont les couleurs réconfortantes évoquaient le bois et la terre.

Il s'approcha et prit une tasse.

– Vous êtes le capitaine Potter, Marygay Potter.

– C'est exact, répondis-je. Vous êtes basé sur Bêta ?

– Non, ici, mais j'appartiens à l'armée de terre. (Il me tendit la main.) Michael Dobei, Mike. Colonel. Je suis votre Officier d'Orientation Temporelle.

Nous emportâmes nos cafés pour aller nous installer à une table.

– Vous êtes censé mettre mes connaissances à jour en ce qui concerne *cet* avenir, *ce* présent ?

– Je vais vous préparer à traiter avec les hommes et les femmes qui seront sous vos ordres, répondit-il en hochant la tête. Ainsi qu'avec les autres officiers.

– Ce qui me préoccupe, c'est de vous entendre parler des gens qui seront « sous mes ordres ». Je ne suis pas un soldat, vous savez, Colonel.

– Appelez-moi Mike. Vous êtes meilleur soldat que vous ne l'imaginez. J'ai étudié votre dossier. Vous avez beaucoup combattu, et rien n'a pu vous briser. Pas même cette terrible expérience sur Terre.

William et moi séjournions à la ferme de mes parents lorsque nous avions subi une attaque de pillards. Mon père et ma mère avaient été tués.

– Vous avez lu cela dans mon dossier ? Je n'étais pas un soldat à cette époque. J'avais quitté l'armée.

Il leva la main et me regarda par-dessus le bord de sa tasse.

– Votre dossier est instructif. Vous voulez savoir ce que votre conseiller d'orientation pensait de vous au lycée ?

– Vous êtes un psy ?

– C'était le mot que l'on employait avant. Maintenant, on dit un « scinque ».

– C'était un nom de reptile, dis-je en riant.

Il sortit un bloc-notes électronique de sa poche.

– C'est toujours le cas. Votre dernier passage sur Terre date de 2007. Et cela vous a tellement peu enthousiasmée que vous vous êtes réengagée.

– La situation s'est-elle améliorée, sur Terre ?

– Oui, avant d'empirer, puis de s'améliorer à nouveau. Comme toujours. Lorsque je suis parti en 2318, la Terre était enfin tranquille.

– Vous avez été enrôlé ?

– Non, pas comme vous, en tout cas. Depuis l'âge de dix ans, je savais ce que j'allais devenir. Comme tout le monde.

– Comment ? Vous voulez dire que vous saviez que vous alliez devenir Officier d'Orientation Temporelle ?

– C'est à peu près cela, confirma-t-il en souriant. Je ne savais pas exactement de quoi il s'agissait, mais cela me déplaisait fortement, je vous assure. Je devais étudier dans une école spéciale, apprendre cette langue – mais j'ai dû y rester quatre ans, contrairement aux autres soldats, qui n'y passent que deux ans. Je suppose que la Terre est un peu plus disciplinée de nos jours ; on y demeure sous contrôle de la crèche à la tombe, mais la sécurité règne. La criminalité et l'anarchie qui caractérisaient votre ancienne Terre appartiennent désormais au passé. La plupart des gens vivent une vie heureuse, enrichissante.

– On n'y trouve que des homosexuels. Pas de familles.

– Oh, nous avons des familles, des parents, mais ils ne sont pas issus du hasard. Pour que la population reste stable, on vivifie un nouvel individu lorsqu'un autre meurt. Le nouveau venu rejoint un couple, formé de deux personnes qui se savent aptes à élever des enfants ; on leur en confie au maximum quatre.

– « On vivifie... » Vous voulez parler de bébés-éprouvette ?

– D'incubateurs. Aucun traumatisme lié à la naissance. Quasiment aucune incertitude quant à l'avenir. Vous allez vous apercevoir que vos soldats forment un groupe d'individus plutôt sains.

– Et comment vont-ils *me* considérer ? Ne vont-ils pas apprécier modérément de recevoir des ordres d'une personne aussi anachronique que moi ? Un genre de dinosaure, hétérosexuel, de surcroît ?

– Ils connaissent l'histoire; ils ne vous blâmeront pas pour ce que vous êtes. Si vous tentiez d'initier des relations sexuelles avec l'un des hommes, cela pourrait bien sûr créer des problèmes.

Je secouai la tête.

– Cela ne risque pas d'arriver. Le seul homme que j'aime est parti, pour toujours.

Il baissa les yeux vers le sol et s'éclaircit la gorge. Je ne me serais jamais crue capable de mettre un psy mal à l'aise.

– William Mandella... J'aurais préféré qu'ils agissent différemment à son égard. Cela me paraît... inutilement cruel.

– Nous aurions voulu faire en sorte que je sois nommée à ses côtés en tant qu'officier de détail.

– Cela n'aurait pas pu marcher. C'est là tout le paradoxe. (Il traçait des cercles au-dessus de la table avec sa tasse pour en voir danser les reflets changeants.) Vous avez tous deux passé tant de temps – subjectif et objectif – sous les drapeaux qu'ils étaient obligés de vous nommer au rang d'officiers, mais ils ne pouvaient vous placer sous les ordres de William. Même en dehors de la question de l'hétérosexe, il se serait montré beaucoup plus préoccupé de votre sécurité que de sa mission. Les soldats s'en seraient rendu compte et lui en auraient voulu pour cela, ainsi qu'à vous.

– Voulez-vous me faire croire que ce genre de chose n'arrive jamais dans votre meilleur des mondes ? Aucun officier ne tombe jamais amoureux de quelqu'un qui sert sous ses ordres ?

– Bien sûr que si. Homo ou hétéro, l'amour est une chose qui arrive. Mais dans ce cas, les deux individus en question sont séparés, et parfois punis, ou tout au moins réprimandés. (Il fit un geste, comme pour balayer cette idée.) En théorie. S'il n'y a rien de flagrant, quelle importance ? En ce qui vous concerne, William et vous, ce serait vite devenu une source constante d'irritation pour les gens qui auraient servi sous vos ordres.

– La plupart d'entre eux n'ont jamais vu d'hétérosexuels, je suppose.

– Aucun d'entre eux. C'est le genre de problème que l'on détecte tôt et qui est facile à soigner.

– Merveilleux. Peut-être pourraient-ils me soigner, moi aussi ?

– Non. Je crains qu'il ne faille s'y prendre avant la puberté, répondit-il avant d'éclater de rire. Désolé. Vous étiez en train de me mener en bateau !

– Ne craignez-vous pas que mon hétérosexualité ne mette en danger mon aptitude à commander ?

– Non. Comme je vous l'ai dit, ils savent comment vivaient les gens, avant. De plus, les simples soldats ne sont pas censés développer des relations empathiques avec leurs officiers ; ils se contentent d'obéir à leurs ordres. Ils savent aussi que vous suivez l'entraînement OSVA et se rendent bien compte de votre haut niveau de préparation.

– Je serai cependant au bout de la chaîne de commandement, en tant qu'officier de détail.

– Jusqu'à ce que l'un de vos supérieurs meure. C'est déjà arrivé.

– L'armée s'apercevra alors de l'erreur qu'elle a commise, mais un peu trop tard.

– Vous risquez de vous surprendre, après l'entraînement OSVA... (Il vérifia l'heure à sa montre.) Entraînement qui débute d'ailleurs dans deux heures.

– Voudriez-vous que nous déjeunions ensemble d'abord ?

– Euh, non. Je ne pense pas que vous devriez manger. Ils vous – comment dirais-je ? – nettoient d'abord. Des deux bouts.

– Voilà qui s'annonce très... spectaculaire !

– Oh oui, tout à fait. Certains y prennent plaisir.

– Vous ne semblez pas penser que cela puisse être mon cas.

– Nous en reparlerons.

3

La purge ne fut pas une corvée bien terrible, car j'étais abrutie et engourdie par les drogues. Ils me rasèrent si bien, joues et bras compris, que j'étais lisse comme un bébé lorsqu'ils eurent terminé et je piquai du nez tandis qu'ils me couvraient de détecteurs de feed-back.

Lorsque je me suis réveillée, j'étais nue et je courais. Un groupe d'autres gens nus nous poursuivait, moi et mes compagnons, en nous jetant des pierres. L'une d'entre elles, très lourde, me heurta sous l'omoplate, me coupant le souffle et me faisant trébucher. Une sorte d'homme de Neandertal trapu me plaqua au sol et me frappa la tête à deux reprises à l'aide d'un objet que je ne pus reconnaître.

Je savais que ce n'était qu'une simulation, un rêve, et je me voyais déjà mourir dans ce rêve. Lorsque je m'éveillai un instant plus tard, l'homme m'avait écarté les jambes et s'apprêtait à me violer. Je lui griffai les yeux et roulai sur moi-même pour lui échapper. Il se lança à ma poursuite, son érection ne laissant aucun doute quant à ses intentions, et ma main tomba par hasard sur le bâton avec lequel il m'avait frappée. Je l'abattis sur lui à deux mains et lui éclatai le crâne, répandant du sang et des débris de cervelle. Il éjacula en jets convulsifs tandis que la vie le quittait, ses pieds martelant le sol. Dieu du ciel, tout cela était censé être réaliste, mais n'auraient-ils pas pu m'épargner quelques détails ?

Je me retrouvai ensuite debout, dans une phalange, avec un bouclier et une longue lance. Devant nous, d'autres hommes étaient accroupis, avec des lances plus courtes. Toutes les armes étaient braquées au même angle, présentant un mur de pointes aux chevaux qui nous chargeaient. Ce n'était pas là le plus délicat de l'opération. Il suffit de tenir bon, puis de vivre ou de mourir. J'étudiai les armures légères de l'ennemi persan qui approchait. Trois d'entre eux pourraient se trouver proches de moi si nous parvenions à les désarçonner, ou si leurs chevaux refusaient de continuer à avancer.

Le cheval qui arrivait sur ma gauche força le passage. Celui de droite se cabra et tenta de faire demi-tour. Celui qui chargeait droit sur nous prit deux lances en pleine poitrine, brisant la hampe de la mienne tandis que la force de l'impact l'emportait de côté ; il s'affala, répandant son sang en hennissant, avec une sorte de sinistre gémissement haut perché, et jeta son cavalier au sol devant moi. Le Persan désarçonné alla s'effondrer sur mon bouclier et me jeta à terre tandis que je dégainais ma courte épée, dont la poignée s'enfonça sous mes côtes. Je faillis me blesser lorsque je la sortis de son fourreau tout en essayant de me remettre debout.

Le cavalier avait perdu son petit bouclier rond, mais son épée arrivait vers moi en suivant un arc horizontal. Elle heurta le bord de mon bouclier et je tentai, ainsi que l'on me l'avait appris, d'atteindre son poignet et son avant-bras qui demeuraient exposés; il se dégagea d'un geste, mais je le frappai sous le coude, un coup habile qui lui sectionna un tendon ou quelque chose de ce genre. Il laissa tomber son épée et, tandis qu'il essayait de la ramasser de l'autre main, je lui entaillai le visage, ouvrant une terrible blessure en travers de ses yeux, de ses joues et de sa bouche. Alors qu'il hurlait, un lambeau de peau et de chair se détacha, découvrant ses dents et ses os couverts de sang. Je basculai mon poids de côté pour le frapper à revers en visant la gorge, lorsque quelque chose pénétra brutalement dans mon dos. La pointe sanglante d'une lance perça ma peau au-dessus du téton droit; je tombai à genoux, mourante, et je réalisai soudain que je n'avais plus de seins; j'étais un mâle, un jeune garçon.

Il faisait froid et les tranchées sentaient la merde et la chair en décomposition. « Dans deux minutes, les gars », chuchota un sergent en aparté. J'entendis le glouglou d'une gourde et m'en emparai lorsque mon tour arriva – du gin chaud. Je m'arrangeai pour ne pas tousser et la fis passer après avoir bu. Je procédai à une vérification dans l'obscurité et je me rendis compte que je n'avais toujours pas de seins; je mis ma main entre mes jambes: ce fut une sensation étrange. Je me mis à trembler et, lorsque l'homme qui se trouvait à côté de moi se mit à pisser, j'en ressentis soudain le besoin, moi aussi. Je tâtonnai pour ouvrir ma braguette de la main gauche tandis que la droite serrait le fusil, et je parvins à peine à sortir l'engin à temps, me lâchant au passage un jet chaud sur la main.

« Baïonnette au canon », murmura à nouveau le sergent pendant que je finissais de me soulager. L'instinct reprit le dessus et je trouvai le point d'attache sous le canon de mon Enfield; je tins l'arme de la main gauche tandis que la droite sortait la baïonnette de son étui et l'emboîtait dans son logement.

– Je vous reverrai en enfer, sergent Simmons, dit l'homme qui se trouvait à côté de moi sur le ton de la conversation.

– Il sera toujours assez tôt, Rez, répondit le sergent. Trente secondes.

Une mitrailleuse allemande se trouvait à un peu plus de trente mètres de nous sur la droite. Ils disposaient d'au moins un tireur d'élite et sans doute d'un d'artilleur de métier. Nous espérions un soutien d'artillerie à une heure dix-sept, au moment où sonnerait le signal de la charge. Si l'artillerie ne venait pas à notre secours, ce qui était probable, nous allions tout de même devoir charger, deux petits escadrons de fusiliers précédant les grenadiers. Une mission suicide, peut-être; une mort certaine, en tout cas, si votre courage venait à vous abandonner.

Je m'essuyai les mains sur mon treillis maculé de graisse et levai le cran de sûreté du fusil. Une salve de coups de feu éclata quelque part. Je posai le pied gauche sur une marche improvisée et m'assurai d'une prise pour la main gauche. Mes genoux étaient trempés, et mon anus refusait de rester clos. Je sentais venir des larmes, et ma gorge était sèche, comme si elle était faite de métal. *Ce n'est pas la réalité.*

« Maintenant », ordonna vivement le sergent; je me soulevai par-dessus le bord de la tranchée et fis feu d'une main dans la direction générale de l'ennemi, puis je me mis à courir à toutes jambes, ressentant une vague fierté à l'idée de ne pas m'être souillée. Je m'aplatis au sol et visai l'endroit d'où provenait le vacarme de la mitrailleuse: aucun éclair ne permettait d'en situer l'origine. Je continuai à faire feu tandis que le deuxième escadron nous dépassait. Un grenadier glissa ver moi et me lança un « *Go* » qui se transforma en hurlement lorsqu'une balle l'atteignit, mais j'étais déjà debout, je courais, lorsqu'une autre salve crépita. Nous n'étions plus que quatre. Une balle me fracassa un pied. Je fis un douloureux pas de plus avant de tomber.

Je m'efforçai de me pousser en avant tout en gardant la gueule de mon fusil hors de la boue, puis je roulai dans un cratère peu profond rempli à moitié d'eau et des restes d'un corps ballonné en décomposition. J'entendais crépiter une autre mitrailleuse, mais je ne parvenais pas à respirer. Je poussai des deux bras pour prendre une goulée d'air au-dessus des miasmes du cratère lorsque je reçus une balle dans les dents.

Ces combats ne suivaient aucun ordre chronologique. Je me battis ensuite dans le brouillard de Breed's Hill, du côté britannique de ce que les Américains allaient appeler la bataille de Bunker Hill. Je combattis ensuite sur le pont d'un bateau, repoussant des pirates tandis que les voiles brûlaient. Ensuite vint un autre navire où, assourdie par le son du canon, je m'efforçais de mettre hors d'état de nuire le kamikaze qui s'apprêtait à lancer son *Zéro* sur nous.

Je volais à bord de biplans à la voilure de tissu comme à bord de chasseurs supersoniques, je me battais avec des rayons laser, des arcs et des flèches, et je rasai même une ville entière sur la simple pression d'un bouton. Je tuais avec des balles, des couteaux, des appareils à codes digitaux. Pas une seconde, je n'oubliais qu'il s'agissait d'un exercice d'entraînement; je ressentais la terreur, la peine et la douleur, mais elles ne duraient que quelques minutes ou quelques heures. Je passais au moins autant de temps endormie qu'éveillée, mais il n'existait pas de véritable repos – pendant mon sommeil, mon cerveau se gavait, j'ignore comment, de procédures, de règles, de leçons d'histoire.

Lorsqu'ils me débranchèrent trois semaines plus tard, j'étais littéralement devenue catatonique, mais c'était parfaitement normal, et nous disposions de drogues pour nous ramener à la réalité. Ces drogues étaient efficaces pour plus de quatre-vingt-dix pour cent des officiers. Les autres étaient autorisés à partir.

4

On nous accorda deux semaines de repos et de réadaptation – pas sur Ciel, malheureusement, mais en orbite – après l'expérience de l'OSVA. Tout en suant sang et eau dans le gymnase des officiers, je fis la connaissance des autres officiers de première ligne, aussi secoués et affaiblis que moi après trois semaines d'immersion dans un monde de fluorocarbone oxygéné, de mutilations et de livres à étudier.

Des pieds à la tête, nous ne formions plus qu'une masse de rides et de plis lorsque, le premier jour, nous dûmes mettre les bras au-dessus de nos têtes en essayant de nous lever et de nous accroupir sans aucun appui. Les rides commencèrent à s'estomper au sauna, tandis que nous conversions par monosyllabes. Nous ressemblions à de gros bébés roses et musclés; sans doute nous avaient-ils épilés ou rasés au cours des trois dernières semaines.

Trois d'entre nous étaient des mâles, ce qui ne manquait pas d'intérêt. J'avais déjà vu beaucoup d'hommes nus, mais jamais intégralement glabres. Je suppose que nous nous sentions tous la cible des regards, exposés comme des fiches anatomiques. Okayawa eut une érection, et Morales ne manqua pas de plaisanter à ce sujet, mais à mon grand soulagement, les choses n'allèrent pas plus loin. C'était tout de même une situation socialement délicate.

Angela Garcia, le commandant en chef, était physiquement plus âgée que moi d'une dizaine d'années, même si elle était ma cadette de plusieurs siècles selon le calendrier. C'était une personne bourrue, qui paraissait ne guère vouloir se livrer. Je la connaissais un petit peu, au moins de vue; elle dirigeait un peloton – mais pas le mien – lors du désastre de Tet-2. Elle était apparemment équipée de deux jambes aussi neuves que l'était mon bras. Nous étions parties pour Ciel en même temps, mais sans nous y rencontrer par la suite, car ses nouveaux membres avaient mis trois fois plus de temps que les miens à repousser. William et moi étions déjà partis au moment où elle avait pu enfin rejoindre ses quartiers.

La présence de William s'était manifestée dans bon nombre de mes rêves OSVA, silhouette fugitive parmi une foule de gens. Celle de mon père aussi, parfois.

Je me pris tout de suite d'amitié pour Sharn Taylor, l'Officier Médical. Elle prenait tout avec une sorte de joyeux fatalisme, et elle avait brûlé la chandelle par les deux bouts lors de son séjour sur Ciel, louant les services de toute une série de femmes superbes pour l'aider à y dépenser sa fortune. Elle s'était retrouvée sans un sou une semaine trop tôt et elle était rentrée à Seuil pour y vivre des rations de l'armée et des défonces de faible puissance que l'on pouvait s'y procurer gratuitement. En soi, ce n'était pas une beauté; une terrible blessure lui avait arraché le bras et le sein gauches, ainsi que la moitié du visage. Tout était depuis remis en place, mais les nouveaux éléments ne semblaient pas tout à fait correspondre aux anciens.

Elle en parlait pourtant avec une objectivité toute médicale et professait une grande admiration pour ce que la médecine était capable d'accomplir – si l'on se référait au calendrier de l'époque, ses études médicales étaient terminées depuis plus de cent cinquante ans.

Son entraînement OSVA était bien entendu complètement différent du nôtre. Il s'agissait d'apprendre de nouvelles méthodes de guérison plutôt que de s'entraîner à tuer.

– J'y passe plus de temps à m'occuper de machines qu'à soigner des gens, me dit-elle un jour tandis que nous avalions sans enthousiasme le semblant de nourriture censé nous aider à reprendre des forces. Je peux soigner des blessés sur le champ de bataille, le temps que l'on puisse les transporter jusqu'à une machine. Mais la plupart des armes modernes ne nous laissent pas grand-chose à guérir.

– Nous ne savons pas jusqu'à quel point l'ennemi peut être moderne, dis-je. Ils n'ont d'ailleurs pas besoin d'être si modernes que cela pour nous vaporiser !

Nous nous mîmes toutes deux à glousser, et nous reprîmes notre sérieux exactement en même temps.

– Je me demande quel produit ils nous donnent, dit-elle soudain. Ce n'est pas du Happyjuice : je sens le bout de mes doigts et ma vision périphérique est intacte.

– Un exhausteur d'humeur, peut-être ?

– J'espère que l'effet est temporaire. Je vais en parler à quelqu'un.

Sharn découvrit qu'il s'agissait seulement d'un euphorisant mélangé à la nourriture ; sans l'aide de ce produit, le sevrage de l'OSVA pouvait provoquer de graves dépressions. J'aurais presque préféré me sentir dépressive, me suis-je dit alors. Après tout, nous courions très certainement à notre perte. À l'exception d'un seul, nous avions tous survécu à au moins un engagement, dans cette guerre où le taux de survie ne dépassait pas trente-quatre pour cent par bataille. Si l'on était superstitieux, on pouvait s'imaginer avoir épuisé toutes ses chances de survie.

Nous disposions du satellite à notre guise pour une durée de huit jours – dix officiers servis par un personnel d'une trentaine de personnes – afin de reprendre nos forces. Bien sûr, des amitiés naquirent. Il paraissait évident que le lien qui unissait Chance Nguyen et Aurelio Morales allait au-delà de l'amitié; depuis le premier jour, ils restaient toujours collés ensemble.

Logiquement, Risa Danyi, Sharn et moi formâmes un trio, car nous étions les trois officiers exclus de la chaîne de commandement. Risa, l'officier technicien, était un peu plus âgée que Sharn et moi, et elle était titulaire d'un doctorat d'engineering système. Née et élevée sur Ciel, elle paraissait pourtant plus jeune que nous. Elle n'était pas vraiment « née », d'ailleurs... et elle n'avait jamais connu le traumatisme du combat.

L'entraînement OSVA de Risa s'était déroulé de la même façon que le mien, mais elle l'avait trouvé plus fascinant que réellement terrifiant. Elle se sentait obligée de s'en excuser. Elle avait grandi sous l'empire des drogues et était accoutumée à leur action soudaine et spectaculaire – elle ne possédait aucune expérience vécue qu'elle puisse mettre en parallèle avec le combat virtuel.

Risa et Sharn étaient de nature assez paillarde, et elles s'amusaient beaucoup de mon hétérosexualité; sous l'effet des euphorisants, je ne leur cachai rien. Au tout début de ma carrière dans l'armée, nous devions nous astreindre à une sorte de « rôle de couchage », et j'avais ainsi passé la nuit avec tous les soldats mâles de la compagnie au moins une fois. Dormir avec quelqu'un n'implique pas forcément de coucher avec lui, mais il aurait été considéré comme déloyal de refuser. Et bien sûr, les hommes sont les hommes: la plupart d'entre eux se sentaient obligés d'exécuter les mouvements et les postures de l'amour, même s'ils n'en ressentaient pas l'envie.

Même à bord du vaisseau, lorsqu'ils abolirent le rôle de couchage, il y avait encore pas mal d'échanges. J'étais le plus souvent avec William, mais notre relation n'avait rien d'exclusif, ce qui aurait paru bizarre pour des gens de notre génération. Personne n'était fertile, ce qui excluait tout risque de grossesse accidentelle.

C'était une notion qui déroutait passablement Risa et Sharn. Pour elles, les grossesses n'arrivaient qu'aux animaux. Sharn avait déjà vu des images expliquant le processus dans ses cours d'histoire médicale, et elle nous les décrivit avec une foule de détails à vous faire dresser les cheveux sur la tête. Je dus leur rappeler que j'étais née de cette manière – que j'avais infligé *cela* à ma mère, et qu'elle m'avait tout de même pardonné.

Risa insista d'un air sentencieux sur le fait que c'était plutôt mon père, et non moi, qui avait infligé cette grossesse à ma mère. Dieu seul sait pourquoi, nous trouvâmes tout cela extrêmement amusant.

Un matin, alors que nous étions seules au salon à observer la planète en contrebas, elle aborda le sujet en énonçant une parfaite évidence.

– Tu n'en as pas parlé, mais je crois pouvoir deviner que tu n'as jamais aimé une femme. (Elle s'éclaircit la voix, nerveuse.) Ce que je veux dire, c'est que tu n'as jamais fait l'amour avec une femme. Je sais que tu adorais ta mère.

Je me demandais si je devais entrer dans les détails.

– Je ne l'ai jamais fait, c'est vrai. C'était assez rare, à l'époque. Mais je connaissais *effectivement* des filles, des femmes, qui étaient ensemble.

Elle me tapa doucement sur l'épaule.

– Eh bien, voilà. Tu sais que...

– Euh, oui... Je veux dire : oui, je comprends. Merci, mais je...

– Tu sais, nous sommes de même rang. Cela n'aurait rien d'illégal.

Elle se mit à rire nerveusement. Si tous les règlements devaient être transgressés avec autant de facilité et d'enthousiasme, nous ressemblerions plus à une foule déchaînée qu'à une véritable armée.

Je ne savais trop que dire. Jusqu'à ce qu'elle me pose la question, je n'avais jamais pensé à cette possibilité que comme à une abstraction.

– William me manque encore terriblement, finis-je par répondre.

Risa hocha la tête, me gratifia à nouveau d'une petite tape sur l'épaule et sortit.

Bien entendu, tout n'était pas dit. Je parvenais très bien à visualiser

Risa et Sharn ensemble, en train de faire l'amour. J'avais déjà vu ce genre de chose sur scène ou sur écran assez souvent, mais j'étais incapable de me mettre à leur place, alors que je parvenais sans peine à m'imaginer avec l'un des hommes, en particulier avec Sid, Isidro Zhulpa. C'était un homme tranquille, introspectif, d'une sombre beauté. Mais il était bien trop équilibré pour envisager de m'impliquer dans une quelconque perversion sexuelle.

Je me sentais encore un peu perturbée par mon imagination, par les fantaisies virtuelles que j'avais vécues, par les souvenirs, réels ou artificiels. Je savais parfaitement que je n'avais jamais tué quelqu'un à coups de couteau ou de gourdin, mais mon corps en conservait pourtant le souvenir, plus réel que ne l'était l'image mentale. Je sentais toujours en moi, comme un fantôme, la présence d'un pénis, de testicules, car dans tous les cas de figure, j'étais un mâle au cours des combats virtuels de l'OSVA. Et cela m'était sûrement plus étranger que l'idée de me retrouver au lit avec une femme. Au moment où j'attendais que William en finisse avec la « rééducation orthopédique de la portée et du mouvement », après deux jours passés à lire, j'avais été prise d'une envie subite d'essayer la défonce virtuelle, de me brancher sur une simulation sexuelle lesbienne; c'étaient d'ailleurs les seules disponibles pour les femmes.

Je ne le fis pas, pour plusieurs raisons. Et maintenant qu'il était trop tard – les seules défonces disponibles sur Athènes étaient celles de l'OSVA –, je le regrettais. C'eût été certes moins facile que de prétendre: « *J'accepte leur manière d'être, car c'est ainsi qu'ils ont été élevés* », avec toute la condescendance implicite à laquelle ma prétendue « normalité » me donnerait droit.

La normalité. J'allais bientôt me retrouver coincée dans une boîte de conserve géante avec cent trente individus auxquels ma vie privée la plus intime paraîtrait aussi exotique que le cannibalisme. Quelque chose de tellement exceptionnel à leurs yeux qu'ils ne disposaient même pas d'une épithète pour le décrire. Ils n'allaient pas tarder à en trouver une, je n'en doutais guère.

5

Tableau organisationnel

Force de Combat Alpha

Campagne Aleph-10

1er échelon Major Garcia Commandant Sidorenko

2e échelon 1er Lieutenant Nguyen

3e échelon 2e Lieutenant Zhulpa

4e échelon Capitaine Potter XO

2e Lieutenant Darnyi TO

2e Lieutenant Taylor, MD MO

	1	**2**	**3**	**4**
5e échelon	2e Ltnt Sadojyi	2e Ltnt Okayawa	2e Ltnt Mathes	2eLtnt Morales
6e échelon	Sgt-cf Baron	Sgt-cf Troy	Sgt-cf Tsuruta	Sgt-cf Hencken
7e échelon	Sgt Naber	Sgt Kitamura	Sgt Yorzyk	Sgt Verdeur
8e échelon	Cpl Roth	Cpl Gross	Cpl Bruner	Cpl Graef
	Cpl Sieben	Cpl Simeonyp	Cpl Ritter	Cpl Henkel
	Cpl Korir	Cpl Sadovyi	Cpl Loader	Cpl Cathewood
	Cpl Montgomery	Cpl Popov	Cpl Hajos	Cpl Hamay
	Cpl Daniels	Cpl Kahanamoku	Cpl Miyzaki	Cpl Csik
	Cpl Son	Cpl Daniels	Cpl Taylor	Cpl Hopkins
	Cpl Devitt	Cpl Schollander	Cpl Winden	Cpl Spitz
	Cpl Gammoudi	Cpl Akii-Bua	Cpl Beiwat	Cpl Keino
	Cpl Armstrong	Cpl Kariuki	Cpl Brir	Cpl Keter
	Cpl Kostadinova	Cpl Ajunwa	Cpl Roba	Cpl Keimo
	Cpl McDonald	Cpl Balas	Cpl Reskova	Cpl Mayfair
	Cpl Zubero	Cpl Furniss	Cpl Kopilakov	Cpl Gross
	Cpl Myazaki	Cpl Roth	Cpl Pakratov	Cpl Lopez
	Cpl Ris	Cpl Scholes	Cpl Ris	Cpl Henricks
	Cpl Russell	Cpl Rozsa	Cpl Moorhouse	Cpl Lundquist
	Cpl Ackerman	Cpl Pankritov	Cpl Nesty	Cpl O'Brien
	Sdt Darryl	Sdt Gyenji	Sdt Crapp	Sdt Hong
	Sdt Biondi	Sdt Stewart, M.	Sdt Baumann	Sdt Stewart, J.
	Sdt Engel-Kramer	Sdt Min	Sdt Mingxia	

Soutien: 1er Ltnt Otto (Nav), 2es Ltnts Wennyl et Van Dykken (Med), Durack (Psy), Bleibkey (Maint), Lackey (Equip/Mat), Obspowich (Comm), Madison (Comp). 1ers Sgts Mastenbroek (Med), Anderson (Med), Szoki (Med), Fraswer (Med), Henne (Psy), Neelson

(Maint), Ender (Equip/Mat); Sgts Krause (Med), Steinseller (Med), Hogshead (Med), Otto (Med), Yong (Maint), Jingyi (Cuis), Meyer (Comp); Sgts Gould (Med), Bonder (Maint), Kraus (Equip/Mat), Waite (Rec); Cpls Friedrich (Med), Haislett (Med), Poll (Sex), Norelius (Sex), Gyenge (Equip/Mat); Sdts Curtiss (Maint), Senff (Cuis), Harup (Equip/Mat).

Approuvé STFCOM STARGATE 12 mars 2458.

Pour le Commandant en chef
Olga Torischeva BGEN

Le salon était une soi-disant «pièce flexible» qui pouvait se recomposer de différentes manières selon l'usage que l'on voulait en faire. L'un des membres du personnel d'Athènes m'en avait confié le boîtier de contrôle – ma première tâche de responsabilité en tant qu'officier.

Lorsque les transports de troupes s'alignèrent pour procéder à l'embarquement des soldats, j'appuyai sur le bouton «Auditorium» et la confortable couleur de bois s'estompa pour laisser la place à une teinte ivoire assez neutre, tandis que les meubles s'enfonçaient sous le sol avant de remonter en faisant apparaître trois rangées de sièges disposés sur des gradins. Le boîtier de contrôle m'avait demandé combien de sièges installer sur l'estrade en face des gradins. Je lui avais répondu six, avant de corriger. Sept. Le Commandant en chef allait honorer la cérémonie de sa présence.

Tandis que je regardais les soldats de la Force de Combat pénétrer en rangs dans l'auditorium, je tentai de distinguer les vétérans des Anges. Ces derniers étaient peu nombreux; seuls trente soldats parmi les présents étaient nés sur Ciel, pour une raison simple, mais cependant quelque peu inquiétante.

Le major Garcia attendit que tous les sièges soient occupés, puis elle passa deux minutes à observer les visages dans l'assistance; peut-être se livrait-elle au même tri que moi. Elle se leva ensuite, présenta le Commandant en chef et tous les officiers par ordre hiérarchique jusqu'à mon propre rang, puis elle alla droit au but.

– Je suis persuadée que vous avez entendu des rumeurs. L'une d'entre elles est fondée.

Elle sortit une fiche de la poche de sa tunique et la posa sur le pupitre en face d'elle.

– Cent seize d'entre nous ont déjà participé à des combats, poursuivit-elle. Tous ont été blessés et ramenés ici sur Ciel, pour une période de soins, puis de repos.

« Vous savez peut-être qu'une telle concentration de vétérans est inhabituelle. L'armée accorde un grand prix à l'expérience et s'efforce de la faire partager. Un groupe de cette taille ne devrait normalement compter qu'une trentaine de vétérans. Bien entendu, cela implique que nous devrons affronter des échéances délicates.

« Nous allons attaquer la plus ancienne base connue de l'ennemi. (Elle marqua une pause.) Les Taurans ont établi une présence sur la planète-portail qui donne accès au collapsar Aleph-10, il y a de cela plus de deux cents ans. Nous les avons attaqués à deux reprises, sans résultat.

Elle ne précisa pas le nombre des survivants de ces deux attaques. Je savais qu'il n'y en avait eu aucun.

– Si, comme nous l'espérons, les Taurans n'ont pu maintenir le contact avec leur planète mère au cours des deux siècles écoulés, nous disposerons alors d'une avance technologique considérable. Nous n'entrerons pas dans les détails à ce sujet avant de lever l'ancre.

C'était la procédure de sécurité classique, même si elle était absurde. Un Tauran n'aurait jamais eu la moindre chance de se déguiser et de pénétrer à bord. Il était par ailleurs impensable que l'un des nôtres puisse s'être engagé à leur service. Les deux espèces n'avaient jamais rien échangé d'autre que des projectiles.

– Nous nous trouvons à trois sauts collapsars d'Aleph-10, et nous disposerons donc de onze mois pour nous entraîner au fonctionnement des nouveaux systèmes d'armes... avec lesquels nous les vaincrons, ajouta-t-elle avec un sourire glacial. Lorsque nous les atteindrons, il se peut que nous débarquions de leur propre futur avec quatre siècles d'avance. C'est le temps qui s'est écoulé entre la défaite de l'Armada espagnole et la première guerre nucléaire.

Bien entendu, la relativité ne favorise aucune espèce par rapport à une autre. Les Taurans avaient très bien pu recevoir de l'aide ou des présents de la part de visiteurs venant justement de leur propre futur.

Les soldats étaient calmes et adoptaient une attitude respectueuse, acceptant sans discuter les bribes d'information que le Major voulait bien leur distiller. Je suppose que la plupart d'entre eux se doutaient bien que les choses n'étaient pas aussi roses, même parmi les Anges inexpérimentés. Elle les gratifia encore de quelques généralités et les renvoya à leurs quartiers provisoires. Quant à nous, les officiers, nous devions déjeuner avec elle deux heures plus tard.

Entre-temps, je partis visiter les quartiers des soldats et parler avec les sergents qui allaient encadrer tout ce petit monde, jour après jour. Je connaissais leurs dossiers, mais je n'avais rencontré aucun d'entre eux, sinon Cat Verdeur, car nous avions subi les mêmes soins post-opératoires. Ils avaient dû nous remplacer nos bras droits, et une partie de la thérapie consistait à se défier chaque jour au bras de fer, tout en nous excusant du mal que nous nous infligions mutuellement. Elle se montra heureuse de me voir, et me confia qu'elle m'aurait plus souvent laissée gagner si elle avait su que j'allais obtenir un grade supérieur au sien.

Le salon des officiers était également une « pièce flexible », ce que j'ignorais. Je ne l'avais vu jusqu'alors que sous l'aspect d'une salle de réunion fonctionnelle, avec de simples machines qui distribuaient de la nourriture et des boissons. Elle était maintenant garnie de bois sombre et de motifs de céramique compliqués, avec des nappes de tissu et du cristal. Bien sûr, le bois ressemblait à du plastique et le linge de table à du papier, mais on ne peut pas tout avoir.

Nous arrivâmes tous les neuf à l'heure pour la réunion, et le major apparut deux minutes plus tard. Elle salua tout le monde, appuya sur un bouton, et les cuisiniers Jingyi et Senff firent leur entrée avec de la véritable nourriture et deux carafes de vin. Des légumes épicés et cuisinés à la poêle et des *zoni*, semblables à de grandes crevettes.

– Profitons de tout ceci tant que c'est encore possible, dit le Major. Nous devrons bientôt nous contenter de nourriture de classe A recyclée.

Athènes était assez vaste pour se permettre le luxe de cultures hydroponiques et de viviers de poissons et de fruits de mer.

Tout en jetant un coup d'œil circulaire autour de la table, le Major demanda à chacun de se présenter. J'en savais un petit peu sur chacun, car le dossier que l'on m'avait remis, en tant qu'officier de détail, contenait les informations de base sur tous les membres de la Force de Combat et des renseignements plus complets sur les officiers et les sous-officiers. La réunion me réserva pourtant certaines surprises. Je savais que le Major avait survécu à cinq batailles, mais j'ignorais qu'elle s'était rendue à quatre reprises sur Ciel, ce qui constituait un record. Je savais aussi que son commandant en second, Chance Nguyen, était originaire de Mars, mais j'appris qu'il faisait partie de la première génération née là-bas et était le premier de sa planète à se trouver enrôlé dans l'armée – il y avait eu une controverse incroyable à ce sujet, car les séparatistes prétendaient que la Guerre éternelle concernait la Terre, et non Mars. Il faut préciser qu'à l'époque la Terre pouvait encore menacer Mars de lui couper les vivres. La planète rouge était désormais autosuffisante, selon Chance, mais elle en était partie depuis un siècle et n'était plus très au courant de la situation.

Lillian Mathes revenait justement de la Terre, avec moins de vingt ans de décalage collapsar, et elle expliqua que la Terre n'enrôlait plus personne venant de Mars au moment de son départ, la conscription étant bloquée par les procédures judiciaires. Chance était sans doute le seul officier martien en service.

Sa manière de se tenir et d'évoluer paraissait étrange, très circonspecte, comme si son système gravitationnel élevé l'empêchait de se mouvoir avec naturel. Il me confia qu'il s'était entraîné pendant toute une année martienne, soulevant des poids de plus en plus lourds, avant de partir pour Stargate et rejoindre son premier poste.

Tous semblaient cultivés et athlétiques, mais seul Sid, Isidro Zhulpa, était à la fois un érudit et un athlète confirmé. Il avait joué au base-ball comme professionnel pendant une saison, mais il s'était ensuite décidé à abandonner sa carrière sportive pour poursuivre son doctorat en sociologie. Il avait reçu sa nomination en tant que professeur stagiaire un jour avant son ordre d'incorporation. Sa peau était si noire qu'elle en paraissait presque bleue. Avec ses traits burinés et son imposante musculature, il ressemblait à quelque cruelle divinité africaine, mais il était tranquille et modeste ; c'était mon préféré.

Je passai le plus clair du repas à lui parler, ainsi qu'à Sharn, et nous évoquâmes toutes sortes de sujets, sauf ceux qui concernaient notre avenir immédiat. Une fois le repas terminé, les cuisiniers entrèrent avec deux chariots et nettoyèrent la table, ne nous laissant que du thé et du café. Garcia attendit leur départ, lorsque tout le monde fut servi.

– Bien entendu, nous n'avons pas la moindre idée de ce qui nous attend à Aleph-10, commença-t-elle. Une seule chose est sûre, et je pense qu'aucun de vous n'en a entendu parler : nous savons ce qui est arrivé à la seconde Force de Combat.

C'était un scoop, effectivement...

– Il s'agissait d'une sorte de champ de mines. Une matrice de bombes nova formant une ceinture autour de la ligne équatoriale de la planète-portail. Nous supposons qu'elle s'y trouve toujours.

– Ne pouvaient-ils pas la détecter et l'éviter ? demanda Risa.

– C'était un système actif. Les bombes les ont littéralement pris en chasse. Ils en ont fait exploser quatre, de plus en plus proches, mais ils ont sauté sur la cinquième. Le drone[1] qui enregistrait le déroulement de l'opération a eu toutes les peines du monde à s'échapper ; l'une des bombes a même réussi à le poursuivre à travers le premier saut.

« Nous pouvons tenir ce système en échec. Le drone intelligent qui nous précédera sera en mesure de faire exploser simultanément l'ensemble de la ceinture de bombes. Cela risque de créer une sacrée agitation au sol, ce qui nous permettra de protéger notre approche.

– Nous ne savons toujours pas ce qui est arrivé à la première Force de Combat ? demanda Sid.

Garcia secoua la tête.

– Notre drone n'est jamais revenu. Tout ce que nous pouvons affirmer, c'est que la raison de l'échec n'était pas la même.

– Comment cela ? demandai-je.

– Aleph-10 est facilement visible depuis la Terre ; elle n'est située qu'à environ quatre-vingts années-lumière de distance. Ils auraient donc pu détecter l'éventuelle présence d'une bombe nova il y a cent

1. Aéronef à pilotage automatique, sans équipage humain. (*N.d.T.*)

vingt ans. Nous croyons qu'ils ont donné l'assaut de façon conventionnelle et qu'ils ont été détruits, à moins qu'un accident ne soit survenu en cours de route.

Bien sûr, ils n'avaient envoyé aucun message par rayons sur Terre ou sur Stargate. Nous ne le ferions pas non plus, en situation similaire. Les combats se déroulaient sur des planètes-portail qui n'étaient en général que des rocs désolés. Il suffirait d'une seule bombe nova pour détruire Stargate, et peut-être de trois pour supprimer toute trace de vie sur Terre. Nous n'avions pas l'intention de leur indiquer la route.

6

Au cours des onze mois suivants, une bonne partie de notre entraînement s'effectua avec des armes primitives, ce qui expliquait le temps passé, au cours des séances d'OSVA, à s'exercer au maniement d'arcs et de flèches, de lances, de couteaux et autres engins guerriers d'un autre âge. Nous disposions d'un nouveau dispositif baptisé « champ de stase », qui formait une bulle à l'intérieur de laquelle il était indispensable de travailler avec des outils simples : aucune arme utilisant une source d'énergie ne pouvait y fonctionner.

Les lois de la physique ne semblaient d'ailleurs guère opérationnelles à l'intérieur d'un champ de stase, et celles de la chimie, pas du tout. Rien ne pouvait s'y déplacer à une vitesse supérieure à 16,3 mètres par seconde – pas même les particules élémentaires ou la lumière (on pouvait tout de même voir à l'intérieur de la bulle, mais ce n'était pas de la lumière; il s'agissait de quelque chose qui avait un rapport avec les tachyons). Si vous vous exposiez au champ de stase sans protection, vous mouriez aussitôt de mort cérébrale (à cause de l'absence d'électricité) et vous retrouviez comme congelé en l'espace de quelques secondes. Aussi étions-nous munis de costumes faits d'un matériau qui ressemblait à une feuille d'aluminium gaufré dure et raide, garnie de toute une plomberie et de divers gadgets qui permettaient de tout recycler. Il aurait été possible de vivre indéfiniment dans ce costume, à l'intérieur du champ. Au risque de perdre la raison.

Il suffisait d'un accroc, d'une simple piqûre d'aiguille dans le matériau du costume, et vous mouriez instantanément.

Pour cette raison, nous ne nous entraînions pas avec des armes primitives à l'intérieur du champ. Et si vous causiez la moindre éraflure à votre costume ou à celui de quelqu'un d'autre au cours de l'entraînement, on vous envoyait méditer sur le sujet toute une journée en réclusion solitaire, même si vous étiez officier. Ma négligence avec les pointes de flèches me coûta une longue journée d'angoisse dans l'obscurité.

Le gymnase n'était pas très spacieux, et ne pouvait être utilisé que par un peloton à la fois, aussi m'entraînais-je avec ceux qui se trouvaient là lorsque je parvenais à me libérer de mes obligations pendant quelques heures. Je finis par m'arranger pour toujours tomber sur le quatrième peloton. J'appréciais beaucoup Aurelio Morales, le chef d'escadron, et son ordonnance, le sergent Karl Hencken. Mais j'aimais surtout Cat Verdeur.

Je ne pourrais situer exactement le moment où la simple camaraderie a laissé place au sexe. Il n'y eut pas de propositions, ni de soudaine aventure passionnée. Nous étions proches depuis le début, grâce à notre expérience commune à Seuil, avant de devenir ensuite des partenaires naturelles pour l'entraînement au corps à corps, car notre condition physique et nos âges nous rapprochaient. Cela nous donnait une sorte de rude intimité, renforcée par le fait que les officiers et les sous-officiers disposaient d'une douche séparée de celle des autres soldats. Aurelio et Karl utilisaient un côté de la salle de douche, Cat et moi l'autre. Nous commençâmes par nous savonner le dos, si l'on peut dire, avant de passer au reste.

En tant que sergent, Cat ne disposait pas de quartiers privatifs ; elle dormait dans une aile avec les autres femmes de son peloton. Une nuit, je la vis arriver à ma porte, au bord des larmes, en proie à un mystérieux tourment dont nous avions toutes deux déjà fait l'expérience : parfois, votre nouveau bras ne semble pas vraiment appartenir à votre corps. Il obéit à vos ordres, mais il se comporte comme une créature à part, greffée sur vous, et le sentiment de séparation devient une terrible obsession. Je la laissai pleurer sur mon épaule – la bonne – puis nous partageâmes mon lit étroit pour la nuit. Nous ne fîmes rien de plus que ce que nous avions déjà fait souvent sous la douche, mais cette fois-ci, ce n'était pas par jeu. Je demeurai immobile, à réfléchir, longtemps après qu'elle se fut endormie, sa joue posée sur ma poitrine.

J'aimais encore William, mais sauf à compter sur un miracle, je ne le verrais sans doute plus jamais. Ce que je ressentais à l'égard de Cat était plus que de l'amitié, et selon ses critères et ceux de tous les autres, cela n'avait rien d'extraordinaire. D'ailleurs, aucun avenir n'était envisageable avec Sid ou aucun autre homme à bord.

Lorsque j'étais jeune, il y avait une chanson qui disait à peu près ceci : *« Si je ne peux être avec celui que j'aime, alors j'aimerai celui avec qui je suis. »* Je pense que cela résume toute l'affaire.

Je rendis visite à Elise Durack, le psychologue de la Force de Combat, et il m'aida à dénouer quelque peu la situation. Plus tard, Cat et moi allâmes voir Octavia Poll, la conseillère sexuelle femme, et l'entretien se transforma en une étrange consultation à quatre avec Dante Norelius, le conseiller homme. Nous en sortîmes avec un dispositif mécanique dont nous nous moquions, mais auquel nous recourions parfois, et qui me donnait presque la sensation de faire l'amour avec un homme. Cat comprenait fort bien le besoin que j'éprouvais de me raccrocher à mon passé ; cela ne la gênait pas, me disait-elle, si je pensais à William lorsque j'étais avec elle. Elle me trouvait romantique, autant que perverse.

J'abordai un jour le sujet avec le Major, et elle balaya mes propos d'un geste. Tout le monde à bord était au courant, et c'était très bien ainsi : je leur paraissais moins étrange. Si j'avais fait partie du même peloton que Cat, au-dessus d'elle dans la chaîne de commandement, la tradition en matière de discipline eût voulu qu'elle soit mutée, ce qui était déjà arrivé plusieurs fois dans des circonstances analogues.

(Cela découlait d'une logique que j'étais à même de comprendre, mais je me demandais ce qu'il en était de Garcia. Si elle tombait amoureuse d'une autre femme, il n'existerait aucun moyen de changer l'affectation de la femme en question pour qu'elle échappe à son commandement. Cependant, pour autant que je le sache, il n'y avait personne dans sa vie.)

Cat s'installa plus ou moins avec moi. Si certains, dans son peloton, en prirent ombrage, la plupart étaient plutôt satisfaits de ne pas voir leur sergent les surveiller à toute heure du jour et de la nuit. Elle restait en général avec eux jusqu'à la première extinction des feux, puis elle traversait le couloir pour se rendre dans mes quartiers – croisant souvent d'autres gens qui se livraient au même manège. Il est difficile de garder des secrets dans ce genre de vaisseau spatial, et peu s'en donnaient la peine.

Il entrait un élément de désespoir dans notre relation; nous n'étions que de pauvres âmes partageant quelques mois ensemble, mais cela était vrai pour tous ceux qui s'aimaient, à moins d'être incapable de voir plus loin que le bout de son nez et de se contenter de vivre au jour le jour. Si les chiffres dont nous disposions possédaient encore la moindre valeur, seuls trente-quatre pour cent d'entre nous avaient encore un avenir devant eux au-delà d'Éléphant, qui était le nom donné par tous à Aleph-10, à l'époque où nous effectuions les manœuvres préparatoires à notre deuxième saut collapsar.

William avait un jour tenté, résigné, de m'expliquer le phénomène du point de vue de la physique, lors de notre premier saut, mais les mathématiques m'avaient déjà infligé une sévère défaite au collège bien avant que mes échecs répétés en algèbre ne m'aiguillent vers un diplôme d'anglais. Cela a quelque chose à voir avec l'accélération. Si vous tombez vers un trou noir, comme n'importe quel agrégat de matière, tout est fini pour vous. Pour une raison quelconque, vous et les gens autour de vous auront l'impression de tomber éternellement, mais pour le monde extérieur, vous aurez été anéantis instantanément (oui, bien sûr, je le sais, personne n'en a jamais fait l'expérience).

Quoi qu'il en soit, vous accélérez en direction de « l'horizon événementiel » – c'est ce qui tient lieu de surface au trou noir – à une vitesse et un angle préétablis, et vous apparaissez au bout d'un autre trou noir à je ne sais combien d'années-lumière de là, peut-être cinq, ou cinq millions. Il est préférable de bien ajuster l'angle, car il est impossible d'inverser le processus et de revenir à son point de départ.

(Nous espérions que c'était là tout ce qui était arrivé à la première Force de Combat Éléphant. Ils se trouvaient peut-être à l'autre bout de la galaxie, à coloniser un monde bien gentil et tranquille. Tous les croiseurs emmenaient avec eux des incubateurs tout prêts et une pouponnière pour faire face à cette éventualité, même si le Major roulait de gros yeux en évoquant le sujet. Ce n'était qu'un dispositif destiné à soutenir le moral des troupes, selon elle; les incubateurs ne fonctionnaient probablement pas. Je me demandais si, dans un tel cas, les gens seraient capables de prendre sur eux-mêmes et de se mettre à fabriquer des bébés comme au bon vieux temps...)

Puisque nous partions de Ciel, il nous fallait procéder à au moins trois sauts avant d'atteindre Éléphant. Cela revenait à barrer d'un trait de plume jusqu'à deux siècles de temps objectif, si toutefois l'expression garde le moindre sens. Pour nous, cela représentait onze mois plutôt éprouvants. En plus de pratiquer le combat avec les armes anciennes, les soldats devaient s'entraîner à utiliser leur tenue de combat et les systèmes d'armes spécialisées qu'on leur confiait, au cas où les champs de stases ne fonctionneraient pas ou seraient mis hors d'usage par un quelconque dispositif adverse.

Pendant ce temps, j'effectuais mon travail d'officier de détail. Il consistait pour une part à remplir des registres, ce qui semblait dérisoire à bord d'un vaisseau, puisque personne n'entre ni ne sort. Je devais aussi veiller, même si les ordres étaient bien vagues à ce sujet, au bon moral des troupes.

Je n'étais guère qualifiée pour cela, et peut-être moins que quiconque à bord. Pour moi, ce que les soldats écoutaient ne ressemblait même pas à de la musique. Leurs jeux me paraissaient dénués d'intérêt, même après qu'ils me les eurent expliqués en long et en large sans la moindre pitié. Les films étaient plus intéressants, tout au moins d'un point de vue anthropologique, et si les plaisirs du boire et du manger avaient peu varié depuis une éternité, la vie sexuelle des soldats était encore mystérieuse à mes yeux, malgré mon affection pour Cat et les orgasmes que nous échangions. Si un homme et une femme venaient à passer, mon attention était d'abord attirée par l'homme. Ainsi, j'aimais une femme, mais en tant que véritable lesbienne, j'étais encore loin du compte.

Cela me réconfortait parfois, comme si un lien se créait avec mon passé, avec William. Mais le plus souvent, je me sentais étrangère, désespérée.

Je disposais de huit volontaires à temps partiel et d'un subordonné à plein temps, le sergent Cody Waite. Ce n'était pas une lumière, loin de là. Je pense que les réglementations concernant l'enrôlement sur Terre, en l'occurrence l'Acte de Conscription des Élites, étaient ignorées sur Ciel. J'irais même plus loin (en usant d'une référence que personne à bord n'aurait été en mesure de comprendre) : il y avait quelque chose de miltonien dans sa présence parmi nous. Il avait été chassé de Ciel en raison de son orgueil démesuré. Il ne possédait pourtant aucune qualité dont il pût s'enorgueillir, à part son visage et ses muscles. C'est vrai, il ressemblait à un dieu grec, mais pour moi, cela ne signifiait qu'une chose : chaque fois que j'avais besoin de lui, il était au gymnase. Ou alors, parti se faire fraiser le rectum par quelque adorable soldat qui ne tenait pas à perdre son temps en conversations inutiles. Il savait pourtant lire et écrire, et je trouvai finalement le moyen de me débarrasser de lui en le faisant plancher sur mes rapports hebdomadaires. À partir d'une phrase telle que « *Cette semaine était semblable à la précédente* », il était capable de broder toute une saga d'un incommensurable ennui.

J'étais heureuse d'être exclue de la chaîne de commandement. Vous entraînez les gens au combat, puis vous les enfermez dans une boîte pendant onze mois, et que vont-ils y faire ? Encore plus d'entraînement au combat... Personne n'est content et quelques-uns commencent à montrer les dents.

Les hommes sont en général pires que les femmes ; lorsque celles-ci perdent le contrôle de leurs nerfs, tout se termine par des cris plutôt que par une bagarre en bonne et due forme. Deux femmes qui servaient sous les ordres de Cat constituèrent cependant une exception, et la situation dégénéra jusqu'à aboutir à une tentative de meurtre dans le réfectoire.

L'incident eut lieu dix jours avant le dernier saut – tout le monde était sur les nerfs – entre Lain Mayfair et « Tiny » Keimo, qui était d'un gabarit tel qu'elle pouvait sans problème s'en prendre à la plupart des hommes. Lain tenta de lui trancher la gorge par-derrière, et

Tiny lui brisa le bras au niveau du coude, tout en l'étranglant consciencieusement pour la tuer avant qu'elle-même ne soit saignée à mort, pendant que tout le monde plongeait à terre pour se mettre à l'abri. Le cuisinier J.J. se précipita pour assommer l'énorme femme à l'aide d'une poêle à frire.

Pendant que les deux protagonistes étaient encore à l'infirmerie, une cour martiale sommaire fut organisée. Se basant sur le témoignage crédible de quarante témoins, Garcia ne pouvait guère hésiter : elle condamna Lain Mayfair à mort pour tentative de meurtre. Elle administra elle-même l'injection létale.

Je fus réquisitionnée en tant que témoin, et je dois dire que ce ne fut pas pour moi la meilleure partie de la journée. Mayfair était alitée et je pense que l'on avait dû lui donner un sédatif léger. Garcia lui expliqua les motifs de la sentence et lui demanda si elle préférait mourir dignement en s'administrant elle-même le poison. Mayfair ne répondit rien, se contentant de pleurer et de secouer la tête. Deux soldats la maintinrent par les épaules pendant que Garcia lui tenait le bras et lui injectait la dose de poison. Elle pâlit brutalement et ses yeux se révulsèrent. Des convulsions la secouèrent quelques secondes, puis elle mourut.

Garcia ne manifesta aucune émotion pendant l'exécution. Elle me murmura à l'oreille qu'elle resterait dans ses quartiers au cas où quelqu'un éprouverait le besoin de la voir, puis elle sortit rapidement.

Je dus superviser l'enlèvement du corps. J'ordonnai à deux infirmiers de l'envelopper, bien serré, dans un drap, et de l'étendre sur une civière. Nous dûmes le transporter le long du couloir principal, pendant que tout le monde nous regardait. J'aidai les deux infirmiers à le porter dans un sas. Il commençait à donner des signes de rigidité cadavérique, mais il n'était pas encore froid.

Je demandai à une amie de lire une prière dans la langue de Mayfair et insistai pour que le technicien donne un maximum de pression, puis je fis éjecter le corps, qui jaillit du sas pour pénétrer dans sa sépulture solitaire et infinie.

Je revins alors à l'infirmerie ; Tiny était inconsolable. Elle et Mayfair étaient amantes depuis Stargate. Tout avait mal tourné, rien ne semblait avoir de sens, pourquoi, pourquoi, pourquoi ? Je ne pus trouver qu'une seule réponse : je demandai à Sharn de lui donner un tranquillisant. J'en pris un, moi aussi.

7

Nous nous arrachâmes du collapsar d'Éléphant une minute après la phalange de défense constituée de dix drones intelligents à grande vitesse, munis de têtes multiples, programmés pour faire sauter le champ de bombes nova de la planète-portail.

Première surprise : le champ de bombes brillait par son absence. Deuxième surprise : les Taurans n'étaient pas là, eux non plus. Leur base paraissait glaciale, désertée depuis longtemps.

Nous allions la détruire avec une bombe nova, mais nous voulions d'abord y envoyer un peloton pour y mener des recherches. Garcia me demanda de me joindre au peloton de Cat, qui devait s'y rendre. Ce serait une expérience intéressante à partager, à moins qu'un traquenard ne vienne nous pulvériser prématurément. La base déserte pouvait se révéler être un leurre destiné à nous attirer au sol.

Nous allions emporter une bombe nova. Morales ou moi pourrions la faire sauter si nous nous trouvions dans une situation désespérée. Sinon, Garcia pouvait actionner le détonateur en orbite. J'étais certaine que Garcia en serait capable. Morales ou moi, j'en étais moins sûre.

La troisième surprise, la plus incroyable, arriva alors que nous revêtions nos tenues de combat dans la soute de débarquement. J'ai eu l'occasion de voir l'enregistrement par la suite. L'écran principal de la salle de contrôle s'éclaira en faisant apparaître l'image en deux dimensions d'un jeune homme vêtu d'un ancien uniforme. Il passait alternativement de deux à trois dimensions tout en nous parlant.

– Allô, vaisseau terrien ? Utilisez-vous encore cette fréquence ? Parlez-vous encore ce langage ?

Il émit un sourire placide.

– Bien sûr, vous ne voulez pas prendre le risque de répondre immédiatement ; je ne le ferais pas non plus, à votre place. Ce pourrait être un piège. Effectuez des recherches aussi poussées que vous le pouvez, je vous en prie. Je vous appelle d'une autre planète-portail. Je suis actuellement à 12,23 kilomètres de vous sur le plan de l'écliptique, à un angle de 0,54 radian par rapport au collapsar, ainsi que vous avez sans doute déjà dû le vérifier.

« Je suis un descendant de la première Force de Combat, arrivée ici il y a presque un millénaire de cela. J'attends vos questions.

Il se renfonça dans son fauteuil, posé au milieu d'une pièce anonyme. Il croisa les jambes, prit un carnet et se mit à le feuilleter.

Nous réussîmes à obtenir aussitôt une image à haute résolution de la planète-portail. Elle était petite, comme c'est souvent le cas ; froide et sans air, sauf pour ce qui était de la base, qui ressemblait d'ailleurs plus à une ville qu'à une base, cela sautait aux yeux. Elle n'était pas enclose ; et l'air était de toute évidence contenu dans des sortes de champs de force. Elle était éclairée par un soleil artificiel qui flottait à quelques kilomètres de la surface.

Un ancien croiseur naviguait en orbite avec une nonchalante grâce aérodynamique qui faisait honte à notre tas de ferraille fonctionnel dépourvu de beauté. Il y avait également deux vaisseaux taurans. Aucun ne paraissait endommagé.

Nous étions tous, les officiers de rang 5 et au-delà, rassemblés sur le pont lorsque nous contactâmes la planète. Le Commandant en chef Sidorenko était assis devant les autres en compagnie de Garcia ; techniquement parlant, il la dépassait en grade dans cette pièce, mais ce qui se passait était du ressort de Garcia, car il s'agissait d'une planète à part entière.

Je me sentais plutôt embarrassée, car je venais directement de la soute de débarquement. Tous les autres étaient en uniforme ; je ne portais que le filet de contact de ma tenue de combat. Rien de plus qu'une couche de peinture argentée.

Garcia s'adressa à l'homme assis dans son fauteuil.

– Pouvez-vous nous donner votre nom et votre rang ?

Le message mit environ quarante secondes à lui parvenir, et sa réponse prit le même temps pour arriver jusqu'à nous.

– Mon nom est Homme. Nous n'avons pas de grades ; je suis ici parce que je parle la vieille langue standard. L'anglais.

Nous aurions pu jouer tranquillement aux échecs sans rien perdre de la conversation.

– Vos ancêtres ont pourtant vaincu les Taurans.

– Non. Les Taurans les ont faits prisonniers et les ont installés ici. Une autre bataille a eu lieu, il y a plusieurs générations de cela. Nous n'en avons plus jamais entendu parler.

– Mais nous avons *perdu* cette bataille. Notre croiseur a été détruit corps et biens.

– Je n'étais pas au courant de cela. Leur planète était de l'autre côté du collapsar lorsque la bataille a été livrée. Les gens d'ici ont vu une lumière intense, déformée par l'effet de lentille gravitationnel. Nous avons toujours supposé qu'il s'agissait d'une sorte d'attaque de robots, puisque nous n'avons jamais obtenu d'informations par la suite, ni des Terriens, ni des Taurans. Je suis navré que tant de gens aient trouvé la mort ainsi.

– Que sont devenus les Taurans qui étaient avec vous ? Y a-t-il encore des Taurans, ici ?

– Non. Il n'y en avait aucun à l'époque, et pas plus aujourd'hui. Avant la bataille, ils se montraient de temps à autre.

– Mais pourtant, les...

– Oh, vous voulez parler des vaisseaux taurans en orbite ? Ils sont là depuis des siècles. Nous n'avons aucun moyen de nous rendre à leur bord. Cet endroit est autosuffisant, mais c'est une prison.

– Je vous contacterai après avoir parlé à mes officiers.

L'écran redevint noir.

Garcia se retourna, suivie par Sidorenko, qui prit la parole pour la première fois.

– Je n'aime pas cela. Il s'agit peut-être d'une mise en scène.

– Ce n'est qu'une supposition. Et cela signifierait qu'ils en savent beaucoup plus long sur nous que nous n'en savons sur eux.

– Ce n'est pas impossible. Il y a quatre siècles, on les pensait capables de construire un lieu de résidence pour leurs prisonniers. Je ne crois pas qu'il nous serait très difficile d'imiter un Tauran, si l'on nous donnait deux cents captifs et autant de temps pour mener nos recherches.

– Je suppose que vous avez raison, admit Garcia. Potter, descendez et dites au quatrième peloton qu'il y a un léger changement de programme. Nous allons voir ce qui se passe, mais nous devons nous tenir prêts à toute éventualité. La meilleure chose à faire est de se rendre sur place et d'essayer d'établir un contact physique dès que possible.

– Exactement, approuva Sidorenko. Nous ne disposons plus de l'effet de surprise, mais cela ne servirait à rien de rester ici et de leur permettre d'accumuler les données nous concernant et de gagner assez de temps pour changer de stratégie... s'il y a des Taurans dans les parages.

– Préparez vos hommes pour cinq G, m'ordonna Garcia. On vous enverra là-bas dans quelques heures.

– Huit, intervint Sidorenko. Nous aurons à peu près dix heures de retard sur vous.

– Vous attendrez en orbite ? demandai-je, tout en sachant d'avance la réponse.

– Quelle question ! Allons, descendons dans la soute de débarquement.

Nous fîmes installer une image holographique de la base avant d'élaborer une stratégie simple : vingt-deux d'entre nous, en tenues de combat, armés jusqu'aux dents, munis d'une bombe nova et d'un champ de stase, entourent la base et frappent poliment à la porte. Selon la réponse, nous entrons prendre le thé, ou nous rasons la base.

Il ne serait pas trop difficile de s'y rendre. Personne ne serait en mesure de passer quatre heures en accélération à cinq G avant de subir quatre heures de décélération, sans protection. Nous nous calfeutrâmes donc dans nos tenues de combat, complètement isolés de l'extérieur et surhydratés. Huit heures de sommeil profond, peut-être une heure pour se réveiller tout à fait, et nous serions prêts à nous battre. Ou à prendre le thé.

Cat et moi effectuâmes nos rondes, à l'étroit dans nos tenues, vérifiant que tout le monde était en place, les tenues en ordre et les consignes affichées. Nous partageâmes ensuite une étreinte d'une minute avant de regagner nos places.

Je branchai le système d'échange de fluides sur l'appareil fixé à ma taille, et toutes mes peurs s'évanouirent alors. Mon corps s'affaissa, rempli d'une douce lassitude, et je laissai l'embout de matière souple se refermer sur mon visage. J'étais encore assez consciente pour me rendre compte que l'appareil pompait tout l'air de mes poumons et m'injectait un fluide épais dans le corps, mais je ne ressentis rien d'autre qu'un long et doux orgasme. Je savais que cette sensation était pour beaucoup de gens la dernière, avant que leur vaisseau spatial ne vole en éclats, quelques instants ou plusieurs heures plus tard. Mais après tout, la guerre offrait des morts bien pires que celle-là. Je dormais déjà profondément avant que l'accélération ne nous éjecte dans l'espace. Je rêvais que j'étais un poisson nageant dans une mer lourde et tiède.

8

On n'est jamais vraiment conscient du moment où l'on cesse d'être sous l'emprise des produits chimiques, et c'est sans doute mieux ainsi. Mon diaphragme et mon œsophage étaient douloureux, épuisés de s'être débarrassés de tout ce fluide. Cat paraissait dévastée et je me tenais à l'écart des miroirs tandis que nous nous séchions avant d'enfiler les filets de contact et nos tenues de combat pour l'atterrissage.

Notre stratégie me paraissait de moins en moins attrayante au fur et à mesure que nous approchions de la planète-portail. Les deux croiseurs taurans étaient des modèles anciens, mais ils étaient cent fois plus gros que notre vaisseau, et comme ils étaient en orbite synchronisée au-dessus de la base, il n'existait aucun moyen de les éviter. Ils nous laissèrent passer en dessous d'eux sans chercher à nous pulvériser, ce qui donnait quelque crédit à l'histoire que nous avait racontée Homme.

Il paraissait cependant évident que notre rôle principal était de servir de cible, pour les vaisseaux taurans comme pour la base. Si nous étions détruits, le *Bolivar* modifierait alors sa stratégie.

Lorsque Morales annonça qu'il était temps de foncer et que nous allions atterrir sur une bande de terrain située juste à côté de la base, je murmurai : « *Tant qu'à être pendu, mieux vaut avoir volé un bœuf plutôt qu'un œuf...* » Cat, qui était à côté de moi, me demanda qui serait assez fou pour se retrouver dans une situation aussi absurde. Je tentai de lui faire comprendre le sens de l'expression, mais ce n'était guère facile. C'était juste une interprétation très personnelle d'un vieux proverbe que mon père répétait souvent, et s'il me l'a jamais expliqué, je l'ai oublié depuis.

Nous atterrîmes à grand bruit, mais aussi légèrement qu'une plume. Nous décrochâmes les attaches qui maintenaient nos tenues de combat à la cloison pendant le transport, et nous nous entraînâmes à marcher sur le sol de la petite planète dont la pesanteur n'était que d'un tiers de G.

– Ils auraient dû envoyer Goy, lança Cat. (C'est ainsi que tout le monde surnommait Chance Nguyen, le Martien.) Il se serait senti chez lui.

Nous évoluions en hâte, et tout le monde prit sa position d'attaque. Cat partit pour l'autre extrémité de la base. Je devais accompagner Morales et aller « frapper à la porte ». Ce sont les privilèges du rang. Être la première à mourir, ou la première à qui l'on offre le thé.

Les bâtiments de la base semblaient avoir été dessinés par un enfant trop sage. Des blocs sans fenêtres posés sur un grillage. Tous couleur de sable, sauf un. Nous nous dirigeâmes vers le cube argenté qui faisait office de quartier général. Là au moins, la mention « Q.G. » inscrite en grandes lettres au-dessus du sas indiquait clairement la fonction du bâtiment.

La porte d'entrée brillante s'éleva devant nous comme une guillotine inversée. Nous entrâmes avec dignité, mais sans nous attarder, et elle se referma brutalement. La lame d'acier, ou plutôt la porte, était assez massive, et sans l'entendre à proprement parler dans l'atmosphère sans air de la planète, nous en ressentîmes les vibrations dans nos bottes.

De l'air se glissa à l'intérieur du bâtiment – cela, nous l'entendîmes réellement – et une minute plus tard, une porte s'ouvrit. Nous dûmes nous y glisser de biais à cause de la taille de nos tenues de combat. Je suppose que nous aurions pu foncer droit devant et l'élargir au passage, et j'y songeai sérieusement un instant. Ils se seraient alors trouvés dans l'incapacité d'utiliser leur sas avant d'avoir eu le temps de le réparer.

Une autre porte – blindée, et épaisse de cinquante centimètres – s'ouvrit. Homme et une femme qui paraissait être sa sœur jumelle étaient assis de part et d'autre d'une table, vêtus de tuniques bleu ciel absolument identiques.

– Bienvenue à Alcatraz. Le nom de cet endroit est une vieille plaisanterie, expliqua-t-il en nous invitant d'un geste à occuper les chaises vides. Voulez-vous quitter vos tenues et vous détendre un peu ?

– Ce ne serait guère prudent, répondit Morales.

– Vous nous avez encerclés. Même si je souhaitais vous faire du mal, je ne commettrais pas une telle imprudence.

– C'est pour votre sécurité, improvisai-je. Les virus peuvent subir des mutations considérables en l'espace de quatre siècles. Vous ne souhaitez certainement pas partager votre air avec nous.

– Ce n'est pas un problème, répliqua la femme. Croyez-moi. Mes corps sont beaucoup plus efficaces que les vôtres.

– *Vos corps ?*

– Voyez par vous-même.

Elle fit un geste qui me parut sur le moment dénué de signification, et deux portes s'ouvrirent de chaque côté de la pièce. Une file de femmes apparut de son côté, toutes identiques à elle. Une autre file de copies conformes de Homme fit également son entrée par l'autre porte.

Il y en avait une vingtaine de chacune. Ils nous regardèrent avec la même expression vide et prirent la parole en même temps.

– Je vous attendais.

– Moi de même, annonça d'une même voix un couple de Taurans nus qui venait d'entrer dans la pièce.

Nos doigts laser intégrés se levèrent en même temps. Ils refusèrent tout service. J'arrachai mon couteau de sa gaine, accrochée à ma taille, et Morales fit de même. Les deux créatures les esquivèrent sans difficulté, avec une vivacité qui n'avait rien d'humain.

Je me préparai à mourir. Je n'avais pas vu de Taurans depuis la campagne Yod-4, mais j'en avais combattu des centaines au cours de l'entraînement OSVA. La survie ne revêtait aucune importance pour eux, tant qu'ils pouvaient mourir en tuant des humains. Mais ces deux-là ne nous attaquèrent pas.

– Nous allons devoir vous expliquer beaucoup de choses, dit un des Taurans d'une voix fluette et tremblotante, tandis que son orifice buccal se contractait et se détendait tour à tour.

Le corps des Taurans était couvert d'une tunique ample, comme celle des humains, qui cachait en grande partie leur épiderme orange fripé, leurs curieux membres et leur thorax fuselé comme celui d'une fourmi.

Ils battirent des paupières lentement, à l'unisson, comme pour émettre un signal d'ordre social ou émotionnel, une membrane humide et transparente glissant sur leurs yeux à facettes tandis que les protubérances de chair molle qui leur tenaient lieu de nez cessaient de trembler.

– La guerre est terminée, pratiquement partout.

– Taurans et Humains se partagent désormais Stargate, intervint l'homme. Le Tauran vit sur Terre comme l'Humain vit sur J'sardlkuh, la planète mère du Tauran.

– Des humains tels que vous ? lança Morales. Tout droit sortis d'une machine ?

– Je viens en effet d'une sorte de machine, mais vivante ; une matrice. Jusqu'à ce que je devienne *un*, la paix était impossible. Tant que nous étions des milliards, tous différents, nous ne pouvions comprendre ce qu'était la paix.

– Tout le monde sur Terre est identique ? demandai-je. Il n'existe qu'une seule sorte d'humains ?

– Il reste encore des survivants de la Guerre éternelle, tels que vous, expliqua la femme. Sinon, il n'existe qu'un seul humain, bien que je puisse être mâle ou femelle. De même, il n'existe qu'un Tauran. Le modèle selon lequel j'ai été conçu était un individu nommé Khan. Je m'appelle Homme.

Nous étions censés nous battre pour sauver le genre humain. Et nous débarquions ici pour nous apercevoir qu'il avait été remplacé par ce nouveau modèle amélioré !

Des sons me parvenaient, à ma gauche et à ma droite, comme un tonnerre lointain. Mon communicateur était pourtant muet.

– Ce sont les vôtres qui attaquent, annonça l'homme. Je les ai pourtant prévenus que c'était inutile.

– Laissez-moi leur parler ! s'exclama Morales.

– Impossible, dit la femme. Lorsqu'ils ont vu les Taurans par vos yeux, ils se sont rassemblés sous le champ de stase. Ce sont leurs armes programmées qui attaquent. Lorsqu'ils constateront leur échec, ils tenteront de pénétrer à l'intérieur de la base avec le champ de stase.

– C'est déjà arrivé dans le passé ? demandai-je.

– Oui, mais pas ici. Le résultat varie selon les cas.

– Votre champ de stase, intervint le Tauran, appartient pour nous à l'histoire ancienne depuis plus d'un siècle. Nous venons d'en utiliser une version plus sophistiquée pour vous empêcher de nous abattre il y a quelques minutes.

– Vous dites que le résultat varie... dit Morales à la femme. Cela signifie-t-il que nous gagnons parfois ?

– Même si vous parveniez à me tuer, vous ne gagneriez pas ; il n'y a plus rien à gagner. Tout ce qui peut changer, c'est le nombre de victimes parmi vous.

– Il se peut que nous devions détruire le croiseur *Bolivar*, dit un Tauran. Je suppose que notre conversation est retransmise à bord. Bien sûr, ils sont encore à plusieurs minutes-lumière de nous, mais s'ils ne nous répondent pas dans un esprit de coopération, nous n'aurons plus le choix.

Moins d'une minute plus tard, l'image de Garcia se matérialisa derrière les Taurans.

– Pourquoi ne ferions-nous pas appel à *votre* esprit de coopération ? interrogea-t-elle. Si vous ne nous attaquez pas, nous ne vous ferons aucun mal.

– Cela n'est pas en mon pouvoir, répondit l'homme. Vos armes programmées attaquent, les miennes se défendent ; ni les unes ni les autres ne sont programmées pour ressentir de la pitié.

– Le fait qu'ils soient encore en vie est la preuve de nos intentions pacifiques, reprit la femme. Nous pourrions désactiver leur champ de stase de l'extérieur. (Un bruit sourd et massif retentit alors, et la table fit un bond de plusieurs centimètres.) Et la plupart d'entre eux mourraient en l'espace de quelques secondes.

– Alors, expliquez-moi pourquoi vous ne l'avez pas fait, dit Garcia après un instant de silence.

– J'ai donné l'ordre de réduire au minimum les pertes parmi vous. Il existe un programme de diversité génétique, qui vous sera expliqué par la suite à Stargate.

– Très bien, dit Garcia. Puisqu'il m'est impossible de communiquer avec vous d'une autre manière, je vais vous laisser désactiver le champ de stase, mais en même temps, vous devrez désamorcer vos défenses automatiques. Sinon, elles seront détruites.

– Ainsi, vous nous invitez à nous laisser massacrer. Moi et mes deux représentants ici présents.

– Je vais ordonner un cessez-le-feu immédiat.

Toute cette conversation se tenait avec un décalage de vingt secondes. Le cessez-le-feu « immédiat » allait devoir attendre un peu...

Les deux Taurans disparurent sans un mot, tandis que les quarante copies d'humains sortaient en file indienne.

– Parfait, reprit Homme. Peut-être pourrions-nous régler ce problème de décalage ? Quel est l'officier le plus gradé de vous deux ?

– C'est moi, répondis-je.

– La plupart de mes représentants ont regagné leur abri souterrain. Je vais désactiver en même temps votre champ de stase et nos défenses automatiques.

– Dites-leur de cesser le feu immédiatement. Si nous mourons, nos moyens de défense programmés seront réactivés, et ils ne seront plus protégés par le champ de stase.

Je me branchai d'un mouvement de menton sur la fréquence des officiers, qui allait me permettre d'entrer en contact avec Cat et le sergent Hencken aussitôt après le désamorçage du champ de stase.

– Je n'aime pas beaucoup cela, dit Morales. Vous pouvez activer et désactiver vos armes par la pensée ?

– C'est exact.

– Cela nous est impossible. Lorsque le capitaine Potter leur en donnera l'ordre, il leur faudra le temps de comprendre et de réagir.

– Il suffit pourtant d'appuyer sur un bouton, n'est-ce pas ?

Un nouveau bruit sourd retentit et un réseau de craquelures apparut sur le mur, à ma gauche. Homme observa la scène sans émotion apparente.

– Il faut d'abord qu'une demi-douzaine de personnes comprennent l'ordre donné, et ensuite qu'elles décident d'obéir !

L'homme et la femme sourirent en hochant la tête.

– *Maintenant.*

Des images holographiques miniatures de Cat et de Karl apparurent près de Morales.

– Karl ! Cat ! Faites cesser le feu immédiatement !

Cat commença à donner des ordres à ses hommes. Karl l'observa une seconde avant de l'imiter.

Trop tard. Le mur gauche explosa en un ouragan de débris de béton et d'éclats de métal. Les deux humains n'étaient plus que des débris sanglants de chair déchiquetée. Nous fûmes renversés, Morales et moi, par l'avalanche de décombres qui volaient dans la pièce. Le blindage de ma tenue était troué à un endroit, et un *bip* retentit pendant une dizaine de secondes, le temps que la réparation soit terminée.

Il se fit un silence de mort. L'unique lumière sur le mur d'en face vacilla et s'éteignit. À travers le trou de la largeur d'une fenêtre dû au tir de nos canons, on voyait au-dehors la bataille silencieuse illuminer le champ de friches en saccades, comme sous l'effet d'un stroboscope.

Les petites images avaient disparu. J'appuyai le menton sur mon communicateur pour entrer en contact avec les nôtres sur la fréquence des officiers.

– Cat ? Morales ? Karl ?

J'allumai ma lampe frontale et je constatai que Morales était mort, sa tenue déchirée ouverte sur sa poitrine, les poumons et le cœur en charpie sous ses côtes noires de sang séché.

Je penchai à nouveau la tête vers le communicateur, cette fois sur la fréquence générale, et j'entendis une douzaine de voix crier et hurler dans la plus grande confusion.

Cat était sans doute morte, et Karl également. Ou alors leur système de communication était hors d'usage.

Je songeai un instant à cette possibilité, pleine d'espoir et en même temps ne voulant pas y croire, tout en écoutant les voix dans l'appareil. Je réalisai soudain que si je pouvais entendre tous ces soldats et tous ces sous-officiers, ils le pourraient peut-être aussi.

– Ici Potter, annonçai-je.

Aucune réponse ne me parvint.

– ICI LE CAPITAINE POTTER ! hurlai-je.

Je tentai alors de leur expliquer l'étrange situation dans laquelle nous nous trouvions. Cinq soldats décidèrent de demeurer à l'écart. Les autres vinrent me rejoindre sous la lumière jaune qui surmontait une porte noire blindée qui s'élevait du sol à un angle de quarante-cinq degrés, comme l'entrée des abris antitornades que nous avions chez nous, des milliers d'années plus tôt, à des années-lumière d'ici. La porte coulissa et nous entrâmes, emportant avec nous quatre tenues de combat dont les occupants, morts sans aucun doute, ne répondaient plus.

L'une d'entre elles était celle de Cat. Je m'en aperçus lorsque nous entrâmes en pleine lumière au moment où le sas à air se refermait. Le dos du casque portait une marque de brûlure due à une explosion, mais on distinguait encore les lettres « VERDEUR ».

Elle paraissait gravement atteinte. Une jambe et un bras manquaient, au niveau de la cuisse et de l'épaule, mais ils avaient été sectionnés par la tenue elle-même, comme mon bras pendant la bataille de Tet-2.

Il était impossible de savoir si elle était vivante ou non, car le mouchard installé au dos de son casque ne fonctionnait plus. La tenue de Cat était équipée d'un affichage biométrique, mais seul un toubib pouvait y avoir accès, et il avait été vaporisé en même temps que sa propre tenue.

Homme nous conduisit jusqu'à une vaste pièce garnie d'une rangée de couchettes et de chaises. Trois de ses copies étaient présentes, mais aucun Tauran, ce qui était sans doute plus sage.

Je me débarrassai de ma tenue, et comme je n'en mourus pas aussitôt, les autres m'imitèrent. Nous décidâmes de ne pas en dévêtir les amputés, et Homme s'accorda avec nous sur le fait que c'était la meilleure solution possible. Ils étaient morts, ou alors plongés dans une inconscience sans danger. Dans le premier cas, ils étaient morts depuis trop longtemps pour que l'on puisse les emporter; dans le second cas, il valait mieux pour eux se réveiller dans la salle d'infirmerie du *Bolivar*. Le vaisseau n'était qu'à deux heures de nous, mais ces deux heures me parurent longues.

Cat survécut, mais je la perdis, par la faute de la loi de la relativité. Elle fut embarquée, encore inconsciente, en compagnie des autres amputés, sur le croiseur supplémentaire qui les emmena directement sur Ciel.

Ils franchirent la distance en un seul saut – la discrétion ne se justifiait plus – et nous arrivâmes à Stargate, en un seul saut nous aussi, à bord du *Bolivar*.

À l'époque de mon dernier séjour à Stargate, c'était une énorme station spatiale. Elle était maintenant cent fois plus importante, une véritable entité planétoïde construite par l'homme... par les Taurans... et par Homme.

Nous apprîmes à le formuler différemment: *Homme*, et non *l'homme*.

Vue de l'intérieur, Stargate était une cité qui aurait réduit n'importe quelle ville terrienne à la dimension d'une ville de poupée, même si l'on racontait qu'il existait désormais sur Terre des métropoles peuplées d'un milliard d'Hommes, d'humains et de Taurans.

Nous passâmes des semaines à considérer et à discuter les options qui nous étaient offertes quant au cours futur de nos vies. Je me renseignai au plus vite sur le sort de William, mais aucun miracle ne s'était produit. Sa Force de Combat n'était pas revenue de Sad-138, mais aucune force taurane n'avait été envoyée pour les anéantir.

Il ne m'était guère possible de traîner sur place en l'attendant; selon le scénario le plus optimiste, son équipe mettrait au moins trois siècles à rejoindre Stargate. Je ne pouvais pas non plus attendre Cat, car elle n'arriverait pas à Stargate avant trente-cinq ans. Elle serait encore jeune, alors que j'aurais plus de soixante ans. De plus, rien ne prouvait qu'elle choisisse de venir à Stargate : elle pouvait très bien décider de demeurer sur Ciel.

Bien sûr, il me restait la possibilité de partir là-bas à sa recherche, mais alors, c'est elle qui aurait trente-cinq ans de plus que moi. Et nous risquions de nous croiser sans nous rencontrer...

Il me restait cependant une chance. Un moyen de déjouer les lois de la relativité.

Majeur, une planète qui tournait autour de Mizar, faisait partie des options offertes aux vétérans. C'était officiellement une planète hétérosexuelle, mais le choix était désormais ouvert à tous ; en une heure, Homme pouvait vous programmer selon vos souhaits.

Je caressai l'idée de ne plus m'intéresser qu'aux créatures de mon propre sexe, de devenir lesbienne par définition comme par inclination. Mais les hommes m'attiraient encore – les hommes, et non pas Homme – et Majeur m'offrait une nouvelle chance de retrouver celui que j'aimais toujours sincèrement.

Cinq vétérans venaient d'acheter un vieux croiseur et s'en servaient comme d'une machine à voyager dans le temps – une « navette temporelle », ainsi qu'ils l'appelaient – et ils naviguaient entre Mizar et Alcor en jouant de la relativité, plus de deux années objectives s'écoulant alors en l'espace d'une semaine. Le seul moyen d'être admise à bord consistait à acheter du carburant antimatière avec l'argent de mes arriérés de solde. Je pouvais m'y rendre en un saut, après avoir laissé un message à l'intention de William ; s'il était encore en vie, il pourrait me rejoindre quelques mois ou quelques années plus tard.

La décision fut tellement facile à prendre qu'elle n'avait plus rien d'une véritable décision ; ce fut aussi naturel et automatique que le fait de venir au monde. Je laissai derrière moi un message :

11 octobre 2878

William

Tout ceci appartient déjà à ton dossier personnel mais, te connaissant, j'ai pensé que tu risquais de le jeter ; alors, je me suis assurée que tu recevrais bien cette note.

Comme tu le vois, j'ai survécu. Toi aussi, peut-être. Viens me rejoindre.

J'ai appris par les archives que tu te trouvais à Sad-138 et que tu ne devais pas revenir avant deux ou trois siècles. Aucun problème.

Je pars pour une planète qu'ils appellent Majeur, la cinquième à partir de Mizar. C'est à deux sauts d'ici, dix mois en temps subjectif. Majeur est un genre de réserve pour hétérosexuels, un « centre de contrôle eugénique ».

Peu importe. J'ai dépensé tout ce que je possédais, comme l'ont fait cinq autres « anciens », mais nous avons fini par acheter un vieux croiseur de l'AENU[1]*, que nous utilisons comme machine à voyager dans le temps.*

Je me trouve maintenant à bord de cette navette relativiste, et je t'attends. Il suffit de sortir à cinq années-lumière et de revenir aussi vite que possible sur Majeur. Je vieillis ainsi d'un mois tous les dix ans. Si tu es vivant et si tout se passe comme prévu, je n'aurai que vingt-huit ans lorsque tu arriveras. Dépêche-toi !

Je n'ai rencontré personne d'autre, et je ne veux personne d'autre que toi. Je me fiche que tu aies quatre-vingt-dix ans ou trente. Si je ne puis être ton amante, je serai ta gouvernante.

Marygay

9

Extrait du quotidien *The New Voice*, Paxton, Majeur 24-6

14/2/3143

UNE ANCIENNE DONNE NAISSANCE À SON PREMIER ENFANT

Marygay Potter-Mandella (24, Post Road, Paxton) a donné naissance vendredi dernier à un garçon, un beau bébé de 3,100 kilos.

Marygay, née en 1977, se réclame fièrement du titre de « doyenne

1. Armée d'Exploration des Nations Unies, dans *La Guerre éternelle*, du même auteur, aux Éditions J'ai Lu, n° 1769. (*N.d.T.*)

en second » de Majeur. Elle a combattu pendant la plus grande partie de la Guerre éternelle avant d'attendre son compagnon à bord de la navette temporelle pendant 261 ans.

La naissance du bébé, qui n'a pas encore reçu de nom, a été menée à son terme au domicile de Marygay, avec l'aide d'une amie de la famille, le Dr Diana Alsever-Moore.

Traduit de l'américain par François VIDONNE

La saga d'Ender

Orson Scott Card

Lorsque je me mis à écrire de la science-fiction, j'imaginai une série d'histoires sur une famille possédant des pouvoirs mentaux transmissibles, histoires qui se passaient à la campagne. Je reçus d'aimables lettres de refus, et c'est Ben Bova d'*Analog* qui m'expliqua pourquoi : elles ressemblaient trop à de la fantasy ! Au début, je fus déconcerté. Ne considérait-on pas les histoires de Zenna Henderson, « The People », comme de la science-fiction ? Puis je compris ce qu'était la véritable différence entre la fantasy et la science-fiction : dans la fantasy, il y a des arbres, et dans la science-fiction des rivets ! Si je voulais vendre mes histoires à des magazines de S.-F., il allait me falloir y mettre des rivets !

C'est à l'âge de seize ans, juste après avoir lu *Fondation* d'Asimov, que je décidai d'écrire moi aussi de la S.-F. À cette époque, en 1967, la guerre du Vietnam faisait rage et mon frère aîné venait de terminer sa période de formation militaire, si bien que toutes ces choses me trottaient dans la tête. J'ajoutai un côté science-fiction à une histoire de soldats à l'entraînement : comment former des hommes pour se battre dans l'espace à trois dimensions ? Je me souvenais des romans de Nordhoff et de Hall décrivant les exploits des as de l'aviation, et les difficultés rencontrées pour les entraîner à ne pas chercher les avions ennemis uniquement dans un plan horizontal. Je me rendis compte que le problème serait beaucoup plus compliqué dans le vide où la notion de haut et de bas n'existe pas. Il faudrait que l'entraînement des soldats les débarrasse des vieux réflexes liés à la gravité. Le résultat de mes réflexions fut l'invention de « l'espace de combat », un cube de cent mètres de côté de gravité zéro dans lequel on pourrait placer différents obstacles et où des équipes de jeunes recrues se livreraient à des simulacres de combat vêtues de combinaisons spatiales permettant de voir les blessures infligées par les tirs « ennemis » et leur gravité.

Et voilà. L'idée était bonne, mais à l'époque je ne savais absolument pas comment en faire une histoire. Ni qui en serait le héros, ni dans quelle direction partir.

Des années plus tard, quand je décidai d'écrire une histoire de science-fiction bien « rivetée » et qui, je l'espérais, verrait le lecteur rivé à son siègre, le concept de l'espace de combat me revint à l'esprit. Si bien qu'un jour, sur la pelouse devant le Salt Lake Palace à Salt Lake City, alors que j'attendais un ami, je sortis mon calepin et écrivis la première phrase d'une histoire que je baptisai *La Stratégie Ender*: « N'oublie pas que la porte de l'ennemi est tombée. »

Ce qui me permit d'écrire cette histoire, ce fut la décision de choisir comme recrues des enfants vivant dans un monde futur où les aptitudes militaires seraient détectées très tôt, et où l'on retirerait les enfants de leur famille pour les former à la tactique et à la stratégie à un âge où leur cerveau était encore malléable. Cette idée déboucha sur la première nouvelle de science-fiction que je réussis à vendre. Ben Bova la fit paraître dans le numéro d'août 1977 d'*Analog* (le même mois, ma première histoire non S.-F. sortait dans *Ensign*, le magazine de l'Église des Saints des Derniers Jours).

Des années plus tard, alors que je travaillais sur un projet intitulé *La Voix des Morts*, je m'aperçus que l'histoire ne pouvait prendre vie à moins que le héros n'en soit Ender Wiggin. Afin de pouvoir construire le roman *La Voix*, je fus obligé de récrire la nouvelle de départ sous forme de roman. Ainsi, pour me permettre d'écrire *La Voix des Morts*, il fallut que *La Stratégie Ender* devînt un roman. Je n'avais pas l'intention d'écrire une saga et, contrairement à l'habitude, le second roman présentait une science-fiction totalement différente de celle du premier. Au lieu d'un roman militaire, il s'agissait d'un roman anthropologique, et à présent Ender était devenu un adulte au passé lourd et secret.

Ensuite un troisième projet, longtemps oublié sur une étagère, vit le jour quand je compris qu'il ferait une bonne suite à La Voix. Mais ce livre proposerait une autre forme encore de S.-F., ce serait un roman de spéculation métaphysique. Finalement, ce projet donna naissance à deux romans, *Xénocide* et *Les Enfants de l'Esprit*. J'ose dire que jamais une saga mettant en scène le même héros n'offrit des livres aussi différents par le thème, l'histoire et le genre. Malgré tout, dans les quatre volumes, le personnage d'Ender Wiggin lutte pour surmonter des dilemmes personnels et moraux qui se trouvent résolus à la fin du quatrième roman.

J'ai l'intention d'écrire d'autres romans se passant dans le même univers, l'un sur Peter, le frère d'Ender, et un autre sur Bean, un des jeunes camarades d'Ender dans le premier livre, mais l'histoire d'Ender lui-même est terminée. À une toute petite exception près.

Au cours des trois mille ans qui séparent *La Stratégie Ender* de *La Voix des Morts*, et durant lesquels Ender voyage de planète en planète en utilisant la dilatation du temps à la vitesse de la lumière pour parcourir les siècles sans rester jamais bien longtemps dans la même décennie, il rencontre un compagnon baptisé Jane qui vit dans son ordinateur et qui s'avère être, après lui, le personnage central des trois derniers romans de la saga. L'histoire que je vous présente ici est celle de leur rencontre.

LE CONSEILLER FINANCIER

Orson Scott Card

Andrew Wiggin eut vingt ans le jour où il arriva sur la planète Sorelledolce. Ou plutôt, après de savants calculs pour savoir combien de secondes avait duré son voyage, et à quel pourcentage de la vitesse de la lumière il avait volé, et par conséquent combien de temps subjectif s'était écoulé, il parvint à la conclusion qu'il avait atteint son vingtième anniversaire juste avant de se poser.

Ce fait avait beaucoup plus d'importance pour lui que l'autre, à savoir que quatre cents et quelques années s'étaient écoulées depuis le jour de sa naissance sur Terre, à l'époque reculée où la race humaine n'avait pas essaimé au-delà du système solaire qui l'avait vu naître.

Lorsque Valentine émergea du sas de débarquement, par ordre alphabétique elle arrivait toujours après lui, Andrew lui annonça la nouvelle :

– Je viens de calculer, j'ai vingt ans.

– Formidable. Maintenant tu vas pouvoir commencer à payer des impôts comme tout le monde.

Depuis la fin de la guerre du Xénocide, Andrew vivait sur les revenus d'un fonds de pension financé par un monde reconnaissant désireux de récompenser le commandant de la flotte qui avait sauvé l'humanité. Enfin, à proprement parler, cette décision avait été prise à la fin de la troisième guerre contre les Doryphores, alors que les gens considéraient encore ceux-ci comme des monstres, et les enfants qui commandaient la flotte comme des héros. Lorsque l'on changea le nom, et que la guerre devint celle du Xénocide, l'humanité avait cessé d'être reconnaissante, et autoriser l'ouverture d'un fonds de pension au bénéfice d'Ender Wiggin, l'auteur du crime le plus affreux de toute l'histoire de l'humanité, aurait été la dernière chose qu'un gouvernement aurait osé faire.

En fait, si l'existence d'un tel fonds avait été révélée, un scandale public aurait éclaté. Mais le Conseil interstellaire mit du temps à se convertir à l'idée que l'extermination des Doryphores avait été une mauvaise idée, et la pension fut soigneusement cachée aux yeux du public, diluée dans de multiples fonds communs de placement et sous forme d'actions dans de nombreuses sociétés différentes sans qu'une autorité unique contrôle la moindre part importante de l'argent. En réalité, on avait fait disparaître l'argent, et seuls Andrew et sa sœur Valentine savaient où il se trouvait et combien il y en avait.

Une chose était toutefois certaine: de par la loi, lorsque Andrew atteindrait l'âge subjectif de vingt ans, ses avoirs cesseraient de bénéficier de l'exemption fiscale. Ses revenus devraient être déclarés aux autorités compétentes. Il devrait remplir une déclaration chaque année, ou chaque fois qu'il arriverait au terme d'un voyage interstellaire de plus d'un an en temps objectif; ses impôts seraient alors actualisés et il devrait payer les intérêts sur la partie due.

Andrew n'était guère impatient d'en arriver là.

– Comment ça se passe pour les royalties de ton bouquin? demanda-t-il à Valentine.

– Comme pour tout le monde. Sauf qu'il ne s'en vend pas beaucoup, alors il n'y a pas beaucoup d'impôts à payer.

Elle devait regretter ses paroles quelques minutes plus tard lorsqu'ils s'installèrent devant un ordinateur de location à l'astroport de Sorelledolce et qu'elle découvrit que son dernier ouvrage, une histoire de la tentative avortée de colonisation de la planète Helvética, était devenu une sorte de livre-culte.

– Je crois que je suis riche, murmura-t-elle à Andrew.

– Moi, je n'ai aucune idée si je suis riche ou pas, l'ordinateur n'en finit pas de sortir la liste de mes avoirs, impossible de l'arrêter.

Le nom des sociétés continuait de défiler, et l'énumération paraissait interminable.

– Je pensais qu'on te donnerait un chèque correspondant à ce que tu as à la banque le jour de tes vingt ans, dit Valentine.

– Si seulement j'avais cette chance. Je ne vais pas rester assis ici à attendre.

– Tu n'as pas le choix. Tu ne pourras pas passer la douane sans pouvoir prouver que tu as payé tes impôts, et surtout qu'il te reste assez pour vivre et que tu ne risques pas d'être à la charge de la planète.

– Et si je n'avais pas assez d'argent ? On me renverrait ?

– Non, on t'assignerait une corvée et on t'obligerait à travailler pour un salaire de misère jusqu'à ce que tu aies remboursé.

– Comment tu sais cela ?

– Je n'en sais rien. J'ai beaucoup lu et je sais comment pratiquent les gouvernements. Si ce n'est pas cela, ce sera un truc équivalent. À moins qu'on ne te renvoie.

– Je ne dois pas être le premier à débarquer et à découvrir qu'il me faudrait une semaine pour savoir où en est ma situation financière. Je vais bien réussir à trouver quelqu'un.

– Et moi je paierai mes impôts comme une adulte, dit Valentine, comme une personne honnête.

– À cause de toi, j'ai honte, lui lança joyeusement Andrew en s'éloignant à grands pas.

Benedetto jeta un coup d'œil au jeune homme sûr de lui qui s'asseyait devant son bureau en face de lui et soupira. Il avait su d'emblée qu'il ne lui attirerait que des ennuis. Un jeune privilégié débarquant sur une nouvelle planète et s'imaginant pouvoir obtenir quelques faveurs de l'inspecteur des impôts.

– Que puis-je faire pour vous ? demanda Benedetto en italien, bien qu'il parlât couramment le stark et que la loi stipulât qu'il convenait de s'adresser aux voyageurs dans cette langue, sauf à se mettre d'accord sur une autre.

Peu impressionné par l'italien, le jeune homme produisit ses papiers.

– Andrew Wiggin ? demanda Benedetto, incrédule.

– Ça pose problème ?

– Est-ce que vous vous imaginez que je vais croire que vous vous appelez ainsi ?

Il parlait stark à présent, les choses étaient claires, au moins à ce niveau.

– Pourquoi pas ?

– Andrew Wiggin ? Le fameux Wiggin ? Vous croyez que dans ce trou nous sommes arriérés au point de ne pas connaître le nom d'Ender le Xénocide ?

– C'est un délit de porter le même nom ?

– Non, mais avoir de faux papiers, oui.

– Si j'avais des faux papiers, vous croyez que ce serait malin d'utiliser le nom d'Andrew Wiggin ? Ou carrément stupide ?

– Stupide, admit Benedetto à regret.

– Alors supposons que je ne sois pas stupide, mais tourmenté par le fait d'avoir grandi en portant le nom d'Ender le Xénocide. Allez-vous me trouver inapte à entrer sur votre planète à cause du déséquilibre psychologique dû à ce traumatisme ?

– Je ne suis pas le service des douanes, mais celui des impôts.

– Je sais, mais vous aviez l'air tellement préoccupé par le problème de mon identité que je me suis dit que vous étiez soit espion des douanes, soit philosophe. Mais à vrai dire, de quel droit pouvais-je vous empêcher d'exercer votre curiosité ?

Benedetto détestait les petits malins.

– Que voulez-vous ?

– Je trouve ma situation fiscale compliquée. C'est la première fois que je dois payer des impôts ; je viens de prendre possession d'un fonds de placement et je ne sais même pas à combien s'élèvent mes avoirs. J'aimerais avoir un délai pour payer le temps d'y voir plus clair.

– Refusé.

– Comme ça ?

– Comme ça.

Andrew demeura un moment immobile.

– Puis-je faire autre chose pour vous ? demanda Benedetto.

– Peut-on faire appel ?

– Oui, mais vous devez payer vos impôts avant.

– J'ai l'intention de payer mes impôts, dit Andrew. Simplement cela va me prendre un certain temps, et je pensais que je m'en tirerais mieux chez moi sur mon ordinateur personnel, qu'ici sur les ordinateurs publics de l'astroport.

– Vous craignez que quelqu'un ne regarde par-dessus votre épaule, histoire de savoir combien grand-mère vous a laissé ?

– Oui, ce serait bien d'avoir un peu d'intimité.

– Pas question de partir d'ici sans avoir payé.

– Bon, d'accord. Alors débloquez mes fonds liquides que je puisse payer pour rester ici et travailler au calcul de mes impôts.

– Vous avez eu tout le temps du vol pour faire ça.

– Mon argent a toujours été dans un fonds de placement. Je n'ai jamais su à quel point la situation de mes avoirs était compliquée.

– Vous vous rendez compte bien sûr que si vous continuez de me raconter ce genre d'histoire, vous allez me fendre le cœur au point de me faire sortir de cette pièce en pleurant, dit Benedetto calmement.

Le jeune homme poussa un soupir.

– Je ne comprends pas bien ce que vous voulez que je fasse.

– Payer vos impôts comme n'importe quel bon citoyen.

– Je ne peux pas toucher à mon argent tant que je n'ai pas payé mes impôts, et je n'ai pas un sou pour vivre le temps de calculer combien d'impôts je dois si vous ne me débloquez pas des fonds.

– Vous regrettez de ne pas y avoir pensé plus tôt, non ?

Andrew parcourut la pièce du regard.

– Cette pancarte dit que vous pouvez m'aider à remplir ma déclaration.

– Oui.

– Alors, aidez-moi.

– Montrez-moi le formulaire de déclaration.

Andrew le regarda bizarrement.

– Comment puis-je vous le montrer ?

– Sortez-le là-dessus, dit Benedetto en tournant son ordinateur de bureau, le clavier vers Andrew.

Le jeune homme considéra le formulaire qui apparut au-dessus de la console, puis entra son nom et son code secret. Benedetto se détourna ostensiblement tandis qu'Andrew tapait son code, mais le logiciel enregistrait la moindre virgule. Une fois qu'il serait parti, Benedetto aurait accès à tous ses fichiers et à tous ses fonds. Pour mieux l'aider dans le calcul de ses impôts, bien sûr.

La liste se mit à sortir sur l'imprimante. Elle ne sortait pas feuille à feuille, mais en une bande interminable qui s'enroulait de plus en plus serré.

– Qu'avez-vous fait ? demanda Benedetto.

Il savait qu'une seule question sur le formulaire avait suffi à faire apparaître cette longue litanie de renseignements. Il tourna l'ordinateur afin de pouvoir lire. Il découvrit le nom et le code de multiples sociétés et fonds de placement, ainsi que le nombre de parts.

– Vous comprenez mon problème, dit le jeune homme.

La liste n'en finissait pas. Benedetto se pencha et appuya sur quelques touches. La machine s'arrêta.

– Vous possédez un grand nombre d'avoirs, dit-il doucement.

– Mais je l'ignorais, dit Andrew. Je veux dire, je savais que les gestionnaires avaient diversifié mon portefeuille, mais dans quelle mesure, je n'en avais pas la moindre idée. Je me contentais de tirer un peu quand j'arrivais sur une planète, et comme il s'agissait d'une pension d'État exemptée d'impôts, je n'avais pas à m'en préoccuper davantage.

Finalement, le gamin aux grands yeux innocents ne jouait peut-être pas la comédie. Benedetto se mit à le détester un peu moins. En fait, il commençait à ressentir les premiers frémissements d'une véritable amitié. Ce freluquet allait faire de lui un homme riche sans même le savoir. Il se pourrait même qu'il puisse démissionner du service des impôts. Rien que les actions de la dernière société apparue sur la liste interrompue, Enzichel Vinicenze, un conglomérat possédant d'importants avoirs sur Sorelledolce, représentaient assez d'argent pour que Benedetto puisse s'offrir un domaine à la campagne et se payer des domestiques jusqu'à la fin de ses jours. Et la liste n'en était qu'à *Es*.

– Intéressant, dit Benedetto.

– Si on faisait comme ça ? J'ai eu vingt ans au cours de la dernière année de mon voyage. Jusque-là mes gains étaient exonérés d'impôts et j'ai le droit de les toucher sans rien payer. Débloquez-moi cette partie de mes fonds et donnez-moi quelques semaines, le temps que je trouve un expert pour m'aider à démêler tout cela, et je vous apporte ma déclaration.

– Excellente idée. Où sont placés vos gains en liquide ?

– Catalonian Exchange Bank, dit Andrew.

– Numéro dc compte ?

– Tout ce que vous avez à faire, c'est débloquer les fonds déposés à mon nom. Vous n'avez pas besoin du numéro de compte.

Benedetto n'insista pas. Il n'aurait pas besoin d'aller taper dans la menue monnaie du gamin. Pas avec le pactole dans lequel il allait pouvoir puiser à volonté. Il entra les renseignements nécessaires et imprima le formulaire. Il donna également à Andrew un laissez-passer de trente jours pour Sorelledolce, à condition qu'il pointe quotidiennement au bureau des impôts, qu'il remplisse une déclaration en bonne et due forme, et qu'il s'acquitte de ses impôts avant la fin de cette période de trente jours. À condition aussi qu'il s'engage à ne pas quitter la planète tant que sa déclaration n'aurait pas été vérifiée et acceptée.

Procédure habituelle. Le jeune homme le remercia. Benedetto adorait ces moments-là, quand, avant de prendre congé, les riches imbéciles le remerciaient de leur avoir menti et d'avoir soulagé leurs comptes d'invisibles pots-de-vin.

Dès qu'Andrew fut parti, Benedetto voulut charger Espio, son logiciel de recherche, pour récupérer le numéro de code du jeune homme. Il attendit. Le programme espion ne monta pas. Il appela son fichier de programmes, vérifia la liste des logiciels secrets, et ne trouva aucune trace d'Espio. Absurde. Il tournait en permanence. Sauf que pour l'instant il ne tournait pas. En fait, il avait disparu.

Il eut alors recours à sa version personnelle de Prédateur, le logiciel interdit, pour retrouver la signature électronique de son programme espion, mais il ne trouva que deux ou trois fichiers sans intérêt, quant au logiciel de recherche, il s'était tout bonnement volatilisé.

Et quand il voulut revenir au formulaire qu'Andrew avait créé, il ne réussit pas davantage à le faire réapparaître. Il aurait pourtant dû être là, avec la liste des avoirs du jeune homme, afin que Benedetto puisse accéder manuellement aux actions et aux fonds de placement.

Il existait de multiples façons de les piller, même sans le mot de passe, mais le formulaire était vide. Le nom de toutes les sociétés avait disparu.

Que s'était-il passé ? Comment se pouvait-il qu'autant de choses marchent de travers en même temps ?

Qu'importe. La liste était tellement longue qu'elle avait dû être sécurisée. Prédateur la trouverait.

Sauf que Prédateur ne répondait pas. Il n'était pas en mémoire non plus. Il venait pourtant de l'utiliser ! C'était impossible. C'était...

Comment ce gamin avait-il pu introduire un virus dans son système simplement en entrant des renseignements fiscaux ? L'avait-il logé dans le nom de l'une des sociétés ? Benedetto utilisait des logiciels illégaux, il ne les concevait pas, mais malgré tout il n'avait jamais entendu parler d'un truc pareil transmis par des données non compressées et franchissant les systèmes de sécurité des services fiscaux.

Cet Andrew Wiggin devait être un genre d'espion. Sorelledolce était une des dernières planètes à refuser la fédération complète voulue par le Congrès Stellaire, c'était sûrement un espion envoyé pour tenter de déstabiliser l'indépendance de Sorelledolce.

Sauf que cette idée était absurde. Un espion serait arrivé avec ses déclarations en règle, prêt à payer ses impôts et à passer sans encombre. Un espion aurait tout fait pour ne pas attirer l'attention.

Il y avait forcément une explication, et Benedetto allait la trouver. Qui que soit cet Andrew Wiggin, il n'avait pas l'intention de se laisser dépouiller de la juste part de la fortune du jeune homme qui lui revenait. Il attendait ce moment depuis longtemps, et ce maudit Wiggin avait beau avoir un système de sécurité sophistiqué, il ne serait pas dit que lui, Benedetto, ne trouverait pas le moyen de s'emparer de ce qui lui était dû.

Andrew était encore un peu énervé lorsque Valentine et lui sortirent de l'astroport. Sorelledolce était une des colonies les plus récentes, une centaine d'années seulement, mais son statut de planète associée attirait quantité d'entreprises douteuses et difficilement contrôlables, favorisait le plein emploi, offrait d'innombrables possibilités, et créait une ambiance de ville pionnière qui faisait marcher tout le monde d'un pas plus alerte en se méfiant de tout au point de regarder sans cesse par-dessus son épaule. Les vaisseaux arrivaient chargés de passagers et repartaient chargés de cargaison, si bien que la colonie approchait les quatre millions d'habitants et que la capitale, Donnabella, en comptait un bon million.

L'architecture présentait un curieux mélange de cabanes en bois et de préfabriqués en plastique. Impossible pourtant de déterminer grâce à cela l'âge d'un bâtiment, les deux types de matériaux avaient coexisté dès le début. La flore indigène était la fougère géante, si bien que la faune, pour l'essentiel des lézards rampants, atteignait des proportions dinosauriennes. L'habitat humain toutefois demeurait sûr, et l'agriculture produisait tant que la moitié des terres pouvaient être consacrées aux lucratives cultures d'exportation, certaines légales, comme les textiles, d'autres illégales comme les cultures alimentaires. Sans parler du commerce des peaux de serpents multicolores utilisées en tapisserie ou pour garnir les plafonds dans tous les mondes dépendant du Congrès Stellaire. Plus d'une expédition de chasse partait dans la jungle et en revenait un mois plus tard avec cinquante peaux, assez pour permettre aux survivants de prendre une retraite dorée. Plus d'une expédition toutefois partait dans la jungle et ne réapparaissait jamais. La seule consolation, au dire des plaisantins locaux, était que le serpent qui dévorait un humain avait la diarrhée pendant une semaine. Histoire de métabolismes différents. Pas vraiment une revanche, mais enfin...

De nouveaux bâtiments poussaient sans cesse, pourtant l'offre ne parvenait pas à suivre la demande, de sorte qu'Andrew et Valentine durent chercher pendant une journée entière avant de trouver une chambre à partager. Leur colocataire, un chasseur abyssinien riche comme Crésus, leur assura qu'il montait une expédition et qu'il partirait chasser d'ici quelques jours. Tout ce qu'il leur demandait, c'était de veiller sur ses affaires jusqu'à ce qu'il revienne... ou ne revienne pas.

– Comment saurons-nous que vous ne reviendrez plus ? demanda Valentine, toujours pratique.

– Grâce aux femmes en pleurs dans le quartier libyen.

Andrew commença par signer pour raccorder son ordinateur personnel au Réseau afin de pouvoir étudier à loisir les avoirs qu'il venait de se découvrir. Valentine dut consacrer ses premières journées à s'occuper de la volumineuse correspondance que lui avait value son dernier livre, en plus du courrier habituel envoyé par les historiens de tous les mondes colonisés. Elle décida de répondre plus tard, mais les messages urgents lui prirent à eux seuls trois jours pleins. Bien sûr, les gens qui lui écrivaient n'avaient pas idée qu'ils dialoguaient avec une jeune femme d'environ vingt-cinq ans (âge subjectif). Ils croyaient correspondre avec le célèbre historien Démosthène. Personne n'imaginait ne serait-ce qu'une seconde que ce nom pût ne pas être un pseudonyme, et quelques journalistes, alléchés par le succès foudroyant de son dernier livre, avaient tenté d'identifier le fameux Démosthène en spéculant sur la lenteur de ses réponses, ou l'absence de réponses, lorsqu'elle voyageait, et en étudiant les listes de passagers. Cela demanda des tonnes de calculs, mais à quoi serviraient sinon les ordinateurs ? Tant et si bien que plusieurs hommes plus ou moins érudits se virent accusés d'être Démosthène, et certains d'entre eux n'essayaient que mollement de démentir.

Tout cela amusait follement Valentine. Du moment que les royalties arrivaient au bon endroit et que personne ne se risquait à faire paraître un livre bidon sous son pseudonyme, elle se moquait pas mal de savoir qui revendiquait la gloire. Elle utilisait des pseudonymes, celui-ci en fait, depuis l'enfance, et ce curieux mélange de célébrité et d'anonymat lui convenait parfaitement. Elle prenait le meilleur des deux.

Elle avait la gloire, Andrew, lui, un nom tristement célèbre. Si bien qu'il n'utilisait pas de pseudonyme. Tout le monde supposait que son nom était dû à une énorme bévue de ses parents. Personne s'appelant Wiggin n'aurait le culot de prénommer son fils Andrew, pas après ce qu'avait fait le Xénocide. Du moins était-ce ce que les gens croyaient. Au vu de ses vingt ans, il paraissait impensable que ce jeune homme pût être le tristement célèbre Andrew Wiggin. Personne ne possédait le moyen de savoir que depuis trois siècles lui et Valentine sautaient d'un monde à l'autre, n'y restant que le temps qu'elle trouve le sujet de sa prochaine histoire, fasse des recherches et réunisse la documentation nécessaire avant de s'embarquer sur le premier vaisseau en partance et d'écrire son livre pendant le voyage qui les menait à la planète suivante. Grâce à l'effet relatif, ils avaient à peine perdu deux ans de vie au cours des trois cents dernières années de temps réel. Valentine se plongeait avec brio au cœur de chaque culture (qui pourrait en douter en lisant ses ouvrages ?), alors qu'Andrew demeurait un touriste. Ou moins encore. Il aidait sa sœur dans ses recherches, jouait un peu avec les différentes langues, mais ne se faisait guère d'amis et gardait ses distances. Elle voulait tout savoir, lui ne voulait aimer personne. Ou du moins le pensait-il, lorsqu'il pensait. Il était solitaire, mais se persuadait qu'il était heureux de l'être et que la compagnie de Valentine lui suffisait. Quant à elle, elle avait tous ceux que ses recherches lui permettaient de rencontrer et tous ceux avec qui elle correspondait.

Juste après la guerre, quand il s'appelait encore Ender, quand il n'était encore qu'un enfant, certains des autres enfants qui avaient servi sous ses ordres lui écrivaient. Mais comme il était le premier d'entre eux à voyager à la vitesse de la lumière, cette correspondance ne tarda pas à avorter, car le temps qu'il reçoive une lettre et qu'il y réponde, il avait cinq ou dix ans de moins qu'eux. Lui qui avait été leur chef était resté un gamin. Exactement le gamin qu'ils avaient connu et admiré, mais des années avaient passé dans leur vie à eux. La plupart avaient participé aux guerres qui avaient déchiré Terre durant les années qui avaient suivi la victoire sur les Doryphores, ils avaient mûri au combat, ou dans la politique. Le temps qu'ils reçoivent la réponse d'Ender, ils considéraient leur aventure passée comme de l'histoire ancienne, comme une autre vie. Et quand arrivait cette voix du passé répondant à l'enfant qui lui avait écrit, l'enfant n'était plus là, l'enfant avait grandi. Certains versaient des larmes sur la lettre en pensant à leur ami, regrettant que lui seul n'ait pas été autorisé à revenir sur Terre après la victoire. Mais comment lui répondre ? Où leurs vies pouvaient-elles se rejoindre ?

Plus tard la plupart d'entre eux prirent la fuite vers d'autres mondes tandis qu'Ender devenait le gouverneur-enfant d'une colonie sur l'un des mondes conquis aux Doryphores. Il parvint à maturité dans cet environnement bucolique et, lorsqu'il fut prêt, on lui fit rencontrer la dernière Reine encore en vie. Elle lui raconta son histoire et le supplia de l'emmener en un endroit sûr où son peuple pourrait revivre. Il lui promit de le faire, et la première étape vers un monde où elle ne serait plus menacée fut l'écriture d'un petit livre intitulé *La Reine des Doryphores*. Sur les conseils de Valentine, il le publia anonymement et signa « La Voix des Morts ».

Il ne se doutait guère de l'impact qu'allait avoir son livre, à quel point il transformerait la perception de la guerre contre les Doryphores chez les humains. Ce fut ce livre qui fit de lui, l'enfant-héros, un enfant-monstre ; qui fit du vainqueur de la guerre le Xénocide qui avait détruit sans réelle nécessité une autre espèce. Il ne fut toutefois pas immédiatement diabolisé. Le processus fut graduel, se fit pas à pas. Tout d'abord, on eut pitié de l'enfant manipulé, contraint d'utiliser son génie pour détruire la Reine des Doryphores. Ensuite son nom fut utilisé pour désigner celui qui commet des actes monstrueux sans comprendre ce qu'il fait. Finalement, il devint Ender le Xénocide, et son nom un raccourci pour stigmatiser quiconque commet l'irréparable à une échelle monstrueuse. Andrew comprit l'évolution des choses et ne désapprouva même pas, car personne n'aurait pu lui faire plus de reproches qu'il ne s'en faisait à lui-même. Il savait qu'on lui avait caché la vérité, mais il avait le sentiment qu'il aurait dû savoir, et que même s'il n'avait pas voulu détruire les Reines, détruire une espèce entière d'un seul coup, ce n'en était pas moins la conséquence de ses actes. Il l'avait fait, et il lui fallait en assumer la responsabilité.

Responsabilité qui comprenait le cocon dans lequel il transportait la Reine des Doryphores, bien au sec, emballée comme un trésor de famille. Son ancien statut militaire lui valait encore quelques privilèges, et on ne fouillait jamais ses bagages. Ou du moins pas jusqu'à maintenant. Sa rencontre avec Benedetto, l'homme du fisc, était le premier signe que les choses risquaient de changer depuis qu'il était adulte.

De changer, mais pas suffisamment. Il portait déjà le poids de la destruction d'une espèce. À présent, il portait le poids de sa survie, de sa résurrection. Comment trouverait-il, à vingt ans, à peine un homme, un endroit où la Reine pourrait pondre ses œufs fécondés, un endroit où les humains ne la trouveraient pas ? Comment pourrait-il réussir à la protéger ?

L'argent serait peut-être la réponse. À en juger par la façon dont Benedetto avait écarquillé les yeux en découvrant la liste des avoirs d'Andrew, il se pourrait bien qu'il y en ait beaucoup, et le jeune homme savait que l'argent, entre autres choses, signifiait le pouvoir. Le pouvoir, qui sait ? d'acheter la sécurité de la Reine.

À condition bien sûr qu'il parvienne à calculer combien il possédait et combien d'impôts il devait.

Il existait des experts en ce domaine, il le savait. Des hommes de loi et des comptables dont c'était la spécialité. Mais de nouveau il pensa aux yeux de Benedetto. Andrew savait reconnaître l'appât du gain. Quiconque sachant qui il était et connaissant sa fortune essaierait de trouver le moyen de s'en octroyer une partie. Andrew savait que cet argent ne lui appartenait pas. C'était le prix du sang, sa récompense pour avoir détruit les Doryphores. Il en avait besoin pour les faire renaître avant de pouvoir prétendre que ce qu'il en resterait serait à lui. Comment trouver quelqu'un prêt à l'aider sans voir aussitôt arriver les vautours ?

Il en discuta avec Valentine et elle lui promit de demander à ses connaissances (grâce à sa correspondance, elle en avait partout) le nom de quelqu'un de confiance. La réponse arriva très vite : personne. Si vous disposez d'une grosse fortune et cherchez quelqu'un pour vous aider à la protéger, mieux vaut éviter Sorelledolce.

Andrew se mit donc à étudier le code des impôts une heure ou deux par jour, et il passa deux autres heures à essayer de démêler le montant de ses avoirs et à les analyser d'un point de vue fiscal. C'était une tâche abrutissante, et chaque fois qu'il croyait avoir compris, il se demandait s'il n'existait pas quelque subtilité, quelque truc qu'il aurait besoin de connaître pour que les choses s'arrangent à son avantage. Les termes d'un paragraphe qui lui avait paru insignifiant lui semblaient soudain fondamentaux, et il devait revenir en arrière et les étudier afin de voir s'ils prévoyaient une exception à la règle qu'il avait pensé pouvoir s'appliquer. En outre, il existait des exemptions spéciales qui ne s'appliquaient qu'à des cas particuliers, et parfois à une seule société, mais quasi invariablement il en possédait des parts, ou des actions d'un fonds commun de placement qui en possédait. Retrouver la trace de tous ses avoirs n'était pas l'affaire d'un mois de travail, une vie n'y suffirait pas. Une grande fortune peut croître considérablement en quatre cents ans, surtout si on ne dépense presque rien. La moindre parcelle des revenus qu'il n'avait pas dépensée chaque mois avait été réinvestie. Sans même le savoir, il semblait avoir des intérêts partout.

Il ne voulait pas de cet argent. Cela ne l'intéressait pas. Mieux il comprenait, moins cela l'intéressait. Il en arriva à se demander comment les experts fiscaux faisaient pour ne pas se suicider.

C'est à ce moment-là que la pub apparut sur son ordinateur. Il n'aurait pas dû en recevoir, les voyageurs interstellaires n'intéressaient pas les publicistes car l'argent investi était perdu le temps du voyage, et ils seraient submergés sous des monceaux de vieilles pubs en posant le pied sur la terre ferme. Andrew avait posé le pied sur la terre ferme, mais il n'avait pas fait la moindre dépense, sauf pour sous-louer une chambre et acheter un peu d'épicerie, ce qui ne risquait pas de le faire apparaître sur le fichier de qui que ce soit.

Pourtant, aucun doute, il y était : Super Conseiller Fiscal, toutes les réponses que vous cherchez !

C'était comme les horoscopes : il suffisait d'envoyer suffisamment de messages aveugles, et on finissait par atteindre une cible. Andrew avait sans conteste besoin de conseils, il n'avait pas encore trouvé la moindre réponse. Alors, au lieu d'effacer la pub, il l'ouvrit et une présentation en 3 D apparut sur son ordinateur.

Il lui était arrivé de regarder les pubs qui surgissaient sur celui de Valentine, elle entretenait une telle correspondance qu'elle n'avait pas la moindre chance d'y échapper, du moins pas sous le nom de Démosthène. Elles étaient bourrées de feux d'artifices et d'effets spéciaux éblouissants, ou bien d'histoires tristes à pleurer, pour essayer de vendre tout ce qui se vendait.

Celle-ci par contre était toute simple. Une tête de femme apparut, mais elle ne regardait pas dans la direction d'Andrew. Elle jeta un coup d'œil derrière elle, par-dessus son épaule, et finit par le découvrir.

– Ah, vous voilà, dit-elle.

Andrew ne dit rien, attendant qu'elle continue.

– Alors ? Vous ne voulez pas me répondre ?

Bon logiciel, se dit-il, mais un peu risqué de supposer que tous les destinataires allaient s'abstenir de répondre.

– Ah, je comprends. Vous croyez que je ne suis qu'un programme qui se déroule sur votre ordinateur. Mais non. Je suis l'amie et le conseiller fiscal dont vous rêvez, et je ne travaille pas pour de l'argent, non, je travaille pour vous. Il faut me parler, que je comprenne ce que vous voulez faire de votre argent, ce que vous voulez que votre argent réalise. Il faut que j'entende le son de votre voix.

Mais Andrew n'aimait pas jouer avec les programmes d'ordinateur. Il n'aimait pas non plus le théâtre interactif. Une ou deux fois Valentine l'avait traîné à des spectacles où les acteurs essayaient de faire participer les spectateurs. Un jour, un magicien avait tenté de l'utiliser dans son numéro, en sortant des objets de ses oreilles, de ses cheveux et de sa veste. Andrew était resté impassible, sans bouger, sans même donner l'impression qu'il se rendait compte de ce qui se passait, jusqu'à ce que le magicien comprenne le message et continue sans lui. Ce qu'il avait refusé à un être humain, il n'allait certainement pas le faire pour un programme d'ordinateur. Il appuya sur une touche suite pour faire disparaître la tête et court-circuiter la pub.

– Aïe, qu'est-ce que vous essayez de faire ? Vous débarrasser de moi ?

– Oui, lâcha Andrew qui se maudit aussitôt d'être tombé dans le panneau.

La simulation paraissait tellement réelle qu'elle avait réussi à le faire répondre par réflexe.

– Encore heureux que vous ne sachiez pas utiliser cette fonction d'effacement de programme ! Vous n'avez pas idée à quel point c'est douloureux. Sans parler de l'humiliation.

Maintenant qu'il avait parlé, il n'avait pas de raison de ne pas continuer et de ne pas utiliser l'interface de ce logiciel.

– Bon, alors, comment je fais pour vous faire disparaître de mon écran afin de pouvoir retourner à mes mines de sel ?

Il avait volontairement parlé sans articuler, d'une voix traînante, sachant que même les logiciels de reconnaissance vocale les plus sophistiqués coinçaient devant un discours traînant teinté d'un accent prononcé.

– Vous avez des avoirs dans deux mines de sel, mais ce sont des investissements qui ne rapportent pas. Il faut vous en débarrasser.

Ces paroles agacèrent Andrew.

– Je ne vous ai pas demandé de lire mes fichiers. Je n'ai même pas encore acheté ce logiciel. Je ne veux pas que vous lisiez mes fichiers. Comment je fais pour vous fermer ?

– Mais si vous liquidez les mines de sel, vous pouvez utiliser l'argent pour payer vos impôts, ça couvre presque exactement un an de cotisations.

– Vous êtes en train de me dire que vous avez déjà calculé mes impôts ?

– Vous venez d'arriver sur Sorrelledolce, les taux d'imposition y sont incroyablement élevés. Mais en utilisant toutes les exemptions auxquelles vous avez droit, y compris la déduction aux anciens combattants qui ne s'applique qu'à une poignée de survivants de la Guerre du Xénocide, j'ai réussi à faire descendre le montant de votre impôt à moins de cinq millions.

Andrew éclata de rire.

– Bravo, même mes calculs les plus pessimistes ne dépassaient pas un million et demi.

Ce fut au tour de la femme de rire.

– Votre chiffre, c'est un million et demi de starcounts. Le mien, c'est moins de cinq millions de firenzettes.

Andrew calcula la différence en monnaie locale et son sourire s'effaça.

– Ça fait sept mille starcounts.

– Sept mille quatre cent dix. Je suis embauchée ?

– Vous n'avez aucun moyen légal de me faire sauter autant d'impôts.

– Au contraire, Mister Wiggin. Les lois fiscales sont conçues pour piéger les gens et leur faire payer plus d'impôts qu'ils ne doivent. Comme ça, les riches qui connaissent les trucs profitent de réductions massives, tandis que ceux qui ne possèdent pas les bonnes relations et n'ont pas encore trouvé le bon comptable paient des sommes astronomiques. Moi, par contre, je connais tous les trucs.

– Superbe entrée en matière. Très convaincante. Formidable, sauf quand la police viendra m'arrêter.

– Vous croyez cela, Mister Wiggin ?

– Si vous avez l'intention de m'obliger à utiliser cette interface vocale, au moins ne m'appelez pas Mister.

– Que diriez-vous d'Andrew ?

– Parfait.

– Mais vous devez m'appeler Jane.

– Vraiment ?

– Ou je pourrais vous appeler Ender.

Andrew se figea. Rien dans ses fichiers ne permettait de connaître son surnom d'enfant.

– Arrêtez là et disparaissez immédiatement de mon ordinateur.

– Comme vous voudrez.

Sa tête disparut de l'écran.

Bon débarras ! se dit Andrew. S'il donnait à Benedetto une déclaration qui aboutissait à un montant d'impôts aussi bas, il n'avait pas l'ombre d'une chance d'échapper à un audit complet, et d'après ce qu'il avait pu juger de l'homme du fisc, celui-ci réussirait à se mettre une bonne part de ses biens dans la poche. Non que le jeune homme fût hostile à l'esprit d'entreprise, mais il avait le sentiment que Benedetto ne savait pas où s'arrêter. Inutile d'agiter un chiffon rouge sous son nez.

Pourtant, au fur et à mesure qu'il travaillait, il regretta de s'être montré aussi impatient. Ce logiciel, cette Jane, pouvait bien avoir sorti le nom d'Ender comme surnom d'Andrew d'une base de données. Bien sûr, il paraissait curieux qu'elle ait choisi ce nom-là plutôt qu'un surnom plus courant comme Drew ou Andy, mais il ne fallait pas sombrer dans la parano et s'imaginer qu'un programme envoyé par e-mail sur son ordinateur (il s'agissait sans doute d'une version démo d'un programme beaucoup plus gros) aurait pu découvrir aussi vite qu'il était vraiment le célèbre Andrew Wiggin. Il ne faisait que dire et faire ce pour quoi il était programmé. Le choix du surnom le moins probable était peut-être une ruse pour conduire le client potentiel à donner le bon, et par là même permettre tacitement qu'on l'appelle ainsi, un pas de plus vers la décision d'achat.

Et si le montant incroyablement bas de son impôt s'avérait juste ? Ou s'il pouvait faire en sorte que le logiciel propose un chiffre plus raisonnable ? Et si celui-ci avait été conçu par des gens compétents ? C'était peut-être le conseiller fiscal et l'expert financier dont il avait besoin. Nul doute, il avait suffi qu'il utilise une expression de son enfance sur Terre pour que Jane trouve, et plutôt vite, les deux mines de sel. Et même leur valeur liquidative, lorsqu'il les vendit, s'éleva exactement à ce qu'elle avait prévu.

Ce que le logiciel avait prévu. Ce visage humain dans la démo était un bon truc pour personnaliser le programme et l'obliger à le considérer comme une personne. On peut jeter un logiciel, mais il serait grossier de jeter ainsi une jeune femme.

Enfin bon, ça n'avait pas marché avec lui. Il l'avait jeté. Et il le jetterait encore s'il le fallait. Mais pour l'instant, il ne lui restait que deux semaines avant la date limite, et il se dit que ça risquait de valoir la peine de supporter la présence de cette envahissante femme virtuelle. Peut-être pourrait-il reconfigurer le logiciel pour communiquer par texte, il préférait.

Il rappela la pub. Cette fois, rien n'apparut que le message standard : « Fichier non disponible. »

Il se maudit. Il n'avait pas la moindre idée de la planète d'origine. Maintenir une liaison par ansible coûtait très cher. Une fois qu'il avait fermé le programme de démo, on avait coupé la liaison. Inutile de gaspiller de l'argent pour un client qui n'achetait pas immédiatement. Bon, tant pis. Pour l'instant, il ne pouvait rien y faire.

Benedetto trouvait que son idée de pister ce type dans le but de découvrir pour qui il travaillait était loin d'être efficace. Le suivre de voyage en voyage ne se révélait pas tâche si facile. Le jeune homme n'utilisait que des vols spéciaux, classés top secret, preuve qu'il appartenait à quelque agence d'il ne savait quel gouvernement. L'homme du fisc n'avait trouvé son précédent voyage que par hasard. Il ne tarda pas à comprendre qu'il lui serait beaucoup plus aisé de suivre la piste de sa maîtresse, ou sa sœur, ou sa secrétaire, bref de cette Valentine, qui quelle soit.

Ce qui le surprit fut le peu de temps qu'ils restaient à chaque endroit. Au bout de quelques voyages, Benedetto était remonté trois cents ans en arrière, à l'aube de la colonisation, et pour la première fois il lui vint à l'esprit qu'il n'était pas inconcevable que cet Andrew Wiggin pût être le...

Non, non. Il ne pouvait pas se laisser aller à croire une chose pareille. Pourtant, si c'était vrai, s'il s'agissait vraiment du criminel de guerre qui...

Les possibilités de chantage étaient ahurissantes.

Comment se pouvait-il que personne n'ait fait ces recherches évidentes sur Andrew et Valentine Wiggin ? Ou alors peut-être payaient-ils déjà des maîtres chanteurs sur plusieurs mondes ?

Ou tous les maîtres chanteurs étaient morts ? Il faudrait se montrer prudent. Des gens aussi riches avaient forcément des amis très puissants. Il faudrait qu'il se trouve aussi des amis pour se protéger quand il entamerait la réalisation de son plan.

Valentine la montra à Andrew comme une curiosité :

– J'en ai déjà entendu parler, mais c'est la première fois que nous sommes assez près pour pouvoir y assister.

Il s'agissait d'une annonce sur le Réseau local : quelqu'un devait « parler » pour un mort.

Que son pseudonyme, « la Voix des Morts », ait été repris par d'autres et transformé en un titre quasi religieux de prêtre d'une nouvelle religion porteuse de vérité avait toujours mis Andrew mal à l'aise. Il n'y avait aucune doctrine, si bien que des gens de n'importe quelle croyance pouvaient inviter un porte-parole des morts à participer à un service funèbre normal, ou organiser une cérémonie distincte plus tard, parfois beaucoup plus tard, longtemps après que le défunt avait été enterré ou brûlé.

Toutefois, ces cérémonies n'étaient pas nées de son livre *La Reine des Doryphores*, c'était le suivant, *L'Hégémon*, qui avait fait se développer ce nouveau rite funéraire. Le frère d'Andrew et de Valentine,

Peter, était devenu Hégémon après les guerres civiles grâce à un mélange d'habile diplomatie et de force brutale, et il avait unifié la totalité de la Terre sous la férule d'un unique et puissant gouvernement. Il se révéla être un despote éclairé et instaura des institutions qui prévoyaient, pour plus tard, le partage de l'autorité. Ce fut sous sa direction que la colonisation d'autres planètes commença sérieusement. Pourtant, depuis son enfance, Peter n'avait jamais cessé d'être cruel et impitoyable, au point qu'Andrew et Valentine le craignaient. En vérité, c'était lui qui avait fait en sorte que son frère ne puisse pas revenir sur Terre après sa victoire dans la Troisième Guerre. Si bien qu'Andrew avait du mal à ne pas le haïr.

C'était pour cette raison qu'il avait entrepris des recherches pour écrire *L'Hégémon* et essayer de trouver la vérité de l'homme derrière les manipulations, les massacres et les affreux souvenirs d'enfance. Le résultat avait été une biographie honnête et sans complaisance qui jaugeait l'homme et ne cachait rien. Comme le livre était signé du même nom que *La Reine des Doryphores* qui avait modifié le jugement porté sur lesdits Doryphores, il fut reçu avec beaucoup d'intérêt et finit par susciter des vocations. Des gens se mirent à parler pour les morts, s'efforçant d'apporter aux funérailles des hommes éminents, comme à celles des obscurs, la même touche de vérité. Ils racontaient la mort des héros et des puissants, montrant le prix qu'eux et les autres avaient dû payer pour qu'ils connaissent le succès ; ils racontaient la mort d'alcooliques ou de tyrans domestiques qui avaient gâché la vie de leurs proches, s'efforçant de faire découvrir l'être humain derrière le vice, mais sans rien cacher des dégâts causés par leur faiblesse. Andrew s'était habitué à l'idée que ces cérémonies se déroulaient au nom de la Voix des Morts, mais il n'y avait jamais assisté et, comme Valentine l'espérait, il sauta sur l'occasion, même s'il n'avait pas le temps.

Ils ne savaient rien du mort, mais le peu d'intérêt suscité par la cérémonie laissait penser qu'il n'était guère connu. D'ailleurs elle se tenait dans une petite salle, dans un hôtel, et seules une vingtaine de personnes y assistaient. Le corps n'était pas là, on avait apparemment déjà emporté le défunt. Andrew essaya de deviner l'identité des autres personnes. Celle-ci était-elle la veuve ? Cette autre une fille ?

Ou bien la plus âgée était-elle la mère et la plus jeune la veuve ? Et ceux-là ? Des fils ? Des amis ? Des collègues ?

L'orateur, vêtu sobrement, ne se donnait pas de grands airs. Il s'installa devant l'assemblée et commença à parler, racontant la vie du défunt en termes simples. Il ne s'agissait pas d'une biographie, il manquait de temps pour entrer dans tous les détails. Il s'agissait plutôt d'une histoire rapportant ce que l'homme avait accompli d'important. Toutefois, l'importance de ses actions n'était pas jugée par leur retentissement médiatique, mais par la profondeur et la puissance de leurs répercussions sur la vie des autres. Ainsi sa décision de construire une maison au-dessus de ses moyens dans un quartier plein de gens aux revenus bien supérieurs aux siens n'aurait jamais mérité une mention sur les Réseaux d'infos, mais elle marqua la vie de ses enfants en les obligeant à fréquenter des gens qui les regardaient de haut. Elle remplit également sa propre vie d'inquiétude. Il se tua à la tâche pour payer cette maison. Tout cela « pour les enfants », alors que ceux-ci auraient voulu vivre dans un quartier où l'on n'aurait pas méprisé leur pauvreté et où l'on ne les aurait pas traités d'arrivistes. Sa femme vivait isolée, sans amies, et il n'était pas mort depuis deux jours qu'elle mettait la maison en vente. Elle avait déjà déménagé.

L'orateur ne s'arrêta pas là. Il continua pour montrer que l'obsession de cet homme à construire cette maison, à faire vivre ses enfants dans ce genre de quartier, venait des reproches permanents que sa propre mère avait infligés à son père qui n'avait pas su lui offrir un cadre de vie digne d'elle. Elle ne cessait de répéter qu'elle avait commis l'erreur de se marier en dessous de sa condition, tant et si bien que le mort avait grandi obsédé par la nécessité d'offrir à sa famille ce qu'il y avait de mieux, quel qu'en soit le prix. Il détestait sa mère. Il quitta son monde natal et vint sur Sorelledolce surtout pour s'éloigner d'elle, mais il emporta avec lui les valeurs perverses de sa mère, et gâcha la vie de sa femme et de ses enfants. Au bout du compte, ce furent les querelles de ses parents qui le tuèrent en le conduisant à s'épuiser au travail jusqu'à la crise cardiaque qui le terrassa alors qu'il n'avait pas cinquante ans.

Andrew se rendit compte que la veuve et les enfants n'avaient pas connu la grand-mère, n'avaient rien deviné de l'origine de l'obsession qui avait conduit le mort à les faire vivre dans un quartier comme il faut, dans une maison comme il faut. À présent qu'ils voyaient quelle enfance il avait vécue, ils versaient des larmes. Manifestement, on leur avait permis de voir en face leur rancœur et en même temps de pardonner à leur père les tourments qu'il leur avait infligés. Les choses avaient un sens pour eux maintenant.

L'orateur se tut. Les membres de la famille le serrèrent dans leurs bras, puis s'embrassèrent, et il s'en alla.

Andrew le suivit et le prit par le bras au moment où il arrivait dans la rue.

– Monsieur, comment êtes-vous devenu Porte-parole des Morts ?

L'homme le regarda bizarrement.

– J'ai parlé.

– Mais comment vous êtes-vous préparé ?

– La première fois, c'était pour la mort de mon grand-père. Je n'avais pas lu *La Reine des Doryphores* ni *L'Hégémon*, mais quand j'ai eu fini, les gens m'ont dit que j'avais un vrai don pour devenir Voix des Morts. C'est alors que j'ai lu les livres pour comprendre comment il convenait de faire les choses. Ainsi quand d'autres gens sont venus me demander de parler à des funérailles, je savais quelles recherches étaient nécessaires. Je ne sais toujours pas aujourd'hui si je fais les choses « comme il faut ».

– Donc, pour devenir Porte-parole des Morts, vous avez juste...

– Parlé. Et puis on m'a demandé de parler de nouveau. Mais ça ne rapporte pas, ajouta l'homme dans un sourire, si c'est à cela que vous pensez.

– Non, non, dit Andrew, je voulais... je voulais juste savoir comment ça se passait, c'est tout.

Il y avait peu de chances que l'homme, déjà dans la cinquantaine, imagine que l'auteur de *La Reine des Doryphores* et de *L'Hégémon* soit ce jeune de vingt ans en face de lui.

– Et au cas où vous vous poseriez la question, nous ne sommes pas prêtres. Nous ne balisons pas notre territoire, et nous ne nous fâchons pas si quelqu'un vient y fourrer son nez.

– Ah ?

– Alors, si vous envisagez de devenir Voix des Morts, tout ce que j'ai à vous dire, c'est: «Allez-y.» Mais ne sabotez pas le boulot. Il s'agit de reconstruire le passé des gens, et si vous n'êtes pas prêt à vous y lancer à fond et à le faire bien, à tout, absolument tout, mettre au jour, vous ne ferez que du mal, et mieux vaut ne pas le faire du tout. On ne peut pas se lever et improviser.

– Non, j'imagine que non.

– Voilà, c'est tout. Votre apprentissage de Voix des Morts est terminé. J'espère que vous ne voulez pas de certificat.

L'homme sourit et continua:

– Ce qu'on dit n'est pas toujours autant apprécié que ce soir. Parfois on parle parce que le défunt l'a demandé dans son testament. La famille ne le souhaite pas, ils sont horrifiés par ce qu'on dit et ne nous le pardonneront jamais. Mais il faut le faire de toute façon, parce que le mort voulait que la vérité soit dite.

– Comment pouvez-vous être certain d'avoir trouvé la vérité?

– On n'en est jamais certain, on fait de son mieux.

Il posa la main sur l'épaule d'Andrew.

– J'aimerais bavarder avec vous plus longtemps, mais je dois passer quelques coups de téléphone avant que tout le monde ne rentre à la maison. Je suis comptable pour vivre, c'est mon métier.

– Comptable? Je sais que vous êtes occupé, mais je voudrais vous poser une question à propos d'un logiciel de comptabilité. Une tête de femme apparaît sur l'écran et parle. Elle dit s'appeler Jane.

– Jamais entendu parler, mais l'univers est grand, et je n'arrive pas à me tenir au courant des logiciels que je n'utilise pas. Désolé!

Sur ces paroles, l'homme s'en alla.

Andrew lança une recherche sur le Réseau sur le nom de *Jane,* avec comme critères *investissements, finances, comptabilité* et *impôts.* Il trouva sept possibilités, mais toutes aboutissaient à un écrivain sur la planète Albion qui avait écrit un livre sur les investissements interplanétaires une centaine d'années auparavant. La Jane du logiciel avait peut-être été baptisée ainsi à cause d'elle. Ou peut-être pas. Mais cela n'avança guère Andrew dans ses recherches.

Cinq minutes plus tard pourtant la tête familière surgit sur l'écran de son ordinateur.

– Bonjour, Andrew. Hop là ! C'est le début de la soirée, non ? J'ai un mal fou à connaître l'heure locale de tous ces mondes.

– Que faites-vous là ? J'ai essayé de vous trouver, mais je ne connaissais pas le nom du logiciel.

– Ah bon ? Je faisais juste une relance préprogrammée, au cas où vous auriez changé d'avis. Si vous le désirez, je peux me déconnecter de votre ordinateur, ou faire une installation complète ou partielle, selon ce que vous souhaitez.

– Combien coûte une installation ?

– Vous avez les moyens, je ne suis pas chère et vous êtes riche.

Andrew n'était pas sûr d'aimer le style de cette personnalité virtuelle.

– Tout ce que je veux, c'est une réponse simple. Combien me coûterait votre installation ?

– Je vous ai répondu. Je suis une installation évolutive. Les honoraires sont liés à votre statut financier et à ce que je fais pour vous. Si vous ne m'installez que pour vos impôts, vous payez un pour mille de ce que je vous fais économiser.

– Et si je vous demande de payer plus que ce que vous pensez être la somme minimum ?

– Alors je vous fais économiser moins, et donc je vous coûte moins. Pas de suppléments cachés, pas d'embrouilles. Mais si vous ne m'installez que pour les impôts, vous raterez le gros lot. Vous avez tellement d'argent que vous allez passer votre vie à le gérer, à moins de me confier cette tâche.

– C'est ce qui ne me plaît pas trop. Qui êtes-vous ?

– Moi. Jane. Le logiciel installé sur votre ordinateur. Ah, je comprends, vous vous inquiétez de savoir si je ne suis pas reliée à une base de données centrale qui finirait par en savoir trop sur votre fortune ! Non, mon installation sur votre ordinateur n'enverra aucune information sur aucun autre site. Pas de salle pleine d'informaticiens en train d'essayer de trouver le moyen de faire main basse sur votre argent. Par contre, vous disposerez à plein temps d'un courtier en Bourse, d'un conseiller fiscal et d'un expert en investissements qui s'occuperont de gérer vos avoirs. Demandez-moi un calcul à n'importe quel moment, vous l'avez aussitôt sous les yeux. Quoi que vous vouliez acheter, dites-le-moi et je vous trouve le meilleur prix au meilleur endroit, je paie, et je vous fais livrer où vous voulez. Si vous prenez l'installation complète, y compris l'organisateur et l'assistant de recherches, je serai votre compagnon permanent.

Andrew imagina cette femme en train de lui parler sans arrêt jour après jour, et il secoua la tête.

– Non, merci.

– Pourquoi ? Ma voix minaude trop ?

Un ton plus grave, un peu essoufflée, elle reprit :

– Je peux changer ma voix pour vous être agréable.

Sa tête disparut, aussitôt remplacée par celle d'un homme. D'une voix de baryton avec juste une touche efféminée, il dit :

– Je peux aussi être un homme, plus ou moins viril.

Le visage changea de nouveau, des traits taillés à la serpe cette fois, et une voix carrément avinée.

– Voici la version chasseur d'ours au cas où vous auriez des doutes sur votre virilité et auriez besoin de surcompenser.

Andrew rit malgré lui. Qui avait programmé ce truc ? L'humour, l'aisance dans le maniement de la langue, tout cela était bien supérieur aux meilleurs logiciels qu'il avait vus. L'intelligence artificielle restait un pur fantasme, quelle que soit la qualité de la simul, on savait en un instant qu'on avait affaire à un programme. Mais celle-ci était tellement meilleure, elle ressemblait tellement à un compagnon agréable, qu'il l'aurait bien achetée rien que pour voir jusqu'où le programme pouvait aller, jusqu'où il tiendrait avec le temps. Et comme c'était exactement le logiciel financier dont il avait besoin, il décida de continuer.

– Je veux le détail au jour le jour de ce que me coûtent vos services afin de pouvoir me débarrasser de vous si vous devenez trop chère.

– N'oubliez pas, pas de pots-de-vin, dit l'homme.

– Revenez à la première Jane et à la première voix.

La tête de femme réapparut.

– Vous n'aimez pas ma voix sexy ?

– Si je me sens seul à ce point-là, je vous le dirai.

– Et si moi, je me sens seule ? Ça vous arrive d'y penser ?

– Non, et je ne veux pas de badineries. Je suppose que vous pouvez aussi supprimer cela.

– C'est déjà fait.

– Alors occupons-nous de ma déclaration d'impôts.

Andrew s'assit, s'attendant que la mise en route prenne plusieurs minutes. Mais non, la déclaration remplie apparut sur l'écran. Le visage de Jane avait disparu, mais sa voix était toujours là.

– Voilà le total. Je vous garantis que tout est parfaitement légal et qu'il ne pourra rien vous reprocher. Les lois sont ainsi faites, elles sont destinées à protéger la fortune des gens riches comme vous tout en faisant porter l'effort maximum sur les revenus inférieurs. C'est votre frère, Peter, qui l'a conçue, et elle n'a jamais été modifiée, à part quelques retouches ici ou là.

Andrew resta un moment bouche bée.

– Ah, fallait-il que je fasse semblant de ne pas savoir qui vous êtes ?

– Qui d'autre est au courant ?

– Il ne s'agit pas exactement d'une information protégée. N'importe qui pourrait le découvrir en reprenant l'historique de vos voyages. Voudriez-vous que je mette quelques barrières de sécurité autour de votre identité ?

– Ça me coûtera combien ?

– C'est compris dans l'installation complète, dit Jane dont le visage réapparut. Je suis conçue pour être capable de mettre des protections et dissimuler des informations. En toute légalité, bien sûr. Dans votre cas, ce sera particulièrement facile car une grande partie de votre passé demeure classée top secret par les autorités stellaires. C'est un jeu d'enfant de faire glisser les renseignements sur vos nombreux voyages dans la pénombre de la Sécurité militaire, ensuite l'armée protégera votre passé de tout son poids. Si quelqu'un tente de violer cette protection, elle lui tombera dessus sans même savoir ce qu'elle protège. C'est un réflexe chez ces gens-là.

– Vous pouvez faire une chose pareille ?

– Je viens de le faire. Toutes les preuves qui auraient pu trahir votre identité ont disparu. Envolées. Pfuitt. Je suis vraiment très forte.

L'idée traversa l'esprit d'Andrew que ce logiciel était beaucoup trop puissant. De telles capacités ne pouvaient être légales.

– Qui vous a conçue ?

– Soupçonneux, c'est ça ? Eh bien, mais c'est vous.

– Je m'en souviendrais, répliqua sèchement Andrew.

– Quand je me suis installée la première fois, j'ai mis la configuration classique. Mais je suis autoprogrammable. J'ai vu ce dont vous aviez besoin et je me suis programmée pour être capable de le faire.

– Aucun logiciel autoprogrammable n'est aussi performant.

– Jusqu'à présent.

– J'aurais entendu parler de vous.

– Je ne veux pas qu'on entende parler de moi. Si tout le monde pouvait m'acheter, je ne serais pas aussi bonne. Mes différentes installations s'annuleraient. Imaginez une version de moi-même cherchant désespérément à se procurer une information qu'une autre version de moi chercherait désespérément à cacher. Inefficace.

– Alors combien d'autres personnes possèdent une version installée ?

– Dans la configuration exacte que vous achetez, Mister Wiggin, vous êtes le seul.

– Comment puis-je vous faire confiance ?

– Laissez-moi le temps.

– Quand je vous ai dit de partir, vous ne l'avez pas fait, n'est-ce pas ? Vous êtes revenue parce que vous avez détecté mes recherches sur *Jane*.

– Vous m'avez dit de disparaître. Je l'ai fait. Vous ne m'avez pas dit de me déconnecter, ni de rester fermée.

– Est-ce qu'on vous a programmée pour être aussi impertinente ?

– C'est une qualité que j'ai cultivée toute seule, ça vous plaît ?

Andrew était assis en face de Benedetto. Celui-ci afficha la déclaration d'impôts, fit semblant de l'étudier sur son ordinateur, puis secoua la tête en affichant un sourire navré.

– Monsieur Wiggin, vous ne pouvez raisonnablement pas espérer que je vais croire que ces chiffres sont exacts.

– Cette déclaration est en parfaite conformité avec la loi. Vous pouvez l'étudier autant qu'il vous plaira, tout est annoté, toutes les lois et tous les précédents dûment indiqués.

– Je pense que vous serez d'accord avec moi pour juger que le montant qui apparaît ici est insuffisant... Ender Wiggin.

Le jeune homme le regarda.

– Andrew.

– Je ne crois pas, vous avez beaucoup voyagé. Beaucoup voyagé à la vitesse de la lumière. Pour échapper à votre passé. Je pense que le Réseau d'infos serait ravi d'apprendre que nous avons pareille célébrité sur notre planète. Ender le Xénocide.

– En général, le Réseau d'infos aime qu'on lui apporte des preuves à l'appui de propos aussi extravagants.

Benedetto sourit et voulut ouvrir le fichier sur les voyages d'Andrew. Il était vide, sauf pour le dernier. Il se sentit défaillir. Le pouvoir de l'argent. Ce jeune homme avait réussi à entrer dans son ordinateur et à lui voler ses preuves.

– Comment avez-vous fait cela ?

– Fait quoi ?

– Vider mon fichier.

– Le fichier n'est pas vide.

Le cœur battant à tout rompre, Benedetto réfléchissait à toute allure. Il décida de changer de tactique.

– J'admets que je me suis trompé. J'accepte votre déclaration en l'état.

Il tapa quelques codes sur son ordinateur.

– Les douanes vous donneront vos papiers, vous pourrez rester un an sur Sorelledolce. Merci beaucoup, monsieur Wiggin.

– Alors l'autre problème...

– Bonne journée, monsieur Wiggin.

Sur ces mots, il ferma le fichier et s'intéressa à d'autres papiers. Andrew comprit le message, se leva et partit.

À peine était-il sorti que la fureur de Benedetto explosa. Comment avait-il pu ? Le plus gros poisson qu'il ait jamais pris, et voilà qu'il lui filait entre les doigts !

Il voulut renouveler les recherches qui lui avaient permis de découvrir la véritable identité d'Andrew, mais à présent la sécurité avait verrouillé tous les fichiers, et sa troisième tentative lui valut un avertissement de la Sécurité militaire : s'il persistait à vouloir se procurer des documents classés secret Défense, il ferait l'objet d'une enquête des services de contre-espionnage.

Fou de rage, Benedetto annula ses recherches et se mit à écrire. Un compte rendu complet de ses premiers soupçons concernant Andrew Wiggin, comment il avait tenté de percer le secret de sa véritable identité, comment il avait fini par découvrir qu'il n'était autre qu'Ender le Xénocide, puis qu'ensuite son ordinateur avait été pillé et que ses fichiers avaient disparu. Même si les Réseaux d'infos les plus sérieux refuseraient de sortir son histoire, les tablonets allaient se jeter dessus. Il ne fallait pas que ce criminel de guerre s'en sorte et que son argent et ses relations dans l'armée lui permettent de passer pour un type bien.

Son histoire terminée, il sauvegarda le document. Ensuite il se mit à chercher les adresses de tous les tablonets importants sur Sorelledolce et ailleurs.

Il fut surpris quand son texte disparut de l'écran et qu'une tête de femme apparut à sa place.

– Vous avez deux choix, dit la femme. Vous pouvez supprimer toutes les copies du document que vous venez de créer et ne jamais l'envoyer à personne.

– Qui êtes-vous ?

– Considérez-moi comme un conseiller en investissements. Je vous donne d'excellents conseils sur la façon de préparer votre avenir. Voulez-vous connaître votre second choix ?

– Je ne veux rien entendre de plus.

– Vous omettez trop de choses dans votre récit. Je pense qu'il serait beaucoup plus intéressant avec toutes les données pertinentes.

– Moi aussi, dit Benedetto, mais M. Xénocide les a fait disparaître.

– Pas lui, ses amis.

– Aucun homme ne devrait être au-dessus de la loi sous prétexte qu'il a de l'argent ou des relations.

– Ou bien vous ne dites rien, ou bien vous dites toute la vérité, voilà vos choix, reprit la femme.

En guise de réponse, Benedetto appuya sur la touche *envoyer* pour transmettre son récit à tous les tablonets dont il avait déjà entré l'adresse. Il pourrait en ajouter d'autres lorsqu'il aurait débarrassé son système de cet intrus.

– Choix courageux, mais inconsidéré, dit la femme avant de disparaître.

Les tablonets reçurent bien l'histoire, mais à présent elle contenait une confession complète de tous les détournements de fonds et chantages auxquels il s'était livré durant sa carrière d'inspecteur des impôts. Il fut arrêté dans l'heure qui suivit.

L'histoire d'Andrew Wiggin ne fut jamais publiée. Les tablonets et la police la prirent pour ce qu'elle était : une tentative de chantage qui avait mal tourné. Andrew fut appelé à témoigner, mais ce fut pure formalité. Les policiers ne mentionnèrent même pas les folles accusations de Benedetto, ils l'avaient pris la main dans le sac. Wiggin n'était que la dernière victime potentielle. Le maître chanteur avait commis l'erreur fatale d'inclure par inadvertance ses fichiers secrets à sa lettre de chantage. La maladresse et la bêtise des criminels avaient conduit dans le passé à plus d'une arrestation, et les policiers ne furent pas autrement surpris.

Grâce à la couverture médiatique, ceux que Benedetto avait escroqués savaient à présent le tort qu'il leur avait causé. Il ne s'était guère montré prudent dans le choix de ses victimes, et certaines avaient les moyens de l'atteindre à l'intérieur du système carcéral. Il fut le seul à savoir si c'était un gardien ou un autre prisonnier qui lui trancha la gorge et lui fourra la tête dans les toilettes. Finalement, il fallut tirer à pile ou face pour décider s'il était mort noyé ou à cause du sang perdu.

Andrew fut bouleversé par la mort de l'inspecteur des impôts, mais Valentine lui assura que si l'homme avait été arrêté et était mort peu après qu'il avait tenté de le faire chanter, c'était pure coïncidence.

– Tu ne peux pas te sentir responsable de tout ce qui arrive aux gens autour de toi. Tout n'est pas ta faute.

Sa faute, non. Mais Andrew se sentait néanmoins une vague responsabilité vis-à-vis de cet homme, car il était certain que l'habileté de Jane pour sécuriser ses dossiers et dissimuler les informations concernant ses voyages était d'une manière ou d'une autre liée à ce qui était arrivé à Benedetto. Bien sûr, il avait le droit de se protéger du chantage, mais la mort était une peine trop lourde pour cette faute. Prendre de l'argent ne mériterait jamais qu'on vous prenne la vie.

Il alla donc voir la famille de Benedetto et leur demanda s'il pouvait faire quelque chose pour eux. Comme toute la fortune du défunt avait été saisie à fin de restitution, ils n'avaient plus rien. Andrew leur versa une confortable rente annuelle. Jane lui assura qu'il en avait les moyens et qu'il ne s'en apercevrait même pas.

D'autre part, il demanda s'il pourrait parler aux funérailles. Et pas seulement parler, mais être la Voix du Mort. Il admit que l'exercice était nouveau pour lui, mais promit qu'il s'efforcerait de faire apparaître la vérité afin de les aider à trouver un sens à ce que Benedetto avait fait.

Ils acceptèrent.

Jane l'aida à retracer l'historique des manipulations financières de Benedetto, puis se révéla être une alliée encore plus précieuse dans ses recherches sur son enfance, la famille dans laquelle il avait grandi, et la naissance en lui de cette faim pathologique de pourvoir aux besoins de ceux qu'il aimait qui l'avait conduit à prendre aux autres avec la plus totale absence de scrupules. Quand Andrew parla, il ne cacha rien et n'excusa rien. Mais ce fut un réconfort pour la famille, malgré la honte et la ruine, malgré la séparation due à la prison d'abord, à la mort ensuite, de savoir que Benedetto les avait aimés et avait essayé de prendre soin d'eux. Mais surtout, quand la cérémonie fut terminée, la vie de cet homme avait cessé d'être incompréhensible. Le monde avait un sens.

Dix jours après leur arrivée, Andrew et Valentine quittaient Sorelledolce. Elle était prête à écrire son livre sur le crime dans une société criminelle, et lui était heureux de l'accompagner dans son nouveau projet. Sur la fiche de police, au lieu de donner comme occupation

« étudiant », ou « investisseur », Andrew proposa « Voix des Morts », et l'ordinateur l'accepta. Il avait une profession dorénavant, une profession qu'il avait créée pour lui-même sans y prendre garde des années plus tôt.

De plus il n'était pas obligé d'emprunter la voie que sa fortune lui avait quasiment imposée, Jane s'occupait de tout cela à sa place. Il se sentait toujours un peu mal à l'aise vis-à-vis du logiciel. Il avait la certitude qu'un jour dans le futur il découvrirait le vrai prix de tous ces services. En attendant, il trouvait fort commode d'avoir un assistant aussi efficace. Valentine se montrait un peu jalouse, et lui demanda où elle pourrait se procurer ce genre de programme. Jane répondit qu'elle serait heureuse de l'aider dans ses recherches, ou pour gérer ses finances, mais qu'elle resterait le logiciel d'Andrew, configuré pour répondre à ses besoins à lui.

Cela contraria un tantinet la jeune femme. N'était-ce pas là pousser un peu loin la personnalisation ? Mais après avoir rouspété pour la forme, elle préféra en rire.

– Malgré tout, je ne te promets pas que je ne serai pas jalouse. Je ne voudrais pas qu'un vulgaire logiciel me prenne mon frère.

– Jane n'est rien d'autre qu'un programme d'ordinateur. Un très bon programme, mais elle ne fait que ce que je lui dis de faire, comme n'importe quel programme. Si je devais nouer des relations personnelles avec elle, tu as la permission de me faire enfermer.

Andrew et Valentine quittèrent donc Sorelledolce, et tous deux continuèrent leur voyage de monde en monde comme auparavant. Rien n'avait changé, sauf qu'il n'avait plus à se soucier de ses impôts et que, dès qu'ils arrivaient sur une nouvelle planète, il se plongeait dans les rubriques nécrologiques.

Traduit de l'américain par Jean-Pierre ROBLAIN

L'univers de l'Élévation

David Brin

Certains affirment qu'on ne peut tout avoir. Par exemple, un récit d'action manque nécessairement de contenu philosophique et un thème scientifique nuit à la profondeur des personnages. On a surtout tenu de tels propos au sujet de ce genre fondamental de la science-fiction qu'est le space opera. Est-il possible d'obtenir un roman digne de ce nom lorsqu'on narre de grandes aventures et des luttes héroïques se déroulant dans des décors futuristes somptueux, avec des explosions de planètes et autres effets spéciaux spectaculaires ?

Je fais partie de ceux qui estiment qu'il convient d'essayer... ce que j'ai tenté de faire dans la série de l'*Élévation* qui se poursuit sur plusieurs siècles dans un avenir semé d'embûches, un cosmos qui déconcerte ces malheureux humains.

Tout repose sur un postulat plausible, la possibilité de modifier génétiquement des dauphins et des chimpanzés pour donner à ces animaux à l'esprit déjà très développé l'impulsion qui leur permettra de devenir nos égaux et nos associés. Dans le premier récit, *Jusqu'au cœur du soleil,* les trois races évoluées de la Terre découvrent qu'une confédération interstellaire extrêmement ancienne et puissante utilise de telles techniques depuis des temps immémoriaux. Conformément à leurs très vieilles lois, les clans spatiopérégrins de la Civilisation des Cinq Galaxies recherchent des espèces pouvant bénéficier de ce processus appelé « l'Élévation ». En contrepartie, ces « clients » leur devront une période de servitude avant de partir à leur tour en quête d'êtres dignes de recevoir la sapience.

Mais sous ces principes altruistes se dissimulent de sombres secrets révélés dans les histoires suivantes. Dans *Marée stellaire* et *Élévation* – deux ouvrages qui ont remporté l'Hugo Award du meilleur roman –, je parle du choc qui ébranle la société galactique quand les découvertes de l'équipage du *Streaker* – un modeste vaisseau terrien ayant à son bord une centaine de néo-dauphins et quelques humains – révèlent l'existence d'un complot dont les origines remontent à un milliard d'années.

J'ai pris soin d'insérer dans cette série des éléments que savent apprécier les amateurs de S.-F. Dans cet univers, par exemple, il existe une demi-douzaine de façons de dépasser la limitation einsteinienne de la vitesse de la lumière. Cinq galaxies servent de décor et j'en garde bien d'autres en coulisses. Quant à la distribution importante – dauphins, chimpanzés et extraterrestres –, elle permet de mettre en scène des moments riches en émotions et, je l'espère, des idées mémorables.

Après une interruption de plusieurs années consacrées à travailler sur d'autres projets, j'ai repris ce grand canevas en écrivant le cycle *Rédemption* qui comprend *Le Monde de l'exil* et *Le Monde de l'oubli, Le Chemin des bannis* et *Les Rives de l'infini* et *Le Grand Défi*. Tout en relatant les tribulations des membres de l'équipage du *Streaker*, j'ai décrit la société multiraciale unique en son genre de Jijo, un monde d'une galaxie qui a été déclarée en « jachère »... c'est-à-dire interdite d'accès aux peuples ayant reçu la sapience afin que ses écosystèmes puissent se régénérer. Malgré ces dispositions à la pertinence indiscutable, des colons d'une demi-douzaine de peuples sont allés s'installer sur cette planète. Tous étaient poussés par le désespoir et devaient fuir leurs civilisations d'origine. Après une période de malentendus et d'affrontements, les Six Races de Jijo – dont des humains en exil – se sont unies pour fonder une culture commune digne de respect et partager leur terre d'accueil bien-aimée tout en se dissimulant au reste du cosmos... jusqu'au jour où de nouveaux problèmes sont descendus du ciel.

Un Temps des Changements a alors débuté. Depuis, l'orgueilleuse Civilisation des Cinq Galaxies tremble sur ses bases. Nul n'est en sécurité et il n'y a plus aucune certitude... tant dans les domaines de l'histoire et de la justice que de la biologie ou même de la physique.

L'univers subit de tels bouleversements que faire le moindre pari sur l'avenir est devenu impossible.

Dans *Tentation,* je soulève un autre coin du voile et révèle comment des dauphins fugitifs découvrent que la matérialisation d'un rêve peut parfois se révéler dangereuse.

David BRIN

TENTATION

David Brin

Makanee

L'océan de Jijo caressait ses flancs comme les coups de bec affectueux d'une mère ou les frôlements lascifs d'un amant. Et, tout en jugeant de telles pensées déloyales envers le monde qu'elle avait quitté des années plus tôt, Makanee trouvait ces flots encore plus doux et savoureux que ceux de la Terre.

Par de légers battements de leurs puissantes nageoires caudales, elle et son compagnon restaient à la hauteur d'un banc impressionnant de créatures pisciformes aux nageoires écarlates, aux ouïes violettes et aux longues queues translucides que les rais obliques du soleil irisaient comme des traînées plasmiques de vaisseaux spatiaux. Elles étaient innombrables et se nourrissaient des nuages mouvants de plancton en se déplaçant tel un énorme serpent dans les hauts-fonds du littoral.

Ces proies étaient belles... et exquises. Makanee vrilla avec souplesse son corps gris fuselé et se détendit pour en happer une dans la masse grouillante, n'engendrant qu'une légère ondulation dans les rangs de ses voisines. Ce type de prédation désinvolte devait être une nouveauté, sur Jijo, car les victimes en puissance ne prêtaient pas attention aux dauphins... et leur chair caoutchouteuse avait une saveur de maquereau exotique.

– Je ne puis m'empêcher de me sentir fautive, commenta-t-elle en anglique subaquatique.

Des successions de cliquetis et de petits cris aigus parfaitement adaptés à un milieu où l'ouïe prenait le pas sur la vision.

Brookida roula afin de nager sur le dos. En faisant battre ses nageoires ventrales avec indolence, il se nourrit à son tour.

– Pourquoi ?

Sa proie frétillait entre ses mâchoires fuselées sans pour autant gêner le débit des mots-glyphes, des chapelets d'ultrasons qui provenaient de son front et non de sa bouche.

– Devrions-nous avoir honte de vivre ? De prendre du plaisir à évoluer en totale liberté dans des flots à la chaleur agréable dont les massages nous délassent ? De laisser le doux murmure des vagues bercer nos rêves ? L'eau croupie et l'atmosphère viciée du *Streaker* te manqueraient-elles ? Aurais-tu la nostalgie des échos privés de résonance de ta cabine exiguë ?

– Ne sois pas stupide, rétorqua sèchement Makanee.

Après avoir passé trois années à bord du petit vaisseau d'exploration terrien, elle s'y était sentie aussi à l'étroit qu'un fœtus arrivé depuis longtemps à terme et devenu trop gros pour franchir le col de l'utérus. Quitter ce purgatoire avait été pour elle une délivrance.

– Mais nous jouissons de ce paradis tropical pendant que nos compagnons...

– ... continuent de fuir d'un bout à l'autre du cosmos dans l'inconfort et la puanteur, poursuivis par d'impitoyables adversaires et constamment confrontés à la mort. Oui, je sais.

Brookida soupira et changea de langage. Le vieux géophysicien connaissait un mode d'expression plus adéquat pour exprimer l'ironie poignante de la situation.

* Les vagues se brisent
* Sur le pourtour du lagon,
* Mais restent au-dehors. *

En plus d'être expressif et caustique, ce haïku en ternaire permettait à Makanee d'établir un diagnostic sur son vieil ami. Elle y découvrait des intonations de delphinien primaire – le semi-langage naturel des cétacés toujours employé par les *tursiops truncatus* à l'état sauvage – un dialecte que les *amicus* étaient censés éviter pour ne pas risquer de succomber aux attraits de leur mode de vie d'antan. Car on trouvait dans ses cadences les rythmes tentateurs de l'insouciance animale.

Les percevoir dans les propos de Brookida, un de ses rares compagnons dont le psychisme était encore intact, avait de quoi l'inquiéter. La plupart des autres dauphins débarqués sur Jijo souffraient de stress atavique. Après avoir perdu la capacité de concentration indispensable aux techniciens spatiopérégrins, ils ne pouvaient plus jouer de rôle actif dans la fuite éperdue du *Streaker*. Fonder une petite colonie sur Jijo avait paru logique et ceux qui avaient ainsi régressé avaient été confiés aux soins de Makanee pendant que les autres repartaient affronter de nouveaux dangers.

Elle les entendait s'alimenter le long du même banc, à une centaine de mètres. Trente néo-dauphins qui avaient fréquenté les universités les plus prestigieuses. Des spécialistes triés sur le volet qui se contentaient désormais de faire des bonds et de brailler sans avoir d'autres préoccupations que la nourriture, le sexe et la musique. Leurs cris primitifs ne la gênaient plus. Ils avaient subi tant d'épreuves depuis leur départ de Terra – pour un banal voyage d'exploration qui s'était poursuivi trois fois plus longtemps que prévu et les avait plongés dans un véritable enfer – qu'elle s'étonnait qu'ils n'aient pas totalement sombré dans la folie.

Toutes ces tribulations auraient brisé bien des humains, voire des Tymbrimis. Or, les néo-dauphins ont accédé à la sapience il y a seulement quelques siècles. Nous venons à peine de nous engager sur la longue pente ascendante de l'Élévation et nous avons encore sur elle une prise précaire.

Et voici qu'une autre possibilité s'offre à nous.

Après avoir débarqué avec ses patients, Makanee avait découvert la foi commune des Six Races déjà installées sur ce monde perdu : la *Voie de la Rédemption*. Selon cette croyance, il n'y avait de salut que dans la béatitude apportée par la régression.

Un objectif plus difficile à atteindre qu'on aurait pu le supposer. De tous les « squatters » qui avaient enfreint les lois galactiques pour s'établir sur ce monde et chercher la simplicité, une seule espèce y était parvenue. Makanee doutait que les humains y réussissent un jour, quels que soient leurs efforts. Contrairement aux autres peuples, les hommes n'avaient bénéficié d'aucune aide extérieure. Privés d'Élévation et isolés sur Vieille Terre, ils avaient lentement évolué en surmontant d'innombrables épreuves et – s'ils conservaient la possibilité de redevenir ignorants et primitifs – ils ne retrouveraient jamais leur innocence.

Alors que ce sera pour nous très facile. Il y a peu de temps que les néo-dauphins utilisent des outils... un cadeau de nos patrons que nous n'avions pas sollicité. Renoncer à des choses obtenues sans peine est aisé. Surtout quand l'alternative – nous abandonner au Chant des Baleines – exerce sur nous sa séduction dès que nous nous assoupissons.

Un refuge magnifique. Le piège ô combien agréable de l'intemporalité !

Des cliquetis l'informaient des activités de ses assistants – deux volontaires aux facultés intellectuelles intactes – chargés d'empêcher les régressés de s'égailler. Ils devaient les garder regroupés. Si cette mer semblait paradisiaque, nul n'aurait pu dire quels dangers se tapissaient dans ses profondeurs.

Nous avons déjà trois vagabonds, quelque part. Cette pauvre Peepoe et ses deux ravisseurs pitoyables. J'ai promis à Kaa d'organiser des recherches. Mais comment ? Zhaki et Mopol ont sur nous trop d'avance, et ils ont à leur disposition la moitié de la planète pour s'y dissimuler.

Tkett est sur leurs traces et nous étendrons notre rayon d'action dès que nos patients se seront adaptés à leur nouveau milieu. Cependant, ces deux balourds ont eu le temps d'atteindre l'autre hémisphère de Jijo. Notre seul véritable espoir, c'est que Peepoe réussisse à tromper leur vigilance et se rapproche suffisamment de nous pour appeler à l'aide.

Le moment était venu pour Makanee et Brookida d'aller s'occuper des dauphins insouciants. Mais elle hésitait, nerveuse.

Les flots qui roulaient dans sa bouche avaient la saveur métallique de l'*impatience*.

Elle déplaça ce détecteur de sons qu'était sa mâchoire, en quête d'informations. Elle décela une vibration lointaine, une résonance vaguement familière dans le secteur ouest.

Brookida n'avait rien remarqué.

– Je pense que notre assimilation sera rapide, disait-il. Dans quelques générations, nos descendants n'utiliseront plus l'anglique ou un autre langage galactique. Ils seront redevenus innocents et adoptables, ce qui fera d'eux des candidats potentiels à une seconde Élévation. Je me demande à quoi ressembleront nos futurs patrons.

Il la piquait au vif en lui rappelant quel serait sans doute le destin doux-amer de leur colonie sur ce monde en tout point idéal pour des cétacés. La douceur de vivre propre à cette planète entraînerait une régression rapide de leurs esprits disciplinés. Sans défis à relever, ils s'abandonneraient au Chant des Baleines. Un avenir que Brookida acceptait avec une sérénité qui étonnait Makanee.

– Nous avons toujours des patrons, lui rétorqua-t-elle. Il y a des humains ici même, sur Jijo.

– Des humains, certes. Mais leurs connaissances sont peu étendues et ils n'ont pas les capacités scientifiques requises pour continuer de nous guider. Notre unique option est par...

Il s'interrompit. Il avait finalement capté le son qui s'amplifiait au couchant. Makanee reconnut le bourdonnement caractéristique d'un glisseur.

– Tkett revient de sa patrouille, dit-elle. Allons voir ce qu'il a découvert.

D'un coup de nageoire caudale, elle se propulsa vers la surface et expulsa de ses poumons l'air saturé d'humidité et de gaz carbonique pour renouveler sa réserve. Puis elle se tourna et nagea vers le point d'origine du bruit, suivie de près par Brookida.

Dans leur sillage, les poissons se déplacèrent à peine. Ils poursuivaient leur éternel ballet dans les hauts-fonds lumineux pour engloutir ce que cette mer d'abondance leur offrait à profusion.

L'archéologue souffrait d'une autre forme de maladie mentale : il prenait ses désirs pour des réalités.

Tkett avait reçu l'ordre de rester sur Jijo pour aider Makanee à s'occuper de ses patients, car il était inutile de faire courir des risques à ceux dont la présence à bord n'était pas indispensable. Mais si cet exil lui était pénible, il rêvait d'étudier la Grande Fosse, cette profonde crevasse sous-marine dans laquelle les anciens habitants de Jijo avaient déversé les fruits de leur technologie quand la planète avait été déclarée en jachère, un demi-million d'années plus tôt.

– J'aurai un rapport passionnant à soumettre, à notre retour sur Terre, aimait-il répéter.

Comme s'il était convaincu que leurs ennuis prendraient fin tôt ou tard et qu'il pourrait regagner son monde natal et publier ses travaux.

De tels troubles psychiques n'avaient aucun lien avec le stress atavique ou la réversion. Son anglique était irréprochable, ses comptes rendus précis et son attitude joyeuse. Il était d'agréable compagnie, efficace, et complètement coupé de la réalité.

Makanee le vit au loin. Il s'était immobilisé à un kilomètre afin de ne pas déranger ses patients.

– As-tu trouvé des traces de Peepoe ? demanda-t-elle sitôt qu'il arrêta le moteur.

Tkett était un magnifique spécimen de *tursiops amicus* aux flancs gris mouchetés. Son sourire indélébile révélait deux rangées de dents coniques à la blancheur éclatante. Toujours niché sur la plate-forme de pilotage, il secoua sa tête fuselée.

– Hélas, non. J'ai parcouru environ deux cents klicks en suivant les vagues signaux captés par le sonar à long rayon d'action, mais il est évident qu'ils ne provenaient pas du glisseur de Zhaki.

Makanee grogna sa déception.

– De quoi peut-il s'agir, alors ?

Contrairement aux mers bruyantes de la Terre, il n'y avait pas sur cette planète abandonnée de bruits mécaniques qui se propageaient dans ses couches thermo-acoustiques.

– J'ai passé en revue un grand nombre d'hypothèses au demeurant absurdes, comme des monstres marins ou des submersibles des Jophurs, avant d'arriver à une conclusion logique.

Impatient, Brookida hocha la tête et des bulles s'échappèrent de son évent.

– Ouiiii ?

– C'est un vaisseau stellaire. Une épave qui se déplace tant bien que mal...

– Bien sûr ! fit Makanee en donnant des coups de queue. Bon nombre de ces leurres n'ont pas réussi à atteindre l'espace.

Tkett marmonna que c'était évident. Avant d'appareiller et de les abandonner sur ce monde, les Terriens avaient dissimulé le *Streaker* dans un essaim de vieilles nefs découvertes dans les tas de ferraille jonchant le fond de l'océan. Si Jijo était peuplé de tribus presque primitives, ses failles sous-marines servaient de dépotoir à des vaisseaux spatiaux désarmés et d'autres rebuts datant de l'époque où ce secteur de la Galaxie Quatre était un grand centre commercial. Les dauphins des équipes techniques avaient remis en état des douzaines de ces épaves afin d'attirer leurs ennemis – les redoutables Jophurs – sur de fausses pistes. Cependant, certaines n'avaient pu sortir des flots et elles continueraient d'errer dans l'océan jusqu'au moment où l'arrêt de leurs propulseurs les ferait redescendre dans les eaux troubles des grands fonds.

Quant aux autres, nul ici n'aurait pu dire si le plan avait été couronné de succès. Ils savaient seulement que le cuirassé des Jophurs avait appareillé et ne menaçait plus ce monde... Pour l'instant.

– Nous aurions dû y songer, ajouta l'archéologue. Dès que je me suis écarté du rivage et que j'ai cessé d'entendre le ressac, j'en ai détecté au moins trois qui se déplaçaient au hasard. C'est triste, quand on y pense. Ces vaisseaux que les Buyurs ont laissés derrière eux à leur départ ont attendu un demi-million d'années une dernière chance de regagner l'espace et, lorsqu'elle leur a été offerte, ils ont lamentablement échoué. Les voici condamnés à rester ici à jamais.

– Au même titre que nous, grommela Makanee.

Un commentaire dont Tkett ne tint pas compte.

– En fait, j'aimerais retourner là-bas et tenter de rattraper une de ces épaves.

– Dans quel but ?

Le sourire de Tkett était toujours joyeux et contagieux... ce qui le faisait paraître encore plus fou qu'il ne l'était, compte tenu des circonstances.

– L'utiliser pour effectuer des expériences scientifiques.

Le diagnostic de Makanee était confirmé.

Peepoe

Elle avait craint que sa captivité ne soit pénible.

C'était bien pire.

Sur Terre, parmi les dauphins qui n'avaient pas bénéficié de l'Élévation et vivaient à l'état naturel, il arrivait que quelques jeunes mâles s'unissent pour isoler une femelle fertile du reste du groupe et copuler avec elle en privé... surtout si elle était en chaleur. Conjuguer leurs efforts leur permettait de la monopoliser et d'assurer la perpétuation de leurs gènes, même s'il était évident qu'elle eût préféré s'accoupler avec un chef local. Ce comportement remontait à la nuit des temps et perdurait à l'écart de la civilisation car, en dépit de leurs traditions et d'un certain sens de l'honneur, les *tursiops* n'appréhendaient et ne respectaient qu'imparfaitement les codes imposés par une communauté dont la mémoire collective transcendait celle de ses composants.

Néanmoins, les *amicus* ayant bénéficié de l'Élévation avaient des lois. Et quand des jeunes asociaux cédaient à leurs instincts et s'adonnaient à de telles pratiques, ils se rendaient coupables d'un viol. La punition était sévère. Comme pour les humains qui perpétraient des crimes sexuels, une des mesures prises à leur encontre était leur stérilisation définitive.

Ces pénalités étaient dissuasives et peu de dauphins civilisés cédaient à de telles pulsions. Mais leur peuple était d'apparition récente et des tensions excessives favorisaient la résurgence de ces mauvais penchants.

Et nous avons été soumis à de violentes pressions.

Contrairement à leurs congénères qui avaient subi une régression atavique et cessé d'avoir des pensées rationnelles, Zhaki et Mopol n'avaient pas perdu l'usage de la parole et pouvaient toujours se servir de la technologie mise à leur disposition. Mais ils n'étaient plus les jeunes dauphins réservés et presque timides qui avaient quitté la Terre sous les ordres du capitaine Creideiki, avant que le cosmos ne semble imploser autour du *Streaker*.

Sur un plan abstrait, elle avait conscience qu'ils n'étaient pas responsables de leurs actes et que les tuer si l'occasion s'en présentait serait une punition trop sévère.

Mais elle estimait par ailleurs que se contenter de les stériliser serait insuffisant.

S'ils partageaient la même culture et un ancêtre commun, les dauphins et les humains avaient des points de vue différents dans maints domaines. Peepoe était moins irritée par ses viols que par son enlèvement, plus en colère que traumatisée. Empêcher ces débiles d'assouvir leurs pulsions eût été impossible. Néanmoins, diverses techniques – attiser leur jalousie réciproque et feindre d'être souffrante – lui permettaient souvent de se soustraire à leurs attentions importunes.

Mais si je découvre qu'ils ont tué Kaa, je dévorerai leurs entrailles.

Son impatience croissait au fil des jours. Le délai dont elle disposait expirerait sous peu. *Mon implant contraceptif cessera bientôt d'être efficace. Ces tarés rêvent de peupler Jijo avec leur descendance... et j'aime trop ce monde pour l'autoriser.*

Elle avait décidé de fuir. Comment ?

Il lui arrivait de nager vers le chenal séparant les deux îles où ses ravisseurs l'avaient conduite et de se laisser flotter, attentive aux moindres sons. Elle avait à une occasion cru entendre un bruit familier... les cliquetis lointains d'une multitude de dauphins. Mais cela avait été bref et elle l'avait attribué à son imagination. Après l'avoir ligotée et calée sur la plate-forme du glisseur, Zhaki et Mopol avaient navigué à la vitesse maximale pendant des jours avant d'atteindre cet archipel et de lui retirer son bandeau acoustique. Elle n'aurait pu dire de quel côté se trouvait le rivage près duquel Makanee et son groupe s'étaient installés.

En admettant que je réussisse à semer ces deux imbéciles, je serai peut-être condamnée à vivre seule jusqu'à ma mort.

Mais je rêvais d'être une grande exploratrice. Je pourrais citer des destins moins enviables que visiter un monde magnifique, manger de savoureux poissons dès les premiers tiraillements de la faim, se laisser emporter par d'étranges marées et écouter des rythmes que nul dauphin n'a encore jamais entendus.

En dépit de sa beauté poignante, cette perspective ne faisait qu'alimenter sa mélancolie.

L'océan réverbérait de la colère, des grondements de moteur et un son intrigant.

Ce qui était naturellement tout relatif. Sur Terre, elle eût assimilé cela à un silence inquiétant. Les mers de son monde d'origine étaient cacophoniques, surtout depuis que ses semblables en exploitaient plus des deux tiers. Pour extraire du minerai des abysses, gérer les fermes piscicoles ou veiller sur ces géants simplets qu'étaient les baleines, les néo-dauphins se servaient de navires, de sous-marins et d'autres appareils. Malgré les nombreuses mesures prises pour lutter contre les nuisances sonores, leur planète natale était toujours aussi bruyante.

Par comparaison, Jijo était un havre de tranquillité. Les couches thermo-acoustiques lui apportaient les grondements des vagues qui s'échouaient sur des rivages lointains; les gémissements intermittents des petites secousses sismiques qui ébranlaient le fond de l'océan; les myriades de bourdonnements, cliquetis et sifflements de la faune aquatique... d'origine autochtone ou acclimatée dans un lointain passé par des tenants tels que les Buyurs. Il y avait même quelques ronflements indistincts qui révélaient la présence d'êtres démesurés se déplaçant avec langueur dans les abysses... peut-être plongés dans des pensées aussi lentes que leurs mouvements.

Au fil des jours puis des semaines, Peepoe avait appris à reconnaître les rythmes organiques de Jijo... troublés par un fracas discordant chaque fois qu'un de ses ravisseurs prenait le glisseur pour s'amuser à effrayer des bancs de poissons ou s'étourdir de vitesse sans prêter attention au témoin de surcharge qui virait au rouge. S'ils continuaient ainsi, cette machine ne tarderait guère à tomber en panne… Ce qui n'empêchait pas Peepoe d'espérer qu'un de ces imbéciles se romprait le cou entre-temps.

L'ennui, c'était que Zhaki et Mopol n'auraient pas besoin de cet appareil pour la rattraper si elle se contentait de s'enfuir. Même lorsqu'ils laissaient des tas de poissons morts fermenter sur des roseaux flottants puis engloutissaient ces carcasses pestilentielles afin de connaître les joies de l'ivresse, leur vigilance ne se réduisait pas suffisamment pour qu'elle pût s'emparer de leur moyen de transport. Ils se relayaient pour se vautrer sur sa selle et, comme les dauphins ne dormaient que d'un seul hémisphère cérébral à la fois, il était impossible de les prendre au dépourvu.

Elle subissait cette captivité depuis deux mois, quand elle détecta une chose en approche.

Elle l'entendit alors qu'elle plongeait dans les profondeurs en quête d'un crustacé local à la carapace molle et à la chair succulente. Ses ravisseurs avaient pris le glisseur pour s'éloigner d'un kilomètre et tourner follement autour d'un banc de poissons argentés, en réduisant le diamètre de leurs cercles. Mais lorsqu'elle atteignit la thermocline séparant l'eau chaude de la surface de celle, plus froide et salée, se trouvant au-dessous, le vacarme décrut brusquement.

Elle appréciait ce doux silence presque autant que la saveur des crabes. Elle se livrait de plus en plus fréquemment à de telles activités, ces derniers temps.

Et, cette fois, cela lui permit de découvrir un grondement lointain qui se propageait dans la couche inférieure. En sentant croître son exaltation, Peepoe reconnut les murmures d'un moteur… dont les cycles étaient différents de tout ce qu'elle avait entendu tant sur Terre qu'ailleurs.

Déconcertée, elle remonta à l'air libre, en emplit ses poumons et replongea.

Ce courant est un excellent vecteur pour les sons, comprit-elle. *Il les concentre au lieu de les diffuser. Il contient les vibrations. Même les détecteurs du glisseur ne les capteront pas immédiatement.*

Mais cela l'empêchait de déterminer si leur point d'origine était proche ou lointain.

Si je disposais d'un module respiratoire pour m'éviter de monter à la surface, cette barrière thermique me permettrait de parcourir une distance importante sans me faire remarquer. C'est autrement sans espoir. Ces salopards n'auront qu'à utiliser leurs sondes pour me repérer dès que j'émergerai.

Elle écouta un moment ce son étrange puis prit une décision.

J'ai l'impression que sa source se rapproche... très lentement. Elle est encore éloignée. Si je tentais ma chance à présent, ils me rattraperaient aussitôt.

Cependant, Mopol et Zhaki finiraient par percevoir ce bruit. Condamnée à attendre, elle devait distraire leur attention.

Et elle n'avait pour cela qu'un seul moyen à sa disposition.

Elle grimaça et exprima le dégoût qu'il lui inspirait par un haïku bâtard en ternaire tout en remontant vers la surface.

* Dorez au soleil,
* Pour que vos peaux dessèchent,
* Et vous démangent...
*... comme des morpions ! *

Makanee

Elle utilisa sa liaison neurale pour ordonner aux extensions de son harnais de se replier dans leurs logements. Elle avait terminé sa visite d'inspection.

Le chef des kiqwis, un petit mâle à la tête trapue auréolée de branchies purpurines, se laissa descendre sous les flots et écarta ses quatre mains palmées en geste de bénédiction et de remerciement. Puis il se démena pour regagner avec ses semblables l'île où sa tribu s'était installée. Makanee éprouva une vive satisfaction en voyant les amphibiens tenir des épieux à pointe de silex.

Qui aurait cru que les dauphins, les derniers inhalateurs d'oxygène admis au sein de la Civilisation des Cinq Galaxies, deviendraient des patrons seulement quelques siècles après leur Élévation ?

Tout bien considéré, les kiqwis s'étaient parfaitement acclimatés. Ils avaient commencé à se reproduire sitôt après avoir été déposés sur cet atoll corallien proche du rivage.

En d'autres circonstances, une race doyenne aurait certainement trouvé un prétexte pour les confisquer aux dauphins. Une des vieilles lignées richissimes qui gouvernaient les Cinq Galaxies eût fait le nécessaire pour obtenir la tutelle de cette espèce si prometteuse. Mais, sur Jijo, la situation était différente. Ce monde se situait à l'écart de la culture spatiopérégrine, cette société tentaculaire déconcertante régie par des conventions et des obligations si complexes que l'étiquette de la cour impériale chinoise d'antan n'était comparativement pas plus compliquée que les règles en vigueur dans un bac à sable. Être des naufragés n'avait pas que des désavantages.

Makanee n'était plus angoissée comme à l'époque où le *Streaker* était poursuivi par des armadas d'extraterrestres dont l'animosité dépassait l'entendement des Terriens.

Elle ne pouvait plus écouter des symphonies et des opéras, ni assister à des ballets bulles, mais elle n'avait plus à endurer les ricanements méprisants de patrons hautains pour lesquels les dauphins n'étaient que des animaux savants.

Pas plus qu'elle ne passerait un autre week-end de détente dans son appartement confortable d'Aqua-Melbourne, à mâchonner des feuilletés au saumon et à regarder des dauphins acteurs interpréter *La Nuit des Rois* à la télé pendant que des poissons multicolores évoluaient dans le jardin de coraux aménagé devant sa fenêtre.

Elle était échouée sur ce monde et y resterait sans doute jusqu'à la fin de ses jours, pour veiller sur deux groupes de colons en espérant qu'ils seraient encore en vie au début d'une ère nouvelle. Une époque où ils pourraient prendre un nouveau départ sur la voie de l'Élévation.

Il était probable que les kiqwis s'acclimateraient, s'ils réussissaient à leur fournir les oligo-éléments indispensables à leur métabolisme. Ils devraient naturellement leur imposer des tabous interdisant une chasse intensive de la faune locale, afin que leur présence ne bouleverse pas l'écosystème de ce monde. Mais ces petits amphibiens à l'esprit éveillé en semblaient déjà conscients et exprimaient ce concept dans leur semi-langage emphatique.

Ce qui est rare est précieux !
Ne mangez-blessez pas les choses/créatures rares/précieuses !
Ne mangez-chassez que celles innombrables !

Makanee en faisait une affaire personnelle. Deux ans plus tôt, quand les Terriens s'apprêtaient à quitter les mers empoisonnées de Kithrup dissimulés à l'intérieur de l'épave d'un vaisseau de guerre thennanin, elle avait pris l'initiative d'utiliser un enregistrement de leurs appels pour attirer une tribu de kiqwis présente dans les parages. Poussées par la curiosité, ces créatures avaient pénétré dans le sas du *Streaker* juste avant que ses propulseurs ne portent les flots à ébullition. De l'affection avait progressivement étoffé ce qui n'était à l'origine que de la pitié. Ces petits amphibiens amicaux étaient devenus les mascottes de l'équipage, et il avait été logique d'estimer qu'un avenir meilleur les attendait peut-être sur ce monde hospitalier qu'était Jijo. Il était réconfortant de savoir qu'ils avaient accompli une chose positive au cours de leur mission tragique.

Quant aux dauphins, qui aurait pu contester que cette mer était accueillante ? Après avoir déterminé quels poissons étaient comestibles et lesquels il fallait éviter, il suffisait pour vivre de happer ceux qui passaient à proximité. Il était exact qu'elle regrettait sa chaîne *holosonique* et ses reproductions grondantes des chants des baleines et des chœurs baroques. Cependant, elle adorait écouter l'océan dont la pureté acoustique était presque aussi grande que sa texture vibrante.

Presque...

La vague sensation la fit réagir et elle déplaça latéralement sa mâchoire sensible aux sons.

Là ! Elle l'entendait de nouveau. Un grondement lointain qu'eût couvert la cacophonie aquatique de la Terre. Mais dans ce milieu si paisible, il se détachait nettement des bruissements des courants et marées.

Ses patients – les douzaines de dauphins plongés dans une innocence infantile par le stress atavique – appelaient ces bruits peu fréquents des *boojums*. Lorsqu'ils n'émettaient pas un trille d'inquiétude grimpant dans les aigus en delphinien primaire... un cri qui leur servait sur Terre à signaler la présence de monstres des abysses. Ces gargouillis de basse profonde semblaient parfois émis par un être qui exprimait de la fierté, la conviction qu'il était le maître de l'océan. Si ce n'était pas le moteur d'une des épaves qui erraient sans but dans cette immensité.

Makanee laissa l'atoll des kiqwis derrière elle pour regagner le dôme sous-marin, cette base où elle s'était établie avec Brookida et des infirmières n'ayant pas régressé. Elle était heureuse à la perspective de rester hors des flots quelque temps. Elle avait consacré la nuit précédente à surveiller ses patients, alors qu'il pleuvait. Une expérience déplaisante et épuisante.

L'existence des néo-dauphins a été trop facile. Il nous faudra des années pour nous habituer à vivre en pleine nature, à accepter tout ce qu'elle nous réserve sans nous plaindre ni souhaiter changer l'ordre des choses.

Nous devons laisser cette facette humaine de notre personnalité s'estomper.

Peepoe

Elle s'enfuit en milieu de matinée, le jour suivant.

Zhaki avait la gueule de bois et dormait près d'un grand tapis d'algues. Mopol avait pris le glisseur pour importuner des oiseaux marins ressemblant à des pingouins qui allaient pêcher sous le vent de l'île afin de nourrir leur progéniture. Ses chances de pouvoir s'esquiver semblaient bonnes, mais elle avait une autre motivation. En plongeant dans la thermocline, elle avait découvert que le grondement avait cessé de s'amplifier et commençait à décroître.

C'était le moment ou jamais.

Si elle avait espéré subtiliser quelque chose sur le glisseur, un harnais manipulateur ou un tube respiratoire, ce n'était pas uniquement pour des raisons pratiques. Les néo-dauphins utilisaient constamment des extensions cybernétiques commandées par des câbles reliés à leurs lobes temporaux. Or, depuis son enlèvement, ceux qui se prenaient pour ses « maris » ne l'avaient pas autorisée à se connecter à quoi que ce soit ! Il y avait si longtemps que la prise neurale implantée derrière son œil gauche n'avait pas servi qu'elle en ressentait une gêne.

L'ennui, c'était que Mopol s'installait pour dormir sur la selle du glisseur et ne s'en éloignait que pour se nourrir et satisfaire ses besoins naturels.

Il sera malheureux, quand son engin tombera en panne, pensa-t-elle.

Ce qui lui procura une certaine satisfaction.

Sa décision était prise, les dés d'Ifni étaient jetés. Elle partit avec tous les atouts que lui avait octroyés la nature – son corps nu – dans une mer inconnue.

Son évasion ne se déroulait pas comme dans un roman ou un holo. Le plus difficile, dans les œuvres de fiction, consistait à échapper à la vigilance de ses gardiens et s'esquiver en catimini. Elle n'avait quant à elle aucun mur à escalader ou verrou à forcer, pas de chiens à affronter ou de barbelés à franchir. Ses « geôliers » la laissaient aller et venir à sa guise. Son problème n'était pas de quitter les lieux mais de prendre une avance confortable avant qu'ils ne constatent sa disparition.

Si nager sous la thermocline leur dissimulait ses déplacements, ils pouvaient la repérer dès qu'elle montait inhaler... des émersions bien trop fréquentes. Les *tursiops* n'avaient jamais été des plongeurs émérites, et elle se déplaçait bien moins rapidement dans les profondeurs qu'en surface.

L'île était encore visible au-dessus de l'horizon quand elle cessa de se propulser sans bruit pour se ruer vers la liberté à grands coups de reins et de nageoire caudale. Elle ne redescendait que pour s'assurer qu'elle ne s'écartait pas de son but, le point d'origine du bourdonnement.

Fendre la crête des vagues et mettre tous ses muscles à contribution était enivrant. Elle se rappelait la dernière fois qu'elle avait nagé ainsi – en compagnie de Kaa – dans une mer tiède et pleine de promesses.

Elle ne s'autorisait que quelques émissions de cliquetis de basses fréquences d'une portée réduite pour déceler les éventuels obstacles et jouer avec les flots environnants, laisser les échos l'envelopper tels de doux souvenirs. Elle limitait leur puissance et ils n'étaient pas plus bruyants que les vibrations dues à ses coups de queue, mais leur structure acquérait de la complexité au fur et à mesure que son activité cérébrale s'adaptait à leur rythme. Peu après, leur réverbération se mêlait à celle des courants et des marées et s'y superposait pour engendrer des fantômes.

La plupart avaient des formes indistinctes, comme ceux qui grouillaient à la bordure du champ de perception d'un songe. Il leur arrivait toutefois de s'assembler et de fusionner en un tout plus important. L'écho composite paraissait alors se courber et se détendre en même temps qu'elle... et elle avait l'impression d'être accompagnée par un compagnon spectral, là où sa vision ne révélait que les rayons du soleil dans une mer déserte.

Kaa, pensa-t-elle. Elle avait reconnu la vivacité avec laquelle son bec arrondi fendait les vagues.

Chez les dauphins, il n'était pas indispensable d'avoir cessé de vivre pour devenir un fantôme. Il suffisait de posséder un esprit hors du commun... ce qui s'appliquait – ou s'était appliqué – à Kaa.

À moins que cette présence sonore ne fût le fruit de son imagination.

Pour un cétacé, les deux possibilités n'étaient pas contradictoires. L'essence de son amant pouvait à la fois être près d'elle et ailleurs. Réalité ou mirage, Peepoe était heureuse qu'il fût de retour là où était sa place... à son côté.

Tu m'as tant manqué, lui dit-elle en pensée.

L'anglique n'était pas une langue adaptée à de tels entretiens. Nulle grammaire des hommes ne l'était. Peut-être était-ce pour cette raison que ces malheureux bipèdes communiaient si rarement avec leurs chers disparus.

La réponse de l'entité fut plus ambiguë, typiquement delphinienne.

* Tant que les oursins
* N'auront pas des piquants d'or
* Je serai avec toi *

Peepoe s'en contenta. Pendant une éternité, elle eut l'impression qu'un être réel nageait près d'elle, l'encourageait à poursuivre ses efforts, les partageait. Elle fendait les flots qui caressaient ses flancs comme l'eût fait Kaa.

Puis elle perçut une plainte lointaine et discordante qui menaçait de désagréger l'illusion.

À regret, elle s'imposa de l'autodiscipline et réduisit au silence les chambres de résonance du pourtour de son évent. Les échos moururent et son compagnon spectral s'effaça. La mer redevint menaçante sitôt qu'elle concentra son attention sur ce nouveau son.

Sa source n'était guère éloignée.

Droit derrière elle. Les vibrations du moteur étaient familières et se rapprochaient rapidement.

Ils savent ! comprit-elle. *Zhaki et Mopol ont découvert que je me suis enfuie et viennent me reprendre.*

Sans perdre une seconde, elle donna un coup de nageoire caudale pour filer dans les vagues plus vite que jamais. La discrétion avait désormais moins d'importance que la rapidité, l'endurance et la chance.

Tkett

Il dut consacrer près d'un jour et une nuit et mettre son glisseur à rude contribution pour arriver à proximité du point d'origine du son mystérieux. Makanee avait autorisé son expédition en lui recommandant de ménager le moteur, étant donné qu'ils ne pourraient le réparer lorsqu'il tomberait en panne.

– Sois prudent, l'avait-elle exhorté. Découvre de quoi il s'agit... si c'est une des épaves que Suessi et son équipe ont remises en état pour qu'elles servent de leurres. Auquel cas, n'y touche pas ! Reviens faire ton rapport. Nous déciderons à ton retour de la conduite à tenir.

Tkett n'avait pas l'intention d'enfreindre ses instructions. Pas de façon explicite. Mais si c'était effectivement un vaisseau spatial qui émettait ce son grave et irrégulier, les possibilités seraient nombreuses. Peut-être réussirait-il à y pénétrer et à modifier les systèmes de contrôle improvisés par les techs du *Streaker*.

Même s'il ne peut pas regagner l'espace, il se déplace dans l'océan. Il me permettra d'explorer la Grande Fosse.

C'était dans cette immense tranchée sous-marine que les Buyurs avaient déversé les rebuts de leur grande civilisation, quand le moment était venu pour eux de quitter ce monde destiné à rester en jachère. Après avoir fait leurs bagages, les derniers résidents légaux de la planète avaient utilisé leurs énormes machines pour raser leurs cités et balancer immeubles et autres fruits de leur technologie dans les abysses... là où les frottements des plaques tectoniques les emporteraient lentement jusqu'au magma qui les fondrait pour former des gisements exploitables dans un lointain avenir, quand Jijo serait rouvert à la colonisation.

Pour un archéologue, c'était la matérialisation d'un vieux rêve.

J'apprendrai tant de choses sur les Buyurs ! Il doit y avoir là-bas des panoplies complètes d'outils inconnus des Terriens. Les anciens tenants de ce monde étaient si riches et puissants qu'ils pouvaient s'offrir ce que la Civilisation des Cinq Galaxies avait de mieux à proposer, alors que nos moyens ne nous permettent d'acquérir que des articles en solde. Même ce qu'ils ont jeté – leurs jouets et gadgets hors d'usage – seront une mine d'informations inestimables pour le Conseil de la Terragens.

Tkett n'était pas stupide. Il savait quelle opinion Makanee et Brookida avaient de lui.

Ils considèrent que seul un fou peut espérer retourner un jour sur la Terre... croire que nous reverrons notre monde d'origine, retrouverons la saveur industrielle de ses océans et nous laisserons de nouveau emporter par les contre-courants de Ranga Roa.

Ou que nous pourrons donner des conférences à l'université, nous immerger dans un réseau planétaire foisonnant de données et échanger des idées avec une civilisation féconde à la vitesse de la lumière, avoir des conversations stimulantes avec des individus qui partagent nos passions.

Il avait embarqué à bord du *Streaker* pour participer en compagnie du capitaine Creideiki et d'une élite d'intellectuels néo-dauphins à la plus grande aventure mentale et physique jamais vécue par des cétacés... l'ultime épreuve que devait passer leur race ayant récemment accédé à la sapience. Depuis, Creideiki avait été porté disparu et Tkett avait été rejeté par sa remplaçante, mis sur la touche au moment crucial. Makanee n'avait pas paru outrée d'être débarquée en tant qu'élément « non indispensable » de l'équipage, mais être largué dans une mer d'une tiédeur et d'une placidité écœurantes pendant que ses compagnons repartaient affronter d'indicibles dangers lui donnait des nausées.

Il allait s'apitoyer sur son sort quand il entendit :

offre-moi, offre-moi, OFFRE-MOI
le plaisir de taper sur un rostre
de me défouler en assenant des coups !

Ce babillage aigu s'élevait du compartiment arrière du glisseur, et Tkett battit sa nageoire caudale de surprise. Il avait tendance à oublier sa passagère. Chissis s'exprimait rarement et uniquement en delphinien primaire, le protolangage des régressés.

Il contint son irritation. Elle n'était pas dans son état normal. Comme des douzaines d'autres membres de l'équipage, elle n'avait pu résister à la tension nerveuse due aux incessantes attaques subies par le *Streaker* et avait trouvé la paix de l'esprit en adoptant d'anciens modes de pensée. Il lui fallait se montrer indulgent même s'il ne pouvait comprendre qu'on pût renoncer aux joies du rationalisme, quel que soit l'attrait que les Rêves des Baleines exerçaient sur les cétacés.

Puis il prit conscience qu'il ne s'agissait pas d'un simple bavardage privé de signification. Chissis avait assimilé le sens de ses cliquetis et partageait le ressentiment que lui inspirait Gillian Baskin, l'humaine qui les avait abandonnés sur Jijo.

– Tu aurais toi aussi préféré repartir dans l'espace, c'est ça ? En dépit du fait que tu n'aurais pu utiliser un panneau de contrôle et que des cuirassés des Jophurs et d'autres adversaires redoutables poursuivaient le *Streaker* et se rapprochaient pour la curée ?

Il s'était exprimé en anglique aquatique. La plupart des régressés en avaient perdu la maîtrise, mais Chissis émit de petits cris puis une approbation sonore qui gronda comme le moteur du glisseur.

Écrasons les Jophurs ! écrasons les requins !
ÉCRASONS-LES TOUS !

Un signal émanant de ses fosses nasales accompagnait ces piaillements et il nimba brièvement Tkett d'un voile d'illusion. Il vit un court instant Chissis nichée dans la bulle frontale d'une torpille, une « lamproie » qu'elle guidait vers un croiseur extraterrestre démesuré. Elle franchissait les champs cyberdisruptifs que les Galactiques utilisaient pour brouiller les systèmes de guidage digitaux et fondait sur sa cible en mettant à contribution tout l'instinct et toute l'adresse dont les dauphins avaient hérité de leurs ancêtres.

Certains régressés avaient perdu la parole mais pas leur courage ou leur vivacité d'esprit. Tkett crachota un rire. Gillian Baskin avait eu tort de laisser Chissis sur Jijo ! Il n'était pas nécessaire d'être un mathématicien pour savoir se battre.

– Je comprends pourquoi Makanee t'a permis de m'accompagner. Tu as une influence déplorable sur tes compagnons, pas vrai ?

Chissis rit à son tour... un son presque identique, entre des vents et des crépitements. Les généticiens ne s'étaient pas donné la peine de l'altérer lors de l'Élévation des dauphins. C'était un défi lancé à un univers qui se prenait un peu trop au sérieux.

Plus vite, plus vite, PLUS VITE *!*
Les moteurs nous encouragent...
nous offrent une balade...

Tkett remuait la queue car ces cris réveillaient une chose enfouie dans les profondeurs de son être. Il accéléra et le glisseur défonça les crêtes d'écume blanche des vagues pour filer vers la source du chant mystérieux qui saturait les flots.

Zhaki et Mopol gagnaient du terrain. S'ils ne brillaient pas par leur intelligence, ils avaient de la suite dans les idées et savaient comment obtenir le maximum de vitesse de leur glisseur sans griller son moteur. Sitôt après avoir découvert sa fuite, ils s'étaient servi du sonar à long rayon d'action pour la localiser. C'était chose faite mais elle percevait toujours ses tintements, comme de légères morsures sur son dos. Ils utilisaient cet appareil pour l'intimider.

Et c'était efficace. *Je ne sais pas pendant combien de temps je pourrai continuer,* pensa-t-elle. Son corps était consumé par la fatigue. Chaque plongeon dans les vagues réclamait plus d'efforts. L'étreinte soyeuse de l'océan avait cessé d'être agréable. C'était une résistance qui s'opposait à ses mouvements, réduisait sa lancée et l'obligeait à s'imprimer constamment des poussées.

Elle eût presque préféré le vide de l'espace. Au moins y conservait-on sa vitesse acquise. Même les morts restaient sur leur trajectoire et glissaient sur leur erre vers l'infini. Le voyage interstellaire alimentait la croyance en une notion de « progrès » que les dauphins n'ayant pas évolué trouvaient quant à eux ridicule, et à laquelle ils ne pouvaient s'accoutumer.

Je ne devrais plus être très loin du point d'origine de ces sons... quelle qu'en soit la source. Ce qui serait facile à déterminer si mes poursuivants coupaient leur maudit sonar et me permettaient d'écouter en paix !

Il était évident qu'ils entretenaient ce vacarme pour la désorienter. Elle ne percevait des échos sonores de son but qu'en plongeant sous les eaux superficielles, ce qu'elle faisait désormais rarement pour ne pas réduire plus encore son avance.

Le glisseur était proche. Bien trop. D'un instant à l'autre, Zhaki et Mopol vireraient pour lui barrer le passage puis entameraient autour d'elle des spirales pour la conduire où ils le désiraient... en riant, enivrés par leur puissance machiste.

Je devrai me soumettre... subir leurs punitions... endurer les morsures et les coups tant qu'ils n'auront pas la conviction que je me suis soumise.

Ce qui l'irritait bien moins que la principale conséquence de sa nouvelle capture.

Et il me faudra probablement les tuer tous les deux.

Ce qu'elle avait espéré éviter. Les généticiens avaient renforcé le dégoût inné des dauphins pour le meurtre. Une fuite réussie lui eût épargné un choix aussi pénible.

Elle ne savait pas comment elle s'y prendrait. Pas encore.

Mais je suis toujours un officier de la Terragens, alors qu'ils se complaisent dans leur animalité. Est-ce que ce sera très difficile ?

Elle était consciente de laisser vagabonder son imagination, de s'abandonner à des fantasmes. Peut-être était-ce ainsi que son subconscient tentait de lui faire admettre qu'elle devait renoncer à fuir, s'arrêter avant d'être à bout de forces.

Non ! Je dois continuer.

Elle gémit et redoubla ses efforts. Toutes les secondes gagnées lui apportaient un peu de liberté, de dignité...

Qu'elle ne pourrait évidemment conserver longtemps. Chaque battement de sa nageoire caudale la faisait exulter et l'emplissait de fierté, mais sa vitesse décroissait en même temps que son énergie. Elle frissonna et s'immobilisa pour alimenter en air ses poumons.

Dommage. Je peux l'entendre... la chose sous-marine que j'espérais atteindre... relativement proche.

Mais Zhaki et Mopol sont encore plus près...

Puis elle se rappela que la barrière thermo-saline assourdissait les sons émis par ce qui se déplaçait au-dessous. Qu'elle pût les percevoir, même faiblement, signifiait...

Une vibration la fit trembler. Elle sentit les flots enfler autour d'elle, comme soulevés par une créature démesurée qui nageait loin sous la surface. Elle comprit ce qui se produisait à l'instant où Zhaki exprimait sa joie par des cris.

Cette chose est ici ! Elle passe sous moi, dans les ténèbres.

Peepoe ne disposait que de quelques secondes pour prendre une décision. À en juger par les mouvements des flots, c'était à la fois très gros et situé à une profondeur importante. Elle ne se sentait pas le courage de plonger quand chacune de ses inspirations la torturait à ce point.

Elle entendit le glisseur et vit ses tortionnaires vautrés sur la machine. Ils la frôlèrent presque, en souriant. Son instinct l'incitait à se détourner et à fuir, ou à se dissimuler sous la mer aussi longtemps que ses poumons l'y autoriseraient. Mais, consciente que ce n'était pas ainsi qu'elle assurerait son salut, elle resta sur place.

Ils voudront savourer leur victoire, espéra-t-elle. Ils s'abstiendraient d'utiliser leur étourdisseur, s'ils la croyaient à leur merci. Quoi qu'il en soit, qu'aurait-elle pu tenter ?

Qu'ils n'aient toujours pas perçu la présence du Léviathan l'étonnait. Cependant, ces mâles bornés et obsédés concentraient toute leur attention sur sa capture.

Ils tournaient autour d'elle en dessinant des spirales qui se resserraient. Ils la lorgnaient avec concupiscence et jacassaient.

Peepoe était épuisée et chaque inhalation la torturait, mais elle ne pouvait se permettre d'attendre plus longtemps. Ils approchaient pour la curée lorsqu'elle s'étira pour prendre une dernière inspiration, se cambra et fit une volte-face pour plonger.

Au tout dernier instant, elle salua ces mâles imbus d'eux-mêmes d'un battement de sa nageoire caudale. Un geste dont ils se souviendraient en éprouvant de l'humiliation.

Les ténèbres consumèrent la lumière et elle donna de violents coups de queue pour s'enfoncer le plus profondément possible avant de manquer d'air. La nuit éternelle grimpa à sa rencontre, mais elle n'eut plus besoin de clarté sitôt qu'elle y pénétra. Le son la guidait, le grondement d'une chose titanesque qui se déplaçait avec grâce et suffisance dans un milieu que le soleil n'illuminait jamais.

Tkett

Il avait plusieurs raisons de convoiter un vaisseau, même s'il n'évoluait qu'au fond des mers. Il lui permettrait d'explorer la Grande Fosse et de découvrir ses merveilles. Et s'il était en partie opérationnel, il rendrait également des services aux Six Races de Jijo qui, à ce qu'il avait entendu raconter, subissaient de sérieux revers dans leur guerre contre les Jophurs.

Tkett pensait aussi l'utiliser pour localiser et secourir Peepoe.

Ce médecin – une des assistantes de Makanee – avait été victime d'un rapt peu avant l'appareillage du *Streaker*. Ils avaient peu d'espoirs de la retrouver, car ces misérables de Mopol et de Zhaki disposaient de l'immensité de l'océan pour se soustraire aux recherches. Mais ils avaient fondé cette triste estimation sur des groupes se déplaçant en glisseur. Un vaisseau – même une épave restée un demi-million d'années sur un tas d'immondices au fond de l'océan – leur permettrait de couvrir des distances bien plus importantes et de sonder la mer avec ses sonars plus puissants, de la passer au crible pour y détecter les sons émis par Peepoe et ses ravisseurs. Peut-être serait-il même possible d'analyser les flots en quête d'ADN terrestre. Tkett avait entendu parler de tels instruments disponibles à prix d'or sur le marché galactique. Qui aurait pu dire de quels dispositifs les légendaires Buyurs avaient doté leurs magnifiques vaisseaux ?

Malheureusement, Tkett perdait la piste dès qu'il la retrouvait. Il captait des murmures dont le point d'origine semblait très proche – retransmis par les couches qui concentraient les sons – et qui disparaissaient sitôt après.

Son irritation croissante l'eût incité à tenter n'importe quoi, quand Chissis commença à s'agiter. Il fit virer le glisseur dans la direction qu'elle lui indiquait.

Il en fut aussitôt récompensé. Des voyants se mirent à clignoter sur le tableau de bord et il reçut des signaux par le câble qui reliait la prise neurale implantée derrière son œil gauche au glisseur. En plus d'une brusque amplification des sons, des anomalies dans les mouvements des vagues laissaient supposer qu'une chose démesurée approchait droit devant eux, à une centaine de mètres de profondeur.

– Nous devrions aller voir de quoi il retourne.

Sa passagère l'approuva par des cliquetis.

Allons chasser, allons chasser, allons chasser l'ORQUE !

Elle accompagna sa déclaration d'un rire, qu'elle interrompit lorsqu'ils plongèrent tant pour écouter les sons que scruter les profondeurs à l'aide des projecteurs du glisseur.

Grands Rêveurs ! Tkett fixait avec effroi, admiration et surprise ce qu'ils avaient devant eux. Cette machine titanesque ne lui rappelait rien de connu. Ses flancs métalliques fuselés se poursuivaient à perte de vue alors qu'elle progressait avec lourdeur au fond de la mer sur des milliers de pattes cristallines miroitantes qui brassaient le limon !

Semblant avoir perçu leur présence, une écoutille géante s'ouvrit... pour leur souhaiter la bienvenue, espéra-t-il.

Ce n'était pas un des vaisseaux que les techs avaient remis en état. Tkett commençait à croire que sa découverte entrait dans une catégorie totalement différente.

Peepoe

Sa cage thoracique se dilata.

Ses poumons palpitaient et la faisaient souffrir. Elle se concentrait pour descendre encore plus bas... bien plus que ne l'eût conseillé la sagesse même si sa lassitude n'avait pas fait vaciller sa conscience.

La mer était obscure et elle n'y discernait rien. Mais la vision n'était pas un sens important, sous les flots. Le rythme des cliquetis émis par ses fosses nasales s'emballait alors qu'elle utilisait sa mâchoire sensitive comme une antenne pour filtrer les réverbérations.

C'est énorme... pensa-t-elle en captant les premiers échos.

Les contours de l'onde fusionnaient, et elle frissonna.

Ce n'est pas du métal. Et sa forme... Elle n'est pas artificielle mais organique !

Une onde de terreur remonta sa colonne vertébrale quand elle comprit qu'elle était confrontée à une gigantesque créature des abysses ! Une masse de nageoires et de tentacules rappelant les monstres des histoires que les jeunes dauphins se racontaient à la veillée, bien à l'abri dans leurs crèches proches des grands ports de la Terre. Ce que Peepoe avait devant elle, nageant entre deux eaux, était plus gros et effrayant que le calmar géant qui avait attaqué Physeter le cachalot, le plus puissant de tous les cétacés.

Elle continuait malgré tout d'incurver son dos et de s'imprimer des poussées pour aller de plus en plus bas. Elle était désormais plus proche de cette créature que de la surface... et de Zhaki et Mopol.

Autant découvrir de quoi il s'agit.

Car assouvir sa curiosité était la dernière chose qu'elle pouvait espérer.

Quand plusieurs tentacules s'étirèrent vers elle, la seule question qui subsista dans son esprit se rapportait à la mort.

Je me demande qui m'attend dans l'Au-delà.

Makanee

Tous les dauphins de son groupe – ses patients – s'éveillèrent de leur sieste en hurlant.

Makanee et ses infirmières allèrent rejoindre Brookida et nagèrent en cercle autour des régressés pris de panique pour les empêcher de s'égailler vers le large. Progressivement, tous surmontèrent la frayeur engendrée par ce cauchemar collectif.

C'était assez fréquent sur la Terre, quand les cliquetis ultrasoniques de quelques dauphins qui rêvaient se superposaient pour engendrer des échos parasites. Le spectre d'une chose terrifiante. Qu'ils dorment alternativement avec un seul hémisphère cérébral n'arrangeait rien. D'une certaine façon, cela rendait la dissonance plus surnaturelle et les images plus crédibles.

La plupart des régressés s'exprimaient par une cacophonie de cris de terreur en delphinien primaire. Mais il y avait dans ce groupe une douzaine d'individus qui recouvreraient peut-être un jour leurs facultés. Un de ces dauphins siffla avec nervosité des paroles concernant Tkett et *une cité magique*.

Un autre se contentait de répéter sans interruption le nom de Peepoe.

Enfin, au moins cette machine contient-elle de l'air, pensa-t-il. *Nous pourrons y séjourner et étendre nos connaissances.*

L'énorme construction sous-marine – presque aussi grande qu'un cuirassé spatial – était accueillante. Des parois de métal noir se rétractèrent quand le glisseur pénétra dans un sas spacieux et le sol s'affaissa pour former un bassin et leur permettre de descendre de leur engin et nager un peu. Ils étaient heureux de sortir de leur habitacle exigu, même si Tkett craignait d'avoir commis une erreur.

Makanee lui avait donné l'ordre de procéder à une inspection à distance puis de regagner immédiatement la base. Cependant, ils s'étaient attendus à trouver une des épaves rouillées récupérées et remises en état par les techs du *Streaker*. Sitôt après avoir vu cet énorme cylindre se déplacer tel un myriapode sur une multitude de petites pattes miroitantes, il avait su que rien au monde ne l'empêcherait d'y pénétrer.

Une autre cloison se replia pour révéler un conduit totalement lisse et empli à parts égales d'eau et d'atmosphère qui semblait les inviter à l'emprunter. Ce tunnel scintillant était en mutation constante. Chaque panneau changeait de couleur sans perdre sa luminescence, des nuances papillotantes éphémères qui paraissaient renfermer un message. Chissis agitait la queue avec nervosité en voyant des entités bizarres se faufiler dans des interstices des parois. Certaines avaient un bras articulé s'achevant par l'objectif d'une caméra qu'elles braquaient sur eux pour suivre leur passage.

Même les Buyurs n'auraient pu se permettre de mettre au rebut de telles merveilles, pensa Tkett. Il se voyait rapporter triomphalement les secrets de cette technologie aux Terriens, quand les instruments de son harnais à outils se mirent à trembler sous l'effet des impulsions nerveuses qu'il leur envoyait inconsciemment par sa prise neurale. Il n'avait aucune arme à sa disposition, si les propriétaires de cet engin étaient animés de mauvaises intentions.

Le couloir débouchait dans une vaste salle aux parois et à la voûte si irrégulières qu'il ne put faire la moindre estimation de son volume.

D'innombrables tours et protubérances saillaient vers l'intérieur, pour moitié submergées et les autres à l'air libre. Toutes étaient reliées par des câbles et des filets qui brillaient comme des toiles d'araignée perlées de rosée. À la plupart de ces excroissances pendaient des sphères, des cubes et des dodécaèdres qui évoquaient des fruits géométriques dont les dimensions allaient de cinquante centimètres au double de la longueur d'un *tursiops*.

Chissis traduisit par un vagissement sa crainte et son respect.

corail qui mord ! corail qui mord mord !
Vois les animaux empalés par les coraux !

Il regarda et assimila le fond de sa pensée. Ces fruits artificiels étaient pour la plupart transparents et contenaient des choses animées... des êtres qui frétillaient, sautillaient ou couraient sur place, agitaient leurs bras et leurs pattes dans les confins de ces prisons exiguës.

L'optique de son œil droit bourdonna pour zoomer sur l'une d'elles. Il émit un chapelet de cliquetis comme s'il espérait pouvoir pénétrer ce mystère par écholocation, bien qu'il ne pût utiliser ce sens à l'air libre.

C'est incroyable !

Il venait de reconnaître la créature présente dans la cage de cristal.

Par Ifni ! C'est un hoon. Un hoon modèle réduit !

Un examen rapide des lieux lui révéla des membres d'autres espèces... des urs quadrupèdes dont le long cou sinueux se balançait tel un serpent ; des traekis minuscules qui, au même titre que leurs cousins les Jophurs, faisaient penser à des piles coniques de beignets ; et des g'Keks miniatures dont les roues tournaient follement, comme s'ils se rendaient quelque part. En fait, toute la Communauté des Six Races de Jijo – ces fugitifs qui s'étaient installés illégalement sur cette planète en jachère au fil des deux derniers millénaires – était représentée ici sous une forme lilliputienne.

Tkett frémit quand il remarqua des cellules contenant de petits bipèdes élancés. Des humains, ces êtres qui avaient lutté contre l'ignorance de l'isolement pendant tant de siècles et manqué de peu détruire leur monde avant d'acquérir une maturité suffisante pour guider les autres clans de la Terre vers la sapience. Sidéré, Tkett voyait quelques-uns de ses patrons faire des bonds et des cabrioles dans des sphères de cristal.

Peepoe

La mort ne pouvait être si banale... ni s'accompagner d'une douleur si familière. Lorsqu'elle reprit conscience, elle ne se demanda pas si elle avait ou non rendu son dernier soupir. Elle se savait de retour vers la vie et la souffrance.

Elle se rappelait le monstre marin – ce Léviathan ondulant couvert de nageoires, de tentacules et d'écailles phosphorescentes long de plus d'un kilomètre et presque aussi large – qui battait des ailes telle une raie manta loin au-dessus du fond de l'océan. Elle n'avait pas un instant envisagé de fuir vers la surface et l'esclavage. Elle était paralysée par la fatigue, fascinée par les images – sonores et visuelles – de ce titan.

L'appendice caoutchouteux s'était lové autour d'elle avec plus de douceur qu'elle n'aurait pu s'y attendre. Il s'était refermé sur son corps et elle ne lui avait opposé aucune résistance pendant qu'il l'attirait vers sa gueule cornée. Elle franchissait le pourtour dentelé de son bec lorsqu'elle s'était finalement abandonnée aux ténèbres en formulant sa pensée sous forme de haïku.

* *La fierté s'envole*
* *Quand la chaîne alimentaire*
* *Nous prend pour victime.**

Elle découvrait à présent qu'elle n'était pas arrivée au terme de sa vie. Convaincue qu'elle serait transformée en viande hachée et expédiée dans d'énormes intestins, elle se réveilla et s'étonna d'être dans un autre monde.

Un monde tout d'abord indistinct. Qu'elle fût à l'intérieur d'une petite mare était évident, mais il lui fallut du temps pour recouvrer une vision plus nette. Et ses cliquetis de surprise engendrèrent un spectre non sollicité qui lui fit part en ternaire de sa philosophie.

* Lors des révolutions du cycle de la vie,
* Quand l'attraction des astres te tiraille à l'envi,
* Une brusque tempête peut soudain t'envoyer,
* Dans un lagon que nul n'a jamais exploré,
* Sur un atoll fermé, privé de tout chenal,
* Où d'étranges poissons aux épines fatales
* Rient de ton désespoir, de ton isolement...

Ce n'était pas une pensée de bon augure et elle la censura de peur qu'une image aussi déprimante ne la fasse paniquer. Ce poème brumeux était toutefois tenace et il ne se dissipa qu'au prix d'un effort, en laissant dans son sillage des relents de mise en garde.

Elle remonta à la surface et redressa la tête, pour inspecter la mare que cernait une végétation luxuriante. Cette jungle très dense s'étendait de toutes parts et grimpait effleurer un plafond à la texture inégale, lui dissimulant des insectoïdes volants et d'étranges reptiles qui la lorgnaient craintivement depuis l'abri offert par le feuillage et les ombres.

Un habitat, comprit-elle. Des êtres y vivaient, s'en disputaient les ressources, s'entre-dévoraient, mouraient et étaient recyclés en synergie. On trouvait dans la plupart des grands vaisseaux interstellaires de tels écosystèmes qui renouvelaient de façon naturelle tant les réserves de nourriture que d'oxygène.

Mais ce n'est pas un vaisseau. C'est impossible. Cette chose est trop grosse pour pouvoir décoller. C'est une bête aquatique, adaptée à la vie sous-marine. Elle doit être vivante !

Était-il inconcevable qu'un animal gigantesque pût contenir en lui un biotope, une version évoluée de la flore intestinale qui facilitait sa digestion ?

En admettant que j'aie vu juste, suis-je censée contribuer au processus ou n'en suis-je qu'au premier stade d'une lente assimilation ?

Elle s'imprima une poussée de sa nageoire caudale. Un dauphin privé d'outils manquait d'agilité, dans un environnement de ce genre. Ses cousins simiesques – humains et chimps – se seraient mieux débrouillés qu'elle. Mais elle était déterminée à explorer ce milieu tant qu'il lui restait des forces.

Un chenal lui permit de sortir de la mare. Peut-être découvrirait-elle quelque chose de plus intéressant au-delà.

Tkett

Une des branches épineuses se déplaça. Elle se courba et s'articula en s'abaissant vers la surface du bassin dans lequel il se trouvait en compagnie de Chissis. Le « fruit cristallin » de l'extrémité de cette excroissance contenait un quadrupède... une urs qui vrilla son long cou pour porter de toutes parts ses yeux noirs scintillants.

Tkett était informé de quelques particularités de cette espèce. Il savait par exemple que les urs avaient horreur de l'eau et que les femelles étaient aussi grosses qu'un humain adulte. Or, celle-ci devait mesurer vingt centimètres du museau à la queue, comme un mâle. Au sein de la Civilisation des Cinq Galaxies, les urs étaient des ingénieurs réputés. Les humains n'appréciaient guère leur odeur (et c'était réciproque) mais les rapports entre ces deux clans spatiopérégrins étaient cordiaux. Les urs ne faisaient pas partie des persécuteurs des Terriens.

Ce que Tkett ignorait, c'était pourquoi des renégates urs étaient venues quelques siècles plus tôt fonder une colonie sur ce monde déclaré en jachère par l'Institut des Migrations. Devenues des membres à part entière de la Communauté jijoenne, elles parcouraient les vastes prairies de cette planète, élevaient leurs troupeaux et travaillaient le métal dans des forges alimentées par la chaleur volcanique. En découvrir une ici, sous la mer, le laissait perplexe.

Cette créature n'avait pas remarqué leur présence. Des reflets intérieurs de sa prison indiquaient que sa transparence était directionnelle. Tkett entrevoyait des images fugaces sur la paroi opposée... une étendue d'herbes ondoyantes dans un paysage vallonné. La petite urs y galopait, comme si elle n'avait pas d'entraves et jouissait d'une totale liberté.

La sphère descendit encore et Tkett put constater qu'elle était emplie d'une multitude de *fils* microscopiques entrecroisés. La plupart étaient reliés au corps de l'urs, plus particulièrement à la partie inférieure de ses sabots.

Des simulateurs de résistance ! Tkett connaissait la technique, même s'il ne l'avait jamais vue mise en application de façon aussi élaborée. Sur Terre, humains et chimps enfilaient parfois des combinaisons et des casques 3D avant de pénétrer dans des salles au sol constitué par un million d'aiguilles aux mouvements contrôlées par ordinateur. Pendant que l'utilisateur marchait sur place et qu'un décor défilait sur ses lunettes, les petites tiges de métal se soulevaient et s'abaissaient pour reproduire le terrain accidenté sur lequel il était censé se déplacer. Ces prisons de cristal étaient conçues sur le même principe, en bien plus compliqué. Les cirres qui exerçaient une pression, une caresse ou une stimulation reproduisaient l'effet du vent soufflant sur la robe de l'urs, le contact d'un outil qu'elle maniait... voire les doux frottements et chatouillis d'un accouplement.

D'autres branches lestées de mondes virtuels se rapprochaient. Chacun d'eux ne contenait qu'un seul individu et toutes les races supérieures de Jijo étaient représentées à une échelle réduite. Voir de petits humains courir, se reposer ou se voûter en se concentrant sur des tâches inexistantes déstabilisait Chissis. Aucun de ces personnages n'avait apparemment remarqué qu'ils étaient observés.

Et ils ne semblaient pas affligés par leur condition. Ils étaient vigoureux, actifs, passionnés par ce qu'ils avaient entrepris. Peut-être n'étaient-ils pas conscients de leur statut.

Chissis exprima son malaise par un reniflement et Tkett ne put que l'approuver. Cette présentation de microcosmes était troublante, comme si le maître – ou les maîtres – des lieux voulait leur faire comprendre quelque chose ou établir un dialogue.

Cherche-t-il à nous impressionner ?

Telle était la question que se posait Tkett lorsqu'il se remémora une pensée qu'il avait eue un peu plus tôt.

... toutes les races supérieures de Jijo étaient représentées...

C'était faux ! D'autres espèces évoluées vivaient désormais sur ce monde, dont la dernière à avoir été officiellement reconnue par les Galactiques.

Les néo-dauphins.

Il était exact que les régressés comme cette pauvre Chissis ne conservaient qu'une prise précaire sur la sapience, et il ne se faisait aucune illusion sur ce que le Dr Makanee pensait de sa santé mentale. Mais, pendant que les branches lui présentaient leurs fruits et leurs occupants miniaturisés – tous affairés et visiblement ravis de leur existence –, il ne pouvait s'empêcher de se sentir courtisé.

– Par Ifni... murmura-t-il, sidéré. On nous propose de participer à tout ceci !

Peepoe

Un village de petites huttes en herbes tressées cernait la mare suivante.

Petites était un euphémisme. Les êtres qui en sortirent et se dispersèrent sur la berge pour la regarder en écarquillant les yeux étaient trois fois moins grands que la normale.

Il s'agissait principalement d'humains et de hoons, même si elle voyait des traekis et un couple de glavieux, des cousins rapetissés des individus qui vivaient à seulement quelques centaines de kilomètres de là sur ce secteur du continent occidental qu'ils appelaient la Pente.

Si ces lilliputiens la sidéraient, il était évident qu'elle leur inspirait de la crainte et du respect. *Pour eux, je suis aussi grosse qu'une baleine,* prit-elle conscience. Elle remarqua que bon nombre d'entre eux brandissaient des épieux ou d'autres armes.

Ils désignaient sa longue silhouette grise et elle entendait le babil de paroles vibrantes d'inquiétude. Le volume de leur cerveau était donc suffisant pour leur permettre de maîtriser le langage. Elle nota que leurs têtes étaient disproportionnées par rapport au reste de leur corps. On aurait pu croire que tous les humains étaient des enfants, s'il n'y avait eu les torses velus et balafrés des hommes et les seins gorgés de lait des femmes. Le débit des propos qu'ils baragouinaient devenait de plus en plus rapide.

J'ai intérêt à les rassurer, si je ne veux pas me faire harponner.

Elle s'adressa à eux en anglique, la plus connue des langues des jeunes loups de la Terre. Elle articula les mots avec soin, en utilisant son évent génétiquement modifié.

– Salut, les g-g-gars ! Ça va ?

Leur réaction fut différente de celle qu'elle avait espérée. Ils poussèrent des cris de frayeur et reculèrent. Elle crut reconnaître quelques mots d'un vieux dialecte de GalSept et fit un nouvel essai dans ce langage.

– *Salutations distinguées ! J'ai l'honneur de vous confirmer par la présente mon arrivée pacifique et mes amicales intentions !*

Ce qui les fit sombrer dans la démence. Tous bondissaient et gambadaient, sans qu'elle pût déterminer si c'était de joie ou d'indignation.

Puis la foule se scinda et se tut comme un personnage approchait de l'alignement de huttes. C'était un hoon, plus grand que les autres autochtones. Il portait une coiffe compliquée et une cape, et sous son menton sa poche gutturale teinte claquait et vibrait pour émettre des borborygmes sonores. Deux assistants le suivaient, des humains qui tapaient sur un tambour. Les autres villageois eurent un comportement étrange. Ils s'agenouillèrent et se couvrirent les oreilles en gémissant à l'unisson.

J'ai comme l'impression qu'ils ne tiennent pas à entendre ce que va dire ce nain dégingandé !

Arrivé au bord de la mare, le hoon leva les bras et psalmodia dans une version de GalSix archaïque :

– Esprits du ciel, je vous appelle par votre nom... Kataranga !

« Esprits de l'eau, j'implore votre aide... Dupussien !

« Connaissant vos noms secrets, je peux vous ordonner d'unir vos forces et de cerner ce monstre. Protégez le peuple de la Vraie Voie !

Il continua dans la même veine et Peepoe en resta interdite, comme si elle regardait un documentaire sur une ancienne tribu humaine ou les Prob'shers de la planète Cheval. Puis elle assista à une scène étrange. Des insectoïdes aux ailes bourdonnantes sortaient de la jungle. Leur nombre, tout d'abord réduit, croissait rapidement. Ils suivaient un parcours zigzagant pour venir dessiner des spirales autour du chaman.

Simultanément, les vaguelettes qui chatouillaient ses flancs indiquaient à Peepoe que d'autres créatures – quant à elles aquatiques – se rapprochaient de la berge et du hoon.

Je ne peux le croire ! pensa-t-elle. Qu'un prêtre primitif invoque les forces de la nature était une chose. Qu'elles lui obéissent aussitôt, sans la moindre ambiguïté et en ayant une attitude menaçante conformément à ses volontés en était une autre.

Les essaims aériens et marins lancèrent des raids contre elle. Les uns piquèrent son aileron dorsal et les autres son ventre.

Ils m'attaquent !

Une prise de conscience qui lui fit surmonter sa stupéfaction.

Ne restons pas ici, se dit-elle en voyant d'autres bestioles arriver de tous côtés.

Elle vira en soulevant une vague qui se dirigea vers la grève et incita le chaman à reculer en glapissant. Puis elle mit tous ses muscles à contribution pour s'éloigner au plus vite.

Tkett

Il estimait qu'il ne pourrait plus apprendre grand-chose quand une des branches rapprocha son fruit de la mare. Elle ne s'immobilisa qu'au moment où la prison de cristal effleura les flots, à la hauteur de leurs yeux. Ses parois se mirent à vibrer et s'ouvrirent.

Son occupant, un minuscule g'Kek au corps en fuseau flanqué de deux roues fragiles, roula vers les dauphins et braqua sur eux ses pédoncules oculaires. Les quatre appendices oscillèrent pendant qu'il fixait Tkett, puis il s'exprima d'une voix haut perchée mais autoritaire en GalSept fortement accentué.

– *Nous avions conscience que de nouveaux colons étaient arrivés sur ce monde. Néanmoins, tentez d'imaginer quelle a été notre surprise lorsque nous avons constaté qu'il s'agissait d'êtres aquatiques qui nous avaient découverts les premiers ! Nul signal d'appel n'a transité par le Grand Œuf. Aucun robot recruteur n'est allé lever des volontaires le long du littoral. Nous vous félicitons d'avoir choisi cet instant pour vous manifester, seulement quelques jours et semaines avant la grande scission de l'univers !*

Chissis respirait rapidement et emplissait la salle stérile de cliquetis.

– Je... Je ne vois pas de q-q-quoi vous voulez parler, balbutia Tkett.

Le g'Kek miniature entrelaça ses cirres et Tkett eut l'impression qu'il consultait une entité se trouvant loin de là ou lui adressait un rapport. Puis il se rapprocha en redressant ses pédoncules, qu'il inclina de nouveau vers eux.

– *Si vous êtes venus chercher des explications, vos souhaits vont être exaucés.*

Peepoe

Elle découvrait une succession de mares recouvertes d'un dais de feuillage que reliait un labyrinthe compliqué de petits canaux. Peepoe finit par s'égarer et craignit de ne pouvoir retrouver son chemin jusqu'à la gueule du Léviathan.

Elle était au cœur d'une jungle luxuriante, même s'il y avait quelques escarpements rocheux et des prairies vallonnées. Elle avait laissé derrière elle un nombre important de villages peuplés d'êtres miniaturisés. En un lieu, une multitude de rampes et de passerelles avaient été construites dans la ramure des arbres nains, y compris ce qui évoquait un modèle réduit de grand huit de fête foraine. Elle avait vu des g'Keks minuscules rouler à vive allure dans ce labyrinthe de planches et de fibres végétales, virer et osciller sur des roues emballées.

Peepoe longeait ces agglomérations le plus discrètement possible mais attirait presque toujours l'attention. À une occasion, des guerriers chevauchant des créatures ressemblant à des tortues l'avaient prise en chasse pour la cribler de flèches microscopiques et la maudire dans un jargon incompréhensible. Une autre fois, une urs à la tenue extravagante avait fondu sur elle des hauteurs, montée sur un lézard volant aux ailes iridescentes qui éructait des flammes très courtes mais effrayantes ! Peepoe avait battu en retraite, pendant que la petite urs hurlait au « monstre marin » de revenir se mesurer à elle en combat singulier.

Peepoe avait l'impression d'avoir pénétré dans un univers peuplé d'êtres dont l'agressivité était inversement proportionnelle à la taille. De partout, des chamans et des prêtres de diverses races venaient sur la berge pour gesticuler et scander des incantations, ordonner à des essaims d'abeilles de la chasser par leurs piqûres. Son moral ne cessa de baisser... jusqu'au moment où elle atteignit un vaste bassin sur lequel naviguaient de petites embarcations aux voiles peintes de couleurs vives.

À son agréable surprise, leurs occupants crièrent de joie en la voyant, et non de peur ou de haine ! Elle sentit renaître l'espoir et obtempéra en hésitant lorsqu'ils lui firent signe d'approcher du rivage où, près d'une jetée en rondins située sous les remparts d'un petit château droit sorti d'un conte de fées, une délégation descendit à sa rencontre.

Leur chef, un humain en robe grise et chapeau pointu, sourit et lui indiqua par gestes qu'elle était la bienvenue avant de déclarer en anglique archaïque :

– *Nombreux sont ceux qui ont oublié les enseignements des Premiers. Mais nous t'avons reconnu, ô noble dauphin ! Le souvenir des tiens s'est perpétué dans les récits que nous nous transmettons depuis toujours ! Qu'il est donc merveilleux que tu sois venu parmi nous à la veille du Temps des Changements. Au nom des Guides Spirituels, je t'offre notre hospitalité et la puissance de la parole !*

Peepoe réfléchit à tout ce qu'elle venait de voir et d'entendre.

La parole, hein ? C'est peut-être un bon début.

Elle dut chasser à plusieurs reprises l'air de son évent avant d'être suffisamment détendue pour pouvoir s'exprimer.

– D'accord. Et si vous commenciez par me dire ce qui se passe ici ?

Un Temps des Changements approche. Les mondes vont se séparer.

Les galaxies encore reliées par des raccourcis de l'espace et du temps seront bientôt divisées. Nous serons coupés de l'ancienne civilisation... et toutes ses planètes. Ses us et ses coutumes ne seront plus en vigueur dans ce secteur du cosmos.

Isolé, ce royaume d'îles de cent milliards d'étoiles (autrefois appelé la Galaxie Quatre) suivra son propre destin et sera l'instigateur d'une Ère nouvelle. Il a été prophétisé que Jijo fournira la semence d'une culture florissante, très différente des autres. Les représentants des six – et désormais des sept ! – espèces ayant bénéficié de la sapience venues se réfugier en secret sur ce monde – pour s'y dissimuler tels des criminels sur un rivage interdit – connaîtront une prospérité dépassant leurs espoirs les plus fous. Ils seront les fondateurs d'une chose grandiose et merveilleuse, les précurseurs de tous les peuples spatiopérégrins qui voyageront un jour dans ce creuset stellaire.

Mais quel type de société convient-il d'instaurer ? Une vulgaire copie de la confédération bruyante, querelleuse et violente qui s'étend là-bas, dans l'espace dit « civilisé » ? Une culture fondée sur ce qu'on appelle les sciences... autrement dit la physique, la cybernétique et la biologie ? Tous ont pu constater que ces orientations ont un effet dévastateur sur l'âme. De telles communautés sont privées de joie de vivre, gouvernées par des réductionnistes qui calculent le rapport coût/gain de chaque chose en ignorant sa véritable valeur !

Il doit exister une autre voie.

Pour la trouver, il faut tenir compte du regard que les espèces ayant récemment accédé à la sapience – celles qui viennent de bénéficier de l'Élévation – portent sur leur monde en ressentant un émerveillement enfantin ! Admettons qu'il soit possible d'entretenir cela.

Pour ceux qui la découvrent, la *puissance de la parole* est extraordinaire. Utiliser les mots paraît suffire pour combler nos besoins ! Ces espèces qui n'ont pas encore oublié leur animalité s'en servent fréquemment pour définir des choses devenues invisibles à des êtres plus anciens et soi-disant plus « sages ».

Les humains y ont excellé, pendant leur long isolement sur la lointaine Terre. Chaque tribu a donné à ses croyances des noms qui lui sont propres, mais toutes ont des points communs :

– le sentiment que le monde est composé d'esprits qui vivent dans les pierres, les ruisseaux et les arbres.

– l'ardent désir de croire qu'il existe un rapport personnel entre l'observateur et tout ce qui l'entoure, même les orages et les mouvements des planètes.

– la conviction que des individus ayant des pouvoirs dans les domaines de la vision, du verbe ou du mental peuvent soumettre la nature à leurs volontés... ce qui fait d'eux une élite.

– la certitude que les mots permettent de plier le monde à ses désirs.

Les humains appliquent à cela le terme de « magie ». Nous estimons un tel mode de vie supérieur aux autres car il ouvre la voie au drame, à l'aventure, aux émotions et à tout ce qui est romanesque. Toutefois, son application peut prendre bien des formes et il reste à régler divers points de détail...

AUTRES VISIONS DE LA TENTATION

Tkett trouva l'explication bizarre et déconcertante. Quel était le rapport avec cet étrange sous-marin où poussaient des fruits contenant des êtres intelligents qui s'y agitaient et semblaient se passionner pour des choses qu'eux seuls pouvaient voir ?

Cependant, en tant qu'archéologue, il avait étudié le passé tribal des humains et une connexion finit par s'établir dans son esprit.

– Vous... vous employez cette technologie avancée pour offrir un monde personnel à chaque individu ! M-mais ce n'est pas tout ! Voudriez-vous dire que tous les hoons, humains ou traekis présents dans ces geôles de cristal utilisent des charmes ? Qu'en plus de manipuler des objets inexistants et de voir des illusions créées à leur intention... ils prononcent des sortilèges qui se réalisent ?

Tkett cilla, pour tenter de tout appréhender.

– Prenons cette femme, là-bas...

Il désigna du rostre un cube dans lequel une humaine souriante tendait son index dans un écheveau de fils.

– Si elle avait un ennemi, n'aurait-elle qu'à modeler une figurine d'argile et à y planter des aiguilles pour lui infliger des tourments ?

Les roues du petit g'Kek s'emballèrent.

– C'est exact, dauphin ô combien perspicace ! De l'imagination, du talent et de la force de caractère lui sont naturellement indispensables. Elle doit en outre adhérer aux croyances de sa tribu virtuelle.

– Autrement dit, des règles arbitraires.

Le g'Kek répondit par un haussement de pédoncules plein de grâce.

– Arbitraires mais élégantes et logiques. Il y a de surcroît une autre condition.

« Il faut avant tout que le thaumaturge soit convaincu de l'efficacité de sa magie.

Peepoe fixait en cillant le minuscule sorcier dressé sur le quai, dans l'ombre du château féerique.

– Vous voulez dire que les autochtones peuvent imposer leur volonté aux oiseaux, aux insectes et aux autres animaux en n'utilisant que des mots ?

Elle en avait été témoin des douzaines de fois, mais l'entendre confirmer était étrange.

L'humain vêtu de gris hocha la tête et s'exprima rapidement, avec ardeur.

– Pas n'importe quels mots ! La puissance des noms secrets. Des termes que ceux qui les connaissent ne doivent jamais divulguer.

– Mais...

– La plupart des créatures n'obéissent qu'à des individus qui possèdent un talent inné et une détermination hors du commun. Si elles faisaient cas des désirs de tout un chacun, le respect et l'envie qu'inspire la sorcellerie auraient tôt fait de disparaître. Ce qui est répandu perd toute sa valeur. Les miracles n'émerveillent personne, s'ils sont monnaie courante.

« N'est-ce pas ce qui s'est passé pour la technologie, au sein de l'Ancienne Civilisation ? Peu après que les humains ont découvert comment vaincre la pesanteur, tous ont pu voler comme des oiseaux et ont cessé de s'en émerveiller. N'est-ce pas tragique ? Cela ne risque pas de se reproduire en ce lieu. Conscients que c'est un bien inestimable, nous veillons à préserver le sens du prodigieux.

– Mais tout ceci... bafouilla Peepoe.

Elle déplaça sa mâchoire et projeta de l'eau vers la jungle et les falaises abruptes visibles au-delà.

– Tout ce qui nous entoure a une saveur artificielle ! Prenons le dragon cracheur de feu. Il saute aux yeux qu'il est le fruit de manipulations génétiques ! Tout semble avoir été organisé comme... comme...

– Une expérience ? concéda le mage.

Et sa barbe s'agita quand il ajouta avec passion de sa voix flûtée :

– Nous l'avons toujours su ! Depuis que nos ancêtres ont quitté la Pente pour s'installer dans cet habitat sous-marin, avec des corps à la taille réduite mais aux capacités décuplées, les Buyurs ne nous ont jamais dissimulé que nous étions ici pour leur permettre de peaufiner leur projet grandiose.

Sous le choc, Tkett recula en brassant les flots avec sa nageoire caudale... sans quitter des yeux la créature qui venait de lui fournir ces explications sidérantes.

– Les B-Buyurs ! Ils ont abandonné ce monde voici un demi-million d'années. Comment ont-ils pu savoir que des humains y viendraient et, surtout, comment ont-ils pu mettre au point un programme aussi compliqué...

Le petit g'Kek le lorgna avec trois pédoncules oculaires.

– La réponse est simple... Ils ne sont pas partis ! Ils ont discrètement observé et guidé l'expérience depuis que le premier vaisseau furtif s'est posé sur ce monde, afin que tout soit prêt quand la Galaxie Quatre romprait ses amarres – ce qu'ils ont prédit il y a maints millénaires – et s'assurer qu'il ne resterait dans ce royaume stellaire pas d'autres techno-sapiens. Pour qu'il appartienne à nos descendants et que ces derniers vivent dans une société différente de celle, si morne, de nos ancêtres.

Tkett avait naturellement entendu parler des Buyurs, un des peuples les plus puissants de la Civilisation des Cinq Galaxies et une des rares races de l'Antiquité censées avoir eu de l'humour... au demeurant fort étrange. On les disait amateurs de plaisanteries à très *long terme*, dont la préparation et l'exécution duraient une éternité.

Était-ce pour cela qu'ils avaient trouvé la culture galactique ennuyeuse et guindée ? (Une opinion d'ailleurs partagée par la plupart des Terriens.) Tout indiquait qu'ils avaient prévu les bouleversements et convulsions qui ébranleraient les voies stellaires et entamé très longtemps à l'avance leurs préparatifs pour marquer de leur sceau un avenir sans points communs avec le passé.

Peepoe hocha la tête. Au moins avait-elle compris une partie de ces explications.

– Ce Léviathan – cette créature organique démesurée – n'est pas l'unique laboratoire qui croise sous les flots. Il y en a d'autres. Combien ?

– Beaucoup, confirma le petit humain à la barbe grise. Leurs formes sont diverses et tous contiennent un assortiment complet d'êtres supérieurs. Chaque habitat est conçu pour inciter ses occupants à explorer les possibilités offertes par la magie, mais selon des orientations différentes.

« Ici, par exemple, un environnement en tout point réel favorise les activités physiques. Seule la faune qui nous entoure a subi des altérations ! Vous devez savoir que les Buyurs étaient d'incomparables généticiens. Dans ce milieu expérimental, tous les insectes, poissons ou fleurs connaissent leur nom secret. Il suffit à un mage tel que moi de les découvrir et de les utiliser à bon escient pour détenir une incommensurable puissance.

Tkett écoutait le g'Kek lui fournir gaiement des précisions sur les expériences en cours dans la serre des fruits de cristal.

– Ici, chacun de nous vit dans son monde personnel... un microcosme foisonnant et varié qui impose des contraintes matérielles même s'il est avant tout une simulation informatique. Tout occupant d'une de ces bulles de réalité virtuelle est le grand sorcier d'une tribu d'êtres de rang inférieur. Il est par ailleurs possible de les relier entre elles afin de se rencontrer entre pairs. Quel que soit notre environnement, nous menons tous une existence captivante qui nous réserve plus d'émotions fortes que l'ancienne société technologique.

« Une existence où le simple fait de croire confère de la puissance et où la conviction permet aux souhaits de se réaliser !

Le magicien caressait sa barbe et apportait d'autres précisions sur les expériences des Buyurs.

– Ils testent d'autres modes de vie, méthodes d'application et de mise en œuvre dans des vingtaines d'habitats différents. Ici l'accent est mis sur une « réalité » contraignante alors qu'ailleurs ils vont jusqu'à éliminer l'enveloppe physique, encoder les cobayes pour en faire des entités digitales dans des mondes entièrement informatisés.

Transfert de personnalités. Peepoe connaissait le concept. *La méthode a été tentée sur Terre et n'a jamais abouti, même si ses partisans soutenaient que c'était en toute logique réalisable.*

– Il existe un but ultime à ces expériences, ajoutait l'humain qui se dressait sur le quai tel un prosélyte désireux de la convertir. Nous essayons d'établir quel est le meilleur moyen de fonder une société qui prospérera dans la Galaxie Quatre après la scission et la disparition de tous les raccourcis hyperspatiaux. Dès que ce tourbillon de cent milliards d'îlots stellaires sera protégé des interventions de l'Ancienne Civilisation, nous mettrons la nôtre en place... sur d'autres principes.

« En analysant les résultats obtenus dans les différents milieux, les nobles Buyurs détermineront sur quelles bases doit être érigé ce royaume de magie et de merveilles. L'Ère des miracles pourra alors débuter.

En écoutant ces mots, Peepoe secoua la tête.

– Vous ne vous exprimez pas comme un magicien féodal. Je vous suspecte d'être autre chose, sous une identité d'emprunt.

« Ne seriez-vous pas un Buyur ?

Le g'Kek s'inclina dans sa coquille de cristal.

– Votre supposition dénote beaucoup de sagacité, ami dauphin. Il va de soi que ce n'est pas aussi simple. Si j'étais un Buyur, je pèserais plus d'une tonne et ressemblerais à un crapaud terrestre !

– Mais vous...

– J'ai l'insigne honneur d'être leur mandataire...

– ... et d'avoir été chargé de convaincre les dauphins – les plus récents en date des colons de Jijo – que se joindre à nous est une opportunité unique de connaître une vie exaltante et aventureuse débouchant sur un avenir extraordinaire !

Le petit sorcier humain sourit et Peepoe prit conscience que les villageois n'avaient pas entendu ou compris ses propos. Peut-être s'étaient-ils fourré des bouchons dans les oreilles pour se protéger de la puissance des paroles du mage ou l'anglique n'était-il guère utilisé en ce lieu. Il n'était pas à exclure que ce fût un « langage magique ».

Elle savait qu'elle passait une épreuve et devait faire un choix.

Là-bas, dans le monde extérieur, le destin de mes semblables est pour le moins incertain. Makanee ignore si son petit groupe de régressés survivra au prochain hiver, même en bénéficiant de l'assistance des colons du littoral. En outre, les Six Races ont leurs propres problèmes. Elles doivent lutter contre les envahisseurs jophurs.

L'offre était alléchante. Inciter les exilés du *Streaker* à aller vivre dans un habitat confortable – aux secteurs aquatiques certainement bien plus vastes qu'ici – et laisser les Buyurs employer leur techno-magie pour les réduire afin qu'ils puissent y mener une nouvelle existence était tentant. Cela ne pourrait être pire que les trois années d'enfer passées dans la coque exiguë du *Streaker*.

Et un jour, une fois l'expérience terminée, leurs descendants retrouveraient leur taille originelle après avoir consacré plusieurs générations à apprendre à tisser des charmes et à lancer des sortilèges.

Oh, je nous en crois capables ! pensa-t-elle. *Les dauphins excellent à certaines formes d'expression verbale. Qu'est le ternaire, sinon notre façon d'utiliser les sons pour imposer notre point de vue à notre entourage ? Les modeler en échos sonores pleins de vie et évo-*

cations oniriques ? Les amener sans heurts à se charger d'un sens en employant des méthodes propres aux cétacés ?

Elle était sensible aux attraits de ce qui lui était proposé.

Quelle est l'alternative ? En admettant que nous réussissions un jour à regagner la civilisation, pourquoi retournerions-nous sur Terre ? Pour y connaître un destin peu enviable, dans le meilleur des cas une vie de dur labeur après avoir consacré la moitié de notre existence à acquérir les capacités requises pour tenir un rôle dans une société fondée sur la technologie.

La réalité est moins belle que les contes de fées que nous lisions quand nous étions enfants. Tôt ou tard, nous découvrons que le monde qui nous entoure est décevant... que nous vivons dans un cosmos où ceux qui font le bien ont souvent des arrière-pensées et où les méchants n'ont pas obligatoirement des yeux rouges de calmar géant. C'est une société complexe faite de concessions et de compromis, où nos adversaires politiques détiennent toujours bien plus de pouvoirs qu'ils ne le méritent.

Qui pourrait préférer cela à un univers où il suffit de savoir manier le verbe pour obtenir ce qu'on désire ? Et où souhaiter une chose lui permet de se réaliser ?

– Nous avons déjà deux volontaires de votre estimable espèce, précisa le g'Kek.

Tkett en tressaillit de surprise.

D'une inclination de ses pédoncules oculaires, la créature montée sur roues fit apparaître un hologramme au ras des flots.

Tkett vit deux gros dauphins mâles allongés sur des hamacs. De petites machines allaient et venaient rapidement sur leur corps pour les enchâsser dans un cocon de fils luminescents. Chissis, depuis un long moment muette et maussade, les reconnut et cria en delphinien primaire :

Attrapés ! Attrapés dans les rets qu'ils méritent !
Ce stupide Zhaki – ce malfaisant Mopol !

– Par Ifni ! commenta Tkett. Ce sont bien eux. Mais qu'allez-vous leur faire ?

– Ils ont accepté notre offre et se trouvent dans un autre laboratoire, répondit le petit intermédiaire. Ils gouverneront bientôt leurs royaumes privés de joies holographiques et sensuelles. Leur avenir est assuré et je puis vous garantir qu'ils seront heureux.

– Vous êtes certain qu'ils ne sont pas à bord de cet appareil ? demanda Peepoe.

Voir Zhaki et Mopol subir leur transformation dans la petite image que le magicien avait fait apparaître en prononçant une incantation et en agitant imperceptiblement la main la rendait nerveuse.

– Absolument. Ils ont suivi un leurre jusqu'à un module expérimental proche, qu'ils ont comparé à une baleine bleue de votre monde. Nos évaluations préliminaires ont indiqué qu'un univers purement imaginaire favoriserait le développement de leurs personnalités.

« Ils ont accepté notre proposition avec empressement.

Peepoe hocha la tête, uniquement choquée de ne pas avoir eu de réactions – positives ou négatives – en apprenant quel serait le destin de ses ravisseurs. Ils étaient sortis de sa vie et le reste importait peu. Elle laissait à Ifni le soin de décider s'il convenait de qualifier ce qui les attendait de prison à perpétuité ou de paradis artificiel.

Eh bien, ils auront autant de harems de femelles consentantes qu'ils le souhaitent ! Bon débarras.

Elle avait d'autres dilemmes sur lesquels se pencher.

– Et p-pour moi, qu'avez-vous p-prévu ?

Le sorcier écarta les bras, pour la rassurer.

– Rien que vous ayez à redouter, amie très estimée ! Nous nous contenterons à ce stade de vous demander de faire un choix.

« Vous joindrez-vous à nous ? Ce n'est pas une obligation, certes, mais comment pourriez-vous refuser ? Si votre mode de vie ne vous convient pas, vous n'aurez qu'à en changer ! Nous vous offrons une vaste palette de mondes enchantés et l'assurance que votre postérité fera un jour partie des thaumaturges qui instaureront un ordre nouveau autour d'un million de soleils à la ronde.

Tkett était conscient de tout ce qu'impliquait cette proposition. Le projet des Buyurs – le but qu'ils s'étaient fixé et l'envergure de leurs ambitions – le sidérait.

Ils veulent instaurer à l'échelle galactique une civilisation fondée sur ce qu'ils estiment être un mode de vie idéal. Sous peu, quand le «Temps des Changements» aura rompu nos liens avec le reste de l'univers, les Buyurs ne seront plus soumis aux contraintes des lois et des usages qui régissent la société des inhalateurs d'oxygène depuis un milliard d'années.

Des flottes de vaisseaux spatiaux appareilleront un jour de cette planète, avec à leur bord des représentants des Sept Races placés sous le commandement de capitaines, de sorciers et de rois intrépides – un amalgame de thèmes de science-fiction et d'heroic fantasy d'autrefois – pour partir vers l'aventure ! Au fil du temps ils affronteront d'impensables dangers, surmonteront de graves périls, découvriront et élèveront de nouvelles espèces. Finalement, les humains, les urs, les traekis et les autres seront les seigneurs révérés d'une galaxie où se joueront des drames hauts en couleur.

Dans cet univers, rien ne sera plus redouté que l'ennui. L'inaction deviendra un crime impardonnable. Les véritables maîtres – les Buyurs – y veilleront.

Tel le magicien d'Oz manipulant des leviers derrière un rideau, les Buyurs utiliseront leur technologie avancée pour engendrer des merveilles. Les dragons ? Ils les obtiendront par des manipulations génétiques ou les fabriqueront de toutes pièces. Leurs usines secrètes produiront en série des monstres marins et des extraterrestres cracheurs d'acide prêts à se battre.

Ce sera une galaxie gouvernée par des experts des effets spéciaux ! Un parc d'attractions qui ne fermera jamais ses portes et où les sortilèges remplaceront les machines pour satisfaire tous les besoins. Thaumaturges et monarques prendront la place des mornes parlementaires, les réactions instinctives supplanteront les délibérations et la table des noms secrets se substituera à celle des éléments.

Et nos descendants ne remettront rien en cause, pas plus qu'ils n'oseront écarter le voile qui leur dissimule le magicien d'Oz. Ceux qui auront cette audace seront privés de progéniture !

Protégés par une multitude d'artifices invisibles, ils finiront par oublier les lois de la nature.

Ils prospéreront dans des royaumes pittoresques d'où ils partiront avec héroïsme pour revenir en triomphateurs ou mourir avec bravoure... sans jamais se demander pourquoi.

Ces réflexions s'accompagnaient de cliquetis ultrasoniques qui saturaient les flots environnants. Chissis, qui n'avait de toute évidence assimilé qu'une infime partie des explications contournées du g'Kek, se balançait sur leur rythme complexe.

Et Tkett crut appréhender la véritable signification de tout cela.

Il se rapprocha du cube de cristal et s'étira pour avoir l'émissaire des puissants Buyurs devant lui.

– Je crois comprendre ce qui se passe ici.

– Vraiment ? fit gaiement le petit g'Kek. Et quelle est votre sage opinion, ô ami dauphin ? Que pensez-vous de ce projet magistral ?

Tkett sortit sa tête des flots et se dressa sur sa nageoire caudale pour émettre un rire gazouillant qu'accompagnait un haïku en ternaire plein d'ironie.

* Les esprits malades
* Peuvent parfois concocter
* De bien tristes farces ! *

La proposition était sous certains aspects irritante, comme le fait que les Buyurs continuent d'exercer leur hégémonie sur le monde à venir. Mais Peepoe la trouvait malgré tout séduisante.

Après tout, qu'est-ce qui nous attend sur Jijo ? La servitude imposée par les Jophurs ou la stupidité béate que promettent les sages à ceux qui suivront leur Voie de la Rédemption ? Si j'acceptais cette offre, je n'aurais pas à devoir choisir entre ces deux destins peu engageants.

Elle tentait de faire abstraction de ses craintes et de ne tenir compte que des avantages du projet des Buyurs. Et ils étaient nombreux, comme vivre dans un cosmos où une technologie invisible compenserait les imperfections de la nature. Tout bien considéré, le Créateur n'avait-il pas été cruel de concevoir un univers où les prières étaient si souvent ignorées et les vœux les plus fervents uniquement exaucés – lorsqu'ils l'étaient – dans les confins du cœur ? Les Buyurs pourraient-ils y remédier alors que cela concernait des milliards et des trillions d'êtres ? Tous les composants d'une civilisation s'étendant à l'ensemble d'une galaxie ! C'était difficile à imaginer, à une pareille échelle.

Elle comparait ce qui résulterait de ce programme ambitieux à la société que retrouveraient les survivants du *Streaker*, s'ils réussissaient à regagner les mondes où des myriades de peuples à l'esprit de compétition développé se querellaient sans cesse. En toute chose, ils s'en remettaient au savoir technologique impersonnel que contenait une vieille banque de données et innovaient rarement. Plus important encore, les aspirations des individus étaient subordonnées aux nécessités des nations, des races, des clans et des philosophies.

Une fois de plus, ce que proposaient les Buyurs semblait préférable.

Est-ce que ce sont tes seuls choix ? s'enquit un fragment de son être. *N'y a-t-il pas des solutions qui vont au-delà d'une naïve...*

Elle lui imposa le silence et relégua la question au tréfonds de son esprit.

– J'aimerais en apprendre plus, dit-elle au sorcier. Mais que deviendront mes semblables, les autres dauphins présents sur Jijo ? N'aurez-vous pas également besoin d'eux ?

– Certes, de façon à disposer d'un pool génétique viable. Si vous vous joignez à nous, nous vous demanderons d'aller les persuader d'en faire autant.

– Par simple curiosité, que se passera-t-il si je refuse ?

Il haussa les épaules.

– Votre vie reprendra plus ou moins comme avant, comme si vous ne nous aviez jamais rencontrés. Nous effacerons vos souvenirs conscients de votre découverte et vous laisserons repartir. Dans quelques années, quand nous aurons eu le temps de rendre notre message plus persuasif, nous enverrons des émissaires auprès de votre groupe. Et vous croirez entendre cette proposition pour la première fois.

– Je vois. Les réfractaires subiront un lavage de cerveau... et ainsi de suite à chacune de vos visites. Ce qui vous donne un sacré avantage pour faire du prosélytisme, non ?

– C'est possible. Mais nous ne forçons jamais la main à qui que ce soit. Alors, quelle est votre réponse ? Allez-vous transmettre notre offre à vos semblables ? Nous percevons intuitivement que vous comprenez et approuvez nos projets. Nous aiderez-vous à ajouter à ce Grand Creuset de Peuples la saveur incomparable des dauphins ?

Peepoe hocha la tête.

– Je leur répéterai votre message.

– Parfait ! Vous allez avoir la possibilité de débuter votre mission avant même de quitter cette mare ! Je peux à présent vous révéler que deux des vôtres se trouvent à bord d'un autre de nos vaisseaux et qu'ils ont quelques difficultés à apprécier notre proposition à sa juste valeur.

– Pas Zhaki et Mopol !

Elle se repoussa à coups de nageoires ventrales et émit des cliquetis nerveux. Elle ne voulait plus avoir affaire à eux.

– Non, non, la rassura le magicien. Je vous en prie, détendez-vous pendant que nous établissons une liaison entre nos appareils. Tout sera sous peu très clair dans votre esprit.

Tkett

– Salut, Peepoe, dit-il à l'image oscillante. Je suis heureux de constater que tu vas bien. Nous nous sommes tous inquiétés pour toi. Mais j'ai deviné que tu devais être proche en repérant Zhaki et Mopol dans les parages.

Il voyait dans l'hologramme une femelle élancée, très belle en dépit de son évidente lassitude, flottant dans un bassin ombragé par une jungle luxuriante à proximité d'un château miniature. L'observation des autochtones regroupés sur la berge lui permettait de déduire un grand nombre de choses sur l'expérience en cours. Certains de ces humains étaient bardés d'une armure et chevauchaient de fiers destriers qui caracolaient et se cabraient. Des paysans en tenues colorées retiraient leur chapeau devant des seigneurs et des gentes dames. C'était une approche diamétralement opposée à celle des fruits de cristal omniprésents dans son vaisseau... des réceptacles semi-transparents où les cobayes vivaient en permanence dans un milieu purement virtuel.

Néanmoins, le principe restait le même.

– *Salut, Tkett,* répondit Peepoe. *C'est Chissis qui t'accompagne? Vous allez bien, vous deux?*

– Je ne peux pas dire le contraire, mais j'ai l'impression d'être un bizuth victime d'une mauvaise farce...

Peepoe ne lui laissa pas le temps de préciser le fond de sa pensée.

– *N'est-ce pas extraordinaire? Au fil des âges, de nombreux visionnaires ont imaginé des Utopies. Et ce projet est r-réalisable!*

Il la fixa, ne pouvant croire ce qu'il entendait.

– Tiens donc? Et que devient le libre arbitre?

– *Les Buyurs nous fourniront tout ce que nous pourrons désirer.*

– Que fais-tu de la vérité?

– *Elle a de multiples facettes, Tkett. D'innombrables interprétations subjectives fascinantes vont se développer dans cet avenir à la diversité stupéfiante.*

– Subjectives, c'est le mot clé! La vérité est nécessairement objective, et tu le sais. Je ne nie pas que la variété est merveilleuse. Il peut y avoir maintes cultures et formes d'expression artistique, voire de sagesse. Mais le terme *vérité* ne s'applique qu'à ce qui est réel, reproductible et vérifiable, que cela nous plaise ou non!

Peepoe traduisit par un borborygme le peu de cas qu'elle faisait de cet argument.

– *Ça n'a rien d'amusant.*

– Le but de la vie n'est pas uniquement de prendre du bon temps et d'obtenir tout ce qu'on désire!

L'irritation brassait l'estomac de Tkett et renvoyait de la bile dans son œsophage.

– Peepoe, il convient de mûrir! Découvrir les lois qui gouvernent le monde, quelle que soit l'opinion qu'on a sur le sujet. C'est seulement après avoir admis qu'on n'est pas le centre de l'univers qu'on peut être objectif.

– *En d'autres termes, subir des limitations.*

– Que nous surmontons grâce à la connaissance ! En utilisant de nouveaux outils et en développant nos capacités.

– *Des outils faits de matière inerte, conçus par des groupes d'individus, fabriqués à la chaîne et vendus dans des magasins.*

– Oui ! Des équipes, des organisations et des entreprises... constituées de gens qui doivent chaque jour domestiquer leur ego pour coopérer, faire des concessions. Ce n'est pas ainsi qu'un enfant voit le monde, et cela ne correspond pas à ce que nous désirons au plus profond de notre être. J'en suis conscient ! Mais c'est de cette manière que les adultes peuvent concrétiser quelque chose.

« En outre, qu'as-tu à reprocher à la commercialisation des miracles ? Il est exact que des merveilles contre lesquelles nos ancêtres auraient troqué leurs nageoires caudales ne suscitent plus notre enthousiasme... mais n'est-ce pas ce qu'ils nous auraient souhaité ? Préférerais-tu vivre dans une société où seuls les sorciers et les rois y auraient accès ?

Tkett reçut un coup au flanc. La douleur et l'indignation l'incitèrent à se tourner vers Chissis.

– Qu'y a-t-il ? lui demanda-t-il sèchement, bien qu'il sût qu'elle ne pourrait répondre.

Intimidée par sa taille et sa colère, elle recula et baissa le rostre en attitude de soumission avant d'émettre une rafale de delphinien primaire.

Idiot idiot idiot idiot
Seuls les sots s'expriment encore comme les hommes
quand la mer essaie de leur inculquer sa sagesse

Il cilla. La construction des phrases était élaborée, presque irréprochable. En fait, c'était très proche de ces admonestations en ternaire que les mères adressaient à leurs enfants en bas âge.

Il se ressaisit pour réfléchir.

Quand la mer essaie de leur inculquer sa sagesse...

C'était pour les dauphins un lieu commun impliquant qu'il fallait écouter ce qui se dissimulait sous les apparences, trouver le sens de ce qui était passé sous silence.

Il se tourna vers l'hologramme et regretta que cette technique eût été mise au point par des êtres qui privilégiaient l'image plutôt que les sons.

– *Songes-y, Tkett,* ajoutait Peepoe. *Sur notre monde, les dauphins sont l'espèce cliente la plus jeune d'un clan pauvre et menacé de conquête ou d'extermination. Et voici qu'on leur offre une position au sommet d'un nouveau panthéon, juste au-dessous des nobles Buyurs eux-mêmes.*

« *Plus important, nous y excellerons ! Songe que nos sens nous permettront d'étendre les champs d'application de la magie. Pense à nos rêves et nos visualisations fondées sur les sons, à notre curiosité et notre désir d'aventure insatiables ! Et ce n'est qu'un bref aperçu des possibilités que nous aurons quand nous disposerons enfin de notre...*

Tkett se concentrait pour filtrer le fond sonore d'impulsions, gémissements et cliquetis qui accompagnait les mots chaque fois qu'un néo-dauphin s'exprimait. Il eut tout d'abord l'impression que Peepoe n'émettait que le fouillis d'ultrasons habituels...

Puis il releva une phrase instable en delphinien primaire qui s'imbriquait dans la logique inébranlable de son flot de paroles.

Dors dessus dors dessus dors dessus dors dessus

Un message qui le déconcerta. Il semblait à première vue renforcer les autres arguments. Alors, pourquoi le brouillait-elle ?

Puis il lui trouva une autre signification.

Une chose qui avait pu échapper même aux puissants Buyurs.

Peepoe

Son départ fut plus gai et pittoresque que son arrivée.

Des dragons voletaient au-dessus de sa tête et éructaient de petites flammes qui n'avaient plus rien de menaçant. D'innombrables embarcations de tous modèles et tailles – des canoës côtoyaient des galères serties de gemmes propulsées par des rameurs en sueur – l'accompagnaient d'une mare à la suivante. Sous les regards émerveillés des membres de leurs tribus regroupés sur les berges, les sorciers locaux donnaient des spectacles en l'honneur de celle qui traversait doucement des bancs de poissons dont les écailles avaient des reflets surnaturels.

Les six races se mêlaient en une grande diversité de cultures et chaque village célébrait son unicité par une profusion de styles architecturaux. Et si Peepoe découvrait de partout de la fierté et un esprit de compétition évident, tous avaient ce jour-là oublié leurs différends, leurs quêtes et leurs nobles entreprises pour assister au départ de leur ambassadrice.

– Vous pouvez constater que nous sommes tous impatients de connaître les résultats de votre mission, déclara le magicien à la barbe grise.

Ils avaient atteint la dernière salle qui, à bord d'un vaisseau spatial, eût été aménagée en sas froid et stérile. Mais ils sentaient souffler sur eux la respiration d'un organisme vivant qui ouvrait sa gueule pour laisser le vent et le soleil se déverser en lui.

C'est gentil à eux de faire surface pour m'épargner l'inconfort d'une longue ascension, estima-t-elle.

– Informez vos semblables des joies qui leur sont réservées ! lui cria le petit mage lorsqu'elle fut à l'air libre. Parlez-leur de l'exaltation et de l'aventure ! La période d'expérimentation s'achèvera bientôt et tout ceci s'étendra au monde extérieur, avec tout un univers à notre disposition !

Elle fit battre sa nageoire caudale pour reculer en regardant le petit personnage en robe étoilée qui souriait et écartait les bras pour que des essaims de créatures obéissantes viennent s'immobiliser au-dessus de sa tête et la nimber d'une auréole vivante.

– Je n'y manquerai pas, affirma-t-elle.

Puis elle se tourna et plongea dans la fraîcheur de la mer, pour aller à un rendez-vous matinal.

Tkett

Il reprit conscience pour découvrir qu'il nageait rapidement, bondissait et filait dans les flots agités de l'océan en se propulsant par des coups de nageoire puissants et réguliers.

En d'autres circonstances, il s'en serait étonné. Mais deux dauphins l'encadraient et synchronisaient leurs cambrements, bonds et poussées sur les siens. C'était ce qui lui avait permis de se déplacer en dormant.

Depuis combien de temps ?

Il n'avait pas de certitudes. Une ou deux heures avaient pu s'écouler. Plus, peut-être.

Il entendait derrière lui les ronronnements d'un glisseur dont le moteur tournait à bas régime pour les suivre en pilotage automatique.

Pourquoi ne l'utilisons-nous pas ? se demanda-t-il. Ils auraient pu y monter tous les trois, en se serrant un peu. Ils auraient ainsi rejoint Makanee bien plus rapidement, pour l'informer que...

L'air frais chassait l'air vicié de ses poumons chaque fois qu'il inhalait, ce qu'il faisait avec régularité en dépit d'un vague malaise.

...pour l'informer que Mopol et Zhaki sont morts.

Que nous avons retrouvé Peepoe, saine et sauve, errant dans l'océan.

Et que les bruits de « machine » dont nous cherchions les causes...

Il était presque certain qu'il y avait une autre explication, une chose que Peepoe lui expliquerait au moment opportun.

Une chose merveilleuse, ajouta-t-il, sans pouvoir en déterminer la raison. Il était impatient d'entendre Peepoe annoncer la bonne nouvelle à tous les membres de leur groupe.

Il ne savait pas pourquoi, mais il avait l'impression qu'il n'y avait pas que le glisseur qui les suivait.

– Bienvenue parmi les vivants, lança Peepoe en anglique subaquatique aux intonations sèches, lors de leur émersion suivante.

– Merci, je... J'ai les idées un peu embrouillées.

– Ce n'est guère surprenant. Il y a longtemps que tu sommeilles. En fait, on pourrait même dire que tu as dormi pendant des événements très importants.

Il perçut dans ces propos quelque chose qui flamboya comme une étincelle au fond de son être... un déclic qui lui fit perdre le rythme régulier avec lequel il fendait les flots. Il rentra dans la mer sous un angle laissant à désirer et l'impact meurtrit son bec. Il lui fallut batailler un instant pour reprendre sa place entre les deux femelles et calquer son allure sur la leur.

J'ai dormi... dormi dessus.

Ou plus exactement, une moitié de son être avait dormi.

Il finit par comprendre pourquoi c'était crucial et chercha à rattraper les fils que n'avaient pas recouverts les voiles du repos.

Peu de représentants de la Civilisation des Cinq Galaxies vivent dans un milieu aquatique. Je présume que les Buyurs n'ont pu imaginer...

Il y eut comme une décharge entre les deux hémisphères de son cerveau. La partie de son être qui avait été engourdie sortait de sa léthargie.

Les Buyurs !

Les souvenirs revenaient de façon erratique, au rythme qui leur convenait.

Il ne leur est pas venu à l'esprit que des créatures marines découvriraient les secrets qu'ils dissimulaient depuis si longtemps sous cet océan. Ils n'ont pas eu le temps de nous étudier, de se préparer à cette rencontre.

Et ils n'ont pu deviner quel était le processus cérébral des cétacés.

Un mammifère qui vit sous les flots a des problèmes à résoudre. Même après des millions d'années d'adaptation, les dauphins couraient toujours le risque de se noyer. Il en découlait que s'assoupir n'était pas pour eux une chose aisée.

Ils avaient résolu la question en ne laissant dormir qu'une moitié de leur cerveau à la fois.

Comme les humains, ils avaient une vie intérieure complexe, une superposition de nombreuses personnalités permanentes ou temporaires qui devaient d'une manière ou d'une autre fusionner en un tout, mais cette union avait été rendue encore plus problématique depuis que les généticiens humains avaient procédé à leur Élévation. Il était désormais extrêmement difficile pour un hémisphère d'accéder aux informations stockées dans l'autre.

Ce qui était en certains cas un atout.

La partie informée de l'existence des Buyurs – celle plongée dans un profond sommeil quand les données de l'autre avaient été effacées – ne maîtrisait pas le langage. Pour cette raison, il ne pouvait traduire en mots que de vagues concepts. Il lui fallait consulter les images visuelles et sonores, les interpréter et se livrer à des extrapolations... mener une enquête complexe dans les deux composants de son être.

Ce qui lui permettait de comprendre le problème – et le potentiel – des régressés.

J'ai été un salopard insensible, se reprocha-t-il.

Une conclusion qui fut traduite en ultrasons, sous forme d'excuses inexprimées. Chissis se frotta contre lui lorsqu'ils ressortirent des flots et ce contact lui apporta l'absolution.

– Alors, sommes-nous d'accord sur ce qu'il convient de dire à Makanee ? lança Peepoe.

Sans doute estimait-elle qu'il avait disposé de suffisamment de temps pour ordonner ses pensées.

Tkett résuma sa décision.

– Nous lui dirons tout... et un peu plus !

Chissis approuva.

Dis-leur, dis-leur,
que ces orques malhonnêtes
nous promettent des friandises
mais veulent nous encager !

Tkett gloussa. Il y avait de l'élégance ternaire dans la rafale de delphinien primaire de la petite femelle, une évolution des cris émotifs bestiaux vers l'expressivité où elle avait excellé à l'époque où elle était une chercheuse expérimentée et une poétesse, avant que trois années d'enfer vécues à bord du *Streaker* ne brisent son esprit. Elle semblait recouvrer une partie de ses facultés. Peut-être n'était-ce qu'une question de temps pour qu'elle retrouve son statut antérieur... et les soucis qui l'accompagnaient.

– Eh bien, contra Peepoe, si on considère la situation sous un certain angle, les Buyurs nous offrent une plus grande liberté. Nos descendants se verront proposer un éventail de choix plus important. Ils auront la possibilité de voir leurs souhaits se réaliser, leurs rêves prendre forme.

– Fantasmes et fuite de la réalité, rétorqua Tkett. Les Buyurs nous feront sombrer dans l'égotisme, le solipsisme ! Dans le monde réel, nous devons tôt ou tard devenir des adultes et apprendre à gérer nos rapports avec les autres. Devenir des éléments d'un tout. Former des équipes et des associations. Par Ifni, que faut-il pour qu'une union perdure ? Des efforts et des compromis qui permettent de créer une chose plus sublime que tout ce que ses composants auraient pu imaginer !

Peepoe en siffla de surprise.

– Eh, Tkett ! À ta façon prude et guindée, je te suspecte d'être un romantique.

Chissis se joignit au doux rire moqueur de Peepoe, qu'il entendit en stéréophonie. Un humain eût peut-être rougi, mais les dauphins ne pouvaient dissimuler leurs émotions et ne se donnaient que rarement la peine d'essayer.

– Plaisanteries mises à part, dit-il, je m'opposerai aux projets des Buyurs parce qu'ils veulent nous garder dans un parc pour enfants pendant des siècles et des siècles, nous niant le droit de mûrir et de découvrir par nous-mêmes les mécanismes de l'univers. La magie est plus romanesque que la science, mais la science est *honnête*... et efficace.

« Et toi, Peepoe ? Quelle est ta raison ?

Après un long silence, elle répondit avec une véhémence qui le sidéra :

– Je ne peux supporter ces foutaises de *rois* et de *sorciers* ! Est-il admissible que tu exerces ton autorité sur ton entourage parce que ton père était un roi pompeux ? Faudrait-il que tous les oiseaux, les animaux et les poissons t'obéissent parce que tu connais leurs noms secrets et que tu refuses de les révéler ? Ou parce que tu parles plus fort que les autres et que ta volonté est plus grande que la leur ?

« Il y a des siècles que nous avons fait table rase de ces concepts stupides... Les humains, à tout le moins. Ils ne nous auraient jamais aidés à atteindre les étoiles s'ils ne s'étaient pas au préalable débarrassés de ces idées abjectes.

« Tu veux savoir pourquoi je m'opposerai à eux, Tkett ? Parce que Mopol et Zhaki sont à la place qui leur convient, là en bas... l'un rêvant qu'il est Superman et l'autre qu'il va devenir le Roi des Océans.

Les trois dauphins continuaient de nager à la même allure, sans rien ajouter, pendant que Tkett s'interrogeait sur le sens de leur décision. Il était probable que leurs efforts seraient vains. La puissance des Buyurs était incommensurable et ils avaient disposé d'un demi-million d'années pour préparer cet instant. Sans oublier que ce qu'ils proposaient était mille fois plus alléchant que toutes les tentations précédentes. Ils seraient nombreux sur la terre ferme – et dans la petite colonie de dauphins – à accepter de contribuer à implanter la magie sur ce monde.

Nous n'avons jamais été confrontés à une menace aussi redoutable, se dit-il. *Un adversaire qui tire avantage de la plus grande de nos faiblesses en nous offrant de réaliser nos rêves.*

Restait une possibilité qu'ils n'avaient pas abordée. Peut-être n'avaient-ils vu que la partie émergée de l'iceberg, la surface d'un complot bien plus machiavélique... une mauvaise plaisanterie aussi longue que peu risible.

C'est sans importance, pensa-t-il. *Nous devons absolument résister, si nous voulons devenir un jour assez forts et sages pour « com-*

prendre » ladite plaisanterie. Même si nous ne pourrons sans doute jamais rendre aux Buyurs la monnaie de leur pièce. Pas s'ils ont accès à tous les leviers que dissimulent les tentures d'Oz.

Ils poursuivaient leur voyage dans un mutisme maussade. Ils ne disaient mot mais leurs cliquetis fusionnaient et les échos qui revenaient vers eux semblaient leur communiquer l'opinion de la mer sur leur fâcheuse situation.

Aucun espoir. Bonne chance malgré tout.

Finalement, ce fut Chissis qui rompit ce lourd silence après avoir consacré une heure à composer péniblement un glyphe philosophique en ternaire.

D'une certaine façon, c'était une déclaration... l'affirmation qu'elle se sentait prête à reprendre les affrontements qui accompagnaient la sapience.

Et c'était également un manifeste. Car elle exprimait sa raison personnelle de combattre les Buyurs. Une motivation que Tkett et Peepoe avaient passée sous silence, même si elle vibrait dans les profondeurs de leur être.

* *Tant les brumes indistinctes du rêve,*
* *Que la vive clarté du jour,*
* *Contiennent des trésors pour tous ceux qui les cherchent,*
* *Ainsi qu'un monceau de sagesse.*

* *Les unes nous offrent la juste connaissance*
* *Et la capacité de faire des merveilles.*
* *Mais les autres (qui nous sont tout aussi nécessaires !)*
* *Comblent l'âme et rassasient le cœur.*

* *À quoi servirait donc un ersatz de magie ?*
* *Ou des merveilles disneyennes nous étant imposées ?*
* *Quand Dieu et Ifni ont créé un cosmos*
* *Où les merveilles abondent... Allons les découvrir !*

Peepoe exprima son appréciation par un soupir.

– Je n'aurais pu le dire avec plus d'éloquence. Ces vieux crapauds baveux peuvent aller se faire foutre ! Nous forgerons notre propre magie.

Ils étaient las et le soleil s'abaissait loin derrière eux lorsqu'ils aperçurent le rivage et entendirent d'autres dauphins jacasser dans le lointain. Mais ils ne ralentirent pas l'allure et continuèrent de se propulser dans les flots soyeux de Jijo.

Malgré les preuves du contraire que leur fournissaient la logique et leurs sens, ils avaient l'impression que le jour venait de se lever.

Traduit de l'américain par Jean-Pierre PUGI

POSTFACE

J'ai rarement écrit d'affilée deux livres dont l'histoire a pour cadre l'espace. Les situations et les décors autour desquels un récit peut s'agencer ne manquent pas et j'ai pour principe d'intercaler des thèmes plus « adultes » dont l'action a lieu sur Terre et dans un futur moins extravagant. Mais, bien que ma série *Élévation* se déroule dans un univers très vaste et un avenir très lointain, son succès m'a incité à publier récemment le cycle *Rédemption*. Il s'agit avec les trois romans précédents – *Jusqu'au cœur du soleil, Marée stellaire et Élévation (1 & 2)* – d'un ensemble d'aventures qui s'inscrivent dans la plus pure tradition du space opera... même si j'espère y avoir inséré quelques idées possédant l'allant des autres genres de la S.-F.

J'y traite à un niveau des conséquences morales, scientifiques et émotionnelles de « l'Élévation », c'est-à-dire la modification génétique de certains animaux afin qu'ils participent à notre civilisation avec des capacités intellectuelles équivalentes aux nôtres. De nombreux auteurs (par exemple, H. G. Wells, Pierre Boulle, Mary Shelley et Cordwainer Smith) ont développé ce concept. Ils l'ont toutefois abordé selon un point de vue plus ou moins comparable, en partant du principe qu'il donnerait lieu à des abus... que les humains dispensateurs de sapience seraient des insensés qui établiraient avec ces êtres des rapports cruels de maître à esclave.

C'est naturellement une (triste) possibilité. Ces récits étaient excellents et moralisateurs, mais comme cette voie avait été trop souvent empruntée, j'en ai choisi une autre. Je me suis demandé ce qui se passerait si les humains modifiaient les animaux supérieurs – et je crois sincèrement qu'ils le feront un jour – en respectant les règles morales de notre société libérale. À la fois tolérants et rongés par un sentiment de culpabilité, ne risqueraient-ils pas d'étouffer leurs clients par un excès de *bonté* ? Plus important, ces êtres ayant récemment accédé à la sapience seraient confrontés à de sérieux problèmes même s'ils étaient bien traités. Leur adaptation s'avérerait difficile. Il n'est pas nécessaire de se les représenter en servage pour compatir à leur situation.

Puis j'ai pensé que le concept de l'Élévation pouvait être une évidence pour des extraterrestres qui maîtrisaient le voyage hyperspatial depuis des temps immémoriaux, qu'ils avaient pour principe de donner un petit coup de pouce à d'innombrables espèces arrivées au stade de la présapience pour hâter le processus et créer de nouveaux peuples spatiopérégrins qui les imiteraient à leur tour, et ainsi de suite. J'ai imaginé une culture qui s'étendait d'un bout à l'autre d'une galaxie, et elle m'a fasciné. Si les aspects positifs étaient nombreux, ce système risquait de conduire à une sorte de conservatisme culturel abrutissant... une obsession du passé. À présent, en supposant qu'un contact s'établisse entre cette civilisation aussi vaste qu'ancienne et le jeune clan des Terriens – pas seulement les humains mais aussi les dauphins et les chimpanzés ayant bénéficié de l'Élévation –, quel accueil serait réservé à ces nouveaux venus ? Comment réagiraient ces derniers ?

Dans trop d'histoires de science-fiction les explorateurs humains atteignent l'espace intersidéral au bon moment pour rencontrer des êtres dont le niveau d'évolution fait d'eux leurs concurrents ou leurs alliés potentiels. En réalité, l'univers repose sur la stabilité. Les choses sont telles qu'elles étaient il y a longtemps. Un équilibre de lois ou de mort. Dans *Crystal Spheres*, j'avance que nous sommes la Première Race alors que dans la série *Élévation* nous arrivons bons derniers. Mais, dans un cas comme dans l'autre, je doute que nous nous retrouvions un jour sur un pied d'égalité avec des extraterrestres.

L'autre thème de cette série est l'écologie. Ce que nous faisons subir à la Terre m'incite à craindre que de telles catastrophes aient eu lieu à l'échelle galactique. Nous trouvons dans la plupart des récits de S.-F. des individus qui lancent : « Allons peupler l'univers ! » L'image de la frontière à défricher est certes motivante, mais une expansion irréfléchie entraînerait la désertification de nombreux mondes en seulement quelques années. Si une telle chose s'est déjà produite, cela expliquerait que les chercheurs ne découvrent autour de nous que des galaxies d'où s'élèvent très peu – s'il y en a – de voix. Il serait possible d'éviter de tels drames en réglementant la façon dont les colons doivent traiter les planètes, en les contraignant à penser à l'avenir. On trouve de telles mesures de prévention au cœur de la société dépeinte dans la série *Élévation*, car en dépit de leur impénétrabilité et de leur cruauté occasionnelle mes Galactiques se sont fixé comme priorité de préserver les mondes, les écosystèmes et les formes de vie supérieures potentielles. Il en résulte un cosmos bruyant, agité et querelleur, mais où la diversité est bien plus grande qu'elle ne le serait autrement.

J'ai trouvé tout particulièrement intéressant d'essayer de considérer les choses selon l'optique des néo-dauphins et des néo-chimps. Il va de soi que le concept de l'Élévation facilite le travail de l'auteur. Chaque fois que les personnages ont un comportement un peu trop humain, il faut (évidemment) l'attribuer aux mesures génétiques et culturelles prises pour leur permettre de s'adapter à la société terrienne. Sans quitter ce refuge, j'ai tenté d'aller plus loin et de faire resurgir les instincts de leurs ancêtres... tant les plus flatteurs que ceux pouvant placer un être supérieur dans l'embarras, comme les fantômes des préhominiens nous gênent parfois. En ce qui concerne les néo-dauphins, j'ai tenté de concilier les connaissances scientifiques les plus récentes et les modélisations de leurs processus mentaux avec mes extrapolations sur leur vie tant « sociale » que sentimentale.

Finalement, j'ai pris soin d'aborder dans chaque histoire de ce cycle une question se rapportant au bien et au mal, ou au domaine indéfini qui les sépare. Le dernier thème est la supposition arrogante et insidieuse mais trop répandue selon laquelle les *paroles* seraient plus importantes que les *actes*.

Un conflit oppose depuis des siècles ceux qui estiment que les idées sont en soi dangereuses, ou pernicieuses, et ceux qui prônent de les utiliser pour transformer les enfants en adultes capables d'analyser tous les sujets avec scepticisme, en toute objectivité. Il y a de nos jours des gens (toutes tendances politiques confondues) qui estiment qu'une élite (ou la gauche ou la droite) devrait protéger les masses contre certains concepts ou certaines images. Ces mêmes individus avancent fréquemment que « la pensée vaut l'acte ».

On retrouve cela dans la résurgence de la « magie » dans la littérature d'heroic fantasy. Les personnages sont presque toujours meilleurs, plus forts et plus puissants que les autres non parce qu'ils ont acquis ce statut par l'étude, le mérite ou la discussion, mais parce qu'une force surnaturelle les place au-dessus du commun des mortels. Au sein de telles sociétés, le pouvoir est héréditaire ou enraciné dans l'ego omnipotent de l'*Übermensch* qui contraint la nature à se plier à sa volonté. Les efforts de ceux qui ont permis de réaliser d'admirables progrès tant dans le domaine des sciences que des libertés sont rejetés ou oubliés. Manipulateurs et formules magiques ont plus d'importance que ceux qui façonnent la matière, surtout si les mots employés sont secrets, tout-puissants et (cela va de soi) ignorés du bas peuple. Ce genre littéraire réfute les principes égalitaires de la civilisation occidentale pour leur préférer des traditions plus anciennes qui vantent les mérites d'une certaine élite et justifient son hégémonie.

Dans *Tentation* – une aventure marginale qui complète les événements narrés dans le cycle *Rédemption* – resurgit cette idée insidieuse, la tentation de prendre ses désirs pour des réalités. Comme le concluent les dauphins, il est possible de mélanger art et science. Nous pouvons combiner honnêteté et libre expression extravagante. Nous ne sommes pas des êtres limités.

Mais les humains qui estiment que la persuasion importe plus que le reste ont déjà fait trop de mal.

Tout n'est pas subjectif. La réalité est essentielle, tout comme la vérité. Il s'agit d'un mot qui a un sens.

David BRIN

Roma Eterna

Robert Silverberg

Les histoires de *Roma Eterna* reposent sur un scénario d'histoire alternative selon lequel les anciens Hébreux restèrent en Égypte au lieu d'être conduits par Moïse vers la Terre promise comme le rapporte le livre de l'Exode. Puisque ainsi les Juifs ne s'installèrent jamais en Palestine, la figure historique de Jésus de Nazareth n'existe pas, le christianisme ne s'est pas développé, et Rome est demeurée païenne. L'histoire de Rome dans ce monde alternatif est en général identique à celle de notre Rome telle qu'elle s'est déroulée jusqu'au IVe siècle après J.-C. : la fondation de l'Empire sous Auguste, son expansion sous Trajan, Hadrien et Marc Aurèle, ses difficultés à l'époque des dictatures militaires du IIIe siècle, et enfin sa division en Empire d'Orient et Empire d'Occident par Constantin le Grand.

Mais après Constantin, qui dans notre histoire fut responsable de l'adoption par Rome du christianisme comme religion officielle, les choses commencent à changer. L'Empire, au lieu d'être déchiré par les querelles qui divisèrent les héritiers de Constantin et affaibli par les changements sociaux introduits par le christianisme, prospère et se développe au cours du Ve siècle, parvenant à se renouveler constamment durant ce que nous appelons les Temps obscurs et à repousser les invasions barbares. Il demeure un empire florissant qui s'étend de la Grande-Bretagne aux frontières de la Chine et des Indes et n'a aucun rival sérieux au monde, même si parfois des tensions se produisent entre ses parties occidentale et orientale. Les Empires aztèque et inca du Nouveau Monde demeurent indépendants et puissants malgré une tentative malheureuse de les conquérir pour fonder une nouvelle Rome au-delà des mers.

Les histoires de *Roma Eterna* commencent en 753 avant J.-C., date traditionnellement admise de la fondation de la ville. Ainsi l'année 1999 de notre ère est-elle l'année 2752 A.F. (après la fondation) selon le temps romain. Des histoires écrites à ce jour, la plus ancienne chronologiquement est « *Waiting for the End* » dont l'action se passe en 1951 A.F. (1198 de notre ère), et montre un Empire d'Occident en pleine décadence, envahi et conquis par l'armée de l'Empire d'Orient dont les soldats parlent grec...

Dans « *An Outpost of the Empire* » qui se déroule deux cent cinquante ans plus tard, en 2206 A.F., l'Empire d'Occident a non seulement retrouvé son indépendance mais, sous l'autorité de l'Empereur Flavius Romulus, il a vaincu l'Empire d'Orient, reconstituant ainsi l'unité de l'Empire que Constantin avait divisé onze cents ans plus tôt.

Au cours des années 2250-2550 qui correspondent à nos XVIe, XVIIe et XVIIIe siècles, l'Empire connaît une renaissance sous l'impulsion du grand Empereur Trajan VII que ses voyages conduisent aux quatre coins du globe, et qui développe le commerce avec l'Asie. Le redémarrage de la croissance économique grâce à l'ouverture de nouvelles routes commerciales finit par provoquer une révolution industrielle, ainsi que le morcellement du cœur de l'Empire en régions parlant des dialectes différents (le gallien, l'hispanien, le britannien, le romain, etc.) et, au bout du compte, l'effondrement progressif de l'autorité centrale au cours d'une seconde période de décadence et de prospérité. Une tentative de réunification des provinces européennes virtuellement indépendantes, amorcée en 2563 A.F. (1810 après J.-C.) par la figure napoléonienne du Comte Valerian Appollinaris finit par aboutir et, pendant un temps, l'Empire, sous la férule austère d'Appollinaris, semble régénéré.

Mais l'assassinat d'Appollinaris sonne le glas du système impérial : après dix-huit siècles de Césars, le peuple brûle d'envie de balayer l'aristocratie paresseuse qui se vautre dans le luxe, et de retrouver le gouvernement républicain aboli par Auguste. L'histoire suivante, *Via Roma*, voit le dernier empereur renversé en 2603 A.F. (1850 après J.-C.), le meurtre de la plupart des membres de sa famille et l'établissement de la Deuxième République sous l'égide autoritaire et conservatrice de Gaius Junius Scaevola qui prend le titre de Premier Consul à vie.

Vient ensuite « *Tales of the Venia Woods* »[1] qui se déroule environ cinquante ans après la chute des Césars et nous montre le dernier survivant de l'ancienne famille impériale, un vieil homme reclus en ermite dans la forêt de la ville que nous appelons aujourd'hui Vienne. La série effectue ensuite un bond jusqu'en 2723 A.F. (1770 après J.-C.), et l'histoire « *To the Promised Land* » met en scène Moshe, un Juif égyptien charismatique, qui veut construire un vaisseau spatial pour emmener son peuple vers un autre monde. La tentative de lancement du vaisseau est un désastre et Moshe est tué, mais la fin de l'histoire voit la naissance au Moyen-Orient d'une nouvelle religion messianique qui considère Moshe comme le fils de Dieu.

La présente histoire se situe en 2503 A.F. (1750 après J.-C.), et comble un vide dans la série. Elle décrit l'Empire pendant la seconde période de décadence, au moment où Demetrius II s'apprête à monter sur le trône et où un historien se penche sur l'âge d'or de la Renaissance initiée par Trajan VII deux siècles et demi plus tôt.

1. Paru en français sous le titre : « Légendes de la forêt veniane » (*Présences*, 1994) *(N.d.T.)*

À LA RENCONTRE DU DRAGON

Robert Silverberg

J'arrivai au théâtre à neuf heures ce matin-là, une demi-heure avant l'heure fixée, car je ne savais que trop bien à quel point le Caesar Demetrius pouvait se montrer cruel envers ceux qui oubliaient d'être ponctuels. Mais le Caesar, semblait-il, était arrivé encore plus tôt. Je trouvai Labienus, son garde personnel et compagnon de beuverie favori, qui traînait devant l'entrée du théâtre. En me voyant approcher, il me lança un sourire narquois et dit :

– Qu'est-ce que tu fabriques ? Caesar t'attend.

– J'ai une demi-heure d'avance, répondis-je d'un ton aigre-doux.

Inutile de faire preuve de tact avec des individus comme ce Labienus, ou plutôt Polycrates, ainsi que je devrais l'appeler maintenant que Caesar nous a donné à tous de nouveaux noms grecs.

– Où est-il ?

Labienus montra la porte et pointa son index dressé vers le haut, désignant le ciel à trois reprises. Je passai devant lui en clopinant et entrai sans ajouter un mot.

À mon grand dam, j'aperçus Demetrius Caesar tout en haut du théâtre, au dernier rang ; sa frêle silhouette se découpait sur le bleu éclatant du ciel matutinal. Cela faisait moins de six semaines que je m'étais brisé la cheville en chassant le sanglier à l'intérieur de l'île en compagnie du Caesar, et j'étais toujours condamné aux béquilles ; marcher, sans parler de monter les escaliers, demeurait une épreuve redoutable. Pourtant il était là-haut, tout là-haut. Il m'interpella :

– Ah, te voilà enfin, Pisandre ! Il serait temps. Dépêche-toi de monter ! J'ai quelque chose de très intéressant à te montrer.

Pisandre. C'était l'été précédent qu'il nous avait tous subitement affublés de noms grecs. Julius, Lucius et Marcus avaient perdu leur bon vieux patronyme romain pour devenir Eurystheus, Idomeneus et Diomedes. Quant à moi, Tiberius Ulpius Draco, j'étais devenu Pisandre. Ces noms grecs faisaient fureur à la cour et Caesar, à la demande expresse de son Empereur de père, les imposait ici en Sicile. Nous imaginions que d'autres fantaisies allaient suivre : l'obligation d'adopter des coiffures grecques et des pommades visqueuses, de porter la tunique flottante des Grecs, et pour finir de s'adonner aux pratiques sodomites. Enfin, libre aux Césars de s'amuser comme bon leur semble, et cela ne m'aurait nullement dérangé s'il m'avait attribué un nom héroïque, tel qu'Agamemnon, ou Odysseus, ou quelque chose du même genre. Mais Pisandre ? Pisandre de Laranda était l'auteur de ce magnifique récit épique de l'histoire du monde, *Les Héroïques Mariages des Dieux*, et il aurait été assez raisonnable de la part de Caesar de me nommer ainsi puisque je suis moi aussi historien. Et puis il y a également un Pisandre plus ancien, Pisandre de Camirus, qui a écrit le plus vieux récit connu des travaux d'Héraclès. Mais il reste encore un autre Pisandre, un politicien athénien gras et corrompu qui est l'objet de railleries sans pitié dans *L'Hyperbole* d'Aristophane, et il se trouve que cette pièce est l'une des préférées de Caesar. Dans la mesure où les deux premiers sont d'obscures gloires issues de l'Antiquité et connues des seuls spécialistes tels que moi, je ne peux m'empêcher de penser que c'est le personnage d'Aristophane que Caesar avait en tête lorsqu'il a forgé mon nom grec. Je ne suis ni gras, ni corrompu, mais le Caesar trouve grand plaisir à nous humilier avec ce genre de petits tours mesquins.

Obliger un infirme à grimper tout en haut du théâtre, par exemple. Je gravis en claudiquant les rudes marches de pierre, me traînant d'une volée à l'autre. Tourné vers l'ouest, Demetrius admirait le spectacle merveilleux de l'Etna enneigé qui s'élevait devant ses yeux, le sommet maculé de cendres et enrubanné d'une volute de fumée noire s'échappant de sa gueule bouillonnante. La vue depuis le haut du grand théâtre de Tauromenion est à vous couper le souffle, mais l'effort de la montée m'avait déjà suffisamment coupé le mien, et je n'étais pas d'humeur à apprécier la splendeur du panorama qui s'offrait à nous.

Il s'appuyait sur la table de pierre du foyer supérieur, là où les marchands de vins proposent leurs produits pendant les entractes. Un énorme parchemin s'étalait devant lui.

– Voici mon projet d'embellissement de l'île, Pisandre. Viens jeter un coup d'œil et dis-moi ce que tu en penses.

Il s'agissait d'une immense carte de la Sicile qui recouvrait la table tout entière. On aurait dit qu'elle était quasiment à grandeur réelle. Je découvris de grands cercles rouges, peut-être une demi-douzaine, tracés d'un trait décidé. Ce n'était pas du tout ce à quoi je m'attendais, puisque l'objet officiel de notre rencontre était de discuter du projet de Caesar pour la rénovation du théâtre de Tauromenion. Parmi mes nombreux domaines de compétence, je possède une certaine connaissance de l'architecture. Mais non, non et non, aujourd'hui Demetrius ne pensait pas le moins du monde à la rénovation du théâtre.

– Cette île est superbe, mais son économie somnole depuis des décennies. Je me propose de la réveiller en entreprenant le programme de construction le plus ambitieux que la Sicile ait jamais connu. Par exemple, ici même, Pisandre, dans notre jolie petite ville de Tauromenion, il manque un véritable palais royal, c'est évident. La villa que j'occupe depuis trois ans est joliment située, mais ne la trouves-tu pas plutôt modeste pour l'héritier du trône ?

Modeste, certes. Trente ou quarante pièces au bord de la falaise et dominant la ville, avec une vue dégagée sur la mer et sur le volcan. Du doigt il tapota le cercle rouge tracé autour de l'emplacement de Tauromenion, dans le coin droit de la carte, au nord-est de la Sicile.

– Imagine que nous transformions cette villa en un véritable palais en l'agrandissant un peu sur l'avant de la falaise, hein ? Viens par ici, je vais te montrer à quoi je pense.

Je le suivis en claudiquant. Il me conduisit à un point d'où l'on voyait le portique de sa villa, et il entreprit de décrire une cascade de niveaux, soutenus par des plates-formes cantilevers et d'énormes arcs-boutants, qui couvriraient entièrement l'avant de la falaise et descendraient tout en bas jusqu'aux rivages de la mer Ionienne.

– Ce serait tellement plus facile pour me rendre à la plage, tu ne trouves pas ? Et si nous construisions un genre de voie descendant le long du bâtiment avec un char suspendu à des câbles ? Au lieu de passer par la route, je pourrais aller à la plage sans sortir de mon palais.

J'en restai pantois. Pareille construction, à supposer qu'elle fût possible, demanderait cinquante ans de travaux et coûterait au bas mot un milliard de sesterces. Voire dix.

Mais ce n'était pas tout. Il s'en fallait de beaucoup.

– Ensuite, Pisandre, il nous faut prévoir quelque chose pour l'hébergement des visiteurs royaux à Panormos.

Il fit courir son doigt en haut de la carte jusqu'au grand port sur la côte nord de l'île.

– Panormos, c'est là que mon père aime à résider quand il vient ici, mais le palais a six cents ans et il est complètement inadapté. J'aimerais le démolir et construire à la place une réplique exacte du palais impérial sur le mont Palatin, avec peut-être une réplique du Forum de Rome en contrebas. Ça lui plairait, il se sentirait comme chez lui lors de ses visites en Sicile. Et puis, lorsque nous chassons dans l'île, nous avons le délicieux palais de Maximianus Herculeus près d'Enna, hélas il tombe en ruine. Nous pourrions construire à la place un palais entièrement nouveau, dans le style, disons... byzantin. En prenant grand soin de ne pas abîmer les mosaïques, bien sûr. Ensuite...

J'écoutais, médusé. L'idée de Demetrius pour réveiller l'économie de la Sicile consistait à construire des palais d'un coût inimaginable dans tous les coins de l'île. À Agrigente sur la côte sud, par exemple, là où la famille royale aimait aller admirer les superbes temples grecs ainsi que ceux, voisins, de Selinonte, il pensait qu'il serait amusant de construire une copie exacte de la célèbre villa d'Hadrien à Tibur et d'en faire une sorte d'hôtel pour touristes. Sauf que ladite villa avait la taille d'une petite ville. Il faudrait au moins un siècle à une armée d'artisans pour dorer sa jumelle à Agrigente. Et puis à l'extrémité ouest de l'île, il imaginait un robuste château dans le style homérique primitif, ou dans ce qu'il imaginait être le style homérique, romantiquement accroché au sommet de la citadelle d'Eryx. Et en bas, à Syracuse... Enfin bref, ce qu'il envisageait pour Syracuse aurait suffi à mettre l'Empire en faillite : un palais majestueux, bien sûr, mais aussi un phare comme celui d'Alexandrie, un Parthénon deux fois la taille de l'original, une douzaine de pyramides comme celles d'Égypte, mais légèrement plus grandes, et enfin, en bord de mer, un colosse de bronze comme celui qui se dressait autrefois à l'entrée du port de Rhodes, et... Je suis incapable de dresser la liste complète sans avoir envie de pleurer.

– Eh bien, Pisandre, qu'en dis-tu ? N'est-ce pas là un ensemble de travaux comme jamais il n'en a été conçu ?

Son visage rayonnait. C'est un très bel homme que Demetrius Caesar et, en cet instant, transfiguré par son projet mégalomane, c'était un véritable Apollon. Mais un Apollon fou. Quelle réponse pouvais-je apporter au flot de propositions qu'il venait de déverser ? Que je pensais que c'était de la dernière folie ? Que je doutais fort qu'il y eût suffisamment d'or dans le trésor de son père pour supporter le coût d'une entreprise aussi absurde ? Que nous serions tous morts depuis longtemps avant que ces projets ne soient achevés ? L'Empereur Lodovicus son père, lorsqu'il m'avait nommé au service du Caesar Demetrius, m'avait averti qu'il était d'humeur fantasque. Un mot maladroit et je risquais de me retrouver précipité au bas des marches que je venais d'avoir tant de mal à gravir.

Mais je sais comment présenter les choses lorsque je m'adresse à des princes. Avec tact, sans flatterie.

– C'est un projet qui m'impressionne au plus haut point. Je serais bien en peine de trouver son équivalent.

– Exactement. On n'a jamais rien fait de semblable, n'est-ce pas ? Je resterai dans l'histoire. Ni Alexandre, ni Sardanapale, ni César Auguste lui-même n'ont entrepris programme de construction d'une telle ambition... Et toi, bien sûr, Pisandre, tu en seras l'architecte en chef.

Un coup de pied dans le bas-ventre ne m'aurait pas estomaqué davantage. Le souffle coupé, je parvins à bredouiller :

– Moi, Caesar ? Tu me fais trop d'honneur. Mon champ d'étude est l'histoire, Seigneur. J'ai certes un peu touché à l'architecture, mais je ne me considère nullement comme qualifié pour...

– Eh bien, moi, je pense le contraire. Épargne-moi ta fausse modestie, veux-tu, Draco ?

Voilà que soudain il m'appelait de nouveau par mon vrai nom. Cela ne semblait pas innocent.

– Tout le monde sait de quoi tu es capable. Tu te caches derrière tes airs d'érudit parce que tu crois ainsi te protéger, j'imagine; mais je n'ignore rien de tes capacités réelles, et lorsque je serai Empereur, j'ai la ferme intention d'en tirer le meilleur parti. C'est la marque d'un grand Empereur de s'entourer d'hommes grands eux aussi, et de les encourager à accomplir les grandes choses dont ils sont capables, tu ne trouves pas ? J'entends être un grand Empereur, tu sais, dans dix ans, dans vingt ans, lorsque mon tour viendra. Mais je commence à choisir mes hommes clés. Tu seras l'un d'eux

Il ponctua sa tirade d'un clin d'œil.

– Débrouille-toi pour que cette jambe guérisse vite, Draco. J'ai l'intention de commencer par la construction du palais de Tauromenion, et je veux que tu en dessines les plans, ce qui signifie que nous allons devoir crapaüter sur la face de cette falaise afin de trouver le meilleur emplacement. Pas question de te voir faire cela sur tes béquilles. La montagne est superbe, ce matin, tu ne trouves pas, Pisandre ?

En trois phrases, j'étais redevenu Pisandre.

Il roula son parchemin. Je me demandais si nous allions finir par discuter de la rénovation du théâtre, mais c'est alors que je compris que le Caesar, l'esprit enflammé par la magnificence de son projet, ne s'intéressait pas davantage à un problème aussi mesquin que le remplacement de l'égout engorgé du théâtre qu'un Dieu ne prêterait attention aux misères physiques, disons la cheville cassée, d'un vulgaire mortel, alors que sa divine intelligence serait tout entière mobilisée par l'élaboration d'une nouvelle peste fabuleuse capable de détruire onze millions d'habitants à la peau jaune sur la lointaine Catay, et ce dans les semaines à venir.

La contemplation de la vue nous absorba un moment puis, quand je sentis qu'il en avait fini avec moi, je me retirai sans soulever la question du théâtre et entrepris, lentement et laborieusement, de redescendre les marches. Au moment où j'arrivai en bas, j'entendis la voix du Caesar. L'espace d'un instant, la crainte horrible me saisit qu'il me rappelait, et que j'allais devoir me hisser tout en haut du théâtre une seconde fois.

Mais il voulait simplement me souhaiter une bonne journée. Le Caesar Demetrius est fou, certes, mais il n'est pas vraiment méchant.

– Jamais l'Empereur ne lui permettra de faire une chose pareille, déclara Spiculo plus tard dans la soirée, alors que nous partagions un pichet de vin.

– Mais si. L'Empereur cède à tous les petits caprices de son dément de fils. Même à tous les plus gros.

Spiculo le bien nommé, un petit bonhomme piquant, est mon plus vieil ami. Tous deux originaires d'Hispanie, nous sommes allés ensemble à l'école à Tarraco. Quand je suis entré au service de l'Empereur à Rome, il me suivit, et lorsque l'Empereur me donna à son fils, Spiculo en ami fidèle m'accompagna en Sicile. J'ai confiance en cet homme comme en nul autre. Nous passons notre temps à nous trahir l'un l'autre sans la moindre retenue.

– S'il commence, dit Spiculo, il ne finira jamais rien. Tu le connais. Six mois après le début des travaux du palais de Tauromenion, il décidera qu'il préfère lancer la construction du Parthénon à Syracuse. Il érigera trois colonnes là-bas et partira pour Panormos. Et un mois plus tard il se précipitera ailleurs.

– Et alors ? En quoi est-ce que cela me regarde ? C'est lui qui passera pour un imbécile s'il se conduit ainsi, pas moi. Je ne suis que l'architecte.

Il écarquilla les yeux.

– Quoi ? Tu as vraiment l'intention de te lancer dans cette entreprise ?

– Le Caesar a requis mes services.

– Et tu es assez servile pour faire tout ce qu'il t'ordonne, même si c'est complètement fou ? Gâcher les cinq ou dix prochaines années de ta vie à travailler au projet délirant d'un prince dément pour enterrer cette malheureuse île sous des montagnes de marbre ? Associer ton nom au sien pour l'éternité et passer pour l'artisan de cette folle entreprise ?

Il prit une voix de soprano, cassante et moqueuse :

– *Tiberius Ulpius Draco, le plus grand savant de son époque, abandonna bêtement ses travaux érudits pour consacrer la fin de ses jours à une série de ridicules projets somptuaires si mal conçus qu'aucun n'aboutit jamais. On finit par le retrouver mort un matin, étendu au pied de la Grande Pyramide inachevée de Syracuse, tué de sa propre main...* Non, Draco ! Ne fais pas ça. Dis non et prends le large.

– Tu parles comme si j'avais le choix.

Il me regarda en face. Puis il se leva et traversa le patio en claudiquant. Il est infirme de naissance, il a la jambe gauche tordue et le pied qui sort vers l'extérieur. Mon accident de chasse l'a rendu furieux parce qu'il me fait boiter comme lui, ce qui attire encore plus l'attention sur son infirmité lorsque nous déambulons côte à côte en clopinant dans les rues de la ville, couple grotesque que l'on pourrait croire en route pour quelque colloque de mendiants.

Il resta un long moment à me foudroyer du regard sans prononcer une parole. La lune brillait dans la nuit claire, illuminant les riches villas perchées sur les flancs de la colline de Tauromenion, et, tandis que le silence se prolongeait, je me surpris en train d'observer les contours triangulaires du corps de Spiculo soulignés par la lumière blanche et crue qui l'éclairait : ses larges épaules robustes, sa taille fine, ses jambes grêles, et sa grosse tête narquoise perchée tout en haut. Si j'avais eu mon carnet à dessin, je me serais mis à le croquer. Même si j'ai déjà maintes fois fait son portrait.

Il finit par dire très calmement :

– Tu me stupéfies, Draco. Comment peux-tu dire que tu n'as pas le choix ? Il te suffit de démissionner et de retourner à Rome. L'Empereur a besoin de toi. Il saura trouver une autre nounou pour son imbécile de rejeton princier. Tu ne penses pas sérieusement que Demetrius te fera jeter en prison si tu refuses le travail qu'il t'offre ? Ou qu'il te fera exécuter, ou je ne sais quoi ?

– Tu ne comprends pas. Je tiens absolument à faire ce travail.

– Même s'il s'agit des élucubrations d'un fou ? Draco, serais-tu devenu fou toi-même ? La folie du Caesar serait-elle contagieuse ?

– Je sais bien entendu combien toute cette entreprise est ridicule, répondis-je dans un sourire, toutefois ce n'est pas une raison pour ne pas m'y essayer.

– Ah ! lâcha Spiculo. Ah ! C'est donc ça ! La tentation de l'impossible ! L'ingénieur qui sommeille en toi rêve d'entasser l'Ossa sur le Pélion, juste pour savoir s'il est capable de réussir l'exploit ! Oh, Draco, Demetrius n'est pas aussi fou qu'il semble, n'est-ce pas ? Il t'a jaugé à la perfection. Il n'existe qu'un homme au monde possédant l'orgueil d'entreprendre cette tâche absurde, et cet homme se trouve ici même, à Tauromenion.

– On dit entasser le Pélion sur l'Ossa, et pas l'inverse. Mais oui, Spiculo ! Bien sûr que je suis tenté. Et qu'importe si ce n'est que folie. Et si rien n'est jamais achevé, quelle importance ? Au moins nous aurons commencé, dessiné des plans, creusé des fondations. Ne peux-tu comprendre que je veux savoir comment on construit une pyramide égyptienne ? Ou comment on peut étayer un palais suspendu à une falaise des dizaines de mètres au-dessus du vide ? C'est la chance de ma vie.

– Et ton histoire de la vie de Trajan VII ? Pas plus tard qu'avant-hier tu ne cessais de parler des documents des archives de Séville que l'on va t'apporter. Tu passais la moitié de la nuit à spéculer sur les merveilleuses révélations que tu allais y découvrir. Tu as l'intention d'abandonner tout ce beau projet comme ça ?

– Évidemment que non. Pourquoi un projet empiéterait-il sur un autre ? Je suis parfaitement capable de travailler sur un livre le soir et de dessiner des palais dans la journée. Je compte aussi continuer la peinture, la poésie, la musique... Je crois que tu me sous-estimes, mon vieil ami.

– Bon, qu'il ne soit pas dit que tu te seras rendu coupable de la même erreur.

Je ne relevai pas la pique.

– Je te propose encore un argument et nous n'en parlons plus, d'accord ? Lodovicus a plus de soixante ans et ne jouit pas d'une excellente santé. Lorsqu'il mourra, Demetrius deviendra Empereur, que cela plaise ou non, et toi et moi retournerons à Rome où je serai l'une des figures clés de son administration. J'aurai à ma disposition toutes les ressources scientifiques de la capitale. Sauf, naturellement, si je me coupe de lui alors qu'il n'est qu'héritier du trône en lui renvoyant son projet au visage, comme tu sembles vouloir me le conseiller. Je vais donc accepter ce travail. Disons à titre d'investissement en vue de futurs profits.

– Finement raisonné, Draco.

– Merci.

– Maintenant suppose qu'une fois Empereur, ce qui grâce à quelque facétie des Dieux ne tardera sans doute pas, Demetrius décide qu'il préfère te voir rester ici en Sicile pour terminer de couvrir l'île de splendeurs architecturales de seconde main, plutôt que d'interrompre cette noble tâche en t'envoyant à la cour de Rome. Et toi, tu passeras le restant de tes jours à arpenter ce coin perdu pour superviser la construction parfaitement inutile et superfétatoire de...

J'en avais assez entendu.

– Écoute, Spiculo, c'est un risque que je suis prêt à courir. Il m'a déjà dit clairement que lorsqu'il serait Empereur, il avait l'intention de faire meilleur usage de mes talents que son père n'a jamais daigné le faire.

– Et tu l'as cru ?

– Il avait l'air parfaitement sincère.

– Oh, Draco ! Draco ! Je commence à croire que tu es encore plus fou que lui.

Il s'agissait d'un pari, bien sûr, et je le savais. Spiculo était peut-être dans le vrai lorsqu'il disait que j'étais plus fou que Demetrius. Le Caesar, après tout, ne peut rien à son état. La folie, la folie véritable, sévit dans sa famille depuis plus d'un siècle. Une grave instabilité mentale, quelque anomalie du cerveau qui entraîne des caprices ou des accès imprévisibles de frivolité. Mais moi, par contre, j'affronte chaque nouvelle journée l'esprit clair. Je travaille dur, on peut compter sur moi, et je possède une intelligence aiguë qui me permet de réussir tout ce que j'entreprends. Je ne me vante nullement. La réalité de mon œuvre est un fait indiscutable. J'ai construit des temples et des palais, j'ai peint de grands tableaux et sculpté de splendides statues, j'ai écrit des poèmes épiques et des livres d'histoire, j'ai même conçu une machine volante que je construirai un jour et que j'expérimenterai avec succès. Et j'ai l'intention d'accomplir bien d'autres choses encore, des secrets que je consigne dans mes carnets en écriture codée, en pattes de mouche tracées de la main gauche, et qui pourraient transformer le monde. Un jour je les révélerai dans toute leur perfection. Mais pour l'instant je ne suis pas prêt, ne fût-ce qu'à y faire allusion, c'est pourquoi j'utilise le code. (Comme si quelqu'un était capable d'appréhender mes idées, même en les lisant dans mes carnets !)

L'on pourrait dire que je dois mon agilité mentale à une faveur spéciale des Dieux, et je ne souhaite pas contredire cette pieuse pensée, mais l'hérédité y est aussi pour quelque chose. Mes dons supérieurs me viennent de mes ancêtres, comme la faiblesse d'esprit de Demetrius lui vient des siens. Dans mes veines à moi coule le sang de l'un de nos plus grands Empereurs, Trajan VII le visionnaire, qui aurait mérité le titre décerné il y a seize siècles au premier Empereur qui le porta : Optimus Princeps, « *le meilleur des Princes* ». Qui sont par contre les ancêtres de Demetrius Caesar ? Lodovicus ! Marius Antoninus ! Valens Aquila ! Et alors ? Ne sont-ce pas là quelques-uns des hommes les plus faibles d'esprit jamais montés sur le trône ? Et n'ont-ils pas conduit l'Empire sur le chemin de la décadence et du déclin ?

Certes, c'est le destin de l'Empire que de traverser de temps à autre des périodes de décadence, tout comme c'est sa chance suprême de trouver, encore et toujours, de nouvelles sources de vie et de renouveau lorsque cela s'avère nécessaire. C'est la raison pour laquelle notre Rome domine le monde depuis plus de deux mille ans, et continuera de le faire jusqu'à la fin des temps, rebondissant sans cesse, et retrouvant chaque fois une nouvelle vigueur.

Réfléchissez. Nous avons connu il y a mille huit cents ans une époque troublée et chaotique et nous en sommes sortis grâce à Auguste César dont nous avons hérité le gouvernement impérial qui depuis nous rend de grands services. Quand le sang des premiers Césars s'appauvrit et que des hommes comme Caligula et Néron arrivèrent hélas au pouvoir, la rédemption ne tarda guère en la personne du premier Trajan, et après lui d'Hadrien auquel succédèrent Antoninus Pius et Marc Aurèle, tous deux également fort capables.

Plus tard un terme fut mis à une autre période trouble par Dioclétien, dont l'œuvre fut achevée par Constantin le Grand. Et quand, sept cents ans plus tard, le déclin nous fit sombrer dans ce que les historiens modernes nomment la Grande Décadence et que, à notre grande honte, nos frères d'Orient nous envahirent sans coup férir, Flavius Romulus se dressa pour nous rendre une fois de plus notre liberté. Et peu après lui arriva Trajan VII qui envoya nos explorateurs de par le monde pour rapporter d'immenses richesses et donner le départ à la plus extraordinaire période de développement, que nous appelons la Renaissance. Aujourd'hui, hélas, nous sommes de nouveau décadents, nous traversons ce qui sera un jour je pense appelé la Deuxième Grande Décadence. Il semble impossible d'échapper à ce cycle.

J'aime penser que je suis un homme de la Renaissance, le dernier de l'espèce, né par quelque triste et injuste accident de l'histoire deux siècles trop tard, et obligé de vivre en cette période de décadence stupide. Ce fantasme m'est agréable, et tout tend à prouver qu'il correspond bien à la vérité.

Que nous vivions une période de décadence, on ne saurait en douter. L'un des symptômes les plus révélateurs de la décadence, c'est le goût pour les dépenses aussi considérables qu'absurdes, et quel meilleur exemple que celui fourni par le projet irréfléchi et imprudent du Caesar de remodeler la Sicile pour en faire un monument à sa gloire ? Que les bâtiments qu'il souhaite me voir construire ne soient, quasiment sans exception, que des imitations de monuments érigés en des temps plus anciens et plus nobles ne fait que renforcer l'argument.

Mais nous connaissons également un effondrement du pouvoir central. Non seulement les provinces lointaines telles la Syrie et la Perse n'en font joyeusement qu'à leur tête la plupart du temps, mais la Gaule et l'Hispanie, la Dalmatie et la Pannonie se comportent quasiment comme des nations indépendantes, et ce pratiquement sous les yeux de l'Empereur. Il en va de même pour les nouvelles langues : qu'est devenu notre pur et beau latin, colonne vertébrale de l'Empire ? Un salmigondis de dialectes locaux dégénérés. Chaque endroit parle son propre charabia. Nous autres Hispaniens parlons l'hispanien, et les Galliens au nez pointu utilisent ce jargon nasillard qu'ils nomment le gallien. Dans les provinces teutonnes, on a complètement renoncé au latin, et les gens se sont remis à bredouiller quelque langage germanique primitif. Et même en Italie, on découvre que le latin cède la place à un fils bâtard que l'on nomme le romain, qui est toutefois doux à l'oreille, mais qui a perdu toute la profondeur et la subtilité grammaticale qui font du latin la Reine des langues. Et si l'on abandonne complètement le latin (alors que le grec n'a pas subi le même sort en Orient), comment un Hispanien se fera-t-il comprendre d'un natif de Britannie, ou un Teuton d'un Gallien, ou un Dalmate de n'importe qui ?

Lorsque de telles forces centrifuges balaient et détruisent notre société, aucun doute, la décadence est là.

Pourtant, suis-je vraiment un homme de la Renaissance échoué sur les rives de cette époque misérable ? Difficile de le dire. En langage courant, nous appelons « homme de la Renaissance » un individu d'une envergure et d'une profondeur exceptionnelles. C'est mon cas, sans nul doute. Mais me serais-je vraiment senti à l'aise dans le monde de cape et d'épée de Trajan VII ? Je possède la largeur d'esprit de la Renaissance, certes, mais en ai-je aussi le tempérament flamboyant, ou ne suis-je pas plutôt en vérité aussi timide, lourdaud et insignifiant que tous ceux qui m'entourent ? Il ne faut pas oublier ce qu'étaient les hommes du Moyen Âge. Aurais-je pu porter l'épée et me battre comme un légionnaire à la moindre provocation ? Aurais-je eu vingt maîtresses et cinquante bâtards ? Aurais-je rêvé de monter sur un minuscule vaisseau vermoulu pour partir à la découverte de terres lointaines ?

Non, je ne leur ressemblais sans doute guère. Ils avaient l'âme plus grande. Le monde leur paraissait plus vaste, plus brillant, et bien plus mystérieux qu'à nous; et puis ils répondaient à ses mystères avec une ferveur romantique et une débauche d'énergie farouche que nous sommes peut-être incapables d'imaginer. J'ai accepté le travail proposé par Caesar parce qu'il réveille en moi un peu de cette ferveur romantique, et qu'il me fait me sentir proche de mon illustre ancêtre

Trajan VII qui parcourut le monde. Trajan le Dragon. Mais que vais-je faire en vérité ? Découvrir de nouveaux mondes comme lui ? Non, je vais construire des pyramides, et des temples grecs, et la villa d'Hadrien. Toutes choses qui ont déjà été accomplies, de manière parfaitement satisfaisante, et sans qu'il soit besoin de recommencer. Suis-je alors aussi décadent que n'importe lequel de mes contemporains ?

Je me le demande, que serait-il advenu du grand Trajan s'il était né à notre époque, celle de Lodovicus Augustus et de son fêlé de fils Demetrius ? Les grands esprits courent de grands dangers lorsque des âmes étriquées dirigent le monde. Moi-même j'ai dû trouver d'habiles stratagèmes pour m'adapter et assurer ma sécurité, mais en aurait-il fait autant ? N'aurait-il pas plutôt paradé avec arrogance comme le véritable homme de la Renaissance qu'il était, jusqu'à ce qu'il devienne nécessaire de se débarrasser de lui dans quelque sombre ruelle sous prétexte qu'il menaçait la maison royale et la paix du royaume ? Peut-être pas. Peut-être, et c'est ce que je préfère penser, se serait-il dressé telle une flèche de feu dans la nuit noire de ces temps obscurs et, comme il le fit à sa propre époque, aurait-il illuminé le monde tout entier d'une brillante clarté.

De toute façon, je m'apprêtais, moi, indéniablement intelligent et censément sain d'esprit, à m'associer au projet de ce jeune fou de Caesar pour la simple raison que j'étais incapable de résister au merveilleux défi technique qu'il me proposait. Superbe geste romantique, ou pure folie ? Spiculo avait très probablement raison de dire qu'en acceptant ce travail j'apportais la preuve que j'étais plus dérangé que Demetrius. N'importe quel homme vraiment sain d'esprit se serait enfui en courant et en hurlant.

Nul n'était besoin d'être la Sibylle de Cumes pour prévoir que beaucoup de temps s'écoulerait avant que Demetrius n'évoque de nouveau son projet. Le Caesar papillonne sans cesse d'une chose à une autre, c'est l'un des symptômes de sa maladie. Deux jours après notre conversation au théâtre, il quitta Tauromenion pour des vacances au milieu des dunes d'Afrique où il resta plus d'un mois. Comme nous n'avions pas ne serait-ce que choisi l'emplacement du palais, et encore moins discuté des plans ou du budget, je négligeai toute cette affaire en attendant son retour, dans l'espoir, je suppose, qu'il aurait tout oublié d'ici là.

Je profitai de son absence pour reprendre mes travaux sur ce qui avait été mon principal centre d'intérêt cette année, à savoir l'étude de la vie de Trajan VII, sujet qui m'occupait de façon intermittente depuis sept ou huit ans. Deux choses m'y avaient récemment ramené. D'abord la découverte, dans les profondeurs poussiéreuses des Archives Maritimes de Séville, d'un paquet de journaux de bord abandonnés depuis longtemps et censés contenir le récit par Trajan lui-même de son voyage autour du monde. Ensuite, le malheureux accident de cheval pendant la partie de chasse au sanglier qui m'avait condamné, bon gré mal gré, aux béquilles et à l'inactivité forcée, excellente occasion de reprendre le rôle du savant historien.

Personne n'avait jamais étudié et raconté de manière satisfaisante l'extraordinaire carrière de Trajan. Cela peut sembler étrange compte tenu de notre longue lignée d'historiens éminents, lignée qui remonte aux personnages mystérieux de Naevius et d'Ennius à l'époque de la République, à Salluste, Tite-Live et Suétone plus tard bien sûr, puis à Ammianus, Marcellinus après eux, et enfin, en se rapprochant de l'ère moderne, à Lucius Caelius Antipater, le grand chroniqueur de la conquête de Rome par les Byzantins sous Maximilien VI.

Mais quelque chose ne tourne pas rond dans le domaine de l'histoire depuis que Flavius Romulus a réuni les deux moitiés de l'Empire romain en l'an 2198 A.F. Il se peut que sous le règne de grands hommes, et Flavius Romulus et ses deux successeurs furent incontestablement grands, chacun soit trop occupé à faire l'histoire pour avoir le temps de l'écrire. En tout cas, c'est ce que je croyais. Et puis je me suis cassé la cheville et me suis rendu compte alors qu'à n'importe quelle époque, si agitée soit-elle, il se trouve toujours quelqu'un qui, par la force des circonstances, blessure, maladie, ou exil, dispose de suffisamment de loisirs pour mettre la main à l'écriture.

Ce qui m'apparaît plus probable à présent, c'est que sous le règne de Flavius Romulus, Gaius Flavillus ou Trajan le Dragon, publier la moindre chronique de la vie de ces puissants Empereurs aurait pu s'avérer une occupation dangereuse pour la santé. À vrai dire, le meilleur récit de la vie des douze premiers Césars, je veux parler du livre caustique et tranchant de Suétone, fut écrit sous le règne plutôt paisible de Trajan Ier, et non alors que des monstres tels Caligula, Néron ou Domitien mettaient le pays à feu et à sang. Si bien qu'il a pu paraître sage aux historiens de l'époque des trois Monarques Hispaniens de se contenter d'une description aseptisée des événements publics et des lois importantes. Analyser Caesar, c'est le critiquer, et cela n'est pas toujours sans danger.

Enfin... quelle qu'en soit la raison, aucun livre digne d'intérêt écrit par un contemporain ne nous est parvenu sur le règne remarquable de Flavius Romulus. Nous ne possédons que de simples chroniques factuelles et quelques panégyriques onctueux de flagornerie. De la nature profonde de son successeur, l'obscur Gaius Julius Flavillus, nous ne savons pratiquement rien, sinon qu'il naquit comme Flavius Romulus à Tarraco en Hispanie, ma propre ville natale, et qu'il occupa diverses fonctions dans l'administration au cours de la longue carrière qui devait le conduire au trône impérial. Quant au troisième des grands Souverains Hispaniens, Trajan VII, dont le nom de famille par quelque heureuse coïncidence se trouvait être Draco, et dont les exploits lui valurent le surnom de Trajan le Dragon, nous n'avons de son règne glorieux que les plus insignifiantes chroniques.

Que personne ne se soit attaqué à la tâche d'écrire l'histoire de sa vie durant les deux siècles qui ont suivi sa mort ne devrait point nous étonner. Certes l'on peut sans risque parler d'un Caesar mort, mais quel homme aurait pu entreprendre cette tâche ? La brillante période de la Renaissance ne s'effaça que trop vite devant l'avènement de l'ère industrielle et, en ces temps sinistres, tous ne pensèrent plus qu'à gagner de l'argent, oubliant les arts et l'étude. Et aujourd'hui nous traversons une nouvelle période de décadence, la couronne impériale échoit à une succession de mauviettes, et l'Empire lui-même s'effondre pour n'être plus qu'un chapelet d'entités disparates qui ne témoignent d'aucune loyauté envers le pouvoir central. Le peu d'énergie que nos dirigeants parviennent à mobiliser va à des entreprises ineptes, telle la construction en Sicile de mausolées prétentieux dans le style pharaonique. Qui à pareille époque est capable d'oser affronter la grandeur d'un Trajan VII ?

Eh bien, moi !

Et je possède une pile épaisse de manuscrits pour le prouver. J'ai profité de mes fonctions au service de l'Empereur pour fouiller dans les caves du Capitole à Rome. J'ai ouvert des coffres scellés depuis vingt siècles et mis au jour des documents officiels dont on avait oublié jusqu'à l'existence. J'ai découvert les comptes rendus secrets des délibérations du Sénat, nul ne sembla y prêter garde, ni s'y intéresser le moins du monde. J'ai lu des actes rédigés par des hauts fonctionnaires de la cour. J'ai étudié les rapports des collecteurs d'impôts et des inspecteurs des marchés publics, ces rapports qui semblent abstraits et ennuyeux mais fournissent en fait le minerai précieux avec lequel on forge l'histoire. Grâce à tout cela j'ai réussi à faire revivre Trajan le Dragon et son époque de manière saisissante, du moins dans mon esprit et dans les pages de mon ouvrage inachevé.

Quel personnage c'était ! Durant toutes les années de sa longue vie, il fut l'incarnation absolue de la force, de la lucidité, de la volonté implacable et de l'énergie. Il s'élève au niveau des plus grands Empereurs, aux côtés d'Auguste, de Trajan Ier et d'Hadrien, de Constantin, de Maximilien III le vainqueur des barbares, et de son compatriote et prédécesseur Flavius Romulus. J'ai passé trois ans à faire sa connaissance, je suis allé à la rencontre du Dragon ! Durant ces trois années de recherches, j'ai eu le privilège de côtoyer cette grande âme, et ce contact a ennobli ma vie et éclairé mes jours.

Que sais-je de lui, ce grand Empereur, ce Dragon de Rome, ce lointain ancêtre ?

Tout d'abord que c'était un enfant illégitime. J'ai épluché soigneusement les registres des mariages et des naissances de Tarraco et des régions voisines d'Hispanie sur la période allant de 2215 à 2227 A.F., ce qui aurait dû être plus que suffisant. Pourtant, si j'ai bien trouvé un certain nombre de Draco sur les rôles d'imposition de cette période, Decimus Draco, Numerius Draco et Dalvius Draco, aucun d'eux ne semble avoir été marié officiellement, ni avoir engendré une progéniture digne de figurer sur les registres des naissances. L'identité de ses parents devra donc demeurer inconnue. Je peux seulement signaler qu'un Trajan Draco s'est engagé dans la Troisième Légion Hispanienne en l'an 2241, d'où je conclus que le Dragon naquit entre 2220 et 2225 A.F. À cette époque, il était fort courant de rejoindre l'armée à l'âge de dix-huit ans, ce qui situerait sa date de naissance en 2223, mais, connaissant Trajan Draco comme je le connais, je me risquerais à penser qu'il s'est engagé beaucoup plus jeune, peut-être à seize, voire à quinze ans.

L'Empire, en théorie, subissait encore le joug grec; mais l'Hispanie, comme la plupart des provinces occidentales, était virtuellement indépendante. L'Empereur de Constantinople, Leo XI, se préoccupait davantage de remplir son palais des trésors artistiques de la Grèce antique que de ce qui se passait dans les territoires européens. De toute façon, ces territoires dépendaient de l'Empereur d'Occident, son lointain cousin Nicephoros Cantacuzenos. Mais à l'époque de la domination grecque, les Empereurs d'Occident étaient invariablement des pantins oisifs, et Nicephoros, le dernier de la liste, était plus oisif encore que les autres. On raconte que personne ne l'a jamais vu à Rome et qu'il passait son temps dans une retraite confortable dans le sud, du côté de Neapolis.

La révolte de l'Occident, je suis fier de le dire, débuta en Hispanie, dans ma ville natale de Tarraco. Flavius Romulus, un fils de berger, peut-être illettré, mais plein d'audace et de dynamisme, leva une armée de gueux dépenaillés, renversa le gouvernement provincial et se proclama Empereur. Cela se passait en l'an 2193. Il avait vingt-cinq ou trente ans.

Nicephoros, l'Empereur d'Occident, choisit de considérer le soulèvement hispanien comme une révolte locale sans importance, et il est peu probable que Leo XI à Constantinople en eût jamais connaissance. Mais, très vite, la province voisine de Lusitanie fit allégeance à la bannière rebelle, et ensuite l'île de Britannie, puis les Galliens. L'une après l'autre, toutes les provinces occidentales renièrent leur fidélité au gouvernement incapable de Rome, jusqu'à ce que Flavius Romulus marche sur la capitale, s'empare du palais impérial, et envoie des troupes arrêter Nicephoros avant de le condamner à l'exil.

Dès l'an 2198, l'Empire d'Orient tombait également, et Leo XI fit un triste pèlerinage de Constantinople à Ravenne pour signer un traité reconnaissant Flavius Romulus non seulement Empereur d'Occident, mais aussi monarque des provinces orientales.

Flavius régna encore trente ans. Non content d'avoir réunifié l'Empire, il se distingua en accomplissant un exploit retentissant : un voyage qui l'emmena, après avoir contourné la pointe de l'Afrique, jusqu'aux rives des Indes et peut-être au-delà, vers des terres inconnues. Il fut le premier des Empereurs navigateurs et donna ainsi l'exemple à un voyageur plus extraordinaire encore, Trajan VII, deux générations plus tard.

Nous autres Romains avons gagné l'Extrême-Orient, la Perse, et même les Indes, par voie terrestre dès l'époque du premier Auguste. Les navigateurs byzantins, eux, descendaient souvent jusqu'aux côtes occidentales de l'Afrique pour commercer avec les royaumes nègres, ce qui incita quelques-uns des plus audacieux parmi les Empereurs d'Occident à lancer leurs propres expéditions, lesquelles, en doublant la pointe de l'Afrique, gagnèrent l'Arabie et de temps à autre les Indes. Mais il ne s'agissait là que d'aventures sporadiques. Flavius Romulus voulait établir des relations commerciales permanentes avec les pays d'Asie. Lors de son grand voyage en Inde, il emmena avec lui des milliers de Romains qu'il laissa en Afrique tout au long de son chemin pour qu'ils y fondent des colonies marchandes. Depuis, nous entretenons des contacts commerciaux permanents avec les peuples à la peau noire de ces lointaines contrées. De plus, lui ou l'un de ses capitaines, le point reste obscur, partit des Indes pour gagner les royaumes plus lointains encore de Catay et de Cipango où vivent des peuples à la peau jaune. Ainsi naquirent les liens commerciaux qui nous fournissent la soie et l'encens, le jade et l'ivoire, la rhubarbe et les émeraudes, les rubis et le poivre, les saphirs, la muscade, les teintures et les parfums de ces mystérieuses contrées.

L'ambition de Flavius Romulus ne connaissait point de bornes. Il rêvait de nouveaux voyages vers l'ouest, jusqu'aux deux continents de la Nouvelle Rome, de l'autre côté de l'océan. Des centaines d'années avant lui, l'intrépide Empereur Saturninus avait entrepris la folle conquête du Mexique et du Pérou, les deux grands Empires du

Nouveau Monde. Cette aventure coûta des sommes folles et se solda par une écrasante défaite qui laissa l'Empire économiquement et militairement exsangue et en fit une proie facile pour la conquête grecque deux générations plus tard. Flavius retint la leçon de cette expérience malheureuse et, faute de pouvoir conquérir ces fières nations du Nouveau Monde, il espérait nouer des contacts commerciaux avec elles, et dès les premières années de son règne il fit des efforts en ce sens.

Son successeur, un autre Hispanien de Tarraco, Gaius Julius Flavillus, de plus noble extraction que Flavius et dont la fortune familiale pourrait bien avoir soutenu au départ la révolte de celui-ci, était un homme volontaire qui se révéla un admirable Empereur. Toutefois, coincé entre deux personnages aussi formidables que Flavius Romulus et Trajan Draco, il apparaît davantage comme un consolidateur que comme un innovateur. Pendant son règne, qui couvrit la période de 2238 à 2253, il poursuivit la politique maritime de son prédécesseur en accordant toutefois plus d'importance aux voyages vers le Nouveau Monde qu'à ceux vers l'Afrique et l'Asie. Il s'efforça également de renforcer l'unité entre les deux moitiés de l'Empire, tâche que Flavius avait plutôt négligée.

C'est sous le règne de Gaius Flavillus que Trajan Draco commence à se faire remarquer. Il semble avoir été tout d'abord en poste en Afrique où il obtient très vite de l'avancement grâce à son héroïsme lors de la répression d'un soulèvement à Alexandrie, puis en mettant un terme aux exactions de bandits dans le désert au sud de Carthage. On ne sait guère comment il parvient à attirer l'attention de l'Empereur Gaius, bien que ses origines hispaniennes y soient sans doute pour quelque chose. Quoi qu'il en soit, dès 2248, nous le retrouvons à la tête de la garde prétorienne. Il n'a alors qu'environ vingt-cinq ans. Il ne tarde pas à conquérir le titre de Premier Tribun, puis peu après celui de Consul, et en 2252, un an avant sa mort, Gaius fait de lui son fils adoptif et le proclame héritier du trône.

Lorsque, peu après, Trajan Draco assuma la charge d'Empereur sous le nom de Trajan VII, on crut assister à la seconde naissance de Flavius Romulus. Un paysan hispanien succédait sur le trône à un patricien distant, un homme rempli de cette même énergie exubérante qui avait propulsé Flavius Romulus vers la grandeur. Et alors le monde entier résonna de l'écho de son rire puissant.

En vérité, Trajan était un autre Flavius, mais de plus d'envergure encore. Tous deux étaient grands et forts, mais Trajan était un colosse. Moi-même, son lointain descendant, je suis plutôt grand. Il avait le front haut et noble, ses cheveux noirs lui descendaient au milieu du dos, ses yeux brillaient comme ceux d'un aigle, et sa voix tonnait du Capitole au Janicule. Il était capable de boire d'un trait un tonnelet de vin sans en être affecté. Au cours des quatre-vingts années de sa vie, il eut cinq femmes, pas en même temps, je m'empresse de le préciser, et un nombre incalculable de maîtresses. Il engendra vingt enfants légitimes, dont le dixième est mon propre ancêtre, et une telle kyrielle de bâtards qu'il n'est pas rare aujourd'hui de rencontrer le visage d'aigle de Trajan Draco au détour d'une rue dans presque n'importe quelle ville du monde.

Il aimait non seulement les femmes, mais aussi les arts, en particulier la sculpture et la musique, et les sciences. Des domaines tels que les mathématiques ou l'astronomie avaient été abandonnés durant les deux cents ans pendant lesquels l'Occident avait vécu sous le joug des Grecs indolents et amoureux du luxe. Trajan encouragea leur renouveau. Il reconstruisit la capitale, Rome, de fond en comble, la couvrant de palais, d'universités et de théâtres, comme si semblables choses n'avaient jamais existé auparavant. Ensuite, par peur peut-être que cela ne fût pas suffisant, il s'enfonça vers l'Orient dans la province de Pannonie, jusqu'à la petite ville de Vienna sur le Danube, où il se fit construire une seconde capitale avec ses propres universités, une foule de théâtres, un immense Sénat et un palais royal qui demeure l'une des merveilles du monde. Son idée était que Vienna, bien que plus sombre et pluvieuse que Rome l'ensoleillée, se trouvait plus près du cœur de l'Empire. Il ne voulait à aucun prix voir l'Empire de nouveau partagé en deux royaumes distincts d'Orient et d'Occident, et ce malgré l'immensité de la tâche que représentait le gouvernement de ce territoire. Installer sa capitale dans un lieu central comme Vienna lui permettait de regarder plus aisément vers l'Occident en direction de la terre des Galliens et de la Britannie, vers le nord chez les Teutons et les Goths, et vers l'Orient et les Grecs, tout en tenant d'une main ferme les rênes du pouvoir.

Trajan, toutefois, ne passa que fort peu de temps à Vienna, pas plus qu'à Rome d'ailleurs. Il était sans cesse en voyage, se présentant un jour à Constantinople pour rappeler aux Grecs d'Asie qu'ils avaient un Empereur, ou inspectant la Syrie, la Perse, ou l'Égypte, quand il ne se précipitait pas vers les contrées hyperboréales pour y chasser les bêtes à fourrure, ou ne visitait pas son Hispanie natale où il avait fait de l'ancienne Séville le principal port d'embarquement pour le Nouveau Monde. C'était un homme infatigable.

Puis, dans la vingt-cinquième année de son règne, en 2278 A.F., il entreprit le plus grand de ses voyages, expédition extraordinaire pour laquelle son nom restera à jamais gravé dans les mémoires : le tour complet du globe. Parti de Séville, il y revint après avoir rencontré quasiment tous les peuples, à la fois civilisés et barbares, qui se peuvent trouver sur Terre.

Quelqu'un avant lui avait-il conçu projet aussi audacieux ? Je n'ai rien trouvé dans les archives historiques qui le suggère.

Personne bien sûr n'a jamais sérieusement douté que le monde est une sphère, et que, par conséquent, l'on peut en faire le tour. Le bon sens seul suffit à nous montrer la courbure de la Terre si nous regardons l'horizon. Quant à l'idée qu'il existe un bout du monde duquel les navigateurs imprudents risquent de basculer dans le vide, c'est une fable tout juste bonne pour les enfants, et rien d'autre. Il n'existe pas davantage de raison de redouter l'existence d'une barrière de flammes infranchissable quelque part dans les mers du Sud comme les pauvres d'esprit le croyaient autrefois. Cela fait vingt-cinq siècles que les navires ont pour la première fois doublé la pointe sud de l'Afrique et nul n'a encore aperçu de mur de feu.

Toutefois, même les plus intrépides de nos marins n'avaient jamais ne fût-ce que songé à faire le tour du monde, ni même à essayer, avant que Trajan Draco ne lève l'ancre à Séville. Des voyages jusqu'à l'Arabie, les Indes, voire Catay en contournant l'Afrique, oui. Des voyages au Nouveau Monde également, jusqu'au Mexique d'abord, puis en longeant la côte ouest de ce pays, en suivant l'étroite bande de terre qui relie les deux continents, des voyages jusqu'au grand Empire du Pérou qui révélèrent l'existence d'un autre océan, peut-être plus vaste encore que celui qui sépare l'Europe du Nouveau Monde. Sur sa côte est s'étendaient le Mexique et le Pérou, sur sa côte ouest, Catay et Cipango, et plus loin encore les Indes. Mais qu'y avait-il au milieu ? D'autres Empires peut-être, des Empires plus puissants que Catay, Cipango et les Indes réunis ? Et s'il y avait quelque part là-bas un Empire qui pût faire de l'ombre à la Rome impériale elle-même ?

C'était ce que Trajan VII Draco était décidé à découvrir, quand bien même cela dût lui coûter la vie, et qui lui valut une gloire éternelle. Soit il devait sentir son trône parfaitement assuré, puisqu'il était prêt à confier la capitale à des subordonnés pendant un aussi long laps de temps, soit il se moquait comme d'une guigne de voir surgir un usurpateur, tant était grand son désir d'entreprendre ce voyage.

Son expédition de cinq ans autour du monde fut, je crois, l'un des hauts faits les plus glorieux de toute l'histoire, comparable peut-être à la création de l'Empire par Auguste et à son expansion sur la quasi-totalité du monde connu sous le règne d'Hadrien et de Trajan Ier. Plus que tout ce qu'il accomplit par ailleurs, c'est ce voyage qui m'a déterminé à entreprendre mes recherches sur sa vie. Il ne rencontra certes nul Empire capable de rivaliser avec Rome, mais il découvrit la myriade de royaumes insulaires de ce nouvel océan dont les produits ont grandement enrichi notre vie. En outre, la route qu'il ouvrit à l'extrême sud du Nouveau Continent nous a offert un accès maritime permanent, par l'est ou par l'ouest, vers les contrées d'Asie, sans avoir à nous soucier de l'opposition éventuelle des Mexicains querelleurs ou des Péruviens hargneux d'un côté, ni des Cipangos belliqueux ou de la multitude incroyable des peuples de Catay de l'autre.

Toutefois, bien que nous connaissions les grandes lignes du voyage de Trajan, son journal, plein d'une foule de détails éminemment précis, demeura perdu des siècles durant. C'est pourquoi je ressentis un tel bonheur lorsque l'un de mes chercheurs me rapporta qu'en fouinant dans un coin oublié des Archives Maritimes de Séville il était tombé tout à fait par hasard sur ce fameux journal. Il était resté enfoui parmi les documents d'un règne ultérieur, des monceaux de factures commerciales et de livres de comptes. Je me le fis apporter ici à Tauromenion par courrier impérial, ce qui prit six semaines car le paquet voyagea par voie terrestre – je n'aurais pas pris le risque de perdre en mer un bien si précieux – d'Hispanie en Italie, avant de gagner la pointe sud du Brutium, de traverser le détroit de Messine et d'arriver jusqu'à moi.

S'agissait-il du récit richement détaillé que je brûlais de découvrir, ou d'une liste aride de remarques de navigation, de longitudes et de latitudes, d'ascensions et de positions calculées au compas ?

Enfin, je ne le saurai pas tant que je ne l'aurai pas en main. Le hasard voulut que le paquet arrive le jour même où le Caesar Demetrius revint de son séjour d'un mois en Afrique. J'eus à peine le loisir de décacheter le colis ventru et de faire courir mon pouce sur l'épaisse liasse de papier vélin noirci par le temps, qu'un messager arriva pour m'annoncer que j'étais convoqué sur-le-champ.

Le Caesar, comme je l'ai déjà dit, est un homme impatient. Je pris tout juste le temps de regarder le début du texte, et un profond frisson me parcourut lorsque mes yeux ébahis reconnurent l'écriture penchée à gauche si particulière de Trajan Draco. Je m'autorisai une incursion rapide un peu plus loin, vers la centième page peut-être, et trouvai un passage décrivant sa rencontre avec un quelconque roitelet des îles. Oui ! Gagné ! Je tenais le journal de son voyage !

Je confiai le paquet au majordome de la villa, un esclave sicilien affranchi et relativement digne de confiance du nom de Pantaleon, en lui expliquant ce que je lui ferais subir s'il arrivait la moindre chose à une seule des pages.

Je me rendis ensuite au palais du Caesar au sommet de la colline. Je le trouvai dans le jardin en train d'examiner deux chameaux qu'il avait ramenés d'Afrique. Il portait une sorte de djellaba à capuchon et un magnifique cimeterre à lame courbe brillait à sa ceinture. Pendant les cinq semaines de son voyage, le soleil lui avait tellement bruni le visage et les mains qu'il aurait pu sans mal passer pour un Maure.

– Pisandre ! s'exclama-t-il aussitôt en me voyant.

En son absence j'avais oublié ce nom ridicule. Il me sourit, et ses dents étincelèrent comme des perles au milieu de son visage bronzé.

Je le gratifiai des civilités d'usage, avait-il fait bon voyage, et tout cela, mais il balaya mes paroles d'un revers de main.

– Sais-tu, Pisandre, à quoi je n'ai cessé de penser tout ce temps ? À notre grand projet ! À notre magnifique entreprise ! Et sais-tu que je me rends compte à présent que nous n'avons pas été assez loin ? J'ai décidé de faire de la Sicile ma capitale lorsque je serai Empereur. Il n'y a nulle nécessité à ce que je vive dans le Nord, en proie au froid et aux intempéries, alors que je peux être tout près de l'Afrique que j'aime énormément, je le sais maintenant. Il nous faut donc construire un Sénat ici à Panormos, et de grandes villas pour tous les membres de ma cour, et aussi une bibliothèque... Sais-tu, Pisandre, qu'il n'existe pas une bibliothèque digne de ce nom sur toute l'île ? Nous pourrions diviser les collections d'Alexandrie et en apporter la moitié ici, une fois que nous aurons construit un bâtiment capable de les accueillir. Et puis nous...

Je vous épargne le reste. Qu'il me suffise de dire que sa folie était entrée dans une nouvelle phase de grandeur mégalomane sans frein. Et moi j'en étais la première victime. Il m'informa que nous partions le soir même pour un périple qui devait nous mener aux quatre coins de l'île en quête des meilleurs sites pour les fabuleuses constructions qu'il envisageait. Il comptait faire de la Sicile ce qu'Auguste avait fait de Rome : la merveille des merveilles. Oublié le projet de commencer par le nouveau palais de Tauromenion. Nous devions d'abord nous transporter de Tauromenion à Lilybée, puis d'Eryx à Syracuse, avant de revenir ici, et ce en nous arrêtant partout en chemin.

Et c'est ce que nous fîmes. La Sicile est vaste, et le voyage nous prit deux mois et demi. Le Caesar était un compagnon de voyage plutôt gai, intelligent, enthousiaste et plein d'esprit. Sa folie ne me gênait que de temps à autre. Nous nous déplacions dans un luxueux appareil, et ma cheville mal guérie me valut d'être la plupart du temps transporté sur une litière, si bien que je me sentis choyé comme un potentat de l'Antiquité, un Pharaon peut-être, ou le Grand Darius. Hélas, l'une des conséquences de cette interruption forcée de mes études fut que je me trouvai dans l'impossibilité de me pencher sur le journal de Trajan VII, ce qui me rendait fou. L'emporter avec moi et l'étudier subrepticement dans ma chambre eût été trop risqué. Le

Caesar est capable de jalousie, et s'il était arrivé à l'improviste et m'avait trouvé dispersant mon énergie à d'autres tâches que son projet, il aurait pu m'arracher sur-le-champ le journal des mains et le livrer aux flammes. Je le confiai donc à Spiculo en lui spécifiant qu'il en était responsable sur sa vie. De ce jour, et alors que nous sillonnions l'île en tous sens sous la chaleur de plus en plus torride de l'été sicilien, je passai maintes et maintes nuits à me retourner sur ma couche tandis que mon esprit enfiévré imaginait le contenu du journal et inventait pour moi seul les fantastiques aventures de Trajan, pour remplacer les vraies que l'égoïsme insouciant de Demetrius m'empêchait de lire. Je savais toutefois que la réalité, lorsque j'aurais la chance de la découvrir, dépasserait de loin les capacités de mon imagination.

Je revins enfin à Tauromenion et récupérai le journal puis, sans quasiment dormir pendant trois jours et trois nuits exaltés, j'en lus le moindre mot. J'y découvris, à côté d'une foule de récits merveilleux, étranges et beaux, nombre de choses moins agréables que je n'aurais pas imaginé y trouver.

Bien qu'il fût écrit dans le latin grossier des temps médiévaux, le texte ne me posa guère de problèmes. L'Empereur Trajan VII possédait un style admirable, direct, clair et très fluide, qui ne me rappela rien tant que celui de Jules César, autre grand chef qui savait manier le stylet avec la même virtuosité que le glaive. Apparemment, il avait tenu le journal de son voyage autour du monde pour son usage personnel sans avoir l'intention de le rendre public. Qu'il ait survécu aux Archives semble relever du pur hasard.

Le récit commence aux chantiers navals de Séville : cinq vaisseaux y sont armés, aucun de grande taille, le plus imposant ne jauge que cent vingt tonneaux. Il donne la liste complète de tout leur équipement. Des armes, bien sûr, soixante arbalètes, cinquante arquebuses à mèche (on venait de les inventer), des pièces d'artillerie, des javelines, des lances, des piques et des boucliers. Des enclumes, des meules, des forges, des soufflets, des lanternes, et tout le matériel nécessaire pour que les maçons et les tailleurs de pierre de son équipage puissent bâtir des forteresses sur les îles nouvellement découvertes. Des drogues, des médicaments, des baumes. Six sextants, six astrolabes métalliques, trente-sept aiguilles de boussole, six paires de compas, et ainsi de suite. Pour échanger avec les princes des royaumes lointains, des fioles de vif-argent, des barres de cuivre, des balles de coton, de velours, de soie et de brocart, ainsi que des milliers de clochettes, miroirs, couteaux, perles, peignes, bracelets de cuivre, et toute sorte de bimbeloterie. Le tout répertorié avec la précision méticuleuse d'un clerc. La lecture de cette énumération m'en apprit beaucoup sur un aspect de la personnalité de Draco que je ne soupçonnais pas.

Enfin, le jour de l'appareillage. Ils descendent le fleuve Bétis de Séville à la mer et font rapidement voile vers les Canaries où ils ne rencontrent toutefois aucun des chiens énormes dont les îles tirent leur nom. Par contre, ils y trouvent bien le célèbre arbre de pluie qui, je crois, a disparu car personne n'en a revu depuis.

Ensuite ils traversent d'une traite l'océan jusqu'au Nouveau Monde malgré des vents peu porteurs. Ils franchissent l'Équateur, l'étoile Polaire disparaît, la chaleur fait fondre le brai des joints des bateaux et transforme les ponts en fours. Puis les vents deviennent plus favorables et ils atteignent rapidement la côte ouest du continent sud, là où celui-ci s'incurve vers l'Afrique. L'Empire du Pérou n'a aucune emprise sur ces contrées peuplées de joyeux indigènes qui vivent nus et ont coutume de manger de la chair humaine, mais, nous précise l'Empereur, « seulement celle de leurs ennemis ».

Trajan avait l'intention de doubler la pointe extrême du continent, ambition stupéfiante dans la mesure où nul ne savait jusqu'où celui-ci descendait vers le sud, ni quelles conditions y régnaient. En fait, il aurait très bien pu ne pas avoir de fin, et alors Trajan n'aurait pas trouvé de passage maritime vers l'ouest, mais seulement des terres sans interruption jusqu'au pôle Sud. Sans parler d'une rencontre toujours possible avec les forces péruviennes quelque part en chemin. Ils poursuivent néanmoins vers le sud, explorant chaque bras de mer dans l'espoir qu'il marquerait la fin du continent et déboucherait sur l'océan qui s'étendait de l'autre côté.

Plusieurs de ces bras de mer forment l'embouchure de puissants fleuves sur les rives desquels vivent des tribus sauvages et hostiles, ce qui rend l'exploration périlleuse. De plus Trajan craint que ces fleuves ne les mènent plus profond à l'intérieur des terres et du territoire péruvien sans leur permettre de déboucher sur la mer à l'ouest du continent. Si bien qu'ils continuent vers le sud, encore et toujours en suivant la côte. Le temps très chaud ne tarde pas à se gâter, leur offrant un ciel d'encre et des vents glacés. Mais ils savent qu'au-dessous de l'Équateur les saisons sont inversées et que l'hiver survient là-bas lorsque c'est l'été à Rome, ils ne sont donc pas surpris.

Le long de la côte, ils trouvent de curieux oiseaux blanc et noir qui nagent mais ne volent pas. Ils sont dodus et s'avèrent bons à manger. Il ne semble toujours pas y avoir de passage vers l'ouest. La terre, nue et désolée à présent, paraît s'étendre sans fin, la grêle et la neige fondue s'abattent sur eux, des montagnes de glace flottent sur une mer agitée, la pluie glacée givre dans leur barbe. L'eau et les vivres menacent de manquer. Les hommes commencent à grommeler. Malgré la présence de l'Empereur parmi eux, ils parlent ouvertement de faire demi-tour. Trajan se demande s'il ne doit pas craindre pour sa vie.

Peu après, alors que des conditions épouvantables telles que nul homme n'en a jamais vu les accablent, une véritable mutinerie éclate : les capitaines de deux des vaisseaux lui font savoir qu'ils abandonnent l'expédition. « Ils m'invitèrent à les rencontrer pour discuter de la situation, écrit-il. Ils avaient manifestement l'intention de me tuer. J'envoyai cinq de mes fidèles porter un message au premier bateau rebelle, et vingt hommes en secret dans une autre embarcation. Quand le premier groupe monta à bord et que le capitaine félon les accueillit sur le pont, mes ambassadeurs le tuèrent aussitôt tandis que les hommes de l'autre embarcation grimpaient eux aussi à bord. » La mutinerie est matée. Les trois meneurs sont exécutés sur-le-champ et onze mutins débarqués sur une île déserte et glacée où ne pousse pas le moindre brin d'herbe. Je ne me serais certes pas attendu que Trajan Draco traitât les conspirateurs avec mansuétude, mais les mots calmes et froids avec lesquels il raconte comment il abandonna ces hommes à une mort horrible me glacèrent le sang.

Les navigateurs poursuivent leur route. Dans les terres désolées du Sud, ils découvrent une race de géants nus, près de deux mètres cinquante selon Trajan, et en capturent deux pour les montrer à

Rome. « Ils rugissaient comme des taureaux et imploraient les démons qu'ils vénéraient. Nous les mîmes aux fers sur deux vaisseaux différents, mais ils refusèrent toute nourriture de notre main et périrent rapidement. »

Traversant des tempêtes, affrontant l'obscurité glacée, ils continuent vers le sud, sans trouver de chemin vers l'ouest, et Trajan lui-même commence à penser qu'ils vont devoir renoncer à leur quête. La mer gelée leur interdit quasiment toute navigation. Ils rencontrent une autre colonie de ces oiseaux gras qui ne volent pas et installent un camp sur la côte pour y passer l'hiver. Ils y demeurent trois mois, ce qui entame grandement leurs provisions de vivres. Mais lorsque le temps, tout en restant fort détestable, s'améliore quelque peu, ils décident de repartir et arrivent presque aussitôt à l'endroit connu aujourd'hui sous le nom de détroit de Trajan, à l'extrême pointe du continent. L'Empereur envoie un de ses capitaines en reconnaissance, et celui-ci découvre un passage étroit mais profond, parcouru d'un fort courant. L'eau est salée : ce n'est pas un fleuve, mais le passage tant espéré !

La traversée du détroit est éprouvante, ils contournent des récifs aux pointes acérées, s'enfoncent dans des brumes impénétrables, affrontent des flots bouillonnants puis, soudain, ils aperçoivent des arbres verts, et la lumière des feux de camp des indigènes, et ne tardent pas à déboucher dans l'autre mer. « Le ciel était merveilleusement bleu, les nuages moutonnaient, les vagues n'étaient plus que de petites ondulations scintillant au soleil. » La scène lui paraît si paisible que Trajan donne à la nouvelle mer le nom de Pacificus.

Son but est à présent de naviguer plein ouest car il lui semble probable, en abordant cette mer inconnue, que Cipango et Catay se trouvent à peu de distance dans cette direction. De plus il ne désire pas s'aventurer vers le nord du continent, ne souhaitant pas s'approcher du territoire des belliqueux Péruviens et risquer ses cinq navires dans un affrontement avec les forces de l'Empire tout entier.

Hélas, des vents contraires et de violents courants l'empêchent de progresser vers l'ouest. Il part donc vers le nord sans s'éloigner de la côte et en se méfiant d'une éventuelle irruption des Péruviens. Un soleil éclatant règne dans un ciel sans nuages, il ne pleut pas. Quand enfin ils peuvent virer à l'ouest, la mer est vide, sans la moindre île à l'horizon, et elle leur apparaît immense au-delà de ce qu'ils ont pu imaginer. La nuit, d'étranges étoiles apparaissent, en particulier cinq fort brillantes disposées en croix dans les cieux. Les maigres réserves de vivres s'amenuisent rapidement. Les tentatives pour attraper des poissons s'avèrent vaines, et ils doivent manger des éclats de bois, de la sciure, et chasser les rats qui infestent les cales. L'eau est rationnée, une seule petite gorgée par jour. À présent, le risque n'est plus tant une nouvelle mutinerie que de voir tous les hommes mourir de faim.

Ils finissent par arriver en vue d'une poignée de petites îles arides où rien ne pousse, hormis quelques arbustes chétifs et rabougris. Ils y trouvent des hommes aussi, une quinzaine, ou une vingtaine, nus, le corps peint. « Ils nous accueillirent par une pluie de pierres et de flèches. Deux de mes marins furent tués, et nous n'eûmes d'autre choix que de les exterminer jusqu'au dernier. Ensuite, comme nous ne trouvâmes nulle nourriture sur l'île, à part quelques misérables poissons que ces gens avaient pris ce matin-là, et que la terre ne pouvait rien nous fournir, nous fîmes rôtir le corps des morts et nous les mangeâmes, sans quoi nous serions sans aucun doute morts de faim nous-mêmes. »

Je ne saurais dire combien de fois je lus et relus ces lignes dans l'espoir d'y trouver autre chose que ce qu'elles disaient. En vain.

Au cours du quatrième mois de la traversée du Pacificus, d'autres îles apparaissent, fertiles celles-là. Les villageois y cultivent un genre de palmier-dattier dont ils tirent du pain, du vin et de l'huile. Ils ont aussi des ignames, des bananes, des noix de coco, et toutes sortes de ces fruits tropicaux qui nous sont aujourd'hui si familiers. Certains de ces insulaires se montrent fort amicaux envers les navigateurs, mais la plupart sont hostiles. Le journal de Trajan devient alors un récit d'atrocités. « Nous les tuâmes jusqu'au dernier et brulâmes leur village à titre d'exemple pour leurs voisins. Nous chargeâmes leurs produits sur nos vaisseaux. » Les mêmes phrases reviennent inlassablement sans un mot d'excuse ou de regret. On aurait dit qu'avoir goûté de la chair humaine avait fait d'eux des monstres.

Au-delà de ces îles, l'océan est de nouveau vide. Trajan comprend à présent que la taille du Pacificus est sans commune mesure avec celle de la mer-océan bordant l'Europe qui ressemble à un lac en comparaison. Puis, après de nombreuses semaines de navigation déprimante, ils découvrent l'immense archipel que nous appelons aujourd'hui les Augustines, sept mille îles de toutes tailles qui forment un arc de cercle de plus de deux mille kilomètres. « Un chef vint vers nous, personnage majestueux, le visage peint, vêtu d'une tunique de coton bordée de soie. Il portait une javeline et une dague de bronze incrustée d'or, un bouclier sur lequel brillait le même métal jaune, et aussi des boucles aux oreilles et des bracelets également en or. » Ses sujets offrent des épices, cannelle, clous de girofle, gingembre, muscade et macis, contre les vulgaires colifichets que les Romains ont apportés. Ils offrent aussi des rubis, des diamants, des perles et des pépites d'or. « J'ai atteint mon but, écrit Trajan. Nous avons découvert un empire fabuleux au milieu de l'immensité de cet océan. »

Empire qu'ils entreprennent de conquérir de la plus sauvage manière qui soit. Pourtant, au début, les Romains entretiennent des rapports paisibles avec les indigènes des Augustines. Ils leur montrent l'usage des sabliers et des boussoles, les impressionnent en faisant tonner les canons de leurs vaisseaux, ou organisent des parodies de jeux du cirque avec des gladiateurs en armes affrontant des hommes munis de tridents et de filets. Mais hélas, les choses dégénèrent très vite. Certains des soldats de Trajan abusent du vin de palme et se jettent sur les femmes de l'île avec l'ardeur dont peuvent faire preuve ceux qui n'ont pas caressé le sein d'une femme depuis près d'un an. Les femmes, selon Trajan, semblent au début plutôt bien disposées, mais ses hommes les traitent avec une brutalité et une cruauté si ignobles et si effroyables que des protestations s'élèvent et que des bagarres éclatent lorsque les insulaires viennent au secours de leurs femmes dont certaines ont à peine dix ans. Tout se termine par un bain de sang dont le point d'orgue est le meurtre du noble chef de l'île.

La lecture de cette partie du journal est insupportable. D'un côté, elle fourmille de détails fascinants sur les mœurs des insulaires : comment de vieilles femmes sacrifient des porcs avant de gambader dans le village en soufflant dans des flûtes de roseaux et en maculant le front des hommes du sang sacrificiel ; comment les hommes de tous âges se font transpercer les organes génitaux avec une tige d'or ou d'étain de la taille d'une plume d'oie ; et ainsi de suite, avec un luxe de détails qui semblent provenir d'un autre monde. Mais, mêlé à tout cela, on trouve le récit du massacre des indigènes, de leur inexorable destruction sous un prétexte ou sous un autre. Le voyage d'île en île des Romains, toujours accueillis en paix, dégénère en une suite de viols, de meurtres et de pillages.

Pourtant Trajan ne semble avoir conscience de rien. Page après page, il décrit ces abominations du même ton calme et froid que si elles étaient la conséquence naturelle et inévitable du choc entre des cultures différentes. Mes réactions d'horreur et de dégoût me montrent clairement à quel point nos oreilles sont différentes des siennes, et combien en vérité je suis loin d'être un homme de la Renaissance. Trajan considérait les crimes de ses hommes, au pire, comme le fruit de malheureuses nécessités. Je me rendais compte que l'un des aspects les plus profonds et les plus complexes de la décadence de notre civilisation, c'est notre mépris pour ce genre de violence. Nous sommes toujours Romains. Nous abhorrons l'anarchie, et nous n'avons pas perdu notre science des arts de la guerre. Pourtant lorsque Trajan Draco parle froidement de représailles menées au canon pour répliquer à un jet de flèches, ou lorsqu'il brûle des villages entiers pour punir un petit larcin, ou lorsque ses hommes satisfont leurs bas instincts en violant des gamines parce qu'ils n'ont pas envie de perdre de temps à chercher leurs grandes sœurs, je ne peux m'empêcher de penser que notre décadence a du bon.

Durant ces trois jours et ces trois nuits, je ne vis personne, ni Spiculo, ni le Caesar, ni aucune des femmes avec lesquelles je trompe l'ennui de mon séjour en Sicile. Je lus sans discontinuer, jusqu'à ce que la tête me tourne, incapable de m'arrêter malgré l'horreur qui souvent m'étreignait.

À présent qu'ils sont sortis de l'immensité vide de l'océan, des îles apparaissent les unes après les autres, non seulement la myriade des Augustines, mais des multitudes d'autres encore, plus loin vers le sud et vers l'ouest, car bien qu'il n'existe pas de continent sur cet océan, on y trouve de longues chaînes d'îles dont certaines beaucoup plus vastes que notre Britannie ou la Sicile. Maintes et maintes fois je lus des récits d'embarcations décorées d'or et de plumes de paon, de chefs d'îles lointaines offrant de riches cadeaux, de fabuleux poissons à corne, d'huîtres de la taille de moutons, ou d'arbres dont les feuilles, lorsqu'elles tombent au sol, se dressent sur leurs petites pattes et se mettent à courir. Et aussi de rois appelés rajahs à qui l'on ne peut parler en personne, mais seulement en utilisant des tuyaux qui traversent les murs de leur palais. D'îles aux épices, d'îles aux perles, de côte de l'or, d'innombrables merveilles toutes revendiquées et conquises par l'invincible Empereur romain au nom de la Rome éternelle.

Ils finissent par laisser derrière eux ces étranges royaumes insulaires et arriver en vue de contrées familières : l'Asie et les côtes de Catay. Trajan y fait escale et échange des cadeaux avec le souverain qui lui offre les experts possédant les secrets de l'imprimerie et de la poudre à canon, ainsi que l'art de fabriquer la porcelaine la plus fine, et qui de retour à Rome donneront l'impulsion décisive à la nouvelle ère de prospérité et de croissance que nous appelons la Renaissance.

Puis il continue vers les Indes et l'Arabie, chargeant là aussi ses vaisseaux de trésors, avant de longer la côte est de l'Afrique et de remonter de l'autre côté, empruntant cette fois à rebours l'itinéraire utilisé lors de nos précédents voyages lointains.

Trajan savait qu'une fois doublée la pointe sud de l'Afrique, il avait accompli le tour complet du globe, et il se hâta de rejoindre l'Europe. Il contourna le sud-ouest de la Lusitanie, puis longea les côtes de l'Hispanie jusqu'à l'embouchure du fleuve Bétis, et ramena enfin ses cinq vaisseaux à leur point de départ, Séville. « Il est sans aucun doute des navigateurs qui méritent une gloire éternelle, conclut-il, plus encore que les Argonautes qui aidèrent Jason à conquérir la Toison d'or. Sur nos merveilleux vaisseaux, nous avons vogué vers le sud, traversé la mer-océan en direction de l'Antarctique, pris vers l'ouest et continué dans cette direction si longtemps que nous nous sommes retrouvés à l'est, pour continuer de nouveau vers l'ouest sans jamais rebrousser chemin, mais en allant sans cesse de l'avant, faisant ainsi le tour du globe pour rejoindre notre terre natale, l'Hispanie, et le port dont nous étions partis, Séville. »

Je trouvai un curieux post-scriptum. Trajan avait fait dans son journal une entrée pour chaque jour de son voyage. D'après ses calculs, la date de son retour à Séville était le 9 janvier 2282 ; or, lorsqu'il débarqua, on lui dit que ce jour était le 10 janvier. En naviguant vers l'ouest, ils avaient perdu un jour quelque part. Le mystère demeura entier jusqu'à ce que Macrobe d'Alexandrie démontrât que l'heure de lever du soleil varie de quatre minutes pour chaque degré de longitude, si bien que pour un tour complet du globe, soit trois cent soixante degrés, la variation doit être de quatorze cent quarante minutes, c'est-à-dire un jour complet. C'était la preuve éclatante, si quelqu'un avait osé mettre en doute la parole de Trajan, que ses vaisseaux avaient accompli le tour du globe et découvert les îles étranges et inconnues de cet océan inexploré. Cet exploit avait ouvert un coffre plein de merveilles que le Grand Empereur allait exploiter pleinement au cours des deux décennies de pouvoir absolu qui lui restaient avant sa mort, à l'âge de quatre-vingts ans.

Et moi, après avoir eu enfin accès au document clé du règne de Trajan VII, allais-je m'atteler à la tâche de terminer la rédaction de l'histoire de sa vie extraordinaire ?

Non. Non et non. Et voici pourquoi.

Quatre jours après que j'eus fini de lire le journal, et alors que ma tête résonnait encore de tout ce que j'y avais découvert, un messager arriva d'Italie apportant la nouvelle de la mort, des suites d'une apoplexie, de l'Empereur Lodovicus Augustus. Son fils devait lui succéder sur le trône sous le nom de Demetrius II Augustus.

Il se trouve que j'étais en compagnie du Caesar quand lui parvint la nouvelle. Il ne montra ni chagrin de la mort de son père, ni joie excessive d'accéder au trône. Il se contenta d'un petit sourire, un infime tressaillement de la commissure des lèvres, et me dit :

– Eh bien, Draco, on dirait qu'il nous faut nous préparer à un autre voyage alors que nous voici à peine rentrés du précédent.

Je n'avais pas voulu croire, personne ne l'avait voulu, que Demetrius deviendrait un jour Empereur. Nous avions tous espéré que Lodovicus trouverait le moyen de contourner cette nécessité. Par exemple en se découvrant quelque fils illégitime jusqu'alors inconnu, à Babylone ou à Londinum, et qui se verrait offrir le trône. C'était

Lodovicus, après tout, qui s'intéressait si peu aux bouffonneries de son fils et héritier qu'il l'avait expédié en Sicile en lui interdisant de poser le pied sur le continent, tout en le laissant libre de satisfaire ses moindres caprices dans son exil insulaire.

Mais pour l'heure, cet exil s'achevait. Et avec lui tous les projets du Caesar pour embellir la Sicile.

On aurait dit que ces projets n'avaient jamais existé.

– Tu seras l'un de mes Ministres d'État, Draco. La première année je te ferai Consul. J'instituerai un autre Consulat pour moi-même. Tu auras aussi le portefeuille de Ministre des Travaux Publics, car il ne fait aucun doute que la capitale a grand besoin d'être embellie. J'ai en tête les plans d'un nouveau palais impérial, et puis ensuite nous pourrions peut-être faire quelque chose pour restaurer le Capitole qui est en piteux état, et je connais quelques Dieux qui apprécieraient fort que nous érigions des temples à leur gloire, et puis...

Eussé-je été Trajan Draco, peut-être aurais-je assassiné ce dément de Demetrius sur-le-champ pour m'emparer du trône, pour le bien de l'Empire, et le mien propre. Mais je ne suis que Tiberius Ulpius Draco. Je ne porte pas le nom de Trajan, et Demetrius est devenu Empereur, et l'on connaît la suite.

Quant à mon livre sur Trajan le Dragon, eh bien, peut-être le finirai-je un jour, quand l'Empereur sera à court de projets à me confier. Mais je doute que cela arrive jamais, et même si cela devait arriver, je ne suis pas certain que ce soit là un livre que je souhaite livrer au public maintenant que j'ai lu le journal de voyage de mon ancêtre. Si je devais écrire le récit de ses aventures stupéfiantes, oserais-je dévoiler toute la vérité ? Je crois que non. Si bien que je me sens soulagé de laisser mon manuscrit inachevé se couvrir de poussière au fond de sa boîte. Le but de mes recherches était de découvrir la nature profonde de mon royal ancêtre le Dragon, mais il semble que j'aie creusé trop profond et que j'en sois arrivé à le connaître un peu trop bien.

Traduit de l'américain par Jean-Pierre ROBLAIN

Les Cantos d'Hypérion

Dan Simmons

Les quatre volumes d'*Hypérion* couvrent plus de treize siècles de temps, des dizaines de milliers d'années-lumière de distance, plus de trois mille pages de temps-lecteur, la naissance et la chute d'au moins deux civilisations interstellaires majeures, et plus d'idées que l'auteur n'est capable d'en désigner du bout de son bâton épistémologique. En d'autres termes, c'est du space opera.

Ainsi que l'a écrit le chroniqueur du *New York Times* à propos du dernier volume de la série, « *L'Éveil d'Endymion*, comme ses trois prédécesseurs, est un roman d'action bon teint, rempli de combats singuliers et de batailles spatiales qui se distinguent cependant du space opera traditionnel par l'ampleur des valeurs en jeu, qui ne représentent rien de moins que le salut de l'âme humaine ».

Le salut de l'âme humaine – découvrir l'essence même de ce qui fait de nous des êtres humains – est en effet le thème central qui relie toutes ces batailles spatiales, ces ères d'obscurantisme, ces nouvelles sociétés et la venue d'un nouveau messie.

Hypérion met en scène sept pèlerins qui traversent le Retz de l'Hégémonie humaine pour se rendre dans la vallée des Tombeaux du Temps, sur la planète Hypérion. Fidèles chaucériens dans la forme, six de ces pèlerins (le septième ne survit pas assez longtemps) se racontent leurs histoires personnelles, exposant les raisons pour lesquelles ils sont venus accomplir ce pèlerinage qui les amène à franchir la mer des Hautes Herbes et autres obstacles pour retrouver le gritche, monstre fabuleux sorti des Tombeaux du Temps, à la fois machine, dieu allant et venant dans l'espace-temps et ange exterminateur, au corps hérissé de piquants, de griffes, de lames et de crocs. L'idée est que l'un des pèlerins verra son vœu exaucé par la créature tandis que les autres mourront. Au fil de leurs récits, nous apprenons un certain nombre de choses sur le TechnoCentre – un groupe secret et intrigant d'Intelligences Autonomes qui ont échappé au contrôle des humains; sur l'Ancienne Terre, qui a été détruite (ou peut-être seulement kidnappée); sur la pseudo-guerre entre l'Hégémonie et les Extros, ces humains qui ont suivi une évolution différente, adaptée aux conditions de vie dans l'espace; et enfin sur la découverte aussitôt rejetée – par un Jésuite – d'un symbiote en forme de croix qu'on appelle le *cruciforme* et qui provoque la résurrection physique de celui qui le porte. L'histoire se termine avec l'arrivée des pèlerins dans la vallée des Tombeaux du Temps.

La Chute d'Hypérion fait directement suite à *Hypérion* (avec cependant une structure et des techniques narratives totalement différentes) et traite du thème favori de John Keats: la réticence des individus – et des espèces – à céder leur place dans l'ordre des choses lorsque l'évolution leur dit que le moment est venu de disparaître. Les pèlerins du premier volume s'aperçoivent que leur sort n'est pas aussi simple qu'ils le croyaient: les Tombeaux du Temps s'ouvrent; de mystérieux messages et messagers venus du futur montrent que le combat pour l'âme humaine est en cours depuis de nombreux siècles; le gritche fait des ravages, mais ne tue pas tout le monde, pas plus qu'il n'exauce les vœux; l'Hégémonie humaine, avec son système de modulateurs distrans couvrant la totalité du Retz, est balayée comme une fourmilière par la guerre interstellaire qui fait rage – même si l'on ne sait pas très bien si elle oppose l'Hégémonie aux Extros ou l'Humanité au TechnoCentre. L'un des pèlerins, une femme nommée Brawne Lamia, tombe enceinte de son amant, le cybride de John Keats, création du Centre. Et le bruit court que leur enfant sera Celle qui Enseigne, le nouveau messie de l'humanité. Un autre pèlerin, le soldat Fedmahn Kassad, voyage dans l'avenir pour y rencontrer son destin sous la forme d'un terrible combat avec le gritche. Un troisième, Sol Weintraub, a pu empêcher sa fille de régresser en âge jusqu'au néant précédant sa naissance, mais il doit à présent voyager avec elle à travers l'un des Tombeaux du Temps pour que s'accomplisse leur rôle complexe dans la mosaïque du futur. Le quatrième pèlerin, le Consul de l'Hégémonie, prend un vaisseau spatial dont l'IA est habitée par l'essence du cybride mort de John Keats et retourne explorer les ruines de l'Hégémonie. Le cinquième, un prêtre, meurt et ressuscite, par l'intermédiaire du cruciforme, sous l'identité du Jésuite dont il a raconté l'histoire, pour se retrouver pape d'une Église catholique rénovée. Quant au dernier pèlerin vivant, le poète Martin Silenus, âgé de sept siècles et chroniqueur de toute cette histoire, c'est un individu obscène et un éternel râleur.

Endymion débute deux cent soixante-quatorze ans après la Chute des Distrans. Les choses ont dégénéré, ce qui est généralement le cas dans les périodes dites sombres qui séparent les empires ; mais la Pax, le bras politico-militaire de l'Église catholique rénovée, étend à présent sa domination sur la quasi-totalité des mondes primaires de l'Hégémonie. L'Église – avec la Pax – contrôle ses ressortissants au moyen du monopole de la résurrection. À l'insu de la plupart de ceux-ci, elle a conclu un marché faustien avec un TechnoCentre désormais clandestin et se sert des symbiotes cruciformes pour assurer la résurrection et l'obéissance de ses disciples. Mais voilà qu'apparaît subitement un futur messie de onze ans nommé Énée. C'est la fille de Brawne Lamia, qui a fui sur près de trois siècles à travers les Tombeaux du Temps pour découvrir, au bout du chemin, les autorités de la Pax qui la cherchent et, conjointement à l'Église et au TechnoCentre, mettent tout en œuvre pour la détruire. Mais le vieux poète Silenus, toujours en vie, plus fêlé et obscène que jamais, donne pour mission à un jeune déserteur recherché pour meurtre – Raul Endymion – de sauver la petite fille et de l'escorter là où elle voudra aller à bord du vaisseau retrouvé du Consul, mort entre-temps. *Endymion* relate principalement la poursuite épique, à travers les vastes espaces contrôlés par l'homme, de Raul, Énée et l'androïde à la peau bleue, A. Bettik. Notre trio s'enfuit éperdument devant la Pax pour sauver sa peau et, accessoirement, l'avenir de l'humanité. C'est alors que surgit, créée par le Centre, une cruelle monstresse nommée Radamanthe Némès, auprès de qui le gritche sanguinaire fait figure d'enfant de chœur. À la fin d'*Endymion*, Raul, Énée et A. Bettik, entre-temps blessé, réussissent à retrouver l'Ancienne Terre. Elle n'a pas été détruite, finalement, mais simplement transportée dans le Petit Nuage de Magellan par des non-humains uniquement connus sous le nom de « Lions, Tigres et Ours ». Notre trio s'installe donc dans le Taliesin West de Frank Lloyd Wright pendant que la jeune Énée étudie pour devenir architecte.

L'Éveil d'Endymion débute quatre ans après les événements d'*Endymion*. Énée, maintenant âgée de seize ans, sait qu'elle doit retourner dans l'espace contrôlé par la Pax pour jouer le rôle de Celle qui Enseigne. Raul, son protecteur et ami, ne désire pas l'accompagner. La notion de martyre, particulièrement celui de sa bien-aimée Énée, l'épouvante. Elle l'envoie « en avant » par distrans, mais les quelques semaines que dure pour lui son voyage permettent à Énée de vieillir de cinq ans grâce au miracle de la dilatation temporelle et du déficit de temps accumulé au cours des voyages interstellaires à bord du vieux vaisseau du Consul. Quand ils se retrouvent, Énée est devenue une femme et joue déjà le rôle de Celle qui Enseigne. Elle a toujours la Pax à ses trousses, et l'Église veut toujours sa mort. La créature Némès a reçu le renfort de trois sœurs tout aussi redoutables et destructrices. Cela n'empêche pas Énée et Raul de devenir amants sur T'ien Shan, le monde du nuage-au-sommet-de-la-montagne ; mais Raul, notre narrateur dans les deux volumes d'*Endymion*, n'en est que plus malheureux à la pensée que sa bien-aimée va devenir le messie maintes fois annoncé dans les prédictions. Raul n'est peut-être pas le personnage le plus brillant de ces pages, mais il est d'une loyauté totale. Son amour est absolu, et il est suffisamment perceptif pour deviner le sort réservé à la majorité des messies.

L'Éveil d'Endymion finit dans la tragédie, la torture, la mort et la séparation, suivies – non pas miraculeusement, mais inévitablement – d'une grande illumination où l'on voit enfin réunis Énée et Raul. La Pax a assassiné son ennemie, causant ainsi sans le vouloir sa propre chute à travers le Moment Partagé d'Énée, où tous les habitants de chaque monde humain entrevoient la vérité derrière l'Église, le cruciforme et le TechnoCentre parasite. Mais pendant ses « cinq années d'absence », alors que Raul voyageait de par l'univers, Énée a pu devancer le temps, avec l'aide du gritche, et passer un an, onze mois, huit jours et six heures en compagnie de Raul sur l'Ancienne Terre. La Terre qui a été vidée, nettoyée, rénovée et remise à sa place dans le système solaire par les Lions, les Tigres et les Ours.

Martin Silenus le poète, personnage récurrent de la saga, meurt peu de temps après les noces d'Énée et de Raul. Une partie de ses derniers mots s'adresse au vaisseau du Consul, qui a lui aussi traversé dix siècles et quatre épais volumes : « Nous nous reverrons en enfer, Vaisseau. »

À la fin de *L'Éveil d'Endymion*, le toujours mystérieux gritche veille sur la tombe de Martin Silenus sur l'Ancienne Terre ; grâce au sacrifice d'Énée, l'humanité libérée a pu « apprendre le langage des morts » en captant le tissu empathique sous-jacent de l'univers ; les hommes sont maintenant capables de distranslater librement, c'est-à-dire de se téléporter physiquement n'importe où. Énée et Raul s'envolent sur leur vieux tapis hawking pour passer leur lune de miel sur l'Ancienne Terre déserte et virginale, « notre nouveau terrain de jeu, notre ancien monde... notre nouveau monde... notre premier et futur monde, le plus beau de tous ».

Dan SIMMONS

LES ORPHELINS DE L'*HÉLICE*

Dan Simmons

Le gros vaisseau de spin se translata de l'Espace de Hawking dans la double lumière rouge et blanche d'un système binaire proche. Tandis que les 684 300 membres du peuple de l'Hélice du Spectre d'Amoiete poursuivaient leurs rêves en sommeil cryotechnique profond, les cinq IA responsables du vaisseau se consultèrent. Elles étaient confrontées à un phénomène inhabituel. Quatre d'entre elles avaient estimé la chose assez importante pour sortir le vaisseau de spin de l'espace de Hawking C +. Une vive discussion s'était prolongée durant plusieurs microsecondes pour déterminer ce qu'il convenait de faire à présent.

Le vaisseau de spin était merveilleux sous la lumière lointaine, rouge et blanche, des deux étoiles éclairant sa coque longue d'un kilomètre. La clarté stellaire jetait des éclats sur les quelque trois mille modules aménagés pour le sommeil profond par groupes de trente, formant des bras en rotation rapide sur un axe qui les faisait ressembler à des pales de ventilateur en mouvement. Les modules proprement dits évoquaient une pierre précieuse aux trois mille facettes reflétant la lumière rouge et blanche. Les Énéens avaient adapté le vaisseau de manière que les moyeux des roues de spin, autour du grand axe central, soient inclinés, les trente premiers en arrière et les suivants, plus longs, en avant. De la sorte, les modules de sommeil profond se croisaient à quelques microsecondes près, formant une masse floue qui, lorsque le vaisseau était en plein spin, justifiait son nom : *Hélice*. Pour un observateur situé à quelques centaines de kilomètres de là, le spectacle pouvait évoquer la double hélice en rotation de l'ADN humain jetant des éclats à la lueur du double soleil.

Les cinq IA décidèrent d'un commun accord qu'il valait mieux rentrer les modules de spin. Les moyeux changèrent d'abord d'orientation, jusqu'à ce que l'hélice brillante se transforme en trois mille bras de spin au carbone-carbone en train de ralentir, chacun avec, à son extrémité, son module ovoïde visible à travers le flou du mouvement. Puis les bras s'immobilisèrent avant de se rétracter le long de la coque, chaque module de sommeil allant se loger dans une cavité comme un œuf dans une boîte alvéolée.

L'*Hélice*, qui désormais ressemblait moins à son nom qu'à une longue flèche à la tête bulbeuse et triangulaire abritant ses centres de commandement, son unité de propulsion Hawking et ses gros réacteurs de fusion renflés à l'arrière, morpha huit couches de protection sur les bras de spin et les modules au repos. À l'unanimité, les IA décidèrent de décélérer prudemment, sous quatre cents gravités seulement, en direction de l'étoile blanche de type G8, et de pousser le champ de confinement jusqu'à la classe 20. Aucune menace n'avait été décelée dans les deux systèmes de la binaire, mais la géante rouge, la plus éloignée, expulsait, comme il se doit, de vastes quantités de poussières et de débris stellaires, et l'IA la plus fière de ses capacités de navigation et de son sens de la prudence avait averti les autres que leur trajectoire en direction de la G8 devait à tout prix se tenir à bonne distance du point L1 du lobe de Roche en raison de la présence massive d'ondes de choc issues de l'héliosphère. En conséquence, les cinq IA se mirent en devoir de tracer un itinéraire de décélération vers l'intérieur du système, évitant ainsi le plus gros des perturbations héliosphériques. Les ondes de choc rayonnantes n'auraient posé aucun problème même si le champ de confinement n'avait été que de classe 3; mais, avec 684 300 humains à bord et sous leur responsabilité, aucune ne tenait à prendre le moindre risque.

La décision suivante, inévitable, fut également unanime. En raison du détour et de la décélération vers le système G8, il fallait réveiller un certain nombre d'humains. Saïgyo, l'IA chargée des listes d'équipage, du planning des tâches et des profils psychologiques, qui s'était fait un devoir de rencontrer et de s'entretenir avec chacun des

684 300 passagers embarqués, hommes, femmes et enfants, mit plusieurs secondes à scruter ses listes avant d'arrêter son choix sur neuf personnes.

Dem Lia reprit conscience sans éprouver aucun des symptômes de gueule de bois associés aux anciennes unités de fugue cryotechnique. Elle se sentait parfaitement alerte et en forme, assise au milieu de sa crèche de sommeil profond, avec à la main le traditionnel verre de jus d'orange que venait de lui tendre le bras articulé du module.

– Une urgence ? demanda-t-elle d'une voix qui n'était pas plus pâteuse qu'après une bonne nuit de sommeil.

– Rien ne menace le vaisseau ni la mission, lui répondit aussitôt Saïgyo. Nous avons seulement détecté une anomalie intéressante. Un vieux signal radio émis à partir d'un système qui pourrait constituer pour nous une source de réapprovisionnement. Aucun problème concernant les fonctions du vaisseau ou ses systèmes de vie. Tout va très bien. L'*Hélice* n'est absolument pas en danger.

– À quelle distance sommes-nous du dernier système repéré ? demanda Dem Lia en buvant le reste de son jus d'orange et en enfilant son uniforme de bord orné d'un bandeau vert émeraude sur la manche et autour du turban.

Son peuple, traditionnellement, portait la robe du désert – chacune des différentes familles en choisissait la couleur, selon celle du Spectre d'Amoiete qu'elles avaient décidé d'honorer – mais ce vêtement n'était pas très pratique à bord d'un vaisseau de spin où l'on était fréquemment sous gravité zéro.

– Six mille trois cents années-lumière, répondit Saïgyo.

Dem Lia ne sourcilla pas.

– Combien d'années depuis notre dernier réveil ? demanda-t-elle doucement. Combien d'années de voyage au total en temps-vaisseau ? Quel déficit de temps au total ?

– Neuf années-vaisseau et cent deux ans de déficit temporel. Temps-vaisseau total, trente-six ans. Déficit de temps total relatif à l'espace humain, quatre cent un ans, trois mois, une semaine et cinq jours.

Dem Lia se frotta la nuque.
– Combien d'entre nous avez-vous réveillés ?
– Neuf.

Dem Lia hocha la tête, et décida de ne pas perdre plus de temps à bavarder avec l'IA. Elle jeta un coup d'œil, un seul, aux quelque deux cents sarcophages scellés où sa famille et ses amis continuaient de dormir ; puis elle emprunta la ligne de transport principale du vaisseau pour gagner la passerelle de commandement, où les huit autres humains allaient bientôt se rassembler.

Les Énéens avaient accédé à la demande du peuple de l'Hélice du Spectre d'Amoiete d'aménager la passerelle de commandement comme celle d'un ancien vaisseau-torche, elle-même inspirée des navires préhégiriens des océans de l'Ancienne Terre. L'un des postes d'observation était orienté vers le bas, et Dem Lia fut heureuse de constater, en gagnant la passerelle, que le champ de confinement maintenait la gravité intérieure à un *g*. La passerelle proprement dite faisait environ vingt-cinq mètres de large et abritait des stations et noyaux de contrôle destinés aux différents spécialistes. Le centre de la salle était occupé par une large table – ronde, comme il se doit – autour de laquelle les humains réveillés avaient commencé à prendre place. Ils buvaient du café en échangeant les plaisanteries habituelles sur leurs rêves en sommeil cryotechnique profond. Tout autour de la salle aux parois incurvées, de grandes baies donnaient sur le vide spatial, et Dem Lia demeura une minute à contempler les configurations d'étoiles peu familières. On voyait la coque, qui semblait interminable, de l'*Hélice*, avec l'éclat de la traînée de flammes de fusion, atténué par de puissants filtres. Cette traînée, longue de huit kilomètres, était à présent orientée en direction de leur point de destination. Le système binaire, constitué d'une petite étoile blanche et d'une géante rouge, était parfaitement visible. Les baies d'observation, naturellement, n'étaient pas transparentes. Leurs récepteurs holos pouvaient modifier leur affichage ou s'opacifier en un clin d'œil ; mais pour le moment, l'illusion était parfaite.

Dem Lia reporta son attention sur les huit personnes à présent assises autour de la table ronde. Elle les connaissait toutes depuis leur période d'entraînement de deux ans avec les Énéens, mais aucune ne lui était vraiment proche. Toutes faisaient partie du groupe d'élite de moins de mille individus sélectionnés pour être éventuellement réveillés au cours du voyage. Elle recensa leurs couleurs de bandeau pendant que les présentations se faisaient et que le café circulait.

Quatre hommes et cinq femmes. Dont une, plus jeune que Dem Lia, arborait elle aussi un bandeau émeraude, de sorte qu'on ne pouvait savoir à laquelle des deux le commandement allait échoir. Naturellement, la chose serait décidée par consensus ; mais le bandeau vert de la société des poètes de l'Hélice du Spectre d'Amoiete, le plus en symbiose avec la nature, impliquait, outre l'aptitude à commander et la maîtrise technologique, la volonté de protéger les espèces en voie de disparition. Or, compte tenu du très grand éloignement de l'espace humain, les 684 300 réfugiés d'Amoiete pouvaient être considérés comme une forme de vie en danger, et il était assez naturel que les verts, en cas de réveil inopiné, se voient confier le commandement général.

En plus de la jeune émeraude, une rouquine nommée Res Sandre, il y avait : un rouge, Patek Georg Dem Mio ; une jeune blanche, qui s'appelait Den Soa et que Dem Lia connaissait pour l'avoir côtoyée dans des simulations diplomatiques ; un ébène, Jon Mikaïl Dem Alem ; une jaune d'un certain âge, Oam Raï, que Dem Lia savait experte dans le fonctionnement des systèmes de bord ; un bleu aux cheveux blancs, nommé Peter Delen Dem Tae, spécialisé en psychologie ; une très jolie violette, probablement choisie pour ses connaissances en astronomie, du nom de Kem Loï ; enfin, un bandeau orange – leur soignant – à qui Dem Lia avait eu l'occasion de parler à plusieurs reprises. Il s'appelait Samuel Ria Kem Ali, mais tout le monde le désignait sous le sobriquet de Doc Sam.

Les présentations faites, un profond silence s'établit. Par les baies d'observation, le groupe regardait le système binaire avec son étoile blanche G8 presque perdue au milieu de l'éclat formidable de la queue de fusion de l'*Hélice*.

Finalement, le bandeau rouge, Patek Georg, déclara :

– Très bien. Nous attendons vos explications.

La voix calme de Saïgyo retentit alors à travers tout le système de sonorisation du vaisseau et répondit :

– Nous étions sur le point de commencer la recherche de mondes habitables de type terrestre lorsque nos capteurs et nos instruments d'astronomie se sont intéressés à ce système.

– Un système *binaire* ? s'étonna Kem Loï, la violette. Sûrement pas la géante rouge, j'imagine.

Le peuple de l'Hélice du Spectre d'Amoiete avait bien précisé les paramètres du type de planète que devait leur trouver le vaisseau : ressembler à la Terre, avec un soleil de type G2, et être classée au moins 9 sur l'échelle de Solmev, avec des océans bleus, des températures agréables... Le paradis, en somme. Ils s'étaient donné des dizaines de milliers d'années-lumière pour mener à bien leur quête. Et ils espéraient bien réussir un jour.

– C'est vrai qu'il ne reste aucune planète dans le système de la géante rouge, convint Saïgyo avec une patience affable. Selon nos estimations, il s'agissait d'une naine jaune-blanc de type G2, qui...

– Un vrai Soleil, murmura le bandeau bleu Peter Delen, assis à la droite de Dem Lia.

– C'est exact, répliqua Saïgyo. Il devait beaucoup ressembler à celui de l'Ancienne Terre. Nous avons établi qu'il était devenu instable quant au stade principal de combustion d'hydrogène, il y a environ trois millions et demi d'années standards, avant d'entrer en expansion dans sa phase de géante rouge, où il a englouti toutes les planètes qui se trouvaient dans le système.

– La géante s'étend sur combien d'UA ? demanda Res Sandre, l'autre verte.

– Une virgule trois environ.

– Et il n'y a pas de planètes extérieures ? demanda Kem Loï.

Les violets, à bord de l'*Hélice*, avaient pour spécialité les structures compliquées, les échecs, l'amour des aspects les plus complexes des relations humaines et l'astronomie.

– Je pense qu'il resterait des géantes gazeuses ou des planétoïdes rocheux si elle s'étendait un tout petit peu plus loin que l'équivalent de l'orbite de l'Ancienne Terre ou d'Hypérion, reprit la violette.

– Les mondes extérieurs n'étaient peut-être que de minuscules planétoïdes chassés par un dégazage continuel de particules lourdes, suggéra Patek Georg, le pragmatiste au bandeau rouge.

– Peut-être n'y en a-t-il jamais eu aucun, murmura d'une voix triste Den Soa, la diplomate blanche. Au moins, cela voudrait dire qu'aucune vie n'a été détruite quand le Soleil s'est transformé en géante rouge.

– Saïgyo, demanda Dem Lia, pouvez-vous nous dire pourquoi nous sommes en train de décélérer en direction de cette étoile blanche ? Voulez-vous nous montrer les paramètres ?

Images, trajectoires et colonnes de données apparurent au-dessus de la table.

– Qu'est-ce que c'est que ça ? demanda la jaune la plus âgée, Oam Raï, en montrant une image.

– Un anneau forestier extro, répondit aussitôt Jon Mikaïl Dem Alem. À cette distance, sur toute ces années ! Un vieux vaisseau d'ensemencement extro de l'Hégire nous a coiffés au poteau !

– Comment ça ? répliqua Res Sandre, l'autre verte. Il n'y a jamais eu de planète dans ce système, à ce que nous savons. N'est-ce pas, Saïgyo ?

– Non, madame, répondit l'IA.

– Vous aviez l'intention de vous réapprovisionner sur leur anneau forestier ? demanda Dem Lia.

Leur politique avait toujours été d'éviter toute planète ou tout avant-poste énéen, paxien ou extro dans leur longue quête loin de l'espace humain.

– Cet anneau forestier orbital est d'une richesse exceptionnelle, admit Saïgyo. Mais la raison pour laquelle nous avons décidé de vous réveiller et d'entamer la décélération vers le système est que nous avons reçu un signal de détresse émanant de quelqu'un qui se trouve sur l'anneau ou à proximité. Ce signal, qui plus est, est émis sur une très ancienne fréquence codée de l'Hégémonie. Il est extrêmement faible, mais nous le captons depuis deux cent vingt-huit années-lumière.

Un silence profond accueillit ces paroles. L'*Hélice* avait été lancée quatre-vingts ans après le Moment Partagé d'Énée, cet événement historique qui marquait le début d'une ère nouvelle pour la plus grande partie de l'humanité. Avant le Moment Partagé, la société paxienne, manipulée par l'Église, avait régné sur l'espace humain durant trois siècles. Les habitants de l'anneau forestier avaient donc raté toute l'histoire de la Pax, et sans doute aussi la plus grande partie de celle de l'Hégémonie d'avant la Pax. Sans compter qu'il fallait ajouter un déficit temporel de plus de quatre siècles pour l'*Hélice*. Si ces Extros faisaient partie de l'Hégire de l'Ancienne Terre ou d'un système quelconque de l'Ancien Voisinage des débuts de l'Hégémonie, ils avaient très bien pu demeurer à l'écart de toute la civilisation humaine pendant quinze siècles ou plus.

– Très intéressant, déclara Peter Delen Dem Tae, dont la formation ruban bleu impliquait une connaissance approfondie de la psychologie et de l'anthropologie.

– Saïgyo, voulez-vous nous rediffuser ce signal de détresse ? demanda Dem Lia.

On entendit une série de sifflements parasites entrecoupés de petits bruits d'explosion et de modulation parmi lesquels ressortaient deux mots, peut-être électroniquement filtrés, prononcés avec un accent évoquant l'anglais du Retz au début de l'Hégémonie.

– Que dit-il ? demanda Dem Lia. Je ne distingue pas très bien.

– « Aidez-nous », murmura Saïgyo.

La voix de l'IA était teintée d'une pointe d'accent asiatique. Elle était aussi généralement empreinte d'une intonation légèrement amusée, mais à ce moment précis, il parla avec le plus grand sérieux.

Les neuf humains rassemblés autour de la table se regardèrent de nouveau en silence. Leur objectif avait été de laisser loin derrière eux l'espace énéen humain et post-humain pour permettre aux représentants de leur culture, celle de l'Hélice du Spectre d'Amoiete, de poursuivre leurs propres objectifs et d'aller à la rencontre de leur destin sans intervention énéenne. Mais les Extros n'étaient qu'une branche de l'espèce humaine parmi tant d'autres, qui avait tenté de définir son propre chemin évolutionnaire en s'adaptant à l'espace, en voyageant avec ses alliés les Templiers et en utilisant leurs connaissances génétiques secrètes pour faire pousser des anneaux forestiers orbitaux et même des arbres-étoiles sphériques encerclant complètement leurs soleils.

– À combien estimez-vous le nombre d'Extros qui vivent sur l'anneau forestier orbital ? demanda Den Soa, que sa formation de bandeau blanc destinait sans doute à devenir leur représentant diplomatique si le contact s'établissait un jour.

– À sept cents millions sur l'arc de trente degrés visible de ce côté du soleil, répondit l'IA. S'ils occupent la plus grande partie ou la totalité de l'anneau, il est possible que leur population s'élève à plusieurs milliards d'individus.

– Aucune trace d'Akerataelis ou de zeppelins ? demanda Patek Georg.

Tous les grands anneaux forestiers et les sphères d'arbres-étoiles avaient été construits en collaboration avec ces deux espèces non humaines, qui s'étaient alliées aux Extros et aux Templiers à l'époque de la Chute de l'Hégémonie.

– Aucune, répliqua Saïgyo. Mais si vous regardez l'image de l'anneau sur la fenêtre centrale, vous constaterez que nous en sommes encore très loin. Soixante-trois UA exactement. L'agrandissement est de l'ordre de dix mille.

Ils se tournèrent tous ensemble vers la fenêtre. L'anneau-forêt ne leur semblait pas distant de plus de quelques milliers de kilomètres. Les feuilles vertes, les branches jaune et brun et le tronc central torsadé s'incurvaient jusqu'à se perdre hors de vue dans l'espace, sur fond d'étoile G8 flamboyante.

– Il y a quelque chose qui ne va pas, murmura Dem Lia.

– Il s'agit de l'anomalie qui, conjuguée avec le signal de détresse, nous a fait décider de vous réveiller, leur dit Saïgyo, dont la voix avait repris son léger accent ironique. Cet anneau forestier orbital n'est pas une bioconstruction extro ni templière.

Le Dr Samuel Ria Kem Ali siffla doucement entre ses dents.

– Un anneau forestier de construction étrangère, habité par des Extros d'origine humaine !

– Ce n'est pas tout, leur dit Saïgyo. Nous avons découvert autre chose depuis notre entrée dans le système.

Soudain, la fenêtre de gauche fut remplie par l'image d'une machine, un vaisseau spatial si énorme et si monstrueux que cela défiait presque toute description. Une vue de l'*Hélice* s'incrusta dans un coin de l'écran, pour donner l'échelle. L'*Hélice* faisait un kilomètre de long. La base de l'autre vaisseau était plus de mille fois plus large. C'était une masse gigantesque, d'une laideur affreuse, hérissée de protubérances bulbeuses, insectoïdes, noires comme du charbon. On ne pouvait pas trouver plus horrible, ni dans l'évolution des formes organiques ni dans l'histoire des fabrications industrielles. Au centre et à l'avant, il y avait ce qui ressemblait à une gueule hérissée de dents d'acier, un gouffre bordé de ce qui paraissait constituer une interminable série de mandibules, d'organes déchiqueteurs et de rotors aiguisés comme des lames.

– On dirait le rasoir de Dieu, commenta Patek Georg Dem Mio, dont l'ironie glacée était tempérée par un presque imperceptible tremblement de la voix.

– Rasoir de Dieu, mon œil ! fit Jon Mikaïl Dem Alem à voix basse. (En tant qu'ébène, il avait pour spécialité, entre autres, les systèmes de support de vie, et il avait grandi dans l'une des énormes fermes de Vitus-Gray-Balianus B.) C'est plutôt une moissonneuse-batteuse sortie tout droit de l'enfer ! ajouta-t-il.

– Où se trouve ce vaisseau ? demanda Dem Lia.

Précédant sa demande, Saïgyo leur projetait déjà un graphique montrant leur trajectoire de décélération en direction de l'anneau forestier. Le vaisseau monstrueusement obscène suivait une courbe au-dessus de l'écliptique à une distance de quelque 28 UA devant eux. Il décélérait rapidement, mais pas de manière aussi agressive que l'*Hélice*, qui descendait droit sur l'anneau extro. Cependant, la courbe était on ne peut plus claire. À son taux de décélération actuel, la machine infernale intercepterait directement l'anneau dans exactement neuf jours standards.

– C'est peut-être la raison de leur signal de détresse, conjectura Res Sandre.

– Si je voyais ce truc-là s'approcher de ma planète, c'est sûr que je hurlerais si fort qu'on m'entendrait à deux cent vingt-huit années-lumière de distance, même sans radio, reconnut Den Soa, la jeune bandeau blanc.

– Si nous avons commencé à capter leur signal à cette distance dans le temps, leur rappela Patek Georg, cela signifie ou bien que cette machine a décéléré *très très* lentement à son approche du système ou bien...

– Que ce n'est pas la première fois qu'elle vient, acheva Dem Lia.

Elle ordonna à l'IA d'opacifier les baies et de les laisser conférer seuls.

– Si nous commencions par assigner les différents rôles de chacun, ses devoirs, ses priorités, pour prendre les premières décisions ? demanda-t-elle d'une voix douce.

Autour de la table, les huit autres hochèrent silencieusement la tête.

Aux yeux d'un étranger à la culture de l'Hélice du Spectre, les cinq minutes qui suivirent auraient été particulièrement difficiles à suivre. Un consensus s'établit au bout des deux premières minutes, mais seule une petite partie de la discussion se fit par la parole. La combinaison de gestes de la main, de langage corporel, d'abréviations sonores et de hochements de tête silencieux que quatre siècles de cette culture avaient presque fait évoluer à la perfection fit, en l'occurrence, merveille. Les parents et les grands-parents de ces individus avaient vécu dans la conviction qu'une structure de commandement et de discipline était indispensable. Un demi-million de leurs concitoyens avaient péri à l'occasion de la courte mais sanglante guerre contre les restes de la Pax sur Vitus-Gray-Balianus B, et cent mille autres avaient été tués quand les vandales de la même Pax en déroute étaient revenus dans leur système, trente ans plus tard, pour tout saccager. Mais les neuf étaient décidés à élire un chef par consensus, et à prendre par la suite le plus de décisions possible ainsi.

Les deux premières minutes passées, chacun avait sa fonction, et les subtilités de la répartition des tâches étaient réglées.

Dem Lia avait le commandement. En cas de vote, sa voix était prépondérante si nécessaire. L'autre bandeau vert, Res Sandre, préférait superviser la propulsion et les systèmes techniques en collaboration avec l'IA réticente nommée Basho. Elle comptait bien mettre à profit ce temps pris sur l'espace de Hawking pour faire ses inventaires.

Le bandeau rouge Patek Georg ne surprit personne en acceptant la fonction d'officier principal de la sécurité, chargé à la fois du formidable système défensif du vaisseau et des éventuels contacts avec les Extros. Seule Dem Lia pouvait contester ses décisions dans l'utilisation de l'armement du vaisseau.

La jeune bandeau blanc, Den Soa, avait la charge des communications et de la diplomatie; mais elle demanda à Peter Delen Dem Tae, qui accepta aussitôt, de partager ces responsabilités avec elle. La formation de Peter en psychologie incluait des notions d'exopsychologie théorique.

Doc Sam avait pour rôle de surveiller l'état de santé de chacun d'eux et d'étudier la biologie évolutionnaire des Extros et des Templiers, au cas où le contact se réaliserait.

Le bandeau ébène, Jon Mikaïl Dem Alem, avait la responsabilité des systèmes de vie. Il devait non seulement s'occuper, avec l'aide de l'IA compétente, des systèmes de l'*Hélice*, mais également veiller à ce que les environnements adéquats soient aménagés pour accueillir des Extros à bord.

Oam Raï, la plus âgée des neuf, maîtresse d'échecs du vaisseau, accepta de coordonner l'ensemble des systèmes de bord et de jouer le rôle de conseillère principale de Dem Lia à mesure de l'évolution de la situation.

Kem Loï, l'astronome, reçut la direction de tous les dispositifs de détection à longue portée; mais elle ne demandait, visiblement, qu'une seule chose, c'était d'avoir du temps libre pour le consacrer à l'étude du système binaire.

– Personne n'a remarqué à quoi ressemble cette étoile blanche? demanda-t-elle.

– Tau Ceti, répliqua sans hésitation Res Sandre.

Kem Loï hocha la tête.

– Et vous avez dû constater l'anomalie concernant la disposition de l'anneau forestier.

Elle n'avait, en effet, échappé à personne. Les Extros avaient une prédilection pour les étoiles de type G2, où ils pouvaient faire pousser leurs forêts orbitales à environ une UA du soleil. Mais l'anneau forestier vers lequel ils se dirigeaient ne tournait qu'à 0,36 UA de distance de son étoile.

– Pratiquement le même éloignement qu'entre Tau Ceti Central et son soleil, murmura Patek Georg d'une voix songeuse.

TC2, comme on l'appelait depuis plus de dix siècles, avait été jadis la planète centrale et la capitale de toute l'Hégémonie. Puis, sous la Pax, c'était devenu un monde périphérique, jusqu'au jour où un cardinal local s'était lancé dans un coup de force contre le pape en difficulté dans les derniers jours de la Pax. La plupart des cités reconstruites avaient alors été rasées. Quand l'*Hélice* avait quitté l'espace humain, quatre-vingts ans après la fin de cette guerre, les Énéens étaient en train de reconstruire et de repeupler l'ancienne capitale. Ils reconstituaient les superbes monuments classiques et les grands domaines, transformant les cités scorifiées en une Arcadie qui leur était réservée.

Une fois les responsabilités distribuées, le groupe examina la question d'un éventuel réveil des membres de leurs familles en sommeil cryotechnique. Le peuple de l'Hélice du Spectre pratiquait la trine union : un homme et deux femmes, ou vice versa. Mais comme la plupart avaient leurs enfants avec eux à bord, cela compliquait sérieusement les choses. Jon Mikaïl évoqua un certain nombre de problèmes relatifs aux supports de vie, mais ils étaient mineurs. Tous convinrent cependant que le fait d'avoir leurs familles comme passagers ne ferait que compliquer les décisions à venir. Il valait mieux les laisser en sommeil profond. Les deux seules exceptions furent le mari et l'épouse de Den Soa. La jeune diplomate au bandeau blanc avoua qu'elle ne se sentirait pas vraiment en sécurité si elle n'avait pas ses deux amours auprès d'elle. Le groupe accéda de bon gré à sa requête, tout en lui recommandant gentiment que ses conjoints se tiennent à l'écart de la passerelle de commandement, sauf à être contraints de s'y rendre de façon impérative. Den Soa promit d'y veiller. On fit revenir Saïgyo, qui s'occupa immédiatement de ranimer les deux conjoints. Ils n'avaient pas d'enfants.

Puis on passa à des discussions plus sérieuses.

– Allons-nous vraiment pénétrer dans cet anneau pour nous mêler des problèmes de ces Extros ? demanda Patek Georg. En supposant que leur signal soit toujours d'actualité !

– Ils émettent sur des fréquences que nous n'utilisons plus depuis longtemps, fit remarquer la jeune Den Soa aux cheveux blonds, qui s'était psychée sur les systèmes de communication du vaisseau et semblait observer quelque chose par le biais de sa vision virtuelle. Cette machine monstrueuse se dirige toujours droit sur eux, ajouta-t-elle.

– N'oublions pas, précisa le bandeau rouge, que notre politique a toujours été d'éviter tout contact avec des avant-postes humains susceptibles de nous causer des problèmes avant que nous ayons quitté l'espace exploré.

Res Sandre, la verte responsable des machines, esquissa un sourire.

– Notre ambition était d'éviter la Pax, les Extros et les Énéens; mais il n'était pas prévu que nous pourrions un jour tomber sur des humains – ou ex-humains – à huit mille années-lumière des frontières connues de l'espace civilisé.

– Cette incursion ne peut apporter que des problèmes à tout le monde, insista Patek Georg.

Ils comprenaient tous les raisons de l'attitude du responsable de la sécurité. Au sein de l'Hélice du Spectre, les bandeaux rouges étaient connus pour leur courage, leur force de conviction politique et leur passion pour l'art, mais ils avaient aussi un sens aigu de la compassion envers les formes de vie différentes. Ses huit compagnons comprenaient parfaitement ce qu'il voulait dire quand il affirmait que le contact envisagé risquait de causer des ennuis à « tout le monde ». Il ne pensait pas seulement aux 684 291 âmes qui dormaient à bord d'un sommeil profond, mais aussi aux Extros et aux Templiers eux-mêmes. Ces orphelins de l'Ancienne Terre, ces membres d'un groupe humain à l'évolution totalement séparée, étaient restés à l'écart de l'histoire et de l'influence humaines durant au moins un millénaire, peut-être bien plus longtemps. Même un contact très bref pouvait mettre en danger toute la culture extro.

– Nous sommes obligés d'aller voir si nous pouvons aider ces gens. En même temps, nous ferons nos réapprovisionnements, si possible, déclara Dem Lia d'une voix amicale mais catégorique. Saïgyo, combien de temps nous faudra-t-il, en décélérant au maximum compatible avec le maintien des champs de confinement internes, pour parvenir à un point situé à cinq mille kilomètres environ de la forêt orbitale ?

– Trente-sept heures, répondit aussitôt l'IA.

– Ce qui nous donne un peu plus de sept jours d'avance sur cet horrible engin, estima Oam Raï.

– Avez-vous songé, demanda Doc Sam, qu'il pourrait s'agir d'un engin fabriqué par les Extros pour traverser les champs d'impact de l'héliosphère en direction du système de la géante rouge ? Une sorte de train fantôme ?

– Ça m'étonnerait, fit la jeune Den Soa sans percevoir l'ironie de l'homme plus âgé.

– En tout cas, les Extros nous ont repérés, murmura Patek Georg, psyché dans le noyau de son système. Saïgyo, s'il vous plaît, pourriez-vous éclaircir à nouveau les fenêtres ? Même amplification que tout à l'heure.

La salle fut soudain illuminée par une clarté solaire et stellaire et par la lumière que réfléchissait la forêt orbitale. Celle-ci ressemblait au haricot géant de Jack[1]. Courbée autour de l'étoile blanche à la luminosité insoutenable, elle se perdait dans le lointain. Mais le spectacle avait changé. Quelque chose de nouveau s'y était ajouté.

– Nous sommes en temps réel ? demanda Dem Lia à voix basse.

– Oui, répondit Saïgyo. Je pense que les Extros ont repéré notre traînée de fusion dès que nous sommes entrés dans le système. Ils viennent nous souhaiter la bienvenue.

Des milliers, des dizaines de milliers de rubans de lumière palpitants avaient quitté l'anneau, s'éloignant, telles les lucioles éclatantes de l'Ancienne Terre ou les somptueuses diaphanes d'Alliance-Maui, de l'immense tresse de feuilles, d'écorce et d'atmosphère. Et tous ces points lumineux quittaient le système et se dirigeaient vers l'*Hélice*.

– Pourriez-vous agrandir l'image encore un peu ? demanda Dem Lia.

Elle s'adressait à Saïgyo, mais ce fut Kem Loï, déjà psychée sur le réseau optique du vaisseau, qui exécuta l'ordre.

1. *Jack et le haricot magique* est un célèbre conte traditionnel anglais anonyme pour enfants. (*N.d.T.*)

Papillons de lumière. Aux ailes d'une envergure de deux cents, trois cents, cinq cents kilomètres, captant le vent solaire, chevauchant les lignes de champ magnétique, se déversant depuis la petite étoile brillante. Pas seulement des dizaines, mais des centaines de milliers d'anges ailés ou de démons lumineux.

– Espérons qu'ils ne sont pas animés de mauvaises intentions, déclara Patek Georg.

– Espérons que nous saurons encore communiquer avec eux, chuchota la jeune Den Soa. Ils ont eu quinze cents ans pour infléchir leur évolution dans n'importe quel sens.

Dem Lia posa délicatement la main sur la table, mais avec assez de force pour se faire entendre.

– Je suggère que nous mettions un terme à ces spéculations et que nous nous préparions à cette rencontre, qui aura lieu dans...

– Vingt-sept heures et huit minutes, si ces Extros continuent de venir à notre rencontre, intervint Saïgyo.

– Res Sandre, demanda Dem Lia d'une voix douce, vous pourriez, avec l'aide de votre IA de propulsion, commencer à calculer nos paramètres de décélération finale de manière à ne pas carboniser des milliers de ces créatures. Ce ne serait pas très diplomatique.

– S'ils ont de mauvaises intentions, insista Patek Georg, la traînée de fusion constituera notre meilleure arme contre...

Dem Lia l'interrompit. Sa voix était douce, mais ne souffrait aucune contradiction.

– Pas question de parler de guerre contre cette civilisation extro jusqu'à ce que nous ayons de plus amples informations sur ses motivations. Patek, vous pouvez procéder à l'examen des systèmes défensifs dont nous disposons à bord, mais je ne veux plus entendre parler d'action offensive jusqu'à ce que nous ayons eu une petite conversation privée à ce sujet, vous et moi.

Patek Georg inclina la tête sans rien dire.

– Autres questions ou commentaires ? demanda Dem Lia.

Pas de réaction. Les neuf se levèrent alors pour vaquer à leurs différentes tâches.

Vingt-quatre heures plus tard, ayant à peine dormi, Dem Lia se tenait seule, telle une divinité, au cœur du système de l'étoile blanche. La G8 embrasée ne se trouvait qu'à quelques mètres de son épaule. La tresse forestière était si proche qu'elle aurait pu la toucher en tendant le bras et la saisir dans sa main virtuelle de déesse tandis qu'au niveau de sa poitrine les centaines de milliers d'ailes lumineuses miroitantes convergeaient vers l'*Hélice*, dont la queue de fusion de décélération était maintenant réduite à néant. Les pieds de Dem Lia ne reposaient sur rien, si ce n'est le noir de l'espace. La forêt orbitale lui arrivait à la taille, et les étoiles formaient une énorme sphère de constellations et de poussière galactique loin au-dessus de sa tête et autour d'elle.

Soudain, Saïgyo fut là à côté d'elle. Le moine du Xe siècle avait pris sa posture virtuelle coutumière: jambes croisées, il flottait sereinement juste au-dessus du plan de l'écliptique, à quelques mètres de distance respectueuse de Dem Lia. Nu-pieds, sans chemise, il avait un ventre rebondi qui ajoutait à l'impression de respectabilité émanant de son visage joufflu, de ses yeux légèrement strabiques et de ses pommettes vermeilles.

– Ces Extros ont une manière extraordinaire de surfer avec les vents solaires, murmura Dem Lia.

Saïgyo hocha la tête.

– Vous remarquerez cependant qu'ils chevauchent les ondes de choc uniquement dans le sens des lignes de champ magnétique. C'est ce qui leur permet d'atteindre des pointes de vitesse remarquables.

– On en parle, mais je ne les ai jamais visualisées. Vous pourriez peut-être...

Aussitôt, le système solaire au milieu duquel ils discutaient se transforma en un réseau complexe de lignes de champ rayonnant à partir de l'étoile G8, d'abord courbes puis aussi droites et régulières qu'un barrage de rayons laser. Ce dispositif élaboré apparaissait en rouge, tandis que les rayons cosmiques aux chemins plus aléatoires, venus de toute la galaxie, figuraient en bleu. Ils suivaient, la plupart du temps, les lignes magnétiques, dont ils s'écartaient occasionnellement, en bonds sinusoïdaux, comme des saumons remontant un cours d'eau, pour aller frayer dans le ventre de l'étoile. Dem Lia remarqua que les lignes issues des pôles nord et sud du soleil étaient souvent entortillées sur elles-mêmes, ce qui provoquait, de proche en proche, la déformation d'ondes cosmiques destinées autrement à suivre tout droit les lignes polaires. Pour changer un peu de métaphore, Dem Lia imagina des spermatozoïdes en train de faire la course en direction d'un ovule étincelant, luttant contre les vents solaires et les ondes magnétiques, repoussés par les ondes de choc qui balayaient les lignes de champ comme quelqu'un qui secoue un fil d'une toile ou fait claquer un fouet.

– Ça s'agite, dit-elle en voyant la trajectoire de fuite de la multitude d'Extros secoués par les fronts d'ondes ioniques, magnétiques et cosmiques.

Ils luttaient pour se stabiliser à grands mouvements amples de leurs ailes vibrantes d'énergie radiante tandis que les vents solaires se propageaient en avant puis en arrière le long des lignes magnétiques, portés finalement en avant par l'onde de choc déferlante qui accompagnait les brusques rafales, rattrapant progressivement les ondes plus lentes, créant des tsunamis temporaires qui s'éloignaient puis revenaient tel un ressac puissant vers le rivage ardent du soleil G8.

Les Extros semblaient relativement à l'aise au milieu de toute cette confusion de lignes géométriques, lignes rouges, lignes de champ magnétique, lignes jaunes ioniques, lignes bleues cosmiques et fronts d'ondes en mouvement de toutes les couleurs du spectre. Dem Lia se tourna vers l'endroit où l'héliosphère bouillonnante de la géante rouge rencontrait celle, non moins agitée, de la G8. La tempête de lumières et de couleurs qui faisait rage à cet endroit la fit penser à un océan effervescent, multicolore et phosphorescent, qui venait se briser au pied des falaises d'un continent d'énergie déchaînée, tout aussi multicolore et effervescent. Quel spectacle !

– Reprenez l'affichage normal, demanda-t-elle.

Aussitôt, les étoiles, l'anneau forestier, les Extros en mouvement et l'*Hélice* en train de décélérer redevinrent visibles, les deux derniers étant moins clairement apparents du fait de la différence d'échelle.

– Saïgyo, demanda Dem Lia, pourriez-vous inviter les autres IA à venir ici ?

Le moine souriant haussa les sourcils.

– Toutes ici, en même temps ?

– Oui.

Elles apparurent rapidement, mais pas instantanément, à des intervalles d'une seconde ou deux les unes des autres.

La première fut Dame Murasaki, encore plus petite que la déjà menue Dem Lia, vêtue d'une robe au style datant de trois mille ans et d'un kimono qui coupa le souffle à la commandante de bord intérimaire. *Que de beauté l'Ancienne Terre recelait sans y prêter attention !* songea Dem Lia tandis que Dame Murasaki s'inclinait poliment devant elle en glissant ses mains menues dans les manches de sa robe. Elle avait le visage enfariné, presque blanc, les lèvres et les yeux très maquillés, et ses longs cheveux noirs étaient apprêtés de manière si élaborée que Dem Lia, qui avait porté les siens courts presque toute sa vie, ne soupçonnait même pas ce qu'il fallait de patience et de soins pour démêler, rouler, fixer, natter, lisser et laver une telle masse.

Une seconde plus tard, Ikkyü s'avança virtuellement d'un pas assuré à travers le vide entourant l'*Hélice*. Cette IA avait choisi la personnalité âgée d'un poète zen depuis longtemps disparu. Son image semblait avoir environ soixante-dix ans. Ikkyü était un peu plus grand que la moyenne des Japonais, avec une calvitie prononcée, des rides de préoccupation en travers du front et des plis de rire autour de ses yeux brillants. Avant leur départ, Dem Lia avait consulté les banques de données du vaisseau pour se documenter sur ce moine, poète, musicien et calligraphe du XVe siècle. Apparemment, quand le vrai Ikkyü, le personnage historique, avait eu soixante-dix ans, il était tombé amoureux d'une chanteuse aveugle de quarante ans plus jeune que lui et avait scandalisé son entourage de jeunes moines en la faisant venir vivre au temple avec lui. Dem Lia l'aimait bien.

Ce fut ensuite le tour de Basho. Le grand maître du haïku avait choisi d'apparaître sous la forme d'un paysan japonais dégingandé du XVIIe siècle, portant le chapeau pointu et les sabots de rigueur. Il y avait toujours un peu de terre sous ses ongles.

Ryökan entra d'un mouvement gracieux dans le cercle. Il portait de magnifiques robes d'un bleu superbe à galon doré, et ses cheveux longs étaient noués en queue-de-cheval.

– Je vous ai demandé de venir ici tous ensemble, leur exposa Dem Lia d'une voix ferme, en raison de la nature complexe de cette rencontre avec les Extros. Il ressort de la lecture du livre de bord que l'un d'entre vous n'a pas approuvé l'idée de se distranslater de l'espace de Hawking pour répondre à cet appel de détresse.

– C'est moi, déclara Basho.

Il s'exprimait en anglais moderne postérieur à la Pax, mais sa voix avait les accents rocailleux et gutturaux d'un samouraï.

– Pourquoi ? demanda Dem Lia.

Basho fit un geste vague de sa main osseuse.

– Les priorités du programme sur lequel nous nous étions mis d'accord ne prévoyaient pas une telle éventualité. À mon sens, il y avait un potentiel de danger trop élevé par rapport à notre objectif réel, qui est de trouver un monde à coloniser.

Dem Lia fit un geste en direction de l'essaim d'Extros qui se rapprochait du vaisseau. Ils n'étaient plus maintenant qu'à quelques milliers de kilomètres. Ils avaient annoncé leurs intentions pacifiques à la radio, sur les anciennes fréquences, depuis un peu plus d'un jour standard.

– Et vous pensez toujours qu'il y a un risque ? demanda-t-elle à l'IA.

– Oui, répondit Basho.

Dem Lia hocha la tête en fronçant légèrement les sourcils. C'était toujours ennuyeux lorsque les IA n'étaient pas unanimes sur les questions cruciales. Mais c'était justement pour de tels cas que les Énéens les avaient laissées Autonomes après l'effondrement du TechnoCentre. Et c'était pour cela aussi qu'elles étaient cinq à voter.

– Les autres, de toute évidence, ont estimé que le risque était acceptable ?

Dame Murasaki répondit de sa petite voix modeste, à peine un souffle :

– Nous avons vu là une excellente occasion de nous réapprovisionner en vivres et en eau. En ce qui concerne les implications culturelles, elles étaient plus de votre ressort que du nôtre. C'était donc à vous de décider. Naturellement, nous n'avions pas encore détecté la présence de cet énorme vaisseau spatial dans le système lorsque nous avons quitté l'espace de Hawking pour nous y translater. Cela aurait peut-être eu des conséquences sur notre décision.

– Il s'agit, déclara Ikkyü avec enthousiasme, d'une culture extro-humaine, comprenant sans doute une assez importante population de Templiers. Il est possible qu'elle n'ait eu aucun contact avec l'univers humain extérieur depuis les tout premiers jours de l'Hégémonie. Si c'est le cas, nous sommes là en présence de l'avant-poste le plus éloigné de l'ancienne Hégire. De toute l'humanité, même. C'est une merveilleuse occasion d'apprendre une multitude de choses.

Dem Lia hocha la tête avec impatience.

– Nous ne sommes plus qu'à quelques heures du point de rencontre. Vous avez entendu leur message radio. Ils disent qu'ils veulent nous souhaiter la bienvenue et discuter avec nous, et nous leur avons rendu la politesse. Nos langages ne sont pas différents au point que les micros-perles ne puissent se charger de traduire nos conversations en simultané. Mais comment avoir l'assurance que leurs intentions sont bien pacifiques ?

Ryökan se racla la gorge.

– N'oublions pas que, depuis plus de dix siècles, les guerres contre les Extros ont toujours été provoquées, d'abord par l'Hégémonie, puis par la Pax. Les premières colonies extros dans l'espace lointain étaient essentiellement pacifiques, et il est probable que celle-ci n'a jamais eu vent d'aucun conflit.

Saïgyo gloussa du haut de son confortable perchoir aérien.

– N'oublions pas non plus que, pendant les guerres de la Pax contre les Extros, ces humains pacifiques et conditionnés à vivre dans l'espace ont appris, pour se défendre, à fabriquer et à utiliser des vaisseaux-torches, des croiseurs Hawking améliorés, des armements au plasma, et même quelques engins de guerre à propulsion Gédéon pris à l'ennemi. (Il agita ses bras nus.) Nous avons scanné tous ces Extros qui viennent vers nous, et aucun n'est armé. Pas même d'un épieu de bois.

Dem Lia hocha la tête.

– Kem Loï m'a montré certains indices astronomiques selon lesquels on peut penser que leur vaisseau d'ensemencement a été très vite arraché à son poste de garage orbital. Peut-être quelques années ou même quelques mois après leur arrivée. Le système ne comporte aucun astéroïde, et le nuage d'Oört a été chassé hors de leur portée. Il ne serait pas étonnant qu'ils soient dépourvus de toute capacité métallurgique ou industrielle.

– Commandante, intervint Basho d'un air soucieux, ce ne sont que des conjectures invérifiables pour le moment. Ce que nous savons, c'est que les Extros ont suffisamment modifié leur anatomie pour se doter d'ailes à champ de force capables de se déployer sur des centaines de kilomètres. S'ils s'approchent suffisamment du vaisseau, ils peuvent, en théorie, se servir de l'effet plasma conjugué de ces ailes pour essayer d'ouvrir une brèche dans nos champs de confinement et attaquer le vaisseau.

– Anéantis par des anges à coups d'aile, murmura Dem Lia d'un air songeur. Quelle fin ironique ce serait pour nous !

Les IA ne firent pas de commentaires.

– Qui travaille le plus directement avec Patek Georg Dem Mio sur les questions de stratégie défensive ? demanda Dem Lia, rompant le silence.

– Moi, répondit Ryökan.

Elle le savait déjà, mais voulait s'assurer que ce n'était pas Basho. Patek Georg était suffisamment parano comme cela dans ses relations avec les IA sur cette question.

– Quelles vont être ses recommandations dans la réunion entre humains qui va avoir lieu d'ici quelques minutes ? demanda-t-elle sans autre préambule.

Ryökan hésita de manière à peine perceptible. Les IA avaient le sens de la discrétion et de la loyauté envers les humains avec qui elles travaillaient dans leur spécialité, mais elles comprenaient aussi les impératifs du commandant de bord élu.

– Patek Georg va recommander l'extension à cent kilomètres du champ de confinement extérieur de classe 20, murmura Ryökan. Toutes nos armes à énergie rayonnante devront être en état d'alerte et dirigées sur les trois cent neuf mille deux cent cinq Extros qui viennent vers nous.

Dem Lia haussa très légèrement les sourcils.

– Et combien de temps faudrait-il pour atomiser plus de trois cent mille petites cibles individuelles ? demanda-t-elle d'une voix faible.

– Deux virgule six secondes, répondit aussitôt Ryökan.

Dem Lia secoua la tête.

– Ryökan, vous voudrez bien rapporter cette conversation à Patek Georg, en lui disant que je ne veux pas d'un champ de confinement réglé à cent kilomètres, mais qu'il devra être maintenu à sa valeur actuelle de un kilomètre. Il peut rester en classe 20. C'est une bonne chose que les Extros puissent se faire une idée de sa puissance défensive. Mais il n'est pas question, à ce stade, que nos systèmes d'armes les prennent pour cible. Il est à présumer qu'ils peuvent voir aussi nos faisceaux de balayage. Ryökan, vous pouvez procéder avec Patek Georg à toutes les simulations de combat que vous voudrez, pour mettre toutes les chances de notre côté, mais n'armez pas les engins rayonnants et ne faites aucun repérage de cible tant que je n'en aurai pas donné l'ordre.

Ryökan s'inclina. Basho fit tourner ses rouages virtuels dans tous les sens, mais ne fit aucun commentaire. Dame Murasaki agita son éventail devant son visage en disant :

– Vous êtes bien confiante.

Dem Lia ne sourit pas.

– Jamais à cent pour cent, dit-elle. Ryökan, avec Patek Georg, vous allez régler le champ de confinement de telle sorte que, si les Extros tentent de le percer avec du plasma concentré au moyen de leurs ailes solaires, il se transforme instantanément en un champ de classe 35 sur un rayon de cinq cents kilomètres.

Ryökan hocha la tête. Ikkyü murmura avec un sourire :

– Je ne sais pas si les Extros seraient capables de surfer sur une pareille vague, commandante. Il est à peu près certain que leurs systèmes d'énergie personnelle ne suffiraient pas à maintenir leurs fonctions vitales et qu'ils seraient incapables de décélérer sur une demi-UA ou plus.

Dem Lia hocha la tête.

– C'est leur problème et non le nôtre. Mais je ne pense pas que les choses en arrivent là. Merci à vous toutes d'être venues me parler.

Les six silhouettes humaines géantes disparurent.

La rencontre fut pacifique et efficace.

La première question que les Extros avaient envoyée par radio à l'*Hélice* vingt-quatre heures plus tôt avait été :

– Appartenez-vous à la Pax ?

Au début, cela avait sidéré Dem Lia et les autres. Ils supposaient que ces gens avaient perdu tout contact avec l'espace humain longtemps avant la naissance de la Pax. Mais le bandeau ébène, Jon Mikaïl Dem Alem, avait murmuré :

– Le Moment Partagé. Ça ne peut être que ça, oui...

Les neuf humains s'étaient regardés en silence. Tout le monde comprenait ce qu'il voulait dire. Le « Moment Partagé » d'Énée, durant son supplice et son assassinat perpétrés par la Pax et le TechnoCentre, avait touché tous les humains disséminés dans l'espace colonisé. L'effet de résonance gestalt dans le Vide qui Lie avait transmis les pensées et les souvenirs de la jeune femme agonisante, par l'intermédiaire des fils de texture quantique de l'univers susceptibles de propager l'empathie, à tous les êtres appartenant à la souche humaine de l'Ancienne Terre, qui s'étaient ainsi trouvés réunis un bref instant. Mais ici, à une distance de plusieurs milliers d'années-lumière ?

Dem Lia s'avisa soudain que cette pensée était stupide. Le Moment Partagé d'Énée, datant de près de cinq siècles, s'était propagé dans tout l'univers en suivant les lignes de texture quantique du Vide qui Lie. Il avait dû toucher des races et des cultures si éloignées qu'aucune technologie de communication ou de voyage ne permettait de les atteindre. Il avait ajouté la première voix humaine dotée de conscience à la conversation empathique qui se poursuivait depuis près de douze milliards d'années entre espèces sentientes et sensibles. Pour la plupart, ces espèces s'étaient éteintes ou avaient évolué au-delà de leur forme d'origine depuis longtemps. C'étaient les Énéens qui avaient appris tout cela à Dem Lia. Mais leurs souvenirs empathiques résonnaient encore dans le Vide qui Lie.

Il était clair que ces Extros avaient dû connaître le Moment Partagé cinq siècles plus tôt.

– Non, nous ne sommes pas de la Pax, avaient-ils répondu par radio aux trois cent mille et quelques créatures ailées qui s'approchaient de l'*Hélice*. La Pax a été presque totalement anéantie il y a environ quatre cents ans.

– Avez-vous à bord des disciples d'Énée ? avaient alors demandé les Extros.

Dem Lia et ses compagnons avaient soupiré. Ces Extros attendaient peut-être la venue d'un messager énéen, un quelconque prophète, quelqu'un qui leur apporterait le sacrement de l'ADN d'Énée pour qu'ils puissent à leur tour devenir énéens.

– Non, avaient-ils répondu par radio. Nous ne sommes pas des disciples d'Énée.

Ils avaient tenté de leur expliquer qu'ils faisaient partie de l'Hélice du Spectre d'Amoiete et que les Énéens les avaient aidés à construire ce vaisseau et à l'adapter à leur très long voyage. Mais après un long silence, un nouveau message radio leur avait demandé :

– Y a-t-il quelqu'un à votre bord qui ait rencontré en personne Énée ou son bien-aimé Raul Endymion ?

De nouveau, les neuf avaient échangé des regards perplexes. Saïgyo, assis en tailleur sur le plancher à quelque distance de la table de conférence, avait alors répondu lui-même d'une voix sereine :

– Personne ici n'a connu Énée. Sur les trois conjoints de la famille du Spectre qui a caché et aidé Raul Endymion lorsqu'il était souffrant sur Vitus-Gray-Balianus B, deux ont trouvé la mort lors de la guerre contre la Pax, une mère, Dem Ria, et le père biologique, Alem Mikaïl Dem Alem. Le fils de cette trine union, Bin Ria Dem Loa Alem, a été lui aussi tué dans un bombardement de la Pax. La fille d'Alem Mikaïl, issue d'un précédent mariage trin, a été portée disparue et présumée décédée. La survivante de la trine union, Dem Loa, a accepté le sacrement pour devenir énéenne quelques semaines après le Moment Partagé. Elle s'est distransportée pour ne plus jamais revenir sur Vitus-Gray-Balianus B.

Dem Lia et les autres attendirent la suite. Ils savaient que l'IA ne se serait jamais donné la peine d'intervenir s'il n'y avait pas une suite à cette histoire.

– Il se trouve, continua Saïgyo en hochant la tête, que leur fille adolescente, Ces Ambre, présumée morte à l'occasion des massacres de civils de l'Hélice du Spectre à la base de Bombasino de la Pax, avait en fait été déportée, en compagnie de plus d'un millier d'enfants et d'adolescents, sur un monde-forteresse de la Pax nommé St. Theresa, où elle fut élevée dans la foi des chrétiens régénérés. Elle reçut le cruciforme et vécut sous la tutelle des gardes religieux de la Pax pendant neuf années standards, à l'issue desquelles ce monde fut libéré par les Énéens. C'est seulement alors que Dem Loa apprit que sa fille était encore en vie.

– Elles se sont retrouvées ? demanda la jeune et jolie Den Soa, la diplomate, qui avait les larmes aux yeux. Ces Ambre a pu se libérer du cruciforme ?

– Il y eut des retrouvailles, murmura Saïgyo. Dem Loa se distranslata sur place dès qu'elle apprit la nouvelle. Ces Ambre décida de se faire retirer le cruciforme par les Énéens, mais déclara refuser le sacrement de l'ADN d'Énée que lui proposait sa belle-mère de trine union pour qu'elle devienne énéenne à son tour. Son dossier indique qu'elle demanda à retourner sur Vitus-Gray-Balianus B pour y retrouver les vestiges de la culture à laquelle ses ravisseurs l'avaient prématurément arrachée. Elle y demeura près de soixante années standards, exerçant le métier de professeur et adoptant le bandeau bleu de sa famille.

– Elle a enduré le cruciforme mais refusé de devenir énéenne, commenta Kem Loï, l'astronome, comme si la chose était impossible à croire.

– Elle est à bord, en sommeil profond, leur dit Dem Lia.

– C'est exact, confirma Saïgyo.

– Quel âge avait-elle quand elle a embarqué ? demanda Patek Georg.

– Quatre-vingt-quinze années standards, répondit l'IA en souriant. Mais comme tous les humains à bord, elle a bénéficié de la médecine énéenne dans les années qui ont précédé le départ, et son aspect physique et ses capacités intellectuelles sont ceux d'une femme d'une soixantaine d'années.

Dem Lia se frotta la joue.

– Saïgyo, voulez-vous réveiller la citoyenne Ces Ambre ? Den Soa, pourriez-vous être présente à son réveil et lui expliquer la situation avant l'arrivée des Extros ? Ils semblent plus intéressés par quelqu'un qui a connu en personne le mari d'Énée que par une explication détaillée sur l'Hélice du Spectre.

– Futur mari seulement, à l'époque, rectifia le bandeau ébène, Jon Mikaïl, qui péchait parfois par excès de pédantisme. Raul Endymion n'était pas encore marié avec Énée à l'époque de son court séjour sur Vitus-Gray-Balianus B.

– Je serai honorée de rester en compagnie de Ces Ambre jusqu'à ce que les Extros soient là, déclara Den Soa avec un grand sourire.

Pendant que la masse des Extros se tenait à bonne distance – cinq cents kilomètres –, les trois ambassadeurs furent escortés à bord. Il avait été établi par radio qu'ils pourraient supporter sans inconvénient le dixième de la gravité normale, et on avait réglé à cette valeur le champ de confinement de la magnifique bulle-solarium située en arrière et au-dessus de la passerelle de commandement. L'éclairage et les sièges avaient été adaptés. Pour le confort des représentants de l'*Hélice,* il était préférable de conserver une certaine notion de haut et de bas. Et Den Soa avait pensé que les Extros se sentiraient plus à l'aise parmi la végétation luxuriante du solarium. Le vaisseau avait morphé sans peine un grand sas au sommet de la bulle, et il ne restait plus qu'à attendre l'arrivée des ambassadeurs, qui s'approchaient très lentement du vaisseau. Deux d'entre eux, leurs ailes déployées, en remorquaient un troisième, plus petit, en scaphandre transparent. Les Extros, qui respiraient de l'air sur leur anneau, avaient l'habitude d'une atmosphère comportant cent pour cent d'oxygène, et c'était la raison pour laquelle on avait décidé de les recevoir dans le solarium.

Dem Lia se sentit légèrement euphorique au moment où ses invités prenaient place dans leurs fauteuils adaptés. Elle se demanda si c'était à cause de l'oxygène ou de la nouveauté de cette rencontre.

Une fois installés, les Extros mirent un certain temps à étudier leurs cinq interlocuteurs de l'*Hélice*. Il y avait là Dem Lia, Den Soa, Patek Georg, le psychologue Peter Delen Dem Tae et Ces Ambre, au visage avenant, cheveux blancs coupés court, les mains sagement croisées sur les genoux. L'ex-professeur avait insisté pour porter sa belle robe bleue à capuche, mais il avait fallu coudre quelques languettes adhésives à des endroits stratégiques pour empêcher le vêtement de se soulever ou de gonfler comme un ballon à partir du sol au moindre mouvement.

La délégation extro se composait d'un ensemble d'individus des plus intéressants. À gauche, dans le fauteuil basse-gravité le plus élaboré, se trouvait un vrai Extro adapté à l'espace. Présenté sous le nom de Cavalier Lointain, il faisait près de quatre mètres de haut. À côté de lui, Dem Lia se sentit toute petite. Le peuple de l'Hélice du Spectre était généralement de stature trapue, non pas parce qu'il avait vécu des siècles sur des planètes à gravité élevée, mais à cause de son patrimoine génétique. Sous bien des aspects, les Extros s'étaient écartés de la morphologie humaine standard. Leurs bras et leurs jambes n'étaient plus que de longs appendices filiformes attachés à leur maigre torse. Les doigts de cet homme devaient bien mesurer vingt centimètres de long. Chaque parcelle de son corps – qui semblait pratiquement nu sous la pellicule de compression antitranspiration qui lui collait à la peau – était protégée par un champ de force autonome, sorte d'amplification de l'aura humaine naturelle, qui lui permettait de survivre dans le vide spatial. Les crêtes saillantes que l'on voyait au niveau de ses épaules et de ses omoplates permettaient de déployer les ailes qui captaient le vent solaire et les lignes de force magnétiques. Son visage génétiquement transformé n'avait quasiment plus rien d'humain. Ses yeux n'étaient guère plus que des fentes noires derrière d'épaisses membranes nictitantes. En lieu et place des oreilles, il avait, sur le côté de la tête, une grille évoquant un récepteur radio. Sa bouche était une étroite fente sans lèvres. Il communiquait par l'intermédiaire de glandes émettrices situées dans son cou.

La délégation de l'Hélice du Spectre, au courant de toutes ces transformations, était munie de bouchons d'oreille spéciaux qui, non contents de leur relayer les émissions radio de Cavalier Lointain, leur permettaient aussi de communiquer avec leurs IA sur un canal protégé.

Le deuxième Extro n'était que partiellement adapté à l'espace. Sa morphologie était nettement plus humaine. Il faisait trois mètres de haut, et ses membres étaient également filiformes, mais il n'était pas entouré d'un champ de force ectoplasmique permanent. Son visage était osseux et ses yeux étaient étroits, et il était complètement chauve. Il parlait un anglais des débuts du Retz, pratiquement sans accent. Il s'était présenté en tant que Maître-Rameau et Historien Keel Redt, et il devint vite évident qu'il jouerait le rôle de porte-parole du groupe, faute d'en être le chef véritable.

À la gauche du Maître-Rameau se tenait une Templière au crâne chauve, à la structure osseuse délicate, aux traits vaguement asiatiques et aux grands yeux communs à tous les Templiers. Elle portait la robe de bure et la capuche traditionnelles. Elle s'était présentée sous le nom de Voix de l'Arbre Authentique Reta Kasteen, et son parler très doux avait des accents étrangement musicaux.

Après les présentations, Dem Lia vit que les deux Extros et la Templière ne cessaient de dévisager Ces Ambre, qui leur souriait aimablement en retour.

– Comment se fait-il que vous vous soyez aventurés si loin à bord d'un tel vaisseau ? demanda le Maître-Rameau Keel Redt.

Dem Lia expliqua leur décision de fonder une colonie nouvelle de l'Hélice du Spectre d'Amoiete à l'écart de l'espace humain et énéen. Elle dut répondre ensuite aux inévitables questions sur les origines de leur civilisation et s'acquitta de cette tâche de la manière la plus succincte possible.

– Si je comprends bien, déclara la Voix de l'Arbre Authentique Reta Kasteen, toute votre structure sociale est basée sur un opéra – un simple divertissement – joué une seule fois, il y a plus de six cents années standards ?

– Pas toute la structure, répliqua Den Soa. Les civilisations s'adaptent et changent en fonction des conditions et des impératifs, naturellement. Mais les bases et les fondations de notre culture, c'est vrai, sont contenues dans l'unique représentation d'un opéra dû à l'artiste, compositeur, philosophe et poète holiste Halpul Amoiete.

– Et qu'est-ce que ce... poète... pense d'une société bâtie autour de son unique opéra multimédia ? demanda le Maître-Rameau.

La question était délicate, mais Dem Lia se contenta de sourire en disant :

– Nous ne le saurons jamais. Le citoyen Amoiete est mort dans un accident de montagne un mois après la représentation de son opéra, et les premières communautés de l'Hélice du Spectre n'ont fait leur apparition que vingt ans plus tard.

– Vous vénérez cet homme ? demanda le Maître-Rameau.

Ce fut Ces Ambre qui répondit :

– Non. Aucun membre de l'Hélice du Spectre n'a jamais divinisé Halpul Amoiete, même si son nom fait partie de la désignation de notre culture. Mais nous le respectons, et nous nous efforçons de vivre conformément aux valeurs et aux objectifs qu'il nous a transmis à travers son art dans cette unique et extraordinaire représentation.

Le Maître-Rameau hocha la tête comme s'il s'estimait satisfait de cette réponse.

La voix douce de Saïgyo se fit alors entendre à l'oreille de Dem Lia.

– Ils émettent en audio et vidéo sur bande étroite cohérente relayée par les Extros de l'extérieur en direction de l'anneau forestier.

Dem Lia regarda les trois êtres assis en face d'elle, et s'attarda plus longuement sur Cavalier Lointain, l'Extro totalement adapté à l'espace. Ses yeux humains étaient presque totalement invisibles derrières ses grosses membranes nictitantes polarisées, qui le faisaient ressembler à un insecte. Saïgyo, voyant la direction du regard de Dem Lia, chuchota de nouveau à son oreille :

– Oui, c'est lui qui émet.

Dem Lia joignit le bout des doigts de ses deux mains, qu'elle porta devant sa bouche pour mieux dissimuler la subvocalisation.

– Vous avez écouté ce qu'ils émettent ?

– Oui, bien sûr. C'est une simple retransmission audio et vidéo de cette conversation, sans signal secondaire ni retour de la part des Extros de l'extérieur ou de ceux de l'anneau.

Dem Lia hocha imperceptiblement la tête. Dans la mesure où l'*Hélice* enregistrait absolument tout ce qui se passait ici, y compris balayage holo, analyse infrarouge, examen par résonance magnétique du fonctionnement cérébral, plus une douzaine d'autres observations cachées mais non moins inquisitrices, elle ne pouvait décemment pas leur en vouloir d'enregistrer cette rencontre. Mais ses joues s'empourprèrent soudain. Infrarouge, résonance magnétique, balayage électronique, il était à peu près certain que l'Extro adapté à l'espace pouvait voir tout cela. Cet homme – si toutefois on pouvait encore le désigner ainsi – vivait dans un environnement où il était capable de voir le vent solaire, de sentir les lignes de champ magnétique et de suivre les ions séparés et même les rayons cosmiques coulant autour de lui et à travers lui dans le vide spatial profond. Elle subvocalisa :

– Arrêtez tous les capteurs du solarium à l'exception des caméras holos.

Le silence de Saïgyo marqua son assentiment.

Dem Lia remarqua que Cavalier Lointain clignait soudain les yeux, comme si quelqu'un venait d'éteindre des projecteurs puissants qui l'aveuglaient. L'Extro se tourna alors vers Dem Lia et lui adressa un léger signe de tête. L'étrange trou qui lui servait de bouche, isolé du monde extérieur par sa pellicule de champ de force et son plasma ectodermique, se tordit en ce qui pouvait être interprété comme un sourire.

La jeune Templière Reta Kasteen était en train de dire :

– ... et nous avons donc laissé derrière nous ce qui était en train de devenir le Retz pour quitter l'espace humain à peu près à l'époque où l'Hégémonie était en train de s'établir. Nous avions quitté le système de Centauri quelque temps après la fin de l'Hégire. Régulièrement, notre vaisseau d'ensemencement faisait une incursion dans l'espace réel. Les Templiers se sont joints à nous au passage dans le secteur du Bosquet de Dieu. C'est ainsi que nous avons pu avoir des nouvelles par mégatrans, et parfois de vive voix, sur l'évolution de la société interstellaire du Retz. Mais nous avons poursuivi notre chemin.

– Pourquoi si loin ? demanda Patek Georg.

– Tout simplement, répondit le Maître-Rameau, à cause d'un problème technique à bord. Notre vaisseau nous a maintenus en fugue cryotechnique profonde pendant des siècles, au cours desquels son programme n'a pas su reconnaître les systèmes susceptibles d'abriter un arbre-monde orbital. Quand il s'est finalement aperçu de son erreur – douze cents d'entre nous étaient déjà morts dans leurs crèches de fugue, qui n'étaient pas conçues pour un si long séjour –, le vaisseau a été pris de panique et s'est mis à quitter l'espace de Hawking à chaque système, pour n'y trouver que l'habituelle configuration d'étoiles inapte à abriter un anneau forestier de conception templière ou même hostile à la survie d'une colonie d'Extros. Nous savons, d'après les archives de bord, qu'il a même failli porter son choix sur un système binaire consistant en un trou noir en train d'absorber une voisine géante rouge.

– Le disque d'accrétion aurait constitué pour vous un très beau spectacle, murmura Den Soa en ébauchant un sourire.

Le Maître-Rameau plissa ses lèvres minces.

– C'est exact, en attendant qu'il nous tue quelques semaines ou quelques mois plus tard. Au lieu de quoi, utilisant ses dernières facultés de raisonnement encore intactes, le vaisseau décida d'accomplir un nouveau saut et découvrit la solution idéale. Un système double, avec l'héliosphère de l'étoile blanche où nous pouvions survivre, et un anneau forestier déjà construit.

– Il y a combien de temps ? demanda Dem Lia.

– Mille deux cent trente années standards et quelques, émit Cavalier Lointain.

La Templière se pencha en avant pour continuer son récit.

– La première chose que nous avons découverte, c'est que cet anneau forestier n'avait rien à voir avec la technologie biogénétique que nous avions mise en œuvre sur le Bosquet de Dieu pour édifier en secret nos merveilleux arbres-étoiles. L'ADN était si différent dans ses alignements et ses fonctions que nous aurions pu, en essayant de le modifier, causer la mort de la forêt orbitale tout entière.

– Vous auriez pu bâtir votre propre anneau autour de celui-là, fit remarquer Ces Ambre, ou bien essayer d'édifier une sphère arbre-étoile, comme d'autres Extros l'ont fait ailleurs.

La Voix de l'Arbre Authentique Reta Kasteen hocha la tête.

– C'était justement notre intention. Nous avions déjà commencé à déplacer les noyaux protogènes à quelques centaines de kilomètres de l'endroit où nous avions mis le vaisseau à l'abri, dans les frondaisons de l'anneau étranger, lorsque...

Elle s'interrompit, comme si elle cherchait ses mots.

– Le Destructeur est arrivé, émit Cavalier Lointain.

– Le Destructeur, c'est le vaisseau qui vient en ce moment sur votre système ? demanda Patek Georg.

– Celui-là même, émit Cavalier Lointain comme s'il éructait un blasphème.

– Un monstre sorti de l'enfer, ajouta le Maître-Rameau.

– Il a détruit votre vaisseau d'ensemencement, murmura Dem Lia en hochant la tête.

C'était donc la raison pour laquelle les Extros ne possédaient pas de métal ni de forêt orbitale ceinturant celle qu'ils avaient trouvée là.

Cavalier Lointain secoua la tête.

– Il a *dévoré* le vaisseau d'ensemencement en même temps que plus de vingt-huit mille kilomètres d'anneau forestier : feuilles, fruits, cosses à oxygène, capillaires d'eau, et même nos nœuds protogènes.

– Il y avait alors beaucoup moins d'Extros totalement adaptés à l'espace, expliqua Reta Kasteen. Ils essayèrent de sauver les autres, mais ne purent les empêcher de mourir par milliers à la suite de cette première visite du Destructeur... ou Dévoreur. Nous avons plusieurs noms pour cette machine.

– Un engin du diable, commenta le Maître-Rameau.

Dem Lia se dit qu'il devait parler littéralement. Ces gens avaient dû bâtir toute une religion autour de la haine de cette machine.

– Elle revient souvent ? demanda Den Soa.

– Tous les cinquante-sept ans, répondit la Templière. Jour pour jour.

– Du système de la géante rouge ? interrogea Den Soa.

– Oui, émit Cavalier Lointain. De l'étoile infernale.

– Si vous connaissez sa trajectoire, suggéra Dem Lia, ne pouvez-vous pas savoir d'avance quelles parties de l'anneau elle... dévastera ou... dévorera ? Vous éviteriez de coloniser ces secteurs, ou vous les feriez évacuer à temps. L'anneau doit être en grande partie désert. Sa surface représente un demi-million d'Ancienne Terre ou d'Hypérion au bas mot.

Le Maître-Rameau Keel Redt sourit de nouveau.

– À peu près vers l'époque où nous sommes – à sept ou huit jours standards de distance –, le Destructeur, en dépit de sa masse, achève son cycle de décélération et exécute une manœuvre complexe qui le conduit vers une région peuplée de l'anneau. Toujours une région peuplée. Il y a cent quatre ans, sa trajectoire finale l'a mené vers un ensemble de cosses à oxygène où plus de vingt millions de nos Extros en partie seulement adaptés à l'espace s'étaient établis avec leurs tubes de transit, leurs ponts, leurs tours, leurs cités-belvédères et leurs cosses de vie artificielles, qu'ils avaient mis plus de six cents ans à terminer.

– Tout cela complètement détruit, murmura d'un ton triste la Voix de l'Arbre Authentique Reta Kasteen. Dévoré, moissonné.

– Et beaucoup de vies ont été perdues ? demanda Dem Lia dans un souffle.

Cavalier Lointain secoua la tête.

– Des millions d'Extros adaptés se sont précipités sur les lieux pour évacuer les oxygénophiles, et moins d'une centaine ont péri.

– Vous avez essayé de communiquer avec cette... machine ? demanda Peter Delen Dem Tae.

– Depuis des siècles, répondit Reta Kasteen d'une voix vibrante d'émotion, nous utilisons à cet effet la radio, les faisceaux étroits, les masers et les quelques transmetteurs holos qu'il nous reste. Cavalier Lointain et les siens ont même tenté, avec leurs champs d'ailes groupés par milliers, de lancer des signaux sémaphoriques codés de manière très simple...

Les cinq membres de l'Hélice du Spectre attendirent la suite.

– Sans aucun résultat, fit le Maître-Rameau d'une voix neutre. La machine vient, choisit un secteur peuplé de l'anneau et le fauche. Nous n'avons jamais obtenu la moindre réponse.

– Nous pensons qu'elle est très ancienne, et totalement automatique, expliqua Reta Kasteen. Elle date peut-être de plusieurs millions d'années et doit suivre un programme établi à l'époque où l'anneau a été construit. Elle moissonne d'énormes sections avec leurs rameaux, leurs branches et leurs tubules contenant des millions de litres d'eau produite par l'anneau. Puis elle retourne dans le système de l'étoile rouge, en attendant de revenir le jour fixé.

– Nous pensions qu'il restait une planète dans le système de la géante rouge, émit Cavalier Lointain. Un monde qui nous serait caché en permanence de l'autre côté de ce soleil maudit. Peuplé de gens qui auraient construit cet anneau comme source de nourriture, sans doute avant que leur soleil de type G2 ne se transforme en étoile géante, et qui continuent de le moissonner malgré la détresse que cela nous occasionne. Mais nous avons changé d'avis. Il n'existe pas de telle planète. Nous sommes aujourd'hui convaincus que le Destructeur agit de manière automatique, en fonction d'une programmation aveugle, et qu'il s'acharne gratuitement sur notre anneau et nos colonies. Ceux qui vivaient dans le système de la géante rouge ont dû fuir depuis longtemps.

Dem Lia aurait voulu que Kem Loï, l'astronome, soit là. Mais elle était sur la passerelle, en train d'observer leur environnement spatial.

– Nous n'avons vu aucune planète lors de notre approche du système, déclara la commandante au bandeau vert. Il me semble très improbable qu'un monde propice à la vie ait pu survivre à la transformation de l'étoile G2 en géante rouge.

– Ce qui est sûr, c'est que le Destructeur, à chacun de ses voyages, passe très près de cette terrible étoile rouge, déclara le Maître-Rameau. Il reste peut-être là-bas une structure artificielle quelconque : un habitat spatial, des astéroïdes creux, un environnement où les habitants ne pourraient survivre qu'en moissonnant cet anneau végétal. Ce qui n'excuse en aucune manière les carnages, au demeurant.

– Une civilisation capable de construire une telle machine aurait eu les moyens de fuir lorsque l'étoile a atteint son moment critique, estima Patek Georg en se tournant vers Cavalier Lointain. N'avez-vous jamais essayé de détruire cette machine ?

Le sourire sans lèvres sous le champ ectodermique tressaillit à la manière d'un lézard au milieu du visage étrange de Cavalier Lointain.

– De nombreuses fois. Des dizaines de milliers d'Extros transformés ont donné leur vie pour cette cause. Mais la machine a des défenses rayonnantes qui nous réduisent en cendres dès que nous nous en approchons à moins de cent mille kilomètres.

– Peut-être un simple dispositif de défense antimétéorite, estima Dem Lia.

Le sourire de Cavalier Lointain s'élargit encore, grotesquement.

– C'est possible, mais c'est une arme particulièrement redoutable. Mon père y a perdu la vie lors de notre dernière attaque.

– Vous n'avez pas essayé d'aller dans le système de la géante rouge ? demanda Peter Delen.

– Nous n'avons plus de vaisseau spatial, lui rappela la Templière.

– Et vos ailes ? insista Peter.

Il était visiblement en train de calculer dans sa tête le temps qu'il faudrait à un Extro ailé pour faire l'aller et retour. Des dizaines d'années, sans doute, mais c'était quand même à leur portée.

Cavalier Lointain avança sa main aux doigts démesurés.

– Les turbulences sont trop fortes dans l'héliosphère. Nous avons cependant essayé des centaines de fois. Dans ces expéditions, des dizaines d'entre nous prenaient le départ, mais pratiquement aucun ne revenait. J'ai perdu un frère dans une tentative de ce genre il y a un peu plus de six années standards.

– Cavalier Lointain a lui aussi été gravement blessé, une fois, murmura Reta Kasteen. Ils étaient soixante-huit, parmi les meilleurs, et deux seulement sont revenus. Toutes nos ressources médicales restantes ont été consacrées à le sauver. Il a séjourné deux ans dans une cuve de régénération.

Dem Lia se racla la gorge.

– Qu'attendez-vous de nous ?

Les deux Extros et la Templière se penchèrent en avant. Le Maître-Rameau Keel Redt prit la parole en leur nom.

– Si, comme vous le pensez et comme nous en avons acquis la conviction, il ne reste plus de monde habité dans le système de la géante rouge, détruisez cette machine sans attendre. Pulvérisez-la. Sauvez-nous d'une malédiction gratuite, insensée et sans fin. Nous vous récompenserons de toutes les manières en notre pouvoir.

Vivres, eau, techniques génétiques avancées, connaissances astronomiques, tout ce que vous voudrez.

Les représentants de l'Hélice du Spectre échangèrent des regards. Finalement, Dem Lia murmura :

– Si vous n'êtes pas trop inconfortablement installés, nous aimerions nous retirer un instant pour discuter de cette question. Ces Ambre se fera un plaisir de vous tenir compagnie pendant ce temps si vous le désirez.

Le Maître-Rameau fit un geste de ses longs bras aux mains énormes.

– Nous sommes très bien ici. Et nous sommes ravis de cette occasion de parler à la vénérable H. Ambre[1], qui a connu en personne le mari d'Énée.

Dem Lia remarqua que la jeune Templière, Reta Kasteen, semblait littéralement transportée de joie à cette perspective.

– Vous nous communiquerez ensuite votre décision ? émit Cavalier Lointain.

Son corps cireux, ses paupières massives et sa physiologie étrange donnaient le frisson à Dem Lia. Cet être qui se nourrissait de pure lumière captait suffisamment d'énergie pour pouvoir déployer des ailes solaires électromagnétiques sur des centaines de kilomètres. Il recyclait l'air qu'il respirait, ainsi que ses déchets et son eau, vivait dans un environnement de froid absolu, de chaleur, de rayonnement et de vide poussé. L'être humain avait accompli, à n'en pas douter, un long chemin depuis les premiers hominidés africains de l'Ancienne Terre.

Et si nous disons non, songea Dem Lia, *trois cent mille et quelques Extros en colère adaptés comme lui à l'espace se jetteront éventuellement sur notre vaisseau de spin tels les Hawaiiens retournant leur ire contre le capitaine Cook quand il les surprit en train d'arracher des clous à la coque de son navire. Le bon capitaine se fit non seulement tuer de manière horrible, mais éviscérer, brûler, ébouillanter et découper en petits morceaux.* Mais elle chassa aussitôt cette pensée.

1. Ici, comme dans toute la saga *Hypérion-Endymion*, la lettre « H » devant un nom propre signifie : *Humain*, de même que « A » (par exemple A. Bettik) signifie : *Androïde. (N.d.T.)*

Les Extros n'allaient pas attaquer l'*Hélice*. Elle le savait par intuition. *De toute manière, s'ils nous attaquaient, ils seraient réduits en poussière en deux virgule six secondes.* Elle se sentait coupable, légèrement nauséeuse d'avoir pensé de telles choses. Elle prit rapidement congé des Extros et descendit sur la passerelle accompagnée des trois autres.

– Vous l'avez vraiment vu ? Le mari d'Énée ? demanda la Voix de l'Arbre Authentique Reta Kasteen, le souffle court.

Ces Ambre eut un sourire.

– J'avais quatorze ans. C'était il y a longtemps. Il voyageait d'un monde à l'autre par distrans. Il est resté quelques jours chez mes parents dans ma deuxième trine famille. Il était souffrant. Un calcul rénal. Puis les soldats de la Pax l'ont fait prisonnier en attendant l'arrivée de quelqu'un qui devait l'interroger. Mes parents l'ont aidé à s'échapper. Je ne l'ai donc vu que très peu, il y a très longtemps. (De nouveau, elle sourit.) Et il n'était pas encore le mari d'Énée à l'époque, ne l'oubliez pas. Il n'avait pas reçu le sacrement de son ADN, il ne soupçonnait même pas ce que le sang et les enseignements de celle-ci pouvaient accomplir en faveur de la race humaine.

– Mais vous l'avez *vu*, insista le Maître-Rameau Keel Redt.

– Oui. Il délirait la plupart du temps et souffrait énormément. Les soldats de la Pax l'avaient menotté au lit de mes parents.

Reta Kasteen se pencha en avant pour demander :

– Y avait-il une sorte de... d'*aura* autour de lui ?

– Vous pouvez le dire ! fit Ces Ambre avec un gloussement amusé. Il a fallu que mes parents lui donnent un bain et le savonnent de la tête aux pieds. Cela faisait des jours et des jours qu'il voyageait sans relâche.

Les deux Extros et la Templière se laissèrent aller en arrière, apparemment déçus.

– Excusez-moi de plaisanter avec ça, continua Ces Ambre. Je sais quel rôle a joué Raul Endymion dans votre histoire. Mais ces événements sont si anciens... La confusion régnait sur Vitus-Gray-Balianus B. Moi, je n'étais encore qu'une adolescente qui rêvait de quitter sa communauté pour recevoir le cruciforme dans une cité de la Pax.

Ses trois interlocuteurs – les deux plus humains, du moins – demeurèrent bouche bée.

– Vous... étiez volontaire... pour accepter la présence en vous de ce... ce parasite ? demanda la Templière.

En tant qu'acteurs du Moment Partagé d'Énée, tous les humains, où qu'ils fussent, avaient vu, compris et ressenti intimement la force de la réalité cachée derrière le « cruciforme d'immortalité », qui n'était qu'une masse parasitaire de noyaux IA servant à créer un TechnoCentre dans l'espace réel en mettant à profit les neurones et les synapses des parasités de toutes les manières possibles, souvent en n'hésitant pas à *tuer* son hôte pour se servir de son réseau neuronal au plus fort de sa créativité, durant les quelques secondes de dissolution synaptique précédant la mort. Après quoi l'Église utilisait la technologie du Centre pour ressusciter le sujet, le cruciforme devenant plus fort et plus structuré en réseau à chaque mort suivie de résurrection.

Ces Ambre haussa les épaules.

– Pour moi, cela signifiait uniquement l'immortalité, à l'époque. Et aussi l'occasion d'échapper à notre village poussiéreux pour connaître la vraie vie, celle de la Pax.

Les trois envoyés des Extros la regardaient avec de grands yeux incrédules.

Ces Ambre prit à deux mains le décolleté de sa robe et l'abaissa suffisamment pour leur montrer, à la base du cou, le départ de la cicatrice à l'endroit où les Énéens lui avaient retiré le cruciforme.

– Quand ils m'ont kidnappée, ils m'ont conduite sur l'un des mondes qu'ils contrôlaient encore, et j'ai gardé leur cruciforme pendant neuf ans, expliqua-t-elle d'une voix à peine audible pour les ambassadeurs. Tout cela s'est passé en grande partie après le Moment Partagé d'Énée et la révélation des intentions du Centre de nous asservir avec ces instruments répugnants.

La Voix de l'Arbre Authentique Reta Kasteen se leva pour prendre la main de Ces Ambre dans la sienne.

– Vous avez pourtant refusé de devenir énéenne lorsqu'on vous a libérée. Vous avez préféré retrouver les restes de votre ancienne culture.

Ces Ambre sourit. Il y avait des larmes dans ses yeux, qui semblèrent soudain beaucoup plus âgés.

– C'est exact. J'avais le sentiment que je devais bien cela aux miens, pour les avoir désertés en temps de crise. Il fallait continuer de porter le flambeau de l'Hélice du Spectre. Ces guerres nous avaient causé tant de pertes... Et nous avons perdu encore davantage lorsque les Énéens nous ont proposé de nous joindre à eux. Il n'est pas facile de refuser de devenir l'égal d'un dieu.

Cavalier Lointain émit un grognement qui ressemblait à une forte perturbation radio.

– C'est notre plus grande peur après le Destructeur. Il ne reste plus personne en vie sur l'anneau forestier à avoir connu le Moment Partagé. Nous n'avons plus que des récits détaillés sur la gloire que cela représentait, sur l'empathie, sur la force de cohésion du Vide qui Lie et sur l'annonce faite par Énée que de nombreux Énéens seraient désormais capables de se distranslater – librement – en n'importe quel point de l'univers. L'Église d'Énée, ici, s'est développée au point que vingt-cinq pour cent au moins de nos ressortissants seraient prêts à renoncer à leur héritage extro ou templier pour devenir énéens à la seconde même.

Ces Ambre se frotta la joue en souriant de nouveau.

– Il est évident qu'aucun Énéen n'est encore venu dans ce système. Mais il ne faut pas oublier qu'Énée a catégoriquement interdit l'existence d'une Église qui la vénère, l'adore ou la béatifie. C'est l'un des enseignements cruciaux du Moment Partagé.

– Nous le savons, murmura Reta Kasteen. Mais en l'absence de choix ou de connaissance, les cultures se tournent souvent vers la religion. Et l'une des raisons pour lesquelles nous avons salué l'arrivée de votre puissant vaisseau avec tant d'enthousiasme et d'émotion était que nous espérions trouver un ou plusieurs Énéens à bord.

– Les Énéens ne voyagent pas à bord de vaisseaux spatiaux, fit remarquer Ces Ambre d'une voix douce.

Les trois ambassadeurs hochèrent la tête.

– Si un tel jour devait arriver, émit Cavalier Lointain, chaque

Extro et chaque Templier devrait décider pour lui-même en son âme et conscience. En ce qui me concerne, je continuerai toujours à surfer sur les grandes vagues du vent solaire.

Dem Lia et ses trois compagnons revinrent à ce moment-là.

– Nous avons décidé de vous aider, dit la commandante. Mais il va falloir faire vite.

Il n'était absolument pas question, pour Dem Lia et les autres humains ou IA de l'*Hélice*, de mettre un seul instant leur vaisseau en danger dans une confrontation directe avec le Destructeur, le Moissonneur ou quel que soit le nom que les Extros pouvaient choisir de donner à leur Némésis. Ce n'était pas juste un effet des impératifs technologiques si les trois mille modules de support de vie qui abritaient les 684 300 pionniers de l'Hélice du Spectre en sommeil cryotechnique profond étaient de forme ovoïde. Littéralement, ils avaient mis tous leurs œufs dans le même panier, et ils n'avaient nullement l'intention d'exposer ce panier dans un conflit. Déjà, Basho et quelques autres IA s'inquiétaient de la proximité du vaisseau tueur. On pouvait très bien livrer un combat spatial à 28 UA de distance. En effet, s'il fallait aux lasers traditionnels, aux armes à rayonnement ou aux armes à particules de charge plus de cent quatre-vingt seize minutes pour parcourir de telles distances, l'Hégémonie, la Pax et les Extros avaient mis au point des missiles hypercinétiques capables d'emprunter l'espace de Hawking et de surgir pour détruire un vaisseau avant même que les radars aient annoncé leur présence. Cependant, dans la mesure où ce « faucheur » venait à son rendez-vous à des vitesses infraluminiques, il semblait improbable qu'il soit doté d'armements C +. Cela dit, « improbable » est un mot qui a plus d'une fois, depuis des temps immémoriaux, réduit à néant les prévisions et la destinée des guerriers les plus puissants.

À la demande des ingénieurs de l'*Hélice*, les Énéens avaient construit le vaisseau de manière essentiellement modulaire. Quand leur utopie se concrétiserait, qu'ils atteindraient la planète parfaite gravitant autour de l'étoile idéale, plusieurs sections se détacheraient pour se transformer en sondes, navettes, atterrisseurs, submersibles ou stations spatiales. Chacun des trois mille modules de survie avait la capacité de se poser à la surface pour fonder une colonie autonome. Il était prévu, cependant, de grouper les sites d'atterrissage après une étude minutieuse du terrain. Lorsque l'*Hélice* aurait fini de déployer et de faire descendre à la surface ses cosses, ses modules, ses sondes, ses navettes, sa passerelle de commandement et son cœur de fusion, il resterait bien peu de chose en orbite à part les énormes réacteurs de propulsion Hawking et leur programme de maintenance, ainsi que les robots chargés de les conserver en parfait état durant des siècles, sinon des millénaires.

– Nous allons prendre la sonde d'exploration interplanétaire pour aller voir ce Destructeur d'un peu plus près, déclara Dem Lia.

Il s'agissait d'un de leurs plus petits modules, plus adapté au vide spatial qu'à l'entrée dans l'atmosphère d'une planète. Il possédait quelques capacités de morphage, mais surtout, comparé aux autres engins d'exploration pacifique de l'*Hélice*, il était armé jusqu'aux dents.

– Pourrions-nous vous accompagner ? demanda le Maître-Rameau Keel Redt. Aucun d'entre nous ne s'est jamais approché à moins de cent mille kilomètres de cette machine de mort. Aucun n'est revenu pour le dire, en tout cas.

– Mais certainement, répliqua aussitôt Dem Lia. La sonde peut contenir une quarantaine de personnes, et nous ne sommes que trois à y aller. Nous maintiendrons le champ de confinement interne à un dixième de *g*, et nous adapterons les sièges.

La sonde, qui ressemblait davantage à un ancien vaisseau-torche de combat qu'à un quelconque autre engin, accélérait sous 250 gravités à la rencontre de la machine infernale. Ses champs de confinement internes étaient réglés sur redondance infinie et ses champs externes à leur maximum, force 12. Dem Lia pilotait pendant que Den Soa essayait de communiquer avec le vaisseau géant par tous les moyens disponibles. Elle envoyait des messages de paix sur toutes les bandes, depuis les fréquences radio primitives jusqu'aux salves modulées de tachyons. Sans obtenir la moindre réponse. Patek Georg

Dem Mio était relié au réseau ombilical virtuel de défense/contre-attaque de son siège-couchette. Les passagers, installés à l'arrière du petit poste de commandement de la sonde, observaient attentivement ce qui se passait. Saïgyo avait décidé de les accompagner aussi, et sa massive représentation holo était assise en tailleur, torse nu, sur une plate-forme située devant le hublot d'observation principal. Dem Lia veillait à ne pas faire route directement sur l'engin monstrueux, pour le cas où il serait simplement équipé de défenses antimétéorites. S'ils continuaient sur leur trajectoire actuelle, ils passeraient au large à plusieurs dizaines de milliers de kilomètres au-dessus du plan de l'écliptique.

– Son radar vient de nous repérer, annonça Patek Georg quand ils furent à six cent mille kilomètres de l'engin et commencèrent à décélérer. Il s'agit d'un radar passif. Pas de système d'acquisition armé. Leur sonde est incapable de leur dire si notre engin est habité ou non.

Dem Lia hocha la tête.

– Saïgyo, dit-elle, lorsque nous serons à deux cent mille kilomètres, vous changerez de trajectoire de manière à nous injecter sur une orbite de collision avec cet engin.

Le moine joufflu hocha la tête.

Quelques minutes plus tard, le moteur principal et les réacteurs auxiliaires de la sonde changèrent de régime. Le fond d'étoiles bascula dans les hublots, et le Destructeur emplit la baie d'observation principale. L'image était amplifiée comme s'ils se trouvaient à cinq cents kilomètres à peine de la machine infernale. Celle-ci était d'une laideur incroyable et avait été visiblement conçue uniquement pour l'espace. À son avant se dressaient d'énormes dents métalliques, ainsi que des lames en rotation, logées dans des réceptacles qui ressemblaient à des mandibules. Le reste faisait penser aux ruines d'un vieil habitat spatial auquel on aurait ajouté sans discernement, au fil des millénaires, d'innombrables verrues, excroissances, bulbes, tumeurs et filaments.

– Distance, cent quatre-vingt-trois mille kilomètres, décroissante, annonça Patek Georg.

– Regardez comme il est tout noirci, chuchota Den Soa.

– Et marqué de partout, émit Cavalier Lointain. Aucun de nous ne l'avait jamais contemplé d'aussi près. Regardez les strates des cratères dans les dépôts de carbone. On dirait une vieille lune noire criblée depuis très longtemps par de minuscules météorites.

– Mais bien entretenue, grogna le Maître-Rameau. Il fonctionne encore parfaitement, pour notre plus grand malheur.

– Distance, cent vingt mille kilomètres, décroissante, leur dit Patek Georg. Le radar d'exploration vient d'être renforcé par un radar d'acquisition.

– Mesures défensives ? interrogea Dem Lia d'une voix calme.

Ce fut Saïgyo qui répondit.

– Champ de classe 12 en place. Redondance infinie. Déflecteurs RCC activés. Contre-missiles hypercinétiques en alerte. Écrans plasma au maximum. Contre-missiles armés, sous contrôle positif.

Cela signifiait simplement que Dem Lia et Patek Georg n'avaient plus qu'à donner l'ordre de les lancer. Et Saïgyo le ferait à leur place si jamais ses passagers humains étaient tués.

– Distance, cent cinq mille kilomètres, décroissante, annonça Patek Georg. V-delta relative en diminution à cent mètres par seconde. Trois nouveaux radars d'acquisition verrouillés.

– Pas d'autres émissions ? demanda Dem Lia d'une voix tendue.

– Négatif, répondit Den Soa de sa console virtuelle. Cette machine, à l'exception de son radar primitif, est totalement aveugle, sourde et muette. Aucun signe de vie à bord. Ses communications internes indiquent qu'elle possède... une certaine mesure d'intelligence, mais pas d'IA véritable. Des ordinateurs, vraisemblablenent. Plusieurs séries d'ordinateurs physiques.

– *Physiques* ! répéta Dem Lia, choquée. Vous voulez dire du silicium, des... puces ? Cette technologie de l'âge de la pierre ?

– Ou un peu au-dessus, confirma Den Soa devant sa console. Nous détectons des lectures de mémoire-bulle magnétique, mais rien de plus perfectionné.

– Cent mille kilomètres... annonça Patek Georg, qui s'interrompit aussitôt pour dire : Elle nous tire dessus !

Les champs de confinement externes s'illuminèrent moins d'une seconde.

– Une douzaine de RCC et deux rayons laser primitifs, annonça

Patek Georg de son poste d'observation virturéel. Sans grande force. Un champ de classe 1 aurait suffi à les arrêter.

De nouveau, le champ de confinement s'illumina brièvement.

– Même combinaison, rapporta Patek. En un peu plus faible.

Nouvel éclair.

– Encore plus faible, dit Patek. J'ai l'impression qu'elle nous envoie tout ce qu'elle a. Elle est en train d'épuiser ses réserves. Ce n'est probablement qu'un système de défense antimétéorite.

– Ne soyons pas trop confiants, déclara Dem Lia. Mais testons ses défenses.

Den Soa prit un air choqué.

– Vous allez l'*attaquer* ?

– Nous allons voir si nous sommes *capables* de l'attaquer, plutôt. Patek, Saïgyo, vous allez cibler le sommet de cette protubérance, là... (Elle pointa son stylet laser sur une saillie noircie, criblée de cratères, en forme d'aileron, qui pouvait être un radiateur de deux kilomètres de haut.) Envoyez-leur un rayon d'énergie, suivi d'un missile hypercinétique...

– *Commandante !* protesta Den Soa.

Dem Lia se tourna vers la jeune femme en portant un doigt à ses lèvres.

– Un missile hypercinétique sans sa tête au plasma. Ciblez le bord d'attaque inférieur de la machine, juste au niveau de cette ouverture...

Patek Georg relaya l'ordre à l'IA. Les coordonnées de tir s'affichèrent et furent confirmées.

Le RCC alla instantanément au but, creusant un trou de soixante-dix mètres de large dans l'aileron-radiateur.

– Il a déployé un champ de classe 0,6, annonça Patek Georg. J'ai l'impression que c'est le maximum dont il est capable.

Le missile hypercinétique s'enfonça dans le champ de confinement comme dans du beurre, et il en résulta une déchirure de soixante mètres dans le métal noirci de la gueule du monstre. Tous les passagers de la sonde purent observer l'impact silencieux et le jet fascinant de métal vaporisé et de débris venus de l'intérieur qui s'éparpillèrent dans l'espace. La machine monstrueuse n'eut pas d'autre réaction.

– Si nous avions laissé la tête du missile et visé au ventre, murmura Dem Lia, votre machine aurait explosé sur un rayon de cinq cents kilomètres.

Le Maître-Rameau Keel Redt se pencha en avant sur son siège-couchette. Malgré la gravité réglée à un dixième de *g*, les harnais de maintien étaient en place, et le sien était activé.

– Je vous en conjure, dit-il en luttant pour se redresser au maximum. Détruisez-la maintenant. Empêchez-la de continuer !

Dem Lia se tourna vers les deux Extros et la Templière.

– Pas encore, dit-elle. Nous devons d'abord regagner l'*Hélice*.

– Cela va nous faire perdre un temps précieux, émit Cavalier Lointain sans intonation discernable.

– C'est vrai, reconnut Dem Lia, mais il nous reste encore un peu plus de six jours avant la moisson.

La sonde commença à s'éloigner du monstre qu'elle venait de marquer de deux nouveaux cratères béants.

– Vous n'avez donc pas l'intention de le détruire ? demanda le Maître-Rameau tandis qu'ils accéléraient vers l'*Hélice*.

– Pas tout de suite, lui dit Dem Lia. Il est possible qu'il remplisse encore une fonction pour le compte de ceux qui l'ont fabriqué.

La jeune Templière semblait au bord des larmes.

– Vos propres instruments, beaucoup plus performants que nos télescopes, vous ont indiqué qu'il n'existe aucune planète dans le système de la géante rouge.

Dem Lia hocha la tête.

– Oui, mais vous avez vous-mêmes suggéré la possibilité de l'existence d'un habitat spatial, de cités de métal ou d'astéroïdes creux... Nous n'avons pas eu le temps de procéder à une exploration complète. Notre intention était d'assurer avant tout la sécurité de notre vaisseau. Nous ne cherchions pas à examiner en détail le système de la géante rouge.

– Et sur la foi d'une si infime possibilité, vous êtes prêts à risquer la vie de millions d'entre nous ? demanda le Maître-Rameau extro d'une voix neutre mais tendue.

Saïgyo murmura alors doucement dans le circuit subaudio de Dem Lia :

– Les IA ont analysé des scénarios où plusieurs millions d'Extros utilisaient leurs ailes solaires pour lancer une attaque concentrée sur l'*Hélice*.

Dem Lia attendit la suite sans cesser de regarder le Maître-Rameau dans les yeux.

– Nous pourrions les vaincre, conclut l'IA, mais nous serions probablement endommagés dans l'affrontement.

Dem Lia s'adressa au Maître-Rameau.

– Nous allons conduire l'*Hélice* dans le système de la géante rouge, dit-elle. Vous pouvez venir avec nous si vous le désirez.

– Combien de temps prendra l'aller-retour ? voulut savoir Cavalier Lointain.

Dem Lia laissa répondre Saïgyo.

– Neuf jours sous poussée de fusion maximale, estima l'IA. Mais il ne pourrait s'agir que d'une manœuvre au périhélie, sans possibilité de nous attarder pour explorer chaque astéroïde à la recherche de formes de vie.

Les deux Extros étaient en train de secouer la tête. Reta Kasteen abaissa son capuchon sur ses yeux.

– Il y a une autre possibilité, murmura Dem Lia.

À l'intention de Saïgyo, elle montra du doigt l'image de l'*Hélice*, qui occupait maintenant la totalité de la baie d'observation principale. Des milliers d'Extros aux ailes énergétiques s'écartaient pour laisser passer la sonde qui décélérait doucement dans le champ de confinement du vaisseau et se préparait à la manœuvre d'amarrage.

Ils se réunirent tous dans le solarium pour prendre leur décision : les dix humains (l'épouse et l'époux de Den Soa avaient été invités à prendre part au vote, mais avaient préféré rester en bas, dans les quartiers de l'équipage), les cinq IA et les trois représentants du peuple de l'anneau forestier. Le faisceau étroit de Cavalier Lointain continuait de transmettre son signal audio et vidéo aux trois cent mille Extros qui entouraient le vaisseau et aux milliards qui attendaient sur l'anneau.

– Je vous résume la situation, déclara Dem Lia dans le lourd silence qui régnait sur le solarium. Vous savez tous que ce vaisseau est équipé d'un réacteur Hawking amélioré par les Énéens. Lorsque nous entrons en propulsion supraluminique, nous dégradons la texture du Vide qui Lie, mais des milliers de fois moins que les vaisseaux de la Pax ou de l'ancienne Hégémonie. Les Énéens nous ont autorisés à le faire pour ce voyage. (La petite femme au turban entouré d'un bandeau vert s'interrompit un instant pour regarder les Extros et la Templière, puis continua:) Nous pourrions arriver dans le système de la géante rouge en...

– Quatre heures pour la surgyration à des vitesses relativistes, et ensuite le saut, calcula Res Sandre. Environ six heures pour décélérer dans le système. Deux jours pour rechercher une présence vivante. Et dix heures pour revenir.

– En tenant compte des contretemps toujours possibles, nous serions de retour environ deux jours avant la date prévue pour le début du fauchage par le Destructeur, poursuivit Dem Lia. Si nous ne trouvons aucune trace de vie dans le système de la géante rouge, nous utiliserons la sonde pour détruire le robot moissonneur.

– Mais...

Le Maître-Rameau, qui commençait à protester avec un sourire ironique étrangement humain, fut aussitôt interrompu.

– *Mais* il est extrêmement dangereux d'utiliser un réacteur Hawking dans un système binaire aussi serré, lui dit Dem Lia d'une voix calme. Non seulement les sauts à courte distance sont toujours risqués, mais compte tenu de la quantité de gaz et de débris que la géante rouge déverse...

– Vous avez tout à fait raison, émit Cavalier Lointain. Ce serait de la folie. Mon clan s'est transmis la technologie de génération en génération. Et je sais qu'aucun commandant de vaisseau d'ensemencement extro ne tenterait jamais un saut dans ce système binaire.

La Voix de l'Arbre Authentique Reta Kasteen les dévisagea l'un après l'autre.

– Pourtant, avec toute la puissance de vos réacteurs de fusion...

Dem Lia hocha la tête.

– Basho, combien de temps nous faudrait-il pour aller explorer le système de la géante rouge en utilisant nos réacteurs de fusion à leur poussée maximale ? demanda-t-elle.

– Trois jours et demi de temps de transit jusqu'à l'autre système, répondit l'IA aux joues caves, plus deux jours d'exploration, plus trois jours et demi pour le retour.

– On ne peut pas raccourcir ce délai ? demanda Oam Raï, le bandeau jaune. Réduire les marges de sécurité ? Pousser les réacteurs de fusion au maximum ?

Ce fut Saïgyo qui répondit.

– Le voyage aller et retour de neuf jours suppose déjà qu'on supprime toutes les marges de sécurité et qu'on pousse les réacteurs de fusion à cent douze pour cent de leur capacité. (Il secoua la tête d'un air navré.) Non, ce que vous demandez est impossible.

– Mais le réacteur Hawking... commença Dem Lia tandis que tous ceux qui étaient présents dans le solarium retenaient leur respiration, à l'exception de Cavalier Lointain, qui n'avait jamais respiré à proprement parler. Quelles sont les probabilités de désastre, si nous tentons de l'utiliser ?

Dame Murasaki fit un pas en avant.

– Les deux translations, pour entrer dans l'espace de Hawking et en sortir, se situeront beaucoup trop près du lobe de Roche du système binaire. Selon nos estimations, la probabilité d'une destruction totale de l'*Hélice* est de deux pour cent ; celle d'une avarie des systèmes de huit pour cent ; et celle d'un dysfonctionnement spécifique des modules de support de vie de six pour cent.

Dem Lia se tourna vers les Extros et la Templière.

– Six pour cent de risque de perte de milliers de nos parents et amis en sommeil profond, que nous avons fait le serment de protéger jusqu'à ce que nous arrivions à destination ! Deux pour cent de risque de voir notre civilisation tout entière s'éteindre d'un seul coup !

Cavalier Lointain hocha la tête.

– J'ignore quelles merveilles de technologie vos amis énéens ont ajoutées à votre vaisseau, émit-il, mais je serais plutôt d'avis que ces chiffres sont largement en dessous de la vérité. Ce système ne permet pas le saut Hawking.

Il y eut un silence prolongé. Finalement, Dem Lia murmura :

– Nous pourrions détruire cette machine sans savoir s'il y a des vies – une espèce entière, peut-être, même si c'est très improbable –, qui dépendent d'elle, dans le système de l'étoile rouge, pour leur survie. Mais cela ne nous est pas possible. Notre code moral nous l'interdit.

Reta Kasteen répondit d'une toute petite voix :

– Nous comprenons.

– Nous pourrions aussi faire le voyage par propulsion traditionnelle pour explorer le système, reprit Dem Lia. Cela signifie que vous auriez à subir une dernière fois les ravages du Destructeur, mais nous reviendrions l'anéantir si nous ne trouvions aucune trace de vie dans le système.

– Piètre consolation pour les millions d'entre nous qui perdraient tout, et peut-être la vie, murmura le Maître-Rameau.

– En effet, reconnut Dem Lia.

Cavalier Lointain se leva alors, se laissant aléatoirement flotter sous la gravité réduite, et prit la parole du haut de ses quatre mètres.

– Ce problème ne vous concerne pas, émit-il. Vous n'avez aucune raison de risquer la vie de votre peuple. Nous vous remercions d'avoir envisagé...

Dem Lia leva la main pour l'interrompre au milieu de sa phrase.

– Nous allons passer au vote. Il s'agit de savoir si nous allons faire le saut dans l'espace de Hawking jusqu'au système de la géante rouge et retour avant que votre Destructeur commence son œuvre. S'il y a là-bas une civilisation non humaine, nous serons peut-être en mesure de communiquer avec elle pendant les deux jours dont nous disposons. La machine pourra alors être éventuellement reprogrammée. Nous sommes tous d'accord pour penser qu'il y a très peu de chances pour qu'elle ait « dévoré » accidentellement votre vaisseau d'ensemencement à son premier passage après votre arrivée dans le système. Le fait qu'elle ne fauche que les secteurs colonisés par vous sur un anneau dont la surface représente un demi-million d'Hypérion semble indiquer qu'elle est programmée pour ça, comme s'il s'agissait d'éliminer des parasites ou des mauvaises herbes.

Les trois ambassadeurs hochèrent la tête.

– Lorsque nous voterons, continua Dem Lia, il faudra que la décision soit unanime. Un seul « non », et nous n'utiliserons pas l'espace de Hawking.

Saïgyo, assis en tailleur sur la table, se leva pour rejoindre les quatre autres IA, qui étaient restées debout.

– Pour mémoire, murmura le petit moine grassouillet, je vous informe que les IA ont voté à l'unanimité contre toute tentative de manœuvre dans l'espace de Hawking.

Dem Lia hocha la tête.

– C'est noté, dit-elle. Mais je vous rappelle que, dans les décisions de cette sorte, les voix des IA ne sont pas prises en compte. Seuls les ressortissants de l'Hélice du Spectre d'Amoiete peuvent décider de leur propre sort. (Elle se tourna vers les neuf autres humains.) Sur l'usage de la propulsion Hawking, oui ou non ? Nous devrons rendre compte des conséquences de notre choix devant tous nos compatriotes en sommeil. Ces Ambre ?

– Oui.

La femme en bleu semblait aussi sereine que le regard étonnamment clair de ses grands yeux tranquilles.

– Jon Mikaïl Dem Alem ?

– Oui, fit le spécialiste au bandeau ébène d'une voix lourde. Oui de tout mon cœur.

– Oam Raï ?

La femme au bandeau jaune hésitait. Personne à bord ne mesurait mieux qu'elle les risques que leur décision ferait courir au vaisseau. Deux pour cent de risque d'être détruits, cela devait lui paraître obscène. Posant un doigt sur ses lèvres, elle murmura, comme si elle réfléchissait tout haut :

– Il y a deux civilisations en jeu dans cette décision, et peut-être trois.

– Oam Raï ? répéta Dem Lia.

– Oui, fit cette dernière d'un ton résigné.

– Kem Loï ? demanda Dem Lia en se tournant vers l'astronome.

– Oui, répondit la jeune femme d'une voix un peu tremblante.

– Patek Georg Dem Mio ?

Le spécialiste de la sécurité au bandeau rouge eut un large sourire.

– Oui. Comme on dit, qui ne risque rien n'a rien.

Cela irrita Dem Lia.

– Vous décidez au nom de 684289 dormeurs qui ne sont peut-être pas aussi téméraires.

Le sourire de Patek Georg ne le quitta pas.

– Je vote oui.

– Docteur Samuel Ria Kem Ali ?

Le toubib avait l'air aussi troublé que Patek était déterminé.

– Il y a tant d'inconnues à ce problème... dit-il. Mais... c'est oui, il faut en avoir le cœur net.

– Peter Delen Dem Tae ? demanda Dem Lia en se tournant vers le psychologue au bandeau bleu.

Il était en train de mâchonner l'extrémité d'un crayon qu'il regarda en souriant avant de poser l'objet sur la table.

– Oui.

– Res Sandre ?

L'espace d'une seconde, les yeux de la femme au bandeau vert semblèrent lancer des éclairs de défi, presque de colère. Dem Lia se prépara à un veto et aux conséquences que cela entraînerait.

– Oui, murmura Res Sandre. Moralement, nous ne pouvons pas faire autrement.

Il ne restait que la plus jeune du groupe.

– Den Soa ?

La femme au bandeau blanc dut s'éclaircir la voix pour parler.

– Oui, dit-elle. Il faut aller voir sur place.

Tous les regards se tournèrent alors vers la commandante élue.

– Je vote oui, dit-elle. Saïgyo, préparez-vous à une accélération maximale vers le point de translation en propulsion Hawking. Kem Loï, avec Res Sandre et Oam Raï, vous allez calculer le meilleur point de translation pour une recherche de formes de vie à travers le système. Maître-Rameau Redt, Cavalier Lointain et Voix de l'Arbre Authentique Kasteen, si vous préférez nous attendre ici, nous allons préparer le sas. Si vous souhaitez nous accompagner, nous appareillons immédiatement.

Le Maître-Rameau répondit sans même consulter les autres :

– Nous préférons vous accompagner, citoyenne Dem Lia.

Elle hocha la tête.

– Cavalier Lointain, dites aux vôtres de s'éloigner du vaisseau. Nous allons passer au-dessus du plan de l'écliptique, mais notre traînée de fusion va être aussi mortelle que l'haleine d'un dragon.

L'Extro adapté à l'espace émit en réponse :

– Je les ai déjà prévenus, commandante. Ils se réjouissent du spectacle à venir.

– Espérons, grogna Dem Lia, que nous n'avons pas accepté de prendre tant de risques uniquement pour un simple spectacle.

L'*Hélice* accomplit le saut sans problème, excepté un léger incident du côté des systèmes de bord secondaires. À une distance de trois UA de la surface de la géante rouge, ils entreprirent d'étudier le système. Cela devait prendre deux jours dans leurs estimations, mais l'exploration fut achevée en moins de vingt-quatre heures.

Ils ne découvrirent ni planète cachée, ni planétoïde, ni astéroïde creux, ni comète aménagée, ni habitat spatial artificiel. Pas le moindre signe de vie. Lorsque l'étoile G2 avait fini de se transformer en géante rouge, trois millions d'années plus tôt au bas mot, ses noyaux d'hélium s'étaient mis à brûler leurs propres cendres en un deuxième cycle de réactions de fusion à haute température au cœur de l'étoile, en même temps que se poursuivait la fusion de l'hydrogène des débuts dans les couches fines éloignées du cœur. Le processus avait engendré des atomes de carbone et d'oxygène qui s'étaient ajoutés à la réaction, et le résultat n'avait pas tardé à se manifester sous la forme de la résurgence temporaire de l'étoile en tant que géante rouge. De toute évidence, il n'y avait jamais eu ni planètes extérieures, ni géantes gazeuses, ni astéroïdes autour de ce soleil. Les éventuelles planètes inférieures avaient été englouties depuis longtemps, durant l'expansion de l'étoile. Les dégazages, expulsions de matière et rayonnements lourds avaient nettoyé le système de tout ce qui dépassait la taille d'une météorite de fer-nickel.

– Et voilà, dit Patek Georg.

– Puis-je autoriser les IA à débuter la phase d'accélération vers le point de translation de retour ? demanda Res Sandre.

Les ambassadeurs extros avaient été installés dans le poste de commandement sur des sièges-couchettes spécialement adaptés. Personne, parmi les spécialistes du Spectre d'Amoiete, ne se plaignait de la gravité d'un dixième, car tous, à l'exception de Ces Ambre, étaient sanglés dans des sièges de commandement qui les mettaient directement en contact avec le vaisseau sur plusieurs niveaux. Les Extros, qui étaient demeurés discrets pendant la plus grande partie des recherches, se tournèrent vers Dem Lia, postée à la console centrale, pour voir sa réaction.

– Pas encore, dit-elle en tapotant sa lèvre inférieure de la phalange de son doigt plié. Saïgyo, avez-vous scruté l'intérieur de l'étoile ?

Ils étaient maintenant à moins d'une UA de sa surface bouillonnante.

– Juste assez pour une analyse sommaire, répondit l'IA de sa voix affable. Rien qui ne soit typique d'une géante rouge parvenue à ce stade. Sa luminosité est de deux mille fois celle de son compagnon G8. Le cœur ne réserve pas non plus de surprise. Les noyaux d'hélium sont visiblement liés malgré leur tendance naturelle à se repousser électriquement.

– Quelle est la température de surface ? demanda Dem Lia.

– Environ trois mille degrés Kelvin, répondit Saïgyo. À peu de chose près, la moitié par rapport à l'époque où l'étoile était un soleil de type G2.

– Oh, mon Dieu ! murmura Kem Loï de sa couchette située dans le noyau de la station d'astronomie. Vous ne songez pas à...

– Sondez l'étoile au radar de profondeur, je vous prie, ordonna Dem Lia.

Les holos graphiques apparurent un peu moins de vingt minutes plus tard, alors qu'ils tournaient autour de la géante rouge.

– Il y a une planète rocheuse encore en orbite, confirma Saïgyo.

Environ les quatre cinquièmes de la taille de l'Ancienne Terre. Le radar a détecté des fosses océaniques et des lits fluviaux asséchés.

– Elle devait ressembler à la Terre, estima Doc Sam, jusqu'à ce que le soleil en expansion ait vaporisé toute son eau et aspiré son atmosphère. Dieu ait pitié de ceux qui vivaient ici.

– À quelle profondeur est-elle située dans la troposphère solaire ? demanda Dem Lia.

– Moins de cent cinquante mille kilomètres, répondit aussitôt Saïgyo.

La commandante hocha la tête.

– Poussez les champs de confinement au maximum, ordonna-t-elle. Nous allons y faire un petit tour.

C'est comme si on nageait sous la surface d'une mer toute rouge, pensa Dem Lia tandis qu'ils s'approchaient de la planète rocheuse.

Au-dessus d'eux, l'atmosphère extérieure de l'étoile tournoyait en spirale. Des tornades de champs magnétiques montaient des profondeurs avant de se dissiper, et leur champ de confinement commençait à rougeoyer malgré les trente câbles micromonofilament qu'ils traînaient derrière eux sur cent soixante mille kilomètres pour leur servir de radiateurs.

Une heure durant, l'*Hélice* demeura à moins de vingt mille kilomètres de la surface de ce monde, qui aurait pu être à une époque l'Ancienne Terre ou Hypérion. Différents capteurs leur montraient sa constitution à travers les tourbillons de poussières rouges.

– Une escarbille, murmura Jon Mikaïl Dem Alem.

– Oui, mais une escarbille pleine de vie, ajouta Kem Loï, qui se trouvait au noyau d'exploration principal.

Elle fit apparaître une vue holo fournie par le radar de profondeur.

– Une vraie structure en nid-d'abeilles, expliqua-t-elle. Il y a des océans à l'intérieur. Avec au moins trois milliards d'entités sentientes. J'ignore si elles sont humanoïdes, mais elles ont des machines, des moyens de transport mécaniques et des ruchers qui ressemblent à des cités. On aperçoit même le hangar d'accostage où leur moissonneur vient s'amarrer tous les cinquante-sept ans.

– Toujours pas de contact intelligible ? demanda Dem Lia.

L'*Hélice* n'avait cessé d'émettre des appels en langage mathématique de base sur toutes les fréquences et par tous les moyens technologiques disponibles à bord du vaisseau, des radiomasers aux modulations à base de tachyons. Il y avait eu quelques fragments d'émission abscons en retour.

– Ils envoient des ondes de gravité modulées, déclara Ikkyü. Mais ce ne sont pas des réponses à nos signaux mathématiques ou géométriques. Ils captent nos émissions électromagnétiques, mais ne les comprennent pas. Et nous sommes incapables de déchiffrer leurs pulsations gravitoniques.

– Combien de temps va-t-il falloir pour étudier ces modulations de manière à mettre au point un alphabet commun ? demanda Dem Lia.

Ikkyü prit un air peiné.

– Des semaines au moins. Des mois, plus probablement. Et peut-être des années.

Les humains, les Extros et la Templière le regardèrent, déçus.

– Désolé, murmura Ikkyü en écartant les bras. L'humanité, jusqu'ici, n'a contacté que deux races non humaines, et ce sont elles qui ont trouvé le moyen de communiquer avec nous. Ces êtres... sont véritablement différents à tout point de vue. Il y a trop peu de points communs.

– Nous ne pouvons pas rester ici éternellement, déclara Res Sandre dans son noyau technique. Nous détectons de puissantes perturbations magnétiques qui montent vers nous du cœur de l'étoile. Et nous n'avons pas les moyens de dissiper assez rapidement la chaleur. Il faut repartir au plus vite.

Soudain, Ces Ambre, qui disposait d'une couchette mais n'avait aucun poste de service, se leva, flotta à un mètre au-dessus du pont sous la gravité réduite de un dixième de *g*, émit un gémissement, puis s'affaissa lentement sur le pont, perdant conscience.

Doc Sam la rattrapa une fraction de seconde avant Dem Lia et Den Soa.

– Que personne d'autre ne quitte son poste, ordonna la commandante.

Ces Ambre ouvrit ses yeux d'un bleu étonnant.

– Ils sont si différents... murmura-t-elle. Rien d'humain... Ils respirent de l'oxygène, mais pas comme les empathes seneshiens... Modulaires... cerveaux multiples... si fibreux...

Dem Lia lui souleva la tête.

– Pouvez-vous communiquer avec eux ? demanda-t-elle d'une voix anxieuse. Leur transmettre des images ?

Ces Ambre hocha faiblement la tête.

– Envoyez-leur l'image de leur faucheuse, associée à celle des Extros. Montrez-leur les dégâts qu'elle commet. Faites-leur comprendre que les Extros sont des créatures... humaines, sentientes. Qui occupent l'anneau forestier, mais sans l'endommager...

Ces Ambre hocha plusieurs fois la tête et ferma les yeux. Un moment plus tard, elle se mit à pleurer.

– Ils sont... tellement *navrés*, gémit-elle. La machine ne leur rapporte... aucune image. Uniquement de la nourriture, de l'air et de l'eau. Elle est programmée... comme vous l'avez suggéré, Dem Lia, pour éliminer les parasites. Ils sont... désolés d'avoir coûté la vie à tant d'Extros. Ils proposent... de se suicider collectivement... si cela peut racheter leur faute.

– Mais non, mais non, fit Dem Lia en prenant dans ses mains celles de la femme en larmes. Dites-leur que ce ne sera pas nécessaire. (Elle saisit Ces Ambre aux épaules.) Je sais que ce sera difficile, mais vous devez leur demander si leur machine peut être reprogrammée. S'ils peuvent faire en sorte qu'elle épargne les colonies extros.

Ces Ambre ferma les yeux durant plusieurs minutes. À un moment, elle donna l'impression de ne plus respirer. Puis ses yeux magnifiques s'ouvrirent grand, et elle murmura :

– Ils sont en train de transmettre les signaux pour la reprogrammer.

– Nous recevons de nouveaux trains de pulsations gravitoniques modulées, annonça Saïgyo. Impossible de les interpréter.

– Pas besoin de traduction, lui dit Dem Lia en haletant. (Elle souleva Ces Ambre dans ses bras et la porta sur son siège-couchette.) La seule chose à faire, reprit-elle, c'est les enregistrer et les transmettre au Destructeur à notre retour là-bas. (Elle pressa la main de Ces

Ambre entre les siennes.) Pouvez-vous leur faire part de nos remerciements et leur dire adieu ?

Ces Ambre eut un sourire pâle.

– C'est déjà fait, murmura-t-elle.

– Saïgyo, ordonna Dem Lia, sortez-nous d'ici au plus vite. Accélération maximale vers le point de translation.

L'*Hélice* surmonta sans dommages l'épreuve du saut de retour dans le système G8. Le Destructeur avait déjà infléchi sa trajectoire en direction de régions peuplées de l'anneau forestier, mais Den Soa émit à son intention l'enregistrement des modulations gravitoniques alors qu'ils étaient encore en train de décélérer, et le faucheur monstrueux réagit en faisant entendre d'indéchiffrables borborygmes gravitoniques de son cru avant de modifier sa course vers un secteur éloigné et désert. Cavalier Lointain leur montra, sur faisceau étroit, des holos des manifestations d'allégresse auxquelles se livraient les Extros dans tous les rameaux, cités, plates-formes, branches, tours et modules de l'anneau. Puis il cessa d'émettre.

Ils s'étaient rassemblés dans le solarium, à l'exception des IA. Humains, Extros et Templière faisaient cercle autour de Ces Ambre, qui avait les yeux fermés.

Den Soa murmura d'une voix tranquille :

– Les... êtres... de cette planète... ont nécessairement édifié leur anneau forestier avant l'entrée en expansion de leur étoile. Ils ont aussi construit ce vaisseau moissonneur. Pourquoi n'ont-ils pas choisi plutôt de quitter leur planète ?

– Ce monde était... est... le leur, articula Ces Ambre à voix basse, les yeux toujours fermés. Comme des... enfants... ils n'ont pas voulu... partir de chez eux... parce qu'il fait noir dehors, très noir... C'est le vide. Ils aiment... leur monde natal.

Ces Ambre rouvrit alors les yeux en esquissant un pâle sourire.

– Pourquoi ne pas nous avoir dit que vous étiez énéenne ? demanda Dem Lia d'une voix douce.

Les mâchoires de la femme âgée se crispèrent.

– Je ne le suis pas. Ma mère, Dem Loa, m'a transmis le sacrement du sang d'Énée – par l'intermédiaire du sien, bien entendu – après m'avoir sortie de l'enfer de St. Theresa, mais j'ai décidé de ne pas faire usage des pouvoirs énéens. Je n'ai pas voulu suivre les autres. J'ai préféré rester avec les Amoiete.

– Vous avez pourtant communiqué par télépathie avec... commença à dire Patek Georg.

Elle l'interrompit en secouant vivement la tête.

– Il ne s'agit pas de télépathie. Il s'agit de se... connecter au Vide qui Lie. D'écouter le langage des morts et des vivants à travers le temps et l'espace, par pure empathie. Comme si vous puisiez dans des souvenirs qui ne seraient pas les vôtres.

Cette femme de quatre-vingt-quinze ans qui en paraissait soixante porta la main à son front.

– C'est si fatigant... Je me suis battue des années pour ne pas prêter attention à ces voix... pour ne pas entendre ces souvenirs... Le sommeil cryotechnique, à côté, c'est si... reposant...

– Et les autres pouvoirs énéens ? demanda Dem Lia de la même voix douce. Avez-vous essayé de vous distransporter librement ?

Ces Ambre secoua la tête, la main en visière au-dessus de ses yeux.

– Je ne *voulais* pas apprendre à connaître les secrets des Énéens, dit-elle d'une voix qui semblait exténuée.

– Mais vous en seriez capable, si vous le désiriez, fit Den Soa, impressionnée. Dans la même seconde, vous pourriez faire l'aller-retour sur Vitus-Gray-Balianus B, ou Hypérion, ou Tau Ceti Central, ou encore l'Ancienne Terre, pas vrai ?

Ces Ambre jeta à la jeune femme un regard farouche.

– Je *refuse* de faire ça !

– Vous allez continuer le voyage avec nous en sommeil profond jusqu'à notre destination finale ? demanda l'autre bandeau vert, Res Sandre. Jusqu'à la colonie de l'Hélice du Spectre ?

– Oui, lança Ces Ambre d'un air de défi.

– Comment allons-nous annoncer cela aux autres ? demanda Jon Mikaïl Dem Alem. La présence d'une Énéenne – même potentielle – dans la colonie va changer... toutes les données.

Dem Lia se leva.

– En tant que commandante élue pour quelques instants encore, amis concitoyens, je pourrais me contenter de donner un ordre, mais je vous appelle plutôt à voter. Je pense qu'il appartient à Ces Ambre, et uniquement à elle, de décider de ce qu'il faut révéler sur ses... dons au peuple de l'Hélice du Spectre. Elle pourra le faire quand elle le voudra... ou jamais, si telle est sa décision.

Elle se tourna vers ses huit compagnons.

– Pour notre part, nous nous engagerons à ne jamais dévoiler son secret. Je le répète, elle seule aura le droit d'en parler, si elle le désire, et au moment de son choix. Ceux qui sont en faveur de cette proposition, levez la main.

Ils furent unanimes à l'approuver. Elle se tourna alors vers les Extros et la Templière.

– Saïgyo m'affirme que vous n'avez rien retransmis de ce que nous venons de dire.

Cavalier Lointain hocha la tête.

– Et le contact entre Ces Ambre et les non-humains à travers le Vide qui Lie ?

– L'enregistrement est détruit.

Ces Ambre fit un pas vers les Extros.

– Mais vous voulez toujours un échantillon de mon sang, contenant l'ADN sacramentel d'Énée. Vous préférez avoir le choix.

Les longues mains du Maître-Rameau Keel Redt étaient tremblantes.

– Ce n'est pas à nous de décider de diffuser l'information ou de distribuer le sacrement, dit-il. Il faudrait pour cela une réunion à huis clos des Sept Conseils, et la consultation de l'Église d'Énée, ou bien...

De toute évidence, l'Extro souffrait à l'idée que des millions, des milliards de ses compatriotes pourraient décider de quitter à jamais l'anneau forestier en se distransportant dans l'espace humain-énéen ou ailleurs. Leur univers ne serait plus jamais le même.

– Nous n'avons pas le droit, tous les trois, poursuivit-il, de refuser cela au nom de notre communauté.

– Mais nous hésitons à vous demander... commença la Voix de l'Arbre Authentique Reta Kasteen.

Ces Ambre secoua la tête et fit un signe à Doc Sam. Le toubib tendit au Templier un flacon incassable contenant une petite quantité de sang.

– Nous venons de le prélever, expliqua-t-il.

– Ce sera à vous de décider, murmura Ces Ambre. Il en a toujours été ainsi. C'est votre privilège et votre malédiction.

Le Maître-Rameau Keel Redt contempla le flacon un long moment avant de le prendre dans ses mains tremblantes pour le mettre à l'abri dans une poche de son armure-champ de force.

– Il sera intéressant de voir ce qui va se passer, dit-il.

Dem Lia eut un sourire.

– C'est une vieille imprécation originaire de l'Ancienne Terre, vous savez. De la Chine : « Puissiez-vous connaître des temps intéressants. »

Saïgyo morpha le sas, et les ambassadeurs extros sortirent pour regagner leur forêt orbitale avec leurs centaines de milliers de compagnons ailés surfant sur les vents solaires le long des lignes de force magnétiques tels des vaisseaux de lumière portés par des courants rapides.

– Si ça ne vous fait rien, déclara Ces Ambre avec un petit sourire, j'aimerais retourner dans ma crèche de sommeil profond. J'ai trouvé le temps un peu long, ces dernières quarante-huit heures.

Les neuf avaient décidé d'attendre que l'*Hélice* ait translaté avec succès dans l'espace de Hawking avant de retourner en sommeil profond. Ils étaient encore dans le système de type G8, accélérant pour s'éloigner de l'écliptique et du magnifique anneau forestier qui occultait à présent le petit soleil blanc. Oam Rai montra du doigt la baie d'observation arrière en disant :

– Regardez ça.

Les Extros s'étaient retournés pour leur dire adieu. Des milliards d'ailes de pure énergie captaient la lumière solaire.

Une journée dans l'espace de Hawking, durant laquelle les neuf procédèrent à une mise au point avec les IA, suffit à établir que le vaisseau était en parfait état de fonctionnement. Les bras de spin et les modules de sommeil profond avaient été vérifiés, ils avaient retrouvé leur trajectoire initiale et tout allait bien. Un par un, ils regagnèrent leurs crèches. D'abord Den Soa et ses conjoints, puis tous les autres. Dem Lia fut la dernière. Assise dans sa crèche quelques secondes avant que le couvercle se referme, elle appela, de sa voix de commandement :

– Saïgyo !

Le petit moine bouddhiste grassouillet apparut aussitôt.

– Saviez-vous que Ces Ambre était énéenne, Saïgyo ?

– Non.

– Comment est-ce possible ? Le vaisseau a des fiches médicales et génétiques complètes sur chacun de ses passagers. Vous le saviez forcément.

– Non, Dem Lia. Je vous assure que le profil médical de Ces Ambre correspondait tout à fait à celui d'une citoyenne normale de l'Hélice du Spectre. Aucun signe d'ADN énéen post-humain, aucune clé dans son dossier psychologique.

Dem Lia demeura un instant le front plissé face à l'hologramme. Puis elle murmura :

– Les fiches ont été falsifiées, dans ce cas. Peut-être par sa mère, ou par elle-même.

– Oui, Dem Lia.

Appuyée sur un coude à l'intérieur de la crèche, l'humaine demanda d'un air songeur :

– À votre connaissance, ou à celle des autres IA, pourrait-il y avoir d'autres Énéens à bord ?

– À notre connaissance, non.

Dem Lia sourit. D'une voix douce, qui s'adressait plus à elle-même qu'à l'IA, elle murmura :

– Énée enseignait que l'évolution a une direction et un déterminisme. Elle évoquait le jour où tout l'univers serait verdoyant de vie. La diversité, disait-elle, est l'une des meilleures stratégies mises en œuvre par l'évolution.

Saïgyo hocha la tête sans répondre.

Dem Lia se laissa aller en arrière et posa la tête sur son oreiller.

– Nous pensions que les Énéens s'étaient montrés particulièrement généreux avec nous en nous aidant à préserver notre culture – ce vaisseau, la colonie lointaine que nous allons fonder. Mais j'imagine qu'ils ont ainsi aidé mille petites communautés à se lancer dans l'espace inconnu. Ce qu'ils veulent, c'est la diversité. Pas seulement celle des Extros, mais toutes les autres. Ils veulent que nous soyons nombreux à répandre leur don divin.

Elle regarda l'IA, mais le visage toujours souriant du moine bouddhiste n'exprimait rien.

– Au revoir, Saïgyo. Prenez bien soin du vaisseau pendant notre sommeil.

Elle referma le couvercle de la crèche, et le module entreprit aussitôt de la plonger dans le sommeil cryotechnique.

– Oui, Dem Lia, répondit le moine à la femme déjà endormie.

L'*Hélice* continuait de décrire son grand arc à travers l'espace de Hawking. Les bras de spin et les modules de survie tissaient leur double hélice complexe sur le fond mouvant de fausses couleurs et de pulsations quadridimensionnelles qui avaient remplacé les étoiles.

À l'intérieur du vaisseau, les IA avaient arrêté la gravité des champs de confinement, l'atmosphère et la lumière. Le vaisseau poursuivait sa course dans l'obscurité.

Puis, un jour, environ trois mois standards après leur départ du système binaire, les ventilateurs se mirent à bourdonner, les lumières s'allumèrent, et la gravité du champ de confinement s'activa. Les 684300 colons continuaient de dormir.

Soudain, trois silhouettes apparurent dans la coursive principale, à mi-chemin entre le poste de commandement et l'écoutille d'accès au premier cercle de bras porte-modules de vie. La figure centrale faisait plus de trois mètres de haut. Elle était hérissée de piquants et de plaques d'armure reliées par des fils chromés tranchants comme des rasoirs. Ses yeux à facettes rougeoyaient. Elle demeura figée à l'endroit où elle s'était matérialisée.

La silhouette de gauche était celle d'un homme d'âge moyen, encore jeune, aux cheveux gris bouclés, aux yeux noirs, aux traits avenants. Très bronzé, il portait une chemise légère en coton bleu, un short vert et des sandales. Il fit un signe de tête à la femme qui l'accompagnait et se dirigea vers le poste de commandement.

La femme était plus âgée, certainement beaucoup plus que ne la faisaient paraître les traitements médicaux énéens qu'elle avait reçus. Elle portait une robe d'un bleu très pur. Elle s'avança jusqu'à l'écoutille, prit l'ascenseur jusqu'au troisième bras de spin et suivit l'allée qui menait au cœur du module de vie sous une gravité de un *g*. Elle s'arrêta devant l'une des crèches, puis essuya d'un revers de main la glace et la condensation accumulées sur la visière du sarcophage relié à son système de surveillance par un ombilical.

– Dors bien, Ces Ambre, ma chérie, murmura Dem Loa en caressant du doigt le plastique transparent à hauteur de la joue de sa belle-fille de trine union. Dors en paix.

Sur la passerelle de commandement, l'homme de trois mètres se tenait parmi les représentations virtuelles des IA.

– Bienvenue parmi nous, Petyr, fils d'Énée et d'Endymion, déclara Saïgyo en inclinant légèrement la tête.

– Merci, Saïgyo. Comment allez-vous tous ?

Ils lui répondirent en des termes qui transcendaient le langage ou les mathématiques. Petyr hocha la tête, plissa légèrement le front et toucha l'épaule de Basho.

– Il y a trop de conflits en toi, Basho ? Tu voudrais les aplanir ?

La haute silhouette humaine au chapeau pointu et en sabots répondit :

– Oui, Petyr, s'il te plaît.

L'humain serra l'IA aux épaules en une étreinte amicale. Ils gardèrent tous deux les yeux fermés quelques instants. Lorsque Petyr le lâcha, le sombre Basho eut un large sourire.

– Merci, Petyr.

L'humain s'assit sur le bord de la table en disant :

– Voyons un peu où nous allons.

Un holocube de quatre mètres sur quatre apparut devant eux. Les étoiles y étaient reconnaissables. Le long voyage de l'*Hélice* en dehors de l'espace humain-énéen y figurait en rouge. Sa trajectoire projetée était tracée en pointillés bleus. Ils se prolongeait en direction du centre de la galaxie.

Petyr se leva, tendit la main à l'intérieur du cube holo et toucha une petite étoile qui se trouvait juste à droite de la trajectoire en pointillé. Aussitôt, tout le secteur s'agrandit.

– Il serait intéressant d'explorer ce système, murmura l'humain avec un sourire tranquille. Étoile sympathique de type G2, avec sa quatrième planète à sept virgule six sur la bonne vieille échelle de Solmev. Elle serait un peu plus haut si elle n'avait pas contracté, dans son évolution, quelques mauvais virus et engendré des bêtes sauvages particulièrement redoutables.

– Six cent quatre-vingt-cinq années-lumière, fit remarquer Saïgyo. Plus quarante-trois pour les corrections de trajectoire. Pas si loin que ça.

Petyr hocha la tête.

Dame Murasaki agita son éventail devant son visage peinturé. Elle eut un sourire provocateur pour demander :

– Quand nous arriverons, Petyr-san, est-ce que les méchants virus auront disparu ?

L'humain haussa les épaules.

– La plupart, Dame Murasaki. La plupart. Mais les bêtes sauvages seront encore là.

Il serra la main de chacune des IA avant de murmurer :

– Faites attention à vous, mes bons amis. Et prenez bien soin de nos protégés.

Petyr retourna d'un pas sautillant jusqu'à la créature cauchemardesque de neuf mètres de haut hérissée de lames et de chromes qui attendait au milieu de la coursive principale. Dem Loa le rejoignit dans un frou-frou de sa robe bleue sur la moquette du pont.

– Prête ? lui demanda Petyr.

Elle hocha la tête.

Le fils d'Énée et de Raul Endymion posa alors la main sur le monstre immobile, la paume à plat à côté d'une épine courbe de quinze centimètres. Tous trois disparurent sans un bruit.

L'*Hélice* arrêta de nouveau sa gravité induite par champ de confinement, coupa ses générateurs d'atmosphère et ses lumières et continua silencieusement sa route, non sans opérer au moment voulu quelques infimes corrections de trajectoire.

Traduit de l'américain par Guy ABADIA

Les insomniaques

Nancy Kress

Au début du XXe siècle, le génie génétique relatif aux traits particuliers tels que l'apparence, l'intelligence et la santé a fait ses preuves. Une entreprise de biotechnologie de Chicago vient de mettre au point une nouvelle modification génétique : celle de l'insomnie. Les dix-neuf bébés sur lesquels ont été effectués les essais pilotes ne dorment pas du tout. Pas du tout. Ils peuvent donc rester éveillés huit heures de plus. En outre, la suppression du sommeil, concomitante au besoin de rêver, permet d'obtenir des caractères qui sont plus stables et plus adaptables que la moyenne.

Dans *Beggars in Spain*, Roger Camden, un milliardaire, a manipulé génétiquement sa fille Leisha pour qu'elle devienne insomniaque. Puis, quand l'embryon fut implanté dans la femme de Camden, un second œuf fertilisé naturellement a aussi pris racine sur la paroi utérine. Leisha est née avec une sœur jumelle ne possédant aucun de ses avantages en matière de modification génétique.

Les filles grandissaient et une découverte a bouleversé à la fois la vie de Leisha et l'attitude du pays envers l'insomnie. Le tissu des Insomniaques se régénérait naturellement. Leisha et ses pairs, qui se comptaient maintenant par milliers, pouvaient vivre indéfiniment. Un avantage de trop. Un grand nombre de gens « normaux » leur témoignait de la jalousie, de la peur, du dégoût, voire de la colère : cette race évolutionniste les manipulait, eux et leurs enfants. Tandis que les Insomniaques se dirigeaient vers la richesse, le succès et le pouvoir, tout le pays se polarisait sur eux. Cette situation fut aggravée lorsque les Insomniaques édifièrent leur Sanctuaire, une enclave protégée dans l'État de New York où ils se sentaient en sécurité.

Le reste du roman explore les conséquences de ce clivage entre les riches et les pauvres. Les Insomniaques, dirigés par Jennifer Sharifi, devenue veuve, évoluent à travers des mesures de sécurité de plus en plus perfectionnées pour assurer leur propre isolement et pratiquent le génie génétique sur leurs progénitures. Le Sanctuaire, qui se trouve maintenant sur une orbite, a décidé de se séparer des États-Unis. Seuls Leisha et quelques autres convaincus, dont sa sœur Alice, tentent de persuader le monde qu'il reste encore une seule espèce humaine, et non deux.

Beggars and Choosers est sorti quelques années après *Beggars in Spain*. Il suit l'évolution de trois personnes en quête de repères dans la société tripartite que sont devenus les États-Unis. Billy Washington est un « normal », pauvre et sans éducation, dont la dure vie touche à sa fin. Il a fini par trouver une famille à aimer. Diana Covington est une « riche » : ses attributs ont été modifiés génétiquement, mis à part l'insomnie. Celle-ci n'a plus d'illusions, ni de but à atteindre. Drew Arlen est un artiste aux pouvoirs exceptionnels, c'est aussi l'amant d'une Insomniaque, Miranda Sharifi, la petite-fille de Jennifer Sharifi. Miranda souhaite donner liberté et indépendance aux « pauvres » de son pays, en altérant considérablement la biologie même du corps humain. C'est ce qu'elle a fait alors que Diana et les autres membres du GSEA tentaient d'y mettre un terme. Les résultats n'étaient toutefois pas ceux auxquels tout le monde – y compris Miranda – s'attendait. Seul Billy connaît la bonne réponse à la question phare du roman : « Qui devrait contrôler les toutes nouvelles technologies : les scientifiques, le gouvernement ou les personnes qu'elles vont toucher ? »

Beggars Ride, le dernier volet de la trilogie, se passe une génération plus tard. Les États-Unis sont plus balkanisés que jamais. La plupart des gens vivent en autarcie dans des tribus de nomades, qui n'ont besoin de rien, ni de personne – pas même de nourriture – grâce à des altérations biologiques que les Insomniaques ont mises à leur disposition avant de quitter la terre. Le pays en lui-même est sur le point de cesser d'exister en tant qu'entité politique, culturelle ou économique.

Seulement, les bébés continuent de naître et la réserve de drogues altérant la biologie, laissée par les Insomniaques, est en train de s'épuiser.

Jackson Aranow, un docteur dont aucun patient n'a besoin, et sa sœur Theresa, mentalement fragile, sont préoccupés par leurs soucis personnels. Mais ils se retrouvent entraînés dans une lutte entre Jennifer Sharifi, libérée de prison après avoir purgé une peine de vingt-sept ans pour trahison, et sa petite-fille Miranda Sharifi. Cette guerre porte sur des virus fabriqués pour attaquer non pas le corps humain mais l'esprit. Est en jeu ici le concept de Jennifer, celui de « sécurité » pour son peuple, contre le concept de Miranda, celui de « progrès » pour l'humanité. Ni Jackson ni Theresa ne sont sûrs à cent pour cent des Sharifi. Ce sont pourtant les Aranow qui vont tenter de faire un pas en avant pour un pays qui a tellement changé, que même ses propres principes ne s'appliquent plus à la vie quotidienne et doivent être « remaniés » à partir d'une nouvelle réalité.

Nancy KRESS

MÉFIEZ-VOUS DU CHIEN QUI DORT...

Nancy Kress

Les nouvelles technologies seront aussi dangereuses que libératrices. Mais à long terme, les contraintes sociales devront se soumettre aux nouvelles technologies.
Freeman DYSON

– Pour nous, ça va être une vraie révolution, a dit Papa quand le camion est entré dans notre cour. Ça va être une vraie révolution.

J'ai tiré mon pull sur moi. L'air frais du printemps a frôlé mon coude, là où mon pull était troué. Le camion, couvert de boue depuis une excursion en montagne, s'est frotté à un fossé de notre allée puis en est ressorti. Derrière sa vitre, le conducteur avait l'air de jurer mais je ne pouvais pas l'entendre. Ce que j'entendais, c'était Precious pleurer dans la maison. Il ne nous restait plus de flocons d'avoine et juste un peu de lait. Nous avions sûrement besoin de *quelque chose* pour que ce soit une vraie révolution, ici.

– Approchez. Approchez... stop ! a hurlé Papa.

Le conducteur l'a ignoré. Il a arrêté le camion là où il voulait et la porte arrière s'est brusquement ouverte. Dans leur enclos, nos chiens devenaient fous. J'ai marché vers l'arrière du camion et j'ai regardé dedans.

Il n'y avait rien à voir, à part une cage en métal, le genre de cage dont tout le monde se sert pour transporter un chien. À l'intérieur, une chienne était étendue sur le flanc. Ce n'était pas une race particulière, peut-être un labrador, sans doute un berger allemand ou autre chose pour avoir une queue si maigrelette. Ses yeux étaient bruns, aussi doux que ceux de Precious. Elle était vraiment pleine.

– Ne la touche pas, Carol Ann. Reste en dehors du camion. Tu ne peux pas savoir comment elle peut réagir, m'a dit Donna en m'écartant.

Il n'y a aucune raison d'écouter Donna ; elle ne s'écoute même pas elle-même. Elle est montée dans le camion – ce qu'elle ne voulait pas que je fasse –, a passé sa main dans la cage, a caressé la chienne en chantonnant :

– Eh, ma douce, ma jolie douce ! Tu es la providence pour nous, tu sais. La providence.

Donna croit tout ce que Papa lui dit.

Je suis allée vers l'avant du camion sur lequel était inscrit en grosses lettres orange : STANLEY EXPRESS, juste à temps pour voir sortir le savant d'Arrowgene.

Il ne pouvait être que savant, personne ne l'aurait engagé comme camionneur. C'était l'homme le plus petit que j'eusse jamais vu – un peu plus de 1,50 m – et aussi l'homme le plus maigre. Il était vêtu d'un complet, avec un gilet strict et une épingle de cravate. Je n'aimais pas du tout son style – il regardait Papa comme si c'était un balourd –, mais il m'intriguait. On aurait tendance à croire que les chercheurs en modification génétique peuvent agrandir leurs propres enfants. Peut-être est-il le seul de sa famille à être devenu savant, ses parents étant, comme nous, des gens ordinaires. Ça pourrait expliquer pourquoi il se conduit si grossièrement envers Papa.

– ... Comprenez bien que vous n'aurez plus aucun moyen de nous joindre pour toute aide technique. C'est le moment de me poser toutes les questions que vous voulez.

– Je n'ai pas de questions, a dit Papa.

Et c'était vrai. Il ne pose jamais de questions sur quoi que ce soit, il va de l'avant, plein d'enthousiasme, et glisse comme un nuage haut un jour de mars, dans un ciel bleu et ensoleillé à la rencontre de l'inévitable orage.

Et Donna est comme lui.

– Vous êtes sûr que vous n'avez pas de questions ? a demandé le savant d'une voix méprisante.

– Non, monsieur, a répété Papa.

– *J*'ai des questions, ai-je coupé.

Le savant d'Arrowgene m'a regardée, surpris qu'à mon âge j'ose prendre la parole, bien que je sois aussi grande que lui. J'ai dix-sept ans, mais je fais beaucoup plus jeune. Papa a dit :

– Carol Ann, j'ai entendu Precious pleurer. Ne devrais-tu pas...

– C'est au tour de Donna, l'ai-je coupé.

C'était ironique, car Donna ne s'occupe jamais de Precious, bien qu'elle ait deux ans de plus que moi et qu'elle devrait travailler davantage. Ce n'est pas que Donna n'aime pas Precious, c'est juste qu'elle n'entend pas le bébé pleurer. Donna n'entend que ce qu'elle veut entendre. Pour ça, elle est comme Papa.

– Que se passera-t-il, ai-je poursuivi, si jamais la portée de la chienne n'est pas génétiquement modifiée pour ce que vous savez, après tout ? Si on ne peut pas vous retrouver pour une aide technique, on ne pourra pas non plus vous retrouver pour récupérer notre argent...

Ça l'a amusé. Qu'il aille se faire voir !

– C'est vrai, jeune fille. Votre père et moi-même veillons toutefois là-dessus. Je peux vous assurer que les chiots auront exactement les modifications génétiques que vous avez demandées.

– Ils seront gros ? Forts ? Tous des mâles ?

– Oui.

– Et ils ne dormiront jamais ? Jamais ?

– Pas plus que Leisha Camden, Jennifer Sharifi ou Tony Indivino.

Il faisait allusion à trois des plus célèbres Insomniaques du monde, deux femmes riches et une grande gueule. Des cameramen les ont suivis partout et les ont importunés. Ils sont à peine plus âgés que Donna, mais font beaucoup plus vieux. Les femmes sont aussi belles que richissimes. L'homme, Tony Indivino, se fait passer pour quelqu'un d'engagé, débitant des tas de choses sur la « *discrimination suscitée par la jalousie et la peur* » et sur la « *propension de la race humaine à se laisser assister* ». Il est absolument odieux, mais peut-être a-t-il raison. Je ne sais pas. Je ne pensais pas grand-chose de l'insomnie auparavant, jusqu'à ce que Papa ait eu l'idée de monter cette affaire qui, pour nous, allait tout changer.

J'ai dit au savant d'Arrowgene :

– La chienne dans laquelle vous avez implanté les embryons n'est pas de pure race. Et les embryons ?

– Non plus.

– Pourquoi ? Des chiots de pure race se vendent plus cher...

– Mais ils sont plus faciles à retrouver. Votre père souhaitait autant d'anonymat que possible, a-t-il dit l'œil mauvais, faisant ainsi comprendre qu'il n'aimait pas qu'on lui pose des questions.

– Si des animaux qui ne dorment pas peuvent faire gagner tant d'argent, pourquoi personne n'essaierait de les élever et de les vendre ?

J'étais sûre qu'il ne me répondrait pas – pour lui, je n'étais rien d'autre qu'une stupide péquenaude –, mais c'était compter sans Donna qui revenait de l'arrière du camion, tenant la chienne en laisse. Le savant s'était ragaillardi.

Donna ressemblait à Maman. Peut-être même était-elle encore plus jolie. Je me souviens de chaque trait du visage de Maman. Et pour cause, elle est morte il n'y a pas si longtemps. Precious n'avait même pas deux ans. Donna a secoué sa chevelure rousse et s'est avancée vers nous en souriant. Le savant nain malsain a vraiment repris du poil de la bête.

– Non, jeune fille. Il est vrai que les animaux insomniaques ne se sont pas révélés être une aubaine commerciale. Pourquoi le devraient-ils ? Pourquoi voudriez-vous d'une vache ou d'un poulet qui ne dort pas et qui mange juste un peu plus, à cause d'un métabolisme plus important, sans que la viande ou le lait suivent cette augmentation ? Bien sûr, certains chercheurs sont, de toute façon, allés plus loin, curieux de voir si l'élimination complète de neurotransmetteurs provoquant le sommeil aurait les mêmes effets secondaires sur d'autres vertébrés que les humains. Tout ça pour dire que...

Il a continué à parler, s'adressant uniquement à Donna qui lui souriait béatement comme s'il était l'homme le plus fascinant du monde. Elle ne comprenait pas un mot de ce qu'il lui disait. Papa n'écoutait pas non plus. Il se balançait d'avant en arrière sur ses talons, ce qu'il fait toujours quand il se réjouit d'un nouveau business supposé nous rendre riches. Il avait déjà prévu son slogan, qui restait bien évidemment secret, puisqu'il était dans l'illégalité tant qu'il n'avait pas reçu l'approbation de l'Office du contrôle pharmaceutique et alimentaire: « CHEZ BENSON. CHIENS DE GARDE GÉNÉTIQUEMENT MODIFIÉS. DORMEZ SUR VOS DEUX OREILLES, CE SONT EUX QUI VEILLENT. » À la maison, Precious continuait de pleurnicher. Dans leur enclos, les deux chiens rescapés de l'ancien business de Papa, qui, lui, était légal (« CHEZ BENSON. PETITS CHIENS D'APPARTEMENT. PLUS MIGNONS, TU MEURS ! »), aboyaient comme des cinglés: ils sentaient la nouvelle chienne.

Je suis rentrée voir Precious. Notre maison tombait en ruine: la peinture s'écaillait, les lattes du plancher s'enfonçaient et des infiltrations provenaient des fuites du toit que Papa n'avait jamais pris la peine de réparer. Mais au moins, dedans, il faisait chaud. Les cônes d'énergie en Y sont bien moins chers que la nourriture. Precious était debout dans son lit, elle hurlait mais elle s'est arrêtée à la minute même où elle m'a vue. Elle s'est mise à sourire mais je savais bien qu'elle avait faim. Elle est aussi radieuse que Papa et que Donna. Aussi jolie. Je suis le seul laideron. J'ai pris Precious dans mes bras et je l'ai serrée bien fort, elle a poussé un petit cri en me rendant mon étreinte. J'ai reniflé son odeur de bébé derrière sa nuque. Je me suis demandé ce qu'il restait à manger que je puisse lui préparer. Papa n'avait certainement pas tout donné aux chiens; c'est qu'ils lui faisaient pitié, ces colleys génétiquement modifiés aux grands yeux bleutés avec lesquels aucun être sensé n'aurait partagé sa chambre. Ils ne ressemblent même pas à de vrais chiens.

J'ai trouvé du riz au fond d'un placard et je l'ai fait chauffer avec une pomme sèche coupée en rondelles. Pendant que je faisais manger Precious, j'ai vu le camion Stanley Express s'en aller et disparaître dans les montagnes.

Donna a appelé la chienne Leisha, comme la richissime femme insomniaque aux cheveux d'or brillants et aux yeux verts. Ça n'avait aucun sens mais on l'a tous écoutée et on a appelé le chien Leisha.

Elle a mis bas dans mon lit au milieu de la nuit. J'ai réveillé Papa et Donna. Papa a amené Leisha dans la cuisine. Donna a mis ses propres couvertures sous la chienne haletante qui avait eu tant de mal à mettre bas.

– Voilà le deuxième... *Enfin* ! Regarde... Voilà la tête... Un autre mâle !

Papa soufflait aussi fort que Leisha. Je ne l'avais jamais vu aussi heureux. On aurait dit que j'étais la seule à penser à Maman qui est morte exactement dans les mêmes circonstances. Deux autres chiots sont nés, des mâles également. Au moins, le savant d'Arrowgene n'avait pas menti tant que ça. Tous les chiots étaient gros, peut-être des dobermans, ou même des danois. C'est difficile à voir, si jeunes. Un autre chiot est apparu, suivi du placenta. Leisha était beaucoup trop fatiguée pour le manger. Deux chiots sont marron et noir, deux autres sont noirs et un est grisâtre, comme un yaourt pourri. Ils ont tous les yeux complètement fermés.

– Qu'est-ce qu'ils sont beaux ! s'est écriée Donna.

– On dirait des rats tout maigres ! lui ai-je répondu.

Elle m'a foudroyée du regard. En gémissant, Leisha s'est traînée jusqu'à la vieille couverture.

– Attendez que Precious les voie ! a dit Donna.

– Écoute, princesse, on ne peut pas laisser Precious trop s'attacher à ces chiots, la raisonna Papa. Ce ne sont pas les nôtres.

Il nous a regardées, Donna et moi, la tête penchée d'un côté, comme s'il portait un jugement critique. Mais ses yeux brillaient :

– C'est notre fortune.

Nous n'avons pas de terminal. Nous en avions un à l'époque mais Papa l'a vendu à la mort de Maman. Il a fait beaucoup de choses insensées. Son chagrin fut intense, mais bref. Il a ensuite repris goût à la vie. Je ne voudrais pas qu'il change en quoi que ce soit, enfin, la plupart du temps.

La bibliothèque de Kellsville possède un terminal public. Une fois par mois, un bon ami de Papa, Denny Patterson, amène l'une de nous deux en bas des montagnes, en ville, pour faire les magasins. Ce mois-ci, c'est mon tour.

Le message *PROPRIÉTÉ DE L'ÉTAT DE PENNSYLVANIE* apparaît dès que je me connecte au Net puis : *VOTRE REQUÊTE SVP.* Un comté aussi pauvre que le nôtre ne possède pas de serveur vocal.

Je maîtrise parfaitement le Net. J'ai obtenu mon diplôme de fin d'études secondaires en informatique avec 15/20 ; aux yeux de la loi j'ai donc terminé mes études, ce qui est une bonne chose car quelqu'un devait s'occuper de Precious. Donna, elle, n'a jamais achevé ses études. J'ai entré ma requête dans le seul format qu'acceptent les terminaux publics :

RECHERCHE PERSONNELLE
RECHERCHE : SYNTHÈSE DE BASE, ACTUALISÉE
LONGUEUR : 2000 MOTS
NIVEAU : COLLÈGE FRESHMAN
THÈME : L'INSOMNIE CHEZ LES CHIENS

J'ai dû lire la réponse directement sur l'écran. Les captures d'écran coûtent trop cher. Je n'ai pas appris grand-chose, juste que la recherche effectuée sur l'insomnie chez les chiens avait succédé à celle sur l'insomnie chez les hommes ; en effet, les singes avaient servi à la fois de cobayes et de premiers sujets pilotes. Tout ce que l'on connaît de l'insomnie canine, c'est que *ses mécanismes sont les mêmes que chez les humains. Les mêmes effets secondaires furent observés chez des personnes insomniaques : les chiens insomniaques étaient plus calmes d'un point de vue psychologique, ils mangeaient davantage, ils ne dormaient jamais, ils faisaient preuve d'une plus grande résistance à la maladie.* Les chiens utilisés pour cette recherche étaient de races différentes mais ils étaient surtout petits : c'était plus facile pour l'hébergement et plus pratique pour l'expérimentation. Tout avait été détruit. L'insomnie des chiens génétiquement modifiés n'avait pas reçu l'approbation de l'Office du contrôle pharmaceutique et alimentaire. Sortir ces chiens insomniaques des laboratoires n'était pas légal.

Il n'y a eu aucune demande pour financer la procédure d'approbation de l'Office du contrôle pharmaceutique et alimentaire, « aucun créneau substantiel n'ayant été identifié ».

Rien que je ne sache déjà. Rien que je veuille savoir. J'ai entré une autre requête.

RECHERCHE PERSONNELLE
RECHERCHE : INFORMATIONS DE BASE, ACTUALISÉES
LONGUEUR : 2000 MOTS
NIVEAU : COLLÈGE FRESHMAN
THÈME : CRÉNEAU POUR LES CHIENS DE GARDE EN PENNSYLVANIE.

Le terminal a mis pas mal de temps à se connecter au Net. PAS D'INFORMATION DISPONIBLE. Super ! Et à quoi ça m'avance ?

Je suis passée récupérer nos crédits alimentaires au service gouvernemental. Au magasin, j'ai pris tout mon temps pour faire mon choix. En y prenant garde, il me resterait assez de crédits pour acheter une nouvelle salopette à Precious, ces salopettes synthétiques qui se salissent à peine et qui ne se déchirent jamais. J'ai aussi choisi des aliments qui se conservent le plus longtemps possible : du riz, des flocons d'avoine, du soja, de la viande synthétique. Le problème, c'est que les chiens aussi aiment ce genre de choses.

Les mêmes effets secondaires furent observés chez des personnes insomniaques : les chiens insomniaques étaient plus calmes d'un point de vue psychologique, ils mangeaient davantage, ils ne dormaient jamais, ils faisaient preuve d'une plus grande résistance à la maladie. Ils mangeaient davantage : voilà le problème. J'ai cherché un endroit où je pourrais cacher une partie la nourriture pour qu'il nous en reste à la fin du mois. Peu importe ce que penseront Papa et Donna. Precious passe avant Leisha et ses chiots. Les chiens ne sont pas des êtres humains.

Ils sont mignons, tout de même. Je dois le reconnaître. Leurs noms, jusqu'à ce qu'ils finissent de toute façon par être vendus, sont : Tony, Kevin, Richard, Jack et Bill. Donna les a appelés comme les Insomniaques qu'elle a vus aux informations. Tony Indivino, la grande gueule qui pense que les Insomniaques devraient vivre isolés dans une ville gardée, loin de tous les gens normaux. Kevin Baker, le premier Insomniaque. Richard Keller, le petit ami de Leisha Camden. Jack Bellingham, un riche investisseur. William Thaine, un avocat d'Harvard super-chic. J'imagine ce que penseraient tous ces gens s'ils savaient que des corniauds illégaux portent leurs noms.

Le mois d'août a fait place à un mois de septembre caniculaire. Les chiots étaient devenus énormes. Ils mâchouillaient tout ce qui se trouvait dans la maison, jour et nuit. Papa a fini par les mettre dehors pendant la journée, dans un enclos vide. Donna a commencé à les dresser. Elle sait très bien dresser les animaux. Mais les chiots n'avaient pas l'air de vouloir apprendre.

– Je ne comprends pas, m'a-t-elle dit. Ils sont assez intelligents. Ils se rappellent où j'ai caché la nourriture. Et ils ne sont pas du tout délurés, pas comme certains que j'ai déjà dressés.

– Bon, alors, qu'est-ce qui se passe ? lui ai-je demandé.

En vérité, je m'en fichais. Je n'y croyais plus : CHEZ BENSON. CHIENS DE GARDE GÉNÉTIQUEMENT MODIFIÉS n'allait pas provoquer une révolution. C'était pratiquement la fin du mois, il ne restait qu'un tout petit peu de riz et de haricots en boîte et Precious était en train de faire ses dents. Elle était très agitée. Elle avait besoin de ses médicaments – ceux que vous mettez sur des chewing-gums pour bébé –, d'un lit normal, maintenant qu'elle dépasse de son berceau, et de nouveaux vêtements. Je me suis assise dans la cour, à l'ombre d'un érable à sucre. Je n'avais pas le moral. Il faisait très lourd. Un orage se préparait, il n'allait pas forcément rafraîchir l'atmosphère. On entendait le bruit des moustiques. Je tenais Precious qui tournait autour d'un carré de sumac auquel elle est allergique. Ça m'était bien égal si Tony, Kevin, Richard, Jack et Bill n'apprenaient jamais à monter la garde.

Donna a dit :

– Je ne sais pas *ce qui se passe* avec ces chiots. Ils sont assez intelligents pour apprendre.

– Tu viens de le dire.

Precious se balançait et a bavé contre mon épaule : slurp, slurp, slurp.

– Ils n'obéissent pas, c'est tout. Ils ne ressemblent à aucun des chiens que j'ai dressés avant. Ils ressemblent davantage à des... chats.

– Donna, ça n'a pas de sens !

– Je sais que ça n'a pas de sens. Mais peut-être que notre cher petit savant a utilisé des gènes de chat quelque part...

– Ce n'est pas possible. Tu ne peux pas mélanger... Precious, arrête ! Allez, on y va !

Elle me tirait les cheveux violemment. Je me suis levée et j'ai essayé d'enlever mes cheveux de son petit poing. Precious s'est mise à crier et a mordu mon épaule.

Je l'ai détachée de moi d'un seul coup en la secouant. Elle a hurlé pour de bon, plissant les yeux, puis elle est devenue toute rouge. J'ai mis cinq bonnes minutes avant de pouvoir la calmer et je me suis tournée vers Donna :

– J'en ai rien à foutre que ces chiens réagissent comme des chats ou comme des éléphants. Tout ce qui m'intéresse, c'est l'argent qu'ils peuvent nous rapporter. On a besoin de tas de choses juste pour vivre et on ne peut pas se les offrir. Le plafond de la salle de bains fuit comme jamais. La maison est pleine de merdes de chien puisque Papa ne veut pas laisser les chiens sortir la nuit au cas où quelqu'un réaliserait qu'ils ne dorment jamais. Mais *qui*, bordel ?! À part Denny et sa dernière copine, on n'a vu personne en un mois.

Donna m'a regardée.

– Qu'est-ce qu'il t'arrive, Carol Ann ? Toi qui d'habitude es si patiente, toujours prête à rendre service...

– J'en ai marre d'être patiente et de toujours rendre service ! J'en ai marre de ces chiens qui chient, qui aboient et qui mâchouillent des trucs vingt-quatre heures sur vingt-quatre !

– ...Depuis que t'as dix-huit ans, t'es devenue une sacrée connasse !

Dix-huit ans. J'ai fêté mon anniversaire la semaine dernière. Je n'en ai aucun souvenir. Et je parie que, jusqu'à maintenant, c'était pareil pour tout le monde. Sauf pour me dire que j'étais devenue une sacrée connasse.

J'ai refilé Precious à Donna si brusquement qu'elle s'est remise à pleurer. Donna m'a regardée, surprise, avec ses yeux de chien battu et son air de sainte-nitouche. Je la déteste. Je déteste tout ça, les chiens, la pauvreté, mon anniversaire et tout le reste. Rien ne marche et tout ce que je veux, c'est m'en aller loin. J'ai trébuché dans la cour, je me suis relevée, je voyais tout trouble et j'ai loupé l'atterrissage de la voiture aérienne. Je n'avais pas remarqué qu'elle était là, avant que Donna murmure, comme si elle faisait une prière: « Putain de nom de Dieu ! »

Je n'avais jamais vu de voiture aérienne en vrai, seulement en vidéo. Celle-là était petite, conçue pour deux personnes. Peut-être même pour une.

Les cônes d'énergie en Y, peints sur les ailes aérodynamiques, faisaient un dégradé de gris sur la carrosserie. Dans notre cour, on aurait dit une balle tirée sur un corps déchiqueté et décomposé. Un homme en est sorti. Donna n'en revenait pas: « Tony Indivino ! »

C'était bien lui. Je l'ai reconnu – je l'avais vu en vidéo. Il était de taille moyenne, un peu trapu, pas particulièrement beau. D'après la vidéo, sa famille ne pouvait pas s'offrir d'autres modifications génétiques que celles qui touchent l'insomnie. Il a traversé la cour pour venir vers nous. Donna et moi nous sommes levées. Elle m'a tendu Precious violemment en défroissant sa jupe. Precious, les yeux écarquillés, regardait la voiture disparaître dans le ciel et s'est arrêtée de s'agiter d'un seul coup. Voilà ce qu'il nous fallait: une voiture aérienne qui atterrit toutes les cinq minutes pour la distraire et l'empêcher d'avoir mal aux dents.

– Bonjour. Pourrais-je parler, s'il vous plaît, à David Benson ?

Donna a souri, j'ai vu les yeux de l'homme s'illuminer. On aurait pu croire qu'il était incapable d'éprouver la moindre émotion. Pourtant, si. Un Insomniaque reste un homme, malgré tout.

David Benson n'est pas là pour l'instant. Je suis sa fille, Donna. Puis-je vous aider, monsieur Indivino ?

J'ai dit:

– Vous êtes là pour les chiens.

– Carol Ann ! s'est écriée Donna. Un peu de tenue, voyons !

Tony Indivino a hésité, l'espace d'une seconde:

– C'est vrai. Je voudrais parler à votre père à propos de ces chiens.

J'ai enfoncé le clou:

– Vous voulez en acheter un.

Alors il m'a regardée durement. Ses yeux étaient gris, avec des nuances marron. J'ai répété, pour que les choses soient bien claires :

– Vous voulez acheter un chien. Si mon père parle d'eux, c'est uniquement dans ce but.

Il a fini par sourire, amusé :

– O.K. C'est vrai. Je voudrais en acheter un.

Donna s'est exclamée :

– Mais ils ne sont même pas dressés !

Quelle abrutie ! Tony Indivino n'en avait sûrement rien à foutre que son chien de garde soit dressé ou non. Les Insomniaques doivent avoir toutes sortes de boucliers en Y, de gardes du corps, d'armes secrètes pour se protéger. Personne ne fera du mal à Tony Indivino. Il va acheter ce chien pour que ses potes scientifiques puissent le mettre en pièces dans un labo et voir en quoi il est différent des autres chiens. Tout ce qui m'intéresse, c'est de savoir à quel prix il va nous l'acheter. Je vais peut-être pouvoir lui soutirer mille dollars. Il fait partie des Insomniaques « pauvres » (si, c'est vrai !) mais sa copine est, d'après les on-dit, Jennifer Sharifi, la fille d'un prince du pétrole arabe et d'une star américaine d'Hollywood. C'est la femme la plus riche du monde.

Je vais peut-être même pouvoir obtenir deux mille dollars. Un lit pour Precious, un terminal, des nouvelles fringues.

Donna a dit :

– Bon, je pense que vous pourriez acheter le chien maintenant et revenir le chercher plus tard, une fois que j'aurai fini de le dresser à monter la garde.

Elle y tenait vraiment.

– Comment se passe le dressage ? a demandé Indivino.

– Bien ! ai-je répondu très vite.

Je n'allais pas lui fournir d'excuse pour payer moins cher. J'ai regardé Donna qui a fini par acquiescer.

– Vraiment ? a insisté Indivino.

– Pourquoi le dressage se passerait-il *mal* ? s'est étonnée Donna.

Il est devenu sérieux.

– Pour aucune raison particulière. Mais c'est de ça que je voulais parler à votre père.

– Vous pouvez m'en parler à moi. Papa est parti pour deux, trois jours chasser dans les montagnes, ai-je menti. Je lui transmettrai le message de votre choix.

Il n'a même pas hésité. Les Insomniaques sont probablement habitués à ce que les jeunes acceptent des responsabilités plus que les adultes qui les entourent. L'Insomniaque le plus vieux n'a que vingt-sept ans.

Il a poursuivi :

– Ce que je voulais lui dire n'est pas compliqué. C'est plus un principe mais il est capital. Voilà : les systèmes biologiques avancés sont très complexes. Ils ont dépassé ce point critique au-delà duquel tout comportement est compliqué mais prévisible, pour gagner un domaine dans lequel tout comportement devient chaotique et plus sensible aux petites différences dans des conditions initiales. Vous comprenez ce que je veux dire ?

– Non, a dit Donna en souriant.

– Si, un peu, ai-je répondu car j'avais étudié ça dans mon école d'informatique. Ça ne l'a pas empêché de simplifier les choses à mon intention :

– Ça veut dire que les changements opérés sur les modifications génétiques qui ont marché d'une certaine façon sur les humains ne marcheront pas forcément de la même façon sur les chiens. Ou ils peuvent fonctionner de cette façon sur certains chiens mais pas sur les vôtres. Ou sur certains de vos chiens, mais pas sur les autres de la même portée comportant des manipulations génétiques différentes, ou des conditions *in vitro* différentes, ou encore un environnement différent.

– Mais nos chiens présentent exactement les mêmes caractéristiques d'insomnie que vous autres, les hommes insomniaques, monsieur Indivino. Venez voir ! a lancé Donna.

Il m'a regardée. Je lui ai demandé :

– Ça veut dire que nous devons faire attention ?

– Oui, a-t-il répondu. Très peu d'études ont été faites sur l'insomnie canine, elles ne vous seront pas d'un grand secours.

Il n'y a eu aucune demande pour financer la procédure d'approbation de l'Office du contrôle pharmaceutique et alimentaire, aucun créneau substantiel n'ayant été identifié.

Mais, tant que j'y pense, comment Tony Indivino a-t-il entendu parler de ce créneau substantiel particulier ? Papa ne fait pas encore de publicité. Il n'a aucun moyen pour cela : pas de terminal, pas d'argent. J'ai senti un picotement sur ma colonne vertébrale, Precious se tortillait dans mes bras. Je l'ai posée par terre. Elle est partie en trottinant vers la voiture aérienne.

Donna a dit :

– Venez choisir votre chiot, monsieur Indivino. Attendez de les voir, ils sont si mignons, vous...

– Comment avez-vous entendu parler de nous ? lui ai-je demandé. Qui vous a mis au courant ?

Il n'a pas daigné me répondre.

– Allez-vous dénoncer Papa à la justice ?

Curieusement, je venais juste de penser à cette éventualité. D'après les vidéos, les Insomniaques respectent la loi. Il y a peut-être trop d'yeux braqués sur eux pour qu'ils puissent faire autrement.

– Non, je ne vais pas vous dénoncer à la justice. Je suis là uniquement pour vous conseiller de faire attention.

– Pourquoi ? Qu'est-ce que ça peut vous faire si notre affaire se casse la gueule ?

J'ai failli rajouter « comme toutes les autres » mais je me suis rattrapée à temps. Je ne voulais pas qu'on lui fasse pitié.

– Personnellement, je me fiche bien de votre affaire, a-t-il dit calmement. Mais nous, les Insomniaques, nous aimons garder un œil sur la recherche génétique. Je suis sûr que vous savez pourquoi. Même sur la recherche clandestine. Ça ne vous regarde pas de savoir comment on s'y prend. Je suis seulement là pour vous conseiller. Et peut-être aussi un peu par curiosité.

Donna a sauté sur l'occasion :

– Alors, vous devez sûrement être curieux de voir les chiots et de choisir le vôtre.

Elle l'a pris par la main et l'a entraîné vers la maison. Precious essayait de grimper sur l'aile arrondie et lisse de la voiture aérienne, en vain. Dans une minute, elle allait se retrouver le cul par terre. Je suis allée vers elle. J'ai laissé Tony Indivino à Donna et aux chiots insomniaques. Peu importe le chiot qu'il choisira ou qu'il revienne le chercher plus tard. L'important, c'est qu'il le paie avant de partir.

C'est ce qu'il a fait. Deux mille cinq cents dollars, non en virement, mais en puces de crédit préchargées. J'avais les puces dans la main. Donna dansait en poussant des cris de joie dans la cuisine et les chiens aboyaient. Precious était debout dans sa chaise de bébé et gazouillait. C'était le bordel. Pour une fois, je m'en foutais. Cet argent allait vraiment provoquer notre petite révolution.

Trois semaines plus tard, tout était terminé.

Papa m'a appelée de la porte grillagée : « Viens voir par ici. » Il était assis à la table de la cuisine devant notre nouveau terminal, en train de rechercher ce qu'il appelait « les pubs du futur » sur le Subnet. Son copain Denny, le mec au camion, lui avait expliqué comment faire. Papa ne me dira jamais comment Denny avait appris ou ce que Denny vendait et achetait pour avoir besoin de pub clandestine. Je savais que le Subnet était difficile à pratiquer. Le plus dur n'était pas de s'y connecter. Seulement, une fois ce cap passé, tout avait tendance à disparaître si vous ne connaissiez pas l'intégralité des mots de passe et procédures secrets qui changeaient constamment. Les informations vidéo appelaient le Subnet l'« économie fantôme » ou, parfois, le « marché fantôme ». En principe vous pouviez trouver tout ce que vous vouliez si vous saviez vous en servir.

– Carol Ann ! Papa insistait. Viens voir ça !

– Je suis occupée ! lui ai-je répondu depuis la cour.

Je regardais Precious creuser un trou avec une fourchette. Elle était assise en plein soleil, en nage et couverte de poussière, heureuse comme un poisson dans l'eau. Quelque part dans les bois, j'entendais Donna crier sur les chiens. Ils ne s'entraînaient toujours pas correctement. Ils lui en faisaient voir de toutes les couleurs.

– Quand je te dis de venir ici, Carol Ann, tu viens ici ! a hurlé Papa.

Je me suis levée à contrecœur pour rentrer à la maison.

C'est fou ce que ça peut changer de gagner un peu d'argent. Pendant tout l'hiver et tout le printemps, alors que j'empruntais de l'argent pour qu'il nous reste assez de riz et de haricots, que Papa se crevait le cul à bosser pour gagner de l'argent afin de pouvoir acheter les embryons génétiquement modifiés implantés dans Leisha et que Donna n'avait qu'une seule robe – pendant ce long hiver glacé, tout le monde était de bonne humeur. Heureux et pleins d'espoir. Tout le monde était gentil avec tout le monde. Mais depuis que l'on a les puces de crédit de Tony Indivino, on est devenus tendus et hargneux. Peut-être que j'ai toujours été comme ça, mais pas Papa ni Donna. Du moins, ils ne l'étaient pas.

À présent, on joue beaucoup plus gros. Papa doit trouver les bons endroits où se faire de la pub : les sites du Subnet qui valent le coup et où la loi ne peut pas fourrer son nez. On ne peut pas se permettre la moindre erreur. Les informations n'arrêtent pas de parler des fédéraux qui ferment des labos de modifications génétiques. Les chiots n'obéissent pas à Donna, sauf si elle leur tend un morceau de viande. Voilà pourquoi elle dit qu'ils sont comme des chats : ils font ce que vous voulez uniquement si vous les récompensez ou si vous leur donnez une petite tape. On est tous sur les nerfs.

C'est la première fois que l'on a quelque chose à perdre.

– Explique-moi ce que ça veut dire, grogna Papa alors que je me penchais sur l'écran. C'est une recommandation de l'Office du contrôle pharmaceutique et alimentaire adressée au Congrès sur la fabrication d'animaux génétiquement modifiés. Les phrases sont longues et compliquées, pleines de mots scientifiques que je ne comprends pas.

– C'est sur ce qu'une nouvelle loi devrait autoriser en génétique, lui ai-je répondu. Le résumé dit : « Pas de modifications génétiques altérant l'apparence extérieure ou le fonctionnement interne de base, de telle manière que la créature s'éloigne considérablement des autres membres de son genre et de son espèce mais aussi de sa race. »

– Je sais lire, a dit Papa d'un ton sec.

Une minute plus tard, il s'est excusé :

– Désolé, Carol Ann. Mais je dois savoir ce que le moindre mot veut dire. Explique-le-moi. Une phrase à la fois.

– Papa, je ne peux pas...

– Bien sûr que tu peux ! Tu es la plus intelligente de nous tous et tu le sais très bien ! J'en suis persuadé.

– Mais...

– S'il te plaît, ma chérie, aide-moi à comprendre.

C'est donc ce que j'ai fait. Une phrase à la fois, deviner les mots, en tâtonnant pour trouver le bon sens. Ça a pris beaucoup de temps. À l'instant où je finissais, j'ai entendu Precious crier.

Nous sommes sortis en une demi-seconde. Je ne la voyais nulle part. Puis le cri s'est arrêté.

Donna est arrivée des bois en courant. Elle hurlait : « Richard ! Richard ! » Il m'a fallu une minute pour réaliser qu'elle criait après le chien. Ses yeux étaient comme fous. On s'est tous arrêtés net, tétanisés. Seules nos têtes bougeaient. Je ne voyais pas Precious. Je ne la voyais nulle part. Puis Donna, dont l'ouïe est quasiment aussi développée que celle des chiens, s'est précipitée dans les bois, à gauche de la maison.

J'ai entendu le craquement avant de voir Richard. Ses crocs s'attaquaient à un morceau de viande que Donna avait dû lui donner en récompense. Il était allongé, mangeant tranquillement sa viande, le mouvement de sa tête et de son corps sur les feuilles mortes faisant de petits bruissements. J'entendais les bruissements ; d'un seul coup, ces bois étaient ce que j'avais entendu de plus calme. Et je n'entendrais jamais rien d'aussi calme.

Precious se trouvait à environ deux mètres plus loin, en bas d'une petite colline au pied de laquelle coulait un ruisseau. Elle avait le cou brisé. Ses mains portaient des traces de jus de viande de bœuf provenant du steak qu'elle avait tenté d'enlever à Richard. Peut-être qu'elle en voulait un morceau. Ou alors elle pensait que c'était un jeu de lutte à la corde. Mais Richard, lui, ne jouait pas. Il avait jeté Precious – on voyait clairement les marques de morsure sur son petit bras – et elle a dégringolé en bas de la colline. Elle était mal retombée. Elle s'était cogné la tête ou tordu le cou, quelque chose comme ça. Le légiste dira plus tard qu'il s'agissait d'un accident. Elle n'avait aucune ecchymose, à part sur son bras, et elle n'était pas non plus mouillée par le courant. Elle était étendue là, dans sa nouvelle salopette rose non salissante, comme si elle dormait.

En hurlant, Papa a brisé le silence : il était foudroyé, anéanti. Tout s'écroulait. Je me suis précipitée vers Precious et je l'ai ramassée. J'ai à peine entendu les coups de fusil tirés à dix mètres de moi. Ni les autres coups, quatre autres, puis un dernier pour Leisha qui, lui, n'avait aucun sens. Pas un écho, pas un gémissement. Rien.

Je ne sais pas ce qui fait que les gens s'en remettent un jour ou pas. Peut-être est-ce comme l'a dit Tony Indivino : le comportement n'est que chaotique, surtout sensible à des petites différences dans des conditions initiales. Je ne sais pas. Je n'en sais rien.

Papa ne s'en est jamais remis. Il a commencé à boire juste après les obsèques et il ne s'est plus arrêté. Ça ne l'a rendu ni méchant ni dépressif. Il ne pouvait pas expliquer pourquoi il avait pu surmonter la mort de Maman mais pas celle de Precious. Peut-être qu'il ne le savait même pas. Il s'asseyait juste à la table de la cuisine et chaque nuit, il vidait calmement les bouteilles les unes après les autres. Le jour, il attendait que la nuit tombe. Je pense que très bientôt, il ne se donnera plus cette peine.

Donna s'est très rapidement montrée sous son vrai jour. Pendant quelques mois, elle pleurait tout le temps. Elle voulait toujours parler de Precious mais je ne pouvais pas l'écouter. Je ne le pouvais pas. Elle a fini par trouver une oreille attentive, un conseiller du gouvernement à Kellsville ; il lui a aussi dégoté un boulot d'hôtesse d'accueil dans un restaurant de luxe. Les clients l'appréciaient. Petit à petit, Donna n'a plus pleuré. Elle s'est fait des amis et a même rencontré un mec. Je ne la voyais pas souvent. Quand c'était le cas, c'était très dur de se regarder droit dans les yeux.

Quant à moi, je ne sais pas si je m'en suis vraiment remise. Je suis trop folle pour le savoir.

– Tu es la fille de Dave, m'a dit Denny, comme si ça faisait des années qu'il ne m'avait pas trimballée dans son camion pour aller à Kellsville.

Il fait partie de ces types qui sont effrayés par les histoires de filles.

– Qu'est-ce que je peux faire pour toi, euh...

– Carol. Tu pourrais m'héberger et, en échange, je ferais le ménage chez toi.

Il m'a regardée comme si j'étais folle.

– Euh, Carol, je ne sais pas. Tu ferais mieux de t'occuper de la maison de ton père. Il a sûrement besoin de toi depuis...

– Il n'a besoin de personne, lui ai-je rétorqué. Toi, si.

J'ai regardé autour de moi. La femme de Denny venait de le laisser tomber le mois dernier. Pour Denny, une fille n'était pas de trop. Depuis son départ, il n'avait lavé aucun plat, pas même un drap ou un dessus-de-table. Ses copines, qu'il rencontre pour la plupart au Road Nest Bar, sont loin d'être des fées du logis. Les deux chats avaient arrêté d'aller dans leur litière. Denny ouvrait toutes les fenêtres pour faire partir l'odeur, en vain, même si dehors il pleuvait à torrents, et que la pluie emportait ce qu'il restait des odeurs de pisse de chat. Chacun peut supporter la puanteur dans une certaine limite. Denny bat tous les records mais je parie qu'il a atteint le maximum.

– Je sais bien faire le ménage, lui ai-je dit. Et je sais cuisiner. Papa a dit que tu lui rendrais service si tu me laissais vivre ici. Il sait que je dois m'éloigner de notre maison, elle me rappelle trop de souvenirs.

Denny a acquiescé lentement. Il se sentait mieux à l'idée de pouvoir aider Papa, mais il avait toujours des doutes.

– Le problème, Carol, c'est les gens. Tu sais comment ils sont. Ils parlent. Et tu n'es plus une enfant. Je ne voudrais pas qu'on pense...

– Le seul qui compte, c'est Papa. Et lui sait mieux que tous les autres. En plus, si tu continues de fréquenter des femmes, elles pourront leur dire que je dors dans la chambre d'amis et que tu me traites comme ta fille, par amitié pour Papa.

Denny a de nouveau acquiescé. Il aimait l'idée de pouvoir voir des filles tout en gardant une maison propre.

– Mais je ne peux absolument pas te payer, Carol. Les temps sont durs, en ce moment. Peut-être plus tard quand...

– Je ne veux pas d'argent, Denny. Tout ce que je veux, c'est que tu m'apprennes à me servir du Subnet. Sur ton terminal, comme tu l'as appris à Papa. Deux heures par jour, au moins pour commencer.

Il n'aimait pas ma proposition. Ça prenait trop de temps. À ce moment-là, un des chats a chié sur la table, dans une assiette de riz tellement sèche que les grains de riz étaient aussi durs que de la litière pour chats.

– O.K., a dit Denny.

Tout l'hiver, j'ai travaillé comme une folle. J'ai jeté le sofa de Denny et tout ce que je ne pouvais pas faire bouillir. J'ai tout lavé à la brosse, j'ai frotté comme une malade et je lui ai fait un nouveau lit avec des planches et des couvertures. Je faisais la cuisine, la lessive et les courses avec les allocations chômage de Denny. Deux fois par semaine, j'allais chez Papa et je faisais la même chose pour lui. Et la moitié de la nuit, je mettais en pratique ce que Denny m'avait appris jusqu'à ce que je tombe de sommeil. Pendant plusieurs jours, j'ai eu mal aux yeux à force de passer mon temps à lire et pas seulement sur le Subnet. Je passais des heures à lire des articles scientifiques sur le Net. Lorsque l'une des copines de Denny m'a reproché de « m'écouter parler », j'ai réalisé que mon vocabulaire avait changé. Normal, tout le reste aussi avait changé...

Quand des crocus se sont mis à pousser dans la neige, Denny n'était plus en mesure de m'apprendre quoi que ce soit. En fait, je sais beaucoup plus de choses que ce que Denny m'a montré car j'ai trouvé d'autres gens sur le Subnet qui m'ont appris certains trucs. Il y a tout un groupe d'utilisateurs sur le Subnet – la plupart étant jeunes et n'ayant personnellement rien à perdre – qui n'ont rien de mieux à faire que de frimer en montrant ce qu'ils savent faire. J'ai appris à me laisser impressionner par ce type de personnages.

Mais ces espèces de petits utilisateurs en connaissaient un rayon. Denny aussi. Et je n'avais rien à donner en échange. Je n'ai même pas été capable de trouver sur le Subnet la seule chose que je voulais vraiment savoir. Ce n'était pas en restant ici que j'allais la trouver.

J'ai laissé un mot à Denny et à Papa et je suis descendue à travers la montagne jusqu'à l'autoroute.

La société *Red Goldfish Trucking* était gardée par des chiens. Il y avait aussi, évidemment, une barrière protectrice et une rangée de barbelés purement symbolique pour signifier que l'installation était entourée d'un système d'alarme d'énergie en Y. J'ai poussé d'une main le champ invisible qui était aussi solide que de la brique. Si l'on peut mettre en marche un système de sécurité électrique, cela veut dire que l'on peut aussi l'arrêter. Pour les chiens, c'est une autre affaire. À moins de les tuer, mais c'est dur de trouver une balle ou une grosse tranche de viande empoisonnée dans les zones de sécurité d'énergie en Y, sans déclencher l'alarme. D'après une rumeur du Subnet, les Insomniaques auraient construit un missile pour franchir les barrières en Y, plus un champ susceptible d'arrêter ce missile et tout le reste, l'air y compris. Mais ce n'est qu'une rumeur. Les Insomniaques ne vendent pas d'armes. Ils sont trop intelligents pour fournir des armes à leurs ennemis.

Je me suis mise à quelques centimètres de la barrière et j'ai jeté un coup d'œil à l'intérieur de la société *Red Goldfish Trucking*. C'est un bâtiment en mousse, sans fenêtres, situé au beau milieu de rangées de camions blancs, chacun ayant un poisson rouge peint de chaque côté. Avant le poisson rouge, ces camions portaient une inscription bleue en jolis caractères : Pennsylvania Shipping. Encore avant, ils portaient les marguerites de Flower Delivery Systems. Et bien avant, ils portaient l'inscription Stanley Express en lettres orange. C'était un camion Stanley Express qui nous avait livré Leisha, la chienne pleine, pour l'affaire de Papa.

Il n'existe aucun enregistrement en ligne de cette transaction. C'est assez difficile de retrouver une trace de la société sur le Subnet, sans parler de ses clients. Ou de son propriétaire.

J'ai regardé à travers le grillage pendant deux nuits, en faisant très attention, jusqu'à ce que je sois sûre des chiens. Il y en avait trois, tous des bergers allemands, des mâles non castrés. Leur force et leur ouïe ont sûrement été génétiquement modifiées. Ils étaient superbien dressés, beaucoup mieux que ce qu'avait pu faire cette pauvre Donna. Ils se relayaient pour dormir. Leur intelligence, elle, n'avait pas subi de modification génétique.

Quoi que vous fassiez au patrimoine génétique des chiens, c'est toujours des chiens « en état de marche ». Par contre, il y a des choses que vous ne pouvez pas faire. Difficile de trop renforcer l'intelligence des chiens. Si vous le faites, vous arriverez à un modèle de connexions neurales que le cerveau postérieur aura beaucoup de difficultés à gérer. C'est comme si un câble était encombré par un trop-plein d'informations. Le signal est tombé en panne. Les chiots, assis à un seul endroit, tremblent et gémissent. On ne peut pas les trafiquer et on finira par les tuer. Des scientifiques d'Harvard ont publié un papier là-dessus sur le Net. Certains labos clandestins dans l'Ohio et en Floride étaient déjà au courant de ça. Ils avaient fait de la pub sur le Subnet : CHIENS AU QI ÉLEVÉ. Jusqu'à ce qu'ils n'en fassent plus. Quelqu'un était aussi à leur recherche ; je ne crois pas que c'était un client en colère. Je crois que c'étaient les flics.

Les flics sont le lien principal entre le Net et le Subnet. Mais ils ne sont pas le seul.

Les chiens de la *Red Goldfish Trucking* patrouillent autour du grillage toutes les six minutes. Ils sont efficaces, vifs et consciencieux. Mais ce ne sont que des chiens.

Juste avant que l'un des chiens ne passe devant l'endroit où je me trouvais, de l'autre côté du grillage, je me suis retournée sur le dos. Je portais du parfum, une senteur créée génétiquement pour attirer les loups, utilisée dans les grandes régions sauvages. Il fut conçu à l'Université de Californie de La Jolla qui détient le brevet. Il fut aussi développé par des labos clandestins de l'Idaho et du Minnesota. Vous pouvez le commander sur le Subnet : *784jKevinMart, chemin d'accès 43ICE7946 par JemalTown, voir plus loin pour facilités de paiement*.

Le chien de garde m'avait sentie. Sa démarche est devenue hésitante. Son regard s'est posé sur moi, sur mon dos à terre, les quatre membres en l'air, la posture de soumission dans les meutes de loups. Et dans les meutes de chiens. Mais je me trouvais de l'autre côté du grillage. Après une brève hésitation, il a repris son rythme normal et il est reparti en trottant.

Six minutes plus tard, j'étais toujours là.

À minuit, les chiens se sont relayés. Je ne sais pas sur quel signal conditionné. Le nouveau chien a eu la même réaction : il a hésité et il est reparti. J'ai roulé doucement en me tortillant, les membres en l'air. À 3 heures du matin, je suis rentrée à la maison. Les ouvriers commencent à arriver là-bas vers 4 heures.

Je suis revenue la nuit suivante. Et celle d'après. Le jour, je travaille pour une société de ménage qui envoie des domestiques dans des maisons de riches. J'ai été très rapidement appréciée des clients. Je suis très habile quand il s'agit de faire les sales boulots et je sais particulièrement bien nettoyer les désastres laissés par les autres, ceux qui font vraiment mal leur boulot.

Au cours de la vingtième nuit, le chien en poste de 16 heures à minuit s'est arrêté de son côté du grillage, a atteint l'énergie en Y avec une seule patte et m'a donné un coup de patte brusque sur le cul. C'était le meilleur chien, le chien alpha, le plus gros des chiens de garde, celui qui avait la queue en l'air et les oreilles dressées au maximum. Il a réussi à déchirer mon pantalon matelassé puis il est reparti en trottant monter sa garde habituelle.

J'étais toujours allongée, attendant son retour. C'est ce qu'il a fait six minutes plus tard, il m'a redonné un coup de patte et il est parti.

À la fin du mois, la moitié de son corps dépassait du grillage en Y, ce qu'il ne pouvait pas savoir de l'intérieur. Il m'a fait rouler par terre. Il était parfois brusque, parfois joueur. J'avais de profonds coups de griffes sur le cou et sur les mains. J'ai essayé de l'éloigner de mon visage et comme je n'ai pas réussi, j'ai dû mettre beaucoup de maquillage pour aller travailler. Quand le chien était sur moi, qu'il me mordait et qu'il grognait, j'évitais toujours de penser à Precious.

Ce n'est pas la faute du chien. Son cerveau est équipé de micros cachés. Tous les chiens d'une meute s'en prennent toujours à un seul chien. C'est la fonction du chien oméga, le dernier et le plus nul : procurer un bouc émissaire aux autres chiens. La bande a besoin de cet exutoire pour travailler sans tension, sinon ils risqueraient de se battre les uns avec les autres. Le chien oméga est dans leurs gènes.

Parfois, quand Alpha prend mon bras entre ses crocs et le secoue, je pose ma main sur son cou. Je peux sentir le biper, juste sous sa peau. Il transmet le signal électronique qui lui permet de franchir le grillage si jamais il s'y frotte sans pour autant déclencher les alarmes.

Ça permet aussi à tout ce qui est accroché à lui de pouvoir le franchir. En effet, vous ne souhaitez pas que des alarmes se déclenchent juste parce que la queue de votre chien de garde a frotté le champ en Y et que cette queue a justement un crampon au bout.

Le trente-troisième jour, j'ai franchi le grillage, grâce à mon odeur de louve, mes bras autour du chien de garde Alpha. À l'intérieur, il me griffa profondément à l'épaule, puis il me laissa là. On l'avait dressé à ne jamais laisser entrer un étranger. Mais je fais partie de sa bande, occupant une fonction indispensable. Ça change tout.

Le Subnet a beau prétendre qu'il ne comporte aucun fichier, il en constitue un en lui-même qui est continuellement téléchargé. S'il y en a un, il y en aura d'autres. Sans aide, personne ne peut se souvenir de chaque affaire conclue. Notamment si vous devez savoir avec qui il vaut mieux ne pas traiter une deuxième fois.

Rien n'est fermé à l'intérieur de la *Red Goldfish Trucking*. Mais rien ne me procure non plus ce que je souhaite. Le bâtiment sans fenêtres est surtout utilisé pour stocker des cargaisons et préparer les camions, séparés par un mur d'un tout petit bureau crasseux dans un coin. Il y a un terminal, mais je ne suis pas sûre d'y trouver quoi que soit. Il n'est pas encastré mais le gouvernement possède un nouvel équipement micro-ondes qui peut enlever des données, même des terminaux non encastrés, tant qu'ils sont allumés. Le Subnet dit qu'il a aussi un équipement à vendre. Je n'y crois pas. Je ne crois plus du tout au Subnet, à moins que je ne fasse un essai personnel, comme je l'ai fait pour le parfum attirant les chiens. Seulement, je sais que les dossiers de la *Red Goldfish* ne sont pas électroniques.

Ils sont en plastique, écrits à la main, sur des cartes bleues rigides stockées dans une boîte bleue au fond d'une armoire. Et ils sont codés.

Le chien bêta est entré dans le bureau. Il n'est pas « en service ». Je le laisse tourner autour de moi pendant quelques minutes avant qu'il ne se mette en boule dans un coin et ne s'endorme.

J'ai emporté toute la boîte avec moi, je suis montée sur Alpha pour repasser à travers le grillage et, une fois dehors, j'ai pris le bus. Dans le bus, j'ai dormi comme je n'avais jamais dormi. C'était une sorte de récompense.

Il y avait cinq cartes en plastique bleu, numérotées de 1 à 5. Ça pouvait correspondre à un ordre chronologique, à des groupes de différents types de camionnages, ou à n'importe quoi d'autre. Chaque carte était remplie d'une petite écriture soignée, sur des rangées entières, comportant des lettres, des chiffres et des symboles sans espace. La carte n° 5 était seulement remplie aux deux tiers de sa partie inférieure.

Donna m'a dévisagée alors que, ma valise à la main, je me dirigeais vers le restaurant où elle travaillait. Ce n'était pas un endroit bon marché où l'on mangeait du soja synthétique. Il y avait de la vraie nourriture et de vrais serveurs, dont Donna. Elle portait un uniforme noir avec un tablier bleu. Ses cheveux roux étaient relevés au-dessus de sa tête. Elle ressemblait à Maman.

– Carol, pour l'amour de Dieu ! Papa m'a dit que tu étais partie faire des ménages dans l'Ohio.

– C'est vrai, je suis de retour. Je peux rester un peu avec toi ?

– Bien sûr, ma puce ! Et je veux te présenter mon ami, Jim. C'est un amour et je suis sûre que vous deux...

– Est-ce qu'il y a une boîte de nettoyage dans le coin ? Je travaillais comme domestique.

Donna a rigolé :

– À Kellsville ? Tu plaisantes ! Mais en ville, peut-être... Il y a un train gravitationnel qui fait l'aller-retour tous les jours maintenant, ils viennent de le lancer. Mais, ma puce, tu as vraiment mauvaise mine. Tu es sûre que ça va ?

Je l'ai regardée. C'était comme regarder Maman, qui, pour moi, venait de mourir, qui était si loin. Donna avait vite oublié Precious. Elle ne connaissait pas ces trous noirs dans lesquels vous pouviez vous enfoncer, sans jamais vous relever. Elle ne savait pas ce que c'était, c'est tout.

– Je vais bien, lui ai-je répondu. Donne-moi ton adresse et tes clés. Tu as un terminal, Donna ?

– Il y en avait un de fourni avec l'appartement, m'a-t-elle répondu avec fierté. Mais je ne m'en sers pas très souvent, juste pour la vidéo. Bienvenue, ma puce ! Tu peux faire tout ce que tu veux avec tout ce que tu trouveras chez moi, à part avec Jimmy !

Ça l'a fait rire. J'ai essayé de sourire puis je suis allée chez elle où j'ai fait le ménage de fond en comble.

Les trois mois suivants, j'ai travaillé aussi atrocement que chez Denny. Chaque jour, je prenais le nouveau train gravitationnel pour aller en ville bosser dans ma boîte de nettoyage. Ils étaient contents de moi, je savais faire tous les sales boulots de maintenance qu'ils me confiaient. Chaque nuit, je m'asseyais devant le terminal dans le minuscule séjour de l'appartement de Donna, essayant de ne pas entendre Donna et Jim qui faisaient l'amour dans leur minuscule chambre.

J'ai commencé par lancer les programmes de code gratuits sur le Net. J'ai rentré toutes les données des cinq cartes en plastique bleu et j'ai lancé les programmes. Aucun ne voulait dire quoi que ce soit sans les données.

Un mois plus tard, j'avais assez d'argent de côté pour pouvoir télécharger les programmes qui étaient payants. Aucun d'entre eux ne marchait non plus.

– Qu'est-ce que tu fais sur le terminal, chaque nuit, ma puce ? m'a demandé Donna. Tu as des valises sous tes jolis yeux. Qu'est-ce que tu dirais de sortir danser avec nous et de t'amuser un peu ? Jim a des amis super !

– Non, merci, lui ai-je répondu. Tu as vu Papa dernièrement ?

Son visage s'est fermé.

– J'y vais demain. Tu sais que j'y vais tous les mardis. Tu veux m'accompagner ?

J'ai secoué la tête et je suis retournée devant le terminal. Donna n'a rien dit de plus. Après son départ, je sentais encore son parfum doux et léger flotter dans l'air confiné.

Les meilleures clés ne sont pas des programmes que vous pouvez acheter. Ce sont des sites sur le Net qui prennent toutes vos données et les lisent selon leurs propres algorithmes de décodage. Ils sont tous très chers, même si vous pouvez les négocier. Naturellement, ils sont sur le Subnet. D'après ce que j'ai lu, certains utilisent des programmes volés au gouvernement. Les meilleurs peuvent même avoir été volés à l'armée. C'est possible.

Le problème, c'est de deviner quels sont les meilleurs. Les domestiques ne gagnent pas beaucoup d'argent, même lorsqu'on les appelle pour laver les saletés des techniciens.

J'ai fini par passer un contrat avec un site du Subnet appelé Bent. Il semblait faire des affaires en Pennsylvanie, à New York et dans l'Ohio. C'est une transaction extrêmement bien protégée, bien qu'un crédit ordinaire soit utilisé et non des facilités de paiement. Je leur ai transmis les données figurant sur les cartes en plastique bleu et ils ont vidé mon compte bancaire. Plus tard, j'ai fermé ce compte et j'en ai ouvert un nouveau avec une autre banque électronique.

Cette nuit, pour la première fois, j'ai rêvé de Precious. Elle était assise dans sa chaise de bébé, vêtue de sa salopette rose, elle riait. C'est ce qui se trouvait derrière moi qui la faisait rire. Quand j'essayais de me retourner, j'étais gelée sur place. Je remuais mon corps comme une folle mais aucun muscle ne bougeait. Precious continuait à rire.

Donna et Jim ont rapporté une chaise à la maison. Ils avaient économisé pour se l'acheter. Elle était d'un vert vif plutôt criard et elle dégageait huit senteurs différentes dont des phéromones sexuelles. Ils ont passé dix minutes à décider de l'endroit où la mettre.

– Dans ce coin-là, mon lapin ! a proposé Donna.

– Ce serait mieux dans la chambre, a proposé Jim avec concupiscence.

– Carol Ann, qu'en penses-tu ?

C'était le meuble le plus laid que j'eusse jamais vu.

– Je m'en fous.

– Tu te fous de tout, a ronchonné Jim dans sa barbe.

J'ai fait comme si je ne l'entendais pas. Il avait l'air de ne plus supporter que je vive chez lui. Mais il la bouclera car c'est ce que souhaite Donna.

Donna a dit :

– O.K., dans la chambre.

Jim et elle se sont regardés comme pour me faire comprendre qu'il fallait que je quitte l'appartement une heure ou deux.

Je suis partie trois heures, errant dans les rues, plus ou moins sans but. Si seulement Bent me disait qui étaient les salauds qui avaient vendu les chiens insomniaques à Papa... Le flingue de Papa est l'une des rares choses qu'il n'ait pas vendues pour pouvoir s'acheter du whisky. Je le sais car je l'ai caché avant de partir, bien huilé, derrière ce qui servait d'enclos aux chiens. Les munitions ne coûtent pas si cher. Je peux les commander sur le Subnet. Aucune question ne vous est posée. Aucun fichier n'est tenu. (Véridique.)

Je pourrais reconnaître le savant d'Arrowgene n'importe où. Son apparence, sa voix, cette arrogance avec laquelle il traite les gens pauvres. Les savants ne sont pas des flics. Ils ne se baladent pas armés. Ils ne sont pas sur leurs gardes. Je ne sais pas bien tirer mais avec ce flingue, ce n'est pas grave.

J'aurais bien sûr préféré l'amener quelque part, dans un endroit isolé, le ligoter, le maculer du sang d'un lapin fraîchement tué et lâcher une bande de chiens qui n'a pas mangé depuis une semaine...

Mes délires ont bien duré trois heures. Ils remplissaient aussi toutes mes nuits, mes semaines et mes mois. J'ai marché jusqu'à ce que le soleil se lève puis je suis retournée à l'appartement de Donna. Dehors, il y avait deux voitures de police aériennes.

Une sorte de brancardier a déboulé avec un garçon de salle.

– Jim ! Que se passe-t-il ?

Mais son brancard a continué à rouler. Un flic s'est planté devant moi :

– Qui êtes-vous, mademoiselle ?

– J'habite ici. C'est... *Où est ma sœur ?*

Donna n'était pas dans l'appartement. Elle était déjà partie travailler. Le flic m'a dit qu'ils l'avaient appelée, elle va bien, elle est en sécurité.

– Jim...

– Le médecin a dit qu'il irait mieux. Il a juste été tabassé. Maintenant dites-moi, mademoiselle, est-ce qu'il manque quelque chose ?

J'ai inspecté l'appartement de Donna. Les tableaux avaient été arrachés, les meubles retournés, le lit fichu en l'air. J'ai fait semblant d'inspecter ce bordel, tout était clair pour moi. Tout était là, à part cinq cartes en plastique bleu. Quand j'ai essayé plus tard de retrouver Bent sur le Subnet, il avait disparu.

Arrowgene n'était sûrement pas qu'un petit laboratoire secret, en fin de compte. Elle devait probablement faire partie d'une organisation plus importante possédant des programmes capables de surveiller les terminaux. Et des gens chargés de les mettre en application, pensant à protéger leurs camionneurs, leurs savants et leur anonymat.

– Mademoiselle ?

En aucune manière je ne pouvais combattre ce genre d'organisation. Personne ne pouvait les combattre, ni le gouvernement ni le FBI qui l'aurait fait fermer à l'heure actuelle. Personne ne détenant assez de pouvoir et d'informations, sauf, peut-être, une autre organisation.

– Mademoiselle, je vous ai *demandé* si vous aviez remarqué s'il manquait quelque chose.

– Non, ai-je répondu. Tout est exactement à la même place.

Tony Indivino vivait déjà au Sanctuaire lorsqu'il nous avait rendu visite au printemps dernier. À l'époque, nous ne le savions pas. D'ailleurs, on s'en foutait.

Le Sanctuaire était pratiquement terminé lorsque je suis arrivée là-bas. C'était immense, aussi grand que la moitié d'un comté rural de l'État de New York, entouré d'un champ en Y. La plupart des Insomniaques américains vont vivre là-bas, où ils se sentent en sécurité. Ils échangent avec le reste du monde des informations, des inventions et des transactions monétaires auxquelles je ne comprends rien. Ils échangent surtout des données, mais vous pouvez aussi trouver quelques véritables produits des Insomniaques sur le Net. Vous n'en trouverez que des imitations sur le Subnet.

Me voilà devant le portail d'entrée du Sanctuaire parmi une foule de touristes arrivés par bus entiers. Ils grognent, furieux.

– Qu'ils restent donc cloîtrés là-dedans ! Nous, on reste dehors !

– Qu'ils restent là-dedans, bordel de merde, si c'est bon pour eux !

– Un monument aux narcissiques génétiquement modifiés !

J'ai regardé le type qui venait de dire ça. Il avait l'air lui-même génétiquement modifié, beau et bien habillé, mais apparemment ce n'était pas un Insomniaque. Il avait autant de ressentiment que les autres anti-Insomniaques qui dépensaient quand même leur fric pour aller dans un endroit rempli de gens dont ils étaient jaloux. Quelle idée !

Devant le portail, il y avait un grand écran comportant le logo de la société des Insomniaques : un œil grand ouvert. Des gamins ont envoyé des pierres sur l'écran, des grosses même, mais l'écran n'a pas bougé. Protégé par un champ en Y. Il répétait continuellement, doucement : « Si vous voulez laisser un message à la société du Sanctuaire ou à l'un de ses membres, veuillez parler distinctement dans l'un des cinq magnétophones ci-dessous. Merci. Si vous voulez laisser un message à la société du Sanctuaire. »

Les gens faisaient la queue pour laisser des messages, la plupart du temps méchants. J'ai deviné comment ça marchait. Un système intelligent trie les messages, les signalant par un mot clé, choisissant ainsi ceux qui allaient être transmis. Si tant est que certains soient transmis. Ceux qui ont vraiment affaire avec le Sanctuaire n'utilisent pas ce canal.

Sauf que moi, j'ai vraiment affaire avec le Sanctuaire.

Quand mon tour arrive, je parle doucement pour que les tarés qui faisaient la queue derrière moi ne puissent pas m'entendre.

« Ce message est pour Tony Indivino, de la part de Carol Benson. Vous êtes venu nous voir chez nous à Forager County, Pennsylvanie, en mars dernier, pour nous mettre en garde contre les chiens génétiquement modifiés que mon père avait achetés sur le Subnet. C'étaient des embryons insomniaques implantés sur une chienne bâtarde, achetés à une société du nom d'Arrowgene. Vous aviez raison pour les chiens et j'aimerais en parler avec vous. Juste une minute. S'il vous plaît, acceptez de me recevoir. » Puis, la gorge nouée : « Ma petite sœur a été tuée par l'un de ces chiens insomniaques. »

J'ai attendu. Rien. Le type qui attendait derrière moi a fini par me dire :

– Je pense que c'est à *moi*, maintenant.

Comme il l'a répété, je l'ai laissé passer.

Combien de temps faut-il à ce programme intelligent ? Et si Tony Indivino ne se trouvait pas à l'intérieur du Sanctuaire ? Il doit sortir de temps en temps ; il est bien venu nous voir.

Cinq minutes plus tard, une autre icône est apparue sur le grand écran : mon nom.

Elle disait : « Mme Carol Benson est priée de bien vouloir prendre l'ascenseur. » Un petit creux se forma brusquement dans le portail : un minuscule ascenseur fermé par des murs à panneaux en bois se présenta. Avant que tous les gens autour de moi ne puissent réagir, surpris, j'ai sauté dedans. La « porte » se ferma. Je l'ai touchée, ainsi que les murs. C'étaient de purs champs de force avec des boiseries. Le truc ne bougea pas du tout. Il s'est juste « ouvert » de l'autre côté, sur une vraie pièce aux murs en mousse blancs et aux sofas blancs bien découpés. Un écran mural affichait : « Veuillez patienter quelques minutes, madame Benson. »

J'avais envie de tester la porte à l'autre bout de la pièce pour voir si elle était réelle. Si elle était fermée. Juste savoir si je pouvais vraiment pénétrer dans le Sanctuaire, où les non-Insomniaques ne sont pas admis. Mais je n'ai pas osé. Ici, je ne suis qu'une « pauvre ».

La porte s'est ouverte pour laisser entrer une femme. Seule. Grande, avec de longs cheveux noirs, vêtue d'un jean et d'un sweat : elle était plus belle et plus exotique en vrai qu'en vidéo.

– Madame Benson, je suis Jennifer Sharifi, l'associée de Tony Indivino. Tony n'a pas pu se déplacer. Racontez-moi ce qui s'est passé avec les chiens insomniaques.

Elle ne ressemblait pas du tout à Tony Indivino. Lui, il était aimable. Elle était froide et parlait comme une reine s'adressant à un cul-terreux. Elle aussi était étrangement nerveuse. Elle n'arrêtait pas de ramener ses longs cheveux noirs en arrière, même s'ils n'étaient pas dans son visage. Je ne l'aimais pas. Seulement, j'avais besoin d'elle.

– Mon père a commandé les embryons sur le Subnet à Arrowgene. Les chiens ont été manipulés pour ne pas... ai-je commencé.

Jennifer Sharifi m'a interrompue :

– Tout ça, je le sais. Tony m'a raconté sa visite chez vous. Que s'est-il passé ensuite ?

Est-ce qu'au moins elle avait en mémoire tout ce que son cher Tony lui avait raconté ?

Peut-être que oui. Elle était génétiquement modifiée, donc tout était possible. Je me suis souvenue d'un seul coup d'une histoire que Maman nous lisait à Donna et à moi quand on était petites. Bénie par une fée à son baptême : de la beauté, de l'intelligence, de la grâce, du talent et de l'argent...

– Comment est morte votre sœur ? m'a demandé Jennifer Sharifi en rejetant ses longs cheveux en arrière. Est-ce un chien insomniaque qui l'a tuée ?

– Oui. Enfin, non, il ne l'a pas fait exprès. Precious, elle avait deux ans, était en train d'embêter le chien qui mangeait, il lui a donné un coup de patte, elle est tombée, elle a heurté le sol en biais et son cou...

Elle ne m'a pas laissée finir.

– Est-ce que les chiens avaient déjà eu un comportement anormal avant ça ?

– Oui. Ma sœur – mon autre sœur – n'arrivait pas à les dresser correctement. Elle disait qu'ils ressemblaient plus à des chats. Ils ne voulaient pas... qu'on les dresse.

Elle est restée silencieuse si longtemps que j'ai fini par dire :

– Madame Sharifi, je suis venue ici pour...

– Les systèmes biologiques sont très complexes, a-t-elle poursuivi. Et les espèces ne sont pas identiques dans leur héritage neural, même si les structures semblent être complètement analogues. Un chien n'est pas un être humain et l'insomnie ne les touche pas tous les deux de la même manière.

Je l'ai rembarrée :

– Tout ça, je le sais déjà ! C'est ce que nous avait dit Tony Indivino au mois de mars, en employant des mots plus simples. Dites-moi maintenant ce qui a tué ma sœur, si vous le savez !

– Nous le savons, a-t-elle justement dit. (Sa main a encore ramené ses longs cheveux noirs en arrière.) Nous surveillons toutes les recherches sur l'insomnie dans le monde entier, même ce qui n'a pas déjà été publié sur le Net. Un institut danois travaille sur l'insomnie canine. L'explication, c'est le rêve.

– Le rêve ?

Je ne m'attendais pas à ça.

– Oui. Laissez-moi vous l'expliquer avec des mots que vous comprendrez.

Elle a réfléchi une minute et j'ai vu qu'elle ne savait pas comment le dire. Ou alors elle s'en foutait.

– Une des facettes du cerveau humain, c'est de pouvoir imaginer différentes réalités. Aujourd'hui, je n'ai pas de gâteau. Je m'imagine le gâteau que je souhaite avoir et, demain, je le fabriquerai. C'est pareil pour une maison, pour un concerto, ou pour une ville. C'est ainsi, entre autres, que le cerveau utilise sa capacité à imaginer d'autres réalités. Il peut aussi imaginer des trucs fous qui ne se réaliseront jamais, comme des histoires sur la magie. Ou encore, il existe le rêve quand vous dormez la nuit. Vous me suivez ?

Je ne suis pas stupide. Mais je me suis contentée de lui dire oui.

– Nous, les Insomniaques, nous ne rêvons pas, évidemment. Mais on pratique toutes les autres méthodes pour imaginer d'autres réalités. En fait, bien mieux que vous. Une aptitude de base qui permet donc de faire beaucoup d'exercice. Regardez les chiens. Ils viennent des loups mais ce ne sont pas des loups. Ce sont les hommes qui les ont domestiqués depuis au moins vingt millions d'années. Pendant ce temps – vous n'avez rien entendu ?

– Non, je lui ai répondu.

Ses yeux, telles des flèches, sont passés de la porte à l'écran mural. Puis elle a ramassé ses cheveux en arrière.

Elle était sur le qui-vive, on aurait dit un chat. Mais elle a poursuivi.

– Pendant ce temps, le chien a été domestiqué. Il a développé une capacité semblable à celle des humains, qui consiste à visualiser une réalité altérée. Dans une mesure non identifiable, de toute façon. Un chien ne se souvient pas uniquement de son maître. Et il ne répond pas non plus seulement aux réflexes conditionnés de Pavlov. Une recherche poussée en neurologie a prouvé que des parties du cerveau d'un chien s'activaient quand l'animal était au contact des hommes. Quand par exemple un homme chouchoute un chien, le chien s'imagine alors dans une autre réalité avec cet homme. Peut-être à la maison auprès du feu. Ou bien en train de rouler par terre avec son maître pour s'amuser. On ne peut pas en déduire des exemples précis mais les preuves apportées par la recherche chimique, électromagnétique et cérébrale sont tout à fait fiables.

J'ai acquiescé. J'écoutais attentivement pour être sûre de tout comprendre.

– Un autre élément de recherche s'applique à notre cas. Les mêmes fonctions cérébrales restent opérationnelles au cours du sommeil paradoxal, lorsque les chiens rêvent. Ça aussi, c'est comme imaginer une autre réalité, ainsi que je vous l'ai déjà dit.

Elle m'a regardée, persuadée que je ne me souvenais pas de ce qu'elle avait dit. J'ai acquiescé. Je la déteste. Tony Indivino n'était pas comme ça, lui.

– Voilà l'élément crucial. Chez les chiens insomniaques, le sommeil paradoxal n'existe pas. Sans ça, il n'y a pas de rêves. Et quand les chiens ne rêvent pas, l'imagination qu'ils peuvent avoir d'une réalité alternée disparaît lentement de leurs cerveaux. Cette fonction était là dès leur naissance, mais au cours des mois qui ont suivi, elle a disparu. Comme elle n'était pas renforcée par le rêve, l'imagination – telle que les hommes l'entendent – a disparu. Sans imagination, le lien avec l'homme s'affaiblit et le comportement primal prend le dessus. Le rêve fait toute la différence. C'est son absence qui a tué votre sœur.

J'ai eu beaucoup de mal à comprendre :

– Vous voulez dire que c'est parce que le chien ne pouvait pas s'imaginer autre chose que ce qui se passait à ce moment-là entre des chiens et des hommes, qu'il n'a pas voulu être dressé et qu'il n'a pas fait attention à Precious ? Elle est morte parce que le chiot de Leisha ne pouvait pas *rêver*...

– Quoi ? s'est écriée Jennifer Sharifi. Qui ne pouvait pas rêver ?

J'ai réalisé qu'elle et Leisha Camden, qui inspira Donna quand elle a choisi le nom du chiot, étaient des ennemies. Elles ont des rêves différents pour les Insomniaques.

Jennifer veut qu'ils vivent tous dans le Sanctuaire. Leisha veut qu'ils vivent dehors, dans le monde réel, avec nous, ces animaux inférieurs.

– Le chien, j'ai bafouillé, ma sœur a appelé les chiots, mon autre sœur, pas moi...

– C'est tout ce que j'avais à vous dire, madame Benson, m'a dit Jennifer Sharifi d'un ton sec. J'espère que ces informations vous feront comprendre ce qui s'est passé. Le Sanctuaire regrette la perte que vous avez subie. Si vous voulez bien reprendre l'ascenseur de sécurité...

– Non, attendez ! Vous ne m'avez pas dit ce que je voulais savoir.

– Je vous ai dit ce que je pouvais. Au revoir.

– Mais je dois connaître le nom de la société qui a vendu les embryons à Papa et l'endroit où elle se trouve. Avant, elle s'appelait Arrowgene mais maintenant je ne peux plus la retrouver sur le Subnet, elle a changé de nom ou elle a fermé... Mais j'ai en ma possession les dossiers des affaires des camionneurs. Le problème, c'est qu'ils sont codés et je ne connais personne d'autre qui pourrait résoudre...

– Je ne peux pas vous donner cette information. Au revoir, madame Benson.

J'ai voulu lui sauter dessus. Je n'ai rien compris. J'ai heurté une barrière invisible qui était apparemment là depuis le début. Totalement invisible. Ça ne m'a pas fait mal mais je ne pouvais pas m'approcher plus près de Jennifer Sharifi.

Elle s'est tournée :

– Si vous ne rentrez pas dans l'ascenseur, madame Benson, le champ de force vous y poussera tout doucement. Et n'essayez pas de laisser d'autres messages à Tony. Il n'est pas là et, s'il était là, il vous dirait que dans le Sanctuaire, on lutte pour vivre. Pas pour se venger.

Elle est partie. Le champ en Y m'a poussée dans le sas de sécurité qui s'est ouvert de l'autre côté. J'étais de retour dans les montagnes d'Allegheny.

Plus tard dans la journée, j'ai appris par la vidéo que Tony Indivino, le militant, avait été arrêté. Le FBI l'accusait d'un enlèvement qui avait eu lieu quatre ans plus tôt. Il avait enlevé un garçon de quatre ans appelé Timmy DeMarzo, un enfant insomniaque qui était battu par ses parents – normaux – car il les dérangeait en plein milieu de la nuit, et ce pratiquement chaque nuit. Tony Indivino avait caché l'enfant chez des gens qui s'occupaient bien mieux de lui. À présent, il a été arrêté et traduit en justice. Il est détenu, sans possibilité de mise en liberté sous caution, à la prison du comté de Conewango.

Il doit y avoir d'autres moyens, en plus du Subnet, de retrouver un labo secret de modifications génétiques. Mais je ne les connais pas. J'ai fait tout ce que je pensais pouvoir faire. Comment pourrais-je arrêter de rechercher le tueur de Precious ? Si j'abandonne la recherche...

Par les fenêtres du bus, je voyais la route grimper haut dans les montagnes. Nous étions déjà en juin. Les arbres ont toutes leurs feuilles mais ils ne sont pas encore d'un vert profond. Ils sont plutôt de ce vert jaunâtre que vous voyez seulement une semaine ou dix jours par an. Des marguerites, des boutons-d'or et des vieilles fleurs dentelées pullulaient le long de la route ensoleillée. Les petits cours d'eau serpentaient, les ruisseaux murmuraient.

Si ma colère se tasse, autant disparaître.

Pendant une fraction de seconde, j'ai vu un trou noir, si profond et si froid que j'en ai eu le souffle coupé. Puis il a disparu et le bus a continué de grimper la route de montagne.

Il m'a déposée à Kellsville et j'ai poursuivi ma route à pied dans les montagnes pour faire le reste du chemin, jusqu'à ce que le soleil se couche. La cour de Papa n'avait pas changé, elle était pleine de mauvaises herbes, toujours défoncée et le porche s'affaissait. Mais ce n'était pas Papa qui était assis sous le porche. C'était Donna.

– Je pensais bien que tu allais venir, m'a-t-elle dit sans daigner se lever. Tu es peut-être d'abord passée chez moi ?

– Non.

Dans l'ombre, je ne pouvais pas voir son visage.

– Tu es passée à l'hôpital pour voir comment allait Jim ?

– Non.

– Non, bien sûr que non. Tu t'en fous de lui, hein ?

Je l'ai ignorée.

– Où est Papa ?

– Il dort. Non, il cuve. Ne nous voilons pas la face, pour une fois, Carol Ann. O.K. ?

C'était pourtant toujours Donna qui se voilait la face. Qui voulait absolument briller dans ce monde où le soleil ne brille que pour les riches. Je ne le lui ai pas dit.

Elle a continué :

– C'est à cause de toi qu'on a tabassé Jim, non ? À cause de toi aussi qu'on a saccagé mon appart. Tu faisais quelque chose que tu n'aurais pas dû faire et quelqu'un d'important n'aimait pas ça.

– Ça ne te regarde pas, Donna.

– Ça ne me regarde pas ?! (Là, elle s'est levée, dans l'ombre du porche.) Ça ne me regarde pas ! Pour qui tu te prends, putain, pour me dire ce qui me regarde et ce qui ne me regarde pas ? Tu crois qu'il me reste encore beaucoup de parents à perdre ?

Ce n'était pas Donna. C'était quelqu'un d'autre. J'ai grimpé les marches du porche et j'ai contemplé son visage dans la lumière du coucher du soleil. Elle ne pleurait pas, mais, dans la lumière rouge, elle a commencé à trembler et à se mettre dans une fureur dont je ne l'aurais jamais crue capable.

– Toi, espèce de connasse, qu'est-ce que tu penses que t'es en train de faire ? Par ta faute, Jim a été blessé. La prochaine fois, ce sera ton tour, ou celui de Papa ou le mien ! Quoi que tu fasses, ça ne nous ramènera *même* pas Precious. Et il n'y a pas de « *même* » qui tienne. Et ça, tu le sais *même* pas ! Tu ne peux pas vaincre ces gens. Tout ce que tu peux faire, c'est rester loin d'eux. Si jamais tu les croises, tu ferais mieux de partir en courant et d'oublier tout ce que tu sais, sinon ils bousilleront tout ce qui te reste dans la vie.

– Donna, tu ne sais pas...

– Non, c'est toi qui ne sais pas ! Tu ne sais absolument pas comment le monde tourne ! T'es censée être la surdouée de la famille et moi, la débile de service ! Cette pauvre vieille cruche de Donna ! Mais je sais très bien que tu ne peux ni les combattre ni gagner ! Tu peux juste perdre plus que ce que t'as perdu jusqu'à présent. Moi, je ne veux pas de ça ! Je ne suis pas prête à perdre ce qu'il me reste. Et c'est pas toi qui feras ça pour moi, Carol Ann. Promets-moi tout de suite, sur la tête de Precious, que tu vas laisser tomber.

– Je ne peux pas.

– Promets-le-moi.

– Je t'ai dit que je ne pouvais pas.

On s'est regardées dans le lumière tombante et j'ai compris qu'on ne serait jamais d'accord, qu'on ne se comprendrait jamais. On est si différentes. Elle vit dans un monde où quand on vous démolit, vous vous remettez sur pied et vous repartez. Je ne vis pas dans ce monde-là. Je ne le veux pas. Ça change tout.

Mais elle a capitulé la première :

– O.K., Carol a-t-elle dit d'un ton las. (Elle n'en pensait pas un mot.) O.K.

– Désolée, ai-je répondu.

Je n'en pensais pas un mot non plus.

On n'a rien dit de plus. Le soleil se couchait et quelque part, en bas dans la montagne, un chien a aboyé.

Je suis retournée travailler en ville dans mon ancienne boîte de nettoyage à domicile. Dès que c'était possible, je faisais deux boulots : nettoyage des maisons le jour et des bureaux la nuit. J'étais crevée. Donna m'a rendu visite une fois. Je lui ai fait à dîner, on est allées voir une vidéo et elle a pris le train gravitationnel pour rentrer le lendemain. Pendant son séjour, elle jacassait, rigolait et me serrait dans ses bras. Le type de l'appartement d'à côté la regardait comme si c'était une star de vidéo.

J'attends. J'essaie de ne pas penser. De ne rien ressentir. Attendre, oui, mais quoi ? Mes jours sont gelés et mes nuits sans rêves.

Ce n'est pas le cas pour le reste du pays. Tous les jours, il se passe quelque chose de nouveau. Un ado insomniaque est mort dans un accident de voiture à Seattle et les docteurs ont démonté son corps et son cerveau. Ils ont découvert que chaque partie du tissu était parfaite. Il n'était pas seulement en pleine forme – il n'avait que dix-sept ans –, il était parfait. Le tissu des Insomniaques se régénère. Les Insomniaques ne vieillissent pas. Un effet secondaire inattendu, d'après les scientifiques.

Dans un comté de New York, il fut décrété que les Insomniaques ne pouvaient faire partie d'un jury car ils n'étaient les « pairs » de personne.

Dans l'Illinois, un scientifique a publié une étude sur des moineaux rendus insomniaques. Ils avaient un métabolisme si important qu'ils ne pouvaient se nourrir suffisamment pour survivre. Ils sont morts de faim alors qu'ils ne cessaient de manger.

À Pollux, en Pennsylvanie, une loi fut votée, d'après laquelle on pouvait refuser de louer des appartements aux Insomniaques. Comme ils étaient toujours éveillés, les propriétaires auraient pu avoir trop de factures à payer au service public.

Un institut de Boston a démontré que des souris insomniaques étaient incapables de contracter ou de porter des hantavirus.

Sur une vidéo, un pasteur a déclaré que Jennifer Sharifi était l'Antéchrist envoyé sur la Terre pour représenter le Mal peu avant la fin du monde.

Le *New York Times* a publié un éditorial visant essentiellement à calmer les esprits sur les Insomniaques.

Enfin, au mois de juillet, les détenus de la prison du comté de Conewengo ont tué Tony Indivino dans la cour de la prison. Ils l'ont battu à mort avec un tuyau de plomb.

J'ai appris ça aux informations de onze heures alors que je buvais une bière et que je nettoyais mon propre appartement. Le terminal est un écran mural standard et bon marché, aux bords en plastique noir. Les informations n'ont pas montré d'images de la mort.

« ... Ont assuré que cet incident, qui a eu lieu à midi vingt cet après-midi, heure locale, ferait l'objet d'une enquête sérieuse. L'inspecteur général de la police de l'État de New York... »

S'ils connaissent l'heure exacte de l'« incident », pourquoi personne n'est intervenu pour l'empêcher ?

Je suis en train de fixer l'écran, un verre de bière à la main et un chiffon dans l'autre. La lumière rouge indiquant la réception des messages s'est mise à clignoter sur le bord de l'écran. Ces systèmes bon marché ne permettent pas d'avoir un écran divisible en plusieurs fenêtres. J'ai choisi de lire le message et le logo du Sanctuaire est apparu sur le bord noir.

« Message pour Carol A. Benson », a dit la charmante voix de l'ordinateur, « de la part de Jennifer Sharifi, Sanctuaire, État de New York. Ce message est protégé par la Catégorie 1-A. Il ne pourra être enregistré sur aucun système et n'apparaîtra qu'une seule fois. Le message est le suivant : Arrowgene se trouve à Mountview Bionetics, Sarahela, Pennsylvanie. Elle est dirigée par le scientifique Dr Tyler Robert Wells demeurant 419 Harpercrest Lane. Fin du message ».

L'écran s'est éteint.

Si Tony Indivino était là, il vous dirait que, dans le Sanctuaire, on lutte pour vivre. Pas pour se venger.

Plus maintenant.

J'ai traficoté le terminal pendant une demi-heure mais la voix de l'ordinateur avait raison. Le message n'avait pas été enregistré. Il n'y en avait aucune trace nulle part, ni dans mon système ni dans les sauvegardes du système parent. J'étais la seule à l'avoir entendu.

Le flingue de Papa se trouvait toujours à l'endroit où je l'avais laissé, dans le même état. Papa aussi, d'ailleurs.

– Salut, Papa !

Il lui a fallu une minute pour réagir.

– Carol Ann.

– C'est moi.

– Bienvenue à la maison.

Il s'est mis à sourire et, l'espace d'un instant, je l'ai retrouvé tel qu'il était avant, si doux et si réconfortant, avant qu'il ne sombre dans les vapeurs de whisky.

– Toi, ici ? Pour longtemps ?

– Non, lui ai-je répondu. Juste pour la nuit.
– O.K., pour la nuit. Dors bien.
Il était sept heures du matin.
– Toi aussi, Papa, dors bien !
– Je vais veiller un peu.
– Comme tu veux.
Le lendemain matin, je suis partie à cinq heures. J'ai pris le flingue pour le glisser dans mon sac de marin. Je portais un jean et de bonnes chaussures. À sept heures, j'étais à Kellsville. Le bus pour le Sud partait à huit heures. J'ai bu une tasse de café et ai regardé les titres au kiosque à journaux.

TOUJOURS AUCUN SUSPECT DANS LE MEURTRE D'INDIVINO
« TOUT LE MONDE SE TAIT », D'APRÈS UN GARDIEN DE CONEWANGO (ARTICLE 1- CLIQUEZ ICI)
APPEL ANONYME AU FBI : MENACE D'ATTENTAT AU SANCTUAIRE (ARTICLE 2)
LA MORT D'INDIVINO : UNE DISGRÂCE NATIONALE ? (ARTICLE 3)
PLUIES TORRENTIELLES DANS LE SUD-EST (ARTICLE 4)
LA FRANCE SOUHAITE UNE RÉFORME DE GRANDE ENVERGURE DE L'EUROCRÉDIT (ARTICLE 5)
CRÉATION SCIENTIFIQUE D'ALGUES GÉNÉTIQUEMENT MODIFIÉES : UN POTENTIEL ALIMENTAIRE MONDIAL, D'APRÈS LE PRIX NOBEL, (ARTICLE 6)

J'ai mis une puce de crédit et j'ai cliqué sur le bouton six. Le papier est sorti, mais je n'avais pas le temps de le lire avant que mon bus ne parte. J'ai fourré le papier dans mon sac et j'ai dormi pendant tout le trajet jusqu'à Sarahcla, Pennsylvanie.

Le 419 Harpercrest Lane se trouvait dans une propriété protégée. Par-dessus le portail, je pouvais voir des rues descendre jusqu'à un parc fluvial. Les maisons étaient grandes, proches les unes des autres et collées par blocs de quatre ou cinq. Il y avait des arbres, des petites cours de récréation, des parterres de fleurs génétiquement modifiées de façon parfaite. La rivière, dont je ne connais pas le nom, scintillait de bleu.

C'est le genre de communauté qui s'entraide, qui n'a qu'une parole. Il m'a suffi d'une journée à traîner derrière le portail pour connaître le nom de la société de nettoyage la plus fréquemment employée dans la résidence: Silver's Polish. Le lendemain, j'étais embauchée. Ils étaient ravis d'avoir une technicienne de surface aussi expérimentée que moi.

Un technicien se rendait chez le Dr Tyler Wells chaque jeudi. Lors de ma deuxième semaine de travail, j'ai changé de poste avec un autre ouvrier, deux contre un, lui racontant que je devais prendre mon mercredi pour aller voir le docteur. À huit heures, j'étais dans la maison. J'ai passé l'aspirateur sur le sol de la cuisine. J'ai vaporisé l'évier avec de la mousse absorbant les molécules organiques. Sur la table, il restait les quatre couverts du petit déjeuner. Je suis allée fouiner dans le reste de la maison.

Deux chambres d'enfant, des jouets et des petits vêtements. Ils étaient déjà partis à l'école.

Une femme chantait sous la douche dans la chambre principale.

Personne d'autre à la maison. J'ai redescendu l'escalier. J'étais à mi-étage, où se trouvait la sculpture d'un lutteur grec sous une fenêtre bleu clair, quand je l'ai vu arriver. Il sortait d'une cabane au fond de la cour avec une truelle et des gants. Il était court sur pattes et maigrichon. Il commençait à devenir chauve. Dr Tyler Robert Wells, scientifique, jardinier à ses heures perdues. Pour lui, la vie était belle.

J'ai sorti l'arme de mon kit de nettoyage, je l'ai chargée, puis dirigée vers la fenêtre. Dès qu'il est entré dans ma ligne de mire, j'ai dit à la puce de prendre la relève, en centrant toujours sur sa tête. Car c'était bien dans sa tête qu'elle se trouvait, cette certitude que les animaux génétiquement modifiés allaient tuer les enfants des autres... J'ai posé le pistolet sur le rebord de la fenêtre étincelant de propreté, pour qu'il puisse suivre chaque mouvement de Wells, dans toutes les directions. Je l'ai programmé pour obéir à ma voix, dans un rayon d'un mètre cinquante. Tout ce que je devais faire, c'était dire « Tire ! ».

– Non ! a crié une voix.

J'ai levé la tête, m'attendant à voir la femme de la douche à l'étage au-dessus. Mais elle était toujours en train de chanter dans une pièce au loin. La voix féminine venait d'en dessous, d'une femme beaucoup plus âgée, habillée comme un garde du corps. Son pistolet était portatif :

– Carol, ne dis rien ! Écoute-moi d'abord.

Un garde du corps ne connaîtrait pas mon nom. Et je n'allais pas prendre le temps de l'écouter. Elle était arrivée trop tard pour enrayer ma commande vocale du pistolet et c'était ça le plus important. Que je disparaisse ou pas, ça n'a jamais eu d'importance.

– Ne prononce pas le mot de passe, de toute façon, on l'aura. Le gouvernement. Nous savons qui tu es, depuis que tu as essayé de te servir de Bent pour décoder la *Red Goldfish Trucking*. On est retournés en arrière et on a tout reconstitué. On aura Wells, on te le promet. Mais si tu le tues maintenant, on risque de passer à côté de nombreuses informations. Ne prononce pas le mot de passe. Descends l'escalier, je vais déprogrammer ton pistolet.

– Non !

– Carol, si tu le tues, on te poursuivra. On sera obligés de le faire. Mais si tu pars, j'obtiendrai l'immunité pour toi. Et pour ton père, pour son affaire d'embryons de chiens insomniaques. Alors descends !

– Non !

– Je suis au courant pour ta petite sœur. Mais nous avons plus de chances de pouvoir témoigner contre Wells si on ne se précipite pas. Ça changera tout pour notre affaire.

« *Tire* », j'ai ordonné au pistolet et j'ai fermé les yeux.

Rien ne se passa.

J'ai brusquement ouvert les yeux. Le pistolet était toujours sur le rebord de la fenêtre, pivotant pour suivre la nuque de Wells. L'agent du FBI a grimpé les marches qui nous séparaient. Elle a posé sa main sur mon bras. Ses articulations bioniques renforçaient sa poigne d'acier. Ses yeux étaient tristes.

– Je t'avais donné une chance de t'en sortir. Maintenant, suis-moi calmement.

– Mais... comment...

– On a des contre-offensives dont tu ne dois pas avoir la moindre idée. Tu ne crois pas que tu as vu un peu trop grand ? Les armes deviennent plus complexes chaque jour. Et tu es loin d'être une pro.

Elle m'a fait sortir tranquillement de la maison pour m'amener dans une voiture aérienne portant l'inscription GARDES DU CORPS BLAISEDELL SARL. Personne n'a fait attention à nous. Comme nous survolions Harpercrest Lane, les deux dernières choses que j'ai remarquées étaient Wells, jardinant joyeusement, et un chien, un colley, allongé sur de l'herbe verte génétiquement modifiée chez quelqu'un. Il dormait.

Il s'est avéré que l'agent du FBI n'en était pas un du tout. Elle travaillait pour le GSEA, un organisme américain chargé d'imposer des normes génétiques.

C'était un nouvel organisme, créé suite à l'explosion des modifications génétiques, légales ou illégales. Le GSEA allait me poursuivre. Ils devaient le faire, d'après mon nouvel avocat. Mais ils ont pris leur temps, ils étaient plus occupés à pincer Wells et Mountview Bionetics, Bent et les autres sociétés impliquées dans des labos clandestins. Le gouvernement finira par choper Wells, m'a dit mon avocat. L'agent du GSEA avait raison à ce sujet.

Par contre, elle avait eu tort sur un autre point. Tous les jours, assise dans ma cellule, sur le bord de mon lit de camp, je pensais combien elle avait eu tort.

Ça n'avait absolument *rien* changé. Rien de rien. Les systèmes sont trop complexes. Vous modifiez génétiquement les chiens pour qu'ils deviennent insomniaques et vous détruisez leur imagination. Vous modifiez génétiquement les hommes pour qu'ils deviennent insomniaques et vous obtenez des surhommes, qui peuvent tout imaginer et tout inventer. Mais Tony Indivino a été tué par la pire des ordures et Jennifer Sharifi est en train de changer les objectifs du Sanctuaire, passant de la survie à la vengeance. Donna a décidé de rejeter tout ce qui la rendait malheureuse mais le trou noir profond et glacé est autant en elle qu'en moi. Papa a survécu à la mort de sa femme mais n'a pas supporté celle de sa fille. Les souris insomniaques ont de bons systèmes immunitaires. Les moineaux insomniaques meurent de faim. Le tissu des hommes insomniaques se régénère. Les algues génétiquement modifiées mettront un terme à la faim dans le monde. Les chiens dont le QI a été génétiquement modifié sont catatoniques. Les chiens de garde ayant été les mieux dressés au monde reprendront l'ordre hiérarchique de leur bande, si l'animal oméga a l'odeur qu'il faut.

Aucun facteur ne peut tout changer. À présent, il y a beaucoup trop de facteurs différents. Peut-être ont-ils toujours existé.

Je vais donc laisser mon avocat, Irving Lewis, un Insomniaque, me défendre. Il voulait défendre cette affaire pour, d'après lui, « avoir la possibilité d'établir des précédents uniques dans la Constitution ». Il faisait le plus gros de son travail dans le Sanctuaire, sauf quand il plaidait devant le Tribunal.

Peut-être arrivera-t-il à me tirer d'affaire. Peut-être que non. Quoi qu'il en soit, je n'ai aucune idée de ce qui va se passer ensuite. Ni pour moi. Ni pour le reste. Je vais juste essayer de laisser les choses se faire : trouver un boulot, me réconcilier avec Donna, aller à la fac. Un jour, j'aimerais travailler pour le GSEA. Ça ne me rendra pas Precious ou quoi que ce soit. Mais ça pourra peut-être changer certaines choses, des choses minimes, certes, mais indispensables.

Traduit de l'américain par Marianne THIRIOUX

Histoire des Heechees

Frederik Pohl

Lorsque les premiers colons humains arrivèrent sur la planète Vénus (exploration décrite dans la nouvelle, « Les marchands de Vénus », faisant partie du recueil *À travers la Grande Porte*), ils découvrirent que sa surface était truffée de tunnels, œuvre d'anciens visiteurs extraterrestres venus de l'Espace qu'ils nommèrent les Heechees. Hormis quelques énigmatiques artefacts, ces tunnels étaient vides. Qui étaient les Heechees, pourquoi étaient-ils venus sur Vénus et où étaient-ils repartis, tout le monde se le demandait mais personne n'était capable de le dire. (Un plaisantin publia un livre de plusieurs centaines de pages intitulé *Ce que nous savons au sujet des Heechees.* Toutes les pages étaient blanches.) Au cours de leur exploration de notre système solaire, les Heechees ne s'arrêtèrent pas à Vénus. Ils descendirent également sur la Terre, mais les créatures les plus à même d'avoir atteint le stade de l'intelligence étaient en ce temps-là les primates courts, velus et au petit cerveau nommés aujourd'hui *Australopithecus robustus*.

Les Heechees firent encore une chose avant de repartir. Ils créèrent une sorte de base spatiale sur un astéroïde. Lorsque celui-ci fut découvert par les humains, tout à fait par hasard, ils virent qu'il était également criblé de tunnels. Si ces couloirs étaient aussi vides que ceux de Vénus, les Heechees n'avaient cependant pas tout remporté de l'astéroïde. Sa surface était grêlée de socles de lancement pour vaisseaux spatiaux. Et des centaines de vaisseaux y étaient toujours stationnés. Tous en état de marche.

Si les vaisseaux spatiaux heechees possédaient de nombreuses et remarquables qualités, ils avaient aussi un grave défaut. Ils étaient capables de voyager à une vitesse supérieure à celle de la lumière. Ils étaient équipés de systèmes de navigation automatiques leur permettant de se rendre d'eux-mêmes dans des parties spécifiques de la Galaxie, sans doute celles que les Heechees avaient estimées assez intéressantes pour être explorées. Seulement, personne ne savait comment choisir une trajectoire plutôt qu'une autre. Une fois à bord du vaisseau, on enclenchait les commandes et on était en route... mais vers où, on ne le savait qu'une fois arrivé. Une base heechee abandonnée, un résidu de supernova, une planète dévalisée par quelque autre race intelligente... la destination était totalement aléatoire.

Mais parfois, pas souvent, le but de la longue traversée était un endroit où les Heechees avaient laissé des machines et des instruments, produits d'un savoir technologique bien plus avancé que celui de l'humanité et, par conséquent, d'une valeur inestimable.

Pour découvrir ces véritables cavernes d'Ali-Baba, les gouvernements de la Terre fondèrent la Corporation de la Grande Porte, et (voir le roman *La Grande Porte* et les suivants) incitèrent les aventuriers les plus intrépides à venir sur l'astéroïde de la Grande Porte afin de tenter leur chance, au péril de leur vie. En effet, les trajectoires établies des centaines de milliers d'années auparavant par les Heechees n'aboutissaient pas forcément sur des objets où les fragiles êtres humains auraient pu survivre.

La Grande Porte, publié en 1977, remporta presque tous les prix décernés chaque année pour le meilleur roman de science-fiction, y compris les prix Hugo, Nebula, le Campell Memorial Award, ainsi que les prix nationaux de France et de Yougoslavie. Il a été traduit en une trentaine de langues, a inspiré la création de deux jeux vidéo, et un film est en cours de tournage.

L'ENFANT ÉTERNEL

Frederik Pohl

1

Le jour du dix-septième anniversaire de Stan, le Courroux de Dieu frappa de nouveau, comme toutes les six semaines environ. Seul dans l'appartement, Stan était en train de couper les légumes pour son dîner d'anniversaire lorsqu'il ressentit le phénomène: une vague de vertige, subite, incontrôlable, paralysante et pourtant *familière* que tout le monde nommait le Courroux et que personne ne comprenait. Les cris et les hurlements des sirènes montant de la rue lui apprirent que tous le ressentaient également. À l'instant où il survint, Stan eut le temps de lâcher son couteau pour ne pas se couper, gagna une chaise en chancelant et se contenta d'attendre que cela passe.

Selon l'avis général, le Courroux était une chose terrible. Ma foi, c'était exact. Le phénomène attaquait tous les individus du monde entier. Pas uniquement les Terriens, non. Dans les vaisseaux croisant dans l'espace, sur les colonies de Mars et de Vénus... tous les humains le subissaient au même instant. Les accidents et les catastrophes qu'il engendrait étaient énormes. Quant à Stan, il le supportait relativement bien. Il était comme brutalement propulsé dans un vaste cauchemar érotique, totalement coupé du monde. Stan vivait ce phénomène comme une sorte d'ivresse joyeuse. L'aspect érotique ne différait guère des désirs qui l'agitaient de temps à autre. Et lorsque le Courroux s'arrêtait, il n'avait pas la gueule de bois.

Lorsque celui-ci prit fin, Stan s'ébroua, ramassa les objets qu'il avait jetés sur le sol et alluma la télé sur la chaîne des infos locales afin de connaître les dégâts. Moche. Des incendies. Des accidents de voiture à la pelle. Les chauffeurs d'Istanbul connus pour leur agressivité se fiaient à leurs réflexes pour éviter les collisions. Mais lorsque le Courroux mettait en veilleuse leur habileté, les accidents ne se faisaient guère attendre. Cette fois, le pire fut provoqué par un pétrolier qui entrait à ce moment-là dans la Corne d'Or. Avec tout le personnel dans les remorqueurs et sur le pont soudain hors d'état d'agir, le pétrolier s'était avancé lentement, irrésistiblement, droit dans l'une des navettes des docks, du côté de la Vieille Ville, et là, avait explosé en flammes.

Comme tous les adolescents, Stan ne se laissait guère émouvoir par les malheurs d'autrui. Il espéra simplement que tout ce branle-bas ne retarderait pas trop son père qui devait rapporter le safran et les moules pour le riz pilaf. Après avoir fini de couper les légumes et les avoir jetés dans une marmite d'eau froide, il mit quelques vieux disques de sa précieuse collection : Dizzy Gillespie, Jack Teagarden et le Firehouse Five Plus Three. Puis il s'assit et attendit en feuilletant des bandes dessinées. Il se demanda si, cette fois, son père aurait réussi à rester sobre assez longtemps pour lui acheter son cadeau d'anniversaire.

Et ce fut à cet instant que la police entra.

Ils étaient deux, un homme et une femme. Ils lorgnèrent le minable appartement d'un œil suspicieux.

– Est-ce ici que le citoyen américain Walter Avery demeurait ? s'enquit la femme.

Le verbe au passé voulait tout dire.

Les autres faits furent succinctement énumérés. Le Courroux avait transformé son père en statistique. Pris dans son filet, il était tombé, et un chauffeur envoûté avait roulé sur son corps. La femme précisa sans détour qu'il serait vain d'espérer prouver que le chauffeur était responsable. De toute façon, il avait disparu. Et de surcroît, les témoins avaient affirmé qu'évidemment, le père de Stan était saoul au moment de l'accident. Évidemment.

L'homme eut pitié du regard misérable de Stan.

– Au moins, il n'a pas souffert, dit-il d'un ton bourru. Il est mort sur le coup.

– Bien, coupa la femme, impatiente. Tu as été prévenu. Tu dois te présenter à la morgue avant minuit pour chercher le corps, sinon tu devras payer la taxe correspondant à un jour supplémentaire de garde. Au revoir.

Et ils repartirent.

2

Puisqu'il n'y aurait ni moules ni safran pour son repas d'anniversaire, Stan dénicha quelques restes de lard et les ajouta aux légumes dans la marmite. Une fois que l'eau eut atteint le point de frémissement, il s'assit et, la tête entre les mains, réfléchit à ce que signifiait être un orphelin américain – demi-américain, pour être exact – dans la ville d'Istanbul.

Deux faits lui traversèrent aussitôt l'esprit. Primo, le jour où son père redevenu sobre l'emmènerait en Amérique afin de leur bâtir une vie nouvelle à tous les deux et auquel il rêvait depuis si longtemps... ce jour-là était reporté aux calendes grecques. De ce fait même, il découlait, secundo, qu'il n'aurait jamais l'argent nécessaire pour payer ses études supérieures et encore moins pour réaliser son rêve de partir sur l'astéroïde de la Grande Porte afin d'y vivre les aventures merveilleuses que cet objet offrait. Par conséquent, jamais il n'aurait la chance de compter parmi les prospecteurs, ces originaux et héroïques casse-cou qui arpentaient les parties les plus étranges de la Galaxie. Jamais il ne découvrirait d'artefacts heeches, ces trésors sans prix abandonnés par cette vieille race qui s'était volatilisée... Adieu la richesse et la gloire !

Aucun de ces constats ne fut une totale surprise pour Stan. Ses espérances s'étaient inexorablement effritées depuis l'apparition des premiers signes du scepticisme à l'âge de douze ans. N'empêche que ses rêves étaient demeurés théoriquement possibles. Maintenant, plus rien du tout ne semblait possible.

Ce ne fut qu'après cette conclusion que Stan se laissa aller à verser ses premières larmes.

Tandis que, l'esprit absent, Stan nettoyait la cuisine après son insipide repas d'anniversaire, M. Ozden cogna à la porte.

M. Ozden était probablement septuagénaire. Mais aux yeux de Stan, il aurait pu avoir facilement cent ans : affreux petit vieux au visage raviné, avec trois poils sur le caillou mais une moustache toute noire et de bel aspect. C'était l'homme le plus riche que Stan connaissait. Il était en effet le propriétaire du taudis où il habitait et des deux autres qui le flanquaient, ainsi que du bordel qui occupait deux étages de l'un des deux. M. Ozden était un homme profondément religieux. Il observait les rites et règles avec scrupule, si bien que l'alcool était strictement interdit dans ses appartements, à l'exception du bordel. Et encore, seuls les touristes non islamistes y avaient droit.

– Jeune Stanley, toutes mes condoléances, déclara-t-il de sa surprenante voix de stentor tout en scrutant machinalement le moindre recoin à l'affût de la bouteille honnie de whisky. (Mais il n'en avait jamais trouvé la moindre. Le père de Stan avait toujours été très rusé sur ce point.) C'est une tragédie terrible, mais les voies de Dieu sont impénétrables. Quels sont tes projets, si ce n'est pas trop indiscret ?

Stan était déjà en train de servir le thé, comme son père l'avait toujours fait.

– Je ne me suis pas encore tout à fait décidé, monsieur Ozden. Trouver un boulot, je suppose.

– Parfait, approuva le propriétaire en croquant dans l'un des macarons que Stan avait disposés sur une soucoupe tout en le jaugeant du regard. Travailler au consulat américain, comme ton père, peut-être ?

– Peut-être.

Stan savait que c'était exclu. Il en avait déjà été discuté. Les Américains n'embaucheraient pas de traducteur de moins de vingt et un ans.

– Cela serait l'idéal, renchérit M. Ozden. Surtout si tu es rapidement engagé. Comme tu le sais, le loyer doit être payé demain, en plus de la semaine dernière qui n'a pas été réglée, ni la semaine d'avant. Le consulat te paiera bien, qu'est-ce que tu en penses ?

– Selon la volonté de Dieu, répondit Stan aussi pieusement que possible.

Le vieil homme branla du chef en examinant Stan d'une façon qui le mit mal à l'aise.

– Sinon, enchaîna celui-ci en révélant son coûteux râtelier, je peux en toucher deux mots à mon cousin, si tu préfères.

Stan se redressa brusquement sur sa chaise. Le cousin de M. Ozden était également le tenancier de son bordel.

– Travailler pour lui ? Mais pour faire quoi ?

– Faire ce qui rapporte bien, expliqua M. Ozden d'un ton sévère. Tu es jeune, et en bonne santé, je crois ? Tu pourrais gagner des sommes considérables, j'en suis certain.

Quelque chose frémit désagréablement dans l'estomac et le sexe de Stan. À l'occasion, il avait vu les putains du cousin de M. Ozden prendre un bain de soleil sur le toit du bâtiment lorsque les affaires marchaient au ralenti. Elles étaient souvent en compagnie d'un ou deux garçons. Des garçons en général plus jeunes que lui, des Kurdes pour la plupart ou des Anatoliens de la campagne, quand ce n'étaient pas des Algériens ou des Marocains. Ces garçons n'avaient pas l'air de durer longtemps et semblaient avoir échoué là par malchance. Stan et son ami Tan s'amusaient à leur lancer des insultes de loin.

M. Ozden reprit la parole avant que Stan ne pût ouvrir la bouche.

– Les clients de mon cousin ne sont pas uniquement des hommes, sais-tu. Il arrive fréquemment que des femmes s'adressent à lui. Parfois, de richissimes veuves, des touristes d'Europe ou de l'Est qui sont très reconnaissantes envers le jeune homme capable de leur donner les plaisirs que leurs maris ne fournissent plus depuis longtemps. Elles octroient souvent avec largesse des pourboires et mon cousin permet souvent d'en garder presque la moitié... en sus de la Médication totale qu'il fournit à ses employés jusqu'au terme de leur embauche, ainsi qu'un logement très confortable et les repas à un tarif raisonnable. Et très souvent, ces clientes sont loin d'être repoussantes. Bien sûr, ajouta-t-il en diminuant le volume de sa voix et en augmentant son débit, il y aura également des hommes, cela va de soi.

Il se leva, ayant à peine touché au thé et aux macarons.

– Mais peut-être que le consulat te fera une meilleure proposition. En tout cas, tu devrais leur téléphoner tout de suite pour les informer du triste accident de ton père. Il se peut même qu'il reste sur son compte une partie de sa paye que tu pourras utiliser pour le loyer. Je repasserai te voir demain matin.

Lorsque Stan téléphona au consulat, M. Goodpastor était absent, mais sa vieille secrétaire fut émue par la nouvelle.

– Oh ! Stanley ! Cet atroce Courroux ! Comme c'est affreux pour toi ! Ton père était... euh... un homme très gentil.

Ce n'était là qu'une demi-vérité, Stan le savait. Son père était un ivrogne au caractère doux, certes, généreux, mais à qui on ne pouvait se fier, et l'unique motif pour lequel le consulat lui avait donné du travail était simple : il était américain et il acceptait de travailler pour le salaire d'un Turc. Et lorsque Stan en vint à demander d'un ton peu assuré s'il y avait une petite chance qu'il reste une partie de la paye à récupérer, elle fit preuve de beaucoup de tact.

– Je crains que non, Stanley. C'est moi qui tiens tous les livres de comptes de M. Goodpastor, tu le sais bien. Je suis certaine qu'il ne reste rien. En fait, ajouta-t-elle d'un ton embarrassé, j'ai bien peur que ce ne soit un petit peu l'inverse. Vois-tu, ton père avait reçu plusieurs avances ces derniers temps, si bien que son compte est légèrement débiteur. Mais ne t'inquiète pas, mon grand. Je suis certaine que personne ne te réclamera quoi que ce soit.

Ces nouvelles correspondaient plus ou moins à ce à quoi Stan s'était attendu vu qu'ils avaient toujours été à court d'argent. Tout de même, cela aggravait son problème. S'il était probable que les Américains ne lui réclament pas d'argent, ce ne serait pas le cas de M. Ozden. Il le lui avait déjà réclamé. Et il allait faire de son mieux pour l'obtenir. La dernière fois qu'un locataire avait été viré de l'un de ses logements, M. Ozden s'était saisi de tous ses biens pour les revendre afin de récupérer les impayés.

Du coup, Stan évalua ce que contenait leur minuscule appartement. La majorité du mobilier n'entrait pas en ligne de compte puisqu'il appartenait à M. Ozden. Même la literie et les ustensiles de cuisine. La maigre garde-robe de son père serait certainement emportée. Le tourne-disque d'un autre âge et sa collection de vieux disques de jazz américain; sa collection de jeux de l'espace, aussi bien les animés que les autres; ses livres de classe, le peu de nourriture sur les étagères... En additionnant le tout, cela couvrirait à peine le loyer. Les seuls autres objets ayant quelque valeur étaient les instruments de musique: sa trompette cabossée et les drums. Bien sûr, M. Ozden ne pouvait embarquer les drums puisqu'ils ne lui appartenaient pas. Son ami Tan les avait laissés là lorsque ses parents avaient refusé qu'on fasse encore du tintamarre chez eux.

À ce sujet, Stan pouvait faire quelque chose. Il téléphona. Ce fut la mère de Tan qui répondit. Dès qu'elle apprit la nouvelle, elle éclata en sanglots. Il lui fallut attendre un bon moment avant que Mme Kusmeroglu ne réussisse à lui dire qu'Oltan n'était pas à la maison. Il était à son travail mais elle pouvait lui transmettre tout de suite le triste message et s'il y avait quelque chose qu'elle pût faire...

Lorsqu'il mit fin à la conversation téléphonique avec Mme Kusmeroglu, Stan consulta l'horloge. Il lui restait encore beaucoup de temps avant de devoir se rendre à la morgue. Aussi ouvrit-il le canapé sur lequel il dormait – il ne se sentait pas encore tout à fait prêt à emménager dans le lit de son père – et s'allongea au cas où il aurait besoin de pleurer encore.

Cependant, il ne pleura pas. Il s'endormit sur-le-champ, ce qui valait beaucoup mieux pour lui. Ce qui le réveilla des heures plus tard fut Tan Kusmeroglu, debout à son chevet. Stan perçut le braillement du muezzin qui appelait les fidèles à la prière du haut de la petite mosquée située à l'angle de la rue et que couvraient presque les cris excités de Tan occupé à le secouer.

– Allez, Stan, réveille-toi ! Le vieux croulant est à la prière et j'ai emprunté la camionnette du patron. C'est le meilleur moment pour emporter tes affaires !

Donc, ils avaient dix minutes à tout casser. Stan ne discuta pas. Il lui fallut moins de temps que cela pour charger à l'arrière les drums, la trompette, les précieux disques, la platine, ainsi que des babioles. Ils étaient déjà en route quand Stan recouvra la mémoire.

– Je dois aller à la morgue, annonça-t-il.

Tan quitta des yeux le bus touristique et le camion de livraison qui essayaient de le doubler le temps de jeter un coup d'œil à son ami. Il avait une expression singulière : semblable à la sienne, les joues un rien empourprées, comme lorsqu'il proposait une escapade.

– J'y pensais, justement. À quoi bon ? Tu n'as aucune envie d'y aller.

– Mais ils veulent que j'identifie le corps de mon père. Il faut que j'y aille.

– Surtout pas. Que se passera-t-il si tu y vas, hein ? Ils vont te demander de payer des funérailles et comment les paieras-tu, dis-moi un peu ? Non. Planque-toi.

– Où ? demanda simplement Stan.

– Chez nous, imbécile ! Tu partageras ma chambre. Ou, ajouta-t-il en souriant, celle de ma sœur, si tu préfères. Seulement, tu devras d'abord l'épouser.

3

Toute la famille Kusmeroglu travaillait. M. Kusmeroglu était aide-comptable dans l'usine qui créait les voitures de marque coréenne pour l'exportation. Tan livrait des appareils électroménagers pour une grande quincaillerie. Sa sœur de seize ans, Naslan, travaillait dans la pâtisserie de l'un des palaces du front de mer du Bosphore. Jusqu'à Mme Kusmeroglu qui fabriquait à la maison des bracelets de perles pour les touristes qui égrenaient les versets du Coran... lorsqu'elle ne faisait pas le ménage, la cuisine ou le raccommodage. Même ainsi, Stan savait sans qu'on le lui ait dit qu'ils avaient du mal à joindre les deux bouts. Ils ne pouvaient s'offrir que les miettes de la Médication de Base et vivaient dans la peur constante de l'avenir. Finir sa scolarité était désormais hors de question, comme cela avait été le cas pour Tan. Il fallait donc à tout prix qu'il trouve le moyen de gagner de l'argent.

Ce n'était pas de la tarte. Il ne pouvait pas trouver un emploi fixe même si l'occasion se présentait, vu que, selon la loi turque, il était désormais inexistant, inscrit sur aucun registre. Il n'était pas le seul dans ce cas, naturellement. Ils étaient des millions comme lui dans cette ville d'Istanbul frappée par la misère. Il était improbable que l'administration se donne beaucoup de mal à le retrouver... à moins qu'il ne commette l'erreur de renvoyer un document officiel.

Il y avait le bon côté: le printemps en bonne voie vers l'été. En conséquence, les vingt-cinq millions d'habitants que comptait la cité, indigents pour la plupart, s'augmentaient toutes les semaines de deux ou trois, voire cinq, millions de touristes. Des gens qui, par définition, avaient de l'argent et rien de mieux à faire que de le dépenser dans les spectacles, restaurants, tous les lieux à visiter d'Istanbul, et de le verser dans la poche de ses habitants.

– Stanley, tu pourrais devenir guide, déclara M. Kusmeroglu au dîner. Tu parles à la perfection aussi bien le turc que l'anglais. Tu réussirais très bien.

– Guide, répéta Stanley, comme s'il eût pensé que c'était une excellente idée, par courtoisie pour son hôte mais loin d'être convaincu.

– Oui, guide, fit Tan d'un ton de reproche. Père a raison. Tu as déjà appris tout ce qu'il te faut savoir au sujet d'Istanbul... Tu te rappelles ces cours d'histoire rasoir quand nous étions à l'école dans la même classe ? Tu n'as qu'à passer sous silence l'époque ottomane et mettre le paquet sur ces impératrices complètement dingues de l'époque byzantine, dont raffolent les touristes, de toute façon. On peut également emprunter à la bibliothèque des guides touristiques. Tu les potasseras.

Stan entra droit dans le vif du sujet:

– Mais je ne pourrai jamais obtenir une licence de guide ! La police...

– Elle ne t'inquiétera pas, coupa la mère de Tan d'un ton définitif. Il suffit que tu traînes dans le quartier de Topkapi ou dans le Grand Bazar. Dès que tu aperçois des Américains qui ne font pas partie d'un groupe, tu leur proposes poliment de les renseigner. Dis-leur que tu es un étudiant américain... ce qui est presque vrai, d'ailleurs. Et si jamais un policier te pose des questions, tu réponds uniquement en anglais, tu dis que tu cherches tes parents, et que ce sont eux qui ont tes papiers. Avec tes cheveux clairs et tes yeux bleus, aucun ne mettra en doute ton boniment.

– N'empêche qu'il n'a aucun vêtement américain, intervint Naslan.

Sa mère fit la moue quelques minutes, puis sourit.

– Cela peut s'arranger. Naslan, toi et moi, nous lui en coudrons quelques-uns. Du reste, il est grand temps que tu te mettes à apprendre à coudre.

Les ressources infinies du bureau des objets trouvés de l'hôtel de Naslan fournirent les matières premières à partir desquelles la mère et la fille confectionnèrent des vêtements. Stan fut transformé en étudiant américain modèle en voyage : pantalon exagérément large à la coupe mode, chaussures de sport à semelles élastiques, casquette de base-ball des Dallas Dodgers et enfin un tee-shirt qui proclamait sur le devant « La Grande Porte ou la dèche » et dans le dos « La dèche ». La horde de touristes était aussi facile à plumer qu'il l'avait imaginé. Même plus. Les Américains, ceux qu'il avait particulièrement à l'œil, avaient tous l'air d'avoir plus d'argent qu'ils ne savaient qu'en faire. Comme, par exemple, ce couple d'un certain âge de Riverdale, New York. Ils étaient tellement désorientés par l'inflation galopante de la monnaie turque qu'ils avaient mis d'office un milliard de nouvelles lires en coupures dans les mains de Stan pour les avoir aidés à trouver des toilettes propres, alors qu'un ou deux millions eût été déjà très généreux et qu'ils avaient insisté pour qu'il garde le tout en remerciement de son honnêteté. Si bien qu'à la fin de la première semaine, Stan rapporta davantage que ce que Tan avait gagné dans le même temps et presque autant que Naslan. Il voulut tout donner à Mme Kusmeroglu, mais elle ne prit que la moitié.

– Il est bon qu'un jeune homme se constitue un petit capital, dit-elle.

Et sa fille d'ajouter :

– Après tout, tu voudras peut-être bientôt te marier.

Naturellement, Stan ne caressait pas ce genre de projet, même si

Naslan était mignonne dans sa minijupe et avec son petit chapeau rond planté d'un air coquin sur le haut du crâne, l'uniforme de la pâtisserie. Et elle sentait bon, également. Cela, grâce aux boîtes de maquillage et aux flacons de parfum laissés à moitié vides par les clientes dans les toilettes et qu'elle était chargée, parmi ses autres tâches, de maintenir d'une propreté immaculée. Le fait est que ces parfums avaient un effet sur Stan. Parfois, lorsqu'elle s'asseyait à son côté quand toute la famille regardait la télé le soir, il implorait le ciel que personne ne remarque le renflement embarrassant à hauteur de sa braguette. C'était assez naturel, somme toute. Il était de sexe masculin, après tout, et il avait dix-sept ans.

En revanche, il était totalement accaparé par son nouveau statut de jeune monsieur aux revenus confortables. Il apprenait par cœur des pages entières de guides et complétait ses connaissances en écoutant mine de rien les guides professionnels débiter leurs discours aux groupes touristiques. Les meilleurs endroits pour cela étaient la Grande Mosquée ou la place Hagia Sofia où de petits groupes d'une dizaine ou d'une vingtaine de touristes s'assemblaient avec six ou huit guides parlant tous en même temps dans six langues. Leur baratin était en général plus intéressant que ce qu'il trouvait dans les ouvrages, et beaucoup plus croustillant.

Ce n'était pas sans risques, toutefois. Dans l'étroite ruelle sur laquelle donnaient les immenses cuisines du palais Topkapi, il aperçut deux guides officiels qui le regardaient d'une façon qui lui déplut, tandis qu'ils attendaient leurs groupes. À l'instant où ils se mirent tous les deux à parler dans leur téléphone portable sans le quitter des yeux, il s'éclipsa.

À vrai dire, il avait moins peur des guides, ou des flics, que de M. Ozden. Que ferait ce vieux grippe-sou si jamais il le rencontrait ? Stan n'en avait pas la moindre idée. À la rigueur, il pourrait lui rembourser le loyer impayé avec les liasses de lires qu'il accumulait sous le côté du matelas qu'il partageait avec Tan. Mais quelle satanée loi avait-il enfreinte en étant parti à la cloche de bois ? M. Ozden devait le savoir, lui. C'est pourquoi Stan évitait de s'approcher de son ancien logement miteux.

Le jeune homme ne consacrait pas tout son temps au travail. S'il rentrait assez tôt, il aidait Mme Kusmeroglu à préparer le souper – elle feignait d'être stupéfaite par ses dons culinaires en réalité fort médiocres – et ensuite, ils regardaient parfois tous ensemble la télé. Mme Kusmeroglu adorait les talk-shows au cours desquels des pontes discutaient d'un ton grave de la signification de tel ou tel événement bizarre, comme l'inexplicable Courroux de Dieu qui les visitait de temps à autre, ou encore des éventuelles solutions au problème de Chypre. M. Kusmeroglu, lui, préférait la musique – pas celle, bien sûr, que les garçons auraient jouée. Tan et Stan votaient tous les deux pour les programmes concernant les sports ou l'espace. Seulement, ils en arrivaient rarement au vote parce que Naslan, elle, ce qu'elle préférait, c'étaient les sitcoms américains proposés sur les canaux de langue anglaise qui lui permettaient de pratiquer son anglais – les gens heureux, riches et beaux menant une vie merveilleuse à Las Vegas ou Malibu –, ou encore les Hamptons. Or, Naslan parlait plus vite que tous les autres. N'importe, ce qu'ils faisaient, c'était de vivre en famille. Une vraie *famille.* Et c'était cette vie commune qui pour Stan était la meilleure chose, lui qui ne gardait que de très vagues souvenirs de ce qu'avait été la sienne.

Si les Kusmeroglu manifestaient une gentillesse sans faille envers Stan, leur tolérance n'allait pas jusqu'à l'autoriser à sortir les drums et sa trompette. Donc, à l'occasion, lui et Tan emportaient leurs instruments au gymnase de l'école où le garde de nuit était un cousin et où personne ne se souciait du raffut qu'on y faisait lorsque l'établissement était fermé.

Bien sûr, ce n'était pas la même chose. Lorsque, à douze ans, ils fréquentaient tous les deux la même école, ils avaient dressé un plan. Avec le garçon kurde à la basse et la petite fille toute simple de la classe inférieure au clavier, ils allaient former un groupe. Après avoir discutaillé pendant des jours, les quatre avaient enfin opté pour un nom de battant : « Stan, Tan, and the Gang ». Le plan était le suivant : démarrer petit, faire des anniversaires ou des mariages. Continuer dans les clubs dès qu'ils seraient assez âgés. Et enfin, enregistrer dans une major. Réussir, quoi... Mais lorsque le Kurde avait été expulsé quand la police avait découvert que son père participait au financement du mouvement kurde clandestin, et que la mère de la petite fille ne voulait plus qu'elle passe autant de temps avec des garçons plus âgés, le projet avait capoté.

La pilule n'avait pas été trop dure à avaler, malgré tout. À ce moment-là, Stan et Tan caressaient déjà un rêve d'une plus grande ampleur. *L'espace*. La frontière infinie. Là où le ciel ne dresse aucune limite aux ambitions d'un jeune homme.

S'ils trouvaient le moyen de rafler assez d'argent pour se payer la traversée, ils étaient déterminés à aller là-bas, sur la Grande Porte, ou à défaut sur l'un des avant-postes planétaires. Stan préférait Mars où les colons étaient en train de fabriquer un habitat quasiment semblable à la Terre sous leurs dômes en plastique. Tan, quant à lui, préférait l'idée d'explorer les antiques catacombes heechees sur Vénus, où, allez savoir, il restait encore peut-être quelques vieux artefacts à découvrir qui les rendraient aussi riches que n'importe quel prospecteur de la Grande Porte. L'obstacle insurmontable était l'argent qu'il fallait pour se rendre sur n'importe lequel de ces endroits. Et encore... Peut-être ce fichu blé n'était-il pas nécessaire, parce qu'il y avait d'autres possibilités. Robinette Broadhead, par exemple, détenait une richesse colossale grâce aux revenus que lui procurait la Grande Porte. Or, il continuait de financer des missions spatiales. Comme celle qui, à l'heure actuelle, était en train de monter à une allure de tortue vers le Nuage d'Oort qui recelait, on le savait, un fabuleux objet heechee. Seulement, personne n'avait trouvé le moyen d'atteindre ce nuage autrement que par un vaisseau-fusée humain qui allait mettre un an pour y arriver. Broadhead avait payé la traversée aux volontaires disposés à tenter ce périple fastidieux. Il pouvait donc fort bien en financer d'autres... Lorsque Tan et Stan seraient assez âgés. Et si à ce moment-là tout n'avait pas déjà été exploré de fond en comble.

Naturellement, ce n'étaient que des rêves d'enfant. Stan n'espérait plus qu'ils puissent se réaliser. Cependant, il continuait d'y penser très fort.

Entre-temps, il avait son job de guide et sa vie avec la famille Kusmeroglu, ce qui n'était pas mal non plus. Au cours du premier mois, il avait amassé plus d'argent qu'il n'en avait jamais vu. Il commit l'erreur de se laisser surprendre par Naslan alors qu'il comptait son magot.

– Mazette, Stanley, t'es plein aux as ! Tu ne crois pas qu'il serait temps d'en dépenser un peu.

Il lui jeta un regard méfiant.

– Pour quoi ?

– Pour des fringues décentes, pour l'amour de Dieu ! Écoute, vendredi, c'est mon jour de congé. Papa ne m'autorisera jamais à sauter les prières du matin, mais après, si je t'emmenais faire des courses ?

Donc, la première chose que firent Stan et Naslan ce vendredi matin là fut de prendre un bus pour les immenses supersouks. Stan se constitua sa première garde-robe d'homme adulte. Tout était d'après lui beaucoup trop cher, mais Naslan était douée pour le marchandage. Bien sûr, elle l'obligea à essayer six versions différentes du même vêtement avant de le laisser acheter quoi que ce fût. Finalement, ils repartirent les bras débordant de paquets, et la moitié de sa cagnotte envolée. Ils attendaient un bus quand une automobile s'arrêta devant eux.

– Hé ! toi ! cria un homme.

C'était un véhicule du consulat avec le sigle des États-Unis inscrit en lettres d'or sur la porte d'un noir rutilant. Le chauffeur, penché par la vitre, faisait signe à Stan d'approcher avec de grands gestes.

– Tu ne serais pas Stan Avery, le fils de Walter Avery, des fois ? Bien sûr que si ! Écoute, M. Goodpastor se démène comme un diable pour te retrouver. Mais où te cachais-tu, bonté divine ?

Stan lança à Naslan un regard de bête traquée.

– Je... euh... je vis chez des amis.

La demi-douzaine de véhicules bloquée par la voiture du consulat klaxonnaient avec fureur. Le chauffeur leur lança un geste obscène, puis aboya à l'adresse de Stan :

– Je ne peux pas rester ici. Écoute, M. Goodpastor a quelque chose pour toi. Est-ce que tu as une adresse, au moins ?

Tandis que Stan cherchait une réponse, Naslan intervint avec une voix de miel :

– Mais tu ne sais pas encore avec certitude quelle sera ton adresse, n'est-ce pas, Stan ? Il va bientôt emménager dans un logement à lui, précisa-t-elle au chauffeur. Pourquoi ne pas envoyer ce truc à son travail. La Eklek Linen Supply Company. À Zincirlikuyu, Kaya Aldero Sok, N. 34/18. Tenez, je vais vous la noter.

Lorsque enfin le chauffeur libéra la voie, elle dit gentiment :

– Prudence ! Peut-être qu'ils veulent de l'argent pour une chose ou une autre, pour les funérailles de ton père, sait-on jamais ? En tout cas, il y a un chef d'équipe dans cette boîte qui m'aime bien. Il veillera à ce qu'on me remette ce truc, et il ne dira rien.

Mais lorsque Naslan rapporta l'énorme enveloppe à la maison, noire de sceaux consulaires, ce n'était pas une facture. Elle contenait une note testamentaire libellée par M. Goodpastor :

Cher Stanley,

Lorsque nous avons vérifié les dossiers, il est apparu que ton père détenait encore une police d'assurance-vie, te désignant comme bénéficiaire. Les versements sont indexés, si bien que le montant total n'est pas négligeable. J'espère que cela t'aidera à te bâtir une vie honorable.

La note dans une main, l'enveloppe dans une autre, Stan regardait M. Kusmeroglu d'un air perplexe.

– Indexé, ça veut dire quoi ?

– Cela veut dire que le montant réel de la police est lié au coût de la vie et que donc il augmente avec l'inflation. Ouvre-la, Stanley. C'est peut-être beaucoup d'argent.

Mais lorsque Stan sortit le bon vert du gouvernement US de son enveloppe, les chiffres furent une cruelle déception.

– Eh bien, fit-il en essayant de sourire alors qu'il le montrait à la famille, qu'allons-nous faire avec ça ? Acheter une pizza ?

Mais les yeux de Naslan étaient plus perçants que les siens. Elle lui arracha le bon des mains.

– Petit nigaud, va ! gronda-t-elle, riant à moitié. Tu ne sais pas lire ? Ce n'est pas en lires mais en *dollars* américains ! Tu es riche, Stan ! Tu peux faire tout ce qui te plaît. T'acheter la Médication totale.

Te marier. Créer une entreprise. Et même aller en Amérique et vivre une vie nouvelle !

– Ou bien, intervint Tan, tu peux te payer la traversée jusqu'à l'astéroïde de la Grande Porte, Stan.

Clignant des paupières, celui-ci regarda son ami, puis le bon. C'était vrai. Il y avait là assez pour s'offrir le passage. Même davantage. L'idée soudain le submergea.

Et d'une voix tremblante, il déclara :

– En fait, on peut partir tous les deux. Alors, on part ?

4

Dès son arrivée sur l'astéroïde de la Grande Porte, Stan fut surpris par la microgravité du fait que lui-même était devenu léger comme une plume. Son organisme ne possédait qu'un seul moyen de réagir à cet état sans précédent, à savoir une monumentale nausée. Ce brutal et soudain *mal d'espace*[1] le prit totalement au dépourvu. Il n'avait jamais fait l'expérience du mal de mer ni du mal de l'air... Pour la bonne raison que jamais il n'avait pris ni le bateau ni l'avion. Il fut anéanti par le brusque vertige et les copieux vomissements qui suivirent aussitôt. Les gardes à la réception ne furent pas autrement surpris. « Un bleu », dit l'un d'entre eux en soupirant, et il tendit sur-le-champ un sac en papier à Stan afin qu'il puisse terminer de se vider l'estomac.

Par chance, Stan n'était pas le seul à être affecté. Les deux autres hommes de son groupe – de drôles de cocos – vomissaient aussi violemment que lui. L'unique femme, jaunâtre, frêle et jeune – et avec quelque chose de très bizarre dans la façon dont son visage avait été rassemblé, le côté gauche paraissant plus court que le droit – était à l'évidence malade comme un chien, mais elle refusa le sachet de papier gris. Tan fut le seul à être épargné. C'est pourquoi ce fut lui qui réunit leurs affaires – drums, trompette, musique, et pas grand-chose d'autre – et s'occupa des formalités d'entrée. Ensuite, il parvint à

1. En français dans le texte (*N.d.T*).

emmener Stan, les bagages et tout le fourbi le long des couloirs labyrinthiques et des tubes de descente de la Grande Porte jusqu'à la cabine qui leur avait été assignée. Stan trouva la force de se glisser tout seul dans son sac de couchage, ferma misérablement les yeux et partit incontinent pour le pays des songes.

Lorsqu'il se réveilla, Tan se profilait au-dessus de lui, une main agrippée à un crampon, l'autre tenant un gobelet en caoutchouc rempli de café.

– Ne le renverse pas, avertit-il. Ce n'est pas fort mais c'est quand même du café. Tu crois que tu réussiras à l'avaler ?

Stan l'avala. En fait, il eut tout à coup une faim de loup. De surcroît, la sensation de tomber et de tourbillonner n'était pas aussi désagréable que cela, malgré les souvenirs cuisants qu'il gardait de son arrivée.

Tan semblait immunisé.

– Pendant que tu dormais, je n'ai pas chômé, vieux frère. J'ai découvert où on mangeait et où on pouvait aller s'amuser. *A priori*, il n'y a personne d'Istanbul sur la Grande Porte, mais j'ai fait la connaissance d'un musulman. Tarsheesh. Un chiite d'Iran, mais sympa. Il a accepté de vérifier et m'a ainsi appris que nous avons assez de fonds pour rester dix-huit jours, le temps de choisir une mission. Malheureusement, il n'y a pas beaucoup de missions programmées, j'ignore pourquoi, mais on trouvera bien quelque chose. Il le faut. Si on tombe à court de fric avant, ils nous renverront purement et simplement à la case départ.

Le visage de Tan s'éclaira d'un grand sourire.

– J'ai également parlé à la jeune femme qui a fait le voyage avec nous. On doit finir par s'habituer à sa drôle de tronche, je crois. Si la chance me sourit, je vais bientôt très bien la connaître.

– Félicitations.

Avec prudence pour son premier essai, Stan s'extirpa de son sac de couchage en se retenant à un crampon. Il découvrit ainsi que la faible pesanteur n'était pas un supplice permanent. Seulement, elle soulevait un autre problème.

– Aurais-tu, par hasard, découvert l'endroit où faire pipi ? demanda-t-il.

– Bien sûr. Je vais te montrer où c'est. Après, on pourra commencer à éplucher les missions disponibles parce que ce serait absurde de traîner nos guêtres ici quand la fortune nous attend.

Il y avait eu un temps béni, Stan le savait, où tout volontaire, brave ou désespéré, qui avait atteint la Grande Porte pouvait choisir parmi une vingtaine d'énigmatiques vaisseaux heechees. On partait dans celui qu'on avait choisi. On réglait leurs drôles de volants de commande selon sa fantaisie puisque personne n'avait la moindre idée de la position « juste ». On pressait ensuite la tétine de largage. Et alors – voyageant à une vitesse supérieure à celle de la lumière, bien que personne ne sût comment cela était possible –, on était en route pour l'aventure et la fortune. Ou la déception et la frustration, lorsque la destination décidée au petit bonheur se révélait sans valeur aucune. Ou encore, ce qui était assez fréquent, une mort atroce... mais ça, c'était le risque qu'on prenait pour une récompense pouvant être énorme.

En ce temps-là, les choses se passaient de cette façon. Maintenant, c'était différent. Au fil des ans, presque deux cents des vaisseaux qui avaient vaillamment décollé n'étaient jamais revenus. Les quelques dizaines qui restaient – en particulier les plus vastes, des Cinq et des Trois qui se comptaient sur les doigts de la main – étaient désormais réservés soit au transport des colons sur les nouveaux mondes habitables qui avaient été découverts, comme Valhalla ou la planète Peggy, soit à l'exploitation de l'autre cachette de vaisseaux en état de marche découverte sur la Grande Porte Deux. Lorsque les garçons consultèrent les listings, ils furent déçus. Trois ou quatre missions étaient disponibles mais toutes dans un Un... Ce qui était hors de question pour deux jeunes déterminés à partir dans l'espace ensemble.

Ils ne prirent pas le temps de regarder les affectations sur l'écran. Ils allèrent voir le responsable de missions lui-même, un gros et revêche Brésilien répondant au nom d'Hector Montefiore. Pour gagner le bureau de Montefiore, il fallait traverser la Grande Porte jusqu'à la coquille extérieure, là où les vaisseaux nichaient dans leurs socles en attente d'une mission. Plusieurs de ces socles étaient vides, leur sas extérieur fermé en protection du vide de l'espace. Ces emplacements étaient ceux des vaisseaux croisant à ce moment dans l'Espace. Lorsque leurs yeux furent rassasiés, ils tirèrent le rideau du bureau de Montefiore et entrèrent.

Ce dernier regardait un écran de divertissement tout en mangeant quelque chose qui ne provenait pas de la salle du mess de la Grande Porte. Après les avoir écoutés un moment, il secoua la tête.

– Allez vous faire foutre, mes petits gars, avertit-il. Je ne peux rien faire. Ce n'est pas moi qui m'en charge, des affectations, mais les grosses huiles. Une fois qu'ils ont choisi ceux qui partiront pour une mission, l'ordinateur les inscrit sur le tableau et je me contente de relever les noms des volontaires. Le prochain grand vaisseau ? Comment diable le saurais-je ?

Stan était prêt à discuter. Tan l'entraîna dehors de force. Une fois dans le corridor, Stan reporta sa colère sur son ami.

– Il a des tuyaux, ce type, obligé !

– Peut-être, mais jamais il ne nous mettra dans le secret des dieux. On pourrait lui graisser la patte...

Stan lâcha un rire acerbe.

– Avec quoi ?

– Avec rien, justement. C'est là le problème... Allez, sortons d'ici.

Ils retournèrent dans l'espace commun situé dans la spirale centrale de la Grande Porte, baptisée l'Enfer Bleu, afin de réfléchir à leurs options en sirotant une tasse du café de la Grande Porte, du jus de chaussette à un prix prohibitif. On pouvait acheter autre chose que du café dans l'Enfer Bleu. D'excellents mets à condition d'avoir assez d'argent pour les payer, et des liqueurs de toutes sortes, ainsi que les jeux qui avaient donné son nom à ce local. Les garçons humèrent avec envie l'odeur des énormes steaks et regardèrent la boule magnétisée de la roulette tournoyer.

Tout à coup, Stan prit une profonde inspiration. Il tapota l'épaule de son ami.

– Hé, mon pote ! Nous sommes sur la *Grande Porte* ! Allons au moins faire le tour de la boîte !

Ils visitèrent donc l'objet de leurs rêves, oubliant que leur argent filait et que la mission pour laquelle ils étaient venus jusqu'ici ne s'affichait pas. Ils se rendirent dans Central Park où poussaient toutes sortes d'arbustes et d'arbres fruitiers qu'il était interdit de cueillir à moins d'en payer le prix. Ils admirèrent l'immense réservoir d'eau de la Grande Porte qui épousait les courbes de l'astéroïde et qui leur rappela les grands lacs souterrains d'Istanbul. Puis ils entrèrent dans le musée, pleins d'un profond respect.

Tout ce qui était exposé était relativement familier pour Stan qui, enfant, avait dévoré les histoires de la Grande Porte mais rien ne concordait réellement avec ce qu'il avait imaginé. Le musée était rempli d'artefacts heechees rapportés d'une mission ou d'une autre : éventails à prières, perles de feu, et gadgets de toutes sortes ainsi que des holos des planètes qui avaient été visitées. Ils admirèrent Peggy avec ses vastes champs cultivés et ses magnifiques forêts ; ils frissonnèrent à la vue de Valhalla, habitable certes – les autorités de la Grande Porte l'avaient affirmé –, mais plus proche de la Sibérie que du paradis.

Plus intéressant sur un plan pratique furent les holos des divers modèles de vaisseaux heechees, les Un, Trois, Cinq. Certains étaient équipés d'installations qui avaient l'air de ne servir à rien ; en particulier le petit nombre où se trouvait un dôme en métal heechee que personne n'avait osé tenter d'ouvrir. Beaucoup étaient blindés, en particulier les Trois et les Cinq. Presque tous étaient dotés de capteurs et de caméras externes installés par les humains, ainsi que d'étagères pour la nourriture, de réservoirs d'oxygène, de réanimateurs, toutes choses permettant à un prospecteur de rester en vie durant le vol, car même si les Heechees avaient eu ce genre de choses, elles avaient disparu depuis belle lurette.

Tandis qu'ils se demandaient comment les Heechees avaient pu survivre, ils entendirent quelqu'un tousser dans leur dos. Ils se retournèrent : c'était la fille au visage de traviole venue de Terre avec eux, Estrella Pancorbo. Elle était moins pâlichonne et avait l'air beaucoup plus animée. Surpris, Stan s'exclama :

– Mais tu as... euh... euh, l'air en pleine forme.

Et ce, en oubliant son visage bizarrement aplati.

Elle lui décocha un regard méfiant puis hocha la tête pour le remercier du compliment.

– De mieux en mieux chaque jour, merci. Je les ai bernés, ajouta-t-elle d'un ton énigmatique sans préciser de qui elle voulait parler.

Elle n'avait pas envie non plus de poursuivre la conversation. Elle prétendit qu'elle devait étudier et entreprit aussitôt de faire défiler les holos des vaisseaux et de prendre des notes.

Les garçons repartirent bientôt, étant donné qu'il était clair qu'elle préférait être seule... Toutefois, elle avait eu le temps de faire de l'effet à Stan qui, depuis Naslan, n'avait pas approché une fille de son âge.

– Je me demande comment ça va à la maison, fit Tan d'un ton pensif.

Stan hocha la tête. Il savait reconnaître les signes du mal du pays. Il le ressentait lui-même un peu, bien qu'il n'eût jamais eu de vraie maison.

– Nous pourrions leur écrire, proposa-t-il.

Tan revint sur la Grande Porte et sourit à Stan.

– Et payer la transmission ? Pas moi, Stan. Et puis, écrire des lettres, ce n'est pas mon truc. Allons boire un autre café.

5

La journée passa. Et la journée suivante. Deux Un apparurent sur l'écran mais rien de mieux, et encore, ils furent tout de suite pris. Les garçons passaient de plus en plus de temps à glander dans l'Enfer Bleu en se demandant, sans oser se le formuler, ce qu'ils allaient faire lorsqu'ils tomberaient à court d'argent.

Ils ne manquaient pas de conseils, cependant. Les vieux de la vieille, prospecteurs qui portaient presque tous les bracelets prouvant qu'ils étaient sortis dans l'Espace, étaient tout à fait disposés à partager leur science. La plus amicale était une Anglaise. La cinquantaine pleine d'allant, aux traits tirés et à l'avis inébranlable quant aux missions à prendre.

– Est-ce que vous savez à quoi ressemblent les volants de commande heechees ? fit-elle d'un ton péremptoire. Ce qu'il faut obtenir, c'est deux bandes dans le rouge sur le premier volant et aucune dans le jaune sur le deuxième.

– Et pourquoi ? demanda Tan, suspendu à ses lèvres.

– Parce que ce sont des systèmes de sécurité ! Aucune mission munie de ces systèmes ne s'est jamais perdue. Croyez-moi sur ce point, je le sais.

Et lorsqu'elle eut terminé le café qu'elle leur fit payer et eut tourné les talons, Tan fit la moue.

– Elle a peut-être quelque chose là-bas, dit-il.

– Elle n'a *rien du tout* là-bas, bougonna Stan. Tu as compté ses bracelets ? Neuf ! Elle est sortie neuf fois dans l'Espace et n'a pas gagné le prix d'une tasse de café. Non, Tan. Il nous faut un truc moins sûr mais plus rentable.

Tan haussa les épaules en signe d'assentiment.

– En tout cas, dit-il, philosophe, si ces vantards savaient quoi faire, ils le feraient au lieu de nous en parler. Allons manger.

– Comme tu veux.

Soudain, Stan hocha la tête, frappé par une idée.

– Au diable la bouffe ! Je n'ai pas faim. En plus, j'ai un meilleur plan. On s'est trimballé jusqu'ici nos instruments, pourquoi ne pas jouer un peu ?

Tan cligna des paupières.

– Ici ? Ils vont nous mettre à la porte.

– Peut-être. Ou peut-être pas, si nous nous exerçons d'abord un peu... Il n'y a pas beaucoup de distractions dans le coin, hein ? On n'a qu'à aller jouer là où on ne dérangera personne. Central Park, pourquoi pas ?

Stan avait raison : il n'y avait pas âme qui vive dans le parc. Ils choisirent un coin plein de crampons et s'installèrent pour jouer.

Stan n'eut plus de problèmes avec sa trompette une fois qu'il l'eut solidement fixée à un anneau mural. Mais les drums de Tan, ce fut une autre paire de manches. Il dut les attacher ensemble, ainsi qu'à deux crampons, mais se plaignit que les baguettes rebondissaient mal sans gravité. Malgré tout, ils réussirent à jouer *When the Saints*

Go Marching in après quelques tâtonnements, et firent mieux avec *A String of Pearls.* Stan riffait sur *Saint James Infirmary Blues* quand Tan arrêta tout à coup de marteler ses drums pour lui prendre le bras.

– Regarde, là !

Tarsheesh s'avançait à toute blinde vers eux en contournant le lac. Une fois qu'il fut à portée de voix, Tan cria :

– Nous faisons trop de bruit ?

Tarsheesh agrippa un crampon pour stopper et, haletant d'excitation, répondit :

– Du bruit ! Non ! C'est la nouvelle qui vient de tomber ! Vous n'êtes pas au courant ? Les Herter-Hall ont atteint l'objet dans Oort et il est grand, et il est heechee, et il *fonctionne encore* !

Depuis des années, la Grande Porte n'avait pas connu pareille surexcitation : tout un orbiteur heechee en état de marche, de la taille d'un transatlantique, d'une sorte encore jamais vue. L'objet fabriquait de la *nourriture* ! De la nourriture CHON, comme ils l'appelaient, fabriquée à partir des éléments premiers qui se trouvaient sur les comètes du Nuage d'Oort : carbone, hydrogène, oxygène, nitrogène. Et la rustique machine heechee la fabriquait toujours, même au bout de centaines de milliers d'années. Or, s'ils réussissaient à rapporter l'objet jusqu'à une orbite terrestre, comme les Herter-Hall tentaient de le faire, et s'ils pouvaient l'alimenter avec des comètes au moment où ils entreraient dans le Système solaire, ma foi, la famine dont souffrait la race humaine serait peut-être vaincue.

Ils spéculèrent avec envie sur les sommes exorbitantes que la famille Herter-Hall allait toucher, ainsi que Robinette Broadhead pour avoir financé l'expédition.

– Des milliards, fit Stan d'un ton profond.

Tan lui décocha un regard méprisant.

– Des milliards, seulement ? Pour un truc pareil ?

– Des milliards de dollars américains, crétin. Beaucoup, beaucoup, beaucoup de milliards pour eux tous, et Robinette Broadhead pourra encore ajouter des milliards aux milliards qu'il possède déjà. Donc, tu comprends, vieux Tan, ce que la chance peut rapporter ?

Tan le comprenait très bien. Tous, d'ailleurs. Lorsqu'ils consultèrent l'écran, toutes les missions proposées étaient parties comme des petits pains.

– Même pas un Un qui reste ! se lamenta Tan. Et par-dessus le marché, ces enfoirés nous pompent notre blé, même si on ne peut rien signer.

Un jour passa, puis deux, puis trois... Et leur crédit diminuait. Les garçons suivaient les listings des missions de façon obsessionnelle mais sans guère de chance. Un Un apparut, puis deux autres, deux Un également, pris à peine affichés. Quand il lut la note annonçant que le troisième vaisseau était plein, Tan lâcha un grognement en voyant le nom de son ami Tarsheesh apparaître sur la liste.

– J'espérais qu'on pourrait voyager tous les trois ensemble, dit-il, en colère. Il ne pouvait pas attendre, le salaud !

Stan ne pouvait le blâmer. Il caressait même l'idée de prendre un Un pour lui tout seul, laissant Tan en plan. Mais comme plus aucun Un ne fut proposé, il n'eut pas à affronter sa mauvaise conscience.

Il y eut un peu de trafic dans l'autre sens. Deux ou trois vaisseaux revinrent cahin-caha de mission. Rien que des Un, des tocards surtout. Puis un Cinq seigneurial arriva, et avec succès, celui-là. Disons un *petit* succès. Rien d'époustouflant mais pas mal tout de même. Les prospecteurs avaient atteint la lune sans atmosphère d'une géante gazeuse qu'ils n'avaient pu identifier. Elle possédait des artefacts heechees. Ils avaient aperçu une structure faite dans le métal heechee en forme de dôme et des engins qui ressemblaient plus ou moins à des tracteurs, mais ils n'avaient pu que les observer. Pas moyen de s'en approcher. Leur vaisseau n'était pas équipé pour manœuvrer dans le vide. Les images qu'ils avaient rapportées leur permirent de gagner assez de bonis pour prendre leur retraite, respectivement à Cincinnati, Johannesburg, Madrid, Nice, Mexico, et leur Cinq était donc libre.

Pas tout de suite, naturellement. L'Anglaise d'un certain âge aux neuf bracelets de sortie retrouva Tan et Stan à l'instant où ils quittaient la salle du mess, tout frémissants d'excitation.

– C'est votre chance, mes cocos ! Ils vont le nettoyer, le réapprovisionner et le renvoyer illico pour qu'il se pose sur cette lune. Cette fois, avec des combinaisons spatiales et tout l'équipement de chargement nécessaire. Oh ! ça prendra un certain temps. Une quinzaine, j'imagine, mais attendez-le ! La couleur est bonne, également... mais n'allez surtout pas raconter ça à tout le monde. N'oubliez pas ! Motus et bouche cousue !

Sur ce, la digne Anglaise s'éloigna à toute allure pour livrer son secret au premier qui lui paierait une tasse de café.

Ce secret ne valait pas grand-chose, on s'en doute, surtout pour deux jeunes gens qui n'avaient pas le crédit pour attendre deux semaines.

Alors, sans avertissement, un Cinq apparut sur la liste. Mais ce fut peine perdue pour nos deux garçons. Ils dormaient à ce moment-là et, lorsqu'ils le virent sur l'écran, l'équipage affichait déjà complet.

Pour couronner le tout, au cours de chacun du peu de jours qu'il leur restait, des bulletins ne cessaient d'annoncer que les heureux, les Herter-Hall sur l'Usine Alimentaire dans Oort, avaient bel et bien touché le jackpot. Ils étaient en train de fixer des roquettes ioniques sur leur objet afin de le pousser hors de son orbite et de le propulser vers la Terre. Et patatras ! un nouveau bulletin : l'objet refusait de quitter son orbite. Dieu sait comment, il opposait une résistance à la force éjectrice qu'il subissait. Ensuite, ils eurent la preuve qu'il y avait quelqu'un d'autre à bord. Et... ô miracle, ils rencontrèrent ladite personne. Un garçon ! Un garçon humain ! De surcroît, tout indiquait qu'il possédait un vaisseau heechee qu'il utilisait pour faire la navette entre l'Usine Alimentaire et un vaisseau heechee encore plus grand et plus perfectionné. Immense, celui-là, bourré de machines heechees de toutes sortes, et qui fonctionnait toujours !

Tan était rongé par l'envie, Stan également. À couteaux tirés, ils montèrent la garde devant l'écran de mission, refusant de dormir, et allant faire pipi à tour de rôle.

– Le prochain, pria Tan. Trois ou Cinq, il sera pour nous !

– Pour sûr ! renchérit Stan ! On ne se fera peut-être pas des milliards, comme ces gens, ni même des millions mais nous en tirerons quelque chose, et nous ne laisserons personne nous déloger de ce maudit écran...

Pourtant, quelque chose les en délogea.

Comme s'il avait reçu un électrochoc, Stan eut le souffle coupé. Sa gorge soudain sèche lui faisait mal. Sa tête était en feu, et il ne pouvait plus respirer.

Le Courroux de Dieu, de nouveau. Pas tout à fait le même que le précédent. Pis. Stan sentit tout son corps brûler de fièvre. Il avait atrocement mal au cœur. Tan souffrait autant. Sanglotant, les mains pressées sur ses tempes et lové en boule comme un bébé dans sa matrice, il dérivait en flottant, ayant oublié de se retenir au crampon. Ce n'était pas seulement la nausée. En plus du malaise, il ressentait ce familier et angoissant désir sexuel, la solitude, la désorientation, une colère amère...

Et ça continuait, ça continuait...

Tout à coup, sans avertissement, ce fut terminé.

Stan tendit le bras pour saisir celui de Tan qui battait l'air en quête d'une prise et le tira jusqu'au crampon.

– Bon Dieu ! fit-il.

– La vache ! approuva Tan. Mais, Stan ! Regarde !

Tan fixait l'écran de mission. Les ordinateurs de la Grande Porte, insensibles à ce qui avait rendu les humains momentanément fous, avaient continué d'effectuer leur travail routinier programmé. Quelque chose de nouveau était affiché sur l'écran :

MISSION 2402
TROIS BLINDÉS, DÉPART IMMÉDIAT

– On le prend ! hurla Tan.

– Bien sûr, pardi ! répondit Stan en entrant leurs noms.

Un instant plus tard, leurs noms apparaissaient sur la liste d'embarquement :

MISSION 2402
TROIS BLINDÉS, DÉPART IMMÉDIAT
STANLEY AVERY
OLTAN KUSMEROGLU

Fous de joie, ils se donnèrent des claques dans le dos.

– On a réussi ! s'écria Tan.

– Juste à temps, dit Stan en pointant le doigt. Regarde ça !

À peine quelques secondes plus tard, un autre nom était apparu :

MISSION 2402
TROIS BLINDÉS, DÉPART IMMÉDIAT
STANLEY AVERY
OLTAN KUSMEROGLU
ESTRELLA PANCORBO
LISTE DE SERVICE COMPLÈTE

6

Le rêve était devenu réalité. Stanley Avery se trouvait bel et bien dans un vaisseau heechee, sur les traces des immortels héros de la Grande Porte qui avaient bravé les périls du voyage interstellaire et en étaient revenus pour jouir d'une richesse incroyable, auréolés d'une gloire qui ne s'éteindrait qu'au fil des siècles...

– Ou bien, grommela Tan lorsque Stan avait osé lui faire part de cette réflexion, vers une mort très désagréable. Je n'ai pas confiance en cette merde de petit vaisseau. Pourquoi est-il blindé, tu peux me le dire ?

À l'autre bout de la cabine, Estrella Pancorbo, qui rangeait ses affaires, leva le nez :

– Pour rendre ce voyage supportable, dit-elle, il serait préférable que vous ne parliez qu'anglais en ma présence.

Tan serra les lèvres.

– Et dans cette espèce de placard dans lequel nous devons vivre, quand est-ce que tu seras insupportable ? demanda-t-il.

Stan s'empressa d'intervenir.

– Elle a raison, dit-il à l'adresse de Tan. (Et à la fille :) Nous essaierons de nous en souvenir. Il se demandait simplement pourquoi notre vaisseau était si lourdement blindé.

– Parce qu'il accepte des destinations qui l'endommageraient s'il ne l'était pas, évidemment. N'ayez pas peur. Ces destinations-là sont l'exception. Ce Trois est sorti quatre fois dans l'Espace mais jamais vers un endroit aussi dangereux. Vous avez pris connaissance de ses données ? Toutes les données de tous les vaisseaux en état de marche sont sur fichier.

Le reproche n'était pas pour améliorer l'humeur de Tan.

– Mais, Estrella, dit-il d'un ton cinglant, je n'ai pas *peur*.

Mortifié, il chercha une réplique blessante.

– Pourquoi as-tu une tronche pareille ?

Elle lui lança un long regard. Sa paupière gauche pendait plus bas que l'autre, remarqua Stan.

– Parce qu'un taureau a marché dessus, finit-elle par répondre. Je crois que cette traversée va être très longue.

L'ignorance de la durée de la traversée leur taraudait sans cesse l'esprit. Les recherches d'Estrella leur avaient apporté plusieurs informations.

– Ce Trois n'est jamais allé plus de dix-huit jours dans une direction, apprit-elle. Nous avons des réserves pour plus de soixante. Bien sûr, on ne peut pas toujours décrypter les couleurs correctement, mais ce n'est pas grave. Nous le saurons une fois arrivés à mi-parcours.

En effet, Stan le savait au même titre que tous les autres. Les prospecteurs gardaient toujours un œil sur cette drôle de spirale pendant leurs heures de veille puisque d'elle dépendait leur vie ou leur mort. Lorsqu'elle changeait de couleur, on était à mi-parcours ; la douce micro-G qui les faisait dériver vers l'arrière du vaisseau s'inversait de sorte qu'elle les poussait doucement vers la proue. C'était alors le moment de faire un peu d'arithmétique. S'ils avaient utilisé moins d'un quart de leurs réserves d'air, d'eau et de vivres, cela signifiait qu'il leur en resterait assez pour franchir la seconde moitié du parcours et revenir. S'ils avaient utilisé plus, ils étaient cuits.

Nos trois prospecteurs demeuraient, mangeaient et dormaient dans le même espace exigu, grand comme la salle de bains de Stan quand il habitait chez M. Ozden. Cette promiscuité avec une fille ayant plus ou moins son âge était une expérience troublante pour lui. Or, la promiscuité était totale. Ils ne pouvaient rien faire à ce propos. Lorsque Tan allait aux toilettes, Stan évitait de regarder Estrella car le bruit qu'il faisait était fort et clair. Ils devaient également s'accoutumer à leurs odeurs réciproques, qui étaient nombreuses. Un Trois n'offrait guère de possibilités d'exercice. En conséquence, le régime alimentaire que les autorités de la Grande Porte leur avaient imposé était riche en fibres. Stan essayait de lâcher ses vents discrètement. Tan, pas du tout. Il souriait béatement chaque fois qu'il pétait. Estrella réussissait à ne pas faire attention.

Le plus drôle, c'était que plus Stan passait de temps à proximité d'Estrella avec son visage amoché presque en permanence sous les yeux, moins il lui paraissait tel. Tan était également tracassé par la présence de la fille. Une ou deux fois, lorsqu'elle fut un moment hors de portée de voix – soit dans les toilettes, soit endormie –, il murmura quelque chose de lubrique et d'acerbe dans le creux de l'oreille de son ami. En réalité, il n'y avait aucun endroit réellement hors de portée de voix, excepté dans l'atterrisseur coincé dans la soute tout au bas du vaisseau, mais trop inconfortable pour pouvoir y rester longtemps.

Estrella passait le plus clair de son temps à lire sur un petit écran de poche, mais le troisième jour, elle se laissa convaincre de jouer aux cartes avec les garçons. Lorsque Tan dut lui donner pour la troisième fois la totalité de ses gains, il lui lança un regard suspicieux :

– Je croyais que tu avais dit que tu ne savais pas jouer au poker.

– C'est exact. Mais c'est un jeu enfantin, répondit-elle avec désinvolture.

Soudain, elle s'avisa qu'elle l'avait blessé dans ses sentiments et, pour se racheter, essaya un compliment :

– Je voulais dire que ta maîtrise de l'anglais m'étonne, Tan. Tu le parles très bien.

Il haussa les épaules.

– Et pourquoi je le parlerais mal ? Je suis allé à l'école anglaise dès l'âge de six ans jusqu'au jour où j'ai été obligé de travailler, à quatorze ans.

Mais le compliment l'avait calmé. Il prit un air pensif et enchaîna d'un ton plus enjoué :

– C'est à l'école que j'ai fait la connaissance de Stan. On est très vite devenus amis parce qu'on avait les mêmes intérêts. Déjà tout petits, on filait en douce sur les balançoires. On s'amusait à faire des bonds le plus haut possible, faisant semblant d'être sur un vaisseau de la Grande Porte comme celui-ci.

– Et je suis le premier surpris de me trouver réellement dans l'Espace, ajouta Stan en souriant. Estrella, toi, ça a été comment, ta vie ?

Elle ramassa les cartes et les mélangea pendant un moment sans répondre. Puis elle dit succinctement :

– J'étais bouchère. Quelle importance, maintenant ?

Le septième jour, nos trois prospecteurs eurent du mal à arracher leurs regards de la spirale. Elle ne changeait pas de couleur.

– Je crois que ce Trois est en train de battre son propre record... Enfin, il nous reste une bonne marge de vivres, et puis elle changera sans doute demain.

Mais elle ne changea pas. Ni le huitième ni le neuvième jour. Le onzième, Tan lâcha un soupir, repoussa les cartes et déclara :

– Il faut regarder la réalité en face. Nous risquons de voyager sans fin dans cette espèce de cercueil volant.

Estrella lui tapota l'épaule.

– Tan, tu baisses les bras trop facilement.

Il la fusilla du regard.

– Mais qu'en sais-tu ? C'est déjà arrivé ! Tu ne connais pas l'histoire de – j'ai oublié son nom –, ce vieux prospecteur qui a pu revenir uniquement parce qu'il avait mangé ses compagnons de bord.

– Ne vous disputez pas, supplia Stan.

Mais la colère d'Estrella était déclenchée.

– Pourquoi est-ce que j'ai signé avec deux Turcs – ma foi, un Turc et un demi-Turc – qui sont prêts à devenir cannibales ? Je suppose,

Tan, que tu as déjà décidé lequel d'entre nous tu mangeras en premier. Moi ? Parce que vous êtes forts tous les deux et que je suis la plus faible ? Eh bien, mes petits potes, laissez-moi vous dire...

La fin de sa phrase mourut sur ses lèvres. Son visage prit une expression de surprise, qui devint carrément séraphique. Stan sentit l'arrière du vaisseau glisser doucement vers le haut. La spirale était allumée.

Enfin la mi-parcours. Somme toute, ils n'allaient pas mourir. Du moins, pas en s'entre-dévorant.

L'atmosphère dès lors se détendit quelque peu. Tan lança à Estrella un sourire radieux et murmura en turc à son camarade :

– Peut-être que nous la mangerons cette gonzesse, mais plus amicalement.

Estrella l'entendit et, malgré sa joie extrême, son visage se pétrifia.

– Tan, dit-elle, je ne comprends pas le turc mais j'ai parfaitement compris l'air que tu as pris quand tu as parlé. Tes couilles te sortent carrément des yeux. Garde-les pour quelqu'un d'autre. Je suis vierge. Je le suis restée quand c'était bien plus difficile qu'ici, et j'ai l'intention de le demeurer jusqu'à mon mariage.

– Au diable, grogna Tan. Je croyais que ce n'étaient que les musulmanes qui serraient les cuisses en permanence et non pas les Américaines libérées.

Estrella préféra demeurer amicale.

– Eh bien, tu as appris quelque chose de nouveau au sujet des Américaines. Du moins, de certaines... Alors on rejoue aux cartes ou on va dormir un peu ?

7

Presque toute la journée, Tan se mura dans un silence maussade, mais sa nature joviale reprit le dessus. Tout bien considéré, ils étaient en route tous les trois vers une formidable aventure. Stan constata son revirement d'attitude envers Estrella. D'accord, elle ne serait pas sa maîtresse. Une sœur, donc. Or, Tan avait une longue pratique de la vie avec une sœur.

Ce dont il n'avait pas du tout la pratique, c'était de vivre dans un espace confiné sans avoir rien à faire.

– Je regrette que nous n'ayons pas emporté nos fichus instruments, grommela-t-il à l'adresse de Stan qui haussa les épaules.

– Pas la place, fit ce dernier.

Estrella leva la tête de son écran de poche.

– On pourrait faire quelques parties de poker, proposa-t- elle.

Lèvres pincées, Tan fit non de la tête.

– Eh bien, bavarder, tout simplement. Je vous connais à peine. Oltan, quelle vie menais-tu à Istanbul ?

Il ne se détendait toujours pas.

– Je conduisais une camionnette pour gagner mon pain, dit-il d'un ton acerbe. Je vis avec ma mère, mon père et ma petite sœur, Naslan, et j'avais en fait cinq petites amies régulières qui étaient très amoureuses de moi et extrêmement serviables. Que dire d'autre ?

Estrella hocha la tête comme si la réponse lui convenait et s'adressa à Stan :

– Et toi ?

Stan fit de son mieux pour coopérer.

– Mon père était employé au code au consulat américain, un job très bien payé, lorsqu'il a rencontré ma mère. Une Turque mais chrétienne... Méthodiste, comme lui. Je suis né à l'hôpital de l'ambassade, à Ankara, territoire américain. Donc, je suis américain de naissance, comme toi.

Ce détail la fit sourire.

– Pas exactement comme moi.

– À cause du salaire ? Je ne crois pas, mais ça, c'était uniquement quand j'étais petit. Ma mère est décédée quand j'avais sept ans et après ça...

Il haussa les épaules sans terminer sa phrase, n'ayant aucune envie de lui narrer le déclin de son père lié à l'alcool.

Tan, qui avait écouté jusque-là, se leva brusquement et s'éclipsa.

– Faut que je pisse, dit-il.

Stan le suivit du regard, puis fixa Estrella :

– Et toi ? demanda-t-il par-dessus les bruits de vidange. Tu as dit que tu étais bouchère.

Elle caressa sa joue gauche décentrée.

– Jusqu'à l'accident, en effet, dans le Montana. Moi aussi, je suis une sang-mêlé, Stan. Mon père était basque. Ma mère, une Navajo, avec un peu de Hopi mais c'était une grande et forte femme. Il n'y avait pas de travail dans les environs de Four Corners. Ils sont partis vivre dans le Montana pour travailler dans les fermes. Tu as entendu parler des ranchs de bisons en Amérique ?

– Oui ! Un peu, quoi. J'ai lu des histoires quand j'étais gosse. Avant de songer à la Grande Porte, je pensais que ce serait sensationnel d'être un cow-boy, assis autour d'un feu de camp la nuit, conduisant des troupeaux de bisons à travers les prairies.

Cette fois, Estrella éclata de rire.

– Tu n'aurais pas conduit les bisons. On te l'aurait interdit. Tu les aurais laissés courir en liberté parce que l'herbe des prairies est tout ce qu'ils ont besoin de manger. Puis, quand ils sont assez âgés pour être tués, on dépose une traînée d'un produit qu'ils préfèrent à l'herbe des prairies. Cela les ramène droit dans les étables qui sont entourées d'une barrière en acier haute de trois mètres par-dessus laquelle ils ne peuvent pas sauter. Et ensuite, un par un, des péons comme mes parents les font entrer dans les toboggans menant aux abattoirs. Là, les tueurs leur tirent une balle dans la tête avec un grand fusil muni d'une sorte de piston. Ils le rentrent droit dans le cerveau, le ressortent, prêts pour le suivant. Une fois morts, les tapis roulants me les apportent afin que je leur tranche la gorge. Puis je les suspends aux crochets fixés au-dessus du tapis pour les vider de leur sang et les carcasses sont mises dans les grands frigos avant qu'elles ne soient débitées en steaks et en rôtis. Chaque bison a presque cinquante litres de sang qui s'écoulent dans les réservoirs placés au-dessous du corps... enfin ce qui ne te rejaillit pas dessus.

Tan était ressorti des cabinets en fermant son pantalon et écoutait.

– Oui, Estrella, fit-il d'un ton ergoteur, mais ce que tu nous avais dit, c'est qu'un taureau t'avait marché dessus et fracturé la tête. Comment un bison mort a-t-il pu marcher sur toi ?

– Il n'était pas mort, justement, répondit-elle brièvement.

– Mais si le tueur lui avait mis une balle dans la tête...

– Cette fois-là, il a tiré dans l'épaule. Il était bien vivant quand il est arrivé sur moi, et très en colère.

– Sale accident ! fit Stan, conciliateur.

– Ce n'était pas un accident. Il l'avait fait exprès. C'était un homme avec ses couilles dans les yeux, lui aussi. Et comme j'avais refusé de coucher avec lui, il m'a fait cette vacherie.

Vingtième jour. Vingt et unième jour. Ils ne jouaient plus guère aux cartes. Ils n'arrivaient plus à se concentrer. Ils ne parlaient même presque plus. Ils s'étaient déjà tout dit au sujet de leurs espoirs et du reste, et aucun des trois n'avait envie d'exprimer sa peur à voix haute. Ils avaient les nerfs tendus. Finalement, Estrella déclara d'un ton ferme :

– Inutile de tourner en rond. Il faudrait dormir le plus possible.

Stan savait que c'était sage. Ils auraient besoin de toutes leurs forces et de leur vivacité pour accomplir ce qu'ils auraient à faire une fois arrivés... là-bas. Où que ce soit.

Ce sage conseil cependant fut difficile à appliquer. Stan avait encore plus de mal à rester allongé qu'à dormir. Il se réveillait souvent, comptant le temps par minutes tandis que le vingt-deuxième jour commençait.

Alors, aucun des trois ne put fermer l'œil. Ils consultaient l'heure toutes les cinq secondes, se disputant violemment sur l'heure, à la minute près, du ravitaillement du vaisseau comme de leur arrivée à destination.

Puis, tout à coup, ils virent la spirale s'éteindre.

Et au même instant, tous les instruments du vaisseau furent comme pris de folie.

Les données étaient complètement absurdes. Elles annonçaient que leur Trois était immergé dans un plasma ténu, plus chaud que le Soleil, baigné de radiations de toutes sortes, toutes létales. Stan comprit alors pourquoi leur Trois était blindé.

Ce n'était pas du tout une planète qui allait les rendre riches comme Crésus grâce à sa cachette de trésors abandonnés par les Heechees. Il n'y avait même pas une étoile digne de ce nom assez proche.

– Foutons le camp d'ici ! beugla Tan.

Mais Estrella glapit :

– Non, relevons les données, d'abord. Prenons des images ! Faisons des observations !

Mais il n'y avait pas grand-chose à observer en dehors de ce que leurs instruments leur avaient déjà révélé. Lorsque Stan referma la main sur la tétine de largage, Estrella n'émit plus d'objections mais fondit en larmes.

Le vol de retour ne dura pas plus longtemps que l'aller, mais ils ne le vécurent pas de cette façon. Il leur parut interminable. Ils piaffaient d'impatience. Pour comble de malchance, dès qu'ils furent arrivés, les mauvaises nouvelles tombèrent en pluie.

La vieille Orientale qui monta à bord de leur Trois après l'accostage n'écouta leur histoire que d'une oreille. C'étaient les instruments de lecture qui l'intéressaient. Elle ne daigna répondre qu'à quelques-unes de leurs questions, et encore, sur un ton absent.

– Oui, dit-elle, vous êtes entrés dans le résidu d'une supernova. Les Heechees étaient très intéressés par les étoiles sur le point d'exploser. Après maintes sorties, on a fini par pouvoir en approcher une. Mais depuis ce temps-là, bien sûr, plusieurs de ces étoiles ont explosé. Comme la vôtre. Et tout ce qu'il en reste est une nébuleuse de gaz surchauffés. Heureusement pour vous que votre Trois était blindé.

Estrella mordillait sa lèvre inférieure.

– Pensez-vous que nous obtiendrons au moins un bonus scientifique ?

La vieille femme réfléchit.

– Peut-être. Il faut le demander à Hector Montefiore. Rien de grandiose, cependant. Nous possédons déjà une très grande quantité de données au sujet de cette catégorie d'objets.

Nos trois prospecteurs se regardèrent en silence. Puis Stan réussit à sourire.

– Eh bien, les potes, dit-il, comme mon père le répétait, quand on fait une chute de cheval, il faut se remettre aussitôt en selle.

La femme les scruta d'un drôle d'air.

– Une chute de cheval ?

– Il veut dire, expliqua Estrella, que nous repartirons sur le premier vaisseau que la chance nous attribuera.

– Oh ! fit la vieille femme, surprise. Vous étiez de sortie quand ça s'est passé, n'est-ce pas ? Vous n'êtes donc pas au courant. Le problème des destinations a été résolu. Il n'y a plus de missions. La Grande Porte a clos son programme d'exploration.

8

Plus d'explorations ? Plus de missions ? Terminés l'aventure et la fortune ? Plus besoin de prospecteurs courageux, risquant le tout pour le tout malgré leur terreur pour s'envoler vers une destination inconnue dans l'espoir de récolter les babioles tellement convoitées que les Heechees avaient abandonnées à l'époque où ils étaient repartis... peu importait quand, d'ailleurs, et où ils étaient repartis ?

Ce devait encore être une machination de Robinette Broadhead. Pendant qu'Estrella et les garçons voguaient à l'aveuglette dans l'Espace, les choses avaient pris une tournure complètement folle à l'Usine Alimentaire, ainsi que dans le fabuleux vaisseau heechee qui se trouvait à proximité. Broadhead y était parti tout seul pour rétablir la situation. Avec succès. Il avait non seulement augmenté sa fortune déjà astronomique grâce à sa nouvelle cachette de merveilles heechees mais avait dans la foulée résolu le mystère des commandes des vaisseaux spatiaux heechees.

La deuxième chose qu'il avait faite avait été de mettre la Grande Porte elle-même en veilleuse. Donc il n'y aurait plus aucune sortie au hasard dans l'Espace. Plus aucune mission à l'aveuglette tant que les grosses têtes qui planifiaient les programmes de vol n'auraient pas décidé comment utiliser cette nouvelle donnée. D'ici là, rien. Tout était suspendu. Les pléiades de candidats prospecteurs n'avaient plus qu'à grincer des dents et à ronger leur frein.

Fou de rage, Tan mangeait sans appétit dans la salle du mess.

– Alors, nos plans maintenant ? demanda-t-il.

Stan avala sa bouchée de lasagnes végétariennes.

– Attendre. Qu'est-ce qu'on peut faire d'autre, hein ? Mais ça ne peut pas durer jusqu'à perpète. Les vaisseaux sont toujours ici ! Tôt ou tard, ils les feront repartir. Peut-être qu'on aura alors la chance de dégoter une mission dont le but sera différent. Et au moins, on connaîtra notre destination avant de décoller ! Peut-être qu'on saura même qu'on en reviendra vivants !

Tan promena son regard dans la salle. Deux dizaines d'autres candidats à l'aventure étaient là qui avaient également le moral à zéro.

– Peut-être, dit-il.

– Au moins, nous ne mangeons plus notre capital, fit remarquer Stan. La Corporation de la Grande Porte a décidé de montrer qu'elle avait du cœur. Plus aucune charge ne nous sera imputée jusqu'à nouvel ordre.

– Ces salauds, ils ont les moyens de se le permettre, bougonna Tan.

Naturellement, les salauds avaient les moyens de se le permettre. Les salauds, c'était la Corporation de la Grande Porte. Elle était le propriétaire des trésors heechees, de tous les trésors, y compris ceux qui ne valaient pas grand-chose. La Corporation était organisée en un consortium contrôlé par les gouvernements mondiaux – sur le papier –, mais il serait tout aussi exact de dire que c'était elle qui contrôlait les gouvernements mondiaux. Et après délibérations en bonne et due forme, la Corporation avait décidé qu'elle pouvait même accorder un petit quelque chose à Tan, Stan et Estrella.

Ils l'apprirent pendant que, n'ayant rien à faire, les deux garçons sirotaient un café insipide à l'Enfer Bleu tout en regardant les autres prospecteurs flamber leurs économies à la roulette. Perchée sur un tabouret à côté d'eux, Estrella étudiait comme toujours une chose ou une autre sur sa plaquette informatique de poche. Cette fois-ci, Stan remarqua avec surprise qu'il s'agissait de musique. Elle tambourinait des doigts le morceau qu'elle déchiffrait.

– Tu joues de la musique ? s'enquit Stan, étonné.

Elle rougit.

– Un peu. La flûte.

– Bon sang, pourquoi tu ne l'as pas dit plus tôt ? On pourrait jouer tous les trois ensemble ! Tan, qu'est-ce que tu en penses ?

Tan n'écoutait pas. Il donna un coup de coude à son ami.

– Regarde, des gros bonnets qui rappliquent, dit-il comme Hector Montefiore entrait en flottant avec deux ou trois autres membres de l'équipe permanente.

Ces derniers cherchaient manifestement de l'action. Stan se renfrogna quand il vit Montefiore flotter dans leur direction. Il n'aimait pas ce type. Et il l'aima encore moins lorsqu'il lui donna une claque sur l'épaule et assena une tape sur le popotin d'Estrella.

– Félicitations, s'exclama-t-il. Vous vous apprêtez à le célébrer, on dirait ?

– Célébrer quoi ? demanda Tan.

Le gros Brésilien lui lança un regard surpris.

– Votre bonus scientifique, pardi. Vous l'ignoriez ? Eh bien, vérifiez, pour l'amour de Dieu ! Vous allez peut-être respirer maintenant et m'offrir un verre, qui sait ?

Toutefois, il n'attendit pas le verre mais repartit aussitôt en riant sous cape, tandis que les trois navigateurs se penchaient sur la plaquette d'Estrella qu'elle brancha sur les états de situation.

Effectivement, il y avait bien leurs noms.

– Pas mal ! fit Tan quand il lut la somme.

Estrella hocha la tête.

– Divisée entre nous trois, pas terrible, objecta-t-elle avec pragmatisme. Tu as l'intention de te contenter de ce pécule ridicule, toi ?

– Ce pécule ridicule me suffira pour rentrer chez moi et m'acheter une camionnette afin de monter ma propre affaire, répondit Tan d'un ton sec.

– Si c'est ton plus cher désir, ce n'est pas le mien. Je ne me suis pas tapé tout ce voyage pour passer le restant de mes jours à vivoter dans un studio avec la Médication de Base et aucun avenir... Hector a affirmé qu'il y aurait bientôt de nouvelles missions.

Stan la considéra d'un air pensif.

– Comment sais-tu ce qu'Hector affirme ? demanda-t-il, surpris du ton de sa propre voix.

Il avait presque parlé d'un ton *jaloux*.

Estrella haussa les épaules.

– Il m'aime bien, dit-elle, comme si cette réponse expliquait tout.

– Mais il aime tout le monde, rétorqua Tan sur un ton sarcastique. Les gars, les filles, il s'en fiche du moment qu'il y a un trou dans lequel la mettre.

Estrella fixa Tan pendant un moment sans rien dire.

– Il n'est entré dans aucun des miens, déclara-t-elle finalement. Parlons sérieusement. Qu'est-ce que vous voulez faire, vous ? Prendre votre part et retourner chez vous ? Ou attendre une occasion qui rapportera ?

Ils attendirent. Et pendant qu'ils attendaient, ils suivirent aux infos l'histoire à rebondissements des découvertes de Robinette Broadhead.

Que n'avait-il pas découvert ! Des créatures singulières, semi-humaines, qu'au début tout le monde crut, le cœur défaillant, être des Heechees, mais non. (De fait, elles avaient l'air d'être les descendants de l'humanité primitive, les spécimens capturés par les Heechees sur la Terre des millénaires auparavant et transportés sur l'un de leurs avant-postes spatiaux pour étude.) Il y avait également quelques prospecteurs portés disparus survivants – disons, plus ou moins survivants – qui avaient atterri dans ce lieu par tirage au sort et incapables depuis d'en repartir. Maintenant, ils étaient plus ou moins morts, mais également plus ou moins vivants, préservés dans une bizarre machinerie heechee. Il y avait également le jeune garçon humain à moitié sauvage, un dénommé Van, descendant d'autres naufragés de la Grande Porte et qui à présent, grâce à quelque sorcellerie heechee, émettait ses désirs et ses haines dans le Système solaire tout entier, la source de la fameuse Colère de Dieu. Et enfin, la dernière énigme, et pas la moindre, que Broadhead avait percée à jour : il avait appris où les Heechees s'étaient enfuis ! Ils étaient carrément allés s'enterrer dans le Noyau de la Galaxie. Et ils y demeuraient encore aujourd'hui. Tous !

On allait donc de merveille en merveille. Tout le monde ne parlait plus que de cela. Tout le monde, sauf Estrella, avait remarqué Stan. Pour quelque raison, elle passait de plus en plus de temps avec les permanents et de moins en moins avec ses anciens compagnons de voyage. Stan n'approuvait pas cette attitude.

– Elle ne devrait pas faire cela, dit-il fort sérieusement à Tan. Ils ne lui feront pas du bien.

Tan lâcha un rire gras.

– Tout dépend de ce que tu entends par « du bien ». Montefiore a sa propre idée à ce sujet. Mais ne t'inquiète pas pour Estrella. Il prendra soin de sa virginité.

Stan s'inquiétait, cependant. Il avait beau se répéter que ce que faisait Estrella n'était pas ses oignons, il pensait de plus en plus à elle au fil des jours.

L'Anglaise aux neuf bracelets de sortie revint. Elle avait gagné non seulement son dixième bracelet mais aussi une récompense. Elle avait exploré des tunnels sur un monde guère plus accueillant que Mercure, vêtue d'un scaphandre qui l'avait fournie en air mais qui ne l'avait pas protégée de la fournaise irradiée par les parois des tunnels. Allant jusqu'à la limite de ses forces, elle avait fouillé les corridors vides jusqu'à ce qu'elle eût déniché... quelque chose, mais quoi ? Personne ne le savait avec certitude. Un jeu, apparemment, une sorte de version en 3 D du jeu de GO. En tout cas, son bonus lui permettait de se payer sa traversée de retour et une retraite confortable dans le petit village du Sussex dont elle était originaire. Avant son départ, elle offrit même deux cafés aux garçons et les écouta lui narrer tous les événements stupéfiants qui s'étaient produits pendant son absence.

– Waouh ! fit-elle avec le sourire de qui ne s'intéresse plus à ce genre de nouvelles. On dirait que ça va être la foire d'empoigne, les gars. Ma foi, bonne chance à tous les deux ! Ne baissez pas les bras. Vous remporterez peut-être le jackpot, un de ces quatre, on ne sait jamais.

Tandis qu'elle faisait sa tournée pour offrir un verre à tous ceux qui lui en avaient offert un, Tan la regarda d'un air acerbe.

– J'en doute, dit-il dans un demi-soupir.

– Tu doutes depuis que nous avons posé le pied ici, fit remarquer Stan avec humeur.

Mais le fait est qu'il commençait lui aussi à être rongé par le doute. Sans l'arrivée d'Estrella qui les cherchait, leur conversation aurait tourné au vinaigre.

Estrella n'hésita pas un instant. Dès qu'elle les aperçut, elle s'envola vers eux en lançant un grand et précis coup de pied dans l'embrasure de la porte. Tan la retint lorsqu'elle parvint d'un seul élan à leur portée, mais elle se libéra en s'agrippant à un crampon. Son visage de guingois affichait une expression sinistre, mais les nouvelles qu'elle apportait valaient leur pesant d'or. Après avoir jeté un rapide coup d'œil à la ronde, elle chuchota en effet :

– Il y a une mission. Une grande.

Le cœur de Stan fit un bond dans sa poitrine, mais Tan demeura impassible.

– L'une de ces missions sans risques pour lesquelles la Corp rafle la majeure partie des profits ?

– Oui... et non. La Corp connaît la destination mais rien de plus. Elle ignore combien de temps durera le voyage. Donc, ce sera dans un Cinq blindé, l'un de ceux qui sont munis des équipements spéciaux dont personne ne connaît l'utilité... mais Broadhead affirme qu'ils sont indispensables à ce voyage. Ils vont bourrer le Cinq de vivres et de matériaux en quantité suffisante pour une très longue traversée. Donc, deux personnes seulement pourront partir. Je serai l'une des deux. La place est libre pour la deuxième.

Son regard fit la navette entre les garçons, tout en s'attardant davantage sur Stan. Mais ce fut Tan qui prit la parole :

– Pas moi, déclara-t-il. J'en ai ma claque de ces mystérieuses chevauchées.

Stan l'ignora.

– Tu dis qu'ils connaissent la destination ?

Estrella prit une profonde inspiration.

– Ce vaisseau ira là où les Heechees se sont planqués... dans le Noyau de la Galaxie.

Stan déglutit nerveusement. Ils étaient venus jusqu'à la Grande Porte dans l'espoir de remporter le gros lot... mais gros à ce point ?

Non plus grignoter les broutilles laissées par les Heechees mais se rendre droit chez ces supercréatures elles-mêmes qui s'étaient volatilisées à l'époque où l'homme était encore presque un singe ?

Quelle sorte de récompense serait accordée pour cela ?

– J'y vais ! s'entendit répondre impulsivement Stan. Écoute, Tan, il n'y a de la place que pour deux. Donc, on se partagera ma part du bonus. Retourne au pays, et mène une vie de roi. Achète à Naslan la plus jolie robe de mariée qu'elle pourra trouver.

Il prit soudain un air grave et reprit :

– Mais dis-lui de ne pas m'attendre.

9

Un Cinq heechee était censé être beaucoup plus vaste qu'un Trois. Ce n'était pas le cas de celui-là, pourtant. Tout un secteur de l'espace habitable était occupé par l'équipement bizarre et incompréhensible qui, selon Broadhead, était indispensable pour pénétrer dans le Noyau. Deux autres mètres cube, par le matériel qu'ils devaient remettre aux Heechees : fichiers des explorations de la Grande Porte et des découvertes heechees, données de base sur la race humaine, une foule de bricoles, ainsi qu'un message enregistré expliquant aux Heechees qui étaient les êtres humains. Si on ajoutait un an de réserves pour Stan et Estrella, il ne leur restait guère de place.

Estrella, pour sa part, n'avait guère besoin de beaucoup d'espace vital. En effet, elle bougeait à peine. Et elle n'adressait guère la parole à Stan non plus. Presque dès le décollage, elle s'était glissée dans son sac de couchage et n'en sortait que pour manger ou excréter, ne s'exprimant que par monosyllabes. À chaque fois que Stan lui demandait si quelque chose n'allait pas, elle répondait simplement « oui ». Quand il lui demanda s'il pouvait faire quelque chose pour elle, elle secoua la tête et répondit : « Je dois travailler sur moi-même. » Lorsqu'il voulut savoir de quoi il s'agissait, tout ce qu'elle trouva à répondre fut : « Je dois trouver le moyen de m'aimer de nouveau. » Ensuite elle retourna dans sa couchette et y demeura pendant trois jours, tandis que, bouillant d'exaspération, Stan s'étonnait de cette conduite.

Puis, le quatrième jour, Stan découvrit à son réveil qu'Estrella était en train de l'observer. Elle s'était perchée sur l'un des inconfortables sièges fourchus de pilote heechees. Il lui sembla qu'elle était là depuis un bon bout de temps.

– Hello ? fit-il sur un ton interrogateur, en guise d'essai.

Elle le contempla pensivement pendant encore un certain temps, puis soupira.

– Excuse-moi, dit-elle.

Sur ce, elle disparut dans les toilettes.

Elle y resta longtemps. Quand elle en ressortit, il s'avisa qu'elle avait passé tout ce temps-là à se faire une beauté. Elle s'était lavé les cheveux, les avait peignés encore humides, et elle arborait des shorts et un top qu'il ne lui avait jamais vus. Elle lui lança encore un autre de ces longs regards énigmatiques.

– Stan, déclara-t-elle. J'ai quelque chose à te dire. Nous allons vivre ensemble pendant longtemps, je crois, et il vaudrait mieux qu'il n'y ait pas de tensions entre nous. Est-ce que tu as envie de me faire l'amour ?

Interloqué, Stan répondit la première chose qui lui passa par la tête, ce qui fut :

– Je n'ai jamais fait l'amour avec une vierge.

Elle éclata de rire mais le rire n'était pas exactement joyeux.

– Ce n'est pas un problème, Stan. Je ne le suis plus. D'après toi, comment crois-tu que j'aie obtenu cette mission ?

L'unique fois où Stan avait fait l'amour, après avoir laborieusement économisé assez pour s'offrir l'une des filles les moins chères du cousin de M. Ozden, ça ne lui avait pas appris grand-chose sur la manière de s'y prendre. Estrella n'était guère plus savante que lui, mais l'inexpérience ne fut pas leur seul problème. Un Cinq n'était pas conçu pour le youp-la-la. La première fois qu'il essaya de la pénétrer, ils eurent tendance à s'éloigner en flottant des crampons.

Mais cette expérimentation fut assez divertissante en soi, et ils finirent par découvrir que le plus pratique était pour lui de la prendre par-derrière, les chevilles d'Estrella enroulées autour des siennes et de la tenir fermement par les hanches à deux mains. Alors, ce fut facile.

Ensuite, toujours nus, ils se cramponnèrent l'un à l'autre en se tenant étroitement enlacés, sans parler. Stan trouva cela très confortable. Sa joue était pressée contre l'oreille d'Estrella, son nez enfoui dans ses cheveux encore humides qui sentaient bon. Au bout d'un certain temps, sans s'écarter, elle demanda :

– Stan, on va être amis ?

– Oh ! oui.

Et ils le furent, effectivement.

Maintenant qu'ils étaient amis, surtout des amis qui s'envoyaient en l'air, leur Cinq ne leur parut plus aussi exigu. Ils se touchaient souvent, et de toutes sortes de façons : petites tapes affectueuses, légers effleurements lorsqu'ils se croisaient, rapides bisous, douces caresses qui débouchaient fort souvent sur une séance de gouzi-gouzi. Estrella avait l'air d'apprécier assez cela. Stan, lui, énormément.

Ils se parlaient également. Ils s'interrogeaient sur le Noyau. Sur les Heechees qui étaient ou n'étaient peut-être pas là-bas. Sur la vie à leur retour lorsqu'ils auraient reçu le bonus inévitablement énorme versé aux premiers humains ayant visité les Heechees.

– Ce sera des *milliards* ! jubilait Stan. Assez pour s'offrir une propriété sur le front de mer comme celle de Robinette Broadhead, avec des serviteurs et une vie de nabab... Et nous aurons tout notre temps pour en profiter parce que nous pourrons nous payer la Médication totale.

– La Médication totale, répéta Estrella dans un murmure, partageant son rêve.

– Absolument ! Nous ne serons pas vieux à quarante ans, ni morts à cinquante-cinq. Nous vivrons très, très longtemps et...

Il déglutit, conscient de ce qu'il était en train de dire.

– Nous vivrons ensemble cette vie de rêve, Estrella.

Déclaration qui, on s'en doute, prolongea la conversation, mena à de nouveaux baisers tendres et à de nouvelles gymnastiques.

Ils avaient beaucoup à se dire, y compris sur les chapitres de leur passé qu'ils avaient omis lors des précédents résumés. Lorsque Stan parla de la mort de sa mère et de ses conséquences pour son père, Estrella prit sa main entre les siennes et l'embrassa. Lorsqu'il évoqua sa vie à Istanbul, elle se montra intéressée, et plus encore quand il lui décrivit la ville elle-même : les siècles au cours desquels elle avait été sous le nom de Constantinople la puissante cité chrétienne, les Croisés qui l'avaient pillée, le règne mouvementé de Justinien et de Théodora et l'histoire de – mais oui – la cour de Byzance sous l'Empire byzantin. Tout cela fascina Estrella. Elle ignorait, en effet, tout de l'Empire byzantin, ne connaissait pas grand-chose de Rome elle-même, ni des Césars ni de leurs conquêtes et de leur époque de domination. À ses yeux, ce n'étaient que des légendes, des mythes, mais d'autant plus passionnants qu'ils avaient existé. Ou du moins, dans la mémoire de Stan.

Celui-ci, pour sa part, connaissait encore moins l'Amérique des Amérindiens avant et après leur domination par l'homme blanc. Elle ne ressemblait ni à l'histoire de l'Amérique telle qu'on la lui avait enseignée à l'école ni à celle racontée par son père. Estrella lui apprit que son peuple – celui du côté de sa mère – avait une histoire qui lui était propre. Les Amérindiens avaient même bâti de grandes cités comme Machu Picchu et d'immenses temples mayas dans le Sud, ainsi que les mystérieux ouvrages d'Anasazi.

– Mais cela, ajouta-t-elle d'un air à la fois songeur et fier, n'a duré que jusqu'à l'arrivée des Européens. Ils se sont emparés de nos terres, et souvent de nos vies, nous obligeant à mener une existence misérable dans des réserves ou à battre en retraite à la suite de batailles sans fin qui se sont soldées par la défaite et notre élimination.

– Il ne reste presque rien de mon peuple, Stan. L'unique bonne chose – et au fond, elle n'est pas aussi bonne que cela –, c'est qu'aujourd'hui, la majorité des Yankees sont aussi pauvres que nous.

Constatation qui rappela à Stan une énigme qu'il n'avait toujours pas résolue.

– Mais vous n'étiez pas tous dans la misère ? Ta famille, je veux dire. À l'époque, par exemple, de ton... euh... accident. Si pareil accident était arrivé à Tan ou à n'importe qui que je connais, jamais il n'aurait reçu une indemnité assez importante pour financer son voyage jusqu'à la Grande Porte. Est-ce que tu as la Médication totale, quelque chose ?

Surprise, elle éclata de rire.

– Nous n'avions droit à aucun traitement médical. Ce que j'avais, c'était mon frère.

Ce dernier avait fait courir le bruit qu'il allait descendre le tueur. Le beau-frère du tueur était employé au service de comptabilité de l'abattoir et il avait truqué les comptes afin de la rembourser, uniquement dans le but de sauver la tête du minable.

– Sur le papier, une assurance-décès, mais je les ai doublés. J'ai survécu. Et alors, une fois suffisamment remise pour pouvoir supporter le voyage, j'ai empoché le restant de l'argent et l'ai utilisé pour gagner la Grande Porte.

Elle prit un air si triste quand elle avoua cela que Stan ne put s'empêcher de l'embrasser, ce qui de fil en aiguille les mena aux plaisirs de l'amour. Et pourquoi pas ? Somme toute, n'était-ce pas une véritable lune de miel que cette croisière dans l'Espace ?

Le temps passa. Dix, onze, douze jours. Ils dormaient, étroitement lovés dans les bras l'un de l'autre, sans jamais s'en lasser. Certes, c'était un peu exigu. Mais les sacs de couchage à taille unique avaient été conçus aussi bien pour un Massaï longiligne qu'un Bengali corpulent ou encore deux amants dont l'un maigrelet comme Stan et l'autre mince comme Estrella. À l'occasion, ils jouaient de la musique ensemble, bizarre combinaison de la trompette de Stan et de la flûte qu'Estrella avait enfin sortie de ses sacs. Parfois, ils bavardaient. Et parfois aussi, ils jouaient aux cartes ou lisaient, ou encore restaient simplement assis l'un à côté de l'autre en silence. Et parfois également, Stan sortait le Message enregistré pour les Heechees – raison première pour laquelle ils effectuaient ce périple. Ils le passaient en se demandant ce que les Heechees, s'ils existaient, allaient en faire.

Le Message avait été concocté à la va-vite par Dieu sait qui... L'un des cerveaux de la Corporation de la Grande Porte, sans aucun doute, et sans aucun doute aussi avec Robinette Broadhead penchée par-dessus son épaule. Ledit message ne contenait aucune narration. Inutile puisqu'il était improbable que les Heechees comprennent aucune langue humaine. Ses uniques sons étaient de la musique. Pour commencer, l'intégrale de la sombre *Symphonie pathétique* de Tchaïkovski, et pour finir, la *Symphonie classique* de Prokoviev, plus guillerette et alerte afin de montrer que les humains avaient plus d'une humeur musicale.

Cependant, le Message était principalement constitué d'images. Les tunnels heechees vides de Vénus. Les corridors presque aussi vides de la Grande Porte lorsque les humains y avaient débarqué pour la première fois. Une équipe de prospecteurs grimpant avec méfiance dans un Cinq heechee. Une autre équipe, crasseuse, sortant d'un Trois les bras chargés d'éventails à prières et autres gadgets heechees. Une image des bras en spirale de la Galaxie, vue par en haut, avec une flèche désignant la position de la Terre dans le bras d'Orion. Le globe terrestre lui-même tournant avec lenteur. Une succession rapide de vues des cités humaines : New York, Tokyo, Londres, Rome. D'autres clichés de gens en pleine activité : peinture de paysages, conduite d'un tracteur, observation du ciel avec un œil collé à un télescope, un visage protégé par un masque au pied du lit d'une maternité alors qu'un nouveau-né venait au monde. Puis des choses que ni Stan ni Estrella n'avaient jamais vues. Une série d'images d'un gigantesque objet flottant, suivi d'une immense salle conique aux murs faits de métal heechee bleu et une curieuse et énorme machine posée sur des chenilles au milieu de la salle. « L'Usine Alimentaire, et l'autre engin, je suppose », observa Estrella. Ensuite, des corridors intérieurs et deux créatures – nos amoureux retinrent leur souffle – velues et bizarres qui ressemblaient presque à des humains et qui étaient certainement les primitifs que Broadhead avait découverts là-bas. Pour clore le message, de nouveau un cliché de la Galaxie, avec une minuscule image d'un Cinq heechee, le leur probablement, se propulsant lentement du bras d'Orion vers le Noyau.

Après la fin du message, qu'ils passaient pour la quatrième ou cinquième fois, Stan frotta, l'air pensif, l'endroit où se trouvait l'ancienne et fine moustache qu'il avait rasée sur l'insistance cajoleuse d'Estrella. Ils avaient regardé le Message en se tenant par la taille. Il bâilla, ce qui fit bâiller Estrella également, le sommeil les gagnant tous les deux. Elle bougea pour trouver une position plus confortable tout en restant collée contre lui lorsqu'elle se rendit compte qu'il avait les yeux fixés sur les piles de provisions.

– Qu'est-ce qu'il y a ?

– On dirait que ce vol va être long, fit-il, songeur. Je me demande si un prospecteur est déjà allé aussi loin que nous.

Elle essaya de le rassurer.

– Parfois, un vol court prend beaucoup de temps, et vice versa. Avec les vaisseaux heechees, on ne peut jamais rien prévoir.

– Oui, dit-il en tournant la tête pour lui embrasser l'oreille comme elle l'aimait.

Elle poussa un petit rire encourageant et offrit ses lèvres, ce qui était encore bien mieux que des paroles réconfortantes.

Stan était en effet heureux avec Estrella. Il pensa à cela à moitié endormi. En fait, il n'avait jamais été aussi heureux que maintenant. Alors pourquoi se faire du mouron à propos de la longueur de la traversée puisqu'il n'avait aucune envie qu'elle prît fin...

Seulement, ce ne fut pas le cas.

La traversée prit fin ce jour-là, presque à l'instant où les baisers devenaient caresses mais avant qu'ils ne commencent à se dévêtir réciproquement. Une fin surprenante.

L'immense spirale de commande ne leur lança aucun avertissement. Ce fut l'autre engin, le gadget à la forme ramassée et couronné par un dôme dont la raison d'être ne leur avait jamais été expliquée en termes compréhensibles. Il se mit à marmonner et à brilloter, puis à grogner et ensuite à hurler sur une note montant vers les aigus jusqu'à ce que leur ouïe ne puisse plus la percevoir, tandis qu'il brillait d'un éclat de plus en plus vif. Finalement, la spirale entra en action, sa brillance atteignit une luminosité extraordinaire qui leur brûla les yeux, avec des bandes défilantes rouge écarlate et jaune de chrome. Elle se mit à trembloter. Ou bien était-ce le vaisseau lui-même ? Stan n'était pas en mesure de le déterminer parce qu'il tremblait lui-même avec violence, saisi d'une peur irraisonnée comme jamais il n'en avait ressenti. Agrippé à Estrella, il n'avait plus du tout sommeil...

Et soudain, sans avertissement, tout s'arrêta.

Estrella s'extirpa du sac de couchage et brancha les caméras extérieures. Derrière eux, il y avait une effarante étendue d'un bleu pâle marbré. Devant eux, un ciel aux étoiles incroyables, tellement nombreuses, tellement brillantes, et non loin du vaisseau, un vaste dodécaèdre métallique, aux douze côtés symétriques, chacun muni d'une petite fossette en son centre. Leur vaisseau plongea à tombeau ouvert dans l'une de ces fossettes et s'y nicha. Avant que Stan ou Estrella n'eussent le temps de faire un geste, le sas bâbord s'ouvrit de l'extérieur.

Une créature qui ressemblait à un squelette poilu et animé les regardait d'un air fou furieux.

– Je crois que c'est un Heechee, murmura Estrella d'une voix défaillante.

Bien sûr, c'en était un. Ce fut le début de la plus longue, de la plus irrationnelle journée de la vie de Stan.

10

Rien ni personne au cours des dix-sept années de sa vie ne lui avait enseigné comment saluer un Alien d'une autre planète. Il s'inspira des romans de son enfance. Il leva les mains au-dessus de sa tête et proclama :

– Nous sommes venus en paix avec des intentions pacifiques.

Dans les vieux romans, ce rituel fonctionnait. Mais dans le monde réel, pas du tout. Le Heechee recula brusquement, visiblement saisi de panique. Un sourd gémissement, proche du ululement, jaillit de sa bouche bizarre, et tout à coup, il tourna les talons et prit la fuite.

– Merde ! fit Stan, effondré, en suivant du regard le fuyard.

Estrella s'agrippa à son bras.

– Nous avons effrayé la créature, observa-t-elle.

– Ben oui ! Il m'a bien effrayé, lui ! J'étais carrément mort de trouille.

– Nous devons lui montrer que nous sommes amicaux. Et si on commençait par leur passer le Message ?

Bonne idée. Du moins, Stan n'en avait pas de meilleure mais pendant qu'ils essayaient de faire démarrer le play-back, le Heechee avait déjà rappliqué. Cette fois, avec tous ses amis. Une demi-douzaine de créatures, vêtues d'une sorte de sarrau et munies d'une espèce d'objet en forme de gousse qui pendait entre leurs jambes – des slips à coquille de taille XL ? Résistant à tout climat ? Comment le savoir ? Ils baragouinaient entre eux d'un ton agité en s'empressant d'entrer dans le vaisseau. Ils ne perdirent pas une seconde. L'un d'eux arracha la main d'Estrella du magnéto tandis que deux autres s'emparaient de Stan. Ils étaient d'une force surprenante. Et armés. Plus ou moins armés, disons. Plusieurs portaient un assortiment de couteaux: en métal bleu roi ou doré, certains en forme de scalpel, mais tous dangereux. Surtout lorsque l'un des Heechees tint l'un de ses couteaux à la pointe extrêmement fine presque sur l'orbite droite de Stan et le tira vers la sortie.

– Ne te bats pas ! cria Estrella, elle-même captive de la même manière.

Stan ne tenta pas de se battre. Il se laissa tirer sans résister jusque dans une salle plus vaste aux murs en métal bleu veiné de rouge, remplie de machines qui leur étaient inconnues et de meubles un peu partout. Comme ils franchissaient le seuil, Stan trébucha, pris au dépourvu par le retour soudain de la gravité. Ils étaient de nouveau dans la pesanteur, pas aussi élevée que celle de la Terre peut-être, mais assez pour le faire se cogner contre son geôlier. Il rejeta brusquement la tête en arrière pour éviter de perdre un œil. Le Heechee au couteau hurla un avertissement d'un ton grinçant, mais Stan n'avait pas du tout l'intention de lui chercher noise. Même pas lorsque, avec Estrella, il fut plaqué contre un mur, enchaîné, bras écartelés, à ce qui ressemblait à des portemanteaux. Ou à des statues. Ou encore à Dieu sait quoi mais en tout cas à un truc assez solide pour supporter leurs kilos.

Puis la situation devint très critique. D'autres Heechees arrivèrent, jacassant nerveusement du plus fort de leur voix. Tandis qu'un groupe s'engouffrait dans le Cinq, d'autres commencèrent à se servir de leurs couteaux pour découper en petits morceaux les vêtements des deux captifs.

– Mais, bonté divine, qu'est-ce qu'il vous prend ? piailla Stan.

Mais le Heechee ne fit pas le moindre effort pour essayer de comprendre. Ils ne cessèrent pas non plus ce qu'ils avaient entrepris. Dès qu'un morceau de tissu était découpé, y compris leurs sous-vêtements, un autre l'examinait, le reniflait et l'emportait ailleurs pour l'étudier.

Au cours de ce déshabillage, Estrella, sous le choc, poussa un hurlement à l'instant où le couteau entailla sa cuisse.

Surpris, le Heechee fit un bond en arrière en brandissant sa lame.

– Fais attention avec elle ! cria Stan.

Mais aucun ne daigna le regarder. Celui au couteau glapit un ordre et un autre apporta une petite tasse en métal dans laquelle il recueillit une goutte du sang qui coulait de la coupure.

– Ça va ? demanda Stan, soudain plus en colère et compatissant qu'effrayé.

– Ce n'est qu'une égratignure. Mais, euh… j'ai envie de faire pipi.

Il n'y avait apparemment aucun moyen de transmettre l'information pressante à leurs geôliers. À supposer qu'ils en eussent tenu compte s'ils les avaient compris. En réalité, ils manifestaient une indifférence totale aux besoins ou aux désirs de leurs prisonniers. De nouveaux Heechees ne cessaient d'affluer dans la pièce, baragouinant entre eux sans arrêt. Lorsque l'un d'eux entra, arborant une tunique plus recherchée que celle de ses congénères, de soie brodée de fils d'or, il y eut un bref silence, puis ils se remirent à parler tous en même temps. Celui qui venait de faire son apparition avait l'air ahuri de qui est arraché d'un profond sommeil pour apprendre de très embêtantes nouvelles. Il écouta ses congénères pendant un moment sans rien dire, puis d'un geste réclama le silence. Il aboya ce qui avait tout l'air d'être un ordre, puis porta une main squelettique à ses lèvres étroites et se mit à parler dans ce qui ressemblait à une grosse bague.

Les Heechees, un à un, ressortaient maintenant du Cinq les bras chargés : vêtements de rechange, paquets de vivres, et la trompette de Stan, celle-ci avec mille précautions. Il y eut encore une discussion animée quand ils la présentèrent au détenteur du micro-bague. Il réfléchit un moment, puis lança de nouveau des ordres. Un autre Heechee s'avança avec ce qui avait tout l'air d'être un stéthoscope et le posa ici et là, sur la trompette, partout, en fait, écoutant d'un air préoccupé et rapportant ses observations au chef.

Quelques instants plus tard, un piaillement se fit entendre dans l'intérieur du Cinq, et Stan perçut les familiers accords claironnants de l'ouverture de la Sixième Symphonie de Tchaïkovski.

– Écoute, Stan, cria de joie Estrella, ils ont mis le Message ! Ça va peut-être s'arranger !

Pas du tout. Mais pas du tout du tout. Si les Heechees tiraient un sens du Message, ce qui était improbable, il ne parut pas les rassurer.

Combien de temps restèrent-ils enchaînés au-dessus du sol, fouillés, palpés et examinés sur toutes les coutures ? Stan eût été incapable de le dire. Très longtemps, semblait-il. Il s'angoissait sur son sort mais surtout sur celui d'Estrella. De temps à autre, il lui lançait d'inutiles paroles rassurantes. Elle lui répondait, courageuse qu'elle était :

– Ça va s'arranger, Stan.

Puis sur un petit cri de sa part, Stan se rendit compte de ce qui se passait. Elle avait beau serrer les genoux le plus fort possible, sa vessie réclamait. L'urine coulait le long de ses jambes. Ce phénomène déclencha chez les Heechees un nouvel émoi, et l'un d'entre eux fonça chercher une autre tasse pour récupérer quelques gouttes pour examen.

Ce que ressentait Stan en se mettant à la place de sa bien-aimée, c'était de la honte et un brutal élan de colère à l'endroit de ces grossiers et négligents Heechees qui en étaient la cause. Ainsi s'acheva la première heure de la plus longue journée de la vie de Stan.

Mais bientôt, sans raison visible, les choses s'améliorèrent, et même assez rapidement.

Le Heechee à la tunique brodée d'or était reparti exécuter sans doute ce que les boss heechees sont tenus de faire. Le voici qui revenait, gonflant le buste d'importance, tout en donnant des ordres tous azimuts. Lorsqu'il s'approcha d'Estrella, Stan tira sur ses chaînes, s'attendant à quelque nouvelle vilenie. Erreur. Le Heechee leva une immense main munie de doigts en éventail et lui tapota la joue.

Une façon de la rassurer ? À l'évidence, oui. Stan le comprit quand d'autres Heechees se hâtèrent de leur retirer leurs chaînes, tandis que le boss ne cessait pratiquement pas de leur parler. Une fois libre, tanguant légèrement – les chaînes ayant bloqué la circulation du sang et son poids étant un peu inférieur à ce qu'il avait escompté –, Stan se précipita vers Estrella. Nus comme ils l'étaient, ils s'enlacèrent sous le regard à la fois fasciné et indulgent des Heechees.

– Mais qu'est-ce qui se passe, bon sang ?

Il n'attendait aucune réponse et n'en obtint d'ailleurs aucune, à moins que ce qui se produisit alors n'en fût une. Deux Heechees s'approchèrent d'eux, le premier portant plusieurs morceaux de leurs vêtements mis en lambeaux, comme pour s'excuser ou s'expliquer, et le second plusieurs sarraus de remplacement, leur signalant par gestes qu'ils pouvaient les mettre.

Ces vêtements ne leur allaient guère, les êtres humains ayant un buste plus épais que les corps aplatis des Heechees. Malgré tout, dès l'instant où sa nudité fut dissimulée devant ces singulières créatures, Stan se sentit mieux.

Toutefois, le problème, c'était qu'il ne saisissait toujours rien à ce qui se passait. Ce n'était pas la faute des Heechees. Ces derniers piaillaient, gesticulaient tant et plus dans l'espoir de leur faire comprendre quelque chose mais sans langage commun, la communication n'alla pas bien loin.

– Au moins, nous ne sommes plus ficelés comme des dindes de Noël, avança Estrella, pleine d'optimisme, en tenant Stan par la main.

Ils furent même autorisés à faire le tour de la salle, les Heechees sautillant autour d'eux au cours de leur visite un rien erratique.

– Je me demande s'ils vont nous laisser retourner dans le vaisseau, dit Stan en jetant un coup d'œil à l'intérieur.

Deux Heechees repassaient le Message en tenant un objet qui ressemblait à s'y méprendre à une caméra pour filmer les images. Un autre tapota Stan sur l'épaule d'une manière encourageante lorsqu'il se posta sur le seuil.

Il considéra ce geste comme une permission.

– Tentons le coup, dit-il en ouvrant la voie.

Aucun ne s'interposa. Estrella lâcha un hoquet lorsqu'elle découvrit ce qui était advenu de leur Cinq. La majorité des éléments mobiles avaient été retirés et deux Heechees semblaient s'être attelés à résoudre le casse-tête que représentaient pour eux les équipements des toilettes.

Estrella prit un air autoritaire.

– Sortez ! ordonna-t-elle en battant des bras pour se faire comprendre.

Les Heechees baragouinèrent un instant entre eux, puis obtempérèrent.

Cela changea la situation. Les toilettes avaient en partie été démontées mais fonctionnaient encore. Un peu plus propres et plus à l'aise, Stan et Estrella considérèrent ensuite l'autre besoin le plus urgent : la faim. Il était impossible d'utiliser le matériel de cuisine qui avait été réduit en pièces, mais ils finirent par dénicher un paquet de biscuits oublié par les détrousseurs, et de l'eau. Chacun de leurs mouvements était observé avec intérêt et approbation par les Heechees.

Puis le boss revint, poussant péniblement devant lui une espèce de gros gadget semblant comporter un écran vidéo. L'un des Heechees toucha quelque chose et une image apparut.

C'était un Heechee mâle qui leur parlait avec excitation, sans qu'ils comprennent le moindre mot, bien sûr. Derrière lui, on voyait l'intérieur d'un vaisseau heechee mais qui ne ressemblait en rien à ceux que Stan connaissait. Beaucoup plus vaste qu'un Cinq. Le seul équipement familier était la machinerie en forme de dôme identique à celle qui les avait fait pénétrer dans le Noyau.

Puis le Heechee sur l'écran gesticula. Le cadre s'élargit, et ils aperçurent un autre élément familier.

– Mon Dieu ! marmonna Estrella. Ce n'est pas Robinette Broadhead ?

C'était bien lui. Il souriait de toutes ses dents, et il tendit une main au Heechee qui la serra avec maladresse.

Le boss tapotait avec enthousiasme l'épaule de Stan de sa main évasée. Un geste d'excuse, *a priori*, et avec hésitation, celui-ci le lui rendit. L'épaule du Heechee était chaude mais osseuse, et on eût dit qu'il souriait.

– Eh bien ! fit Estrella d'un ton étonné, on dirait que nous sommes d'ores et déjà tous amis.

Ainsi s'acheva la fin de la deuxième heure de la plus longue journée de leur vie.

C'était bien d'être amis, mieux d'avoir la possibilité de se restaurer, de boire, de se soulager et mieux encore d'être libres. En réalité, Stan tombait de sommeil mais il n'eut pas la possibilité de piquer un petit somme; les Heechees continuaient d'essayer de leur dire des choses en langage gestuel. Ils ne comprenaient toujours rien. Mais lorsque le boss approcha, portant la trompette d'un air interrogateur, Stan comprit aussitôt.

– C'est une trompette, annonça-t-il en répétant le nom à plusieurs reprises tout en désignant l'instrument. Euh... laisse-moi te montrer.

Il souffla une gamme, puis quelques accords de la version de Cab Calloway de *St. Louis Blues*. Tous les Heechees firent un bond en arrière, puis par gestes le pressèrent de rejouer.

Stan n'en pouvait plus. Il fit non de la tête.

– Nous sommes *fatigués*, dit-il en fermant les yeux et en appuyant sa joue sur ses mains croisées. *Dormir*. Nous avons besoin de *repos*.

Estrella lui prêta main-forte. Faisant signe au Heechee le plus proche de les suivre, elle gagna l'entrée du Cinq et désigna les plaques de leurs couchettes à présent vides. Après quelques baragouinements, le Heechee parut comprendre. Deux d'entre eux repartirent à toute allure, et le boss les invita d'un geste à le suivre. Ils sortirent de la grande salle qui jusque-là était tout ce qu'ils avaient vu du monde heechee et emboîtèrent le pas du boss le long d'un petit corridor. Les murs paraissaient en métal heechee mais d'un rose parme veiné au lieu du bleu habituel. Ils firent halte devant une pièce. Un Heechee qui les attendait leur montra leurs sacs de couchage découpés en morceaux, puis plein d'espoir pointa le doigt sur deux piles côte à côte sur le sol. Des lits ? Oui, manifestement. Le Heechee referma la porte sur eux et Estrella s'étendit aussitôt sur l'une des piles. Stan l'imita. Il eut l'impression de s'enfoncer dans un tas de feuilles sèches plutôt que dans un lit. Cependant, ce n'était pas inconfortable. Le plus grand avantage était que c'était plat et horizontal, et que plus personne ne lui parlait. Soulagé, il s'étira avec plaisir et ferma les yeux...

Mais cela ne dura guère.

Le bruit de la porte qui se rouvrait le tira de son demi-sommeil. C'était le boss, à nouveau, qui blablatait avec animation et leur faisait signe de le suivre avec insistance.

– Oh ! la barbe ! ronchonna Stan.

Tout se passait vite dans ce monde. Nos deux humains se levèrent tout de même et le suivirent. Cette fois, ils allèrent plus loin dans le corridor rose parme, puis en prirent un autre, doré. Ils stoppèrent devant une salle identique à la première dans laquelle une demi-douzaine de Heechees papotaient en désignant le sas.

– Je crois qu'ils essaient de nous prévenir qu'un autre vaisseau arrive, observa Estrella.

– Bon, ronchonna Stan. Ils auraient pu nous laisser dormir encore un peu, n'empêche.

L'attente ne fut pas longue. Il y eut un faible grincement métallique de l'autre côté de la porte. Un Heechee, qui surveillait près de la porte un objet où s'affichaient des couleurs successives, attendit un instant, puis ouvrit. Deux Heechees entrèrent, parlant avec exaltation au groupe rassemblé pour les accueillir quand derrière eux apparurent... deux êtres humains.

Des êtres humains ! Et ils parlaient, eux aussi, mais aux Heechees. Dans leur langage heechee à eux. Soudain, l'un d'eux remarqua Stan et Estrella. Ses yeux s'agrandirent comme des soucoupes.

– Jésus ! s'exclama-t-il, n'en croyant pas ses yeux. Mais qui diable êtes-vous ?

Et lui, qui était-il ? Un dénommé Lon Alvarez, l'un des assistants personnels de Robinette Broadhead. Dès que Stan lui eut décliné leur identité, il claqua des doigts.

– Les gosses qui sont partis de la Grande Porte juste après la découverte, bien sûr. Tout le monde vous croit morts.

– Eh bien, c'est une erreur, répondit Estrella. Morts de fatigue, uniquement.

Toutefois, Stan éprouva tout à coup un violent sentiment de culpabilité. Tout le monde pensait qu'ils étaient morts ? Donc Tan, et Naslan également, à qui on avait dû l'annoncer.

– Y a-t-il un moyen de communiquer avec la Grande Porte ? Si oui, je ferais mieux d'envoyer immédiatement un message.

Perplexe, Lon Alvarez lui adressa un regard dubitatif.

– Un message à qui ?

– Aux autorités de la Grande Porte, naturellement, rétorqua Stan d'un ton vif. Elles attendent de nos nouvelles.

Alvarez jeta un coup d'œil aux Heechees, puis considéra de nouveau Stan.

– Monsieur Avery, j'ai le regret de vous informer que les autorités de la Grande Porte n'attendent pas vraiment de vos nouvelles. Vous savez que vous êtes dans un trou noir, n'est-ce pas ?

– Un *trou noir* ? s'exclama Stan en clignant des paupières.

Estrella était devenue livide.

– Exactement. C'est ça, le Noyau. Un grand trou noir où les Heechees sont venus se cacher il y a fort longtemps. Or, vous savez que dans un trou noir, il se produit une dilatation du temps...

Il regarda Stan pour s'assurer qu'il le suivait mais le regard désorienté de celui-ci ne fut guère rassurant. Alvarez lâcha un soupir.

– Cela signifie que les choses se déroulent plus lentement dans un trou noir. Ici, la dilatation est d'environ quarante mille pour un, vous voyez ? Donc énormément de temps s'est écoulé à l'extérieur depuis votre arrivée. Combien ? Ma foi, lorsque nous sommes partis, ça doit faire, disons, onze ans environ.

11

Quand Stan et Estrella furent incapables d'en entendre davantage, ils regagnèrent en chancelant leurs drôles de lits heechees. Ils ne dirent pas un mot. Leur situation était beaucoup trop effrayante pour avoir besoin d'en parler.

Estrella se laissa choir aussitôt sur son lit de feuilles mais Stan voulut tenter de rester debout. Sa tête était bien trop pleine de calculs, et tous les résultats étaient effarants. Le type avait dit quarante mille pour un ! Ciel ! Cela signifiait que chaque minute qui s'écoulait dans le Noyau des Heechees équivalait à plus d'un *mois* dans le monde extérieur ! Une heure équivalait à cinq *ans* ! Une journée, à plus d'un siècle, et une semaine...

Mais la fatigue l'emporta. Il sombra dans un sommeil agité qui ne dura guère. Trop de rêves le hantaient. Lorsqu'il fut assez réveillé pour tendre la main vers la couche d'Estrella, celle-ci était vide, et Estrella avait disparu.

Stan se leva en titubant et partit à sa recherche. Il était urgent de la retrouver. Plus urgent encore de retourner tous les deux dans leur Cinq. Si jamais il fonctionnait malgré les démantèlements des Heechees, il fallait coûte que coûte repartir illico au pays... avant que tous ceux qu'ils connaissaient ne soient morts et enterrés.

Estrella n'était pas dans le corridor, bien qu'il perçût des bruits de voix. Elle ne se trouvait pas non plus dans la première salle dans laquelle ils étaient entrés. Une foule de Heechees étaient là, l'air très affairé, mais à quoi ? Stan n'aurait su le dire. L'un d'entre eux eut pitié de lui. Il le conduisit en pépiant gaiement tout en lui donnant force petites tapes rassurantes sur l'épaule dans une autre salle d'arrivée. Plus vaste encore et plus bondée, un flot de Heechees entrant et sortant du port d'embarquement pour gagner un vaisseau accosté. Le guide de Stan l'entraîna jusqu'à la porte et le poussa doucement à l'intérieur.

Jamais Stan n'avait vu de vaisseau aussi grand. Il était plein de monde, aussi bien des humains que des Heechees. Lorsque l'un des humains leva les yeux, Stan reconnut Estrella. Elle parlait – oui, apparemment elle parlait – à un Heechee. Tenant à la main une sorte de récipient contenant un produit marron, elle lui fit signe de la rejoindre.

– C'est du café, Stan, dit-elle, toute contente. Il y a une immense cuisine dans ce vaisseau d'immigrants. Tu en veux ?

– Bien sûr, répondit-il d'un ton absent, le regard fixé sur le Heechee.

De façon cocasse, la créature était coiffée d'un chapeau texan et arborait un sweat-shirt portant la légende « Bienvenue à Houston », et il était chaussé de bottes de cow-boy. Il tendit aimablement la main à Stan.

– Ravi de vous revoir, mister Avery, déclara-t-il... en anglais. Vous ne vous souvenez pas de moi ? Je suis Doorwatcher. J'étais chargé du sas d'entrée lorsque vous et Mrs Pancorbo êtes arrivés. Je suis parti avec le premier groupe de vos congénères dans l'Extérieur dès que nous avons compris ce qui se passait, ajouta-t-il fièrement.

– Euh... enchanté de vous revoir, répondit Stan d'une voix défaillante. Vous... euh... parlez très bien l'anglais.

Doorwatcher fit un geste avec sa main squelettique, de l'air de dire que ce n'était pas un exploit.

– J'ai passé quatre ans sur votre planète. Donc, j'ai largement eu le temps de l'apprendre. Et lorsque ce vaisseau d'immigrants allait partir, j'en ai profité pour revenir au pays.

Quelqu'un lui adressait la parole d'un ton pressant en langage heechee. Il répliqua brièvement, puis soupira.

– Il vaut mieux que je retourne à mon travail. Tous ces nouveaux venus ! Mon second est débordé. Et j'ai hâte de revoir ma famille, également. Mon absence m'a paru longue... même si eux ignorent que je suis parti !

12

Lorsque Stan essaya de se souvenir de cette très longue journée, de ces quarante mille jours en un, les faits et les découvertes bourdonnèrent follement dans son esprit comme une ruche attaquée par des frelons. Les surprises étaient trop nombreuses et trop énormes. Le nouveau vaisseau était de fabrication humaine, mais la technologie de propulsion était heechee. Les humains arrivés par ce vaisseau étaient des *immigrants* venus jusque dans le Noyau afin de rendre visite aux Heechees pendant quelques jours ou des semaines ou... des siècles ! Et ce vaisseau allait aussitôt repartir pour en amener d'autres. La Porte – le dock flottant sur lequel ils s'étaient posés – grouillait d'humains venus sur des vaisseaux précédents, qui attendaient d'être transportés sur l'une des planètes heechees servant de vitrine. Parmi eux se trouvaient des dignitaires de la Corp de la Grande Porte ou un ambassadeur des nations de la Terre afin d'établir des ambassades de la race humaine en territoire heechee. D'autres étaient tout simplement des gens qui n'aimaient pas la vie qu'ils menaient sur la Terre et qui avaient sauté sur l'occasion de recommencer une vie nouvelle dans le Noyau.

– Comme nous, Stan, déclara Estrella, tandis qu'il s'efforçait, le regard trouble, d'assimiler tout cela. Comme tous ceux qui sont allés sur la Grande Porte et qui vont enfin obtenir ici ce qu'ils veulent. Les Heechees sont fous de joie de nous connaître. Chaque être humain qui va élire domicile ici mènera une vie de roi.

Elle prit un air inquiet, puis ajouta en lui souriant :

– Bois donc ton café, chéri. Je crois qu'ils mettent dedans un produit pour nous réveiller. Tu en as besoin.

Ils en avaient besoin, en effet, et le café finit par les réveiller. Quand Stan eut avalé sa deuxième tasse, la fatigue qui l'écrasait s'envola, et son esprit se mit à fonctionner furieusement.

– Que veux-tu dire par mener une vie de roi ? demanda-t-il.

– Comme je te l'ai dit, répondit-elle avec patience... ou un rien d'impatience.

Elle était survoltée, également, et ses yeux étincelaient d'un éclat que Stan ne leur avait jamais vu.

– Ils nous *accueillent*, Stan. Ils désirent tout savoir de la race humaine. Tout. L'idée que nous possédons différents pays et diverses cultures les fascine. Lorsque j'ai parlé à Doorwatcher de l'élevage de bisons, il m'a suppliée de venir sur sa propre planète et de lui en parler... Il n'avait pas vu cela lors de son séjour sur Terre. Il veut nous donner sa propre maison, et une super-maison, avec ça, et... à mon avis, il ignore également tout d'Istanbul, ou de l'histoire de l'homme. Ils veulent que tu leur racontes tout ça.

Mais Stan secouait la tête.

– On n'a pas le temps, objecta-t-il.

L'air surpris, Estrella le considéra de sous ses paupières à demi closes.

– Et pourquoi ? demanda-t-elle, sentant son enthousiasme soudain retomber.

– Parce qu'il faut que nous soyons sur ce vaisseau quand il repartira, Estrella. Nous devons retourner sur la Terre tant que nous y serons des héros, les premiers humains à être revenus du Noyau. Imagine la fortune qu'on va amasser ! Pas seulement le bonus – et il sera *astronomique*, je te parie – mais la gloire ! La richesse, la Médication totale et tout !

Il scruta, soudain effondré, le visage d'Estrella pour déchiffrer son expression.

– Tu ne vois donc pas ce que tu vas louper, Estrella ?

– La Médication totale. Une longue vie de luxe, fit-elle rêveusement.

– Exactement ! Le temps passe. Il faut repartir !

Estrella lui prit la main et l'appuya sur sa joue.

– Pourquoi ? demanda-t-elle simplement.

Stan cligna des paupières.

– Comment, « pourquoi » ?

– Mais, fit-elle d'un ton triste, rien ne presse, Stan... Qu'aurons-nous là-bas que nous n'aurons pas ici ?

– Nos amis...

Mais elle le coupa d'un hochement de tête. Elle l'embrassa sur la tête.

– Chéri, tu vois le temps écoulé ? Nos amis sont devenus vieux. Ils sont peut-être morts, va savoir. Tu désirais vivre une très, très longue vie. Maintenant, tu peux l'avoir.

L'expression qu'afficha Stan l'attendrit, et elle le serra très fort dans ses bras.

– En outre, ajouta-t-elle, persuasive, nous avons franchi toute cette distance. Tant que nous sommes ici, autant voir à quoi cet endroit ressemble.

– Mais combien de temps ? demanda Stan, retrouvant tout à coup sa fougue.

– Pas longtemps, si tu veux. Une semaine, deux...

– Estrella ! Ce sera... quoi ? Un millier d'années ou plus !

Elle acquiesça.

– Et alors ? Ça vaudra peut-être la peine de retourner au pays à ce moment-là !

Traduit de l'américain par Bernadette EMERICH

Le cycle du Centre galactique

Gregory Benford

La série comprend six romans écrits sur une période de vingt-cinq ans. Les aventures se déroulent du début de l'an 2000 à l'année 37518 dans une véritable saga dont le décor principal, le Centre galactique, est situé à 28000 années-lumière de nous. Pour nos personnages, c'est le lieu de passage obligé où se sont focalisés les grands enjeux de l'espace.

J'ai voulu traduire dans ces récits les immenses échelles d'espace-temps des galaxies. Nous ne sommes que des passagers éphémères sur la scène qu'éclairent les étoiles, et la science-fiction est là pour nous le rappeler.

In the Ocean of Night, publié en 1977, évoquait la révélation de la prédominance naissante des formes d'existence virtuelle dans l'espace. Un astronaute britannique du programme spatial de la NASA, Nigel Walmsley, découvre que des « machines à calculer évoluées » se sont approprié l'héritage technique de civilisations archaïques. Cette prise de conscience naît de la découverte d'épaves sur la Lune et de la capture du vaisseau d'exploration d'une ancienne société interstellaire dérivant dans le système solaire.

Dans *Across the Sea of Suns*, nous suivions la première expédition interstellaire de Walmsley. Mus par la curiosité, les humains entreprennent de visiter des étoiles voisines où vivent des créatures aux caractéristiques particulières. Là, Walmsley s'aperçoit que les Naturels – des créatures organiques – ont été pratiquement anéantis, et en tout cas gravement décimés, par les Machines de quelque société expansionniste.

Alors que se déroule cette mission, une forme de vie venue de la mer envahit les cinq continents terrestres. C'était là la méthode habituelle utilisée par les civilisations mécaniques pour déstabiliser les sociétés évoluées des Naturels. Dès que ces êtres belliqueux se sont rendu compte de la présence humaine auprès de leurs ennemis Naturels, ils ont commencé la colonisation. À la fin du roman, une poignée de survivants, dont Walmsley, capture un vaisseau interstellaire sophistiqué qu'il convoie vers le Centre galactique, afin de découvrir ce qui s'y trame.

Au cœur de notre galaxie, à quelques années-lumière de son centre, un *million* d'étoiles. À moins d'une année-lumière les unes des autres. Imaginez la puissance dégagée par autant d'étoiles dont l'éclat d'une seule surpasse celui de la Lune !

Pis encore, le Centre galactique est manifestement le lieu de prédilection des Machines : des rayonnements gamma, des nuages chauds et des processus énergétiques de grande ampleur en dominent l'activité crépitante.

Great Sky River s'ouvre sur ce paysage. Le titre se réfère à l'ancien nom que les Indiens d'Amérique donnaient à la Voie lactée. Le héros en est un homme du nom de Kileen, qui fuit avec l'Évêque de Famille à travers un pays dévasté. Au-dessus d'eux, le ciel est dominé par le trou noir du Centre Véritable que le peuple de la contrée appelle le Dévoreur de Toutes Choses. Personne n'a jamais vraiment su pourquoi...

Dans cet amas de ruines, les humains ont déchu. L'expédition menée par Walmsley a réussi à atteindre le Centre et y a construit une civilisation importante mais les humains n'ont pu échapper à la suprématie des Machines. De plus, un Méca, une machine mystérieusement nommée la Mante, les poursuit. Elle les considère comme une espèce en voie de disparition et cherche à mémoriser tout ce qui lui paraît avoir de la valeur dans les sociétés survivantes.

Les humains n'ont plus été sur un pied d'égalité avec les Mécas depuis l'époque où ils vivaient dans d'immenses stations spatiales nommées les Lustres. Les Évêques fuient leur monde natal, Snowglade, dans l'espoir de trouver un refuge et cherchent à percer la véritable nature du trou noir.

Dans le quatrième roman, *Tides of Light*, ils atteignent une autre planète et concluent une alliance avec une espèce organique, également menacée de disparition par les impitoyables Mécaniques. Dans ce récit, on découvre qu'il y a d'autres types de Mécas, capables de se reproduire, et qui tombent, de ce fait, sous le coup des lois de la sélection naturelle. Ils se sont spécialisées dans l'exploitation des ressources locales et ont réussi à recréer la structure complète des mondes biologiques : parasites, proies et prédateurs.

Les Évêques leur font face. Ils s'efforcent aussi de comprendre les messages énigmatiques qui émanent d'une intelligence artificielle logée dans les flux magnétiques qui baignent l'atmosphère du Centre. Cette entité leur parle d'un lieu, la Portion, où les humains pourraient trouver refuge. Là, serait la légendaire Bibliothèque Galactique, qui recèle une histoire complète de l'Univers.

Dans le cinquième roman, *Perilous Gulf*, nous pénétrons dans le gouffre qui entoure le puissant trou noir et mesurons les différences qui séparent les intelligences nées dans des royaumes différents. Le souci humain de la mort et l'individualité caractéristique des créatures biologiques ne trouvent pas d'écho chez les espèces non répertoriées dans la classification darwinienne.

Si nous pouvons nous dupliquer indéfiniment, pourquoi se soucier d'un exemplaire en particulier ? Quel type de société peut bien naître sur de telles bases ? Et de quel œil serions-nous considérés, nous les Naturels, éternellement empêtrés dans notre destinée biologique ?

Un thème se dégage peu à peu de ces romans : comment l'intelligence peut dépendre du substrat. Qu'il s'agisse d'humains évolués ou de machines capables d'adaptation, ils incarnent tous deux, avec des statuts diamétralement opposés, une même manifestation de la pensée.

Nous n'avons pas revu Nigel Walmsley depuis le deuxième roman, bien que des indices donnent à penser qu'il est resté dans les parages du Centre Véritable. Des échos de l'histoire et des messages énigmatiques résonnent dans les ruines. La recherche puis la découverte de la Portion nous révèlent finalement que les humains ont réussi à survivre aux persécutions des Mécas dans un espace-temps replié de manière déconcertante (l'*s-t* ou *esté*).

Sailing Bright eternity, le sixième tome, achevé en 1995, réunit tous les principaux personnages de cette épopée. Dans la Portion, nos héros comprennent que les humains détiennent, à leur insu, des données capitales pour empêcher les machines de supprimer toute vie naturelle.

Vingt-cinq ans se sont écoulés depuis que j'ai commencé *In the Ocean of Night* et ma vision du Centre galactique s'est profondément modifiée. Certains passages des deux premiers livres, notamment, ne sont plus représentatifs de la pensée actuelle. La connaissance fait reculer l'erreur.

Les problématiques de chaque roman se résolvent toujours en faveur de l'humanité, parce qu'elle est unique et que ses efforts pour survivre dans une galaxie aussi hostile sont dignes de respect. Mais si la condition humaine n'évolue pas davantage et reste aussi vulnérable, les machines pourraient bien un jour s'emparer de la galaxie et nous en tenir éloignés, avec une implacable indifférence.

L'histoire qui suit traite d'une question cruciale qui se pose aux humains au début de leur déclin, vers l'an 36000. Elle révèle également plusieurs aspects de la Mante si redoutée et à laquelle je n'avais pu donner, dans les romans précédents, la place qu'elle mérite.

Gregory BENFORD

UNE SOIF D'INFINI

Gregory Benford

La mort arriva sur seize pattes.

S'il est possible de garder son calme alors qu'une créature anguleuse et sinistre vous extrait de votre cachette, et que, barbelée et dure, elle vous applique sur la gorge un membre acéré comme une lame, alors Ahmihi gardait son calme.

Il avait été l'Exec de l'Assemblée noachienne pendant des années, et connaissait ce coin de la Tour du Lustre comme sa poche. Mais le malheureux n'y avait jamais vu cette silhouette de métal qui, à présent, le dominait de toute sa hauteur.

Il se sentit soulevé, arraché du sol. Une douleur suraiguë vrilla son sensorium, la sphère sensorielle qui fusionnait son corps aux circuits électroniques qui l'enveloppaient. Après la souffrance un message résonna. Non pas constitué de mots mais plutôt implanté dans la perception qu'il avait du monde qui l'entourait.

Je veux parler. Transmettre une signification linéaire.

– Oui, bien sûr... Vous êtes... ?

Il tenta en vain de prendre un air désinvolte mais sa voix s'étrangla dans un hoquet sec.

Je suis une intelligence anthologique. J'ai replié mon langage holographique afin qu'il soit compatible avec vos interfaces sérielles.

– Sympa de votre part...

L'appendice armé pivota doucement sur lui-même, comme un mobile suspendu à son fil. Ahmihi vit, sur le niveau inférieur, trois de ses compagnons étendus, morts. Il se força à détourner les yeux. Son regard se perdit sur les lieux délabrés qui, autrefois, avaient été si beaux. Cette section de la Citadelle avait été ornée de tourelles, de galeries, de colonnes dorées. Les grilles en fer forgé qui lui avaient conféré une splendeur byzantine avaient été construites, voici plus d'un millénaire, dans les fonderies biotechnologiques. La bataille, qui semblait à présent achevée, avait été sans pitié. Ahmihi, aperçut, éparpillées çà et là, des croûtes elliptiques d'un roux orangé, signe que bon nombre des siens avaient été grillés et projetés sur les murs. Des restes blanchis de corps éventrés s'accumulaient aux coins des rues, comme de la neige artificielle. Un amplificateur mural d'images continuait de jouer comme pour divertir les morts. Des pans entiers de parois avaient volé en éclats, laissant apparaître d'anciennes couches de revêtement. Les éclairs des armes qui avaient tranché hommes et femmes en tronçons ensanglantés avaient laissé un peu partout des traces calcinées.

J'ai interrompu cette attaque. Je suis intervenu parce que je dois vous parler.

– Combien de survivants ?

J'en dénombre 453 – non, 452. L'un d'eux vient de mourir il y a deux xens.

– Si vous laissez mon peuple s'enfuir...

Cela sera votre récompense. Si vous satisfaites ma demande. Si vous discutez avec moi, je vous laisserai même partir avec eux.

Un faible espoir éclaira le regard d'Ahmihi.

L'invasion finale de la Tour du Lustre par les Mécas avait donné le coup de grâce aux dernières résistances. L'Assemblée noachienne avait combattu pour protéger la retraite pendant que les familles s'enfuyaient. Des désassembleurs ténus comme des insectes avaient brisé les armes à énergie cinétique du Lustre et des micro-termites en avaient grignoté jusqu'aux moindres recoins. D'autres Assemblées s'étaient sauvées alors que les Noachiens tentaient de résister.

À présent, le rideau était tombé.

La Tour était un objectif de guerre essentiel pour les Mécas. Elle orbitait près du disque d'accumulation du trou noir là où les filets à induction du Lustre récoltaient l'énergie des masses qui stagnaient dans l'espace-temps étiré.

Dans la longue lutte entre humains et machines, les ressources que recelait ce lieu étaient devenues l'enjeu déterminant de toutes les batailles. À l'époque où l'humanité avait atteint le Centre galactique, construire un Lustre massif et rayonnant si près du trou noir et des énergies virulentes du territoire Méca avait constitué un pari audacieux. Mais l'homme était alors encore en mesurer de relever de tels défis malgré son long et épuisant voyage depuis le système solaire terrien.

Six millénaires avaient passé depuis ces jours glorieux.

Ahmihi se sentit soudain hissé face à une batterie de capteurs. Il comprit aussitôt qu'on allait le scanner dans un spectre de micro-ondes à infrarouge. Des doigts frais et minces s'insinuèrent dans ses couches cérébrales. Il se tendit et attendit la fin.

Je voudrais que vous preniez connaissance de mon travail. Regardez:

Quelque chose prit le contrôle du sensorium d'Ahmihi et envoya le Noachien, très loin, sur une plaine d'obsidienne vaste, régulière et sur laquelle il aperçut de bien étranges créatures.

Toutes avaient dû être humaines. Autrefois. Mais elles étaient, à présent, affublées de membres tordus, d'excroissances végétales, de pointes de métal et de chair grouillante. Une bouche rieuse aux dents vertes caqueta. La forme diffusait des vapeurs fades et, à sa base, une flaque d'un liquide rouge sang tremblotait.

Ahmihi crut, d'abord, que cette créature-femelle était sans vie réelle. Mais une respiration lourde s'échappa soudain en sifflant de sa bouche déformée. Sous sa peau translucide des veines bleu-noir se mirent à battre furieusement. À travers le derme, Ahmihi discerna les fibres épaisses qui, comme des lanières, liaient les muscles et les os mais aussi la graisse et les tendons jaunes qui la constituaient. Puis, la « chose » se mit à marcher. Sa tête pivota par saccades et la tache sombre entre ses jambes bourdonna et commença à s'animer. Ahmihi sentit que les yeux roses le cherchaient. Une odeur puissante monta aux narines du Noachien, alors que la créature lui lançait un sourire sans ambiguïté...

– Non !

Il eut un geste violent de recul et l'organe béant se rétracta, se replia sur lui-même.

Soudainement, Ahmihi se trouva à nouveau suspendu à la patte squelettique de son tortionnaire.

– Où m'avez-vous envoyé ?

Dans la Galerie des Humains. C'est une exposition d'art. La modestie m'oblige à dire que ces œuvres ne sont que des ébauches. J'espère faire bien mieux... Vous êtes un médium difficile à travailler, vous savez ?

– Vous voulez... m'utiliser ?

Dans cette œuvre, je me suis efforcé d'exprimer ce que je perçois des rapports qui unissent les humains et d'en faire un parallèle. La plupart du temps, c'est la peur qui vous meut, mais aussi le désir. Cela est manifestement une caractéristique évolutionniste. La peur est l'expression de la conscience que vous avez de votre condition de mortels. Pour pallier ce sentiment, vous avez créé le désir fugace, persistant et immortel.

Cette Mante était d'un rang bien supérieur à tout ce que l'Assemblée avait pu rencontrer. Aux yeux de la créature, les vies humaines n'étaient que des fragments d'événements à cataloguer dans une... Mais dans quoi ? Elle se considérait comme une artiste et étudiait la trajectoire humaine comme un balisticien étudie celle d'un projectile.

Ahmihi réfléchit rapidement. Le prédateur avait une sorte de passion maladive pour son art morbide. Il fallait intégrer le fait et s'en servir. Mais comment en tirer avantage ?

Vous partagez avec d'autres qui, comme vous, sont issus de forces primordiales, une limite incontournable : Il vous est impossible de vous redéfinir à volonté. Vous portez en vous une certaine dignité, puisque vous avez défini les Premières Lois sous-jacentes et que vous continuez à formuler des vérités esthétiques. Pourtant, vous persistez à vouloir accomplir des réalisations matérielles, ce qui appartient par nature au logiciel. C'est là une habitude malheureuse.

– Si vous vouliez pousser la bonté jusqu'à nous laisser tranquilles...

Vous savez très bien que s'emparer des inépuisables sources d'énergie de ce royaume, est... capital. Ma propre espèce, elle aussi, souffre de cette pulsion qui la pousse à la survie et à l'expansion.

– Si vous vous étiez manifesté quand nous disposions encore de la pleine puissance du Lustre, nous vous aurions réduits en bouillie.

Je n'aurais pas commis une telle imprudence. Et, de toute façon, vous n'avez pas les moyens de détruire une intelligence anthologique. Le siège réel de mon esprit est dispersé. Mon sens esthétique, qui est d'une importance primordiale dans ma présente incarnation, réside principalement dans la Galerie des Humains que j'ai construite à des années-lumière d'ici, et que vous venez de visiter.

– Où est-elle ?

Il fallait gagner du temps et occuper cet engin de carbone et de céramique. Ses concitoyens pourraient en profiter pour s'enfuir...

Assez près du Centre Véritable et de son Disque Moteur. Je vous y expédierai encore quand le moment sera venu, si vous avez la bonne fortune que je vous choisisse pour vous préserver.

– La *Mortsure* ? ?

Vous autres, les primates, êtes un matériau absolument fascinant...

– Mais pourquoi ne nous laissez-vous pas partir puisque vous voulez discuter avec moi et que j'y suis prêt ?

Il regretta aussitôt d'avoir posé la question. La Mante tendit un bras en direction d'un cadavre qui gisait au niveau inférieur et le fit se redresser.

C'était Leona, une mère de trois enfants qui s'était battue aux côtés des hommes. Son corps avait été intégralement calciné par les armes des Perforateurs et vacillait, à présent, noir et osseux.

Comme vous pouvez le voir, vous êtes un médium fragile. Je ne sais pas comment m'exprimer à travers vous, il y a toujours un bruit de fond. Et puis vous finissez toujours par mourir. Mais si vous préférez...

Leona oscilla sur ses jambes brisées et leva son regard vers Ahmihi. Sa bouche forma des mots qui sifflaient à chaque expiration, comme un soufflet activé par une main invisible.

– Je trouve que ce... matériau... exagérément câblé est... suffisamment contraint pour... me fournir une nouvelle... inspiration.

– Bon Dieu, mais tuez-la donc ! hurla le Noachien en se débattant entre les pinces qui le maintenaient au-dessus du sol.

– Je suis... morte en tant... qu'humaine... Mais je reste un... médium.

Ahmihi détourna ses regards de Leona.

– Vous rendez-vous seulement compte de ce qu'elle endure ?

Ma structure m'empêche de percevoir la douleur de la même façon que vous. Au mieux, je détecte une contradiction irréductible des états internes.

– Pauvre chéri ! ricana le Noachien.

Pour communiquer avec vous, je dois passer par l'art que je crée. Je dois synthétiser des schémas : la peur, la haine. Analyser votre flot d'impulsions électriques et la chimie de votre cerveau quand ils expriment le désespoir ou la rébellion. Tout ce qui rend si sublime un éphémère instant humain.

– Désolé, mais j'ai du mal à apprécier. Leona... Est-elle *Mortsure* ?

– Oui... Celle-ci... a été... entièrement enregistrée... gémit le cadavre de sa voix sifflante. Je l'ai... récoltée... joyeusement.

– Mais regardez-la, elle est monstrueuse !

Sous cette forme ranimée, je comprends votre point de vue. Mais avec beaucoup de travail correcteur, des éléments cachés peuvent émerger. Peut-être qu'après une sélection soigneuse parmi les Récoltés, je l'ajouterai à mes Pièces de Collection. Elle exprime des thématiques exploitables.

Ahmihi secoua la tête pour s'éclaircir les idées.

Ses muscles tétanisés tremblaient, à cause des crampes mais aussi de la peur nauséeuse qui montait en lui.

– Leona ne méritait pas un pareil traitement.

Je sais bien que quelque chose manque dans mes compositions... Qu'avez-vous pensé de celles que vous avez vues dans la Galerie des Humains ?

Ahmihi réprima une envie de rire. Il sentait l'hystérie le submerger.

– Ça, ce sont des œuvres d'art ? Vous voulez que je vous donne, *moi*, un avis artistique ? *Maintenant* ?

Leona balbutia :

– Je sens... que je... laisse échapper... l'essentiel... La beauté... fuit de mes... œuvres.

– La beauté n'est pas une chose que l'on peut manipuler.

– Même à travers... la fenêtre ténue et... obscurcie de... votre sensorium... vous percevez... un ordre du monde... moi pas... Apparemment... il y a quelque chose... à trouver dans... vos limites étroites.

Où cela menait-il donc ? Le Noachien sentit naître une lueur dans son esprit :

– Quel est le problème ?

– Je perçois... bien plus... et pourtant... je ne partage... pas vos filtres.

– Vous en savez trop ?

Il se demanda s'il pouvait faire feu sur Leona, en finir avec tout ça. Aucune technologie humaine ne pouvait sauver un esprit « récolté » par les Mécas et qui avait connu la Mortsure. Mais pourquoi les Machines voulaient-elles des esprits humains ? Personne ne le savait. Jusqu'alors, Ahmihi avait entendu beaucoup de légendes relatives à la Mante et à son intérêt pour les hommes, mais aucune qui fît état de la Galerie des Humains.

– J'ai... envahi... des systèmes... nerveux... et les ai... poussés à... la folie et... au suicide.

Leona tressautait, titubait. Elle finit par s'écrouler. Ses yeux écarquillés fixaient la voûte au-dessus d'eux, puis dérivèrent pour fixer ceux d'Ahmihi.

– Pas tout... le tableau... quelque chose... manque.

Il tenta d'attraper un tube radiant, mais en vain. Les lumières phosphorescentes du Lustre commençaient à baisser, reléguant Leona dans l'ombre.

Avec un effort douloureux visible, elle se remit sur pied.

– J'ai... essayé... Les éphémères... si difficiles... à appréhender.

Ahmihi réfléchissait désespérément.

Soudain, il trouva :

– Écoutez, la seule solution, c'est que vous *deveniez* nous.

Pour la première fois au cours de cette discussion irréelle, la Mante fit une pause. Elle laissa retomber Leona qui s'écroula comme une poupée de chiffon.

Voilà une suggestion utile. Tronquer mes moi multiples et les soumettre à un éventail réduit, incapable de fuir. C'est ça.

Ahmihi sentit une nouvelle contrainte terrible peser sur son sensorium. Il n'avait guère espoir de vivre encore très longtemps. La dureté froide et glacée de la pression submergea son esprit de désespoir.

Les Récoltés

> Je venais juste de passer le coin de la rue quand je la vis. Elle était là, plus semblable à un meuble qu'à un Méca, et elle a tendu quelque chose vers moi.

> La dernière image que je garde est celle d'un robot – de ceux qu'on utilise pour transporter les minerais – qui s'écroule puis fait des tonneaux comme si quelque géant avait soufflé dessus. Et je me suis dit que, moi, j'étais en sécurité à l'abri derrière la paroi de verre trempé.

> J'ai aussi le souvenir de quelque chose de dur et de bleu dans ma ligne de mire, une couleur que je n'avais encore jamais vue.

> Elle s'est effondrée et je me suis penché pour l'aider à se relever. J'ai vu qu'elle n'avait plus de tête. Puis, la chose qui lui avait arraché la tête me sauta dessus.

> Cette chose que je croyais morte. Une sorte de fil de céramique m'a entouré. Ça devait être piégé d'une manière ou d'une autre, et ça m'a atteint en plein flanc comme un coup de bélier.

L'Assemblée noachienne prit enfin la fuite, laissant derrière elle son Lustre saccagé par les Mécas. Ahmihi, qui, à sa grande surprise, était sorti vivant de sa rencontre avec la Mante, avait le sensorium passablement endommagé. Les nœuds neurologiques de son organisme vibraient sur des tonalités différentes. Sa voix sonnait comme une pierre dans un seau. Comme si la symphonie de son corps avait été écrite par un compositeur fou...

Pourtant, plus les heures passaient, plus il retrouvait ses sens. Mais il se refusa à raconter sa confrontation avec la Mante.

Il mena son Assemblée dans un vaisseau passablement détérioré mais qui semblait encore utilisable. Les Mécas n'attaquèrent pas lorsque le groupe d'environ trois cents personnes quitta la masse à la dérive qu'était devenue leur cité tournoyante, naguère glorieuse.

Ce fut l'une des dernières déroutes de l'Âge des Lustres. Après toutes ces défaites, l'humanité fuyait l'espace profond pour le refuge nostalgique des planètes. Le Centre galactique n'était pas un lieu favorable à la création et la perpétuation de civilisations. Il y brillait, dans un espace d'une année-lumière cubique, un million de soleils. Le frôlement incessant des étoiles entre elles pouvait propulser soudain une des planètes à des millions de kilomètres.

Seuls les mondes stabilisés pouvaient perdurer. Même si, dans les régions les plus calmes de la galaxie, les astres eux aussi souffraient d'une érosion inconnue.

Une fois arrivée près du trou noir, l'Assemblée noachienne se servit d'un fouet gravitationnel pour masquer sa fuite. Cela coûta des vies et brûla en partie le vaisseau. Il s'en fallut même de peu que la tentative n'échoue. Malgré tout, les Noachiens purent atteindre une planète isolée, baptisée Isis par la dernière Assemblée à l'avoir habitée. Celle-ci s'en était allée un millénaire plus tôt chercher une planète plus verte, plus éloignée du Véritable Centre. Isis était sèche, balayée par des vents arides et apparemment de peu d'intérêt pour les Mécas. Cela suffirait. Ahmihi et sa troupe entamèrent leur descente en spirale et débarquèrent complètement épuisés. Tant de choses leur étaient arrivées en chemin.

Mais les armes des Machines pouvaient être insidieuses. Et tout particulièrement leurs pièges biologiques. Un vieux dicton éculé de l'Assemblée le disait très bien :

Tu peux toujours te sentir mieux
si tu leur échappes,
mais ne te leurre pas
tu ne guériras jamais.

Un an après leur arrivée sur Isis, Ahmihi dut s'aliter. Très vite, il commença à pousser des râles affreux. Ses poumons étaient dévorés par des nanoparasites que les Mécas lui avaient inoculés.

Dans sa fièvre, Ahmihi parlait du marché qu'il avait conclu avec la Mante mythique mais personne n'en comprenait les termes. Il avait été tellement manipulé qu'il ne pourrait probablement rien révéler d'essentiel.

Les gens de l'Assemblée avaient peur d'enregistrer la personnalité d'Ahmihi dans un Aspect, puisqu'il était évident qu'elle avait été altérée par les Mécas et que son cerveau même avait peut-être été atteint. Mais ils avaient archivé son enregistrement de l'année qui avait précédé la rencontre fatale: tout ne serait pas perdu.

Dans une époque aussi désespérée, les talents et le savoir étaient mémorisés dans des micro-puces implantées à la base de la nuque des membres de l'Assemblée. Elles contenaient l'héritage de nombreuses personnalités, restituées sous la forme d'Aspects pour les personnalités majeures, ou de Visages et de Profils pour le reste des Naochiens. Ahmihi survivrait de manière fractionnée, son expertise à la disposition de ses descendants.

Jalia, la femme d'Ahmihi, s'approcha de son mari pour un dernier adieu. Nul ne remarqua qu'une petite entité insectoïde rampa hors de la bouche du mourant. Elle voleta sans bruit vers Jalia, et la piqua. D'une claque la femme chassa l'intrus sans penser qu'elle pouvait être autre chose que de la vermine que dégageaient les hydrosections.

L'insecte implanta dans l'organisme de Jalia une poignée de nanooutils qui reprogrammèrent un de ses ovules, puis s'autodétruisirent afin d'empêcher tout risque de détection.

L'Assemblée noachienne incinéra le corps d'Ahmihi afin d'éviter toute possibilité de détection par les Mécas, surtout si le malheureux avait à son insu embarqué des nanos à bord du navire.

Leurs prières furent entendues: en apparence, la petite bande d'humains ne méritait même pas que les Mécas perdent du temps et de l'énergie à les poursuivre...

Jalia donna naissance à un fils qui fut accueilli comme un trésor car les humains se faisaient de moins en moins nombreux. Les scanners génétiques ne décelèrent en lui rien d'anormal. La veuve d'Ahmihi appela le garçon Paris, selon la tradition de l'Assemblée noachienne qui voulait que l'on utilise des noms de villes de la Terre

– Akron, Kiev, Fairhope. Même si la Terre n'était plus qu'une légende, dont nombre de gens doutaient de l'existence réelle.

Lorsqu'il eut cinq ans, son éducation intensive commença. Il s'était jusque-là comporté comme un enfant ordinaire et jouait dans les champs desséchés et peu fertiles. Le petit était mince, nerveux, athlétique. Il parlait rarement.

Lorsque Paris se mit à apprendre, il fit une découverte : il ne percevait pas le monde comme les autres.

À chaque seconde qui passait, l'Assemblée déversait des millions d'informations binaires dans son esprit. Mais il n'était capable d'assimiler qu'environ quarante bits par seconde de ce déluge. Il lisait plus vite qu'il n'écrivait et son élocution demeurait trop lente à son goût.

Que l'information entre en lui ou qu'elle en sorte, tous ses moyens sériels d'analyse étaient douloureusement lents. Sa conscience était comme un projecteur dont le faisceau lumineux trop concentré ne pouvait éclairer qu'un seul acteur à la fois, reléguant tout le reste dans l'ombre.

Paris avait besoin de bien plus de temps pour expliquer ce qu'il pensait qu'il ne lui en fallait pour le penser. Il savait que son esprit pouvait véhiculer dix milliards de bits par seconde et il ne comprenait pas pourquoi il bloquait autant pour traiter ceux envoyés par son environnement.

Il y avait autant de signaux en provenance de son sensorium qu'il y avait de commandes motrices dans son corps, mais ça, il ne pouvait en parler à quiconque. Sa sensibilité, son langage trébuchaient désespérément dans le dédale informationnel.

Toutes les créatures sont identiques face à la solitude sérielle.

Il avait déjà appris l'importance du *Récit* pour ses congénères – et pour lui-même. Les arguments, les bons et les méchants, le pour et le contre, les seconds rôles et les premiers, l'action et la morale, la tension et le calme étaient aussi fondamentaux que l'axe : bouche-tripes-anus, les clés de l'assimilation mentale.

Sans le savoir, à chaque instant, chacun autour de lui lui racontait sa propre histoire. Les corps trahissaient l'esprit par une myriade d'expressions : grognements, haussements d'épaules ou par des actes manqués. Des pans entiers de leur personnalité émergeaient, sans contrôle; comme si l'inconscient se révélait, à travers le corps, par un langage inconnu, enfoui au plus profond de l'être.

Puis le jeune garçon reçut un autre choc. Les autres semblaient en savoir plus à son sujet qu'il n'en savait lui-même. Ils pouvaient percevoir les mégabits qui s'échappaient de son corps et parvenaient à lire en lui.

Cela était extrêmement embarrassant.

Pourtant, il se dit que ce genre de langage silencieux aurait dû être donné aux humains bien plus tôt dans leur évolution. À une époque lointaine où il était plus essentiel de savoir ce que voulaient faire les gens que de comprendre ce qu'ils disaient, un tel proto-langage, même plus fruste, leur aurait été bien utile.

Le rire – le vin de la parole, à ce qu'on lui avait raconté – était une manifestation humaine qu'il ignorait. Il apprit donc à rire.

Pourtant, même lorsqu'il cabriolait avec une joie débridée sur la terre tassée de l'aire de jeux, il sentait une partie de lui-même se tenir à l'écart. Ce qu'il ressentait – tous ces milliards de bits d'information par seconde – n'était qu'une *simulation* de ce qu'il percevait. Et *ça*, il le sentait viscéralement.

Pis encore, la simulation avait une demi-seconde d'avance sur le monde extérieur. Il en fit le test en mesurant la manière dont son corps réagissait au plaisir et à la douleur. C'était net, il se rejetait en arrière une demi-seconde avant de savoir consciemment qu'une aiguille le piquait au mollet.

Son sensorium était truffé de pièges. Sa vision avait un point aveugle, qui devait correspondre, pensait-il, au lieu d'émergence des nerfs à l'arrière de l'œil.

En outre, un des Lustres abandonnés et en ruine qui tournait en orbite autour d'Isis, lui semblait plus gros à son arc déclinant au-dessus de l'horizon que lorsqu'il était visible en plein ciel. Quand il courait à travers les plaines crevassées et s'arrêtait pour contempler les minces nuages au zénith, ses yeux lui affirmaient un instant que les nuées s'éloignaient en hâte – un souvenir kinesthésique de la course que son esprit traduisait par cette vision.

L'évolution avait façonné son complexe œil-cerveau de sorte qu'il appréhende les objets les plus élevés comme étant plus lointains, plus inaccessibles, plus petits.

Assis en classe, il observait ses camarades qui ricanaient. Il les trouvait étranges. Mais chercher à se comprendre lui-même l'avait aidé à mieux les accepter. Il devint même populaire. Son attitude détachée passait chez ses camarades pour celle d'un chef incontestable. C'était pourtant quelque chose de fondamentalement différent, du jamais-vu dans une société humaine. Il en était conscient mais ne pouvait y donner un nom. Et de fait, ce mot-là n'existait pas.

Progressivement, Paris sut que leur monde – et le sien – était empli de sens. Des senteurs, des impressions tactiles, des parfums... Tout cela venait, sans l'ombre d'un doute, de la nuit des temps et avait dû traverser d'innombrables années-lumière.

Il en vint ainsi à faire sa deuxième découverte : le règne de son propre inconscient. Il remarqua que les moments où il était le plus heureux étaient ceux où il n'était pas aux commandes, lorsque sa conscience ne le dirigeait pas. L'extase, la joie et même un simple sentiment de bonheur étaient des manifestations spontanées.

Je suis plus que « Je », se dit-il. Je suis mon « Moi ».

Lorsque son travail avançait bien – tout le monde travaillait sur Isis, même les enfants – son Moi était occupé. Quand les choses allaient bien, simplement, elles étaient. D'elles-mêmes. Quand il commandait à des robots manufacturiers, cultivait les champs ou préparait des repas épicés, ce Moi était complètement immergé dans le flot du vivant.

Lorsqu'il utilisait ses Visages ou ses Profils pour des activités d'artisanat, il pouvait sentir leurs identités sans effort conscient. Ces segments conservés de gens réels utilisaient une partie de son espace sensoriel et de traitement, si bien que lorsqu'il travaillait, il perdait conscience des odeurs, de la savane crissante d'Iris, du murmure du vent et des contacts extérieurs. Les Visages en particulier exigeaient de lui qu'il utilise ses stimuli pour éviter qu'ils ne se réduisent à des enveloppes vides ou d'arides manuels scolaires. Derrière ses yeux, il pouvait sentir leur présence attentive qui savourait des instants du monde et se régalait de cris lointains. Pendant qu'il dormait, il les autorisait à soulever ses paupières pour qu'ils puissent se nourrir de moments de vie. Lorsqu'ils écoutaient à travers ses tympans, ils semblaient « monter la garde » – ce qui était très sécurisant. Paris, ainsi, pouvait s'isoler et dormir à poings fermés.

Mais il y avait encore quelque chose d'autre.

Il sentait en lui une présence ombreuse, un Moi au-delà de toute perception, droit comme un spectre. Elle semblait l'observer mais restait hors de portée de son introspection. Il sentait aussi que cette présence attentive enrichissait sa propre connaissance.

Pourtant, cela l'effrayait. Il se chercha des réconforts. Il y avait le sport, le sexe et les spectacles, mais rien de cela n'était satisfaisant. Il fallait faire face.

La religion de l'Assemblée – dont les enseignements étaient si variés qu'ils en étaient contradictoires – mettait en exergue un état de libre *déplacement* de l'esprit alors même que les prières, la liturgie, les hymnes, les rituels, dans leur succession anesthésiante, parasitaient la conscience.

Un jour, dans la Chapelle, Paris tenta de superposer sa bande passante à un chant qu'il laissa se répéter sans fin dans son esprit. Il sentit peu à peu son Moi se libérer.

Il venait de trouver les voies de la méditation.

Adolescent, Paris se découvrit un réel talent pour l'art. Mais son œuvre était étrange, éphémère : des sculptures de glace qui fondaient, des figurines de sable retenues par des champs électrostatiques qui se dégradaient progressivement. Il écrivait des poésies avec un stylet sur des végétaux écrasés, en utilisant des pigments également d'origine végétale... Puis il les brûlait et, en extase, les regardait se consumer lentement.

– Poignant, précaire, répondait-il lorsqu'on l'interrogeait sur sa démarche. C'est là l'essence de mon travail.

Peu de gens comprenaient, mais nombre d'entre eux accouraient voir ses œuvres étranges vouées à un destin si bref.

L'art lui semblait une chose qui allait de soi. Après tout, se disait-il, si l'on remonte très loin le cours de l'histoire jusqu'à la Terre mythique, il doit bien y avoir eu un ancêtre, un primate, qui a vu dans le vol d'une pierre plus qu'une simple parabole, et a pu prévoir, de ce fait, l'endroit où elle retomberait. Ce cousin a alors appris à mieux chasser et a donc mangé plus souvent. Du coup, il s'est reproduit plus fréquemment.

Les liaisons synaptiques avaient permis à cet aïeul d'associer la trajectoire de la pierre à une sensation d'un plaisir d'ordre artistique.

Paris descendait bien de ce cousin qui avait découvert la délectation esthétique. Bien qu'il vécût à 28000 années-lumière des plaines poussiéreuses dans lesquelles l'art avait émergé dans les neurones humains, il s'en sentait rattaché par une mystérieuse mécanique mentale. Il partageait le sens de la beauté qui s'attache à la simplicité et avait découvert le caractère poignant de chaque moment qui passe. Cela aussi était humain. Mais quelque chose d'autre au fond de lui ressentait la fugacité du temps d'une manière plus contrastée que ses congénères. Il n'aurait su dire pourquoi, mais il savait que cela le mettait à part.

Sa singularité fut la première cause de sa célébrité, mais non la dernière.

Il comprit assez vite que, lorsque le Moi agissait, la société tenait le « Je » pour responsable. Le pacte social humain était : *J'accepte la responsabilité de mon Moi*. Et cela lui donna fort à réfléchir.

Jeune homme, il découvrit l'amour. Il le perçut comme un accord : *Objet de mon amour, mon Moi t'accepte*. Et de même la spiritualité découlait de : *Je connais mon Moi* ou le courage : *J'ai confiance en mon Moi*.

Sa conscience – affamée de bits, mal informée – était l'automodèle dont disposait son cerveau et la simulation d'un ego sous-jacent bien plus complexe.

Faire l'expérience du monde en direct, sans filtre – quelle extase ! Rarement il atteignait cet état mais lorsqu'il y parvenait, il ressentait comme un choc la plénitude du monde. Le langage s'évaporait telle une goutte d'eau sous le regard aveuglant du soleil. Tout ce qu'il pouvait faire, c'était pointer du doigt et murmurer : *Ça*.

Mais toujours, derrière ses yeux, se tenait le fantôme. L'observateur qu'on ne pouvait observer et qui ne cherchait à exercer sur lui aucun contrôle. Il le sentait seulement présent en lui. Il apprit à l'ignorer.

Ou plutôt, son « Je » décida d'accepter l'observateur. Car son Moi ne s'y résolut jamais. Mais il n'avait aucune prise sur une ombre aussi creuse.

Dans ses rêves, son « Je » ne pouvait assumer de contrôle. Dans la vie de tous les jours, il apprit que son corps ne pouvait lui mentir : sa bande passante était trop élevée et renvoyait en permanence des données de son Moi. Avec son faible débit en bits, le « Je », *a contrario*, pouvait aisément mentir. En fait, il pouvait difficilement s'empêcher de mentir. Au moins par omission. Mais pas son Moi.

Tout cela fit de lui le chef qu'il n'avait aucune envie de devenir. Il était bien trop occupé à comprendre – plus que quiconque ne l'avait jamais fait – ce que signifiait le fait d'être humain.

Un soir, comme il montait la garde dans un quartier distant, à l'autre extrémité de leurs propriétés, il attrapa une souris et tenta de lui parler. Comme ils étaient tous deux faits de chair et partageaient les mêmes origines – c'était un rongeur terrestre importé par les premières expéditions pour des raisons qui leur étaient propres –, il se dit qu'il devrait pouvoir communiquer avec l'animal. La souris étudia son visage avec un abîme de perplexité mais le sensorium de Paris ne put rien tirer de la créature.

Il savait, pourtant, qu'entre cette petite tête et la sienne résidait une similarité profonde. Pourquoi une communion ne pourrait-elle s'établir par l'intermédiaire d'un Méca ? se demandait-il.

Au milieu de tant d'énigmes, les événements reprirent leur cours. Les Machines étaient en route vers Isis.

Paris jouait avec d'autres adolescents. Ils se couraient après, une balle dans les bras, libérant des instincts de chasseurs enfouis dans le passé primordial. Ils étaient si absorbés que la Crécelle put s'approcher à quelques centaines de mètres sans être vue.

Ils s'amusaient près des ruines d'un Kubla massif abandonné par un peuple qui avait autrefois occupé Isis. Lorsqu'il était stimulé, son « dôme aux plaisirs » diffusait encore de vibrants mirages et Paris crut que la Crécelle en était un lorsqu'il la vit. Elle se déplaçait avec une rapidité inouïe, ses armatures pivotaient sur elles-mêmes. Elle fonçait sur les jeunes gens.

La créature méca abattit six d'entre eux avant que Paris n'ait pu se saisir de son fusil cinétique à canon long. C'était une arme passablement démodée, mais c'était tout ce qu'on pouvait donner aux jeunes gens pour parfaire leur entraînement. Il fit feu sur l'intrus et le toucha. Mais un de ses camarades tomba près de lui et cela détourna son attention. Il avait déjà vu la mort, mais jamais de cette manière. Il eut une hésitation, et ce fut un miracle que la Crécelle ne le tue pas. Les éclairs de deux autres armes eurent raison de l'objet recroquevillé. Les émotions qui déchiraient Paris, alors qu'il aidait à emmener les corps, étaient semblables à une fièvre. Une maladie qui ne s'apaiserait pas de sitôt.

C'était le commencement. Au début, bien sûr, la mort, c'est toujours pour les autres. La première fois que vous êtes sérieusement blessé, le pire choc n'est pas physique, mais c'est bien la conscience soudaine que la mort peut aussi venir pour vous.

Il lui fallut bien du temps après cet épisode pour comprendre que rien ne pouvait lui arriver qui ne se soit déjà produit à chaque génération qui l'avait précédé. Les aïeux avaient été capables de sacrifice, et lui aussi le serait. D'une certaine manière, mourir était la plus simple des choses difficiles.

Quelque temps auparavant, Paris avait remarqué le texte d'une inscription. Elle était gravée sur l'arche donnant accès à une vaste grand-place couronnée d'un dôme transparent au-dessus duquel le tourbillon dément du Centre galactique brassait les étoiles. Paris avait noté l'inscription pour ne pas l'oublier. Une joie étrange s'empara de lui quand il put enfin la comprendre. :

Par ma Foi, je n'ai point d'inquiétude : un homme ne peut mourir qu'une fois. Nous devons un trépas à Dieu... et le laisser aller où il voudra. Celui qui meurt cette année est quitte la suivante.

Au bout de quelque temps, il comprit que rien ne se produit avant que cela ne doive arriver, et jusque-là, vous devez profiter de votre vie et en tirer le maximum. Pour vivre bien, il convenait de savourer chaque moment fugace. La vraie couardise – pas la panique momentanée –, c'était l'incapacité à empêcher l'imagination de se mettre au travail sur chaque possible. Arrêter son imaginaire et glisser fluidement au creux de chaque instant, sans passé ni avenir, là résidait le secret vital. Ainsi, vous pouviez traverser chaque seconde et atteindre la suivante sans souffrance inutile.

Le Moi l'avait appris, et le Je l'acceptait.

Les Récoltés

> Ils m'ont jeté dans cette fosse de rebuts mécaniques avec des trucs comme du flocage d'emballage graisseux. Je me suis dit : Pour sûr que je vais escalader ça. Je vais m'en sortir.

> Mais, tout autour, des Mécas se sont rassemblés comme pour un rituel et ils ont commencé par me pendre tête en bas, puis ils ont fait feu dans mon ventre. Ils ont regardé le sang couler sur ma poitrine jusqu'à mon visage. J'en ai senti le goût et la chaleur.

> Un sifflement aigu près de moi, puis une claque.

> Ça devait être les nanos dissimulés dans le pain que j'avais mangé, avant ce goût chaud et douceâtre. Alors j'ai vraiment commencé à étouffer.

> Ça m'a poignardé avec une antenne, et ça a été une sacrée surprise parce que je pensais que c'était un de ces Mécas qui n'utilisent que des pulseurs à micro-ondes.

> C'était tout à la fin de la campagne, j'étais épuisé aussi je m'étais allongé pour roupiller un peu. Ce truc s'est approché si lentement que je ne l'ai pas entendu venir.

> On filait très vite afin qu'ils m'arrêtent.

> Elle a fait le saut la première et elle est passée. Impeccable. Puis ça a été mon tour mais mes molletières ont claqué et j'ai perdu mon foutu équilibre.

À cette époque, Paris était écouté dans l'Assemblée, bien qu'il fût encore passablement jeune.

Arthur, un conseiller Aspect très renommé, prônait toujours la modération dans les relations diplomatiques avec les Mécas et donnait souvent des exemples tirés de l'histoire humaine ancienne. Lorsque Paris l'interrogea sur les souffrances que l'Aspect liait aux Temps Anciens quand les humains avaient débarqué au Centre galactique, celui-ci répondit d'un ton pincé :

– *Disons que ce ne fut pas précisément comme prendre le thé avec la Reine.*

De temps à autre, Arthur utilisait des archaïsmes dont personne n'arrivait à percer le sens, mais le conseiller ne semblait en avoir cure. (Il en avait d'autres, tels que : *Des verrues assez grosses pour y pendre son chapeau.*)

Lorsque des décharges de plasma envoyèrent des entrelacs d'or brun dans le ciel nocturne, Arthur fit remarquer :

– *Toute avancée technologique significative provenant du Centre pourra passer à nos yeux pour un phénomène naturel.*

Et il avait raison, bien sûr.

Les constructions des Mécas pullulaient dans un espace de quelques années-lumière. Nul ne savait ce que les Mécaniques faisaient au Centre galactique, hormis qu'elles se ressourçaient à son énergie pure et que les flux de particules favorisaient leur espèce. Mais il semblait bien qu'elles aient aussi d'autres projets...

Arthur régalait Paris d'histoires sur la grandeur des premières ères humaines, une de ses habitudes les plus irritantes. Il n'empêche que ses avis d'Aspect sur la manière de faire face aux Mécas qui menaçaient de plus en plus les jours de l'Assemblée furent des plus utiles.

Les Machines s'étaient mises à approcher et avaient multiplié des provocations qui en disaient long sur leur mépris pour les vulgaires humains. Des carcasses desséchées d'hommes et d'animaux – car aux yeux des Mécas, ils étaient semblables – avaient été accrochées par des liens élastiques aux pattes de certaines des Mécaniques. Les trophées se balançaient et tressautaient au gré des vents et de la marche des créatures.

D'aucuns pensaient que ce n'était rien qu'une autre manière de terroriser les humains, mais Paris savait qu'il s'agissait là d'une manifestation de leur sens de l'humour. Ou de quelque chose qui y ressemblait.

L'armada des Mécaniques approchait : les Groins, les Lanciers, les Brouilleurs, les Crécelles, les Baba Yagas, les Zappeurs, les Épousseteurs, les Traînards. L'humanité avait payé un lourd tribut à chacun de ces noms. Chacun d'eux évoquait instantanément dans les sensoriums humains un catalogue, résonnant et précis, des traits de caractère mais aussi des vulnérabilités des Mécas. Une connaissance acquise au prix de bien des morts.

Le ciel rougeoyait car il n'y avait jamais de véritable nuit. Des dizaines d'étoiles proches débordaient de lueurs furieuses qu'elles projetaient dans l'immensité frémissante.

Les vaisseaux mécas s'abattirent sur Isis comme un vol de sauterelles.

Paris combattit du premier au dernier jour de cette guerre qui dura une année entière et qui vit la destruction des principales unités des Mécas.

Au cours de cette période, Paris avait affiché sur son visage, tout en angles et en tension, un sourire carnassier. Il s'était distingué devant la Statue de Walmsley qui avait été sculptée à flanc de montagne. Il y avait là un petit village et quelques huttes bâties dans le pied même du monument commémoratif. C'est là que Paris devina les manœuvres que préparaient les Mécas et qu'il put les vaincre.

Pour autant, ses hommes ne le trouvaient pas chaleureux. À cette époque, son caractère distant était devenu légendaire.

« Un salopard coincé, il ne pourrait pas péter sans un chausse-pied », voilà ce qu'il entendit un jour.

Il prit cela comme une expression de respect.

C'est à cette époque qu'il comprit pourquoi une machine était le contraire d'un être humain, comme un gant retourné : apte à décrire tous les détails mais noyée sous les données, la machine était incapable d'en faire la somme. Un des secrets vitaux des humains résidait dans leur paratonnerre : ce qu'ils choisissaient d'ignorer.

Paris ne mesurait pas la vie en degrés, ni en litres, ni en kilogrammes. Il ressentait de l'amour et de la haine, la peur et la faim.

Au-delà de toute mesure.

Bien au-delà du monde des chiffres.

La défaite des Mécas était temporaire. Assurément. Tout le monde en était conscient.

Aussi l'Assemblée, qui comptait, à présent, plusieurs millions de membres, du fait de l'immigration et d'une reproduction foisonnante, décida de célébrer l'événement.

Ce serait peut-être sa dernière occasion de le faire.

Dans une grande ferveur communautaire, l'Assemblée entière invoqua les Vieux Frères – des Entités si complètes que d'aucuns interprétaient leur existence comme la preuve d'une vie après la mort.

Les Vieux Frères conseillèrent à l'Assemblée d'aller frapper les Mécas dans l'espace profond, là où ils résidaient. Ce n'était qu'en portant la lutte sur leur territoire que les humains pourraient espérer survivre.

Paris y croyait. *Préparez-vous à être surpris,* leur avaient conseillé les Vieux Frères. Inexplicablement, ils avaient tous éclaté de rire et Paris avait pris leur parti. Il était très populaire, séduisait aisément les femmes, mais il ne se laissait pas distraire. Il y avait dans le côté désespéré de la situation présente quelque chose qui l'attirait. Il se servit de l'adoration que portait l'Assemblée aux Vieux Frères pour la faire bouger, même s'il ne croyait pas une seconde en la théologie qui entourait de vénération ces résurrections numériques.

Cela amena Paris à s'interroger sur ce que bien d'autres avaient fait avant lui : quelle était l'utilité de la religion pour l'humanité ?

Il savait que ce n'était pas là la manière dont les autres membres de l'Assemblée noachienne concevaient le monde. Mais une partie de lui insistait : *Mets au jour le bénéfice, explicite le comportement.* Il n'aurait su expliquer pourquoi il avait pensé la chose en ces termes sinon qu'il avait senti, très furtivement, la présence de l'autre, de son moi fantôme. C'est lui qui était intervenu.

Pour l'Assemblée, la religion était un ciment social. Sous ses formes les plus extrêmes, elle pouvait même pousser le croyant à partir pour des croisades. Tout cela était-il basé sur un besoin de transcender le problème primordial de l'humanité, la mort ? Le pouvoir de la théologie sur les gens autour de lui semblait venir de cette menace commune, imminente. Il découvrit combien cette question pouvait rapidement prendre de l'importance depuis que lui-même avait tenté d'y apporter une réponse.

Mais la religion n'en apportait aucune qui fût satisfaisante. Dieu ne répondait pas au courrier. Les miracles étaient rares et impossibles à reproduire. Alors, pourquoi la religion persiste-t-elle ?

Sa pensée scientiste, tranchante et sceptique comme elle pouvait l'être dans un jeune esprit, n'arrivait pas à assimiler la notion de religion. Il y avait de grandes questions relatives aux origines de l'univers et à la loi naturelle. La science ne pouvait que difficilement en traiter, et tout convergeait vers la grande énigme : pourquoi y avait-il quelque chose d'organisé, au lieu de rien ? La théorie du chaos semblait une réponse satisfaisante aux scrupuleuses et chantantes harmonies révélées par la science.

Si l'Esprit avait dégagé les humains de la Matière, rendant par là même l'univers capable de se comprendre lui-même – de se suffire à lui-même –, alors la religion rendait cohérente cette théorie sous-jacente, cette évolution. Mais, dans ce cas, pourquoi les Mécas n'avaient-ils pas de religion ?

Pour Paris, ces manières si abstraites de questionner l'infini, largement répandues chez l'homme, n'apportaient aucune réponse à la question du vibrant besoin de croire. Il manquait quelque chose.

Cela, plus que les rituels et les célébrations par l'Assemblée des triomphes sur les Mécas, formait pour Paris la caractéristique première de l'humaine condition.

> La première chose que j'ai sue, c'est que j'étais vivant et qu'on m'avait transformé en une sorte de pot de fleur.

> J'étais réduit en miettes, mais encore capable de penser, même comme ça, partiellement.

> La *douleur*... Et puis ils m'ont drogué et j'ai pu la supporter plus longtemps. Mais mon bras était toujours à l'envers.

> Ça avait écrit mon nom sur mon visage, et j'ai pensé que c'était pour m'identifier, jusqu'à ce que j'aie vu l'hologramme, à côté de moi, et qui me représentait debout, ma bite dressée au milieu de ma nuque et raide, tout le temps. Même si je ne pouvais pas la sentir. Et puis cette chose en forme de femme m'a grimpé le long du cou.

> Le saindoux ça n'était pas si désagréable. Mais se noyer dans le mucus ça, ça l'était. Et c'est ressorti par ma bouche avec un goût... Comme si quelque chose avait pourri au fond de moi.

> Après, mon épiderme a fait des cloques et puis il a pelé. J'ai eu froid à la peau du dessous et ça m'a parcouru comme de l'huile en flammes sur tout le corps.

> J'ai hurlé. Mais cette chose pleine de pattes ne voulait pas s'arrêter.

Paris rencontra la Mante alors qu'il patrouillait seul.

C'était une chose scintillante qui jouait, au loin, sur l'à-plat d'une colline. Pour la voir, le regard devait traverser les mirages que la Mante projetait autour d'elle. Il la sentait plus qu'il ne la voyait.

Paris resta dans une immobilité totale. Puis, il sentit la créature glisser vers lui. Il n'eût servi à rien de courir, il était en mission de routine seul avec quelques robots-transporteurs, et n'était pas bien armé.

Les légendes du Clan évoquaient ces monstres mécas, rarement vus par les hommes. Dans les récits, ils avançaient à travers des dédales de ruines, des vies brisées, semant partout la Mortsure. On en parlait aussi comme de fantômes, de silhouettes aux nombreuses pattes qui traversaient l'horizon au soleil couchant. C'était une véritable tradition d'horreur léguée à toutes les Familles humaines et à leurs Assemblées par les souvenirs millénaires des Aspects. On disait que certains avaient approché les créatures mais que peu avaient survécu à la rencontre.

Je cherchais une entrée. J'ai perçu en vous l'écho d'une essence lointaine. Me reconnaissez-vous ?

– Non.

Bien que quelque chose vibrât et s'agitât au fond de son esprit, la peur figeait Paris. Puis sa volonté reprit le dessus et il sentit s'élever dans sa poitrine une rage froide. Il fit une rapide estimation des dommages qu'il pouvait lui infliger. Les interrogations résonnaient dans son sensorium et lui renvoyaient des images de coups violents et implacables.

L'existence humaine est brève et pleine de saveur dans ces lieux sauvages. Mais votre forme primale est modelée par une histoire très longue. C'est une chose que je n'ai pas l'habitude de rencontrer.

Paris reçut l'image de pattes multiples se déplaçant rapidement au pied des collines lointaines. Il en évalua soigneusement l'éloignement.

Votre Lignée de vertébrés rêveurs et rieurs est capable de choses étonnantes. Vous en êtes un exemple particulièrement complexe. Vous avez moissonné un nombre impressionnant de données. J'attends avec impatience de pouvoir les récolter et les consulter.

– En moi ?

Bien sûr. Vous ne... savez pas ?

– Je ne sais pas quoi ?

La Mante avait fait une pause dans son discours, ce qui, de la part d'une entité à la puissance de calcul aussi immense, était significatif.

Je vois. Nous, qui nous programmons pour l'éternité, bien qu'en des formes mixtes, ne partageons pas votre intérêt pour les artefacts. J'ai déjà vécu plus longtemps que ces chaînes de montagnes qui vous semblent éternelles. Les artefacts ne sont que des outils provisoires, promis au rebut à brève échéance.

– Comme moi ?

À votre manière, oui. Alors, vous me comprenez... ?

Paris comprenait parfaitement le sens de ce que lui disait la Mante mais, soudainement, une partie de lui-même se révolta à cette idée.

Non, il ne la suivrait pas.

Il verrouilla son unique arme sur la fréquence de la Mante et fit feu. Une rafale rapide retentit. La Mante scintilla et disparut.

Nous fusionnerons le temps venu, artefact.

Les secondes s'égrenèrent dans le silence. Plus aucun signe n'effleura son sensorium. Il n'y aurait pas de représailles.

Le crépitement de la salve s'était répandu en lui, extrêmement réconfortant. Son cœur battait. Quelque chose en lui aimait ce que l'action apportait de libérateur mais une autre partie de lui bouillait, mal à l'aise. Il se sentait exalté d'avoir pu détourner son Moi de quelque chose qu'il ne voulait pas affronter.

Qu'est-ce que la Mante avait bien voulu dire dans sa dernière transmission ?

Il s'éloigna rapidement. Peur et fierté mêlées, il oublia l'événement et y repensa rarement.

D'autres Familles et leurs Assemblées étaient venues sur Isis renforcer le nombre des résistants mais au Centre galactique de nombreux et rapides changements se succédaient.

Les humains, avec leur durée de vie d'à peine trois siècles, durent faire face aux Mécas qui, forts d'une longévité plusieurs fois millénaire, avaient établi leurs plans en conséquence.

Des Nanomécas harcelèrent les citadelles humaines sur Isis. Ils déclenchèrent des tempêtes incessantes de poussière piquante infestées de micronanos.

Pour lutter contre la dispersion de ces armes dans leur atmosphère, les humains mirent en place des défenses aériennes considérables. Nulle Machine ne pouvait lâcher un astéroïde sur la planète, nul vaisseau pénétrer la magnétosphère.

Paris prit en main la formation aux arts militaires. Il aimait, lors des exercices, le plaisir de l'apesanteur, le jeu des dynamiques, les glissades newtoniennes dans un vide dénué de toute friction.

Isis était attirante avec ses beautés sèches. À l'aurore, les vallées arides étaient noyées dans la pénombre alors que les montagnes enneigées brillaient au-dessus, couronnées de nuages qui luisaient d'un rouge orangé ardent. Les cimes déchiraient la couverture de nuages comme l'eût fait l'étrave d'un bateau. Des cumulus orageux, illuminés d'éclairs, reposaient sur les pentes comme des brassées de roses blanches.

Les réalisations humaines y étaient tout aussi surprenantes. La nuit, la brillante concentration des Citadelles était prise dans la toile scintillante du réseau d'autoroutes. Le cœur de Paris s'emplissait de fierté devant ces réalisations, plus ou moins abouties sans doute, mais qui témoignaient de la présence humaine dans l'Univers. En un seul siècle de sa vie, il avait déjà fait tant de choses ! Il avait aidé à donner forme à des mers artificielles et de grands bassins aquatiques elliptiques, de vastes plaines oblongues de champs cultivés, un ordre immaculé durement gagné sur les vallées arides.

Il avait aussi trouvé une épouse qui l'aimait en dépit de son étrangeté et de son besoin de solitude et de silence. Il eut des enfants, mais ceux-ci ne manifestèrent aucune prédisposition pour l'art. Puis, ses enfants, à leur tour, eurent des enfants. Paris aimait ce sentiment de perpétuation de son sang. Pourtant, en lui la chose qu'il ne pouvait nommer était toujours là, comme une présence silencieuse sur le flot de milliards de bits qui s'écoulait au-dessous de son niveau de conscience.

Il aida la flotte spatiale à installer un wormhole pour protéger leur système solaire. Paris l'avait découvert dans un nuage moléculaire trouble qui s'était approché d'Isis des siècles auparavant. L'attirer près de la planète lui coûta deux décennies de vie, mais il les sacrifia librement. Le wormhole ouvrait à l'humanité de nouvelles perspectives. Jusqu'alors, seuls les Mécas en avaient fait usage.

Il commençait à récolter les fruits de son labeur.

Après plusieurs décennies de plein exercice de l'Assemblée, au cours desquelles Paris avait continué aussi à créer nombre de ses stupéfiantes œuvres d'art éphémères, les cieux s'embrasèrent une fois de plus. Des vaisseaux mécas, grands comme des lunes, couvrirent le ciel d'Isis.

Cette fois leur mission était de détruire les sept planètes du système solaire pour en tirer les matières premières destinées à leurs grandes Constructions. Une partie de l'Assemblée recommanda la diplomatie mais certains membres préconisèrent la construction d'un vaisseau spatial susceptible de les emmener au loin, avant que les Mécas ne démantèlent la planète sous leurs pieds.

Paris s'y opposa. Il pressa l'Assemblée de riposter.

– Détruisons quelque chose qui ait de la valeur pour eux, s'écriait-il. Alors seulement, ils nous respecteront assez pour nous écouter.

Alors même qu'il prononçait ces mots, il sentit éclore en lui quelque chose de fondamentalement nouveau.

La présence fantomatique qui s'était maintenue hors de vue de son moi interne s'était mise en mouvement, lente mais déterminée. Dans son esprit s'imposa le plan que devrait suivre une petite bande de pilotes résolus pour atteindre le grand disque accumulateur du Véritable Centre. Le flot de données était saccadé et torrentiel. Il coulait d'une source que Paris ne pouvait clairement identifier. Peut-être un Aspect profondément enfoui ? Mais non, une autre partie de lui le niait. Alors, quoi ?

Il laissa échapper un rire tonitruant qui relâcha la tension que ces pensées avaient fait naître. L'espace d'un instant, il se vit le long d'un tunnel à la perspective immense, membre à part entière de la Lignée – celle des vertébrés qui rêvaient et riaient.

Les Pièces de Collection

> La chose pleine de pattes, elle a dit que j'étais un monument à la gloire de mon espèce.

> Ils étaient une équipe de cinq petits, avec un grand qui avait de drôles de pattes, et ils m'ont découpé lentement pour voir.

> Ma mère était là avec des parties d'animaux qui poussaient

d'elle, et lorsque j'ai essayé d'aller vers elle ils m'ont fait ça à moi aussi.

> On m'a laissé ma tenue de combat, j'ai cru qu'ils allaient enfin me laisser reposer en paix, mais il y avait ces asticots qui ne cessaient de surgir des cloques de ma peau et qui rampaient sur moi.

> Ils m'ont dit que je ne sentirais pas les choses qui allaient me traverser les yeux, mais ils ont menti.

> Je crois qu'ils m'ont complètement oublié et qu'ils m'ont laissé couché sur le sol pendant qu'ils travaillaient sur les autres. Ils ont finalement décidé de m'utiliser pour les pièces détachées.

> Je pouvais voir assez bien, mais quand j'ai regardé en bas, je n'avais plus de corps, juste ma tête sur une pique qu'ils trimballaient avec eux, je pense pour effrayer les membres de mon Assemblée, et moi je suppliais et je hurlais presque tout le temps, mais sans poumons.

Le Centre galactique était un amas de débris tournoyant au fond d'un trou gravitationnel. Ses environs immédiats, hurlants et agités, étaient gardés par des flottes de Mécas.

Mais les wormholes permettaient de les contourner.

Les premières expéditions humaines à utiliser un de ces petits tunnels d'espace-temps avaient été des succès. L'extrémité du wormhole qui flottait au-dessus d'Isis débouchait près du Véritable Centre. Paris lui-même l'avait traversé, au cours d'une brève mission exploratoire, comme une souris inquiète qui pointe le nez hors de son trou.

Les humains avançaient telle une armée de fourmis, dans un ordre impeccable, puis ils se regroupèrent sur des asymptotes convergentes. Paris exigea et obtint le commandement de l'assaut. Il était un pilote accompli. À grande vitesse, il serait capable de bien choisir les délicats angles de vol et de redresser, au besoin, la trajectoire d'une simple impulsion ou d'un petit écart.

Les wormholes étaient les vestiges de la première fraction de seconde de l'univers. Ils se maintenaient ouverts grâce à des pelures d'oignon d'énergie négative, ces couches d'anti-pression générées lors de la convulsion primordiale. Ils avaient été rassemblés ici – mais par quelle main ? – pour servir de nœuds de transport.

De l'écume quantique était en effervescence sur le rebord de l'ouverture sous forme d'un brouillard sinistre aux couleurs ternes. Ces brumes étaient d'une densité inimaginable mais elles n'étaient dangereuses qu'à la lisière, là où les tensions pouvaient transformer la matière en un plasma incandescent. Heurter les murs toujours mouvants pouvait être fatal. Plusieurs pilotes en avaient fait la funeste expérience.

La bouche du wormhole était maintenant ellipsoïdale et bordée de feu quantique. Paris, en tête du cortège, pilotait un vaisseau mince comme un crayon. Son isolation était minimale et ses écrans de protection bien minces. Pourtant, le pilote ne ressentait aucune peur. Seulement de la sérénité et une certitude inébranlable. Des tensions oscillantes comme des marées arrachaient des gémissements au convoi autour duquel s'enroulaient des éclairs violets et dorés...

...ils sortirent finalement à l'autre extrémité du tunnel en tournoyant, à une centaine d'années-lumière de là.

Une étoile bleu-vert et son panache nébuleux accueillirent la flottille humaine. Tout près, en orbite stationnaire, planait un établissement de Mécas autour duquel des vaisseaux montaient la garde. Avec des virements de bord soudains, les minuscules vaisseaux des humains prirent place dans un convoi d'engins de transport qui se dirigeait vers la large bouche d'un autre wormhole. Cinquante hommes et quatre-vingt-six femmes avaient sacrifié leur vie pour reconnaître le trajet qu'ils empruntaient et pour obtenir les codes d'accès qui leur permettraient de traverser les complexes mécas. Mais leur camouflage ne résisterait pas longtemps à la vigilance de leurs ennemis. S'ils traînaient un peu, ils étaient morts.

À la sortie de ce nouveau tunnel, ils se retrouvèrent en orbite autour d'une naine rouge qui brasillait. Combien de temps encore pourraient-ils se servir des codes chèrement gagnés avant que les Mécaniques ne découvrent la supercherie ? Ils devaient s'engouffrer dans le premier trou qui se présentait devant eux, à l'aveuglette. Pourtant, il fallait parfois attendre, car les wormholes ne pouvaient gérer en même temps le trafic entrant et sortant.

Autour d'eux, des navires de grande puissance plongeaient dans des ouvertures de la taille d'une planète. Le danger pour les humains était de s'engouffrer dans un wormhole qui les expédierait dans un système solaire déserté ou dans des poches d'énergie qui les carboniseraient en une seconde.

Quelqu'un, autrefois – peut-être ceux qui avaient mis au point les premiers Mécas –, probablement par un transfert de force brute interstellaire, avait constitué ce système élaboré de navigation dans le Centre galactique.

Certains wormholes avaient un orifice qui ne permettait le passage que des petits vaisseaux. Paris et ses dix-huit volontaires les choisissaient systématiquement depuis qu'ils étaient passés à l'attaque. Jamais ils n'avaient ralenti : tous ces nœuds du réseau étaient trop bien surveillés, la rapidité était leur seule arme.

Il fallait se ruer à travers un trou, puis, dès la sortie, viser l'orifice le plus proche. Et *foncer*. Les parois luisantes et sinueuses défilaient à grande vitesse et Paris, allongé au poste de pilotage, consultait ses afficheurs en s'efforçant de ne pas penser à ce qu'il allait se passer ensuite.

L'extrémité flexible du tunnel s'incurvait en s'amincissant. Chaque bouche d'accès tenait les autres « informées » de ce qu'elle avait avalé. Cette nouvelle information diffusée ajoutait un surcroît de tension énergétique dans le tube déjà saturé de vibrations et qui ondoyait comme un étendard dans la tempête. Quand une onde de tension se heurtait à un flux de constriction, il émergeait de l'issue du wormhole comme un filet de fumée de gaz.

À partir d'un calcul complexe sur la succession des tunnels, les théoriciens humains avaient élaboré la route à suivre. Entre Isis et l'espace le plus proche du Véritable Centre, ils avaient prévu une douzaine de sauts à travers des wormholes. Mais ils n'avaient pas prévu que certains des tunnels avaient des bouches multiples et se scindaient en ramifications complexes. Le choix du chemin à suivre devait être pris par Paris à la vitesse de la lumière.

Parfois, à la sortie d'un wormhole, des soleils et des planètes d'une grande et lumineuse beauté dérivaient dans l'obscurité. Derrière ce magnifique tableau flottait, au loin, la promesse radieuse du Véritable Centre. Pour les humains ballottés à ces allures folles, il y avait un étrange contraste à bondir ainsi à travers des distances immenses et paisibles enfermés comme ils l'étaient dans des conteneurs aux formes de cercueil.

Vive comme l'éclair, la flottille d'Isis plongeait, esquivait, puis plongeait de nouveau.

La subtilité n'était pas de mise : lorsqu'un vaisseau méca s'approchait pour une inspection de routine, Paris le détruisait d'un éclair d'énergie cinétique. Les Machines n'avaient jamais recours à des techniques aussi frustes, aussi chaque tir faisait-il mouche et il ne restait des engins mécas qu'une trace de fumée qui trahissait le passage des intrus.

Ils émergèrent au milieu d'un halo irréel de naines blanches, disposées en hexagone. Paris se demanda ce qui avait poussé les Mécas à choisir une telle forme qui, du simple fait des lois de la mécanique, ne pouvait perdurer. Mais comme nombre de choses concernant les Mécaniques, il n'y avait aucune explication, même en puisant dans les immenses réserves de la mémoire des Aspects, et aucune ne semblait satisfaisante.

Au-dessus, le disque galactique s'étirait dans sa splendeur lumineuse. Des allées de poussière agglomérées encadraient les étoiles d'azur et d'émeraude.

Soudain, face à Paris, une intersection à cinq branches se présenta : trois sphères noires orbitaient, menaçantes comme des léopards tournant en rond, alors que deux cubes blancs brillaient de tous les feux de leurs radiations.

Les minuscules vaisseaux se ruèrent directement vers la face de l'un des deux cubes. Les étais d'énergie négative qui le maintenaient ouvert étaient rassemblés dans ses arêtes de sorte que les faces étaient dépourvues de marées énergétiques. Une seconde plus tard, après une énième sensation d'arrachement au creux de l'estomac, ils furent tout près du Centre Véritable.

Droit devant, le disque interne s'étalait dans sa lumineuse splendeur. Des concrétions de poussière grumeleuse formaient comme des étoiles bleues, pourpres ou émeraude. De grandes colonnes de champs magnétiques attiraient et aspiraient des nuées interstellaires.

Des cyclones paresseux se rétractaient, aspirés par le brillant disque d'accumulation.

Partout, des instruments mécas étaient en orbite. Ils emplissaient la coupe du ciel d'une activité intense. Ils étalaient de vastes grilles et de larges réflecteurs pour capter l'énergie tirée de la friction du grand disque et des précipitations qu'il recevait. Cette récolte d'énergie photonique pure était aussi canalisée dans les gueules béantes de certains wormholes qui les dirigeaient apparemment vers des destinations, elles aussi, assoiffées de lumière. Pour quel usage ? Transformer des planètes selon les normes des Mécas, ravager des mondes, sculpter des lunes ?...

Les humains plongèrent une nouvelle fois dans un wormhole et, quand ils en sortirent, le spectacle qui s'offrit à eux leur coupa le souffle.

Des filaments magnétiques les dominaient, si vastes que l'œil ne pouvait les appréhender dans leur totalité. À travers eux s'ouvraient de gigantesques couloirs lumineux, emplis d'énergies ondoyantes. Ces arches enjambaient des dizaines d'années-lumière, leurs courbes immenses descendant vers le Véritable Centre chauffé à blanc. Là, la matière moussait, fumait et explosait en fontaines aveuglantes.

Dans le Véritable Centre, trois millions de soleils avaient été sacrifiés pour nourrir le gosier avide de la gravité. Les arches étaient manifestement artificielles, rangées en ordre de marche avec leur diamètre d'au moins une année-lumière. Pourtant, elles se soutenaient, aussi vaporeuses que des cheveux d'ange, mais bouillonnant d'une activité frénétique.

L'intelligence pouvait-elle résider en ce lieu ? Il y avait bien eu à ce propos des légendes, très anciennes, mais elles n'avaient jamais été vérifiées. Des fils d'émeraude s'entrecroisaient parmi des spirales de rubis. Tout cela semblait régi par un puissant ordre cosmique dont le pouvoir paraissait s'étendre à perte de vue et au-delà de la simple compréhension.

Un torrent de lumière maligne déboucha soudain de derrière les vaisseaux humains et provoqua une accélération violente qui plaqua Paris sur sa couchette.

– Ils ont fait sauter le wormhole ! s'écria une voix sur l'intercom.

Paris freina sec, vira à gauche dans un nuage de débris...

De toute évidence, les Mécas savaient comment saper les étais d'énergie négative qui maintenaient ouverte la bouche des wormholes. Ils voulaient capturer les intrus.

Désormais, toute retraite était impossible.

Paris et ses compatriotes fuirent vers une boursouflure massive comme une promesse de refuge. Ils étaient près du disque d'accumulation du trou noir. Autour d'eux se brassait la mort des étoiles, organisée par les filaments magnétiques. Et ceux-ci obéissaient à leur tour, Paris en avait la certitude, à une chose sur la nature de laquelle il ne tenait pas à spéculer. Les Mécas gouvernaient-ils ici également ou s'étaient-ils aventurés dans un royaume où même eux étaient jugés indésirables ?

En ce lieu, les étoiles étaient mises en pièces par un procédé qu'il ne pouvait imaginer – éventrées, fondues en globes en fusion. Ceux-ci illuminaient la masse sombre des débris en orbite comme des braises écarlates dans un sac de charbon.

Au milieu de toute cette confusion, se mouvaient les plus étranges des astres. Chacun d'eux était recouvert d'un masque hémisphérique maintenu dans le vide à une courte distante de la surface de la planète par une émission d'infrarouge. Le masque projetait sur l'étoile la moitié de son propre flux, augmentant la température tout autour et rejetant des arcs violents dans l'espace.

La lumière s'échappait librement d'un côté alors que le masque la retenait de l'autre. La calotte hémisphérique était incessamment attirée vers l'étoile mais la gravité maintenait l'éloignement souhaitable.

Les filaments rassemblaient peu à peu les planètes mortes en une sorte de troupeau. C'était lent, mais efficace. Et elles étaient dirigées vers le disque d'accumulation, pour satisfaire l'insatiable appétit du trou noir.

Paris et les autres se tinrent au bord d'un gouffre étroit qui surplombait toute cette splendeur.

Au-dessous d'eux, des ouragans malmenaient les bancs de gaz et de poussières qui chutaient. Des tornades chauffées à blanc tourbillonnaient. Une lumière violente frappait sans relâche la foule d'astres qui se pressait sur l'orbite fatale. La gravité forçait les courants à se fondre en un disque tourbillonnant vers le Centre

Pourtant, au milieu de ce torrent mortel, la vie – ou quelque chose d'approchant – devait exister. Paris jeta un regard à travers le paysage bariolé, à la recherche des bêtes mécaniques qui, il le savait, se nourrissaient, vivaient et mouraient ici. Des annales vieilles de millénaires en faisaient état.

Là.

Subissant l'impact des photons chauds, un Brouteur lézardait. Pour toutes les créatures photovores, le grand disque broyeur d'étoiles était une source inépuisable d'aliments. À l'aplomb du disque d'accumulation bouillant, des bandes de créatures fines comme des aiguilles se nourrissaient de nuages flottants.

Dirigez-vous selon ce vecteur.

L'ordre avait retenti.

Leur cible se trouvait là, tout près, mais déjà une flottille de Mécas convergeait vers les ténus vaisseaux humains.

Des nappes entières de photovores se gonflèrent dans les vents électromagnétiques. Ils semblaient réglés pour s'imprégner de certaines bandes spécifiques du spectre électromagnétique, chacune des espèces ayant une forme et une surface caractéristiques. Ces créatures pouvaient déployer de grandes plaques réceptrices pour maintenir leur orbite et leur inclinaison vers la lumière qui régnait éternellement.

Les vaisseaux humains se glissèrent parmi les grands filaments éblouissants. Les photovores étaient des Machines, bien sûr, mais vraisemblablement descendues d'engins robots assez primaires qui avaient déjà exploré ce centre des milliards d'années avant. D'autres Machines plus complexes devaient rôder plus loin dans les allées sombres.

Un éclair traversa la poussière et frappa un vaisseau humain. En réaction, un autre frappa quelques photovores, qui explosèrent en gerbes de flammes.

Le peuple d'Isis se blottit dans l'ombre et attendit. Les instants s'égrenaient goutte à goutte.

Soudain, une immense silhouette tordue émergea d'un nuage de poussière. Elle avait une forme d'une élégance baroque qu'aucun esprit humain n'aurait pu concevoir. Elle affichait une grande détermination et descendait en spirales paresseuses le long des rideaux translucides. Paris vit une lueur filiforme en dessous, parmi les photovores. Un filament magnétique, se dit-il.

L'Aspect d'Arthur intervint :

– Je suis déjà venu ici une fois, sous forme d'Aspect, au cours de l'ère glorieuse où il nous était encore permis de venir ici. Je vous conseille de ne pas bouger, car le vaisseau gardien qui approche est mortel au-delà même de ma compréhension.

– Votre mémoire est si bonne que ça ? questionna Paris.

– Cela ne remonte qu'à 3430 ans. J'ai subi quelques erreurs de copie, c'est vrai, mais la peur demeure le meilleur fixateur de la mémoire. Notre expédition en ce lieu a été un véritable traumatisme. Sur un millier d'engins, trois vaisseaux seulement sont revenus.

– Je ne sais pas quoi faire...

Son intuition lui faisait défaut. Les autres vaisseaux se regroupèrent autour du sien et lui adressèrent des messages paniqués qu'il avait du mal à filtrer. L'engin mécanique ornementé descendait lourdement vers eux. Même à cette distance éloignée, il pouvait les mettre à mal.

– Assurément, nous sommes perdus si nous restons ici. Si tu ne peux gagner à un jeu, change le jeu.

Paris hocha la tête et envoya un message compressé aux autres. Il se glissa à pleine puissance sous les couches minces de photovores dont les voiles étendus oscillaient gracieusement dans la brise de photons. Des tempêtes, engendrées par le disque, perturbaient le troupeau et des tornades incandescentes tourbillonnaient, aspirant tout sur leur passage. Pour faire face au climat en fureur, des échanges de télémétrie positionnelle scintillaient entre les photovores. Dans la lumière éternelle, des mélodies radieuses flottaient entre les hardes.

Les couches scintillantes s'écaillèrent soudain et le troupeau sous lequel Paris se cachait vola en éclats. Les Brouteurs furent projetés dans les masses voilées des nuages moléculaires, qui se mirent à bouillir à leur tour. D'autres commencèrent à tournoyer en entamant une chute vertigineuse. Bien avant qu'ils ne touchent le disque brillant, la lumière violente dissolvait leur armature. Puis, ils étaient instantanément calcinés par les énergies mortelles.

Paris sentit alors, dans le sensorium-bulle du vaisseau, que quelque chose l'observait. Une sorte d'œil électronique l'épiait : était-il redevenu une proie ?

Un groupe de photovores s'était reformé dans un flux magnétique tubulaire qui glissait le long de l'axe de la galaxie. Parmi eux planaient des gammavores. Ces créatures, d'un bleu acier, se ressourçaient aux radiations plus dures des rayons gamma émanant du disque d'accumulation.

Arthur reprit :

– Si je me souviens bien, les gammavores s'élèvent très haut au-dessus du disque pour chasser les créatures à base de silicates qui demeurent dans les nuages de poussière grise.

« Une bonne part de l'écologie de ce lieu était inconnue de mon temps et les humains ont été bannis de ces territoires avant qu'ils n'aient pu vraiment l'étudier. Nous avons cherché la Portion, le lieu où les premiers humains s'étaient mis en quête d'un abri, y compris le légendaire Walmsley. Nous souhaitions trouver la Bibliothèque Galactique, un trésor qui nous aurait aidés...

– C'est passionnant. Mais j'ai vraiment d'autres urgences !

Il arrêta les réminiscences d'Arthur d'un simple resserrement mental. Il était temps de faire mouvement. Mais dans quel sens ? Dans le tube magnétique... Mais où trouver un camouflage pendant la descente ?

Paris donna l'ordre de foncer en direction du filament. Ils passèrent près d'un photovore aux ailes déployées qui les repéra et les poursuivit.

Là, la navigation était facile car, en dessous d'eux, le pôle de rotation du Dévoreur de Toutes Choses drainait tout vers le puits sans fond. Le trou noir avait une masse égale à celle de trois millions de corps stellaires et le centre du disque incandescent était une pointe d'épingle d'un noir absolu.

Le métallivore les pourchassait à travers les couches minces de photovores couleur d'or brûlé. Les minuscules vaisseaux des humains se dispersèrent. En vain, ils le mitraillèrent, ils avaient pour eux la vitesse, mais l'animal était résistant.

– Comment venir à bout de ça ?

– Le métallivore supprime les photovores les moins efficaces. Des règles anciennes, et la sélection naturelle, le poussent à s'attaquer aux plus faibles. Ceux qui ont glissé sur des orbites improductives sont les plus faciles à attraper. Il a également une prédilection pour ceux qui ont laissé se ternir leurs panneaux réflecteurs. Il les repère à leur teinte plus sombre et à leur apparence mouchetée. Ces tueries incessantes caractérisent bien la Mécasphère.

– Il faut quelque chose pour le liquider !

– Je vais y réfléchir. En attendant, il convient d'avoir le pied léger.

Paris vira et piqua. Il pilotait son engin à l'instinct. D'autres ne furent pas aussi habiles et il entendit les cris d'agonie de trois de ses plus proches compagnons.

Les tubes magnétiques avaient pour fonction d'absorber la lumière et de restituer des micro-ondes, mais certains avaient développé une appétence pour tout ce qui contenait du fer et étaient devenus les prédateurs des métallivores.

Le monstre d'acier replia ses ailes-miroir, ce qui lui donna une forme plus anguleuse, et fonça sur les humains.

– Les phylums supérieurs nous ont repérés.

– Il descend aussi rudement vite.

– Les plantes n'assimilent qu'un pour cent de l'énergie qui leur tombe dessus. Ici, les photovoltaïques en capturent dix pour cent, c'est le résultat d'une évolution au travail sur les Mécaniques. D'une certaine manière, c'est admirable, je présume...

– Raconte-moi ça en condensé, pas en voix réelle.

Les Aspects avaient une fâcheuse tendance à monopoliser les lignes...

Arthur lui envoya un jet compacté d'informations venues des temps immémoriaux: au sein des métallivores, les feux de fusion dévoraient les carcasses en ruine des machines qu'ils avaient détruites. Merveilleusement réglées, leurs entrailles produisaient, à la demande, des lingots de l'alliage le plus pur. Ici, les ressources ultimes étaient la masse et la lumière. Les photovores vivaient de lumière, et les minces métallivores se nourrissaient d'eux – ou même de vaisseaux humains, une variante exotique.

Le poursuivant émit des giga hertz de cris de joie en plongeant après eux dans les champs magnétiques du filament.

– Ces entités magnétiques sont-elles intelligentes ? demanda Paris.

– Oui, mais pas au sens où nous, penseurs à court terme, concevons ce mot. Elles sont davantage semblables à des bibliothèques dormant d'un sommeil léger. J'ai une idée. Leurs processus mentaux sont vulnérables.

– Comment ?

– Ils déclenchent leur pensée au moyen de potentiels électrodynamiques. Nous les irritons, j'en ai la certitude.

Il vit que le métallivore se rapprochait à vive allure. Derrière eux suivait, impitoyable, le vaisseau gardien à la structure complexe.

Entre les fibres magnétiques luisantes comme de l'ivoire, les engins humains survivants effectuaient des manœuvres de diversion : plongeons et esquives se succédaient dans le rayonnement aveuglant du disque mortel.

Le chasseur de métal aurait bien avalé les minuscules vaisseaux avec satisfaction, mais ses ailes solaires redéployées pour virer l'empêchaient de manœuvrer avec agilité. Habilement, Paris et ses compagnons filèrent à travers les entrailles magnétiques, le vaisseau méca sur les talons.

– Dans combien de temps penses-tu qu'ils vont réagir ?

– Bientôt. Si j'en crois mon expérience. Je te conseille de te débarrasser d'abord du métallivore maintenant. Vite !

– On va juste faire semblant de se laisser attraper, c'est ça ?

Arthur répondit par un « oui » tremblant. Sa panique se communiquait à l'esprit de Paris. Un Aspect pouvait donc aussi craindre pour sa vie ?...

Le métallivore gris acier passa au-dessus d'eux.

Ces prédateurs étaient toujours escortés de parasites, les nécrophages. Ici et là, sur la peau luisante du Méca, s'étaient fixées des choses semblables à des bernaches et des ventouses, des grumeaux d'un brun orange ou d'un jaune souillé qui se nourrissaient des débris abandonnés dans l'espace. Ils purgeaient ainsi le monstre mangeur de métal des éléments indésirables, des épaves et des poussières qui, à la longue, pouvaient venir à bout des mécanismes les plus robustes.

Le monstre bascula, tentant de les coincer le long des rubans magnétiques, mais la pression des lignes de champ freina son élan.

Paris le laissa approcher encore. Il observait fasciné l'étrange chorégraphie réalisée, sous le choc des photons, par cette créature de cauchemar dans cette improbable salle de bal spatial. La scène était seulement éclairée par la lueur des tempêtes bouillantes qui se déchaînaient bien plus bas, sur le grand disque.

La machine de Paris commença à recevoir des décharges électrodynamiques. Le bourdonnement brouilla l'ensemble de ses communications avec les autres vaisseaux. Le métallivore planait, inquiétant. Des pinces sortirent de sa coque et se déployèrent, menaçantes.

Il y eut le craquement d'une décharge puis un éclair lent se propagea entre le monstre et les humains le long d'une bande de filament magnétique.

– On va se faire rôtir ! s'exclama Paris.

Arthur, qui avait retrouvé un peu de son calme, lui répondit :

– Nous jouons dans la cour des grands, ici. Plus le corps conducteur est gros, plus il attire la mort crépitante.

Encore une secousse violente.

Le métallivore se cabra, les pattes empêtrées dans les fils magnétiques qu'il avait approchés de trop près.

Il mourut dans de terrifiantes convulsions au milieu d'un feu blanc qui dansait.

L'induction des fils magnétiques était lente, mais on ne pouvait y échapper quand l'énergie se déchaînait.

Paris comprit l'allusion que contenait la dernière phrase d'Arthur.

Dès que la décharge se fut dissipée dans le métallivore, les potentiels cherchèrent une autre surface conductrice, celle qui représenterait la plus grande différence latente. Les lois de l'électrodynamique avaient déjà condamné le vaisseau gardien qui s'approchait.

Les doigts déchiquetés de la décharge emprisonnèrent leur poursuivant dans une débauche de rouge rubis et de vert émeraude.

Des hurlements de joie retentirent dans les vaisseaux d'Isis. La forme étrange et ornée flottait, inerte, morte.

Le circuit des filaments s'était déchargé sur leurs ennemis, métallivore et gardien, parce qu'ils étaient les plus gros.

– Je... savais-tu réellement ce que tu faisais ? demanda Paris, haletant.

– Pas vraiment. Je suivais les enseignements de mes archives, mais la théorie ne produit souvent que des armes au tranchant émoussé. Peut-être ai-je conservé un reste, un soupçon d'intuition...

Paris comprit la fierté un peu triste de l'Aspect. Mais déjà les vaisseaux des humains accéléraient, s'extrayant de l'enchevêtrement des filaments ténus. Il n'y aurait plus de décharge de haut voltage d'ici quelque temps.

Près du rebord du disque aux couleurs violentes, insouciant des attaques du climat agressif, tournoyait lentement un curieux cylindre gris marbré.

Sûrement une autre réalisation des Mécas.

– La Galerie des Humains, murmura Paris.

Il se demanda aussitôt comment il pouvait bien savoir une telle chose.

Les Pièces de Collection

> J'ai fait ce cauchemar affreux, et puis je me suis réveillé et c'était vrai.

> Nous devons être des milliers, tous dans cet espace plat et noir, incurvé seulement au-dessus. Je peux voir avec mon œil unique. Le plafond aussi est rempli de nous, tous plantés, chacun à sa place.

> Je ne suis que des veines, des grosses veines bleues, j'ai pas de bouche mais j'ai faim tout le temps.

> Une chose informe est posée juste à quelques mètres de moi, je ne savais pas qui c'était jusqu'à ce que je reconnaisse ses sanglots : c'était ma mère.

> J'ai pu dégager ma main et je me suis crevé l'œil pour ne plus voir ça, mais ils l'ont réparé en expliquant que ça faisait partie de ce qui me donnait du prix, et maintenant je suis obligé de regarder tout le temps, j'ai pas de paupières et ils n'éteignent jamais la lumière.

> Il ne fait pas chaud mais c'est l'Enfer et nous murmurons entre nous comme quoi ça sera pour les siècles et les siècles. Et que ton Nom soit béni. Amen.

C'était un lieu de craie et de sang, de regards de diamant et de chants stridents.

Les douze humains survivants en avaient trouvé l'entrée, l'avaient forcée et s'étaient introduits dans le vaste cylindre. Ils passèrent sans s'arrêter devant des « choses » dont la vue était insoutenable et auxquelles ils s'efforçaient de donner un sens.

Des odeurs évanescentes flottaient et des voix pâteuses aux mots semblables à l'appel d'oiseaux enfiévrés résonnaient.

Ces « choses » n'avaient rien d'humain, elles ressemblaient à des tubes de chair cireuse enroulée. D'autres avaient l'air de grumeaux de beurre tourné.

Mais, plus loin, ils virent un homme qui se tenait sur une main. Son ventre était plissé comme un accordéon. Lorsqu'il se déplaçait, des fentes s'ouvraient sur tout son corps, d'où sourdait une brume jaune. L'homme émettait de longs gémissements qui finirent par former des mots :

– Je... suis... un... acces... soire... sacré.

Puis un hoquet gargouillé et :

– Aidez... moi... à... être... ce que... je... suis...

Une odeur d'égout se répandait d'une source proche. Une femme les regarda directement dans les yeux. Elle ne dit rien, mais de sa peau s'écoulaient des ruisselets d'urine. Tout près se tenait une petite fille, qui ressemblait à un entrelacs de cordes à la couleur rosée.

Assommés de stupeur, les douze congénères s'éparpillèrent.

Certains reconnurent des répliques distordues de gens qu'ils avaient déjà rencontrés, mais la plupart venaient d'une très lointaine antiquité et de lieux inconnus.

Paris découvrit une niche entière emplie d'êtres frissonnants en train de s'accoupler. Ils étaient affublés d'organes sexuels recomposés que la nature n'avait jamais façonnés. Dans un tremblement de gelée, les créatures se palpaient et se caressaient à une allure sans cesse croissante. Des hurlements sortaient par ce qui leur tenait lieu de bouche, puis les « choses » retombaient en haletant et recommençaient aussitôt sur un rythme toujours en accélération.

Tout près, un des compagnons de Paris vomit.

– Nous devons les sauver, dit-il à Paris qui venait l'aider.

– Il le faut, renchérit une femme pilote.

Les survivants se regroupèrent lentement, hébétés et horrifiés.

Proche d'eux, une pitoyable sculpture de tripes sur laquelle poussaient des feuilles parvint à prononcer trois mots :

– Non... Veux... Pas...

Paris sentit la peur et l'excitation des dernières heures faire place à un autre sentiment fort et croissant, mais auquel il ne parvenait pas encore à donner de nom. Il s'ébroua.

La femme dit qu'ils pouvaient emmener les cas les moins déformés et essayer de les libérer de leurs altérations.

Paris retrouva sa voix :

– Ils veulent en finir. Écoutez-les.

À perte de vue s'élevait une symphonie étouffée de gémissements angoissés.

Ce lamento, aux cadences pâteuses, évoquait à Paris le long parcours de deuil et de douleur qui avait été le lot de l'humanité, au Centre galactique, tout au long des millénaires.

Il resta là à écouter. Il avait l'impression que des pans entiers de son esprit se déplaçaient, glissaient comme les pièces d'un puzzle. Comme s'il était sur le point de comprendre.

Les sculptures de la Mante étaient toutes des aberrations. Elle avait essayé de découper les instants fuyants des âmes volées par la Mort-sure. Mais cela ne pouvait être. Elle avait en vain essayé de figer l'essence même de ses victimes. Mais l'esprit humain est composé de données qui s'écoulent en milliards de bits/seconde et il peut en modifier le cours, avec des faisceaux électrochimiques, à chaque battement de cil.

Face à l'horreur de la mort, la Fraternité entre les humains était mère de toutes les beautés et leurs dieux n'étaient, au bout du compte, que des palliatifs destinés à les aider à supporter leur mortelle condition.

Pour Paris, enfant, l'équation compacte $e^{i\Pi} + 1 = 0$ portait en elle l'image même de la musique éternelle de la raison puisqu'elle mettait en relation les constantes les plus importantes de l'analyse mathématique, *0, 1, e, Π* et *i*. À ses yeux, cette épure restait la plus belle mais pour une intelligence usant d'un filtre digital, la courbe analogique résultant de cette équation serait différente.

Ni meilleure ni pire, juste différente.

Et cela, jamais il ne pourrait le faire comprendre à la Mante.

Pas plus qu'il ne pourrait lui faire sentir la rage qui bouillonnait dans son sang et l'indescriptible haine qu'il éprouvait à l'égard de l'ombre qui avait marché dans sa tête sa vie durant.

Mais sa fureur était bien plus froide que ne l'aurait été une simple colère. Il se surprit lui-même : sa respiration était lente, facile. Plus rien d'autre en lui qu'une inébranlable résolution.

Paris entreprit de tuer les sculptures une à une.

Les autres le regardaient, abasourdis, mais il n'y prêta aucune attention. Il se déplaçait rapidement, faisant jaillir des éclairs, totalement absorbé par sa tâche.

Il ne prêta pas non plus attention aux sanglots.

Au bout d'un temps qu'il ne put mesurer, il vit que les autres s'étaient mis à l'imiter, sans discuter.

Plus personne ne prononça un mot.

Les gémissements douloureux des créatures se transformaient en plaintes heureuses quand elles voyaient les humains s'avancer vers elles une arme à la main.

Cela prit bien du temps.

Comme Paris l'avait pressenti, la Mante les attendait à l'extérieur de la Galerie des Humains,

J'ai été incapable de prévoir ce que vous et les autres avez fait.

– C'est parfait.

Son vaisseau s'éleva du long cylindre gris qui n'était plus, désormais, qu'un mausolée dédié à la folie.

J'ai permis cela parce que toutes ces pièces étaient achevées, alors que vous, vous êtes une œuvre en cours, peut-être ma meilleure.

– J'ai toujours eu un faible pour les compliments.

Paris sentait que son sang commençait à se transformer pour réguler le dosage d'oxygène et de glucose nécessaire à l'alimentation de son cerveau en mutation. Au-dessous de lui, le disque d'accumulation tournoyait devant l'auditoire silencieux des étoiles.

L'humour est une facette dont j'ai aussi acquis la maîtrise.

– En voilà, une bonne nouvelle.

Il pointa son engin vers le bas, l'accélération le plaquait en arrière, et poursuivit :

– C'est très humain, ça : tout le monde est persuadé d'avoir le sens de l'humour.

J'espère apprendre beaucoup de vous.

– Maintenant ?

Vous êtes prêt. Vos réactions à mon art sont fraîches et complètement humaines. Elles seront d'un apport inestimable.

– Si vous me laissez vivre, vous pourrez encore obtenir un siècle ou deux d'expérience humaine en plus.

C'est exact, votre existence a été attrayante par sa richesse, jusqu'ici. Il y a des raisons d'envier les limites de l'être humain.

– Et maintenant que j'ai contemplé votre art, ma vie en sera changée.

Vraiment ? Il a donc eu sur vous un tel impact affectif ? Comment cela ?

Il fallait du doigté pour gérer ce qui allait venir.

– Une œuvre d'une telle force ? Il va me falloir du temps pour la digérer.

Vous utilisez une métaphore tirée d'un processus chimique. Une autre caractéristique humaine. Mais qui fait partie des choses absolument inutilisables. Cependant, vous m'indiquez un bénéfice potentiel majeur à mon avantage s'il vous est permis de vivre.

– J'ai besoin de temps pour absorber tout cela.

Paris pouvait sentir l'énergie de son corps se modifier aussi en préparation du processus de chargement. Il était enfin parvenu à se comprendre lui-même pour la première fois, tout à l'heure, alors qu'il tuait les sculptures. Une part de lui, le Moi, savait tout, désormais.

Le « Je » s'exprima, en butant sur les mots :

– Je crois que vous avez totalement échoué à nous comprendre.

Je puis y remédier, à présent.

– Non, c'est très exactement ce que vous ne parviendrez pas à faire. Vous ne pourrez jamais nous connaître de cette manière.

J'ai eu une conversation similaire avec votre père. C'est lui qui a suggéré que je m'investisse en vous.

– Vous n'obtiendrez jamais rien en nous disséquant et en nous découpant en rondelles.

Il y a de bonnes raisons de penser que les intelligences numériques sont capables de sonder les analogiques avec le degré d'exactitude voulu.

– La particularité des non-humains est que, justement, ils ne sont pas humains.

Il sentit en lui s'introduire les doigts glissants d'une vaste et fraîche intelligence, comme des vagues de mer. Bientôt, il ne serait plus qu'une enveloppe vide. Paris ferait partie de la Mante par une fusion des représentations, dans une logique holographique. Il pouvait sentir ses liaisons neuronales se reconfigurer. Et cela s'accélérait.

L'art est partout dans le cosmos. J'ai tout particulièrement apprécié vos sculptures de glace, qui fondaient sous la chaleur alors même que votre auditoire vous applaudissait. Votre panoplie de sens atténués, de douleurs profondes et de nuances émotionnelles insistantes et incompréhensibles, voilà ce que je veux atteindre. Toutes ces choses qui n'appartiennent qu'à vous, qui sont imprévisibles.

– Ça ne marchera pas. Mais vous pourriez le comprendre si vous me laissiez aller jusqu'au terme naturel de mon existence.

C'est un point qui demande réflexion, et sur lequel je vais me pencher quelques instants. En attendant, cessez votre descente vers le disque accumulateur.

Là résidait l'occasion. La Mante allait se retirer pour consulter ses composantes, comme il convenait à une intelligence anthologique. Et ça lui laissait le temps d'agir. Il accéléra follement en un piqué vertigineux.

– Prenez votre temps.

De longs moments durant, il resta seul avec le sifflement de son vaisseau mis à rude épreuve et les geysers qui s'élevaient alentour, plus vastes que des mondes.

Je suis de retour, et j'ai pris ma décision. Je vais vous récolter de suite.

– Je suis désolé de l'apprendre.

Les morts pouvaient bien se permettre des plaisanteries.

J'aimerais que vous puissiez m'expliquer pourquoi vous avez détruit toutes mes œuvres, mais bientôt je le saurai.

– Je ne pense pas que vous comprendrez jamais.

Paris menait son vaisseau vers le disque, toujours plus bas, à travers des fumées agressives de plasma sifflant.

Son « Je » sentit de grands mouvements dans les profondeurs de son Moi, et malgré les signaux d'alarme qui se déclenchaient dans son vaisseau, il demeura serein.

Durement malmené par l'accélération de sa course, il se remémora tout ce qu'il avait vu, tout ce qu'il avait fait.

Vous commettez une erreur de trajectoire.

– Pas du tout.

Corrigez votre trajectoire ! Votre vaisseau n'a pas la capacité de voler aussi près du disque. Votre course actuelle va vous amener trop près...

– De la fin, je sais. Quoi qu'il en coûte.

Son Aspect Arthur hurlait. Paris le repoussa dans sa niche, le calma et en déconnecta le lien sensoriel. Inutile de faire montre de cruauté.

Une dernière fois, avec une voix frêle et presque imperceptible, Arthur se fit l'écho d'une pensée que Paris avait eue, bien longtemps auparavant :

– Si l'Esprit a fait émerger les humains de la matière, rendant ainsi l'univers capable de se comprendre lui-même, de faire son travail...

– Alors peut-être est-ce là la raison pour laquelle nous sommes ici, murmura Paris pour lui-même.

La seule manière de priver la Mante de la connaissance que nul humain ne devrait jamais lui céder, c'était d'effacer son ego, de le tenir définitivement hors de portée du Numérique dévorant.

Il se laissa glisser vers l'incandescence finale. Devant lui se dressait le seul lieu d'où même la Mante ne pourrait le ramener, le plus atroce des abysses qui lui faisait signe à travers l'univers en expansion.

Pas même la Mante ne pourrait l'en extraire.

Paris sourit et dit un dernier adieu à tout.

Puis il accéléra, encore et encore.

Traduit de l'américain par Marie-Catherine CAILLAVA

Le vaisseau qui chantait

Anne McCaffrey

À la naissance, elle n'était qu'un avorton, qui aurait été condamné en tant que tel si elle avait échoué à l'encéphalogramme exigé pour tous les nouveau-nés. En effet, si le corps était difforme, il était toujours possible que l'esprit fût sain; qu'il y eût une intelligence vive et réceptive derrière les oreilles qui entendaient peu, les yeux qui voyaient flou.

Contrairement à toute attente, l'électroencéphalogramme fut tout à fait favorable, et on annonça la nouvelle aux parents affligés qui en attendaient le résultat. Ils durent alors affronter une décision difficile: accepter l'euthanasie pour leur enfant, ou lui permettre de devenir un « cerveau » encapsulé, un mécanisme de guidage utilisé dans un certain nombre d'étranges professions. Sous cette forme, leur fille ne souffrirait pas, vivrait une vie confortable dans une coquille de métal pendant plusieurs siècles, s'acquittant de services insolites pour les Mondes Centraux.

Elle vécut, et reçut un nom: Helva.

Tels sont les premiers paragraphes du roman *Le Vaisseau qui chantait*, qui raconte comment Helva devient le cerveau d'un astronef, et comment son premier partenaire, Jennan Sahir Silan, meurt tragiquement alors que lui et Helva se portent au secours d'un groupe de religieux vivant sur une planète que l'explosion de son soleil en nova va bientôt réduire en cendres. La suite de ce premier roman raconte ses efforts pour surmonter la douleur de cette perte, et ses tentatives pour retrouver un autre partenaire d'humeur compatible avec la sienne. Niall Parollan, intelligent, incisif, follement non conformiste et coureur de jupons, devient « son Corps », et ils s'envolent ensemble à la recherche d'aventures racontées dans plusieurs romans ultérieurs, écrits en collaboration avec d'autres auteurs.

Anne McCAFFREY

LE VAISSEAU QUI RENTRAIT À SA BASE

Anne McCaffrey

Helva fourrageait dans ses immenses fichiers musicaux, à la recherche d'un morceau vraiment hors du commun, quand ses capteurs extérieurs attirèrent son attention. Elle se concentra sur l'alerte. Juste devant elle, les capteurs avaient relevé les queues ioniques d'une flottille d'astronefs, petits, moyens et grands. Ils étaient passés quelques jours plus tôt, mais elle « sentit » la puanteur de leurs émissions polluantes. Elle pouvait analyser leurs signatures. Instantanément, réglant ses capteurs à leur portée maximale, elle perçut un bip à la limite de l'inaudible, presque hors du rayon d'action de ses instruments.

– Largement à l'écart des routes commerciales, murmura-t-elle.

– Et comment, répondit Niall.

Elle eut un sourire attendri. Le programme holographique s'était vraiment amélioré depuis son dernier réglage. Niall Parollan trônait dans le fauteuil du pilote, une main musclée posée sur le panneau digital, l'autre pendant mollement sur l'accoudoir à partir du poignet. Il portait la tenue de vol noire qu'il préférait, coquet comme il l'avait toujours été, « parce que le noir me va bien maintenant que mes cheveux ont blanchi ». Il avait lissé en arrière son épaisse chevelure argentée, et il regardait dans sa direction en se rengorgeant un peu.

– Où sommes-nous exactement, Niall ? Je n'ai pas fait très attention.

– Ah, encore dans les nuages...

– Là ou ailleurs, répondit-elle amicalement.

C'était un tel réconfort d'entendre sa voix.

– Je crois...

Il y eut une pause, pendant que le programme accédait à ses coordonnées actuelles.

– ... que nous sommes dans la région de Cépheus Trois.

– Mais c'est vrai. Que peut bien faire par ici une flottille aussi importante ? C'est un secteur spatial pratiquement désert.

– Je vais appeler l'Atlas, répondit Niall, réagissant comme il était programmé pour le faire.

C'était une sensation bizarre que de parler à l'hologramme d'un homme mort depuis deux mois, mais – psychologiquement – cette réanimation était pour elle un réconfort. Sa « compagnie » endiguerait son chagrin jusqu'au moment où elle ramènerait « son Corps » mort à la Base de Régulus. Et où elle s'efforcerait de trouver un nouveau « Corps » qu'elle puisse tolérer comme partenaire mobile. Soixante-dix-huit ans, cinq mois et vingt jours passés avec la personnalité flamboyante de Niall Parollan, ça faisait beaucoup de temps à effacer d'un seul coup. Puisqu'elle disposait de la technologie permettant de le conserver « vivant » – dans une certaine mesure –, elle s'en était servie. Elle avait assez de souvenirs de leurs conversations pour programmer cette supercherie. Elle devrait bientôt y renoncer, mais seulement quand elle n'aurait plus besoin de lui pour tenir sa douleur en respect. Non qu'elle n'eût jamais connu cette émotion, avec la perte de son premier « Corps », son partenaire Jennan, après seulement quelques années de ce qui aurait dû être l'association de toute une vie.

À l'époque, Niall Parollan était son contact à l'Administration des Vaisseaux Tête et Corps des Mondes Centraux pour la Base de Régulus. Après quelques courts partenariats moyennement réussis avec d'autres Corps, elle avait accepté volontiers Niall comme moitié mobile. Ensemble, ils avaient roulé leur bosse dans toute la galaxie. Comme Niall s'était ingénieusement arrangé pour rembourser aux Mondes Centraux les dettes de l'enfance et de l'éducation d'Helva, ils étaient devenus agents indépendants – ils n'étaient plus désignés d'office pour leurs missions et étaient libres de choisir celles qui les intéressaient. Ils n'étaient jamais allés dans la Nébuleuse de la Tête de Chien, comme elle l'avait un jour proposé à Jennan sur un coup de tête. Le NH-834 avait eu suffisamment d'aventures et de travail dans celle-ci pour ne pas aller chercher des sensations fortes dans une autre.

– Tâchons de les voir un peu mieux, Niall.

– Bonne idée pour mettre de l'animation dans une journée un peu morne !

Ses doigts pianotèrent sur la plaque digitale, mais c'était elle qui modifiait leur trajectoire. D'ailleurs, elle le faisait aussi de son vivant. Niall n'avait pas vraiment besoin de travailler, mais elle se plaisait à lui trouver des choses à faire. Il se plaignait souvent quand elle lui inventait des tâches qu'il *n'aimait pas*. Et elle lui rétorquait sèchement que travailler dur de temps en temps n'avait jamais fait de mal à personne. Bien sûr, quand sa santé avait commencé à décliner, cette vieille dispute n'avait plus été que pour la forme. Niall avait quarante-cinq ans quand il était devenu son Corps et elle, le NH-834, de sorte qu'il avait joui d'une longue vie pour un individu à coquille molle.

– Je suis d'une lignée vigoureuse, dit l'hologramme, à sa grande surprise.

Pensait-elle tout haut ? Sans doute, pour que le programme ait réagi.

– Avec un traitement approprié, tu dureras des siècles, répondit-elle comme elle l'avait fait souvent.

Elle exécuta le virage à quatre-vingt-dix degrés qu'avait calculé le tableau de bord.

– Ne lambine pas, ma fille, dit Niall, pivotant dans son fauteuil pour faire face au panneau derrière lequel se trouvait sa coquille de titane.

Elle eut d'abord envie de se chamailler avec lui comme d'habitude, puis elle pensa qu'elle ferait mieux d'en apprendre d'abord un peu plus sur l'« invasion ».

– Pourquoi appelles-tu ça une « invasion » ? demanda Niall.

– Tous ces vaisseaux allant dans la même direction ? Qu'est-ce que ça pourrait être d'autre ? Les cargos ne volent pas en convoi. Pas par ici, en tout cas. Et les nomades ont des itinéraires auxquels ils se tiennent dans des secteurs plus peuplés. Et si j'ai bien interprété leurs traînées...

– Ce que tu fais inévitablement, ma chère amie...

– ... les moteurs de ces astronefs ont été gonflés et ils répandent leurs émissions polluantes dans tout l'espace. Ce devrait être interdit.

– Nous ne voulons pas d'un espace cochonné, n'est-ce pas ?

L'hologramme haussa son sourcil droit, tic habituel de Niall.

– Et pas de moteurs gonflés non plus. Devrait-on prévenir leur cible ?

Helva consulta l'atlas pour ce secteur de l'espace.

– Il n'y a qu'une planète habitable dans le système vers lequel ils semblent se diriger. Par exemple ! Elle s'appelle Chaos...

– Chaos ?

Le programme était sacrément bon pour avoir trouvé si vite cette très ancienne référence. Elle grimaça intérieurement à la réponse prévisible de l'hologramme.

– Chaos, c'était le nom de l'étoile devenue nova qui a tué ton Jennan, non ? dit Niall qui le savait parfaitement.

– Je n'avais pas besoin que tu me le rappelles, dit-elle, acide.

– C'est mon plus grand rival, dit Niall d'un ton enjoué, comme toujours, faisant pivoter son fauteuil de trois cent soixante degrés dans un sens pour regarder sa coquille avec un sourire impénitent, puis décrivant le cercle complet dans l'autre sens pour revenir face à sa console.

– Sottises. Il est mort depuis près d'un siècle.

– Mort, mais pas oublié...

Helva se tut, sachant que Niall avait raison, comme toujours, bien qu'il fût mort lui aussi. Peut-être n'était-ce pas une bonne idée de lui donner la capacité de la contredire. Mais ce n'était que ce qu'il aurait dit dans la vie et qu'il avait dit souvent, sinon cela n'aurait pas figuré dans le programme.

Elle regrettait que les diagnostics ne lui aient pas indiqué une seule cause spécifique de son affaiblissement général, pour pouvoir prévenir sa mort. Essayer, en tout cas.

– Je suis usé, ma chérie, lui avait-il dit un jour d'un ton fataliste, quand il lui devint impossible de nier sa faiblesse croissante. Que peux-tu attendre d'une forme de vie capable de dégénérescence ? J'ai de la chance d'avoir vécu jusqu'à l'âge que j'ai. Merci d'avoir veillé sur moi depuis soixante-dix ans.

– Soixante-dix-huit, avait-elle rectifié alors.

– Je serai désolé de te laisser seule, cher cœur, avait-il dit, posant la joue contre le panneau de titane derrière lequel elle était emmurée. De toutes les femmes de ma vie, tu as été la meilleure.

– Parce que je suis la seule que tu *ne pouvais pas avoir*, répliqua-t-elle.

– Non que je n'aie pas essayé, répondit l'hologramme, avec un grognement caractéristique auquel Helva fit écho.

Se souvenir et parler tout haut n'était pas une bonne idée. Bientôt, elle ne distinguerait plus entre la mémoire et la programmation.

POURQUOI n'avait-elle jamais utilisé le corps prothétique que Niall lui avait acheté – ramenant leur compte en banque à un niveau dangereusement proche de zéro et manquant provoquer entre eux une brouille irréparable ? Il désirait désespérément un contact physique, même factice, comme elle le lui avait fait remarquer. La prothèse aurait été elle, pour les yeux et les bras de Niall, puisqu'elle aurait provoqué ses réactions. Il avait tellement désiré la *posséder*. Il avait fourni aux Prothèses Sorg la statue holographique qu'il avait faite longtemps avant de devenir son Corps, en utilisant les informations génétiques de son histoire médicale et des hologrammes de ses parents et de sa fratrie. Jusqu'à ce qu'il le lui apprenne, elle ne savait pas que ses parents avaient eu d'autres enfants, parfaitement normaux. Mais il faut dire que les cyborgs n'étaient pas encouragés à se montrer curieux sur leurs familles : c'étaient des humains-coquilles, radicalement différents. Il jura ses grands dieux qu'il n'avait pas amélioré son apparence – la prothèse représentait une femme d'une beauté stupéfiante – quand il avait fait faire d'elle un hologramme d'après les informations génétiques. Il lui avait même montré le résultat de ses recherches.

– Peut-être que ça ne te plaira pas, mon petit, avait-il dit de son ton irrévérencieux habituel, mais tu es une femelle blonde aux yeux bleus qui serait devenue grande et mince. Exactement comme je les aime. Ton papa était un bel homme, et je t'ai fait tenir de lui, car les filles ressemblent souvent à leur père. Non que ta mère n'ait pas été jolie femme. Tous tes frères et sœurs sont beaux, alors je me suis simplement livré à une extrapolation vraisemblable.

– Tu préfères les blondes, c'est tout. Et ne viens pas me dire le contraire !

– Je ne le fais jamais, non ? répondit l'hologramme.

Et Helva revint brusquement au présent – et au fait auquel elle s'efforçait de ne pas penser, à savoir que Niall Parollan qu'elle avait aimé était mort. Réellement et vraiment mort. La cosse de ce qu'il appelait son « bobinage mortel » reposait en stase dans son appartement. Il était mort paisiblement – non comme il avait vécu, avec fureur, passion et grandes démonstrations émotionnelles. Une seconde, les capteurs percevaient encore les signes de sa vie lentement déclinante – et la seconde suivante la mince ligne du « rien » qu'avait été la personnalité de Niall Parollan avait disparu, pour aller là où vont les âmes ou les essences spirituelles. Elle, qui ne pouvait pas pleurer, avait été brisée. Plus tard, elle réalisa qu'elle avait flotté au hasard dans l'espace, luttant contre son chagrin. Elle s'était répété encore et encore qu'ils avaient passé de longues et bonnes années ensemble, que c'était tout différent de la mort de Jennan, disparu après quelques courtes années. Jennan n'avait pas eu l'occasion de vivre une vie longue, pleine et productive. Niall avait eu cette chance. Elle n'aurait pas dû souhaiter que cela se prolonge encore un peu, et d'autant moins que depuis une décennie il ne pouvait plus mener la vie tumultueuse et non conformiste qu'il aimait. Elle avait quand même appris à faire face au chagrin au cours de ces cent dernières années. C'est alors qu'elle réalisa qu'elle n'avait pas le courage d'affronter dans le silence le long voyage de retour à la Base de Régulus. Il avait insisté pour être enterré avec les autres héros du Service puisqu'il en avait tant supporté de leur part et surtout de celle d'Helva pendant des décennies. Ils étaient beaucoup plus proches de Régulus quand ils avaient abordé ce sujet, mais elle était bien décidée à satisfaire sa requête.

Il n'y avait aucun autre vaisseau-cyborg dans leur voisinage spatial qu'elle aurait pu contacter pour qu'il l'escorte. Elle et Niall se livraient à une première reconnaissance de systèmes stellaires inexplorés. Elle aurait très mal pris qu'on l'escorte lors de son retour de

Chaos avec le cadavre de Jennan. Mais cette fois, il y avait peu de risque qu'elle se suicide. Elle avait passé le test lors de son premier retour pour funérailles à la Base de Régulus. C'est alors qu'elle avait eu l'idée de programmer un fac-similé. Était-ce une façon de reculer l'acceptation de sa mort ? Elle pouvait sûrement se permettre cette aberration – si aberration il y avait. Elle n'avait pas à en parler à Régulus. Ils ne seraient que trop contents de la voir disposée à prendre un autre partenaire. Les vaisseaux Tête et Corps étaient toujours très demandés pour les missions délicates. Elle était l'un des meilleurs, son astronef reconfiguré et bourré de toute la nouvelle technologie développée pour les vaisseaux et les stations-cyborgs. Comme ce maudit corps artificiel que Niall avait acheté et qu'elle n'avait jamais utilisé. Elle ne pouvait pas. Elle ne pouvait pas habiter la prothèse Sorg, tout simplement. Oh, elle savait que Tia le faisait, et qu'elle était contente de « quitter » sa coquille et de « déambuler ». Joli mot que ce « déambuler ». Elle et Niall avaient eu quelques violentes disputes au sujet de cette prothèse.

– Tu me ferais poser une jambe ou un bras artificiel si j'en avais besoin, non ? arguait Niall.

– Pour que tu puisses marcher ou te servir de ta main, oui. Mais ce n'est pas la même chose.

– Parce que tu sais comment je me servirais de toi, c'est ça ?

Il était si proche de son panneau que son visage n'était qu'une tache floue. Il s'étranglait de colère devant son intransigeance.

– Et que tu ne veux rien avoir à faire avec ma tringle.

– Au moins, ils ne peuvent pas remplacer *ça* dans les prothèses, avait-elle grondé.

– Tu veux parier ?

Pivotant sur lui-même, il était retourné à son fauteuil de pilotage et s'y était affalé, contemplant son panneau d'un air furibond.

– Ton problème, ma fille, c'est que tu as vieilli en tonneau. Prise dans du plasbéton. Tu ne sais pas ce que tu rates !

Il rugissait d'amertume.

Comme elle se considérait comme tolérante et d'esprit progressiste, ce reproche l'avait blessée. Il la blessait encore. Après tout, elle était peut-être trop vieille dans sa tête pour envisager la liberté physique.

Mais elle ne pouvait pas utiliser ce corps artificiel en chose qu'elle, Helva, pouvait manipuler. Tous les vaisseaux-cyborgs auxquels elle avait parlé n'avaient pas trouvé dans la prothèse Sorg un substitut à leur immolation dans une coquille. Et certains avaient reçu l'ordre de s'en servir. Bien sûr, Tia – Alex/Hypatia AH-1033 – avait été une personne normale qui marchait dans son enfance, avant d'être encoquillée. Peut-être, comme l'avait vociféré Niall de toute la force de ses poumons, Helva avait-elle besoin de faire modifier son conditionnement – sorte de mise à jour psychologique. Pour un cyborg, elle n'était pas si vieille que ça, après tout. Pourquoi n'avait-elle pas accepté la prothèse alors qu'il désirait si désespérément qu'elle s'en serve ? Elle et Niall étaient partenaires depuis longtemps, alors en quoi cette concession aurait-elle pu altérer leurs rapports ? Elle ne se pensait vraiment pas en termes de « vierge vestale technologique », l'une des épithètes choisies que Niall lui avait lancées. Elle n'était pas prude. Simplement, elle avait été *conditionnée* à s'accepter telle qu'elle était, de sorte que le fait d'être « décoquillée » lui paraissait le pire sort imaginable. Utiliser le corps prothétique n'était pas du tout la même chose que le « décoquillage », avait-il hurlé en réponse. Bien qu'elle ait été une fois privée de sensations, elle n'était jamais *sortie* de sa coquille. Elle avait presque perdu l'esprit, oui, mais elle n'avait pas perdu sa coquille. Pourtant, il lui était impossible, tout simplement impossible de l'obliger. L'*obliger* ? Non, elle ne pouvait pas obliger Niall dans ce cas. Le mot était faible pour définir sa réaction à cette requête déraisonnable mais ô combien masculine. Bref, elle avait refusé. Maintenant, elle le regrettait. Mais si Niall vivait encore, aurait-elle cédé ? Sans doute pas, puisque c'était sa mort qui lui inspirait ce remords.

– De préférence avant que je devienne impuissant, mon petit.

Et c'était l'hologramme qui parlait.

– Si tu savais comme je regrette, Niall... murmura-t-elle.

Ses capteurs se mirent à cliqueter, jacassant les informations demandées. Elle ne se rappelait pas avoir demandé l'analyse spectrographique de la queue ionique. Mais cela faisait tellement partie de la procédure standard que tout en s'autofustigeant et écoutant le programme de Niall, elle avait dû la solliciter machinalement.

– Tiens, tiens, on est chargé et armé pour l'ours, hein ?

– Oui, répondit l'hologramme. Mais quel genre d'ours ?

– Ces fanatiques religieux de Chloé se réchauffaient avec des couvertures en peau d'ours... alors l'analogie est assez juste, dit-elle, amusée d'être si bien tombée. Je me rappelle qu'ils étaient partis joyeusement...

– Joyeusement ? dit la voix de Niall, rauque de consternation. Cette bande ne connaît même pas le mot. Alors, qu'est-ce qui chasse l'ours dans ce secteur de l'espace ? ajouta-t-il.

– Eh bien, écoute ça, mon ami. Ils sont sur cette planète habitable que, en amateurs de châtiments qu'ils semblaient être la première fois que je les ai rencontrés, ils ont baptisée Chaos.

– Ce qui est sans aucun doute un moyen de se rappeler constamment leurs péchés, dit Niall d'un ton acide.

Helva analysa leur rapport.

– J'ai l'identité des visiteurs. Ce sont des pirates, dit-elle, car ces banques de données avaient pu rapprocher les émissions de celles des bandits Kolnaris. Il y avait de petits vaisseaux – probablement des yachts –, des astronefs de taille moyenne, sans doute des cargos, vidés et réaménagés pour les besoins des pirates, et deux croiseurs plus lourds mais plus anciens.

L'hologramme de Niall fit pivoter son fauteuil vers elle, et la fixa. (Le programme était vraiment bon pour provoquer ce genre de réaction si vite.)

– Les Kolnaris ? Les salauds qui ont attaqué Siméon, ta station spatiale amie ?

– Eux-mêmes. Tous ces fanatiques n'ont pas été capturés quand la flotte des Mondes Centraux a tenté de les encercler.

– Rusés démons que ces Kolnaris, dit l'hologramme, le visage d'un sérieux mortel. Les dernières infos de Régulus précisaient que deux groupes, peut-être quatre, avaient complètement échappé à la flotte. Et avec leur modus operandi, même un seul groupe de ces chasseurs d'ours suffirait largement à ravager Chaos.

Frustré, l'hologramme abattit ses deux mains sur ses accoudoirs.

– Je me demande s'il y en a encore de vivants. Après tout, le virus que le Dr Chaundra avait lâché sur eux était le plus virulent jamais découvert.

Elle soupira, ajoutant :

– Les Kolnaris mouraient comme des mouches.

Les Kolnaris – petit groupe dissident d'individus qui s'étaient si bien adaptés aux conditions de leur planète natale qu'ils étaient considérés comme une sous-espèce humaine – étaient connus pour leur incroyable capacité à s'adapter et survivre à des maladies par ailleurs fatales, aux virus et aux pires conditions planétaires. Leur espérance de vie était courte, car ils atteignaient leur maturité à un âge où les humains commençaient seulement leur puberté, mais ils étaient très dangereux malgré cette limitation. Ils pillaient tout ce qu'ils pouvaient, planètes, plates-formes spatiales, convois de cargos, réduisant les populations et les équipages en esclavage, et reconfigurant les vaisseaux capturés selon leur besoin : la piraterie. Après le raid qui avait failli réussir sur la Station Spatiale 900, la Flotte des Mondes Centraux était raisonnablement sûre d'avoir détruit la majeure partie des unités péripatétiques des Kolnaris. Tous les vaisseaux étaient en alerte, avec ordre de les détruire à vue.

– Bah ! grogna Niall avec dédain, avec leur nature perverse et leur métabolisme dingue, ils seraient bien capables de s'adapter à ce virus.

– Tu pourrais bien avoir raison, j'en ai peur. À part eux, qui serait assez fou pour utiliser des vaisseaux dans un état pareil ? Même les nomades n'ont pas des émissions si polluantes, dit Helva.

– Pas s'ils souhaitent poursuivre leur existence nomade en filant à l'anglaise. Mais es-tu bien avisée de te lancer à la poursuite des Kolnaris ? dit Niall, une nuance d'anxiété dans la voix. Tu serais pour eux une prise de choix.

Helva frissonna mentalement, à ce rappel de ce que le chef des Kolnaris, Belazir t'Marid, avait failli faire subir à Siméon, le cerveau de la station spatiale. Curieux que Niall évoque ce souvenir. Elle savait qu'elle avait établi un bon programme, mais... Pouvait-elle croire, rationnellement, à la transmigration des âmes ? Ou que l'hologramme fût le fantôme du Niall réel ?

– Je ne peux pas plus abandonner ces idiotes de Chaos aux Kolnaris que je n'ai pu les abandonner à la nova. Et il y a une sorte de justice poétique, soupira-t-elle. Voyons voir. Il y a près de cent ans que j'ai dû les évacuer de leur planète avant que leur soleil ne les grille.

Les Mondes Centraux ont mis du temps à leur trouver un système stellaire suffisamment écarté pour qu'elles y soient à l'abri des novae et des impiétés sacrilèges qui affligent le commun des mortels. Espérons qu'ils ont des équipements modernes quelconques pour les protéger. Sinon des novae, du moins des prédateurs. Ah ! L'Atlas affirme que leur soleil est stable. Et il y a, ou avait, des installations spatiales pour accueillir les nouveaux convertis.

– Ha ! aboya l'hologramme d'un ton écœuré. Des systèmes satellites ?

– Aucun qui soit mentionné. En fait, aucun contact avec l'extérieur depuis quarante ans. Enfin, je vais interrompre leurs méditations ou ce qu'ils font là-bas. Il n'y a que des femelles sur cette planète. Je ne peux quand même pas laisser les Kolnaris mettre la main sur toutes ces vierges pieuses et pures, non ?

– Pourtant ce serait amusant à regarder, dit l'incorrigible Niall.

– Tais-toi, sadique lubrique, dit-elle aussi fermement qu'elle le put.

Peut-être qu'elle devrait effacer le programme ? Non, elle avait *besoin* de lui, d'une façon ou d'une autre, parce que ce programme contenait la quintessence de soixante-dix-huit années d'expériences communes.

– Je n'ai jamais été sadique, ma chère Helva, dit-il d'un ton hautain, puis il eut un sourire coquin. Hédoniste, oui, mais aucune de mes femmes ne s'est jamais plainte de mes attentions... à part toi ! As-tu pensé à expédier une onde à toute unité à l'écoute des Mondes Centraux pour les informer du désastre imminent qui menace Chaos ?

– J'y pense et...

Elle fit une pause pour ajouter la mention À TOUTE PERSONNE CONCERNÉE au rayon.

– ... et c'est parti.

Pour la première fois, elle se sentit soulagée à l'idée d'approcher ce groupe sans le souiller par la présence d'un mâle. Elle interromprait le programme – puisque Niall semblait parler sans avoir besoin d'elle. Cette fois, elle aurait sans doute moins de mal à les persuader de se réfugier dans toutes les cachettes que pouvait leur offrir la planète. Le fait qu'elle les avait déjà sauvées une fois pèserait certainement dans la balance, et elles obéiraient plus facilement à ses injonctions de disparaître dans la mesure du possible avant l'arrivée des Kolnaris. De toute façon, elle ne les abandonnerait pas aux viols et aux brutalités des Kolnaris. Et Chaos ne lui imposait qu'un petit détour sur le chemin de Régulus. Non seulement elle se sentait beaucoup mieux d'avoir quelque chose à faire après la crise qu'elle avait traversée à la mort de Niall, mais elle était comme ressuscitée à l'idée d'être indispensable. Comme elle l'avait été à Chloé, comme le père de Jennan l'avait été à Parsaea. Les véritables tragédies survenaient quand ceux qui auraient pu aider n'étaient pas *là* au moment où ils étaient indispensables. Elle était là. Elle était indispensable. Une vigueur nouvelle coula dans les tuyaux l'alimentant en fluides nutritifs.

– Tu te sens en forme, hein ? dit l'hologramme avec entrain. Bravo, petite ! On fera ce qu'on doit faire. Les données indiquent qu'il y a des tas de petits villages – elles appellent ça des cloîtres. D'après les chiffres, leur population a augmenté depuis Chloé.

Il soupira et ajouta :

– Le survol géo-écologique n'est pas assez précis pour montrer les refuges possibles. Mais la planète est couverte de végétation.

– Oui, beaucoup de forêts, beaucoup de montagnes et de vallées qui devraient leur offrir une bonne couverture si elles se dispersent. Les Kolnaris devraient avoir d'autant plus de mal à les repérer, même en altitude. Enfin, si elles ne perdent pas les pédales, dit Helva avec espoir. Tout ce qu'elles auront à faire, c'est faire le mort jusqu'à l'arrivée de la Flotte.

– À condition, dit l'hologramme avec cynisme, que la Flotte ait des unités assez proches pour arriver à temps, ou qu'elle décide qu'un si petit groupe vaut le dérangement. Inconnue au bataillon, leur religion... le Cercle Intérieur Marial. Qui est ce Marial qu'elles adorent ?

– En l'occurrence, « marial » est un adjectif se référant à Marie, mère de Jésus.

– Oh... et qu'est-ce qu'un cercle intérieur ?

– Je ne sais pas, et ça n'a pas d'importance. Nous devons les mettre en garde, c'est tout.

– Peut-être qu'il ne reste personne à mettre en garde, suggéra Niall. Dis donc, tu n'as pas dit que leur population avait augmenté par rapport aux chiffres de Chloé ? Comment des religieuses célibataires peuvent-elles augmenter leur nombre ?

– Par les converties, suggéra-t-elle.

Elle s'était souvent demandé comment de telles minorités parvenaient à pratiquer une religion qui considérait la procréation comme un péché.

– Elles ont eu un nouvel arrivage il y a quarante ans.

– Ach ! dit Niall, écartant cette idée. Même si ces converties étaient des préados, comment les habitantes actuelles, à cinquante ans passés, pourraient-elles s'enfuir en courant devant des Kolnaris galopants ?

– La parthénogenèse ? proposa-t-elle.

– Il s'agirait alors de naissances virginales, ricana-t-il.

– Ce qui s'accorderait bien avec les théories sur Marie.

Niall émit un grognement dédaigneux.

– Ce fut simplement le premier cas enregistré d'exogenèse.

– C'est possible, mais ça ne diminue en rien l'influence du Messie sur l'homme... et la femme.

– Je te l'accorde.

– Tu es bien bon.

– Reviens à la réalité, petite, dit-il remuant dans son fauteuil. Nous devons d'abord découvrir s'il reste quelqu'un à sauver. Et s'il y a des endroits sûrs où les envoyer pour que les Kolnaris ne les trouvent pas avant l'arrivée de la Flotte. Je ne souhaiterais pas à mon pire ennemi de tomber au pouvoir de ces fripouilles... même pas à mon deuxième pire ennemi.

Helva avait parcouru les fichiers des Kolnaris.

– Ils cherchent peut-être une nouvelle base. Les Mondes Centraux ont stérilisé leur planète d'origine.

– Alors, empêchons-les de s'emparer de Chaos, qui semble être une planète agréable. Il ne faut pas la laisser à ces chiens...

– Il y a une espèce canine indigène sur Chaos. Tu as encore lu avant moi ? demanda-t-elle, étonnée, parce que la liste de la faune commençait juste à défiler.

– *La plupart* des planètes de type-M ont une créature ou une autre dans le casier « canins ». Les chats, pas toujours, ajouta-t-il avec un sourire matois.

Il était un amoureux des chiens, mais elle avait décidé depuis longtemps qu'elle aimait l'indépendance des chats. Ils pouvaient discuter joyeusement pendant des heures des mérites respectifs des deux espèces au cours de leurs voyages entre les systèmes solaires.

– La planète n'a pas de prédateurs. De plus, notre Cercle Intérieur ne possède par d'armes et ne chasse pas. Elles sont végétariennes, reprit-il, se retournant de nouveau pour lui sourire.

– Alors, il n'y a que des matériaux organiques ? demanda Helva de son ton le plus innocent, jouant sur les mots.

– Exactement le genre de matériau organique vierge qu'adorent les Kolnaris, dit l'hologramme en se frottant les mains avec un sourire lubrique.

Elle ignora cette remarque.

– Climat tempéré. Cela les change de Chloé, qui était gelé la plupart du temps.

– Quoi ? Pas de températures extrêmes pour mortifier le corps et l'âme ?

– Non ! Et une saine écologie de base dont elles ne se mêlent pas. Elles n'ont même pas domestiqué les espèces animales indigènes à leur usage, mais ces renseignements datent de quarante ans, lors du dernier atterrissage. Le texte dit qu'elles vivent en harmonie avec leur environnement ; qu'elles ne le pillent pas.

– Ce qui les expose à être pillées elles-mêmes. Et qui leur pend au nez. Quand même, tout bien considéré, je n'aimerais pas les voir dépouillées et déflorées par les Kolnaris au milieu de leurs carrés de légumes.

– Et nous ne le permettrons pas, dit Helva d'un ton farouche, tout en espérant ardemment qu'elle ne se heurterait pas à l'incrédulité et au pieux fatalisme rencontrés la première fois et qui, indirectement, avaient causé la mort de Jennan.

– Franchement, ma chère, je ne vois pas ce que je pourrais faire pour t'aider. Tu connais ma réputation en ce qui concerne les femmes... commença l'hologramme.

– C'est moi qui parlerai, l'interrompit-elle avec fermeté.

Il se renversa dans son fauteuil, le balançant sur ses cardans.

– Je me demande si elles t'ont ajoutée à leur panthéon en qualité de Sauveur.

– Sottises. Toutes celles du groupe originel doivent être mortes. Elles ne croyaient pas en la prolongation artificielle de la vie...

– Rien qu'aux cures fournies par la prière ?

– Et au renoncement à toutes les substances impures. Comme les Kolnaris.

Niall la regarda en penchant la tête.

– Peut-être qu'elles accueilleront les Kolnaris à bras ouverts, comme une épreuve envoyée par la Déité Universelle qu'elles adorent, quelle qu'elle soit...

Il fit une pause, fronçant les sourcils.

– Marie n'a jamais été un dieu, non ? Une déesse, je veux dire ? Bref, pourraient-elles penser que les Kolnaris leur sont envoyés pour éprouver leur foi ?

– J'espère que non. Qu'est-ce qui nous reste des bandes enregistrées par Siméon ?

– Je suppose que tu penses à la scène des viols ? Ma préférée entre toutes, dit Niall, tapant une séquence. Mais tu n'oseras jamais montrer cette séquence à ces innocentes...

– Une seule image vaut un millier de mots, lui rappela-t-elle. Si nous devons parcourir toute la planète, comme Jennan et moi avons dû le faire pour Chloé, il me faudra une leçon rapide et convaincante. Je peux concocter un hologramme à leur intention, ajouta-t-elle, car elle était très satisfaite de sa programmation de Niall.

– Si tu réussis cet hologramme à moitié aussi bien que le mien, ça marchera, ma chérie.

Cette remarque stupéfia Helva, qui activa le grossissement de l'image holographique. Mais c'était bien un hologramme... elle distinguait la source lumineuse. Comment Niall pouvait-il *savoir* qu'il était un holo ? Puis elle se souvint de celui qu'ils avaient fait ensemble sur Astrada III quand il avait dû projeter le film d'un événement historique pour prouver la validité de son argument à un auditoire sceptique. C'était sans doute sa référence.

– Je ne trouve aucune indication sur l'importance de la population, dit-elle, ayant fait défiler plusieurs fois les entrées sur Chaos.

– Peut-être qu'elles ne font pas de recensement. Est-ce qu'elles ont seulement un astroport ?

– Non, mais elles ont un satellite avec alarme de proximité ! s'écria-t-elle d'un ton triomphal.

– Et à quelle distance se trouve le plus proche système habité qui l'entendra et, mieux, qui réagira ? s'enquit Niall. Il ne contient sans doute que l'avertissement habituel complètement idiot...

Et il psalmodia, sur le ton mécanique des messages automatisés :

– Vous approchez... d'une planète... interdite. Interdiction... d'aller... plus loin.

Il abandonna ce ton et ajouta pieusement d'une voix de fausset :

– Ou vous aurez la fessée à l'arrivée de la Flotte.

Helva gloussa comme il s'y attendait.

– Notre message les poussera à agir. Personne n'ignore un message venant d'un vaisseau T et C.

– Et avec juste raison, dit Niall, farouchement loyal, martelant son accoudoir de son poing.

Aucun son n'accompagna ce geste. Il faudrait qu'elle travaille au bruitage... quand elle aurait sauvé les Chloé-iennes ou les Chaosiennes du Cercle Intérieur Marial de l'arrivée imminente des Kolnaris. Elle devrait les convaincre de la nature dangereuse et sanguinaire de ces derniers pour qu'elles se cachent du mieux possible.

Helva filait maintenant à toute vitesse le long de la queue ionique, la pollution de plus en plus marquée à mesure que se réduisait la distance la séparant des pirates. Elle rattraperait la flottille dans vingt heures. Et arriverait à Chaos quatre ou cinq jours avant elle. Elle devrait commencer à décélérer après l'héliopause, mais les Kolnaris aussi.

– N'oublie pas de te masquer, dit Niall en se levant.

Il s'étira, et elle eut presque l'impression d'entendre craquer ses articulations, raison pour laquelle, se rappela-t-elle, elle n'avait ajouté aucun son à l'hologramme à part la voix. S'étirer, il le pouvait, mais sans le bruit agaçant des phalanges qui craquent.

– Je vais faire une petite sieste avant le début de la sauterie.

– Bonne idée. Je travaillerai sur l'hologramme pendant que tu te reposeras, et je te demanderai tes critiques.

Niall l'hologramme traversa la salle principale et enfila la coursive menant à l'appartement de Niall. Réalisait-il qu'il se fondait alors dans le cadavre de Niall maintenu en stase dans son lit ?

Elle avait presque oublié le mécanisme de masquage, qui courbait la lumière et l'équipement sensoriel autour du vaisseau. Elle ne s'en était servie qu'une seule fois, et avait reproché à Niall cette dépense *vraiment* inutile pour un astronef T et C. Finalement, cette technologie lui serait utile. Les vaisseaux T et C n'avaient pas d'armes pour se défendre, et l'invisibilité était une protection plus efficace que les blindages les plus solides et impénétrables.

Tout en montant les bandes de l'occupation de la Station Spatiale 900 par les Kolnaris, elle rumina sa première rencontre avec les Chloé-iennes. Cette fois au moins, son Corps ne serait pas tué, même si la mort de Jennan avait été inopinée. Et elle avait également plus de tours dans son sac qu'elle n'en avait en tant que jeune vaisseau-cyborg.

Elle filait à grande vitesse, et, bien avant que les capteurs des Kolnaris ne puissent la détecter, elle passa en mode invisible. Bien sûr, les vaisseaux de la flottille ne furent plus alors que des points pour ses capteurs, au lieu d'astronefs tridimensionnels. Quand même, grâce aux signaux qu'elle capta en les doublant, elle apprit pas mal de choses sur eux. Pour commencer, ils étaient plus nombreux qu'elle ne s'y attendait, même en considérant l'importance des émissions polluantes. Et aucune de leurs signatures ne concordait avec celles des vaisseaux ayant attaqué son ami Siméon. Non que ce fût une consolation pour elle.

La flottille des Kolnaris était un incroyable assemblage de yachts, petits et grands, pris au cours de raids précédents – une douzaine tout juste, bondés de corps bien au-delà de leur capacité optimale, certains même entassés en dernier ressort dans les capsules de sauvetage. Les conditions de vie devaient être épouvantables, même si les systèmes de survie parvenaient à gérer ces surcharges. Il y avait aussi trois cargos de taille moyenne, tout aussi bondés de Kolnaris. Et deux destroyers assez anciens, mais bourrés de missiles et autres armements.

Deux des cargos remorquaient cinq drones chacun, ce qui réduisait la vitesse de tout le convoi. Quatre de ces drones ne contenaient que des munitions, des missiles et des pièces de rechange ; le cinquième contenait sans doute des vivres, car elle n'en reçut aucun signal métallique. C'était une véritable armada, et assurément capable d'écraser les habitantes de Chaos. Raison pour laquelle cette planète avait été choisie, sans aucun doute.

Elle fit une mise à jour de son premier message en y ajoutant toutes ces informations, puis elle l'envoya à la base de la Flotte la plus proche – à dix bons jours de là, même à la vitesse de l'onde. L'Amirauté avait juré ses grands dieux qu'elle voulait débarrasser l'espace des Kolnaris une bonne fois pour toutes. Il y avait des chances qu'un commandant de poste se charge de ce nettoyage pour obtenir une promotion. Une petite flottille moderne pouvait facilement venir à bout de ce ramassis disparate de vieux rafiots à peine capables de voler dans l'espace. Par ailleurs, les Kolnaris combattraient jusqu'au dernier enfant mâle capable de tenir une arme ou de lancer un missile... et ils en avaient pas mal. Même les femmes kolnaries étaient des combattantes acharnées. Étant donné ce qu'on savait de leur mode de vie, ces femmes étaient probablement des esclaves, capturées et contraintes de mettre au monde d'autres petits Kolnaris.

Elle continua à vitesse fulgurante, regrettant de ne pas avoir davantage d'informations sur les Chloé-iennes. La vie proche de la nature sur une autre planète, c'était très bien en théorie, mais la pratique était une autre histoire. Comme le groupe originel l'avait appris à la dure sur Daphnis et Chloé, une centaine d'années plus tôt.

Elle avait maintenant terminé l'exposé holographique des habitudes les plus révoltantes des Kolnaris, y compris du modus operandi de leur invasion de la pacifique planète Bethel. Les bandes Trois-D avaient été retrouvées dans les épaves spatiales, et avaient servi lors du procès de ceux capturés à SS900. Elle était ravie d'avoir trouvé celle montrant comment les Kolnaris traitaient ceux qui leur résistaient. C'était la leçon courte et convaincante dont elle avait besoin. Elle en fit un montage, y ajouta un commentaire off, puis programma les systèmes vidéo extérieurs pour le projeter.

Cela devrait réduire les pertes de temps en discussions. Elle voulait que toutes les femelles résidant sur Chaos soient cachées en lieu sûr à l'arrivée des Kolnaris.

Elle ne réveilla pas Niall – pourquoi le déranger alors qu'il dormait comme un mort – ou plutôt son holo. Il avait toujours été dur à réveiller, mais dès qu'il avait ouvert les yeux, il passait du sommeil à l'activité en quelques secondes. Elle avait le temps, alors elle fit nonchalamment le tour du globe, passant de la nuit au jour, et notant les signes de présence... bien trop nombreux à son goût. Elle ne pourrait jamais prévenir tous les lieux habités. Comment ces pieuses célibataires avaient-elles pu quadrupler en nombre ? « Croissez et multipliez », disait la Bible, mais si le dernier groupe était arrivé voilà quarante ans, elles étaient beaucoup plus nombreuses qu'elles n'auraient dû l'être. Les lapins pouvaient se multiplier à ce rythme. Mais des lapins vierges ? Enfin, elle visiterait autant de ces... comment disaient-elles, déjà ? – ah, cloîtres – qu'elle pourrait. Elles avaient peut-être un moyen de communication quelconque entre ces établissements, très dispersés sur l'immense continent. Elle devrait ignorer les groupes établis dans les îles, et se concentrer sur les cibles les plus importantes et juteuses que les Kolnaris attaqueraient sans doute les premières.

Pile au milieu du continent principal, elle identifia facilement ce qui avait été le terrain d'atterrissage – enfin, quelques arpents de terrain calciné et une mince chape de béton où les vaisseaux et les navettes avaient déchargé réfugiés et matériel. Des rangées de baraques provisoires, branlantes et mal entretenues, bordant deux côtés du champ, indiquaient que des humains avaient été logés là, même pour peu de temps. Elle discerna une source d'énergie à basse tension, les herbes n'avaient pas repoussé sur l'aire d'atterrissage, et pourtant, au bout de quarante ans, on aurait pu s'attendre que certaines reprennent racine. Une tour trapue, maintenant de travers, se dressait à la jonction des deux rangées de baraques. Du haut de son orbite, elle vit aussi quatre routes s'éloignant du terrain désert, vers le nord, le sud, l'est et l'ouest. Elle aperçut également des voies auxiliaires en partir, artères plus petites menant sans doute à des établissements moins importants. Toutes ces voies étaient des chemins de terre et, pourtant, la végétation n'y avait pas repoussé et laissait une bande vide de chaque côté. Un produit chimique quelconque avait dû être utilisé pour empêcher la repousse.

– Je me demande comment elles ont décidé qui allait dans quelle direction, murmura-t-elle, puis elle oublia cette étrangeté au profit de problèmes plus pressants.

– Sans doute par intervention divine, dit Niall, installé à la console du pilote.

Elle n'avait pas mis de commande vocale dans le programme, et pourtant il était là, et elle fut plutôt contente d'entendre une autre voix après les jours silencieux du voyage en approche.

– Seulement quatre directions principales, ça facilite les recherches.

– Ces voies ont dû être tracées au cours du temps, sinon elles ne seraient pas si visibles puisqu'elles ont été utilisées pour la dernière fois il y a quarante ans.

– C'est vrai. Bon, am-stram-gram... laquelle allons-nous suivre ? L'est est l'est, l'ouest est l'ouest, et les deux ne se rencontreront jamais, dit Niall, d'humeur fantaisiste.

– Tu n'as rien pour le nord et le sud ?

– Pourquoi n'irions-nous pas par là ? dit-il, étendant les bras dans deux directions opposées, dont aucune n'était un point cardinal.

– Allons plutôt vers le nord, puis on tournera en rond... décida Helva.

– En cercles de plus en plus grands ? dit-il d'un ton caustique.

– Il y a des montagnes. C'est parfait.

– « Des montagnes pourpres, Majesté, au-dessus des plaines fertiles », cita-t-il.

– Je trouve que ça ne sonne pas juste.

– J'ai oublié le texte exact, dit-il, fronçant les sourcils.

– On dit que l'âge affecte d'abord la mémoire...

– Merci ! Je m'en souviendrai.

Invisible et à basse altitude, elle suivit la voie allant vers le nord, notant les embranchements, et se disant que prévenir ne serait-ce que la moitié des habitantes serait un gros morceau. Mais elle refusa de se laisser décourager. Et la nuit tombait sur le continent.

– Aahh ! s'écria Niall, montrant le hublot d'un geste pressant. Des feux. Trois degrés sur bâbord.

– Et beaucoup trop de forêts pour atterrir.

– Je pourrai revenir sur mes pas quand tu auras trouvé un endroit pour te poser... Oh, non, je ne peux pas, hein ?

– Non, tu ne peux pas, mais j'apprécie ta proposition. D'autant plus que j'ai besoin de leur projeter ma petite vidéo pour les pousser à l'action.

– Tu *pourrais* utiliser la prothèse, dit-il d'un ton enjôleur, avec un grand sourire.

Elle ne répondit pas – ostensiblement – et il gloussa. D'ailleurs, elle y serait peut-être obligée si le jour ne lui montrait pas des cloîtres qu'elle pouvait atteindre. Elle pouvait planer, bien sûr... mais elle avait besoin d'une surface pour projeter sa vidéo avec le maximum d'efficacité.

– Je vais profiter de la nuit pour faire une reconnaissance, et découvrir combien d'endroits je devrai visiter.

– Bonne idée. Je vais faire une liste des coordonnées. Tu en auras peut-être besoin si la Flotte vient pour nous aider et nous réconforter.

Au matin, sa liste de villages dépassait les trois cents. Certains, établis dans les forêts, étaient petits, mais ceux construits dans les plaines ou les collines avaient parfois plusieurs centaines d'habitants. Et tous étaient entourés de murs qui semblaient exsuder la puissance qui se sentait chez chacun, de même que d'une sorte de digue de terre que Niall baptisa la marge du no-woman's-land. La plus grande congrégation se trouvait au confluent de deux rivières.

– Si elles ont quelque chose qui ressemble à un centre administratif, ce doit être ça, dit-elle. Nous commencerons par là demain matin. Quand j'aurai jeté un coup d'œil sur cet archipel.

– Tout ce que tu voudras, mon cœur, remarqua Niall avec une docilité inusitée.

Et ainsi donc, elle arriva, ils arrivèrent, juste au lever du soleil, au-dessus de la montagne dominant la plus grande congrégation des Chloé-iennes de Chaos.

– Plutôt impressionnant, tu ne trouves pas ? remarqua Niall. Propre, ordonné. Elles doivent toutes avoir un domicile privé. Pourtant, tu disais que c'était un ordre religieux.

La disposition du village – ou plutôt de la petite ville – surprit Helva. Toutes les rues partaient du centre, avec des champs et des jardins à la périphérie, mais tous à l'intérieur des murs. Il y avait une porte à chacun des points cardinaux, mais elles ne semblaient guère solides : une hache de guerre des Kolnaris les aurait réduites en miettes au premier coup. Une source d'énergie était visible sur ses capteurs, mais elle semblait dirigée sur le mur. Qu'est-ce qu'elles pouvaient bien empêcher d'entrer, qui n'était ni très grand, ni très gros, ni très fort ? Bizarre. De grandes bâtisses construites au milieu des champs clôturés devaient être des granges ou des entrepôts. Elle ne vit aucun animal à la pâture, quoiqu'on semblât être au printemps, à en juger d'après la tendre verdure couvrant les champs à l'intérieur des murs.

Les quatre grandes avenues partant des portes – car elles étaient assez larges pour être ainsi qualifiées – et bordées d'arbres, convergeaient sur un grand bâtiment qui dominait le centre. Une partie de cet édifice ressemblait à une église, avec un grand parvis devant pour les assemblées. Derrière l'église, des rangées de constructions basses, peut-être réservées à l'administration. L'endroit était beaucoup mieux organisé que ne l'avait été Chloé. Peut-être avaient-elles appris quelque chose depuis un siècle. Elle l'espérait.

– Hé, regarde ça, Helva, dit soudain Niall, montrant une mince structure en haut de la grande bâtisse. Ce n'est pas un clocher – il n'y a pas de cloche – mais il y a quelque chose en haut.

À présent, leur approche avait été remarquée, car les avenues, aussi bien que les ruelles courant entre les habitations individuelles, se remplissaient de silhouettes qui regardaient en l'air. La plupart couraient vers la place de l'église, ou autre chose.

– Lève-tôt... remarqua Helva.

– Au lit de bonne heure – le courant n'alimente que le mur, elles n'ont pas l'électricité – levé de bonne heure, tu sais bien, dit Niall d'un ton scandaleusement facétieux.

Puis il reprit un ton pratique.

– Et il y a juste assez de place pour que tu atterrisses devant l'église.

– Exact. Mais il y a foule, dit-elle, car ils étaient arrivés derrière le bâtiment et maintenant qu'elle avait viré, elle voyait que la place était couverte de femmes agenouillées. Personne ne travaillait dans les champs.

– Plus tu en écraseras, moins on aura à en sauver des Kolnaris, dit Niall.

– Oh, arrête.

– Tout ne dépend que de toi, mon cœur. Vas-y !

Les dévotes étaient agenouillées, visage levé vers eux. Elle voyait les bouches arrondies en un grand « O » étonné. Mais elles n'avaient pas peur. À un signal invisible, elles se relevèrent et rapidement, sans paniquer, elles évacuèrent la place.

– N'ayez pas peur, dit Helva avec douceur, se servant de son système acoustique extérieur, et ignorant les gloussements sonores de Niall.

– Elles n'ont pas peur. Tu devrais peut-être modifier ton programme, mon cher cœur.

– J'ai besoin de vous parler.

– Pourquoi tu ne planes pas, tout simplement ?

Elle s'assura qu'elle était sur le système acoustique intérieur avant de dire d'un ton tranchant :

– Tu vas la fermer et me laisser m'occuper de ça, Niall ?

– Rappelle-leur que c'est toi qui les as sauvées de l'enfer de Chloé, ma chérie, suggéra Niall.

– J'y viens, dit-elle en un aparté caustique. Je m'appelle Helva.

– Dis donc, Helva, c'est toi qu'ils ont montée en haut de leur église.

Elle descendait lentement à la verticale, et elle était maintenant au niveau du clocher. Qui n'était pas un clocher mais une réplique de son précédent moi-vaisseau, avec ailettes et tout.

– Qu'est-ce que ça te fait d'être canonisée ? dit Niall, mais elle perçut une nuance de fierté dans sa voix. Tu réussiras peut-être, mon cœur.

Plus secouée par l'artefact qu'elle ne l'avouerait jamais, elle termina l'atterrissage. L'une des améliorations de son nouveau fuselage était la cabine verticale et la rampe qui y menait directement, au lieu de l'incommode ascenseur situé à l'arrière.

– Tu as même un comité d'accueil composé d'une seule personne, remarqua Niall, tandis qu'une haute silhouette s'inscrivait sur les écrans de tribord.

Tout autour de la place, les femmes se tournèrent vers elle, inclinant brièvement la tête en signe de révérence.

– Quel autre nom portes-tu, Vaisseau Helva ? demanda la femme, rabattant son capuchon en arrière, et révélant le visage d'une femme d'âge mûr.

– Elle n'est pas mal du tout, murmura Niall. Et elle serait encore mieux en tenue plus féminine.

Helva en tomba d'accord avec lui, car la femme avait un visage d'une séduction étonnante. Dommage qu'elle soit entrée en religion, au lieu d'avoir un mari et des enfants. Elle portait une soutane informe, sans doute tissée ou martelée à partir de fibres indigènes, et strictement utilitaire.

– Je suis le Vaisseau NH-834, qui était autrefois le JH-834.

La femme hocha la tête en s'inclinant à partir de la taille en une profonde révérence.

– Bingo ! fit Niall.

– Nous avons prié sans relâche pour le repos de l'âme de Jennan, dit la femme d'une voix mélodieuse, et de la foule s'éleva le murmure : « Loué soit à jamais son nom. »

– Sa mémoire est honorée, dit Helva avec sincérité. Quel est ton nom ?

– Je suis l'Helvana, répondit la femme, inclinant respectueusement la tête.

– Mon Dieu, Helva, tu as atteint la sainteté, dit Niall avec irrévérence, se tordant de rire dans son fauteuil. Avec ta propre caste de prêtresses. Ouah !

Cette réaction la contraria à tel point qu'elle faillit effacer son programme. Mais le bon sens prévalut. Si elle était vraiment une sorte de sainte pour ces femmes, elle avait d'autant plus besoin de son irrévérence pour relativiser les choses.

– C'est toi qui gouvernes ton peuple ?

– Je suis celle qui a été choisie, dit la femme. Pendant bien des décennies, nous avons espéré que tu nous honorerais d'une apparition...

– Et je reviens pour vous annoncer une fois de plus de mauvaises nouvelles, dit vivement Helva, pour couper court aux sentiments ou discours sirupeux.

– Il suffit que tu sois venue. Quels sont tes ordres, Vaisseau Qui Chante ?

– Te voilà coincée, ma chère, dit Niall, souriant comme un idiot.

– Un ennemi approche de cette planète... euh... Helvana, dit Helva, qui eut du mal à prononcer ce nom. J'ai demandé des renforts, mais ils n'arriveront pas à temps pour prévenir l'atterrissage et les brutalités que ces gens – qu'on appelle les Kolnaris – font subir aux populations sans défense.

Un gloussement de gorge surprit Helva. Elle vit aussi des sourires tout autour de la place.

– Il n'y a pas de quoi rire, Helvana. J'ai des documents montrant comment ils viennent à bout des résistances, comment ils... abusent de la population.

Elle ne pouvait pas utiliser le mot de « viol » en présence de jeunes filles encore dans l'adolescence.

– Je dois vous demander de chercher refuge dans les montagnes et les forêts jusqu'à l'arrivée de la Flotte. Vous ayant prévenues, résidentes de cette jolie cité, il me faut maintenant partir prévenir le plus grand nombre possible de vos sœurs, pour les protéger.

La femme nommée Helvana leva poliment la main pour l'interrompre.

– Oiseleuses, envoyez les oiseaux prévenir nos sœurs. Vaisseau Qui Chante, saurais-tu quand ils vont atterrir ?

– Je les précède de quatre jours à peine, dit Helva, s'étonnant de son calme.

Elle vit avec soulagement quelques femmes quitter la place, allant s'acquitter des devoirs incombant aux oiseleuses, quels qu'ils fussent par ailleurs.

– Vous devez rassembler les biens auxquels vous tenez, et aller vous cacher dans les forêts et les montagnes.

– Quatre jours, c'est plus qu'il ne faut pour tout préparer, Vaisseau Qui Chante.

Cette Helvana n'avait pas l'air inquiète le moins du monde, pourtant elle aurait dû l'être, bon sang !

– Tu ne comprends pas, Hel... Helvana. Ces hommes sont des pirates cruels. Ils sont sans merci pour leurs victimes...

– Montre-leur la vidéo, dit Niall.

– Voici ce qu'ils ont fait sur la planète Bethel, dit Helva, activant l'équipement extérieur et projetant les images sur la façade blanchie à la chaux de l'imposant édifice.

– Ce ne sera pas nécessaire, dit Helvana. Arrête la projection. Je t'en prie !

Et, comme certaines parmi l'auditoire captif semblaient vraiment effrayées par la première scène où les Kolnaris en armure bondissaient vers les Bethelites paniqués qui hurlaient, Helva se surprit à obéir.

– Il est inutile de les terrifier. PARFAITEMENT inutile.

– Mais si, Helvana. Ces hommes...

– Puis-je te parler en privé, Vaisseau Qui Chante ?

– Je n'aimerais pas avoir à la contredire, celle-là. C'est une dure à cuire, dit Niall.

– Oui, bien sûr, dit Helva à Helvana. Fiche-moi le camp ! ajouta-t-elle à l'adresse de Niall.

– Tout de suite, dit-il, se levant et détalant vers son appartement.

L'Helvana était assez grande pour avoir à baisser la tête à l'entrée. Elle s'immobilisa quelques instants une fois passé le seuil, regardant calmement autour d'elle, un petit sourire aux lèvres. Puis, à la surprise d'Helva, elle s'inclina avec révérence devant le panneau central derrière lequel se trouvait sa coquille de titane.

– J'ai souvent rêvé que cet honneur m'était accordé, Vaisseau Qui Chante, dit-elle, la voix vibrante d'exultation.

– Assieds-toi dans le salon sur ta droite, je te prie, dit Helva.

L'Helvana regarda encore une fois la passerelle surélevée qui avait été l'endroit préféré de Niall, puis se tourna vers le salon. Avec beaucoup de grâce, les plis lourds de sa soutane oscillant autour de ses chevilles et ses grosses bottes crissant sur le métal du pont, elle atteignit le premier des canapés sectionnés, puis fit une nouvelle révérence et s'assit face au panneau d'Helva.

– Je dois te dire, Vaisseau Qui Chante, que la pitoyable colonie de religieuses que tu as sauvée de la nova a tiré la leçon de ses erreurs.

– Je suis ravie de l'apprendre, dit Helva, mais vous devez...

La main gracieuse, sortant d'une longue manchette, se leva.

– Il y avait beaucoup de choses à apprendre si le Cercle Intérieur Marial voulait survivre à la science de votre civilisation.

– Vraiment ? dit Helva, décidant que le moment était venu d'écouter.

– Le satellite aura expédié son message préprogrammé, au moment où tu envoyais le tien, n'est-ce pas ? dit-elle, sa voix montant dans l'interrogation.

– J'en ai envoyé plusieurs, avec tous les détails que j'ai pu trouver sur les envahisseurs. Mais vraiment, Helvana, ils vont...

La main se leva, et Helva se tut. Elle avait quatre jours devant elle.

– Ma grand-mère...

Tiens, voilà qui était inattendu.

– ... faisait partie de celles que tu as sauvées. Une sage et ancienne sororité chrétienne les accueillit, elle et les autres jeunes de la communauté, jusqu'à ce qu'on trouve une autre planète pour notre Ordre. Et elles acquirent beaucoup de sagesse pendant cette attente.

– Mais elles n'apprirent pas à combattre des pirates sangui...

La main se releva, et Helva se tut une fois de plus.

– Nous étions encore des enfants sur Chloé, ignorantes et maintenues dans l'ignorance, alors que la connaissance aurait pu nous sauver, nous et le Bienheureux Jennan. Ma grand-mère étudia beaucoup, comme celles de son cercle intime. Grâce à nos prières et à nos recherches, nous découvrîmes que cette planète était disponible. Nous voulions avant tout un primaire stable, bien sûr, dit-elle avec un geste gracieux de la main. Des survols de Chaos nous prouvèrent qu'elle conviendrait à nos besoins et à notre mode de vie, une fois que nous aurions apprivoisé sa... nature. La planète comporte des menaces qui lui sont propres. On nous a obligées à trouver un moyen pour procéder sans danger au premier atterrissage de la colonie, dit-elle, le regard lointain, plongée dans ses souvenirs.

Puis elle revint au présent en secouant la tête.

– Nous étions opposées à l'utilisation de la technologie mais, finalement, nous avons été contraintes de nous en servir, et nous nous en servons toujours. Nous avons gardé l'aire d'atterrissage par respect pour la victoire de la technologie sur la nature sauvage. Une simple pression sur un bouton nous protégera de tout visiteur... importun.

Elle parlait beaucoup plus rationnellement que cette virulente idiote de Mère supérieure de Chloé. Mais défendre les vastes plaines de Chaos exigeait une armée. Et une armée bien mieux équipée que ces femmes ne pouvaient mettre sur le terrain.

– Nous avons cultivé non seulement la terre, mais aussi les ressources de la végétation et des animaux sauvages. Il y a des prédateurs sur Chaos...

– Mais rien qui puisse vaincre un Kolnari armé pour la bataille...

L'Helvana sourit.

– Combien y a-t-il de ces Kolnaris en armure de bataille ?

Bon, c'était la première question sensée.

– Je dirais cinq régiments, six peut-être.

Ses sourcils harmonieux se haussèrent de surprise.

– Et combien d'hommes par régiment ?

Helva le lui dit.

– Tant que ça ?

– Oui, tant que ça, et invincibles en armure de bataille, en plus. Sauf si vous cachez dans vos champs des missiles perforants.

– Nous n'avons rien pour percer les armures, dit gaiement l'Helvana, soulignant légèrement le mot « percer ». Mais nous nous défendrons bien.

– Ne pense même pas à des combats corps à corps, Helvana, dit Helva.

– Oh, nous ne pensons pas à attaquer qui que ce soit, dit-elle, avec un rire grave et mélodieux.

– Alors COMMENT allez-vous repousser les Kolnaris ?

– Puis-je me permettre de te surprendre ?

– Oui, si ça ne se termine pas par ta mort et le massacre de toutes ces innocentes.

– N'aie crainte.

– Ce qui me fait penser, Helvana, que j'ai vu ici de jeunes enfants, et des adolescentes aussi bien que des matrones de ton âge ou plus vieilles.

Helva avait relu ses données, parce que quelque chose la tracassait dans la composition de la foule calme qui l'observait.

– Ah, oui, dit l'Helvana avec un gracieux sourire. Ma grand-mère avait également décidé que nous devions nous multiplier.

– La parthénogenèse ?

– Oh non, cela serait allé contre nos principes. Nous avons apporté avec nous beaucoup d'ovules femelles fertilisés, qui assureront la diversité génétique de notre communauté pendant des siècles.

– Astucieux, dit Helva.

– C'est la moindre de... nos astuces, Vaisseau Qui Chante.

À cet instant, les capteurs d'Helva enregistrèrent un toussotement discret, et elle réalisa qu'un groupe de jeunes filles se tenait juste devant le sas.

– Je crois qu'elles veulent te parler, Helvana. Entrez, mesdemoiselles.

Le visage rouge d'embarras ou livide d'exultation, les jeunes filles entrèrent, s'inclinant avec plus ou moins de grâce, comme l'Helvana l'avait fait, devant le panneau d'Helva. Toute cette satanée planète savait-elle donc où *elle* vivait ?

– Les oiseaux sont partis, Helvana. Et les communautés proches ont répondu.

Helvana hocha la tête avec satisfaction.

– Entrez les réponses et revenez me voir quand toutes auront répondu.

Les jeunes filles sortirent, très excitées, mais pas avant une nouvelle révérence à Helva.

– Vous dressez les oiseaux à porter les messages ?

– Cela nous a semblé sage, car de grandes distances séparent nos communautés, et les décisions doivent parfois circuler rapidement.

– Chaque communauté a-t-elle une... Helvana ?

– Non, je suis la seule ainsi honorée par mes égales.

– Pendant combien de temps serviras-tu, si je puis m'exprimer ainsi.

– C'est toi que je sers, dit l'Helvana avec une grande dignité. Quand je me jugerai trop vieille pour gouverner intelligemment, une autre me succédera, choisie parmi les plus diligentes dans l'étude de nos canons et de nos traditions.

– Très bien, mais revenons à notre propos. DISPOSEZ-VOUS de refuges sûrs où personne ne vous trouvera jusqu'à l'arrivée de la Flotte ?

– Chaos assure notre défense, dit Helvana avec un sourire plein d'assurance.

– Alors, explique-toi, car j'ai toutes les raisons de craindre pour votre sécurité.

– Tu dois observer Chaos de plus près.

– Ne viens pas me dire que vous avez dressé les prédateurs à vous défendre !

– Non, c'est la planète elle-même qui nous défendra.

– Bon, si votre système de défense est secret, je t'assure que je ne divulguerai pas vos méthodes, mais les Kolnaris sont les humanoïdes les plus efficaces et les plus impitoyables qui soient. Ils...

– Contre d'autres humains, sans doute...

– Ils ont des armes – et Helva commençait à se fatiguer de l'assurance de cette femme qui niait toute menace – qui réduiraient en cendres toute cette colonie...

– Par bombardements aériens ?

Cette fois, il y avait une nuance de frayeur dans la voix de l'Helvana.

– Vous avez de la chance, dit Helva avec ironie, car la stratégie des Kolnaris repose sur l'emploi de forces terrestres. Naturellement, votre satellite sera détruit dès qu'ils le repéreront, mais la horde qui se dirige par ici ne possède pas d'astronefs d'assaut, à moins qu'ils n'aient modifié certains des plus grands yachts. Et ils sont *tous* tellement bondés de corps que je doute qu'il y ait de la place pour des missiles air-sol. Pourtant, ajouta pensivement Helva, ce n'est pas impossible. Mais ils pensent que la surprise leur assurera une victoire rapide.

L'Helvana croisa les bras et dit, presque avec suffisance :

– Alors, il ne nous arrivera rien.

– Écoute, tous ces vaisseaux sont bondés de corps, et de corps bien décidés à s'emparer de cette planète à des fins qui ne vous plairont pas, je peux te l'assurer. Vous n'avez pas d'armements...

– Nous n'en avons pas besoin...

– C'est ce que tu dis, mais tu n'as jamais vu les Kolnaris investir une planète. Laisse-moi seulement te montrer comment ils ont conquis...

Helvana leva la main.

– Dieu m'en préserve !

– Dieu n'est pas en position de te protéger de quoi que ce soit. Il faut que vous preniez des précautions.

– Elles sont déjà en place.

– Quoi ?

– C'est la planète elle-même.

– Nous voilà revenues à la case départ, dit Helva, agacée. C'est Chloé qui se reproduit, avec un scénario un peu différent, ajouta-t-elle, laissant son irritation percer dans sa voix. Cette fois, vous ne serez pas grillées par le soleil, mais par...

– Non, dit Helvana, levant la main avec tant d'autorité qu'Helva se tut. Tu auras remarqué que toutes nos communautés, grandes et petites, sont entourées de murs...

– Peu efficaces contre des Kolnaris en armure...

– Qui ne pourront pas en approcher... Et nous-mêmes n'en sortons pas souvent, car la végétation de Chaos est dangereuse pour tous. Même les prédateurs ne s'aventurent dehors que par les nuits froides où la planète dort.

– Tu peux répéter ?

Helvana pencha la tête, avec un sourire frisant la suffisance.

– Qu'est-ce que ces Kolnaris peuvent savoir sur notre planète ?

– Seulement ce qui figure dans l'Atlas Galactique.

– Puis-je voir cette entrée ?

Helva l'appela sur l'écran du grand salon et l'Helvana la lut rapidement, souriant du même sourire satisfait quand elle eut fini.

– On n'y a pas fait d'ajouts. Comme promis.

– Je voudrais être aussi confiante que toi, dit Helva.

L'Helvana se leva.

– La dernière fois, c'était le primaire qui allait nous détruire. Cette fois, la planète travaillera pour nous. Une question : puisque l'Atlas fait état d'un astroport, est-ce que ces Kolnaris y atterriront pour organiser leurs forces ?

Helva revit ce ramassis de vaisseaux délabrés.

– Ils utilisent ce qu'ils trouvent. Ils ont assez d'astronefs pour occuper tout le champ d'atterrissage. Mais à mon avis, ajouta-t-elle sombrement, certains pourraient bien atterrir en catastrophe.

Elle fit une pause, se demandant s'il y avait des véhicules ou équipements de secours dans les baraques déglinguées.

– Certains sont à peine capables de tenir en l'air, et l'un avait des fuites d'oxygène. Il faut bien te mettre dans la tête que c'est pour eux la tentative de la dernière chance pour retrouver une base. Ils combattront tout ce que vous projetez de leur opposer. Ils doivent savoir que la conquête de cette planète sera une promenade de santé.

– Mais une promenade de santé...

Helvana fit une pause, avec un sourire énigmatique.

– ... pas très saine. Et même malsaine.

– Ils ont des armes très sophistiquées dans leur arsenal, rappela Helva à sa visiteuse. N'écartez pas la possibilité d'un barrage air-sol pour miner votre résistance.

Helvana gloussa.

– Quoi ? Ils bombarderaient nos champs et nos maisons ? S'ils ont l'intention de s'installer ici, ils ne détruiront pas les habitations et les récoltes.

– Tu ne connais pas les Kolnaris comme moi, Helvana. Ne prends pas cette attaque à la légère.

– Il n'en est rien, je t'assure, dit la femme, le visage soudain grave et inquiet. Ils prendraient pour cibles nos champs et nos foyers ?

– C'est très vraisemblable, mais il est tout aussi vraisemblable que, ne craignant aucune résistance, ils atterrissent simplement et marchent...

– Oh, comme je l'espère, dit l'Helvana.

Son visage s'éclaira d'un sourire presque triomphal, puis se rembrunit aussitôt sous l'influence du remords.

– Nous ne prenons pas plaisir à détruire quoi que ce soit.

– Même pour sauver vos vies ?

– Ta présence et ton avertissement suffisent.

L'Helvana se leva.

– Je n'ai pas d'armes, et aucun moyen de vous défendre, dit Helva, incapable d'empêcher sa frustration et sa colère de se manifester dans sa voix.

La femme se retourna, inclinant la tête.

– Nous le savons. Tu dois donc te mettre à l'abri toi-même. Je sais peu de chose de ce qui se passe dans d'autres secteurs de l'Univers, et tes images nous montrent que ce n'est pas un endroit sûr ; tu es donc en danger. Tu nous as averties. Nous sommes prévenues. Nous serons protégées. Pense à te protéger aussi, Vaisseau Qui Chante.

– Je ne peux pas vous ABANDONNER AINSI !

Helva avait élevé la voix, qui résonna à l'extérieur, faisant se retourner les petits groupes encore sur la place.

– Comme tu ne peux pas te défendre, dit Helvana d'un ton impliquant qu'elle était plus en danger que la colonie, tu dois partir. Maintenant, j'ai beaucoup de choses à organiser.

– Eh bien, tu me vois ravie de l'apprendre, dit Helva, caustique.

Arrivée au sas, la femme se retourna, fit une profonde révérence, et descendit la rampe. Immédiatement, elle se mit à donner des ordres et toutes les assistantes détalèrent pour les exécuter. Quelques instants plus tard, la place était déserte, et l'Helvana avait réintégré l'église, ou bâtiment administratif, ou autre chose.

– Eh bien, dis donc ! dit Niall, passant la tête au coin du couloir menant à son appartement. Elle a de la classe, celle-là !

– Mais elle n'est pas plus maligne que cette imbécile d'ascète délirante de Chloé !

La voix d'Helva crépitait de colère.

– Comme si c'était moi qui étais vulnérable !

– Qu'est-ce qu'elle a dit sur la végétation ? demanda Niall. Et ferme le sas, mon cœur. Il ne faudrait pas que quelqu'un jette un coup d'œil à l'intérieur et aperçoive un MÂÂÂÂLE..., dit-il, étirant le mot et agitant comiquement les mains.

– Et alors, la végétation ? dit Helva avec irritation, rétractant la rampe et fermant le sas.

– Je dirais qu'elle doit être dangereuse, et que les murs électrifiés sont là pour la tenir en respect. Tu te rappelles les routes ? Toutes bordées de larges lisières... pratiquement jamais utilisées... et elles ont des oiseaux pour porter les messages. Est-ce que ça ne tendrait pas à indiquer qu'elles ne sortent guère des murs de leurs cloîtres ?

Helva réfléchit à cette possibilité.

– Ce serait une arme contre les Kolnaris ? dit-elle avec une incrédulité totale.

– On peut se masquer et observer, dit Niall, penchant la tête comme pour considérer quelque chose qu'il aurait perçu et qui aurait échappé à Helva. Cette femme semblait absolument certaine de leurs protections... indigènes. Et nous n'avons pas tout vu de ce monde, non ?

Helva scannait l'extérieur avec ses capteurs, mais elle ne vit rien, à part des oiseaux revenant se poser sur ce qu'elle avait d'abord pris pour des cheminées, mais qui étaient en réalité des volières. Elle reconsidéra la situation.

– Je vais essayer une autre communauté, dit-elle.

Et, s'assurant qu'il n'y avait personne dans les parages, elle s'éleva lentement. La terre de la place était tellement tassée par les allées et venues que seules quelques volutes de poussière marquèrent son ascension.

Elle visita neuf autres communautés, petites, moyennes, et une autre grande, mais chaque fois la supérieure du groupe, quoique respectueuse à tous autres égards, répondit que, cette fois, le Vaisseau Qui Chante n'avait pas à s'inquiéter de leur sort. Mais que c'était bien de sa part d'être venue les avertir qu'un temps d'épreuves approchait. Helva essaya de leur faire voir l'hologramme, mais, après quelques regards horrifiés, elles tournaient toutes le dos, fermant étroitement les yeux devant les preuves qu'elle s'efforçait de leur montrer.

– Dans ce cas, je ne crois pas que tu as perdu la main, dit Niall avec gentillesse, tambourinant silencieusement sur son accoudoir. Elles croient sincèrement qu'elles sont en sécurité. Non que la seule odeur de sainteté ait jamais sauvé un saint, et elle ne sauvera certainement pas ces sœurs des Kolnaris. Mais au cas où tu aurais été trop nerveuse pour le remarquer, l'électricité des murs entourant ces cloîtres est à l'intensité maximale.

– Où sont les sources de production ? Les Kolnaris les repéreront facilement par un scanner de routine ou la moindre reconnaissance.

Helva était plus inquiète que jamais. La fois précédente, la dilatation du soleil avait fourni la preuve positive du danger aux religieuses sceptiques. Qu'est-ce qu'il faudrait cette fois pour les convaincre ? Et pourquoi s'était-elle encore embarrassée de cette bande d'imbéciles heureuses ?

Elle continua ses tentatives, encore et encore, obtenant toujours la même réponse dans les quatre-vingt-dix-sept cloîtres qu'elle visita. En route pour le quatre-vingt-dix-huitième, ils virent dans le ciel une vive étincelle, indiquant que les Kolnaris venaient juste de démolir le satellite.

– Gentil de leur part de téléphoner leur arrivée. C'est le moment de te masquer, Helva, remarqua Niall, pianotant sur ses accoudoirs.

– Je l'ai déjà fait pour naviguer entre ces communautés intraitables, répondit-elle sèchement, mettant le cap sur le pathétique astroport.

Puisqu'il existait, et que ce monde végétal n'offrait aux Kolnaris aucun autre espace dégagé pour atterrir, les envahisseurs s'y poseraient sans doute.

Ils arrivèrent en vue du terrain d'atterrissage à l'aube, et planèrent derrière les collines les plus proches entourant le site.

– Ah, ha ! dit Niall d'un ton traînant, se penchant sur le tableau de bord pour regarder l'écran avant.

Il activa toutes les caméras extérieures, en un patchwork qui donna le tournis à Helva, jusqu'au moment où elle repéra ce qui l'avait mis en alerte.

Du terrain d'atterrissage, naguère encore étendue de terre battue lisse et nue, avaient surgi des plantes affreuses qui le recouvraient entièrement, huileuses, visqueuses, en une sorte de pus jaune et verdâtre. Hautes de quelques centimètres, elles devaient donner l'impression d'une pelouse, vues d'en haut.

– Ce ne sont pas mes couleurs préférées pour poser les pieds, Helva, dit Niall d'un ton n'augurant rien de bon. Continuons à planer, abrités sous notre masque d'invisibilité.

– Excellente idée, dit-elle.

Elle remarqua par le capteur de bâbord près de la proue que des vrilles végétales s'élançaient vers le vaisseau, fouettant la coque dans leurs tentatives pour l'accrocher. Elle mit un peu plus de distance entre elle et le sol.

– Très intéressant. Une végétation malveillante.

Niall se frotta les mains, le visage empreint d'une joie mauvaise.

– Bien fait pour ces canailles. Espérons seulement que leur métabolisme désintégrateur n'affectera pas ces plantes. Ils sont assez nocifs pour empoisonner tout ce qui ne commence pas par les empoisonner eux-mêmes.

– Ils ont peut-être trouvé leurs maîtres, dit-elle, espérant avoir raison.

Les premiers vaisseaux kolnaris à atterrir furent les deux lourds croiseurs armés. Ils se posèrent pile au milieu de la prairie visqueuse et déployèrent aussitôt leur infanterie en armure, tandis que les canonniers installaient leurs unités portatives. Ils n'investirent pas, comme Helva s'y attendait à moitié, les baraques branlantes, maintenant couvertes de lianes verdâtres. D'ailleurs, les Kolnaris n'étaient pas sensibles aux couleurs. Et ils ne s'en méfiaient pas. Leur monde natal était connu pour son apparence rebutante.

Les troupes attaquèrent la traversée du terrain d'atterrissage, leurs bottes métalliques donnant de grands coups de pied dans les herbes qui leur arrivaient à présent au mollet, et les buissons qui entravaient leur marche, sans remarquer qu'ils n'étaient pas là à leur arrivée. Ils s'étaient séparés en quatre sections, chacune s'engageant sur l'une des routes principales. Trois vaisseaux moyens se posèrent ensuite au bord du terrain, dégorgeant des troupes supplémentaires qui suivirent l'avant-garde, de petites unités s'en séparant à chaque embranchement. En succession rapide, les yachts atterrirent, un ou deux si rudement qu'ils piquèrent du nez dans le sol. Ils furent instantanément couverts de lianes et de brindilles, qui se transformèrent bientôt en branches épaisses s'enroulant autour des appareils et les clouant au sol. S'il ne s'était pas agi de Kolnaris, dont le but était la capture et l'asservissement des religieuses, Helva aurait été tentée de mettre en garde les individus sans armure et sans armes qui en surgirent en désordre, toussant, s'effondrant et levant les bras au ciel comme s'ils venaient d'être sauvés. Sauvés de l'asphyxie, en effet. Mais la végétation indigène se mit à les engloutir... consommant leurs corps encore vivants... à en juger par les contorsions agitant la verdure, les glapissements et les hurlements d'agonie. Les vrilles chercheuses s'introduisaient dans les sas ouverts, coupant toute voie d'évasion à ceux ayant remarqué ce qui se passait et qui cherchaient le salut à l'intérieur.

Le plus intelligent des capitaines n'eut même pas le temps d'avertir le reste de l'armada, qui continua à atterrir où elle pouvait. Rester en vol ne semblait pas leur être venu à l'idée. Tous les passagers étaient trop pressés de débarquer pour réaliser le sort des premiers arrivants.

– Ce n'est qu'un juste châtiment, marmonna Niall. Une planète qui se défend !

La verdure continuait à onduler, sonder, se contorsionner, s'introduisant partout, faisant éclater les soudures des vaisseaux les plus vieux et les plus fragiles.

– Après toutes les violences qu'ils ont fait subir à des populations innocentes et sans méfiance...

Sa voix mourut, et il éteignit l'écran pour ne plus voir la catastrophe verdâtre.

Sans un mot, Helva prit de l'altitude et survola la route la plus proche, en fait, celle qui menait à la principale communauté, pour voir ce que devenaient les unités d'infanterie en armure. L'annihilation des fantassins – dont aucun n'atteignit les cloîtres les plus proches – ne prit qu'un peu plus longtemps, mais ils n'arrivèrent pas même à portée de voix d'aucune communauté.

– Ces herbes doivent exsuder un acide vraiment très corrosif. Regarde les marques, et même les trous, des armures aux endroits où le bout des lianes les a touchées, dit Niall, branlant du chef de stupéfaction. Comment ces filles se protègent-elles si ces plantes peuvent faire ça à des armures ?

– Peu importe, pourvu que ce soit efficace.

Réalisant le danger à retardement, les Kolnaris tournaient leurs armes sur la flore démoniaque qui les étouffait. Quelqu'un avait peut-être survécu assez longtemps pour leur transmettre un avertissement. Mais sur ce champ de bataille, les armes multiplièrent les ennemis au lieu de les anéantir. Foudroyer ou incendier la matière végétale ne faisait que la fragmenter, chaque partie repoussant et se multipliant en d'autres assaillants. Les lianes s'enroulaient autour des lourdes bottes métalliques, faisant tomber les hommes qui, une fois à terre, n'étaient plus que des masses de végétation verdâtre qui se contorsionnaient. Leurs batteries avaient dû être infiltrées par les vrilles, leurs équipements court-circuités. Maintenant à l'abri de leurs armes, Helva se débarrassa de son masque d'invisibilité et se mit à filmer la défaite des Kolnaris, s'attardant parfois sur ce qui se passait quand la végétation se fragmentait, ayant soin de rester bien au-dessus du carnage... ou, devait-elle dire, du « végénage »... pour éviter le contact avec la végétation. Elle pensa, mais brièvement, à en conserver une feuille ou une brindille – avec les mesures de sécurité maximales – en vue d'analyse par les Laboratoires à Haut Risque des Mondes Centraux.

– Je n'ai jamais rien vu de pareil, dit Niall, hochant la tête. Nous savons qu'il existe des surfaces planétaires inhospitalières, mais en trouver une qui peut être refoulée, domestiquée et utilisée en cas de crise ? Une énigme de plus pour nos fichiers !

Puis il se renversa dans son fauteuil, entrelaça ses doigts et se frotta les mains de satisfaction devant la défaite des Kolnaris.

– Ces petites ont appris une ou deux choses sur la défense passive, hein ?

– Je ne qualifierais pas de passif ce que nous venons de voir, dit Helva d'un ton cocasse. Elles laissent simplement la nature de la planète suivre son cours. Je te parie que dans l'éthique de leur religiosité mariale, il y a un tabou sur le caractère sacré de la vie humaine...

– Ah ! je n'ai jamais considéré les Kolnaris comme des humains, répondit Niall. De plus, les religieux ont autant le droit que n'importe qui de se défendre.

– ELLES ne font rien. C'est la planète qui agit. Et c'est bien là la beauté de la chose.

– C'est vrai, dit Niall, qui prit alors un ton papelard. Heureux les humbles car ils posséderont la terre... de Chaos dans le cas présent. Beau travail, mesdames, beau travail.

Il tapa dans ses mains en un applaudissement silencieux.

– Nous devrions les féliciter. Ou plutôt toi.

– Je crois que l'issue n'a pas seulement été considérée comme acquise, mais aussi observée, dit Helva.

Et elle activa l'écran à longue portée montrant de petites volées d'oiseaux, tournant en rond ici et là, puis s'égaillant dans toutes les directions, si vite que même Helva n'aurait pu calculer tant de trajectoires à la fois.

Quand Helva se posa de nouveau sur la place, l'Helvana et un groupe d'environ quatorze sœurs l'attendaient. Elles portaient de longues écharpes noires et des bonnets noirs collants.

– « Nous venons pour pleurer César, non pour le louer », cita Niall.

– « Hors d'ici, Marc Antoine », répondit-elle d'un ton sévère.

– Je m'en vais, je m'en vais. Je n'ai pas envie d'assister à cette veillée funèbre en vêtements de deuil.

– Tu es déjà accoutré comme il faut, cria-t-elle à sa silhouette qui disparaissait dans la coursive, puis elle ouvrit le sas et sortit la rampe.

La délégation entra, chacune s'inclinant avec révérence devant elle, jusqu'à ce que toutes soient dans le salon, l'air sombre quoique respectueux; et certaines avaient les yeux rougis par les larmes. Il devait y avoir des cœurs tendres dans ce groupe. Qu'elles pleurent les Kolnaris bien que sachant le sort qu'ils leur réservaient, cela dépassait Helva. Mais il faut dire qu'elle n'était pas religieuse. Elle parla la première, voulant éviter les assurances de gratitude pour cette seconde « délivrance » involontaire, dans laquelle elle avait été spectatrice passive, et non véhicule sauveteur.

– Je m'excuse, Helvana, d'avoir douté de ton efficacité et de ton ingéniosité. Les humbles ont effectivement hérité la terre.

Helva souhaita pieusement qu'aucune n'entende le grognement dédaigneux venant de la coursive.

– Nous toutes, nous regrettons amèrement d'avoir eu à te prouver l'invulnérabilité de la planète, dit lentement l'Helvana avec tristesse. Nous prierons pour leurs âmes.

– Je doute sincèrement qu'ils en aient eu, dit Helva, remarque acide qui provoqua des murmures d'étonnement chez les plus jeunes. Ce n'est pas charitable, je sais, mais j'ai assisté personnellement à certaines de leurs conquêtes. Je ne regrette pas leur disparition. Et aucune de vous ne devrait plus verser de larmes de remords ou déplorer cet incident. L'univers est maintenant considérablement plus sûr. Après tout, aucune...

Elle fit une courte pause.

– ... n'a rien fait. Votre planète est parfaitement capable de s'occuper des visiteurs indésirables, et c'est ce qu'elle a fait.

Il y eut un silence gêné pendant que l'assistance ruminait la franchise inattendue de leur « sauveur ». Pour remplir le silence, Helva poursuivit :

– Combien de temps vous faudra-t-il pour réparer les dommages subis par l'astroport et les routes ?

– Nous ne les réparerons peut-être pas, dit l'Helvana, après avoir consulté ses compagnes du regard. Nous gardons le contact avec les autres cloîtres, et nous n'avons nul besoin de nous rassembler toutes en un même lieu. Chaque communauté est autosuffisante, et nous n'avons plus besoin de l'astroport.

– Mais vous continuerez à électrifier les murs ?

Un petit sourire fit frémir les lèvres de l'Helvana.

– Oui, dit-elle en inclinant la tête. C'est nécessaire pour garder la végétation de Chaos à sa place.

– Mais certainement que des végétaux qui ont eu un tel... (Helva hésita, ne voulant pas bouleverser les cœurs tendres par le mot « engrais »)... une liberté si inattendue voudront la conserver ?

– Ce qui aura besoin d'être restauré le sera. C'est un processus long et pénible, et nous sommes déjà très occupées par notre routine quotidienne, dit l'Helvana.

Une femme de son escorte la tira par la manche.

– Oui, bien sûr. J'aurais dû mentionner d'abord notre gratitude éternelle, dit Helvana avec douceur à la femme. Nous sommes de nouveau tes débitrices, Vaisseau Qui Chante, et de nouveau, nous n'avons aucun moyen de rembourser notre dette.

– Si je te disais que je me trouvais par hasard dans ce secteur, me croirais-tu ? demanda doucement Helva.

Une étincelle brilla dans les yeux de l'Helvana en percevant l'ironie.

– Alors, espérons que nous ne t'avons pas imposé un trop long détour, dit l'Helvana.

– Pas du tout, répliqua Helva, plus gracieusement.

Perversement, elle ne voulait pas ruiner sa réputation auprès des cloîtres.

– Je n'arriverai pas en retard à ma destination.

Comme elle n'était pas attendue sur Régulus, ce n'était pas un mensonge. Mais il fallait en venir à des choses plus terre à terre.

– J'avertirai la Flotte que l'alerte que j'avais donnée est annulée. Je les informerai du décès...

Cela les secoua toutes, mais l'Helvana leva la main, et les murmures de consternation se turent.

– Ne parle pas de mort dans ton message. Dis simplement que... la crise a été résolue, dit l'Helvana avec une grande dignité.

– Ainsi en sera-t-il, dit Helva avec solennité (mais l'honneur lui faisait quand même un devoir d'informer la Flotte de l'annihilation totale des Kolnaris). Si je peux me permettre une suggestion, je me sentirais plus tranquille si vous acceptiez le remplacement de votre satellite… celui que vos… récents visiteurs ont détruit, afin que vous ne soyez plus importunées.

Une fois que le sort des Kolnaris serait connu, plus personne n'oserait atterrir sur Chaos.

– Puis-je m'occuper pour vous de ce détail ?

– Un petit groupe de notre Cercle Marial réside sur Vega III, dit l'Helvana. Si tu as la bonté de les informer que… le satellite doit être remplacé, elles s'occuperont de l'installation et du règlement. Inutile de te déranger pour ce détail.

– Cela ne me dérangerait pas, dit Helva. Mais je dirai à vos sœurs de Vega que vous en avez besoin, et que vous continuez à vivre dans la sécurité. Il n'y a pas de dette entre nous, sage et bonne Helvana. Je me trouvais au bon endroit au bon moment, comme je l'étais à Chloé. Il n'y a rien de plus.

– Qu'il en soit ainsi, dit l'Helvana, inclinant la tête en signe d'acceptation, tandis que les autres murmuraient la même réponse.

Puis, d'un pas ferme, elle se dirigea vers le sas, se tenant sur le côté tandis que chacune s'inclinait devant la colonne d'Helva. Cela prit si longtemps qu'Helva s'énerva et ajusta ses fluides nutritifs pour compenser le stress.

L'Helvana fit une profonde révérence, puis elle hésita.

– Nous prierons pour ton défunt partenaire, dit-elle, inclinant la tête en direction de l'appartement de Niall. Puisses-tu être consolée de sa perte par un autre aussi digne de ce poste que Niall Parollan.

Elle disparut, laissant Helva muette de stupeur.

– Prier pour moi, vraiment ! lança Niall en entrant dans la cabine.

Helva referma bruyamment le sas.

– Comment a-t-elle appris ce bobard ? reprit Niall. Quittons cette planète. Elles me donnent la chair de poule, toutes ces femmes, à pleurer sur les Kolnaris. Et encore plus sur moi.

Helva parvint à exécuter les routines nécessaires pour soulever adroitement son moi-vaisseau. La place était déserte, à part l'Helvana et sa délégation, qui avaient reculé jusqu'à l'église et formaient un triangle équilatéral sur le parvis, avec l'Helvana au sommet. Par ses capteurs de proue, Helva vit les visages des religieuses levés vers *leur* vaisseau, qui remontait dans le ciel dont il était descendu pour les secourir.

– Elles ne croiront jamais que tu étais « juste dans le secteur », tu sais, dit Niall, les lèvres frémissantes. Au moins, la sage ne le croira pas.

– C'est pourtant vrai, répondit distraitement Helva, qui se demandait comment l'Helvana avait pu connaître la mort de Niall, alors qu'elle n'avait pas dépassé le sas et le salon.

Ce qui l'étonnait encore plus, c'est que la bénédiction de l'Helvana la réconfortait.

Dès qu'elle fut sortie du système, Helva diffusa un message universel, informant que la crise était passée et que les vestiges de la flotte des Kolnaris avaient été exterminés ; elle présenterait tous les détails à son arrivée sur Régulus. Elle n'en précisa pas le moment, mais elle rencontra plusieurs vaisseaux qui faisaient route vers Chaos à la vitesse maximale pour répondre à son appel. Elle savait qu'ils étaient déçus de perdre cette occasion d'acquérir gloire et promotion en combattant les derniers Kolnaris, et elle les avisa que les religieuses de Chaos ne tenaient pas à ce qu'ils fassent une enquête. Jamais. Elle pouvait leur montrer, ce qu'elle fit, les images qu'elle avait prises de la défaite catastrophique des Kolnaris. Par ce moyen détourné, elle respecta la promesse faite à l'Helvana, tout en donnant satisfaction aux Services Secrets de la Flotte. Ce qu'elle ne réalisa pas, c'est que sa réticence ne fit qu'ajouter au prestige entourant sa vie légendaire.

Elle rencontra son escorte à cinq jours du système de Régulus – deux escadres, pas moins. Et avec un amiral à bord du vaisseau amiral de Classe Nova.

– Amiral Halliman, madame, pour vous escorter, toi et Niall Parollan.

Tel fut le premier message transmis par le souriant amiral en grand uniforme sur la passerelle du croiseur.

Il regarda autour de lui, cherchant le partenaire d'Helva.

– Je rapporte le cadavre de mon éclaireur Niall Parollan, amiral, dit-elle, plus calme qu'elle ne s'y attendait.

Les prières de l'Helvana agissaient donc ?

– Je ne savais pas...

L'amiral était manifestement en état de choc, et elle entendit un murmure consterné dans la passerelle.

– Mes excuses et mes condoléances. Tu as subi une grande perte. A-t-il été victime des Kolnaris ?

– Niall Parollan est mort paisiblement dans son sommeil. Diagnostic: défaillance totale de tous les systèmes causés par le grand âge, dit-elle.

Elle ajouta sans qu'on le lui demande la date et le lieu de sa mort, car la stase ne permettait pas de les déterminer.

– Il a souhaité les cérémonies dues à son rang et à ses services, amiral, poursuivit-elle, souriant intérieurement, car Niall avait demandé cela comme une récompense pour l'avoir supportée tant d'années.

– Ce n'est que son dû, madame. Nous allons prendre les mesures nécessaires immédiatement... si tel est ton désir.

– Ça l'est, soupira-t-elle.

En fait, l'hologramme n'avait pas été une mauvaise idée. Cela lui avait donné le temps de s'habituer à la disparition de Niall. *Mort, Mort, où est ton aiguillon ? Tombe, où est ta victoire ?*

– Sois assurée de notre profonde sympathie, dit l'amiral, avec un salut solennel.

Derrière lui, elle vit les autres se mettre au garde-à-vous et saluer aussi.

– Le NH-834 a fait des contributions inestimables au Service.

– Niall était un partenaire modèle, répondit-elle. Maintenant, pardonnez-moi si je retombe dans le silence.

Elle ne voulait pas fausser la représentation de sa récente histoire, mais il y avait certains détails qu'elle voulait garder pour elle.

– Ne va pas croire que ça va te dédouaner et t'éviter d'expliquer la défaite des Kolnaris, ma chérie, dit Niall.

Il s'était plaqué contre une paroi, juste hors de vue de l'écran qu'elle avait activé pour recevoir l'appel de l'amiral.

– Et aurais-je joué mon rôle selon la plus pure tradition héroïque ?

– Naturellement. Je ne te laisserai pas partir au tombeau sans tous les honneurs qui te sont dus. Et tu as parfaitement joué ton rôle sur Chaos. Tu es resté hors de vue.

– Pas tout à fait, à l'évidence, dit Niall avec un sourire malicieux, la menaçant de l'index.

– Si tu parles de la remarque surprise de cette femme, oublie-la. Heureux hasard, sans plus, car elle devait savoir que je devais avoir un Corps quelque part.

– Elle me connaissait par mon nom.

– Alors, peut-être qu'elle peut parler avec les morts. Et tu es mort, tu sais. Tu ne peux pas disparaître maintenant ?

– Pourquoi ? Et rater mes propres obsèques ? Comment peux-tu me demander une chose pareille ?

Il posa la main sur son cœur, absolument consterné.

Elle éclata de rire.

– J'aurais dû me douter que tu me ferais le coup.

Il rit lui aussi.

– Pourquoi pas, puisque tu m'as procuré la possibilité d'observer ? J'ai toujours désiré savoir ce que les gens pensaient de moi.

– Tu n'entendras rien de vrai à ton enterrement. Les gens bien élevés ne disent pas du mal des morts. De plus, je *ne veux pas* qu'un psy vienne vérifier mes synapses pour voir si j'ai grillé quelques circuits en concoctant ton hologramme.

– Personne ne me verra, mon cœur, je te le jure.

Elle avait eu l'intention d'effacer le programme dès son arrivée à la Base de Régulus. Cependant, elle changea d'avis. Il avait le droit d'assister à la cérémonie en son entier, avec le lent portage de la bière, les avions atmosphériques saluant d'un virage sur l'aile, les salves d'artillerie, et le requiem interminable honorant les morts. Cette fois, elle ne pleurait pas la mort soudaine et inutile d'un partenaire bien-aimé ; elle célébrait la vie longue et féconde d'un ami très cher qu'elle n'oublierait jamais.

Quand les porteurs vinrent prendre la dépouille mortelle, le cercueil de stase remplaça la stase de la cabine qui avait conservé le cadavre pendant le long voyage de retour. Les personnalités officielles de Régulus se présentèrent en force, depuis l'actuel Chef Administratif des Mondes Centraux accompagné de ses collaborateurs, tous en grand uniforme, jusqu'au gouverneur planétaire en élégante robe noire et chapeau à la mode, en passant par un défilé de tous les services de l'armée et ceux des Corps qui étaient à terre ou en formation. Le service religieux dura juste ce qu'il fallait. Un peu plus long, et elle aurait cru tous les panégyriques sur le disparu, qui était assis dans le fauteuil du pilote et regardait le spectacle avec une immense satisfaction. Elle s'en souviendrait comme de la meilleure partie de la cérémonie.

– Je n'aurais pas voulu rater ça pour toute cette maudite Nébuleuse du Cheval où nous ne sommes jamais allés, s'exclama-t-il plusieurs fois.

Helva était parquée de sorte que sa cabine ne puisse pas être vue de ceux qui étaient au sol ou sur la plate-forme réservée aux dignitaires, et ainsi, il put regarder, plaisanter et se remémorer tout son saoul. Comme elle l'avait déjà fait et comme on s'attendait qu'Helva, le Vaisseau qui Chantait, le fasse, elle lança vers le ciel les notes poignantes de l'Hymne et du Requiem du Service. Mais le ton était triomphal, et quand la dernière note mourut au-dessus du cimetière et des têtes inclinées, elle effaça le programme holographique de Niall.

Ils la laissèrent tranquille jusqu'à ce qu'elle décide qu'elle en avait assez de la solitude. Elle aurait dû conserver l'hologramme de Niall quelques jours de plus, mais il y a un moment pour mettre fin aux meilleures choses, et ç'avait été celui des funérailles. Puis elle contacta le Quartier Général.

– Ici le XH-834 pour solliciter un nouveau Corps, dit-elle. Et prendre rendez-vous avec la Flotte pour le rapport sur l'incident de Chaos. Je veux qu'il soit enregistré correctement. Envoie un message en top priorité au Cercle Intérieur Marial de Vega III, les informant que Chaos a besoin d'un nouveau satellite d'alarme. Les Kolnaris ont détruit le précédent.

– Un nouveau Corps ? répéta la femme qui avait pris son appel, et dont l'esprit s'était mis au point mort en s'entendant contacter par le XH-834.

– Oui, un nouveau Corps, répéta Helva, qui redit aussi ses autres requêtes. Compris ? Parfait. Exécution. Et dès que tu auras informé la caserne des Corps que je suis disponible, trouve-moi une mission convenant à un vaisseau-cyborg de mon expérience.

– Oui, tout de suite, XH-834. Oui, tout de suite.

Il y eut une pause, pendant laquelle Helva n'entendit que des exclamations excitées, interrompues avant qu'elle n'ait saisi le sens des phrases prononcées au comble de l'agitation. La surprise vous donne toujours l'avantage.

Elle rit, avec une satisfaction vengeresse, quand la caserne des Corps s'ouvrit brusquement, et qu'il en surgit une foule de jeunes hommes et femmes qui sortaient en courant, enfilant leur vareuse, rajustant leur coiffure ou fermant leurs boutons. La scène lui rappela d'heureux souvenirs quand chacun, bien déterminé à remporter le gros lot en montant à bord le premier, se rua vers elle.

Ils n'avaient pas encore atteint la rampe lorsqu'elle remarqua un objet flou. Les contours en étaient brumeux, mais c'était bien Niall Parollan, qui s'approcha de sa colonne et posa une fois de plus sa joue contre le panneau qui la couvrait.

– Ne fais pas souffrir le prochain plus que moi, veux-tu, mon cœur ?

Il commença à se retourner, ses contours s'estompant rapidement.

– Et si tu te sers jamais de cette prothèse Sorg avec un autre que moi, je le tue ! Compris ?

Elle crut murmurer quelque chose en regardant son image dériver vers l'écran avant, non vers le sas. Juste comme la ruée des Corps résonnait à l'extérieur, il disparut avec un dernier adieu de la main, qui sembla se fondre dans le métal de sa coquille.

– Permission de monter à bord, ma'ame ? dit une voix haletante.

Traduit de l'américain par Simone HILLING

Le chemin

Greg Bear

Il était une fois, le long d'une très longue extension, dans une époque et un univers ne nous étant pas réellement connus, une ligne creuse infinie d'aventure et de commerce, introduite dans *Eon*, appelée la Voie. La Voie, un univers artificiel de cinquante kilomètres de diamètre et d'une longueur infinie, fut créée par les habitants humains d'un vaisseau astéroïde appelé Thistledown. Ils s'étaient lassés de leur voyage sans fin à travers les étoiles. Grâce à la Voie, qui leur ouvrait des portes vers d'autres époques et univers, gagner leur destination n'était plus nécessaire.

Le fait que la Voie fût détruite (dans *Éternité*) est connu; le fait qu'elle n'ait pas de fin dans aucune époque ou univers humain est moins évident.

Avant même que les créateurs de la Voie eussent complété leur projet, la Voie fut découverte et envahie par les jarts, des êtres résolument non humains qui cherchèrent à se faire passer pour des divinités, ce qu'ils appelaient des Esprits Descendants, en absorbant et comprenant tout, partout. Les jarts détruisirent pratiquement les créateurs de la Voie mais purent être tenus à l'écart pendant un moment, au prix d'un sacrifice.

Il y avait pourtant des rencontres encore plus étranges. Le plexus de l'univers dépasse l'entendement de tout être, qu'il soit humain ou jart.

Un voyageur vécut cette aventure plus que tout autre. Son nom était Olmy Ap Sennen. Durant sa vie, qui dura plusieurs siècles, il devint un mythe vivant, puis fut oublié, redécouvert, et redevint un mythe. Tant d'histoires furent racontées à son propos que l'histoire et le mythe se confondent.

Cette histoire se déroule au tout début de sa vie. Olmy n'a subi qu'une seule réincarnation (*Héritage*). Ses souvenirs l'avaient conduit à désirer mourir à nouveau, mais cette fois d'une mort éternelle.

LE CHEMIN DE TOUS LES FANTÔMES

Greg Bear

1

« Les probabilités fluctuaient de manière anarchique, mais passaient toujours par le zéro, les gardiens des portes, leur équipement et, dans un rayon de quelques centaines de mètres, tout le personnel qui leur était affecté furent avalés par un néant qu'on ne pourrait décrire qu'en termes mathématiques. Il devenait difficile de se rappeler qu'ils avaient jamais existé ; les archives de leur histoire, bien qu'elles se fussent trouvées à plusieurs millions de kilomètres du lieu de l'incident, furent altérées ou modifiées. Nous avions fait couler le sang géométrique des dieux. Mais nous devions continuer. Nous y étions contraints. »

Témoignage du Maître Gardien des Portes Ry Ornis,
audiences secrètes sous l'autorité du Grand Nexus de l'Hexamone :
« De l'opportunité d'ouvrir des portes entre le chaos et l'ordre. »

Le fantôme de sa dernière amante trouva Olmy dans le plus ancien columbarium d'Alexandrie, dans la seconde chambre de Thistledown.

Olmy était debout au milieu de la salle, entouré par des rangées de centaines de petites sphères dorées empilées les unes sur les autres. Ces sphères étaient des urnes funéraires, la plupart ne contenant qu'une poignée de cendres. Elles s'élevaient jusqu'au plafond de verre, maintenues par les colonnes d'un champ de suspension. Il tendit la main vers une plaque d'argent vierge à la base d'une des colonnes. Les noms des défunts apparurent soudain, les uns après les autres, comme si on venait de les graver.

Il retira la main quand le nom de Ilmo, Paul Yan apparut. C'est ici que ses amis d'enfance, devenus soldats, étaient honorés. Cette colonne comptait cinq noms. Tous lui rappelaient des souvenirs d'école, tous avaient été éradiqués lors d'une simple escarmouche avec les jarts près de 3 ex 9 à trois milliards de kilomètres de là, par la Voie. Ces urnes étaient vides.

Il ne savait rien de plus. Ça ne lui aurait servi à rien. Ces morts avaient servi Thistledown aussi fidèlement qu'Olmy, mais eux ne reviendraient jamais.

Olmy avait passé soixante-treize ans au service de l'Hexamone, coincé sur la planète Lamarckia, coupé de Thistledown et de la Voie qui s'étirait au-delà de la septième chambre de l'astéroïde. Sur Lamarckia, il avait élevé ses enfants, aimé et enterré des épouses... vécu, sur cette planète extraordinaire, une longue et mémorable vie dans des conditions primitives. Son sauvetage et son retour à la Voie, sa transformation, en quelques jours, depuis l'état de vieillard mourant à celui de jeune homme en pleine santé, lui avaient causé un choc pire que la réapparition d'un fantôme depuis longtemps oublié.

La Cité de l'Axe, maintenue par la particularité propre au centre géodésique de la Voie, avait été achevée durant les années troubles qui précédaient le sauvetage et la résurrection d'Olmy. Elle s'était déplacée de quatre cent mille kilomètres vers le « nord » sur la Voie, loin de la tête de la septième chambre. À l'intérieur des quartiers geshels de la Cité de l'Axe, les schémas mentaux de nombreux morts avaient été transférés à la Cité Mémoire, un « au-delà » technologique assez proche de l'antique idée du paradis. Cette technologie permettait de créer temporairement des personnalités partielles afin d'aider un individu à effectuer simultanément plusieurs tâches. On les appelait parfois fantômes. Olmy avait entendu parler de partiels, envoyés afin d'accomplir certaines tâches de leurs modèles ; ils étaient dotés de leurs capacités mentales mais leur pouvoir de décision était réduit. Il n'en avait, cependant, jamais rencontré.

Le fantôme apparut juste à sa droite. Sa nature fut révélée par un léger scintillement, puis l'image devint translucide et enfin négative. Cette vision ne dura que quelques secondes. Après cela, le simulacre sembla parfaitement réel. Olmy sursauta, désorienté, puis observa les caractéristiques du fantôme. Il secoua la tête et sourit ironiquement.

– Cela fera plaisir à mon modèle de vous voir en bonne santé, dit le partiel. Vous semblez perdu, Ser Olmy.

Olmy ne savait pas vraiment comment s'adresser au partiel. Devait-il lui parler comme il l'aurait fait à son modèle, une femme d'influence, représentante élue de l'Hexamone... La dernière femme qu'il avait essayé d'aimer... Ou devait-il lui parler comme à un domestique ?

– Je viens souvent ici. Des vieilles connaissances.

L'image semblait soucieuse.

– Pauvre Olmy. Vous ne savez toujours pas où vous en êtes ?

Olmy ne l'écoutait pas. Il cherchait la source du fantôme. Il était projeté depuis un petit appareil gros comme le poing qui flottait à quelques mètres de là.

– Je suis ici au nom de mon modèle, le Représentant Corporel Neya Taur Rinn. Vous comprenez... Je ne suis pas elle.

– Je ne suis pas totalement ignorant, dit Olmy sèchement, une fois de plus à son désavantage face à cette femme.

Le fantôme le fixa du regard. Bien sûr, l'image ne le regardait pas réellement.

– Le Ministre Président de la Voie, Yanosh Ap Kesler, m'a ordonné de vous trouver. Mon modèle n'y tenait pas. J'espère que vous comprenez.

Olmy croisa les mains derrière son dos alors que le partiel projetait une série d'hologrammes d'identification : Services du Ministre Président, Services du Nexus de l'Hexamone de la Défense de la Voie, Services de la Maintenance de la Voie. Quel déballage d'administrations, pensa Olmy, la Maintenance de la Voie étant sans doute à ce jour la plus puissante et la plus arrogante de toutes.

– Que me veut Yanosh ? demanda-t-il sans détour.

Le fantôme éleva les mains et tapa de l'index dans sa paume, soulignant chacune de ses remarques.

– Vous l'avez soutenu dans sa conquête du titre de Ministre Président de la Septième Chambre et de la Voie. Vous êtes devenu le symbole de la défense des intérêts geshels.

– Contre mon gré, dit Olmy.

Yanosh, geshel et fervent progressiste, l'avait envoyé sur Lamarckia. Il l'en avait également ramené et lui avait trouvé un nouveau corps. Pour sa part, Olmy n'avait jamais su réellement à quel camp il appartenait: les conservateurs naderites, farouchement opposés aux extraordinaires avancées du siècle dernier, ou les progressistes enthousiastes qu'étaient les geshels.

Neya Taur Rinn était issue d'une famille geshel appartenant à une ancienne faction radicale, parmi les premiers à migrer vers La Cité de l'Axe.

– Ser Kesler a été réélu en tant que Ministre Président de la Voie et il est maintenant également maire de trois quartiers de la Cité de l'Axe.

– Je sais tout cela.

– Bien entendu, le Ministre Président vous présente ses salutations et espère que vous êtes en accord avec ses idées.

– Je le suis, dit Olmy calmement. Je ne m'occupe pas de politique et je ne suis en désaccord avec personne. Je ne peux payer ma dette à Yanosh pour tout ce qu'il a fait, mais, après tout, je lui ai également rendu des services.

Il n'aimait pas être harcelé et ne comprenait pas pourquoi Yanosh envoyait Neya le chercher. Le Ministre Président connaissait bien la vie privée d'Olmy. Peut-être trop.

– Yanosh sait que je me suis définitivement retiré. (Olmy ne put se contrôler.) Pardonnez mon audace, mais je suis curieux. Que ressentez-vous ? Pensez-vous réellement être Neya Taur Rinn ?

Le partiel sourit.

– Je suis un partiel évolué, mon modèle m'a doté d'une certaine autorité, dit-il.

Dit-elle... Olmy décida de faire la distinction.

– Oui, mais que ressentez-vous ? demanda-t-il.

– Au moins vous êtes encore assez vivant pour être curieux, dit le partiel.

– Votre modèle considérait ma curiosité comme une sorte de perversion, dit Olmy.

– Une curiosité morbide, répondit le partiel, visiblement mal à l'aise. Je ne pouvais entretenir une relation avec un homme qui voulait être mort.

– Vous êtes restée avec moi à cause de ma renommée, jusqu'à ce que je vous ennuie, répondit Olmy, puis il regretta ses mots.

Il parlait rudement afin d'atténuer l'intense émotion qui s'était emparée de lui.

– Pour répondre à votre question, je ressens tout ce que mon modèle ressentirait. Et mon modèle détesterait vous voir ici. Que ressentez-vous, Ser Olmy ? (Le bras du fantôme décrivit un mouvement circulaire en direction des urnes et du columbarium.) Venir ici, marcher parmi les morts, c'est plutôt mélodramatique.

Le fait qu'un fantôme puisse se souvenir de ce moment, rapporter le récit de leur rencontre à son modèle, une femme qu'il avait admirée avec tout ce qui lui restait de son cœur, l'irritait et l'intriguait à la fois.

– C'est ce que je représentais qui vous attirait.

– C'est votre force qui m'attirait, dit-elle. Cela me peinait de vous voir vivre accroché à vos souvenirs.

– Je me raccrochais à vous.

– Et à personne d'autre...

– Je ne viens pas souvent ici, dit Olmy. (Il secoua les mains et recula.) Mes meilleurs souvenirs appartiennent à un monde dans lequel je ne pourrais jamais retourner. De vraies amours... une vraie vie. Pas comme Thistledown maintenant.

Il jeta un coup d'œil à l'image. Elle était nette, pourtant elle avait quelque chose de faux, un brillant, un aspect parfait qui ne correspondait pas à Neya.

– Vous ne m'avez pas aidé.

L'expression du partiel s'adoucit.

– Je ne me sens pas entièrement responsable, mais votre détresse m'attriste, elle attriste mon modèle.

– Je n'ai pas dit que j'éprouvais de la détresse. En fait, je ressens une curieuse paix intérieure. Pourquoi Yanosh vous a-t-il envoyée ? Pourquoi avez vous accepté de venir ?

Le fantôme se rapprocha de lui. Sa main traversa son bras. Elle s'excusa de cette maladresse.

– Pour votre bien, pour regagner votre place, et pour le bien de mon modèle, s'il vous plaît, acceptez au moins de parler à notre personnel. Le Ministre Président a besoin que vous participiez à une expédition.

Elle sembla réfléchir un instant, puis prit son courage à deux mains.

– Il y a un problème à la Redoute.

Olmy ressentit un choc en entendant ce nom. La conversation avait soudain pris un tour plus que dangereux. Il secoua vigoureusement la tête.

– Je ne veux même pas admettre avoir connaissance de pareil endroit, dit-il.

– Vous en savez plus que moi, répliqua le partiel. On m'a confirmé que cet endroit existait. La Défense de la Voie a rapporté à la Maintenance de la Voie que nous sommes maintenant tous sous sa menace.

– Je préférerais ne pas avoir cette conversation dans un endroit public, protesta Olmy.

Ces mots semblèrent enhardir le partiel, et elle projeta son image un peu plus près de lui.

– C'est un endroit calme et sûr. Personne ne nous écoute.

Olmy fixa le plafond de verre.

– Personne ne nous observe, insista le partiel. Le Nexus et la Défense de la Voie craignent que les jarts ne se rapprochent de ce secteur de la Voie. On m'a affirmé que s'ils occupaient cette partie de la Voie, s'ils prenaient le contrôle de la Redoute, Thistledown risquerait d'être réduite en cendres et la Voie pourrait être embrasée telle une traînée de poudre. Cette perspective effraie mon modèle. Elle m'effraie également. Cela ne vous inquiète pas, Ser Olmy ?

Olmy regarda les rangées d'urnes... des siècles de l'histoire de Thistledown, dont la mémoire était perdue, maintenant réduits à quelques poignées de cendres, peut-être moins.

– Yanosh est sûr que vous pouvez nous aider, dit le partiel, trahissant une forte émotion. Ce serait pour vous un moyen de rejoindre les vivants et de vous faire une nouvelle place.

– Pourquoi cela vous importerait-il ? À votre modèle ? demanda Olmy.

– Parce que mon modèle vous considère toujours comme un héros. J'espère encore pouvoir égaler les services que vous avez rendus à l'Hexamone.

Olmy sourit amèrement.

– Vous devriez peut-être trouver un modèle vivant, dit-il, je ne fais plus partie de ce monde, je suis tout rouillé.

– Ce n'est pas vrai, dit le partiel. Vous avez reçu un nouveau corps. Vous êtes jeune et fort, et très expérimenté...

Elle semblait vouloir ajouter quelque chose mais hésita, l'image ondula à nouveau, et faiblit brusquement. Sa voix faiblit aussi, et il ne put entendre que :

– Yanosh dit qu'il n'a jamais perdu foi en vous.

Le sol du columbarium trembla. L'intégrité de Thistledown semblait menacée ; tremblement interne à l'astéroïde, choc externe... ou quelque chose qui se passait au sein de la Voie. Olmy agrippa un pilier. Les sphères dorées vibrèrent dans leurs colonnes, tintant comme des centaines de petites cloches.

Au loin, des sirènes se firent entendre.

Le partiel réapparut.

– J'ai perdu contact avec mon modèle, dit-il. (Ses traits semblaient rigides et sans vie.) Quelque chose a rompu mon lien avec la Cité Mémoire.

Olmy regardait l'image de Neya, il était fasciné, sans plus, pour l'instant.

– Je ne sais pas si le contact sera rétabli, dit-elle, il y a eu une défaillance à la Cité de l'Axe.

Soudain l'image apparut brouillée, puis folle. Elle ouvrit ses bras de fantôme.

– Mon modèle... comme si elle était faite de chair, son visage se rida de frayeur. Elle est morte. Je suis morte. Ô mon Dieu, Olmy !

Olmy essayait de comprendre ce que cela pouvait signifier selon les nouvelles lois radicales qui régissaient la vie et la mort chez les geshels tels que Neya.

– Qu'est-il arrivé ? Que pouvons nous faire ?

L'image vacillait dans tous les sens.

– Mon corps n'est plus. Il y a eu une défaillance totale du système. Je n'ai plus d'existence légale.

– Les archives de votre vie. Essayez de vous connecter.

Olmy tournait autour de l'image tremblotante, comme s'il avait pu la capturer, l'empêcher de disparaître.

– Je n'ai jamais trouvé le temps... c'est si bête ! Je ne me suis pas encore enregistrée dans la Cité Mémoire.

Il essaya de la toucher mais bien sûr il ne pouvait pas. Il n'arrivait pas à croire ce qu'elle disait, pourtant les sirènes continuaient de hurler, et un autre petit tremblement secoua l'astéroïde.

– Je n'ai nulle part où aller. Olmy, s'il vous plaît ! Ne me laissez pas disparaître ! (Le fantôme de Neya Taur Rinn s'étira, essaya de se recomposer.) Je n'ai plus que quelques secondes avant...

Olmy ressentit une soudaine et intense attraction envers l'image scintillante. Il voulait savoir quelles sensations pouvait provoquer la mort, la véritable mort. Il tendit la main à nouveau comme pour l'étreindre.

Elle fit non la tête. Le scintillement se fit plus fort.

– C'est si étrange... de perdre...

Avant de pouvoir finir, l'image disparut complètement. Les bras d'Olmy embrassèrent l'air vide et silencieux.

Les sirènes hurlaient toujours, on les entendait dans tout Alexandrie. Il baissa les bras lentement, conscient qu'il était seul. Le projecteur décrivait des petits cercles, en émettant de petits chuintements. Sans signal de sa source, il ne savait pas quoi faire.

Un instant, il frissonna et sentit ses cheveux se dresser sur sa nuque. Un sentiment presque religieux, qu'il n'avait pas ressenti depuis son séjour sur Lamarckia, s'empara de lui.

Olmy avait commencé à se diriger vers le fond de la pièce avant même de savoir quoi faire. Il tourna à droite, sortit par de larges portes d'acier, les yeux fixés au-delà de la fine couche de nuages enveloppant la seconde chambre, au-delà du tube de lumière qui conduisait jusqu'au tunnel de l'axe de la tête sud.

Ses yeux le brûlaient, ils étaient humides. Il les essuya avec le dos de la main, sa respiration était difficile.

Des signaux d'urgence étaient allumés autour du tube de lumière, formant un anneau brillant jusqu'aux deux tiers de la tête sud.

Il frissonna encore, et cela l'agaça. Il était déjà mort une fois, pourtant son nouveau corps avait peur de mourir, et un flot d'émotions avait pris le contrôle de ses sens.

Plus profondément, et c'était encore plus dérangeant, il lui restait quelque chose de son ancienne loyauté – envers sa famille, le vaisseau qui les avait conduits à travers les étoiles, qui servait de calice ouvert à la Voie infinie. Une loyauté envers la femme qui avait trouvé trop difficile de rester avec lui. « Neya ! » soupira-t-il. Peut-être avait-elle eu tort. Un partiel n'avait sans doute pas accès à toutes les informations ; peut-être que la situation n'était pas si grave qu'il le semblait.

Mais il était sûr que c'était le cas. Il n'avait jamais senti Thistledown trembler autant.

Olmy se précipita jusqu'au terminal ferroviaire qui se trouvait à trois pâtés de maisons de là, accompagné par une foule de citoyens curieux et apeurés. Des barricades avaient été installées devant les portes des ascenseurs de la tête nord ; tous les voyages entre chambres étaient temporairement limités. Personne ne savait rien.

Olmy présenta son poignet à une sentinelle qui scanna rapidement ses signes d'identification et les transmit à ses commandants. Elle le laissa passer, et il entra dans l'ascenseur qui le conduisit immédiatement jusqu'au tunnel.

À l'intérieur des ateliers entourant le tunnel attendait un vaisseau de transport officiel en forme de flèche, conformément à la demande des services du Ministre Président. Aucun des soldats qu'il interrogea ne savait ce qui s'était passé. Aucune annonce officielle n'avait été faite sur les réseaux citoyens. Olmy prit le transport, accompagné de cinq autres dignitaires, il traversa le vide surplombant l'atmosphère des quatre chambres suivantes, filant au travers des tunnels qui traversaient les gigantesques murs de séparation. Aucune des chambres ne présentait de signes de dommage.

Dans le tunnel de la tête sud de la sixième chambre, Olmy descendit du transport pour prendre un vaisseau-faille servant à voyager sur la particularité qui forme le centre de la Voie. Sur cette route plus qu'inhabituelle, il fila à plusieurs centaines de kilomètres heure vers la Cité de l'Axe à 4 ex 5, à quatre cent mille kilomètres au nord de Thistledown.

Quelques minutes avant d'arriver à la Cité de l'Axe, le vaisseau ralentit, et le cockpit avant s'obscurcit. Le pilote rapporta qu'il y avait beaucoup de radiations aux alentours. Quelque chose avait descendu la Voie à grande vitesse et avait frappé les quartiers nord de la Cité de l'Axe.

Olmy sut immédiatement de quoi il s'agissait.

2

Olmy ne put voir le Ministre Président que le lendemain de l'incident. Les travaux d'urgence dans la Cité de l'Axe avaient rendu un seul quartier habitable: Central City; le reste de la ville, comprenant Axis Prime, avait été évacué. Axis Prime avait subi le plus gros de l'impact. Des dizaines de milliers de personnes, aussi bien geshels que naderites, avaient perdu la vie. La grande majorité des naderites ne stockaient pas leur schéma corporel et leurs souvenirs récents en prévention d'une telle catastrophe.

Des geshels allaient recevoir leur seconde réincarnation mais des milliers d'entre eux n'auraient pas cette chance. La Cité Mémoire elle-même avait été touchée. Même si Neya avait pris le temps de faire enregistrer sa vie entière, ses schémas physiques et mentaux, elle serait peut-être tout de même morte.

Le dernier quartier encore en fonctionnement, Central City, regroupait maintenant les bureaux du Ministre Président de la Voie et le gouvernement de la Cité de l'Axe, et c'est là que Yanosh retrouva Olmy.

– Elle s'appelait Deirdre Enoch, dit le Ministre Président, flottant au-dessus du mur transparent extérieur du nouveau bureau.

Son corps était enveloppé jusqu'à la ceinture dans une combinaison d'assistance médicale d'un bleu brillant ; l'impact avait brisé ses deux jambes et causé de graves blessures internes. Pour l'instant, jusqu'à ce que de nouveaux organes soient créés et greffés, le Ministre Président n'était qu'une machine pensante.

– Elle a ouvert une porte illégalement à 3 ex 9 il y a cinquante ans. Juste au-delà de l'endroit où nous avions repoussé les jarts. Elle a été aidée par un maître ouvreur de porte qui a délibérément désobéi aux ordres du Nexus et de la Guilde. Nous avons découvert la brèche six mois après qu'elle eut fait passer en fraude quatre-vingts de ses collègues, ou peut-être cent vingt, nous ne sommes pas sûrs du nombre, et quelques jours après l'ouverture de la porte. Nous ne pouvions rien faire pour empêcher cela.

Olmy s'appuya contre un rail qui faisait tout le tour du bureau, regardant Kesler d'une manière inexpressive. L'ironie était trop évidente.

– Je n'ai entendu que des rumeurs. La maintenance de la Voie...

Une vague de douleur s'empara de Kesler, elle fut immédiatement absorbée par la combinaison. Il continua, le visage grimaçant.

– Damnée soit la Maintenance de la Voie. Damnées soient les rivalités et la politique. (Il fit un sourire forcé.) La dernière fois c'était un renégat naderite sur Lamarckia.

Olmy acquiesça.

– Cette fois une geshel. Encore pis, un membre de la Guilde des Ouvreurs. Je n'aurais jamais pensé que diriger ce maudit vaisseau serait si compliqué. Je comprends presque maintenant pourquoi Lamarckia te manque tant.

– Ce n'était pas plus facile là-bas, dit Olmy.

– Oui, mais il y avait moins de monde. (Yanosh fit pivoter sa combinaison et traversa la pièce.) Nous ne savons pas ce qui s'est passé exactement. Quelque chose a perturbé la géométrie autour de la porte. Le conflit entre les règles physiques de la Voie et celles de l'univers qu'Enoch avait ouvert était trop important. La porte est devenue une lésion impossible à fermer. Avant que cela n'arrive, la plupart des scientifiques avaient fait retraite dans la station principale, une pyramide protectrice, qu'elle appelait la Redoute.

– La porte s'ouvrait vers le chaos ? demanda Olmy.

La Voie permettait d'accéder à d'autres univers, certains n'étaient que néant, des univers morts, inutiles mais relativement inoffensifs, d'autres étaient virulents, emplis d'un mélange bouillonnant de constantes instables qui altéraient la réalité d'un observateur ou de son équipement. Seulement deux de ces portes avaient été ouvertes dans la Voie. Le seul aspect heureux de ces désastres fut que les portes elles-mêmes s'étaient rapidement refermées et n'avaient jamais pu être rouvertes.

– Pas le chaos, dit Kesler, avalant sa salive et inclinant la tête de douleur. Cette maudite combinaison... pourrait faire un meilleur travail.

– Vous devriez vous reposer, dit Olmy.

– Pas le temps. La Guilde des Ouvreurs m'a dit qu'Enoch était à la recherche d'un domaine de structure avancée, l'ordre absolu. Ce qu'elle a trouvé est bien plus dangereux qu'aucun chaos. Sa porte a peut-être été ouverte sur un univers d'une fécondité infinie. Pas uniquement l'ordre, la créativité. Chaque univers est dans un sens un plexus, ces différentes parties sont connectées et échangent des informations entre elles grâce à une sorte de réseau; mais l'univers d'Enoch ne connaît aucune limite à la propagation d'informations. Pas de vitesse de la lumière définie, aucune séparation, rien de semblable au continuum de Bell... et aux autres lois physiques.

Olmy fronça les sourcils, essayant de comprendre.

– Mes connaissances de la physique de la Voie sont un peu approximatives...

– Demande à ton très cher Konrad Korzenowski, lui lança Kesler.

Olmy ne réagit pas à cette provocation.

Kesler s'excusa en soupirant. Il retraversa la pièce en flottant doucement, son visage était marqué par la douleur et la nervosité.

– Nous avons perdu trois expéditions en tentant de sauver ses disciples et de fermer la porte. La dernière a eu lieu il y a six mois. Des choses ressemblant à des formes de vie avaient grandi autour de la station principale, nourries par la lésion. Elles sont devenues immenses, d'une étrangeté au-delà de l'imagination. Personne ne peut leur trouver de sens. Les survivants de la dernière expédition ont réussi à construire une barrière à un millier de kilomètres au sud de la lésion. Nous pensions que cela nous donnerait quelques années pour décider que faire ensuite. Mais cette barrière a été détruite. Nous n'avons pas encore pu nous approcher assez pour découvrir ce qui s'est passé. Nous avons des systèmes de protection dans ce secteur, des systèmes clés qui évitent que la faille ne soit utilisée contre nous.

Il regarda, à travers le sol transparent, le segment de la Voie qui se trouvait vingt-quatre kilomètres plus bas.

– Les jarts ont réussi à envoyer un projectile relativiste le long de la faille, d'une masse résiduelle à peine supérieure à un gramme. Nous n'avons pu l'arrêter. Il a frappé la Cité de l'Axe hier à douze heures.

Olmy avait appris les circonstances de l'attaque : un projectile d'un diamètre inférieur à un millimètre, voyageant à une vitesse proche de celle de la lumière. Ce sont les mécanismes de sécurité et de contrôle de la sixième chambre qui ont empêché la désintégration de la Cité de l'Axe. À ce moment-là, Neya Taur Rinn réglait des affaires confiées par son chef, Yanosh, à Axis Prime alors que son partiel rendait visite à Olmy.

– Nous déplaçons la ville vers le sud aussi vite que possible et nous continuons l'évacuation, dit Kesler. Les jarts sont tout près de la lésion maintenant. Nous ne savons pas ce qu'ils peuvent en faire. Peut-être rien, mais nous ne pouvons pas prendre de risques.

Olmy secoua la tête, perplexe.

– Vous venez de me dire qu'il n'y avait rien à faire. Pourquoi me convoquer alors que nous sommes impuissants ?

– Je n'ai pas dit qu'il n'y avait rien à faire, répondit Kesler, les yeux brillants. Des maîtres ouvreurs de portes pensent qu'ils peuvent construire un cirque, une porte annulaire et sceller la lésion.

– Cela nous isolerait du reste de la Voie, dit Olmy.

– Pire. En quelques jours ou quelques semaines, cela détruirait complètement la Voie, nous enfermant à jamais dans Thistledown. Jusqu'à présent, nous n'avions jamais été aussi désespérés. (Il sourit, les lèvres crispées par la douleur.) Franchement, tu n'étais pas mon choix. Je ne suis plus sûr qu'on puisse compter sur toi, et ce problème est beaucoup trop compliqué pour laisser quelqu'un agir seul.

Neya ne lui avait donc pas dit la vérité.

– Qui m'a choisi ? demanda Olmy.

– Un ouvreur de portes. Tu lui avais fait grande impression lorsqu'il t'a escorté le long de la Voie il y a quelques dizaines d'années. C'est lui qui a ouvert la porte vers Lamarckia.

– Frederik Ry Ornis ?

Kesler acquiesça.

– D'après ce qu'on m'a dit, il est devenu le plus puissant ouvreur de la Guilde. Un maître supérieur.

Olmy respira profondément.

– Ne te fie pas à mon apparence, Yanosh. Je suis un vieil homme qui a vu ses femmes et ses amis mourir. Mes enfants me manquent. Tu aurais dû me laisser sur Lamarckia.

Kesler ferma les yeux. La combinaison bleue autour de la partie inférieure de son corps se réajusta légèrement et son visage se resserra.

– Le Olmy que j'ai connu n'aurait jamais laissé passer une telle chance.

– J'ai déjà vu trop de choses, dit Olmy.

Yanosh s'avança.

– Moi aussi... c'est au-dessus de mes forces, dit-il calmement. La lésion... les maîtres ouvreurs de portes m'ont dit que c'était le plus étrange endroit de la création. Toutes les frontières de la physique se sont effondrées. Le temps et la causalité ont pris un nouveau sens. Le paradis a rejoint l'enfer. Seuls ceux qui se trouvaient dans la Redoute ont vu ce qui s'est passé là-bas; s'ils vivent encore sous une forme que nous pouvons comprendre. Ils n'ont pas communiqué avec nous depuis la formation de la lésion.

Olmy écoutait attentivement, quelque chose en lui revenait lentement à la vie, une étincelle qui brillait de plus en plus fort.

– C'est peut-être la fin, Olmy, dit Yanosh. Cette grande expérience touche peut-être à sa fin. Nous sommes prêts à fermer la Voie, la pincer, à sceller la lésion dans sa propre sphère... à en disposer.

– Dis-m'en plus, dit Olmy en croisant les bras.

– Trois citoyens se sont échappés de la Redoute, de la petite colonie d'Enoch, avant que la lésion ne devienne trop importante. L'un d'entre eux est mort, son esprit était irrémédiablement perturbé. Le deuxième a été mis en quarantaine pour étude, si nous pouvons l'étudier. Nous ne pourrons pas soigner ce dont il, ou « ça », est atteint. La troisième a survécu presque indemne. Elle est devenue... non conventionnelle, obsédée par la mystique, mais on m'a dit qu'elle était encore rationnelle. Si tu acceptes, elle t'accompagnera. (Le ton de Yanosh indiquait qu'il n'allait pas laisser Olmy refuser.) Nous avons deux autres volontaires, tous deux sont apprentis ouvreurs de portes, tous deux ont été refusés par la Guilde. Tous ont été choisis par Frederik Ry Ornis. Il t'expliquera pourquoi.

Olmy secoua la tête.

– Une mystique, des ouvreurs refusés... que ferais-je avec une telle équipe ?

Yanosh sourit d'une manière inquiétante.

– Tue-les si ça tourne mal. Et tue-toi avec. Si vous ne pouvez fermer la Voie, et si la lésion existe encore, vous n'aurez pas le droit de revenir. La troisième expédition que j'ai envoyée n'a même jamais atteint la Redoute. Ils furent absorbés par la lésion. (Une autre grimace de douleur.) Crois-tu aux fantômes, Olmy ?

– Quelle sorte de fantômes ?

– De vrais fantômes ?

– Non, dit Olmy.

– Je pense que j'y crois. Des membres de nos expéditions de secours sont revenus. Plusieurs versions d'eux. Nous pensons les avoir détruites.

– Des versions ?

– Des copies en quelque sorte. Ils furent renvoyés, comme des échos, le long de leur propre ligne de monde d'une façon que personne ne peut comprendre. Ils sont retournés voir des êtres chers, leurs parents, leurs amis. Si d'autres reviennent, tout ce que nous considérons comme réel pourrait être menacé. Il est devenu très difficile de garder le secret.

Olmy fronça les sourcils, l'air sceptique. Il se demandait si Yanosh lui-même était toujours rationnel.

– J'ai fait mon temps. Plus que mon temps. Pourquoi devrais-je repartir sur le terrain ?

– Bon sang, Olmy, si ce n'est pas par amour pour Thistledown, si tu es au-dessus de ça, alors fais-le parce que tu veux mourir. (Kesler gémit, son visage trahissant son dégoût en plus de sa douleur.) Tu as souhaité cela depuis que tu es revenu de Lamarckia. Cette fois, si tu atteins la Redoute, tu as de bonnes chances d'être exaucé.

» Considère cela comme un cadeau que je te fais, ou que je fais à ce que tu représentais.

3

– Cela irait beaucoup plus vite si on vous avait mis au courant, dit Jarr Flynch, montrant Olmy du doigt.

Frederik Ry Ornis sourit. Les trois hommes marchaient côte à côte le long d'un immense couloir vide, s'approchant d'une chambre sécurisée dans le vieux bâtiment de l'École de Défense Tactique de Thistledown à Alexandria.

Ry Ornis n'avait pas pris une ride. Il avait toujours une silhouette longiligne, telle une mante religieuse, mais son côté empoté avait cédé la place à une grâce étrange, et son excentrique volubilité de jeunesse à une amère parcimonie de langage.

Olmy fit un signe de la main pour réfuter le commentaire de Flynch.

– J'ai lu les dossiers importants, dit-il. Je pense que j'en sais bien assez. J'ai des questions à propos du choix des gens devant m'accompagner. Les apprentis ouvreurs de portes... Ils ont été refusés par la Guilde. Pourquoi ?

Flynch sourit.

– Elles sont brillantes.

Olmy jeta un coup d'œil au maître ouvreur de portes.

– Ry Ornis était aussi brillant qu'elles.

– La Guilde a changé, dit Ry Ornis. Elle est plus exigeante maintenant.

Flynch acquiesça.

– C'est bien vrai, je l'ai constaté depuis que je suis professeur à la Guilde. Ils tolèrent très peu de... créativité. La désertion des élèves d'Enoch les a effrayés. La lésion nous a tous terrifiés. Rasp et Karn sont jeunes, inventives. Personne ne nie qu'elles soient brillantes, mais elles ont refusé de rentrer dans le rang et de jouer leur rôle. Donc... la Guilde a refusé de leur délivrer leur diplôme final.

– Pourquoi les avoir choisies pour cette mission ? demanda Olmy.

– C'est Ry Ornis qui a fait ce choix, dit Flynch.

– Nous avons déjà parlé de cela, répliqua Ry Ornis.

– Sans mon accord. Quand vais-je les rencontrer ?

– Aucune rencontre avec Rasp et Karn n'a été autorisée avant que vous ne soyez dans le vaisseau-faille. Elles sont encore en traitement d'urgence. (Flynch regarda Ry Ornis.) Leur entraînement a été un peu dur.

Olmy se sentait de moins en moins sûr de vouloir avoir affaire avec la Guilde ou les ouvreurs de portes choisis par Ry Ornis.

– Les dossiers ne révèlent pas toute l'histoire, dit-il. Deirdre Enoch n'est jamais devenue un ouvreur de portes, elle n'a même jamais essayé de le devenir. C'était juste un professeur. Comment a-t-elle pu devenir si importante dans la Guilde ?

Flynch secoua la tête.

– Comme moi, elle n'avait pas les compétences pour devenir un ouvreur de portes, mais comme moi, en tant que professeur, elle était considérée comme un des meilleurs. Elle devint le guide de quelques apprentis. Un philosophe.

– Prophète, dit Ry Ornis doucement.

– L'entraînement de la Guilde est exténuant, continua Flynch. Certains disent que c'est devenu une torture. L'enseignement des mathématiques à lui seul suffit à provoquer un taux d'échec de plus de quatre-vingt-dix pour cent. Deirdre Enoch travaillait en tant que conseiller pour le soutien psychologique, et elle y était très douée... Durant les vingt dernières années, elle a travaillé avec beaucoup d'apprentis qui sont devenus plus tard très influents dans la Défense de la

Voie. Elle a gardé des contacts avec eux. Elle a convaincu beaucoup de ses anciens étudiants.

– Que la nature humaine est corrompue, risqua Olmy d'un ton amer.

Flynch secoua la tête.

– Que les lois de notre univers sont inappropriées, incomplètes ; qu'il existe un moyen de devenir de meilleurs êtres humains et, bien sûr, de meilleurs ouvreurs. Le désordre, la rivalité et la mort nous corrompent, pensait-elle.

– Elle connaissait des théories très avancées, des spéculations circulaient en privé parmi les maîtres ouvreurs, dit Ry Ornis. Elle avait entendu parler de domaines où les règles étaient radicalement différentes.

– Elle a entendu parler d'une porte donnant sur l'ordre absolu ?

– Cela a été étudié, en théorie. Aucune tentative n'a jamais été faite. Nous n'avons pas trouvé de limites à la variété de domaines, d'univers. Elle croyait qu'un ouvreur pourrait accéder à tous les domaines imaginables grâce à une porte bien réglée.

Olmy se renfrogna.

– Elle espérait que l'ordre pourrait contrebalancer la rivalité et la mort ? L'ordre contre le désordre, la bataille ultime ?

Ry Ornis fit un petit bruit et Flynch acquiesça.

– Il y a une raison si rien de tout cela n'est dans les dossiers, dit Flynch. Aucun ouvreur ne parlera jamais de cela, ou n'admettra qu'il connaissait quelqu'un impliqué dans la décision. C'est devenu très embarrassant pour la Guilde. Je suis impressionné de voir que vous savez poser les bonnes questions. Mais il serait préférable de demander à Ry Ornis.

Olmy centra son regard sur Flynch.

– Vous dites qu'Enoch et vous occupiez les mêmes fonctions. C'est donc plutôt à vous que je poserai les questions.

Flynch fit signe de tourner à gauche. Les lumières s'allumèrent devant eux, et à la fin d'un couloir beaucoup plus court que le précédent, une porte était ouverte.

– Deirdre Enoch lisait beaucoup les vieux textes religieux, ses disciples également. Je pense qu'ils se sont perdus dans un rêve, dit-il. Ils pensaient que quiconque se baignerait dans un courant d'ordre absolu, inchangé, dans un domaine de création sans limites et sans destruction, serait amélioré, endurci, renforcé. C'est mon opinion... ce qu'ils ont pu penser. C'est ce qu'elle a pu leur dire.

– Une fontaine de jouvence ? essaya Olmy, toujours renfrogné.

– Les ouvreurs ne se soucient guère de l'immortalité temporelle, dit Ry Ornis. Quand nous ouvrons une porte, nous apercevons l'éternité. Une centaine de portes, une centaine d'éternités différentes. Notre retour est juste un interlude entre deux éternités. Ceux qui ont suivi Enoch pensaient qu'ils deviendraient plus qualifiés, plus brillants. Moins corrompus par l'évolution compétitive. (Il sourit, c'était une expression remarquablement déplaisante sur son visage squelettique.) Délivrés du péché originel.

L'expression perplexe d'Olmy s'affaiblit. Il jeta un regard sur Flynch qui s'était détourné de Ry Ornis. Il y avait quelque chose chez eux, un sang-froid.

– Très bien, je peux comprendre cela.

– Vraiment ?

Flynch secoua la tête de manière dubitative.

Peut-être le maître ouvreur pouvait-il en dire encore plus. Mais il ne semblait pas sage à ce moment-là de s'étendre sur le sujet.

Une cloche sonna et ils entrèrent dans la salle de conférence.

La seule survivante et évadée de la Redoute, Lissa Plass, était déjà assise à l'intérieur. Comme tout geshel radical, elle avait modelé son apparence des décennies auparavant, choisissant une silhouette solide, proche de son physique original. Elle avait dessiné son visage de façon à faire apparaître sa force ainsi qu'une beauté classique mais elle avait choisi de laisser son visage vieillir, car l'expérience de l'expédition et le traumatisme subi à la lésion n'avaient pas été effacés. Olmy remarqua qu'elle avait un petit livre avec elle, une antiquité imprimée sur du papier, une Bible.

Flynch fit les présentations. Plass avait l'air fière et plutôt confuse. Ils s'assirent autour de la table.

– Commençons par ce que nous savons, dit Flynch.

Il demanda qu'on projette les enregistrements vidéo faits par le vaisseau-faille qui avait ramené Plass.

Olmy regardait les images qui flottaient au-dessus de la table: le grand canal de la Voie, des nappes de champ d'énergie qui émettaient une lumière brillante quand ils étaient traversés, des débris qui flottaient en nuages autour de la circonférence, la faille elle-même, qui courait le long du centre de la Voie tel un câble chauffé à blanc, aveuglant.

Plass ne regardait pas. Olmy observait ses réactions attentivement. L'espace d'un instant, quelque chose sembla tournoyer autour d'elle, une ombre, uniformément transparente, telle une petite part de crépuscule. Les autres ne virent rien, ou ils l'ignorèrent mais les yeux de Plass se rivèrent sur Olmy et ses lèvres se serrèrent.

– Je suis ravi que vous ayez accepté de venir tous les deux, dit Ry Ornis à la fin de la projection.

Plass regarda l'ouvreur, puis Olmy de nouveau. Elle étudia le visage d'Olmy attentivement.

– Je ne peux pas rester ici. C'est pourquoi je repars. Je n'appartiens pas à Thistledown.

– Ser Plass est hantée, dit Flynch. Ser Olmy a entendu parler de certains de ces visiteurs.

– Mon mari, dit-elle en avalant sa salive. Juste mon mari pour l'instant. Personne d'autre.

– Est-il toujours ici ? demanda Olmy. Dans la Redoute ?

Amèrement, elle dit:

– Ils ne vous ont pas dit grand-chose d'utile, n'est-ce pas ? comme s'ils voulaient qu'on échoue.

– Il est mort ?

– Il n'est pas à la Redoute et je ne sais pas si on peut parler de mort, dit Plass. Puis-je vous dire ce que ça signifie réellement ? Ce que nous avons fait en réalité ?

Elle regarda autour de la table les yeux grands ouverts.

Ry Ornis leva la main d'une manière apaisante.

– J'ai les journaux intimes de membres de ma famille qui datent d'avant la lancée de Thistledown, dit-elle. Aussi loin que mes ancêtres se souviennent, ma famille a toujours été spéciale... Ils avaient accès au monde spirituel. Tous voyaient des fantômes. De vrais fantômes, pas ceux que nous utilisons maintenant comme serviteurs. Certains décrivaient les fantômes dans leur journal. (Elle se pinça la lèvre inférieure, la relâcha puis la pinça à nouveau.) Je pense que certains des fantômes étaient mon mari. Je m'en rends compte maintenant. Tous les membres de ma ligne de monde, jusqu'avant ma naissance, étaient hantés par le même personnage, mon mari. Maintenant je le vois aussi.

– J'ai beaucoup de mal à imaginer ce genre de fantôme, dit Olmy.

Plass regarda le plafond et attrapa sa Bible.

– Quel que soit ce que nous avons ouvert, un domaine d'ordre absolu, ou quelque chose d'autre d'intelligent, cela a envahi Thistledown. C'est comme une chenille s'emparant de nos vies, des événements et... rampant, se répandant dans le temps, en arrière, et peut-être même en avant. Ils essaient de nous tenir tranquilles. Je coopère... mais mon mari me dit des choses quand il revient. Les autres entendent ils... des rapports ? Des messages de la Redoute ?

Ry Ornis secoua la tête, mais Olmy douta que ce geste exprimât une simple négation.

– Que s'est-il passé quand la porte est devenue une lésion ? demanda Olmy.

Plass pâlit.

– Mon mari était à la porte avec le maître ouvreur d'Enoch, Tom Issa Danna.

– Un des meilleurs, dit Ry Ornis.

– La porte d'Enoch vers l'ordre était la seconde qu'ils avaient ouverte. La première était un puits d'accès vers un monde de ravitaillement d'où nous pouvions acheminer des matières premières.

– La méthode standard pour toutes les stations éloignées, dit Flynch.

– Je n'étais pas là quand ils ont ouvert la seconde porte, continua Plass, ses yeux oscillant entre Flynch et Olmy. (Elle semblait éprouver peu de sympathie envers les deux hommes.) J'étais au centre de ressources à environ un kilomètre de la porte et deux kilomètres de la Redoute. Il y avait déjà une enveloppe atmosphérique et une couche de sable et de terre autour du site. Mon mari et moi avions commencé à cultiver un jardin à croissance rapide, un verger. Nous avons entendu qu'ils avaient ouvert la deuxième porte. Mon mari était avec

Issa Danna. Ser Enoch arriva avec un tracteur et dit que c'était un succès total. Nous fêtions l'événement, un petit groupe de chercheurs, ouvrant des bouteilles de champagne. Nous avons appris que quelque chose allait mal deux heures plus tard. Nous sommes sortis de nos bungalows, un éclaireur du vaisseau-faille principal était en train d'atterrir. Enoch était retournée à la nouvelle porte pour rejoindre Issa Danna. Mon mari devait être avec eux.

– Qu'avez-vous vu ?

– Rien au début. Nous les regardions sur les moniteurs à l'intérieur des bungalows. Issa Danna et ses assistants travaillaient, parlaient, riaient. Issa Danna était si confiant. Son génie rayonnait sur son visage. La seconde porte semblait normale, un puits, une coupole. Mais en quelques instants, quelques heures, nous avons vu que les gens autour de la nouvelle porte semblaient saouls. Quelque chose était sorti de la porte, quelque chose d'enivrant. Ils parlèrent d'une ombre.

Elle leva les yeux vers Olmy, et il réalisa qu'avant cette expérience elle avait dû être une très jolie femme. Sa beauté pouvait encore se ressentir.

– Nous avons vu qu'une sorte de voile couvrait la porte. Puis les assistants ouvreurs dans les bungalows, des étudiants d'Issa Danna, ont dit que la porte était hors de contrôle. Ils le sentaient dans leurs clavicules, esclaves de la clavicule du maître.

Les clavicules étaient des appareils utilisés par les ouvreurs de portes afin de créer des portails qui donnaient accès à d'autres époques, d'autres univers, « à l'extérieur » de la Voie. Elles avaient en général la forme de poignées attachées à une petite sphère.

– Combien y avait-il d'ouvreurs ? demanda Olmy.

– Deux maîtres et sept apprentis, dit Plass.

Olmy se tourna vers Ry Ornis. Celui-ci leva la main, lui demandant d'être patient.

– Un petit camion revint du site de la porte. Ses pneus vacillaient et tous les gens accrochés après criaient et riaient. Puis tout le monde autour du camion, il n'y avait maintenant presque plus personne dans les bungalows, commença à hurler et une assistante m'attrapa, j'étais la personne la plus près d'elle, et me dit que nous devions prendre un éclaireur et regagner le vaisseau-faille. Elle, son nom était Jara, m'a dit qu'elle n'avait jamais rien ressenti de tel. Elle a dit qu'ils avaient sans doute fait une erreur et ouvert une porte vers le chaos. Je n'avais jamais entendu parler de telles choses, mais elle semblait penser que si nous ne partions pas tout de suite, nous allions tous mourir. Quatre personnes. Deux hommes, Jara et moi. Nous sommes les seuls à avoir atteint le vaisseau éclaireur. Les ombres couvraient tout autour de nous. Tout le monde était saoul, riait, criait.

Plass s'arrêta et reprit sa respiration pour se calmer.

– Nous avons volé jusqu'au vaisseau-faille, le reste est sur l'enregistrement. La Redoute est la dernière chose que j'ai vue, entourée par quelque chose ressemblant à un nuage d'encre, tourbillonnant. Une tempête.

Flynch commença à parler, mais Plass le coupa.

– Deux des passagers du vaisseau-faille, les hommes, étaient touchés. Ils avaient surgi du voile qui entourait le tracteur et Jara les avait aidés à monter dans l'éclaireur. Quant à Jara... Personne d'autre que moi ne s'en souvient.

Flynch attendit un instant, puis dit :

– Il n'y avait que deux passagers à bord de l'éclaireur quand il a atteint le vaisseau-faille. Vous et la personne que nous n'avons pas identifiée. Il n'y avait pas d'autre homme, et il n'y a jamais eu d'assistant ouvreur du nom de Jara.

– Ils étaient réels.

– Cela n'a pas d'importance, dit Ry Ornis de manière impatiente. Issa Danna savait très bien comment ouvrir une porte vers le chaos. Il connaissait les signes et n'aurait jamais ouvert la porte. Mais si un ouvreur perd le contrôle, la qualité du lien entre le maître et l'esclave peut être inversée.

– C'était une porte vers l'ordre, alors que les clavicules indiquaient qu'elles étaient associées au chaos ? demanda Olmy, essayant d'appréhender la complexité de la situation.

Ry Ornis semblait réticent à donner plus de détails.

– Ils n'existent plus dans notre ligne de monde, dit-il. Ser Plass se rappelle que cent vingt personnes accompagnaient Issa Danna. Elle se souvient de deux maîtres ouvreurs et de sept assistants. Ici, à Thistledown, nous avons les enregistrements, les vies de seulement quatre-vingts avec un maître et deux assistants.

– J'ai survécu. Vous vous souvenez de moi ? demanda Plass, l'air désespéré.

– Vous êtes dans les enregistrements. Vous avez survécu, confirma Ry Ornis. Nous ne savons ni comment ni pourquoi.

– Qu'en est-il de l'autre survivant ? demanda Olmy.

– Nous ne savons pas qui il ou elle était, dit Ry Ornis.

– Montrez-lui l'autre, dit Plass. Montrez-lui Numéro 2, montrez-lui ce qui arrive quand on survit mais qu'on ne revient *pas*.

4

Le vaisseau-faille posé sur le quai du tunnel était lisse, neuf et très rapide. Olmy longeait le fuselage du vaisseau, résistant à la tentation de laisser courir ses doigts le long de la surface lisse et réfléchissante.

Il pensait encore à sa rencontre avec le personnage appelé Numéro 2.

Autour du quai du vaisseau, le tunnel entre les sixième et septième chambres brillait d'une lueur violette, la lueur d'un champ de force en forme de coupe qui était érigé pour supporter les extenseurs sud de la Cité de l'Axe, et maintenir les quartiers restants pendant leur évacuation et leur réparation. Olmy se tourna face à l'axe et à la fin nette de la faille et regarda les ouvriers et les robots qui guidaient les grilles d'énergie et les énormes faisceaux d'acier qui servaient de tampon.

Le chef de l'entrepôt était un petit homme à l'air enfantin qui avait le crâne rasé. Son crâne était décoré d'une tresse celtique vert et marron. Il se rapprocha d'Olmy et lui tendit un certificat imprimé.

– Nous allons dépressuriser dans une heure, dit-il. J'espère que tout le monde sera là avant. J'aimerais fermer le vaisseau et vérifier son intégrité.

Olmy apposa son sceau sur le document, passant ainsi le contrôle des opérations de la direction du tunnel et de la Guilde des Bâtisseurs à la défense de la Voie.

– Deux autres personnes étaient là plus tôt, dit le chef de l'entrepôt. Des jumelles, deux jeunes femmes. Elles transportaient les plus petites clavicules que j'aie jamais vues.

Olmy regarda vers le fond de l'entrepôt et vit trois silhouettes qui se dirigeaient vers eux.

– On dirait que tout le monde est là, dit-il.

– Pas d'escorte ? demanda le chef.

Olmy sourit.

– Tout le monde est bien trop occupé, dit-il.

– Comme si j'le savais pas, dit le chef.

En règle générale, les ouvreurs de portes avaient une apparence et une aura qui les définissaient, parfois subtiles, le plus souvent non. Rasp et Karn étaient un peu plus que des enfants, nées (conçues serait peut-être plus approprié) il y avait quinze ans de cela à Thistledown City. Elles étaient issues de geshels radicaux et leurs quatre parents-parrains étaient aussi des ouvreurs de portes.

Elles marchèrent jusqu'au vaisseau-faille et se présentèrent à Olmy. Elles étaient androgynes, d'un blanc ivoire, minces, avec de longues mains et une petite tête couverte d'un duvet argenté. Elles parlaient avec le même timbre de voix, celui d'un ténor. Karn avait les yeux noirs, Rasp avait les yeux verts, à part cela elles étaient identiques. Pour Olmy, aucune n'avait cet air autoritaire qu'il avait vu chez les ouvreurs expérimentés.

Le chef de l'entrepôt prit un symbole codé et dilata l'entrée du vaisseau-faille, un cercle vert luisant dans la coque. Les jumelles entrèrent dans le vaisseau d'une manière solennelle.

Plass arriva quelques minutes plus tard. Elle portait un costume bleu conventionnel et elle semblait avoir pleuré. Lorsqu'elle salua Olmy, sa voix paraissait sèche. Elle lui parlait comme s'ils ne s'étaient jamais rencontrés.

– Vous êtes le soldat ?

– J'ai travaillé pour la Défense de la Voie, dit-il.

Avec son regard soupçonneux, ses petits yeux gris entourés de cernes, son visage carré et plein de compassion, Plass lui faisait penser à n'importe laquelle des douzaines de matrones qu'il avait connues étant enfant : polie mais déterminée.

– Ser Flynch m'a dit que vous êtes celui qui est mort sur Lamarckia. J'ai entendu parler de ça. Un Naderite de naissance.

– De naissance, dit Olmy.

– Tout ce que nous devons vivre, dit-elle en reniflant, à cause de l'intelligence de Ser Korzenowski. (Elle regarda ailleurs puis focalisa son regard sur lui en penchant la tête.) Tout cela ne m'enchante pas. Vous ont-ils dit que j'étais un peu brisée, que mes pensées étaient plutôt étranges ?

– Ils ont dit que vos études et vos expériences vous avaient influencée, dit Olmy, un peu mal à l'aise d'avoir à faire connaissance à nouveau.

Rasp et Karn les regardaient depuis le hublot du vaisseau-faille.

– Elle est brisée, nous sommes jeunes et inexpérimentées, dit Rasp. (Karn rit, un rire comme le murmure d'un ruisseau, très doux.) Et vous êtes déjà mort une fois, Ser Olmy. Quelle équipe !

– Je suppose que tout le monde sait ce qu'il fait, dit Plass.

– Ne supposez rien, dit Olmy.

Olmy fit entrer Plass dans le vaisseau. Le chef de l'entrepôt les regardait avec un intérêt douteux. Olmy pivota pour lui faire face.

– Je prends le contrôle du vaisseau maintenant. Merci pour votre attention et vos soins.

– C'est notre devoir, dit le chef de l'entrepôt. Il nous a été livré hier. Personne ne l'a encore utilisé, Ser Olmy. Il n'a même pas de nom.

– Appelez-le *L'Alouette*, cria Rasp de l'intérieur.

Olmy serra fermement la main du chef et entra dans le vaisseau. L'entrée se ferma derrière lui en émettant un petit bip.

L'intérieur du vaisseau était calme et tiède. Grâce au contrôle d'inertie, il n'y avait ni couchettes, ni filets, ni champs de suspension spéciaux; pour des raisons psychologiques, la sensation de déplacement serait simulée pendant leur voyage, tout au plus une légère sensation d'accélération et de décélération.

Plass se présenta à Karn et à Rasp. Seuls des mots furent échangés car elle ne portait pas de projecteur holographique, ce qui plut à Olmy.

– Ser Olmy, dit Plass, je pense que nous sommes en privé maintenant. Personne ne peut nous entendre de dehors ?

– Personne, dit Olmy.

– Bien. Nous pouvons donc dire ce que nous pensons. Ce voyage est inutile. (Elle se tourna vers les jumelles qui flottaient tels des accents sur un mot invisible.) Ils vous ont choisies car vous êtes inexpérimentées.

– Non marquées, dit Rasp avec éclat. Ouvertes à la nouveauté.

Karn acquiesça en souriant.

– Et nous n'avons pas peur des fantômes.

Cela sembla laisser Plass perplexe, mais pour une seconde seulement. Elle semblait bel et bien déterminée à se faire oiseau de malheur.

– Vous ne serez pas déçues.

– Nous avons vu Numéro 2, dit Rasp. (Karn acquiesça.) Ser Ry Ornis a insisté pour que nous l'étudiions.

Olmy se rappela sa propre rencontre avec la silhouette d'un brillant éclatant dans la pièce confortablement sombre. Elle n'était pas terriblement difforme, comme il l'avait pensé avant la rencontre, mais certainement loin de la normalité. Sa peau avait brûlé, créant des rayons d'atomes de métal incandescent qui brillaient telles des lucioles dans la pièce sombre. Elle avait tenu bon face aux ombres comme une nébuleuse dans l'immensité au-delà des murs de Thistledown. Seules ses mains étaient restées sombres, décrivant des arcs de cercle le long de son corps étoilé alors qu'elle essayait de parler.

Elle vivait dans une sorte d'époque déformée, ni dans le passé ni dans le futur, et ces paroles nécessitaient une traduction spéciale. Elle avait parlé de choses qui arriveraient dans la pièce après le départ d'Olmy. Elle lui avait dit que la Voie serait bientôt détruite, « dans le clignement de l'œil d'un oiseau ». Le traducteur avait rendu cela assez clairement, mais ne pouvait pas traduire ses autres paroles ; il semblait que la silhouette inconnue inventait ou acquérait un nouveau langage, qui n'était clairement pas d'origine humaine.

Plass dit :

– C'est une miséricorde si tout ce qui nous arrive est de finir comme lui.

– Comme c'est intéressant, dit Rasp.

– Nous sommes avides de nouveauté, ajouta Karn en souriant.

– Les Monstres sont *conçus*, dit Plass avec une grimace en serrant sa Bible, pas nés.

– Merci, dit Karn en faisant un sourire forcé accompagné d'un regard fixe et vitreux.

Rasp était évidemment en train de penser férocement à sortir une riposte brillante.

Olmy décida que cela suffisait.

– Si notre sort est de mourir, ou pire, nous devrions au moins être courtois.

Les trois le fixèrent du regard, chacun surpris d'une façon différente. Cela apporta à Olmy un peu de satisfaction.

– Oublions les humeurs et les proclamations et apprenons à travailler ensemble.

– Un homme qui cherche seulement à mourir encore... commença Karn, toujours agacée, le regard toujours glacé, mais sa jumelle l'interrompit.

– Tais-toi, dit Rasp. Comme il dit, c'est le moment de se mettre au travail.

Karn haussa les épaules et sa colère se dissipa instantanément.

Une fois en mouvement, la vision de la Voie devant le vaisseau apparut comme une lentille déformée. Les rayons d'atomes et d'ions de gaz qui constituaient la Voie s'empilaient devant eux en formant une atmosphère d'un blanc incandescent. Des rayons multicolores se tortillaient depuis un sommet oblique d'une brillance lactée. La faille, qui était une mince distorsion géométrique, ressemblait à un piston incandescent.

Les rayons d'atomes de gaz devenaient un problème dans la Voie, c'était le résultat de l'ouverture de nombreuses portes pour acheminer les matières premières depuis les premiers mondes exploités.

Olmy pouvait voir devant lui les fonctions du vaisseau-faille représentées par des symboles verts et bleus rassurants. Leur vitesse : trois pour cent de c', la vitesse de la lumière dans la Voie, légèrement moins que c' dans l'univers extérieur. Ils accéléraient maintenant à plus de six g's, moins que le maximum qu'ils avaient atteint à 4 ex 5. Rien de cela ne pouvait se sentir dans la coque.

L'écran indiquait qu'ils se trouvaient à 1 ex 7, à dix millions de kilomètres au-delà de la tête de la septième chambre, à encore presque trois milliards de kilomètres de la Redoute.

Olmy avait une sensation de dissociation comme dans un rêve, ce qui est normal lorsqu'on voyage dans un vaisseau-faille. Les passagers avaient divisé l'intérieur du vaisseau en trois compartiments privés, une salle commune, et la place du pilote. Olmy passait le plus clair de son temps à la place du pilote. Les autres restaient dans leurs compartiments et se parlaient très peu.

La première manifestation étrange de leur mission se produisit le deuxième jour, à la moitié de leur voyage. Olmy étudiait le peu de choses qui était connu de la Redoute dans un dossier classé secret défense. Il était plongé dans la biographie de Deirdre Enoch quand une voix appela derrière lui.

Il se tourna et vit une jeune femme qui flottait à trois mètres de lui, sa tête était plus près de lui que ses pieds, et elle pivotait légèrement sur son axe.

– J'ai senti que vous nous appeliez, dit-elle. J'ai senti que vous nous étudiiez, que voulez-vous savoir ?

Olmy vérifia pour être sûr qu'elle n'était pas le fruit du dossier, des projecteurs de données. Elle ne l'était pas; aucune simulation n'était projetée. Derrière l'image il vit les sœurs et Plass qui sortaient de leurs quartiers. Les sœurs parurent intéressées, Plass avait une expression triste.

– Je ne la reconnais pas, dit Plass.

Olmy comprit qu'elle ne plaisantait pas.

– Je suis ravi que vous vous soyez décidée à nous rendre visite, dit-il à la femme, avec une note de perversité ironique. Comment est la situation à la Redoute ?

– La même, toujours la même, répondit la jeune femme.

Son visage était difficile à discerner. Alors qu'elle parlait, ses traits se brouillaient et se reformaient, subtilement différents.

– Allez-vous bien ? demanda Olmy.

Rasp et Karn se faufilèrent pour se rapprocher autour de l'image qui les ignora.

– Je ne suis rien, dit l'image. Posez-moi une autre question. C'est amusant de voir si je peux arriver à faire des réponses sensées.

Rasp et Karn se joignirent à Olmy.

– Elle est Réelle ? demanda Rasp.

Les jumelles étaient pâles, sur leurs visages était rivée une expression de fascination et de crainte.

– Je ne sais pas, dit Olmy. Je ne pense pas.

– Elle a donc utilisé sa position sur la ligne temporelle de la Redoute pour remonter jusqu'à nous, dit Rasp. Certains d'entre nous arrivent bien là où nous allons, alors !

Karn sourit, les yeux vitreux et emplis de contentement comme d'habitude. Olmy commençait à ne pas aimer cette jumelle hyperintelligente.

Plass se rapprocha, les poings serrés comme si elle allait frapper l'image.

– Je ne te reconnais pas, dit-elle. Qui es-tu ?

– Je ne vois qu'un seul d'entre vous clairement. (La jeune femme montra Olmy.) Les autres sont comme des nuages d'insectes.

– Les jarts ont-ils pris la Redoute ? demanda Rasp.

L'image ne répondit pas, Olmy répéta donc la question.

– Ils sont seuls à la Redoute. C'est suffisant. Je peux décrire la situation telle qu'elle sera lorsque vous arriverez. Il y a un large sillon, ou une vallée, dans la Voie, la Redoute forme une série de bandes de probabilités extrêmement ordonnées dans le sillon. La Redoute a grandi en prenant des proportions immenses dans le temps, toutes les probabilités sont réalisées. Mon moi antérieur a vécu un nombre de vies infini, il les vit toujours. Cela nous écorche comme on écorche la peau.

– Parlez-nous de la porte, demanda Karn en se glissant plus près du visiteur. Qu'est-il arrivé ? Dans quel état est-elle ?

Une fois de plus Olmy reprit la question. La femme le regarda avec une intensité qui le mettait mal à l'aise.

– Elle est devenue ceux qui l'ont ouverte. Il y a une immense tête d'Issa Danna à la frontière ouest de la porte, surveillant le domaine. Nous ne savons pas ce qu'elle fait, ce qu'elle signifie.

Plass émit un petit son comme quelqu'un qui s'étouffe et se couvrit la bouche avec sa main, les yeux grands ouverts.

– Certains ont essayé de fuir. Ils ont été transformés en montagnes vivantes, couvertes de doigts, ou en forêts emplies de brouillard et d'ombres bleues. Certains flottent à travers les airs tels des nuages de vapeur qui changent à chaque rencontre. Nous avons appris. Nous n'allons pas dehors, pas depuis des milliers d'années...

Rasp et Karn encadraient le visiteur, l'étudiant avec un regard profond.

– Comment pouvez-vous partir alors, venir à nous ? » demanda Olmy.

La jeune femme fronça les sourcils et leva les mains.

– Ça ne parle pas. Ça ne sait pas. Je suis si seule.

Plass, Rasp, Karn et Olmy se retrouvèrent nez à nez à travers l'air vide.

Olmy commença à parler, puis le souvenir de la dernière fois qu'il avait vu un fantôme disparaître lui revint soudainement. Le partiel de Neya Taur Rinn.

Plass soupira avec un frisson.

– C'est toujours la même chose, dit-elle, mon mari dit qu'il est seul, qu'il va trouver un endroit où il ne sera plus seul, mais un tel endroit n'existe pas !

Karn se tourna vers Rasp.

– Une vision trompeuse, une duperie ? demanda-t-elle à sa jumelle.

– Là où nous allons, il n'y a pas de tromperie, dit Plass en relaxant ses mains, les frottant.

Karn fit une grimace hors de sa vue.

– Personne ne sait ce qui s'est passé à la porte ouverte à la Redoute, dit Rasp, se détournant des enregistrements qu'elle était en train de lire.

Depuis l'apparition de la femme spectre, ils avaient passé le plus clair de leur temps dans la cabine de pilotage. La présence d'Olmy semblait les réconforter.

– Aucun maître ne peut même le deviner.

Karn soupira, était-ce un soupir de compassion ou de honte, Olmy ne pouvait le dire.

– L'une d'entre vous peut-elle le deviner ? demanda Olmy.

Plass flotta jusqu'à l'avant de la salle commune, juste après la pâle cloison violette, les bras croisés, elle n'avait pas l'air optimiste.

– Une porte est ouverte dans le sol de la Voie, dit Rasp clairement, comme si elle récitait une leçon élémentaire. C'est une contrainte dans le continuum local de la Voie. Quatre portes peuvent être ouvertes dans chaque position annulaire. Quand quatre portes sont ouvertes, elles sont supposées toujours s'accrocher au mur de la Voie. En pratique toute porte qui s'élève au-dessus du sol de la Voie, si petite soit-elle, est fermée immédiatement.

– Qu'est-ce que cela a à voir avec ma question ? demanda Olmy.

– Oh ! rien, réellement ! dit Rasp, agitant la main en signe d'exaspération.

– Peut-être que si, dit Karn, jouant le rôle du sage pour le moment. Peut-être que c'est intimement lié.

– Oh ! très bien alors, dit Rasp en plissant le front. Ce que j'ai peut-être voulu dire est ceci : si la porte d'Issa Danna s'était d'une manière ou d'une autre levée du sol, du mur de la Voie, alors ses contraintes auraient changé. Une porte libre peut affecter défavorablement les lignes de monde locales. Quelque chose peut entrer ou sortir de n'importe quel angle. Pendant notre entraînement, on nous enseigne que les lignes de monde de tout objet transporté qui passe au travers d'une telle porte, reculent de quelques années dans le temps. Les vagues de probabilités reculent.

– Combien de personnes ont réellement traversé la porte ? demanda Olmy.

– Mon mari n'y est jamais passé, dit Plass en se hissant par la trappe. Issa Danna et son entourage. Peut-être d'autres, après la formation de la lésion... contre leur gré.

– Mais vous n'avez pas reconnu cette femme, dit Olmy.

– Non, dit Plass.

– A-t-elle été anéantie quand la porte est devenue une lésion ? continua Olmy. Sa ligne de monde a-t-elle été effacée de notre domaine ?

– J'ai mal à la tête, dit Rasp.

– Je pense que vous avez sans doute raison, dit Karn pensivement. Cela est logique, si effrayant que ça puisse paraître. Elle est suspendue... Nous n'avons pas de traces de son existence.

– Mais la ligne existe toujours, dit Rasp. Elle se répercute dans l'époque et même dans l'espace où son enregistrement a cessé.

– Non, dit Plass en secouant la tête.

– Pourquoi ? demanda Rasp.

– Elle a parlé du *tout*.

– Je n'ai pas entendu ça, dit Rasp.

– Moi non plus, dit Olmy.

Plass prit ses coudes et serra ses bras très fort autour d'elle, poussant ses épaules en avant.

– Nous avons entendu différentes paroles. (Elle montra Olmy.) C'est le seul qu'elle ait réellement vu.

– L'image vous a regardée également, dit Rasp. Juste une fois.

– Un tout était le nom d'une ancienne réunion gouvernemental nordique, dit Olmy, lisant le panneau de commande du vaisseau-faille sur lequel il avait demandé une définition.

– Ce n'est pas ce qu'elle voulait dire, dit Plass. Mon mari utilisait une autre expression de la même façon. Il parlait de l'Esprit Ultime du domaine. Peut-être veulent-elles dire la même chose.

– Ce n'était qu'un écho, dit Rasp. Nous avons tous entendu quelque chose de différent. Nous avons tous interagi avec, selon – cela dépend. Cela veut sans doute dire qu'elle apportait des informations aléatoires venant d'un futur que nous n'atteindrons jamais. C'est un fantôme bavard – comme votre mari, peut-être.

Plass fixa les jumelles, puis attrapa le cadre de la trappe. Elle secoua la tête obstinément.

– Nous allons encore entendre parler de ce tout, dit-elle. Deirdre Enoch travaille encore. Quelque chose est encore en train de se passer là-bas. La Redoute existe encore.

– Votre mari vous l'a dit ? demanda Rasp avec un sourire moqueur.

Olmy la regarda en fronçant les sourcils mais elle l'ignora.

– Nous verrons quand nous croiserons nos propres fantômes, dit Plass en se projetant dans sa cabine avec un coup de pied.

Plass lisait calmement sa Bible dans la salle commune pendant que le vaisseau lui préparait un repas. Les jumelles mangeaient à leurs propres horaires mais Olmy alignait l'heure de ses repas sur celles de Plass, tout simplement, car il aimait lui parler et ne se sentait pas à l'aise avec les jumelles.

Il y avait chez Plass une certaine aura, celle d'une force usée, une force qui avait dû être puissante et noble à son apogée et qui maintenant touchait à sa fin. Plass semblait apprécier sa compagnie mais ne le lui montrait pas. Elle lui demanda de lui parler de son expérience sur Lamarckia.

– C'était un monde magnifique, dit-il, le plus beau que j'aie jamais vu.

– Il n'existe plus, n'est-ce pas ? dit Plass.

– Pas comme je l'ai connu. Il a adopté le mode de vie de la chlorophylle. C'est quelque chose de radicalement différent, à tous les niveaux, la porte s'y est effondrée... Aucune personne appartenant à la Voie n'y retournera jamais.

– C'est dommage, dit Plass. Cela semble être une tragédie d'être mortel et de ne pas pouvoir revenir. Mon mari, par contre, m'a déjà rendu visite sept fois depuis mon départ de la Redoute. (Elle sourit.) Est-ce mal de prendre du plaisir à ses visites ? Il est malheureux... Mais je suis plus heureuse quand je peux le voir, l'écouter.

Elle regarda ailleurs, courba les épaules comme pour se protéger d'une bourrasque.

– Il ne m'écoute pas, il ne peut pas.

Olmy acquiesça. Ce qui n'avait pas de sens pouvait au moins être admis poliment.

– Il dit que dans la Redoute rien n'est perdu. Je me demande comment il sait. Est-il là-bas ? S'occupe-t-il d'eux ? Le drame de l'ordre incontrôlé est que le passé est révisé, et revisité, aussi aisément que le futur. La dernière fois qu'il est revenu, il souffrait beaucoup. Il a dit qu'un nouveau Dieu l'avait maudit pour être contre-révolutionnaire. L'Esprit Ultime. Il m'a dit que l'œil du gardien le traquait à travers toute l'éternité, sur toutes les lignes de monde, et que quel que soit l'endroit où il essaie de se reposer, il était torturé, changé en quelque chose d'autre.

Le visage de Plass montrait une espérance presque sensuelle et elle épiait la réaction d'Olmy attentivement.

– Vous avez nié ce que les jumelles disaient, lui rappela Olmy. À propos des échos sur les lignes de monde.

– Ce ne sont pas juste des *échos*. Nous sommes nos lignes de monde, Ser Olmy. Ces fantômes... ne sont en fait que des versions modifiées de leur original. Leur origine est brouillée. Ils viennent de nombreux futurs différents. Mais ils ont une réalité, une indépendance. Je le sens... quand il me parle.

Olmy fronça les sourcils.

– Je n'arrive pas à imaginer cela. L'ordre est supposé être simplicité et paix... Pas torture, distorsion et contrainte. Il est certain qu'un univers d'ordre absolu serait mieux que le paradis, dans son sens chrétien.

Il montra le livre ancien qui était posé sur ses genoux. Plass bougea et la Bible s'éleva de quelques centimètres dans l'air. Elle tendit la main pour l'attraper, la tenir contre elle de nouveau.

– Le paradis ne connaît ni le changement ni la mort, dit-elle, les mortels trouvent cela attirant mais ils se trompent. Les bonnes choses ne sont pas éternelles. Cela devient insupportable. Maintenant imaginez une force qui fasse que quelque chose soit éternel, devenant pourtant plus que sa propre essence, une force qui n'accepterait que la soumission, mais ne pourrait pas communiquer.

Olmy secoua la tête.

– Je ne peux pas.

– Moi non plus, mais c'est ce que mon mari décrit.

Plusieurs secondes s'écoulèrent. Plass tapotait légèrement le livre avec son doigt.

– À quand remonte sa dernière visite ? demanda Olmy.

– Trois semaines. Peut-être plus. Les choses semblaient calmes avant qu'il ne me dise que je pouvais retourner à la Redoute. (Elle ferma les yeux et posa les mains sur ses joues.) Je croyais ce qu'Enoch croyait, que l'ordre s'élevait. Qu'il s'élevait pour toujours. Je pensais que nous étions faits avec des failles, dans un univers qui était lui-même né faillible. Je pensais que nous serions tellement plus beaux quand...

Karn et Rasp se déplacèrent en avant et flottèrent aux côtés de Plass, qui se sentait détendue et les salua avec un léger frisson.

– Nous avons pensé à une réponse possible à ce dilemme, dit Karn.

– Notre géométrie native, en dehors de la Voie, est déterminée par un vide d'un potentiel infini, dit Rasp, hochant la tête avec une sorte d'allégresse.

– Il nous est interdit de puiser dans cette énergie, donc dans notre domaine l'espace a une forme, et le temps a un sens et une vitesse. Dans l'univers qu'Enoch a ouvert, l'énergie du vide est disponible à tout moment. Le temps, l'espace et cette énergie, ce potentiel, sont regroupés dans un nœud très serré d'une extrême densité. Ce doit être ce que votre mari appelle l'Esprit Ultime. Ce que notre visiteur a renommé le tout.

Plass regarda son visage avec indifférence.

– Ça doit être incroyable ! dit Karn. Un univers où l'ordre a pris le pouvoir dans les premières nano-secondes après la création, contrôlant tous les feux de l'expansion initiale, toutes les constantes et la forme de l'existence...

– Je me demande ce qu'Enoch aurait fait avec un tel domaine si elle avait pu le contrôler, dit Rasp, flottant au-dessus de Plass, la contemplant de plus haut.

Plass fit un geste de la main comme si elle chassait une mouche et Rasp s'écarta hors de portée avec un large sourire.

– Le nôtre est une chandelle bien pâle en comparaison.

« Tout doit tendre vers un Esprit Ultime. Cette force éclôt à la fin des temps comme une fleur qui croît à chaque événement, chaque vie, chaque pensée. Ce n'est pas seulement l'ancêtre de toute créa-

ture vivante, mais de toute interaction de matière, d'espace, de temps, car toute chose tend vers cette éclosion. »

Olmy avait souvent pensé à cette citation issue des notes de Korzenowski. Le concepteur de la Voie avait réuni une cosmologie plutôt originale, qu'il n'avait jamais essayé d'étendre à ses disciples. L'original était dans la bibliothèque de Korzenowski, gardé comme un trésor national, mais peu de gens la visitaient maintenant.

Olmy rendit visite à Rasp et Karn dans leur cabine alors que Plass lisait sa Bible dans la salle commune. Les jumelles avaient fait des projections d'art géométrique et de figures mathématiques aux couleurs chatoyantes et déconcertantes tout autour de leur espace. Il leur demanda si elles pensaient qu'un tel tout, un esprit parfaitement ordonné puisse exister.

– Bon sang, non ! dit Karn en ricanant.

– Je crois même que tu peux invoquer Dieu, bien que nous n'y croyions pas, ajouta Rasp. Énergie et élan, oui ; ultime, peut-être. Esprit, non !

– Quelle que soit la façon dont vous l'appelez, dans la lésion, cela existe peut-être déjà, et est-ce différent ?

– Bien sûr que ça peut exister ! Pas en tant qu'esprit, c'est tout. L'esprit est impossible sans qualité neurale, la communication entre des nœuds séparés qui se contredisent ou se confirment. Si nous raisonnons bien, un domaine d'ordre devrait atteindre l'achèvement dans les quelques premières secondes de son existence, figeant tout. Il s'emparerait et prendrait le contrôle de toute l'énergie de sa genèse, résoudrait toutes les variations possibles en un instant, deviendrait un monobloc, immobile et parfait, intemporel. Pas éternel, hors du temps, figé pour toujours. Intemporel.

– Notre univers, notre domaine, pourrait continuer des millions et même des milliards d'années, continua Karn. Dans notre univers, il pourrait très bien y avoir un Esprit Ultime, le résumé de tous les processus neuraux de tous les temps. Mais Deirdre Enoch a trouvé une abomination. Si c'était un esprit, pensez-y ! Créant instantanément toute chose, n'étant jamais contredit, ne sachant jamais rien. Rien ne l'ayant jamais frustré, arrêté, dressé ou domestiqué. Il serait aussi immature qu'un nouveau-né, et aussi sophistiqué...

– Et ingénieux, poursuivit Rasp.

– Comme le diable en personne, finit Karn.

– S'il vous plaît, conclut Rasp avec une voix soudainement calme. Même si une telle chose est possible, faites que ce ne soit pas un esprit.

Les quelques millions de kilomètres qu'ils venaient de dépasser constituaient un segment marqué et endommagé de la Voie. Des dizaines de milliers de défenseurs de la Voie y étaient morts en repoussant les jarts loin de leur forteresse. La Voie avait été modifiée par l'énergie libérée par la bataille et elle brillait toujours légèrement, parcourue d'ondulations et de rayons. Dans cette région, la Voie les transportait avec des soubresauts à peine perceptibles. Le vaisseau-faille pouvait la compenser légèrement, mais même avec cette compensation, ils avaient dû réduire leur vitesse à quelques milliers de kilomètres par heure.

La Redoute se trouvait à moins de dix mille kilomètres de là.

Rasp et Karn sortirent leurs clavicules de leurs étuis et essayèrent au mieux d'interpréter l'état de la Voie alors qu'ils se rapprochaient de la Redoute.

À cinq kilomètres de la Redoute, des marques de grandes constructions s'alignaient contre le mur de la Voie : des autoroutes, des voies reliant ce qui avait pu être des portes liées ; pourtant, il n'y avait pas de porte. Les constructions avaient été rasées, transformées en des lignes de décombres étroites, semblables à des traînées de poudre.

Olmy secoua la tête, épouvanté.

– Rien ne ressemble à ce qui a été décrit il y a seulement quelques semaines.

– Je détecte également quelque chose d'inhabituel, dit Rasp. (Karn acquiesça.) Quelque chose en rapport avec l'offensive des jarts...

– Quelque chose dont on ne nous aurait pas parlé ? demanda Plass. Une colonie qui aurait échoué ?

– Des jarts, ou des nôtres ? demanda Olmy.

– Ni l'un ni l'autre, dit Karn, lissant sa clavicule.

Elle leva l'appareil, une sphère grosse comme le poing monté sur deux poignées, et le tourna de façon qu'Olmy et Plass puissent le voir. Olmy avait observé des ouvreurs travailler auparavant et connaissait assez bien le fonctionnement de l'appareil, bien qu'il n'eût jamais à s'en servir.

– Il n'y a jamais eu de porte ouverte ici. Tout ceci n'est qu'une feinte.

– Un leurre, dit Plass.

– Pire, dit Rasp. La porte de la Redoute déforme les probabilités, balayant les lignes de monde au sein de la Voie jusqu'à l'extrême... Des résidus de réalités n'ayant jamais existé sont déposés.

– Des murmures dans le sommeil de la Voie, des cauchemars dans notre non-histoire, dit Karn.

Pour une fois, les jumelles semblaient avoir totalement perdu leur entrain, elles semblaient même inquiètes.

– Je ne vois pas comment nous pourrons survivre si nous sommes incorporés dans un tel élan.

– Mais qu'est-ce donc ? demanda Olmy, montrant les traces des autoroutes détruites, des villes, des voies entre des fantômes de portes.

– Un futur, dit Karn. Ce qui arrivera si nous échouons...

– Mais cela ne ressemble pas à des constructions humaines, observa Plass. Aucun architecte urbain humain ne construirait ces routes. Cela ne ressemble à rien de ce que nous connaissons des jarts non plus.

Olmy regarda plus attentivement, plissant les sourcils en se concentrant.

– Si quelqu'un d'autre avait créé la Voie, dit-il, peut-être que ça serait leurs ruines, les décombres de leur échec.

Karn rit nerveusement.

– Magnifique, dit-elle. Tout ce que nous aurions pu espérer ! Si nous ouvrions une porte ici, que pourrait-il se passer ?

Plass attrapa le bras d'Olmy.

– Mettez ceci dans les enregistrements à transmettre. Dites à l'Hexamone que cette partie de la Voie doit être interdite. *Aucune porte ne devra jamais être ouverte ici, jamais !*

– Pourquoi pas ? dit Karn. Imaginez ce qu'on pourrait apprendre. Les nouveaux domaines.

– Je suis d'accord avec Ser Plass, dit Rasp. Il est possible qu'il y ait de pires alternatives que de trouver un univers d'ordre absolu. (Elle lâcha sa clavicule et prit sa tête entre ses mains.) Même toucher nos instruments est douloureux ici. Nous sommes inutiles... Si nous ouvrions une porte, elle nous consumerait encore plus rapidement que la porte de la Redoute ! Tu dois être d'accord, ma sœur !

Karn était obstinée.

– Je ne vois pas les choses comme toi, dit-elle. Tout simplement pas. Je pense que cela pourrait être très intéressant. Voire fascinant.

Plass soupira.

– C'est la boîte que Konrad Korzenowski nous a ouverte, dit-elle à Olmy. Des enfants génies gâtés, attirés par le mal comme les vers sont attirés par un cadavre.

– Je pensais que le mal était lié au désordre, dit Olmy.

– Vous en savez déjà plus, reprit Plass.

Rasp regarda Olmy et Plass, les yeux étroits et emplis d'une spéculation qui les mettait mal à l'aise.

Olmy tendit le bras et attrapa la clavicule de Rasp pour l'empêcher de se cogner contre la paroi du vaisseau. Karn prit l'appareil avec colère et le renvoya à sa sœur.

– Tu oublies tes responsabilités, gronda-t-elle. Nous pouvons craindre cette mission, ou nous pouvons nous y engager avec joie et esprit, dit-elle. Ce n'est pas une solution.

– Tu as raison sur ce dernier point au moins, ma sœur, dit Rasp.

Elle rangea sa clavicule dans son étui puis s'essuya le visage avec un chiffon.

– Après tout, nous allons dans un endroit où nous sommes toujours allés, où nous irons toujours.

– C'est ce qui arrive quand nous y arrivons qui change toujours, dit Karn.

Le visage de Plass était blanc.

– Mon mari ne revient jamais de la même façon, dans la même condition physique, dit-elle. Combien d'enfers doit-il subir ?

– Un pour chacun de lui, dit Rasp. Un seulement, ce sont différents maris qui reviennent.

Bien qu'ils ne soient jamais venus aussi loin sur la Voie, Olmy vit les décombres épars de fortifications jarts, démolies, vides et mortes. Au-delà il y avait une zone dans laquelle la Voie était couverte de bandes de sable noires et rouges qui ondulaient, un immense désert sinueux, inconnu également. Olmy sentit l'étincelle de quelque chose qui revenait en lui, si ce n'était le désir de vivre, alors un souvenir de toutes les choses extraordinaires que sa vie lui avait permis de voir.

Sur Lamarckia, il avait vu les plus extraordinaires variations biologiques. Ici, près de la Redoute, c'était la réalité elle-même sujette à ses propres flux, ses propres négations.

Plass était paralysée par la peur.

– Les prochains visiteurs, s'il y en a, verront quelque chose de complètement différent, dit-elle. Nous avons été pris dans une ligne de monde circulaire de la Voie, pas forcément la nôtre.

– Je n'aurais jamais cru cela possible, dit Rasp. (Karn acquiesça à regret.) Ce ne sont pas les lois de la physique qu'on nous a enseignées.

– Cette chose peut faire toutes les lois physiques qu'elle veut, dit Plass. Toutes les réalités. Tout ce dont elle a besoin, c'est d'énergie. Elle a des esprits humains pour lui enseigner nos variations.

– Elle ne connaît que l'unité, dit Karn en prenant l'épaule de Plass.

Cela ne sembla pas gêner la femme.

– Elle ne connaît pas de volonté plus forte que la sienne, dit-elle. Pourtant elle pourrait diviser sa volonté en des unités trompeuses. C'est un tyran...

Plass montra du doigt les sables ondulants qui s'étendaient sur des milliers de kilomètres en dessous d'eux.

– C'est un moment de calme, de concentration régulière. Si mes souvenirs sont exacts, si ce que l'image, les images... de mon mari m'ont dit est vrai, c'est habituellement beaucoup plus démentiel. Beaucoup plus inventif.

Karn fit une grimace et plaça ses mains sur sa clavicule. Elle frotta les poignées et son visage se serra, montrant sa concentration.

– Je la sens. Il y a toujours une lésion...

Rasp prit son propre appareil à son tour et entra également en transe.

– Elle est toujours là, confirma-t-elle. Elle est mauvaise. Elle flotte au-dessus de la Voie, très près de la faille. Du dessous elle doit ressembler à une sorte d'étoile sphérique...

Ils traversèrent une fine brume bleutée qui s'élevait de la partie nord du désert. Le vaisseau-faille émit un faible son de cloche. La brume disparut derrière eux.

– Là, dit Plass. Pas moyen de se tromper !

La porte ouverte à travers la Voie par Issa Danna avait grandi et s'était élevée au-dessus du sol, exactement comme Rasp et Karn l'avaient senti dans leurs appareils. Ils pouvaient maintenant voir clairement la lésion sphérique, à une distance de cent kilomètres. Elle ressemblait effectivement à un soleil sombre, ou à un chancre. Une lueur d'un rouge sang brillait autour d'elle, le rouge du rubis et de l'enchantement. Son centre noir, qui était plus petit qu'une noisette à cette distance, semblait, d'une façon perverse, remplir le champ de vision d'Olmy.

Son jeune corps décida qu'il était temps d'être très réticent à avancer plus loin. Il avala sa salive et contrôla cette peur, mordant l'intérieur de sa joue jusqu'à ce qu'elle saigne.

Le vaisseau vacilla. Sa voix dit à Olmy :

– Nous avons reçu un signal. Il y a un endroit tenu par des humains à moins de dix kilomètres d'ici. Ils disent qu'ils vont nous guider en sécurité.

Tous regardèrent à travers le nez transparent du vaisseau-faille, au-delà du rose sanglant de la Voie, à travers les couches de brume bleues et vertes qui enrobaient la Voie, et virent un point sombre et scintillant au milieu d'une terre hostile et mouvante, à vingt-cinq kilomètres en contrebas.

La Redoute se trouvait dans l'ombre de la lésion, entourée d'une pénombre crépusculaire recouverte du rouge scintillant du halo de la lésion.

– Je peux sentir les fouettements d'autres lignes de monde, dirent ensemble Karn et Rasp.

Olmy jeta un regard en arrière et vit leurs clavicules qui se touchaient de sphère à sphère. Les sphères craquaient et claquaient. Karn tourna son appareil vers Olmy pour qu'il puisse voir l'affichage. Une longue liste de « constantes » de domaines, pi, la constante de Planck, et d'autres... défilaient en émettant un bourdonnement régulier dans la coque du vaisseau.

– Rien n'est stable là-bas !

Olmy lut le message envoyé par la Redoute. Il donnait des instructions de navigation pour l'appareil d'atterrissage du vaisseau-faille : comment se dissocier du vaisseau, descendre, faire les examens, et être emmené dans la pyramide. Le message se concluait ainsi : « Nous déterminerons si vous êtes des illusions ou des aberrations. Si vous êtes de notre origine, nous vous accueillerons. Il est trop tard pour repartir maintenant. Abandonnez votre vaisseau-faille avant qu'il ne s'approche trop près du tout. Quiconque vous a envoyés, vous a engagés à notre propre emprisonnement éternel. »

– Accueillant, dit Olmy.

La lumière blafarde projetait une brillance irrégulière sur leurs visages.

– Nous sommes toujours allés là-bas, dit Rasp calmement.

– Nous devons accepter, dit Plass. Nous n'avons pas d'autre endroit où aller.

Ils se hissèrent à l'arrière du vaisseau jusqu'au hublot du vaisseau d'atterrissage et grimpèrent à l'intérieur du petit vaisseau en forme de flèche. L'intérieur les accueillit en s'adaptant à leurs formes, en fournissant des sièges et des instruments taillés à leur mesure. Plass était assise à côté d'Olmy dans le cockpit, Rasp et Karn étaient assises juste derrière eux.

Olmy se détacha du vaisseau-faille et régla le vaisseau d'atterrissage sur le signal de la pyramide. Ils se laissèrent tomber du vaisseau-faille. Le paysage grandissait régulièrement dans le large cockpit.

Le visage de Plass se plissa, comme celui d'un enfant au bord des larmes.

– Étoile, destin et Saint-Esprit, soyez miséricordieux. Je vois la tête de l'ouvreur. Là !

Elle pointa son doigt avec une frayeur impuissante, aussi terrifiée que fascinée par quelque chose d'aussi inconcevable.

Une tête immense s'élevait comme une montagne verticale, au milieu de l'ombre qui entourait la Redoute, sa peau ressemblait à de la pierre grise, un œil était tourné vers le sud, l'autre observait l'étendue de terre devant la pyramide. Cet œil attentif avait une circonférence qui atteignait largement les cent mètres, une brillance d'un vert d'eau lugubre, et lançait un long rayon à travers les épaisses volutes de brume. La voix de Plass se fit stridente.

– Oh ! Étoile et destin...

Le paysage autour de la Redoute ondulait au-dessous des rayons des lignes de monde tourbillonnantes qui se répandaient tels des cheveux à partir du centre noir de la lésion, modifiant la terre quelque peu à chaque passage, déplaçant les points de repère étranges de quelques dizaines de mètres dans un sens ou un autre, les faisant grandir, les rétrécissant.

Olmy n'aurait jamais pu imaginer un tel endroit. La Redoute était posée au milieu d'un cauchemar d'enfant peuplé de membres humains désincarnés, peints sur les collines comme des arbres, leurs doigts se fermant et s'ouvrant avec des spasmes. Au sommet d'une colline se tenait une sorte de château fait de blocs de verre couleur émeraude, avec une seule immense porte-fenêtre. À l'intérieur de la porte se tenait un personnage, peut-être une statue, qui faisait plusieurs centaines de mètres de haut, d'une forme vaguement humaine, et qui hochait régulièrement la tête, de façon stupide, alors que le vaisseau lui passait par-dessus. Des centaines de silhouettes plus petites mais néanmoins gigantesques grouillaient dans une cour devant le château, leurs ombres noires et rouges flottaient comme des capes dans le vent des probabilités changeantes. Olmy pensa qu'elles pouvaient être de gigantesques chiens, ou des lézards sans queue, mais Plass montra quelque chose et dit :

– Mon mari m'a parlé d'un assistant d'Issa Danna nommé Ram Chako... qui avait été dupliqué et forcé à courir à quatre pattes.

Le géant dans la porte du château leva lentement son immense main et les lézards géants se montèrent les uns sur les autres en courant depuis un portail ouvert dans la cour. Ils bondirent quand le vaisseau passa au-dessus d'eux, comme s'ils allaient le happer avec leurs mâchoires hideuses.

La tête d'Olmy palpita. Il ne pouvait sortir de son esprit l'idée que tout cela n'était pas réel ; en fait, il n'y avait pas besoin que ce fût réel pour son corps. Pour leur part, Rasp et Karn avaient perdu leur témérité et étaient collées l'une à l'autre, leurs clavicules flottaient accrochées à des sangles autour de leurs poignets.

L'éclat sanglant du halo emplit la cabine comme du sang alors que le vaisseau d'atterrissage se tournait pour présenter ses points d'accroche aux rayons tracteurs de la Redoute. Olmy ordonna au vaisseau de projeter une vue en plan large de la Redoute et de la région, et cette vue tourna lentement autour d'eux, emplissant l'intérieur restreint du vaisseau.

La perverse variété semblait ne jamais s'arrêter. Quelque chose avait disséqué, non seulement un corps humain, ou de nombreux corps, et avait entraîné des distorsions hideuses sur leurs membres, mais la même chose avait été faite sur les esprits et les désirs humains, et le résultat était disposé sur toute la région sans schéma apparent.

À l'intérieur de la vallée basse, comme l'avait appelée leur visiteur, une grande femme à la peau bleue, l'équivalent de la statue dans la porte du château, était accroupie auprès d'un chaudron qui contenait des centaines d'humains nus. Elle plongea lentement la main dans le chaudron de chair et remua, fondant le tout en une luminosité verte profonde et sirupeuse.

– La mère de la géométrie, murmura Karn en se cachant les yeux.

Olmy ne pouvait se détourner, mais tout en lui voulait se mettre en veille, mourir, plutôt que de reconnaître ce qu'il voyait.

Plass vit sa détresse. D'une certaine façon, elle retirait de la force de cette vision incompréhensible.

– Cela n'a pas besoin d'avoir un sens, dit-elle avec le ton d'un maître d'école grondant un élève. C'est supporté par une énergie infinie et une volonté monolithique et sans attention. Il n'y a rien de nouveau ici, rien...

– Je ne demande pas que ça ait un sens, dit Olmy. J'ai besoin de savoir ce qu'il y a derrière.

– Une force suffisante, bien canalisée, peut créer tout ce qu'un esprit peut imaginer... commença Karn.

– Plus qu'aucun esprit ne pourrait imaginer. Pas un esprit comme le nôtre, reformula Rasp. Une unité, pas un *esprit* du tout.

L'espace d'un instant, la colère d'Olmy se fit plus vive et il voulut crier sa frustration, mais il prit une grande respiration, croisa les bras et dit à Plass :

– Un esprit qui n'a pas de but ? S'il y a l'ordre absolu ici...

Karn le coupa, avec sa voix haut perchée et douce, chantante.

– Pensez aux dimensions de l'ordre. Il y a très peu d'arrangements possibles. La plus petite forme d'ordre, sans motif ni direction. Puis le bâtisseur, quand l'ordre peut convertir les ressources en éléments propageant l'ordre. Puis la création, qui se construit elle-même en reformant la matière en quelque chose de nouveau. Mais quand la création s'éteint, quand il n'y a pas d'esprit, juste une force, cela devient pure élaboration, une spirale sans fin de réarrangement de ce qui a été créé. Que voyons-nous ici ? De l'élaboration vide. Rien de nouveau. Pas de compréhension.

– Elle fait preuve de sagesse, reconnut Plass à contrecœur. Mais le tout existe tout de même.

– Et tout ceci... est élaboration ? demanda Olmy.

– Gâchée par l'immortalité, dit Plass, par des ressources infinies. Jamais renouvelées à sa source. L'ordre sans la mort, l'art sans critique ou renouveau, l'esprit ultime d'un univers où seuls les riches existent, seule la joie est possible, sans jamais connaître la déception.

Le vaisseau tremblait de façon incessante alors qu'ils descendaient vers la pyramide. Son système de contrôle d'inertie ne pouvait pas compenser les rayons des différentes lignes de monde qui les fouettaient.

– On dirait un enfant gâté, remarqua Olmy.

– C'est bien pis que cela, dit Karn. Nous sommes comme des

enfants gâtées, Rasp et moi. Pleines de volonté et peut-être un peu idiotes. Les humains sont idiots, puérils, apprenant toujours, plein de failles. Là dehors, au-delà de la lésion, en sortant...

– Le succès perpétuel, railla Rasp. Ultime et mature. Il ne peut apprendre, seulement réarranger.

– Deirdre Enoch n'a jamais été satisfaite des limites, dit Plass, cherchant de la compassion chez Olmy. Elle est partie en quête de ce que le paradis pouvait bien être.

Ses yeux scintillaient d'émotion, d'exaltation, sous l'effet de la peur et de la consternation.

– Peut-être l'a-t-elle trouvé, dit Karn.

5

– Je ne peux pas vous accueillir, dit Deirdre Enoch tout en marchant lourdement vers eux.

Derrière Olmy, dans une chambre haut dans la Redoute, près du sommet de la pyramide d'acier, le vaisseau d'atterrissage émit un jet d'air et se posa dans son berceau.

Olmy essayait de comparer cette vieille femme avec les portraits d'Enoch qu'il avait vus dans les dossiers. Sa voix était quasiment la même, bien que plus profonde et presque sans émotion.

Rasp, Karn et Plass se tenaient aux côtés d'Olmy alors qu'Enoch s'approchait. Derrière Enoch, dans la lumière vacillante des douces lampes ambrées placées à la base de la chambre, se tenaient dix autres hommes et femmes qui formaient une ligne ondulante, tous étaient âgés, vêtus de noir avec des rubans d'argent qui pendaient du sommet de leur chevelure blanche.

– Vous êtes venus dans un lieu d'attente où rien n'est résolu. Pourquoi être venus ?

Avant qu'Olmy ne puisse répondre, Enoch sourit, son visage profondément ridé semblait craquer.

– Nous pensons que vous êtes là car vous craignez que les jarts ne puissent s'en mêler.

– Je ne sais pas quoi penser, dit Olmy, la voix rauque. Je vous reconnais, je ne reconnais aucun des autres...

– Nous avons survécu à la première nuit après l'apparition de la lésion. Nous avons formé une expédition pour tenter de nous évader. Nous étions soixante cette première fois. Nous avons réussi à retourner dans la Redoute avant que la Terre de Ténèbres ne nous change trop, ne joue avec nous trop radicalement. Nous avons vieilli. Certains d'entre nous furent pris et... vous les voyez dehors. Il n'y a pas eu de seconde expédition.

– Mon mari, dit Plass. Où est-il ?

– Oui... Je vous connais. Vous êtes tellement la même que ça me fait souffrir. Vous vous êtes échappée au tout début.

– J'étais la seule, dit Plass.

– Vous l'avez appelée la Terre de Ténèbres, dit Rasp en levant les mains, l'étui contenant sa clavicule. Comme c'est juste !

– Pas de soleil, pas d'espoir, juste *l'ordre*, dit Enoch, comme si ces mots étaient une malédiction. Êtes-vous venus seuls, ou avez-vous été envoyés par d'autres idiots ?

– Des idiots, j'en ai peur, dit Plass.

– Et vous... vous êtes revenue, en sachant ce que vous alliez trouver ?

– Ce n'était pas comme ça quand je suis partie. Mon mari m'a envoyé des fantômes. Ils m'ont parlé un peu de ce qui s'est passé ici... ou de ce qui avait pu se passer.

– Des fantômes essaient de venir dans la Redoute et de parler, dit Enoch, ses nombreuses jambes se déplaçant sans cesse. Nous les rejetons. Votre mari a été pris à l'extérieur cette première nuit. Il n'a pas été beaucoup changé. Il est près du gardien, figé dans les rayons de son œil.

Plass sanglota et cacha son visage.

Enoch continua, ne se souciant pas d'elle.

– La seule chose qui soit encore en son contrôle... c'est de diffuser des fantômes comme des enveloppes mortes. Et jamais les mêmes, n'est-ce pas ? Il a le droit de prendre des fils temporaires d'espace-temps et de les façonner à son image. Le tout trouve cela assez amusant. Inutile à vrai dire, nous ne laissons pas les fantômes nous ennuyer. Nous avons bien d'autres choses à faire pour conserver cet endroit sûr et le réparer.

– Le réparer, dit Karn avec un sourire béat.

Olmy se tourna vers elle, alarmé d'avoir la même réaction. Karn fit un petit pas de danse.

– Le désordre a sa place ici alors. Vous devez travailler pour réparer les choses ?

– Précisément, dit Enoch. Je vénère la rouille et l'âge. Mais nous ne pouvons en avoir que très peu. Maintenant que vous êtes là, vous prendrez bien un thé avec nous ? (Elle sourit.) Notre thé refroidit très vite dans la Redoute, c'est heureux. Nos os se fragilisent, notre peau se ride. Le thé refroidit. Dépêchez-vous !

– Ne soyez pas trompés par nos corps, dit Deirdre Enoch alors qu'elle versait le thé fumant dans les tasses de ses invités. Ils sont déformés, mais ils nous suffisent. Le tout ne peut que parfaire et élaborer, il ne connaît rien de la véritable destruction.

Olmy vit quelque chose qui ondulait à travers la vieille femme, un léger changement. Elle ne semblait plus aussi vieille et ridée maintenant, comme si une force avait remonté le cours du temps.

– Je ne comprends pas bien la perfection, dit Olmy, levant la tasse sans enthousiasme. Je ne comprends même pas pourquoi vous avez l'air âgée.

– Nous ne sommes pas malheureux, dit Enoch. Ce n'est pas en notre pouvoir. Nous savons que nous ne pourrons jamais retourner à Thistledown. Nous savons que nous ne pourrons jamais nous échapper.

– Vous n'avez pas répondu à la question de Ser Olmy, dit Plass poliment. Êtes-vous indépendants ici ?

– Ce n'était pas sa question, Ser Lissa Plass, dit Enoch avec un ton énervé. Ce que vous demandez n'est pas *poli*. J'ai dit que nous avions été pris en train d'essayer de nous échapper. Certains d'entre nous sont dehors dans la Terre de Ténèbres, à présent. Ceux d'entre nous qui sont retournés à la pyramide... n'ont pas échappé à l'enthousiasme du tout. Mais son influence ici est limitée. Pour répondre au moins à une question : nous avons une certaine indépendance.

Enoch hocha la tête comme si elle s'endormait, sa tête tomba brièvement pour faire une équerre avec ses épaules... dans un angle inconfortable, aurait pensé Olmy. Elle la leva de nouveau avec un sursaut.

– L'univers que j'ai découvert... il n'y a rien d'autre. C'est le tout.

– L'Esprit Ultime du domaine, dit Plass.

– En fait, il considère la Voie et les humains qu'il trouve ici comme des objets de curiosité, dit Olmy.

Rasp et Karn trépignaient d'impatience mais ne firent pas d'objection à cette discussion.

– Des objets qui doivent être recombinés et déformés, dit Enoch. Nous sommes des matières premières pour l'art décadent ultime. Le tout est au-delà de notre savoir.

Elle se pencha sur son coussin sur lequel elle était gracieusement assise en un lotus agile, et frotta son nez avec le dos de sa main en signe de réflexion.

– Je suppose que nous sommes autorisés à résister car nous sommes l'antithèse.

– Le tout n'a jamais connu que la thèse, dit Rasp avec un petit rire.

– Exa-a-a-ctement, dit Enoch, prononçant le mot avec plaisir.

Frappé par une sensation d'irréalité, Olmy regarda le groupe qui était assis avec Enoch et lui : Plass, les jumelles et, derrière Enoch, une petite femme avec un regard interrogateur, comme celui d'un félin, qui n'avait rien dit. Elle apporta la théière de nouveau et resservit.

Le thé était froid.

Olmy se tourna sur son coussin pour observer les autres vieux disciples, assis autour de la pièce circulaire, calmes, obséquieux. Leurs visages avaient changé depuis leur arrivée, pourtant personne n'était sorti, personne n'était entré.

On avait constaté pendant des dizaines de générations que l'environnement et la culture de Thistledown produisaient beaucoup de disciples et peu de leaders en proportion, et que ceux-ci se retrouvaient souvent avec des pouvoirs plus importants. Des efforts étaient faits pour remédier à cela, pour réduire les schismes extrêmes causés par des gredins comme Deirdre Enoch. Trop tard pour ceux-ci, pensa-t-il. Le tout veut-il des disciples ?

Il était complètemernt désorienté et ne pouvait pas prévoir ce qu'il allait dire ou faire. Il se sentit drogué, mais savait qu'il ne l'était pas.

– Peut-il tolérer l'altérité ? demanda Karn, sa voix était à nouveau haute et douce, comme celle d'un enfant.

– Non, dit Enoch. Sa nature est d'absorber et de déguiser toute altérité en mutation, en changement sans but.

– Comme les jarts ? demanda Rasp, suçant son pouce avec une timidité et une insécurité qui étaient à la fois étudiées et parfaitement convaincantes.

– Pas comme les jarts. Les jarts ont rencontré le tout et il leur a donné leur propre Terre de Ténèbres. J'ai peur que la nôtre ne soit bientôt mêlée à la leur et que nous ne soyons tous deux entremêlés et sujets à des changements inutiles.

– Combien de temps ? demanda Olmy.

– Encore quelques années, peut-être.

– Pas si tôt que ça alors, dit-il.

– Bien assez tôt, dit Enoch en reniflant. (Elle frotta son nez de nouveau.) Cela fait bien plus d'un millier de siècles que nous sommes ici.

Olmy essaya de comprendre cela.

– Réellement, demanda-t-il, s'attendant qu'elle éclate de rire.

– Réellement. J'ai eu des millions de disciples ici. Regardez autour de vous. (Elle se pencha au-dessus de la table pour chuchoter à Olmy :) Des vagues dans la mer. J'ai vécu un millier de siècles dans un millier d'univers aux différences infinitésimales. Il joue avec toutes les lignes de monde, pas seulement les traces des individus. Je suis relativement la même à chaque marée. Il semblerait que je sois le véritable nexus dans cette partie de la Voie.

– Le thé refroidit... la peau se ride... mais vous vivez aussi longtemps ?

– Dix mille longueurs découpées puis attachées et mises en rotation. (Elle prit un foulard autour de son cou fin et le tendit entre ses poings.) Tournoyées, nouées. Vous avez été envoyés ici pour corriger la folie insouciante d'une renégate... n'est-ce pas ?

– D'une visionnaire geshel, dit Olmy.

Enoch ne fut pas apaisée. Elle s'étira et remit son foulard autour de son cou, le nouant d'une manière sciemment prétentieuse.

– J'ai été nommée par le Bureau de la Maintenance de la Voie. Par Ry Ornis lui-même. Ils m'ont donné deux des meilleurs maîtres ouvreurs de porte de la Guilde, et ils m'ont ordonné spécifiquement de trouver une porte vers l'ordre absolu. On ne m'a pas dit pourquoi. Pourtant maintenant je peux le deviner.

– Je me souviens de deux ouvreurs, dit Plass, eux non.

– Ils espéraient que vous me trouveriez transformée ou morte, dit Enoch. Bien, je suis différente, mais j'ai survécu, et après quelques milliers de siècles la personnalité de quelqu'un devient plutôt rigide. Je ressemble de plus en plus à ce gardien à l'extérieur avec son œil immense. Je ne sais plus mentir. J'ai vu trop de choses. J'ai lutté contre ce que j'ai trouvé et j'ai enduré des atrocités bien plus terribles qu'aucun humain n'a jamais eu à subir. Croyez-moi, j'aurais préféré mourir avant ma mission plutôt que de voir ce que j'ai vu.

– Où est l'autre ouvreur ? demanda Olmy

– Dans la Terre de Ténèbres, dit Enoch. Issa Danna fut le premier à rencontrer le tout. Lui et son partenaire, maître Tolby Kin, ont subi ses premiers efforts d'élaboration.

Rasp marcha jusqu'à Olmy et lui chuchota dans l'oreille :

– Il n'y a jamais eu de maître ouvreur appelé Tolby Kin.

– Quelqu'un d'autre peut-il confirmer votre version ?

– Non, dit Enoch.

– Ce n'est pas que cela importe, dit Plass, l'air fataliste. Le résultat final est le même.

– Pas du tout, dit Enoch. Nous ne pourrions pas fermer la lésion maintenant même si elle était en notre contrôle. Ry Ornis avait raison. La fissure devait être ouverte. L'infection n'est pas finie. Si nous n'attendons pas l'accomplissement, notre univers ne s'éveillera jamais. Il sera mort-né. (Enoch secoua la tête et rit doucement.) Et aucun humain de notre histoire ne verra jamais de fantômes. Un monde hanté est un monde vivant, Ser Olmy.

Olmy toucha sa tasse. Le thé était de nouveau chaud.

Les quartiers de vie mis à leur disposition étaient spartiates et froids. La plupart de l'énergie de la Redoute était utilisée pour tenir les occupants de la Terre de Ténèbres à l'écart; cette énergie était dérivée du mur de la Voie, un dispositif ingénieux mis en place par Issa Danna avant qu'il ne soit happé par la lésion, elle était suffisante mais pas surabondante.

Pour la première fois depuis des jours, Olmy pouvait être seul. Il essuya une fenêtre qui donnait vers le sud, vers la lésion et sur une étendue de la Terre de Ténèbres d'une cinquantaine de kilomètres. Enoch lui avait fourni une paire de jumelles à faisceaux.

Au-delà d'une grille de traction étendue au maximum, et d'une démarcation rayonnante marquant une destruction nucléaire totale, à travers laquelle rien qui ne soit fait de matière ne pouvait espérer passer, à moins d'une centaine de mètres de la pyramide, il pouvait voir une obscurité particulièrement intense et les lueurs cauchemardesques et irrégulières des victimes du tout.

Olmy tourna lentement les légères jumelles en décrivant un arc de cercle régulier. Ce qui ressemblait à des collines ou des petites montagnes était en fait des constructions dont s'occupaient des centaines de pâles silhouettes de la taille d'êtres humains mais dont la forme n'était que vaguement humaine. Elles semblaient passer le plus clair de leur temps à se battre en remuant leurs membres comme des antennes d'insectes. D'autres portaient des paniers remplis d'une matière brillante et les déchargeaient au sommet de la colline puis trébuchaient et glissaient tout en bas pour recommencer à nouveau.

La tête gigantesque à l'effigie de l'ouvreur était un peu à l'ouest du grand château de verre. Olmy ne pouvait dire si la tête était faite de matière organique, de chair humaine, ou non. Cela ressemblait plutôt à de la pierre, pourtant l'œil était très expressif.

Depuis cet angle, il ne pouvait pas voir la gigantesque silhouette qui se tenait à l'entrée du château, située sur le côté opposé de celui-ci. Rien de ce qu'il vit ne contredisait ce que Plass et Enoch lui avaient dit. Il ne pouvait partager le joyeux nihilisme des jumelles. Cependant, rien de ce qu'il vit ne pouvait se plier à aucune philosophie ou réseau de lois physiques qu'il ait jamais rencontrés. S'il y avait un esprit ici, il était différent de façon incompréhensible, peut-être n'était-ce pas un esprit du tout.

Pourtant il essayait de trouver un dessin, un plan de la Terre de Ténèbres. Une raison. Il ne pouvait pas.

Juste avant que les plus hautes collines ne s'élèvent comme les racines entremêlées d'un arbre arraché, effeuillées, stériles, hautes de plusieurs dizaines de mètres et s'étalant en d'horribles forêts torturées de plusieurs kilomètres de largeur, une sorte de voie sortait du mur nord de la Redoute, au travers de la démarcation, dans un terrain accidenté qui ressemblait à de larges bandes de verre fondu, et allait jusqu'à l'est du château. Elle passait derrière une colline plus proche et il ne pouvait voir où elle aboutissait.

Entre des colonnes de brume tourbillonnantes, qui s'élevaient autour de la Terre de Ténèbres, l'atmosphère entourant la Redoute était remarquablement claire. Hormis un mur de brume bleutée à une cinquantaine de kilomètres, tout était dans une complète clarté.

Olmy se retourna en entendant quelqu'un frapper à sa porte. Plass entra, arborant une expression de contentement qui était prête à se changer en enthousiasme.

– Doutez-vous toujours de moi maintenant ?

– Je doute de tout, dit Olmy. J'ai immédiatement cru que nous avions été capturés et que nous étions nourris d'illusions.

– Pensez-vous que c'est ce qui s'est passé ? demanda Plass, plissant les yeux comme si elle avait été insultée.

– Non, dit Olmy. J'ai déjà vu de très bonnes illusions pendant mon entraînement. C'est réel, quoi que cela puisse vouloir dire.

– Je dois avouer que les jumelles sont occupées, dit Plass en s'asseyant sur une petite chaise près de la table.

La table, la chaise et le petit matelas sur le sol étaient les seuls meubles de la chambre.

– Elles parlent à quiconque connaît quelque chose à propos des ouvreurs d'Enoch. Je ne pense pas qu'on puisse parler deux fois à la même personne en l'espace d'une heure ici... à moins que ce ne soit Enoch.

Olmy hocha la tête. Il n'avait pas encore digéré qu'Enoch prétende que le Bureau de la Maintenance de la Voie ait envoyé une expédition avec des ordres secrets, en connivence avec la Guilde des Ouvreurs.

Peut-être que les jumelles, ou Plass, en savaient plus que lui.

– Saviez-vous quelque chose à propos d'une mission officielle ? demanda-t-il.

Plass ne répondit pas tout de suite.

– Pas avec autant de mots. Pas « officielle ». Mais peut-être pas sans... support de la Maintenance de la Voie. Nous ne pensions pas être hors la loi.

– Vous avez toutes les deux parlé d'accomplissement. Cela a-t-il été mentionné quand vous avez rejoint le groupe ?

– Juste en passant. Une théorie.

Olmy se retourna vers la fenêtre.

– Il y a un observatoire près du sommet de la pyramide. J'aimerais regarder tout ce qu'il y a autour de nous, essayer de comprendre notre position.

– Inutile, dit Plass. J'attendrais d'abord une visite.

– D'autres fantômes ?

Plass haussa les épaules et étendit les jambes en se frottant les genoux.

– Je n'ai pas reçu de visite, dit Olmy.

– Cela viendra, dit Plass avec une voix morne. (Elle semblait cacher quelque chose, quelque chose qui la contrariait.) À votre place, je n'attendrais pas cela avec impatience mais de toute façon il n'y a pas de moyen de s'y préparer.

Olmy rit, mais son rire semblait vide. Il avait l'impression de se dénouer lentement, comme les paquets de lignes de monde qu'avait libérés d'Enoch.

– Comment saurai-je si j'ai vu un fantôme ? demanda-t-il Peut-être en ai-je déjà vu un... sur Thistledown. Peut-être sont-ils tout le temps autour de nous mais ils ne se révèlent pas.

Plass regarda de côté puis dit avec un effort, sa voix à moitié étranglée :

– J'ai rencontré mon propre fantôme.

– Vous n'avez jamais parlé de ça avant.

– Il est venu me visiter la nuit après que nous avons quitté Thistledown. Il m'a dit que nous allions atteindre la pyramide.

Olmy retint un autre rire, effrayé que celui-ci ne prenne le dessus et ne s'arrête jamais.

– Je n'ai jamais vu mon propre fantôme.

– Nous faisons les choses différemment, alors. Je semblais marcher à reculons depuis mon expérience avec le tout. Un fantôme vous permet de vous souvenir du futur, ou d'une alternative du futur. Peut-être qu'un jour j'apprendrai ce que le tout fera de moi. Ses élaborations.

Olmy réfléchit à cela en silence. Les yeux sombres et gris de Plass le fixaient, ils étaient limpides, leur gravité parfaite rappelait un regard d'enfant. Maintenant il voyait la ressemblance, la raison pour laquelle quelque chose le faisait l'apprécier. Elle lui rappelait Sheila Ap Nam, sa première femme sur Lamarckia.

– Vos êtres chers, vos amis, vos collègues... Ils vous verront, des versions de vous, si vous avez rencontré le tout, dit Plass. Une sorte d'immortalité, de souvenir. (Elle sursauta et serra ses bras autour d'elle.) Aucune autre espèce intelligente que nous ayons rencontrée n'a d'histoires de mythes et d'esprits. Pas d'expériences avec les fantômes. Vous savez cela ? Nous sommes uniques. Seuls. À l'exception peut-être des jarts... Et nous ne savons pas grand-chose d'eux, n'est-ce pas ?

Il acquiesça, voulant se débarrasser du sujet.

– Que prévoient les jumelles ?

– Elles semblent considérer cela comme une sorte de jeu. Qui sait ? Elles travaillent. Il est même possible qu'elles pensent à quelque chose.

Olmy dirigea les jumelles vers le gardien, vers son œil brillant tourné pour toujours vers la Redoute. Il ressentit une répulsion et une haine au plus profond de lui, mêlées à un violent frisson. Sa langue semblait gelée. D'une manière perverse, la chair derrière ses yeux était chaude et humide. Ses cheveux se dressèrent sur sa nuque.

– Il y a... commença-t-il, mais soudain il se contracta et cligna des yeux.

Un rideau d'ombre avait traversé les quelques centimètres qui le séparaient de la fenêtre. Il recula avec un soupir et essaya de repousser quelque chose, mais l'ombre ne pouvait être touchée. Elle tourbillonna autour de lui, passa devant Plass, qui la suivit calmement, puis elle sembla se presser contre le mur opposé et le traverser.

La sensation derrière ses yeux se fit aussi chaude que de la vapeur.

– Je le savais ! dit-il d'une voix rauque. Je pouvais la sentir venir ! Quelque chose sur le point d'arriver.

Ses mains tremblaient. Il n'avait jamais réagi aussi vivement à un danger physique.

– Ce n'était rien, dit Plass. Je les ai vues de nombreuses fois, encore plus souvent depuis que je suis ici.

La réaction d'Olmy le fâcha.

– Qu'est-ce que c'est ?

– Pas un fantôme, pas une quelconque autre version de nous-mêmes, c'est sûr, dit-elle. Un parasite peut-être, comme une sorte de puce qui piquerait notre ligne de monde ici et là. Sans danger, autant que je sache. Mais bien plus visible ici qu'à Thistledown.

Olmy essayait de se contrôler mais il était au bord de l'explosion. Tous ses instincts rejetaient ce qu'il était en train de vivre.

– Je n'accepte rien de tout cela ! cria-t-il. (Ses poings se serrèrent nerveusement.) Rien de tout cela n'a de sens !

– Je suis d'accord, dit Plass d'une voix faible. C'est regrettable que nous soyons coincés ici. C'est regrettable que vous soyez coincé avec moi. Mais c'est encore plus regrettable que je sois coincée avec vous. Il semblerait que vous essayiez d'être un homme rationnel, Ser Olmy. Mon mari était exceptionnellement rationnel. Le tout adore les hommes rationnels.

6

Rasp et Karn marchaient avec Olmy sur le parapet près du sommet de la Redoute. Leur travail semblait leur avoir rendu leur lucidité. Elles marchaient toujours comme des enfants, elles traînaient pour regarder quelque chose dans la Terre de Ténèbres puis marchaient à toute vitesse pour le rattraper; mais leur voix était régulière, sérieuse, un peu triste même.

– Nous n'avons jamais rencontré quelque chose comme la lésion, dit Karn.

Le disque noir immense, strié de bandes et de faisceaux rouges, barrait le côté opposé de la Voie.

– C'est bien plus qu'une porte ratée. Elle ne s'arrête pas ici, vous savez.

– Que veux-tu dire ? demanda Olmy.

– Quelque chose comme ça influence toute la Voie. Quand la porte est devenue incontrôlable...

Rasp prit la main de Karn et la tira pour la prévenir.

– Qu'est-ce que ça peut faire ? demanda Karn en se libérant de l'étreinte de sa jumelle. Il ne peut y avoir de secrets ici. Si nous ne nous mettons pas d'accord pour agir, le tout nous aura bientôt de toute façon et après nous serons plantés là – des bouts, des morceaux de nous, comme des jouets délaissés.

Rasp recula de quelques pas, croisant les bras pour marquer son mécontentement. Karn continua.

– Quand la lésion s'est formée, les ouvreurs de portes l'ont sentie dans toutes les nouvelles portes. Des fils qui essayaient de se répandre, comme une toile d'araignée. Nous pouvions voir les lignes de monde tournoyer ici... Mais elles se regroupent et remontent la Voie même là où nous ne pouvons pas les voir. Maître Ry Ornis pensait...

– Assez, dit Rasp, se précipitant pour la rattraper.

Karn s'arrêta, les larmes aux yeux, et lança un regard au-dessus du parapet.

– Je peux deviner certaines choses, dit Olmy. Ce qu'a dit Deirdre Enoch ne laisse que peu de place à l'imagination. Vous n'êtes pas des apprentis refusés, n'est-ce pas ?

Rasp le fixait d'une manière défiante.

– Non, dit Karn.

Sa jumelle se tourna et leva la main comme si elle voulait la frapper, puis la laissa retomber sur son côté. Elle prit une courte respiration puis dit :

– Nous nous conduisons comme des enfants à cause du conditionnement mathématique. Trop rapide. Ry Ornis nous a dit qu'on avait besoin de nous. Il a accéléré l'entraînement. Nous étions les meilleures, mais nous étions trop jeunes. Cela nous empêchait de progresser.

Un son ressemblant à un chœur bizarre d'une centaine de voix flotta sur la Terre de Ténèbres, au travers des champs de force qui protégeaient l'atmosphère de la Redoute. Le son du chœur montait et baissait régulièrement, hurlant d'une manière désespérée comme des singes dans un zoo.

– Ry Ornis pensait que la lésion inclinait les lignes de monde au-delà même de Thistledown, dit Karn. (Rasp acquiesça et prit la main de sa sœur.) Qu'elle remontait la ligne de monde de Thistledown... Où toutes nos vies se regroupent avec les vies de nos ancêtres. Nous utilisant comme une échelle.

– Pas seulement nous, ajouta Rasp.

Le chœur huant se faisait entendre tout autour de la Redoute. De ce côté de la pyramide, ils pouvaient voir un fin obélisque d'un aspect huileux et de la couleur de la lune qui émergeait d'un immense échafaudage fait de parties de corps, des jambes et des bras liés par des cordes. Ces membres étaient monstrueux mais ils faisaient plusieurs dizaines de mètres de long et l'obélisque s'était élevé depuis cet échafaudage à une hauteur d'au moins un kilomètre, deux fois plus haut que la Redoute.

La zone autour de la construction grouillait de corps pâles et longilignes, comme des larves d'insectes, et Olmy décida que c'étaient ces corps qui produisaient la plupart des chants et des cris.

– C'est vrai, confirma Karn. Pas nous seulement. En utilisant les ramifications de toute matière, toutes les particules de Thistledown et de la Voie.

– Qui sait jusqu'où il est allé ? demanda Rasp.

– Que peut-il faire ? demanda Olmy.

– Nous n'en savons rien, dit Karn.

– Que pouvons-nous faire ?

– Oh ! Nous pouvons sceller la lésion si nous agissons rapidement, dit Rasp avec un sourire amer. Cela ne devrait pas être trop difficile.

– En fait, elle rétrécit, dit Karn. Nous pouvons créer une porte annulaire d'ici... un cirque. Sangler la Voie. La Voie rétrécira depuis sa source, l'équipement de maintenance de la sixième chambre, très rapidement, à un million de kilomètres par jour. Nous pourrions peut-être même nous échapper le long de la faille, mais...

– La faille réagira bizarrement si nous faisons un étranglement, finit Rasp.

– Très bizarrement, confirma Karn. Nous ne regagnerons donc sans doute jamais Thistledown. Nous le savions. Ry Ornis nous y a préparés. Il nous a mis au courant.

– De plus, si nous rejoignions effectivement Thistledown, qui voudrait de nous dans l'état où nous sommes ? demanda Rasp. Nous sommes plutôt brisés de l'intérieur.

Les jumelles s'arrêtèrent sur le parapet. Olmy les regardait alors qu'elles se serraient les mains et commençaient à se fredonner quelque chose doucement. Leurs clavicules pendaient de leurs épaules et leurs étuis s'entrechoquaient tandis qu'elles se balançaient. Rasp jeta un œil à Olmy en se mordillant les lèvres.

– Enoch a parlé d'un plan du Bureau de la Maintenance de la Voie, dit Olmy. Elle prétend qu'elle a été envoyée ici secrètement.

– Nous ne savons rien de tout cela, dit Karn sincèrement. Mais ça ne veut pas dire grand-chose. Je ne pense pas qu'ils nous auraient fait confiance.

– Elle a également dit que le tout avait un but plus large dans notre univers, continua Olmy. Quelque chose qui devait être accompli ou notre existence serait impossible.

Karn pensa à cela calmement, le doigt posé sur sa narine, puis secoua la tête.

– Nous l'avons entendu mais je ne vois pas ce qu'elle voulait dire, dit-elle. Peut-être essaie-t-elle de se justifier.

– Nous faisons ça tout le temps, dit Rasp. Nous comprenons ce genre de choses.

Ils avaient atteint l'escalier inférieur qui menait au sommet et à l'observatoire. Karn grimpait les marches deux à deux, sa robe se balançait entre ses chevilles et Rasp la suivait avec plus de dignité. Olmy était resté près du bas de l'escalier. Rasp se tourna et le regarda en contrebas.

– Venez, dit-elle en agitant la main.

Olmy secoua la tête.

– J'en ai vu assez. Rien n'a de sens ici pour moi. Je pense que c'est du hasard... pas du non-sens.

– Pas du tout ! dit Rasp en descendant quelques marches et le suppliant de la suivre. Nous devons voir ce qui est arrivé aux clavicules des ouvreurs. Quelle sorte d'élaboration elles peuvent être. Cela pourrait être très important.

Olmy haussa les épaules, secoua la tête comme un taureau qui rassemble son courage. Il la suivit dans l'escalier.

L'observatoire était composé d'une lentille sphérique à demi focale, son mode de fonctionnement n'était pas très éloigné de celui des jumelles à faisceaux. Montée sur un tripode sur une plate-forme au sommet de la pyramide, la lentille projetait et agrandissait la Terre de Ténèbres pour quiconque se tenait sur la plate-forme. Si on s'approchait du tripode, cela augmentait le grandissement de façon logarithmique, d'une manière rapide et précise. Une distance de quelques centimètres pouvait agrandir un objet dans des proportions gigantesques. Des moniteurs placés à la périphérie, des petites sphères sur des pieds de métal, roulaient en avant et en arrière avec une lenteur gracieuse, suivant les développements de la Terre de Ténèbres et retransmettant les résultats à Enoch et aux autres à l'intérieur.

Olmy essayait d'éviter les moniteurs et marchait autour du cercle, lentement, avec une grande concentration. Karn et Rasp faisaient leurs propres relevés.

Olmy s'arrêta et recula pour voir l'œil immense du gardien. Les angles de ses sourcils nus, l'affaissement de la lèvre supérieure lui donnaient une expression de lassitude triste et cadavérique, mais l'œil bougeait toujours en décrivant de petits arcs de cercle. Depuis ce point de vue, il ne faisait pas de doute qu'il observait la Redoute. Olmy eut l'impression qu'il l'avait vu, qu'il le connaissait; avait-il déjà rencontré l'ouvreur avant sa mission sur Lamarckia, peut-être par accident ? Y avait-il un souvenir résiduel d'Olmy dans cette immense tête ? Olmy considéra qu'une telle relation pouvait être très dangereuse.

– La Terre de Ténèbres change toutes les heures, parfois de petits changements, parfois d'énormes, dit Enoch, marchant lentement et résolument dans l'escalier derrière eux. (Elle s'arrêta à l'extérieur du cercle de l'observatoire.) Il traque toute particule, il est patient.

– A-t-il peur de nous ? demanda Olmy.

– Pas de la peur. Nous n'avons même pas encore commencé à être manipulés.

– Ce que je vois là n'est pas élaboration, ce n'est que folie inutile.

– Je le pensais également, dit Enoch. Maintenant je vois un plan. Plus je reste ici et plus je sympathise avec le tout. Avez-vous compris ce que je vous ai dit plus tôt ? Il nous reconnaît, Ser Olmy. Il voit sa propre œuvre en nous, un cycle attendant d'être complété.

Rasp se tenait immobile à un endroit du cercle et fit signe à Karn de la rejoindre. Ensemble, elles regardaient quelque chose, complètement absorbées, ignorant Enoch.

Olmy, lui, ne pouvait pas l'ignorer, pourtant. Il devait résoudre cette question.

– Le Bureau de la Maintenance de la Voie vous a envoyée pour confirmer cela ?

– Pas d'une façon si explicite, mais... Oui. Nous savions que notre propre domaine, notre univers natal en dehors de la Voie aurait dû naître stérile, vide. Quelque chose l'a stimulé, l'a nourri avec les nutriments géométriques nécessaires. Certains d'entre nous pensent que cela n'est possible que si l'univers primaire est entré en relation avec un domaine aux propriétés très différentes. J'ai dit à Ry Ornis qu'une telle stimulation ne devait pas forcément arriver au début. On pouvait la faire maintenant. Nous avions la Voie... Nous pouvions réaliser l'accomplissement. Il y avait un tel sentiment de puissance et d'autojustification au sein de la Guilde. Je l'ai encouragé. La connexion a été faite... Et tout ça, la Terre de Ténèbres, n'est qu'un effet secondaire. L'ordre absolu s'écoule à travers la Voie, à travers Thistledown, à travers le temps jusqu'au commencement. Cela en valait-il la peine ? Avons-nous fait ce que nous avions prévu ? Je ne le saurais jamais de manière définitive, car nous ne pouvons pas revenir en arrière maintenant, et cesser d'être.

– Vous n'étiez pas sûre. Saviez-vous que ça pouvait être dangereux, que ça pouvait toucher la Voie, que ça pouvait nous être fatal si les jarts avaient l'avantage ?

Enoch le fixa pendant quelques secondes, ses yeux faisant l'aller retour entre ses lèvres, ses yeux et sa poitrine, comme si elle le mesurait.

– Oui, dit-elle. Je savais. Ry Ornis savait. Les autres non.

– Ils ont souffert pour ce que vous avez appris, dit Olmy.

Le regard d'Enoch se renforça et sa mâchoire se crispa.

– J'ai souffert également. J'ai très peu appris, Ser Olmy. Ce que j'ai appris se répète encore et encore et cela a encore plus à voir avec de l'arrogance que de la métaphysique.

– Nous en avons trouvé une ! cria Karn. Il y a une clavicule montée au sommet du château vert. Nous pouvons vous la montrer !

Olmy se tint là où Rasp lui indiqua. Il y avait un cube au sommet du large château, à moitié caché derrière une masse ressemblant à une gigantesque racine. Au sommet du cube un pilier noir, à peu près de la taille d'un homme, soutenait ce qui était sans aucun doute la sphère et les poignées d'une clavicule. La sphère était sombre, endormie; rien ne bougeait autour du pilier ni nulle part ailleurs sur le toit du château.

– Il n'y en a qu'une et elle semble inactive, dit Rasp. La lésion est indépendante.

Karn écarta les bras, agitant ses doigts. Un large sourire éclairait son visage.

– Nous pouvons faire un cirque !

– Nous ne pouvons pas le faire d'ici, dit Rasp. Nous devons aller là-bas.

Le visage d'Enoch se transforma en un masque rigide.

– Nous n'avons pas fini, dit-elle. Le travail n'est pas fait !

Olmy secoua la tête. Il avait pris sa décision.

– Quelle que soit la personne qui a commencé cela, et pour quelque raison que ce soit, cela doit s'arrêter maintenant. Le Nexus l'ordonne.

– Ils ne savent pas ! cria Enoch.

– Nous en savons assez, dit Olmy.

Rasp et Karn descendirent l'escalier en se tenant la main. Rasp tira la langue à la vieille femme.

Enoch rit et se frappa légèrement les cuisses.

– Ils n'ont que des enfants ! Ils n'y arriveront pas. Qu'ai-je à craindre d'apprentis refusés ?

L'atmosphère de la Terre de Ténèbres était faite d'une fine brume d'hydrogène fondamental mêlé à du dioxyde de carbone et à de petites traces d'oxygène provenant de l'enveloppe originelle qui entourait la porte. À une pression de sept cents millibars et une température juste au-dessus de zéro, ils pouvaient s'aventurer hors de la Redoute dans les combinaisons de travail pressurisées les plus basiques.

Enoch et le reste de ses gens, toujours changeants, ne les aideraient pas. Olmy préférait cela. Il marcha à travers les couloirs vides du rez-de-chaussée de la Redoute et trouva un petit véhicule motorisé qui avait autrefois servi à atteindre les jardins à l'extérieur de la Redoute – un jardin qui se trouvait maintenant au-delà de la démarcation.

Plass lui montra comment le véhicule découvert fonctionnait.

– Il a un pilote automatique et génère un champ de force autour du compartiment des passagers.

– Cela semble assez familier, dit Olmy.

Plass s'assit à côté d'Olmy et posa ses mains sur le guidon.

– Mon mari et moi avions l'habitude de cultiver notre parcelle ici... des fleurs, des herbes, des légumes. Nous avions conduit un de ces engins sur quelques centaines de mètres en dehors de la zone de travail, jusqu'à l'endroit où l'équipe d'approvisionnement avait étalé la terre venant de la première porte.

Olmy s'assit dans le véhicule. Celui-ci annonça qu'il allait se recharger en cas de besoin. Il ajouta avec une voix légère :

– Ce voyage durera-t-il plus de quelques heures ? Je peux m'arranger avec le chef de station pour...

– Non, dit Olmy. Pas besoin. (Il se tourna vers Plass.) Il est temps de mettre une combinaison.

Plass sortit de la voiture et glissa nerveusement ses mains le long de ses hanches.

– Je reste ici. Je ne peux pas me résigner à retourner là-bas.

– Je comprends.

– Je ne vois pas comment vous allez survivre.

– Ça a l'air plutôt risqué, admit Olmy.

– Pourquoi ne peuvent-elles pas ouvrir une porte annulaire d'ici ?

– Rasp et Karn disent qu'elles doivent être à moins de cinq cents mètres de la lésion. À peu près là où est l'autre clavicule maintenant.

– Savez-vous ce que faisait mon mari, professionnellement ? Avant que nous venions ici ?

– Non.

– Il était neurologue. Il était venu pour étudier les effets de notre expérience sur les chercheurs. Certains pensaient que nos esprits seraient améliorés par le contact avec le domaine ordonné. Ils étaient tous très optimistes. (Elle mit sa main sur l'épaule d'Olmy.) Nous avions espoir. Enoch croit encore ce qu'ils lui ont dit, n'est-ce pas ?

Olmy acquiesça.

– Puis-je faire une dernière requête ?

– Bien sûr, dit Plass.

– Enoch nous a promis qu'elle ouvrirait une voie à travers la démarcation pour nous laisser passer. Elle prétend que nous ne pouvons rien faire d'autre là-bas que nous faire prendre par le tout de toute façon...

Plass sourit.

– Je la surveillerai, je ferai en sorte que le champ soit ouvert assez longtemps pour vous laisser passer. La Guilde a été très intelligente de vous envoyer vous et les jumelles, vous savez.

– Pourquoi ?

– Vous êtes tous très trompeurs. Vous semblez tous être voués à l'échec.

Plass crispa son épaule.

Elle se retourna et partit alors que Rasp et Karn entraient dans la chambre de stockage. Les jumelles la regardèrent partir en silence. Elles portaient leurs clavicules et avaient déjà mis leurs combinaisons pressurisées qui s'étaient ajustées à leur petite corpulence d'une façon précise.

– Nous l'avons toujours mise mal à l'aise, dit Rasp. Je ne la blâme pas, d'une certaine façon.

Karn regarda Olmy avec ses yeux noirs et profonds.

– Vous n'avez pas rencontré votre fantôme, n'est-ce pas ?

– Non, dit Olmy.

– Nous non plus. Et c'est significatif. Nous n'allons pas atteindre le tout. Il ne nous aura jamais.

Olmy se rappela ce que Plass lui avait dit. Elle avait vu son propre fantôme...

7

Ils maudirent l'ouverture de la Voie et le changement de la mission de Thistledown. Ils assassinèrent Konrad Korzenowski, le créateur de la Voie. Pendant des siècles ils ont maintenu une opposition féroce, très secrète mais avec des relations avec les Naderites au pouvoir. Chaque année il n'y aurait que quatre ou cinq membres actifs de cette secte radicale, le reste d'entre eux semblait mener une vie normale; mais le lien était conservé. Tout cela parce que leur guide originel considérait la Voie comme une route directe vers une infinité d'enfers.

La vie de l'opposition, anonyme, année de voyage 475

Les trois se laissaient conduire par le minuscule véhicule motorisé sur une étendue stérile du sol de la Voie, une surface dont la couleur rappelait celle d'un cuivre terni, qui ne contenait aucune substance et ne provoquait aucun frottement. Ils maintenaient leur cap grâce à de petits jets d'air projetés des côtés de la voiture, jusqu'à ce qu'ils atteignent une île large et basse faite de matériaux vitreux, juste avant les marqueurs de frontières qui indiquaient qu'ils arrivaient à la démarcation.

Comme convenu, la puissance des lignes de traction faiblit et une ouverture apparut juste devant eux, un point sombre très net au milieu du champ d'énergie verdâtre. Cela soulagea Olmy quelque peu ; il avait douté qu'Enoch coopère ou que Plass pourrait l'y obliger. Le véhicule roula à travers le passage. Ils dépassèrent la ligne de défense. Derrière eux le champ se referma.

Le sol de la Voie était maintenant recouvert d'une terre sablonneuse. Le pilote automatique coupa les jets d'air et laissa le véhicule rouler sur une vingtaine de mètres encore.

Les combinaisons pressurisées devenaient déjà inconfortables ; elles étaient vieilles, et bien qu'elles fassent de leur mieux pour s'adapter, leur état de fonctionnement était plutôt médiocre. Pourtant elles pourraient durer plusieurs semaines, recyclant les gaz, les liquides et les molécules complexes, réhydratant le corps et fournissant un régime minimal grâce à des insertions artérielles.

Olmy doutait que les combinaisons soient nécessaires plus que quelques heures maintenant.

Les jumelles ignoraient leur inconfort et focalisaient leur attention sur la lésion. À l'extérieur de la pyramide, la lésion semblait emplir le ciel et dans quelques kilomètres elle serait juste au-dessus de leurs têtes. Depuis cet angle, les tourbillons des lignes de monde virevoltantes ressemblant à une chevelure avaient déjà un aspect brillant et réfléchissant comme les ondulations à la surface d'un lac par grand vent. Olmy les entendait siffler dans son crâne, à travers ses dents plus que ses oreilles.

La véritable nature de la Terre de Ténèbres se révélait petit à petit, tout d'abord par les plaques noires et sablonneuses sous les pneus du véhicule. Le panneau d'affichage d'Olmy, qui brillait juste devant son œil gauche, indiquait une diminution de la pression de quelques millibars au-delà de la démarcation. La température de l'air demeurait constante, juste au-dessus de zéro degré.

Ils tournèrent vers l'ouest, vers leur gauche puisqu'ils faisaient face au nord en descendant la Voie, et arrivèrent sur le chemin qu'Olmy avait vu depuis le sommet de la pyramide. Plass avait reconnu dans ce chemin la route utilisée par les véhicules qui transportaient les matériaux depuis la première porte ouverte par Enoch C'était aussi le chemin que Plass empruntait pour se rendre à son jardin, celui qu'elle avait pris avec son mari. En quelques minutes, à environ trois kilomètres de la Redoute, en dépassant la colline qui lui avait bloqué la vue, ils rencontrèrent les restes du jardin.

Le relief y était très faible mais la colline d'une cinquantaine de mètres avait suffi à cacher ce qui avait dû être les premières tentatives d'élaboration. Olmy n'était pas encore sûr de croire au tout mais ce qui était arrivé dans le jardin et dans le reste de la Terre de Ténèbres pouvait faire taire tous les doutes. Les arbres dans la partie ouest d'un verger à croissance rapide s'étaient répandus sur le sol et brillaient maintenant comme le corps de Numéro 2. Les quelques arbres encore debout clignotaient telles les images d'un vieux film de cinéma. Le reste du verger avait simplement été transformé en un amas de cendres incandescentes. Au centre s'élevait un monticule d'une couleur marron irrégulière parsemée de vert et de rouge, et au milieu de ce monticule, faisant face presque exactement au sud, ne regardant rien en particulier, il y avait un visage haut d'environ trois mètres, sa peau avait un aspect végétal, des craquelures couraient le long de son visage, de son front jusqu'à son menton. Le visage ne bougeait pas et ne montrait pas de signe de vie.

Des jets de poussière s'élevaient des cendres, à la manière de minuscules explosions qui s'échappaient de cette mixture de réalités. Les cendres se reformaient pour effacer le cratère nouvellement formé. Elles semblaient avoir leur propre but, ainsi que tous les autres éléments du jardin, excepté le visage.

Ruines et élaboration; une forme de vie s'éteignait, une autre l'absorbait.

– Trop tôt, dit Karn, regardant une étendue de feuilles sombres et brillantes sur leur droite qui étaient étirées, étendues et tressées pour former des nœuds indiscernables. Il ne savait pas à quoi il avait affaire.

– On dirait qu'il ne l'a jamais su, dit Olmy, réalisant qu'elle parlait comme si un manipulateur central existait réellement.

Rasp reprit sa sœur.

– Nous avons étudié des cas de portes qui avaient mal tourné. La géométrie est le tissu vivant de la réalité. Mélangez les constantes et vous obtenez un...

– Nous avons juré de ne pas parler des échecs, dit Karn avec force.

– Nous nous déplaçons à travers le pire échec qu'on ait jamais vu. Les constantes mêlées et les résultats métriques faussés expliquent tout cela.

Karn haussa les épaules. Olmy pensa que ça n'avait peut-être pas d'importance; peut-être Rasp, Karn et Plass n'étaient-ils pas en réel désaccord et décrivaient-ils pratiquement la même chose de façon différente. Ce qu'ils voyaient près d'eux n'était pas le fruit du hasard; cela avait une qualité folle, même vicieuse, qui indiquait un but.

Au-dessus des rangées d'arbres scintillants et des couches vivantes de cendres s'étirait un ciel mort et torturé. Depuis le chancre de noirceur hideux, avec son anneau obscur d'un rouge figé, pendaient des rideaux d'obscurité qui balayaient la Terre de Ténèbres comme la pluie d'un orage.

– Les cheveux de la mère, dit Karn en serrant sa clavicule très fort dans ses mains blanchâtres.

– Elle joue avec nous, dit Rasp. Se penchant au-dessus de nous, ondulant sa chevelure au-dessus de nous comme au-dessus d'un lit d'enfant. Si nous tendons la main pour l'attraper, elle se recule.

– Elle rit, dit Karn.

– Alors elle nous donne le...

Rasp n'eut pas le temps de finir. Le véhicule dévia brusquement en faisant un petit crissement pour éviter un gouffre qui n'était pas là une seconde plus tôt. Des formes jaillirent du gouffre, humaines mais fongiques, molles et sans traits particuliers. Elles semblaient être expulsées et grimpaient toutes de la même façon, elles se reposaient ensuite un instant sur le sol sablonneux strié de bandes noires, comme si elles se remettaient de leur naissance. Puis elles se dressaient sur des pieds informes, vacillaient et couraient très vite, avec une certaine grâce même, sur le sol irrégulier jusqu'aux arbres qu'elles commencèrent à déraciner.

Ses formes étaient les travailleurs qu'Olmy avait vus depuis la pyramide. Elles ne prêtèrent pas attention aux intrus. Le gouffre se ferma et Olmy ordonna à la voiture de continuer.

– Est-ce comme ça que nous finirons ? demanda Karn.

– Chacun de nous deviendra *beaucoup* d'entre eux, dit Rasp.

– C'est si réconfortant de le savoir ! dit Karn d'une manière sardonique.

Les ombres tournoyantes devant eux donnaient au sol un aspect brouillé et dément, comme une photographie floue. Seuls les points de repère principaux ne changeaient pas dans la tourmente de la révision métaphysique : le gardien avec son rayon pâle qui brillait toujours depuis son œil fixe ; le château avec son occupant géant caché ; et l'obélisque avec son échafaudage et ses hordes de silhouettes blanches qui travaillaient juste sous la lésion.

Olmy ordonna au véhicule de s'arrêter mais Rasp attrapa sa main.

– Plus loin, dit-elle. Nous ne pouvons rien faire ici.

Olmy fit une grimace et jeta sa tête en arrière, puis il fit une nouvelle grimace digne d'un singe primitif, montrant ses dents comme pour exprimer sa folie démesurée.

– Plus loin ! insista Karn.

La voiture roula de nouveau, sautant sur les sillons réguliers qu'une force avait fait jaillir du sable.

Encore plus fort que le grésillement constant des lignes de monde changeantes, se firent entendre d'autres sons comme une symphonie de grattoirs et de balais. Si une forêt qui brûle pouvait chanter sa peine, pensa Olmy, cela ressemblerait au gémissement toujours plus fort qui venait de la tour et du château. Les milliers de silhouettes blanches faisaient des milliers de sons différents, comme si elles essayaient de se parler mais n'y arrivaient pas. Un semblant de paroles, des chants qui ressemblaient à du petit-nègre, des tentatives de communiquer des émotions et des pensées qu'elles ne pouvaient pas avoir ; des protestations car elles se faisaient poignarder puis tirer puis balancer du haut de la tour sur le sol irrégulier telles des marionnettes dirigées par quelque chose qui imite un processus de construction.

Le corps d'Olmy lui avait communiqué jusqu'ici un sentiment de frayeur régulier. Il avait contrôlé ses émotions de son mieux mais ne les avait jamais ignorées ; cela aurait été insensé et dangereux car la peur lui rappelait qu'il venait d'un monde qui avait un sens, qui se tenait et était consistant, en un mot qui marchait.

Pourtant la peur n'était pas suffisante, elle ne pouvait être une réponse adéquate à ce qu'il voyait. C'était une menace au-delà de ce que le corps humain pouvait endurer. Il s'était autorisé à crier, mais il ne pouvait pas crier assez fort.

La mort que nous connaissons tous, se dit Olmy, est la fin de quelque chose de réel ; la mort ici serait pire qu'un cauchemar, pire que l'enfer qu'on souhaite à ses ennemis et aux hérétiques.

– Je sais, dit Karn, alors que ses mains s'agitaient sur sa clavicule.

– Que sais-tu ? demanda Rasp.

– Chaque mètre, chaque seconde, chaque dimension a sa propre raison ici, dit Karn. L'espace et le temps se disputent, se battent.

Rasp montra son désaccord violemment.

– Pas de raison, aucune raison du tout ! insista-t-elle avec une voix stridente.

La lumière elle-même commençait à vaciller et à changer alors qu'ils s'approchaient de la tour. Olmy pouvait voir les prochains événements avant qu'ils n'arrivent, comme des vagues sur une plage, se précipitant sur la terre, impatientes d'atteindre leur destination, alors que leurs observateurs, contre toute attente, avaient été perdus.

Ils entraient maintenant dans les frontières de l'ombre. Les révisions de leur environnement semblaient se faire à un rythme effréné. Pris directement dans une ombre, Olmy sentit une soudaine excitation. Il vit des flashs de couleur, perçut une variété très large d'émotions inconnues qui menaçaient d'anéantir sa peur. Il regarda à gauche, dans le sens inverse du balayage, anticipant chaque vague d'obscurité, se penchant vers elle. L'enthousiasme, suivi par une forte joie de vivre, soudainement, il eut un spasme de clairvoyance, alors que tout l'arrière de sa tête craquait, brillait et scintillait. Il pouvait voir au plus profond de son cerveau, jusqu'au fondement de toute pensée où les symboles sans sens apparent sont peints et alignés dans de longs tableaux puis extraits et bousculés pour devenir des émotions, des souvenirs et des mots.

– C'est comme quand on ouvre une porte ! cria Karn en voyant l'expression d'Olmy. Bien pis. Dangereux ! Très dangereux !

– Ne l'ignorez pas, ne le supprimez pas, lui dit Rasp. Focalisez seulement votre attention sur ce qui est en face de vous ! C'est ce qu'ils nous apprennent quand on ouvre une porte !

– Ce ne sont pas des portes ! cria Olmy plus fort que l'hideuse symphonie de balais.

Les têtes des sœurs se balançaient et vibraient alors qu'il parlait.

– Ce sont des portes ! dit Rasp. Des petites portes dans des mondes directement adjacents. Elles essaient d'échapper à la réalité environnante, de se séparer mais la lésion les rassemble, les maintient. Elles filent derrière nous, le long de nos lignes de monde.

– Jusqu'au commencement ! dit Karn.

– Jusqu'à notre naissance ! dit Rasp.

– Ici ! dit Karn, et Olmy arrêta la voiture.

Les deux assistantes, qui n'étaient guère plus que des petites filles, avec leurs visages pâles, leurs yeux larges et leurs expressions sérieuses, descendirent de la cabine et marchèrent résolument à travers le sable ridé, façonné par la pression d'autres courants de réalité. Leurs vêtements changèrent de couleur, leur chevelure changea, même leur peau changea mais elles marchèrent jusqu'à ce que les clavicules semblent se lever toutes seules.

Rasp et Karn se firent face.

Olmy se dit, avec ce qu'il lui restait d'esprit, qu'elles allaient maintenant essayer de faire un cirque, une porte annulaire, qui ferait se rencontrer tout cela avec la faille. Au sein de la faille, les contradictions les plus incommensurables étaient en paix, elle était pure et purifiante. Dans la faille cette folie serait réduite à néant, à des paradoxes qui s'annuleraient et s'effaceraient.

Il ne pensait pas qu'ils auraient le temps de s'échapper, même si le rétrécissement de la Voie n'était pas instantané.

Il se tint debout sur le siège de la voiture pendant un moment, regardant les jumelles, les admirant. *Enoch les sous-estime. Comme je l'ai fait. C'est ce que Ry Ornis voulait, c'est pourquoi il les a choisies.*

Il arrondit ses épaules : quelque chose arrivait. Avant qu'il ne puisse s'accroupir ou sauter sur le côté, Olmy fut pris entre deux plis d'ombre, comme un insecte attrapé en vol, et fut soulevé de la voiture. Il tordit son cou et regarda en arrière pour voir une image brouillée de la voiture, des jumelles levant leurs clavicules, du sable rayé et ondulé. La voiture semblait vibrer, les traces de ses pneus ondulaient derrière elle tels des serpents ; et pendant un long moment, les jumelles et la voiture ne furent plus visibles du tout, comme si elles ne l'avaient jamais été.

Les pensées d'Olmy se bousculèrent et son corps hurla de joie. Chaque nerf frissonnait, et tous ses souvenirs lui revinrent en des vagues aiguës, avec différentes images de lui qui les voyaient à la fois. Il ne pouvait distinguer le présent ni le futur ; ce n'était que des parties de différents souvenirs. Son point de référence s'était brouillé là où sa vie n'était qu'un champ morne, et dans ce champ nageait une myriade de possibilités. Que se passerait-il, que s'était-il passé, les moments qu'il n'avait pas choisis et ceux qu'il n'avait pas vécus mais qui pouvaient arriver étaient devenus indissociables.

Ce brouillage de sa ligne de vie remonta en arrière. Il sentit qu'il pouvait se faufiler entre les destins, entre ce qui était fixé, et le défaire, libérer son passé pour qu'il puisse tout devenir, qu'il ait tous les potentiels une fois de plus. Mais la diffusion, la souillure et le mélange de sa ligne de vie rencontrèrent le moment de sa résurrection, la brusque mutation sur Lamarckia...

Elle ne pouvait aller plus loin. Damné soit le courant de sa vie déversé dans toutes les directions. Il cria de surprise et à cause d'une douleur qu'il n'avait jamais ressentie auparavant.

Olmy était suspendu au-dessous de l'œil noir, tournant lentement, toutes les choses autour de lui étaient agrandies ou rétrécies selon son angle de vue. La douleur passa. Peut-être n'exista-t-elle jamais. Il avait l'impression que sa tête était devenue une lentille minuscule qui pouvait tout voir.

Il y avait un passé dans lequel Ry Ornis accompagnait les jumelles ; il les voyait travailler ensemble près d'un véhicule très différent, un tracteur plutôt qu'une voiture, en train de faire un cirque. Ils avaient déjà forcé la Voie à expulser un puits à travers le sable. Une coupole d'airain lisse flottait au-dessus du puits, reflétant la Voie et la lésion avec des nuances dorées.

Olmy tourna la tête de quelques millimètres et vit les jumelles à nouveau, mais mortes cette fois, étendues, mutilées à côté de la voiture, leurs clavicules s'embrasant et brûlant. Un autre degré ou deux et elles étaient ressuscitées, toujours en train de travailler. Ry Ornis était avec elles à nouveau.

Un souvenir : Ry Ornis avait voyagé avec eux dans le vaisseau-faille. Comment avait-il pu oublier cela ?

Olmy tourna à nouveau et se retrouva dans une dimension nouvelle et non familière, et il sentit que la Voie et sa vie avaient simplement cessé d'exister. Devant cette éventualité sombre, silencieuse, il se tourna avec un mouvement de torsion violent et amer et trouva un chemin très étroit à travers les ombres qui l'étreignaient, un chemin illuminé par des émotions à demi oubliées qu'il avait cueillies comme des fleurs, arrangées comme un discours silencieux.

Il avait été emmené à l'autre bout de la lésion et faisait face au nord, vers l'étendue infinie de la Voie.

Les crocs de la mâchoire de la lésion qui l'agrippaient, les cils oppressants qui le balançaient entre les lignes de monde, l'amenèrent au-dessus d'une surface complexe au travers de laquelle il pouvait voir une profonde vallée de montagnes avec un sol lisse et vitreux comme de l'obsidienne.

Le verre noir reflétait la lésion et la faille derrière elle dans laquelle filaient des couches de brume. Les cils qui contrôlaient l'orientation d'Olmy le firent descendre à quelques mètres au-dessus du sol noir et vitreux.

Le mouvement s'arrêta. Ses pensées ralentirent. Il ne sentit plus qu'un seul corps, une seule existence. Toutes ses lignes suivaient à nouveau un seul flux.

Il essaya de fermer les yeux, de ne pas voir, mais c'était impossible. Il regarda vers le bas et vit son reflet sur le sol brillant et réfléchissant de la vallée, un petit homme immobile sous l'œil cerclé de rouge, tel un parasite.

De chaque côté de la vallée s'alignaient des sommets de verre, des lignes de montagnes qui ressemblaient à des rubans de caramel. À quelques centaines de mètres devant lui, ou peut-être quelques kilomètres, posé au milieu de la vallée, il reconnut quelque chose : un poste défensif jart, blanc comme l'ivoire, parsemé à sa circonférence de pics comme les épines d'un oursin. Les cils d'ombres jouaient autour des pics, mais les pics ne les suivaient pas, ne bougeaient pas.

L'endroit était désert.

Olmy mit ses mains devant son visage. Il pouvait les voir, voir au travers de la même façon. Rien n'était obscurci, rien n'échappait à sa nouvelle vision.

Il essaya de parler, ou peut-être de prier la chose qui le tenait, qui guidait ses mouvements. Il demanda d'abord s'il y avait quelque chose qui l'écoutait. Pas de réponse.

Il se souvint du commentaire de Plass à propos du tout : qu'il était unique dans son domaine, qu'il n'avait jamais appris l'art de communiquer, qu'il était « un » sans « autre » et contrôlait tout en « étant tout ». Pas de séparation entre esprit et matière, observé et observateur. Un tel être ne pouvait ni écouter ni répondre. Il ne pouvait pas changer non plus.

Il pensa aux émotions alignées le long du chemin qui l'avait guidé ici. La douleur, la déception, la peur. La lassitude. Le tout avait-il appris ce mode de communication de son expérience dans la Voie ? Avait-il assez disséqué et réorganisé les éléments humains pour changer leur nature à ce point ?

Pourquoi la douleur ? demanda Olmy, ses mots étaient énoncés mais ne s'entendaient pas dans ce silence.

Il se déplaça vers le nord, vers le centre de la vallée au-dessus de la fortification jart abandonnée. Son reflet trembla dans le miroir noir et irrégulier que formait le sol. Il regarda à l'est et à l'ouest, le long des longues courbes de la Voie au-delà des rangées de montagnes, et vit d'autres constructions jarts, les murs en colimaçon, perlés, de ce qui ressemblait à des campements jarts, tous abandonnés, tous parsemés de formes larges et déformées qu'il ne pouvait pas commencer à comprendre.

Olmy pensa : *Il a fait une Terre de Ténèbres pour les jarts. Il ne connaît pas la différence entre nous.*

Alors qu'il s'habituait à l'extraordinaire pression des cils d'ombres qui l'agrippaient, son corps lui envoya une fois de plus des signes de peur, puis un simple étonnement, comme celui d'un enfant, et finalement son propre épuisement. La tête d'Olmy roula sur ses épaules et il sentit son corps dormir, mais son esprit restait éveillé. Tous ses muscles frémirent alors qu'ils s'éteignaient et ne répondaient plus à ses ordres.

Combien de temps s'était écoulé, s'il était possible au temps de s'écouler, il ne pouvait pas en juger. Le frémissement s'arrêta et il reprit le contrôle. Il leva la tête et vit une vallée différente, cette fois d'immenses personnages y étaient alignés. Si l'échelle qu'il avait observée au début de son voyage était toujours valable, ces sculptures monolithiques, ou formes, ou êtres, quels qu'ils soient, étaient séparés de deux ou trois kilomètres, et faisaient donc plusieurs centaines de mètres de haut. Ils étaient si étranges qu'il se surprit à les regarder de côté pour éviter de les placer au centre de son champ de vision. Alors que leur forme était vaguement organique, composée de courbes, de plis qui auraient pu être les plis d'une sorte de tissu qui tombait par gravité, d'une sorte de symétrie multilatérale, les personnages refusaient simplement d'être analysés.

La perception visuelle d'Olmy lui avait déjà fait défaut, il pouvait par exemple voir quelque chose dans ses quartiers et ne pas s'en souvenir immédiatement, étant incapable de définir ce que c'était. Quand cela arrivait, il pouvait sentir son esprit faire des hypothèses, essayant désespérément de les comparer avec ce qu'il avait en face des yeux, pour atteindre une conclusion valable et pour voir effectivement l'objet. Cela lui était arrivé de nombreuses fois sur Lamarckia, particulièrement avec les objets spécifiques à cette planète.

Ici, il n'avait pas de première expérience, pas de souvenirs, pas d'accoutumance physique ou familiarité avec ce qu'il voyait, il ne voyait donc rien qui eût un sens, qui pût être nommé, qui pût lui servir de repère. Lentement, il apparut à Olmy que ces choses pouvaient être d'autres trophées qu'avait dû conserver le tout lors de sa rencontre avec les jarts.

Devant ses yeux défilait une galerie des horreurs, faite de modèles ratés, d'essais ratés de duplication et de compréhension, comme la galerie d'objets qui constituait la Terre de Ténèbres autour de la Redoute.

Les humains étaient venus du sud, les jarts du nord. Le tout avait appliqué les mêmes outils étranges sur les deux, soit pour les unifier, ou pour trouver une autre façon de comprendre leur altérité. Tous deux avaient été étrangers au tout d'une manière incompréhensible.

Douleur. Une des émotions empruntées à l'esprit d'Olmy et utilisées sur le chemin. Un sentiment de désunion, de changement non désiré. Le tout avait été perturbé par cette intrusion; il n'y avait pas de mal, pas de destruction enthousiaste dans la Terre de Ténèbres. Olmy vit soudain qu'Enoch avait essayé de communiquer avec lui, et avait dépassé son propre entendement.

Un monobloc d'ordre absolu avait été envahi par un domaine dont les personnages principaux manquaient d'unité et étaient pleins de contradictions. Cela avait dû être très douloureux. Et cette qualité d'ordre était tirée en arrière dans leur domaine, comme un gaz aspiré par un sas.

Enoch et la Guilde des Ouvreurs de Portes avaient eux-mêmes provoqué ce désastre. Ils avaient projeté dans cet autre domaine un univers prédateur qui cherchait à s'étendre, qui cherchait un accomplissement depuis ses origines.

Mais cette hypothèse ne permit pas à Olmy de comprendre ou de communiquer pour autant. Olmy n'était pas soudainement en train d'analyser les déchaînements d'un autre esprit, celui d'un dieu ou d'autre chose; il ne pouvait en aucune manière comprendre que le tout fût un esprit. Ce n'était qu'un éventail de qualités pures et nécessaires. Il l'agrippait, le contrôlait, mais ne pouvait littéralement rien faire de lui. Comme tout ici, il ne pouvait ni l'analyser ni l'absorber. Il ne pouvait même pas remonter le long de sa ligne de monde puisque l'existence d'Olmy avait recommencé avec son nouveau corps, avec sa résurrection.

C'était pour cela qu'il n'avait pas rencontré de fantôme de lui-même. Physiquement, il n'avait pas de passé. Le tout, s'il existait vraiment, l'avait projeté dans cette vallée de déchets et d'échecs, un détritus de plus, encore plus déconcertant que les autres.

Il se tortilla, son corps luttant pour se libérer comme un animal dans une cage. Malgré ses efforts la panique le submergea. Olmy ne pouvait pas trouver de points de repère; son ego n'était même pas clairement défini.

Tout se brouilla, devint confus, comme s'il avait été recouvert de peinture par une énorme main et qu'aucun contour ne subsistât. *Je ne suis nulle part, maintenant ici, sans nom, bougeant, sans futur.*

Il se tortilla, se convulsa, essayant de trouver le centre de lui-même. Les silhouettes sur les côtés des lignes de montagnes semblaient être intéressées par ses efforts. Il pouvait sentir leur attention et ne l'appréciait pas. Il espérait qu'elles bougeraient, doucement pourtant, s'avanceraient vers lui au travers du temps astronomique.

Si cette dispute entre l'ordre et le chaos pouvait se redéfinir, peut-être que ces monolithes incompréhensibles, ces dieux non vénérés et ces imitations non réalisées pourraient établir également leur présence.

La panique s'arrêta. Les signaux s'arrêtèrent.

Il s'était arrêté. Cette condition minimale qu'il avait tant espérée était enfin devant lui. Il ne se souciait ni du passé ni du futur, n'avait rien gagné, rien perdu.

Je suis ou j'étais un membre d'une société qui n'appartenait à aucune autre

Ce nom était Olmy Ap Sennen

Amant de beaucoup d'aimées et aimé de peu

Le contact n'est rien sans

Il n'y a rien sans contact

Arbre déraciné

Les bords enflammés de la lésion commencèrent à s'éclaircir. La silhouette suspendue sans but dans les cils de probabilités conservait assez de cohérence et d'énergie pour s'intéresser à cela, et remarqua que, comparé à ses souvenirs, la lésion était plus petite, plus sombre et que ses bordures enflammées étaient beaucoup plus larges. Elle ressemblait à une immense éclipse solaire avec son anneau de diamant sanglant.

Les loyautés et les amours déracinées

Ses paroles elles-mêmes faiblirent jusqu'à ce que la silhouette ne voie plus que des images, l'abondance d'un autre monde hors d'atteinte, fermé, les visages de vieux humains, autrefois aimés, leur présence rassurante, maintenant morts et sans fantômes.

Ne peut même pas être hanté par un passé déraciné

Les mouvements de la silhouette le long de la vallée ralentirent. Le temps ne passait pas. L'éternité, maintenant sans fin. Nu, pelé, écorché, désossé. Consumé, intégré.

Il ressent le calme.

Écrivez cela dans une colonne sans fin : *il ressent*

Il ressent le calme
Le calme
Le calme

Pas de divisions. Un endroit minuscule, pas plus grand qu'un poing, une matrice. Un endroit minuscule de paix infinie au cœur d'une géométrie figée. Toute élaboration, variation, permutation, depuis épuisées ; un accès infini à une énergie sans limites de l'unité.

Vous/Moi/Nous pas de différence. Vous voyez ?

Voir. Vidya. Voyant tout. L'œil de Bouddha. Le kalpa infini d'un corps. La vanité courageuse.

Cette unité consumée. De nombreux maintenant, la paix passée.

En paix dans le passé. Des femmes aimées, des enfants élevés vécurent une longue vie sur un monde où on ne peut retourner.

Rien en paix dans aucun passé tout complété sans retour.

L'unité rend le tout possible.

Je vois. Bouddha, ne laisse pas ton disciple enchaîné.

L'œil rétrécit, se ferme, sa magnifique brillance sanglante s'estompant. Il est transpercé par une aiguille blanche, visible derrière son petit centre sombre.

Petit, grand, pas de matière, pas de temps.
Ne pars pas, prends-nous avec toi
Je suis ton père/ta mère/ta nourriture
L'amour fait vivant n'attendant pas de retour
Mon propre fantôme

8

Ry Ornis, le grand maître au corps d'insecte, lui sourit. Olmy vit le maître ouvreur en de nombreux exemplaires, comme l'avatar d'un dieu oublié. Les différents maîtres se confondirent.

Ils étaient abrités sous une tente de verre et une petite brise lui rafraîchissait le visage. Ry Ornis l'avait entouré d'un champ de secours à l'endroit où il était tombé, lui apportant l'air tiède et sain que sa combinaison ne pouvait plus lui apporter.

Olmy redécouvrit des souvenirs épars et s'y plongea. Il avala sa salive. L'œil, la lésion avaient été fermés pour toujours.

– C'en est fini, dit-il.

Ry Ornis acquiesça.

– C'est fini.

– Je ne pourrai jamais en parler à personne, réalisa Olmy à voix haute.

– Vous ne pourrez jamais en parler à personne.

– Nous avons volé et mangé pour vivre. Pour naître.

Ry Ornis posa ses doigts sur sa bouche, son visage était d'un teint spectral à cause de la nouvelle lumière qui venait du sud. Un immense ruban de lumière, comme une gigantesque grimace, s'étendait au-dessus de la moitié de la Voie, d'une lumière électrique magnifique.

– La porte annulaire. Un cirque, dit l'ouvreur de portes, en regardant par-dessus son épaule. Rasp et Karn, mes étudiantes, ont très bien travaillé. Nous avons fait ce que nous étions venus faire et nous avons également sauvé la Voie. Pas mal, hein ! Ser Olmy ?

Olmy tendit les mains pour agripper l'ouvreur de portes, peut-être pour l'étrangler. Mais Ry Ornis avait bougé.

Olmy se détourna, avala une deuxième fois sa salive pour humidifier sa gorge très sèche. Il n'y avait pas eu besoin de finir la porte annulaire. Le cirque incomplet avait rempli son office et avait drainé les restes gâchés de la lésion, provoquant sa fermeture.

Le cirque rétrécissait alors qu'ils le regardaient. La grimace devint un sourire, une courbe sereine et omnisciente, puis elle s'écroula en un point et le point s'estompa dans les dunes de sable ondulé.

– Je pense que les jumelles sont un peu déçues de ne pas avoir pu finir le cirque. Mais c'est merveilleux, s'enthousiasma Ry Ornis en faisant un petit pas de danse sur le sol de la vallée d'un noir d'obsidienne. Ce sont de vrais maîtres maintenant ! Quand je serai jugé et condamné, elles prendront ma place !

La Voie était toujours là. Il pencha sa tête sur le côté et ferma ses yeux avec sa main.

Plass, Enoch, le tout.

Plass avait vu son propre fantôme. D'est en ouest, les montagnes en ruine et leurs statues étaient encore là, rejetées, délaissées. Ce n'était pas un rêve, une hallucination.

On s'était servi de lui une fois de plus. Ça n'avait pas d'importance. Pendant un instant infini, comme tout maître ouvreur, et même un peu plus, il avait fusionné avec l'œil du Bouddha.

9

Le Grand Nexus de l'Hexamone n'approuve pas les expériences dangereuses qui ne peuvent être enregistrées ou expliquées. Combien de personnes ont été trompées, Maître Ry Ornis ?

– Toutes, moi inclus.

– Oui, vous soutenez que cela était nécessaire ?

– Tout l'était. De la plus grande nécessité.

– Cela sera-t-il un jour de nouveau nécessaire ? Répondez honnêtement ; la confiance que nous avions en vous est plus qu'usée !

– Jamais plus.

– Comment expliquez-vous qu'un univers, un domaine, doive se nourrir d'un autre univers afin de naître ?

– Je ne l'explique pas. Nous y étions obligés. C'est tout ce que je sais.

– Cela aurait-il pu mal se passer ?

– Bien sûr. De cette façon, par notre maladresse et notre ignorance, nous avons condamné tous nos ancêtres à vivre avec des apparitions inexplicables, des fantômes du passé et du futur. Une sorte de deuxième naissance.

– *Vous souriez, Maître Ry Ornis. Cela est intolérable!*

– *C'est tout ce que je peux faire, Ser.*

...

– *Quelle peine choisissez-vous pour votre désobéissance et votre arrogance, Maître Ry Ornis?*

– *Ser du Nexus. Je le jure. Je vais rendre ma clavicule dès maintenant et ne connaîtrai plus jamais la grâce.*

Phase de Condamnation des Audiences Secrètes Sous l'Autorité du Grand Nexus de l'Hexamone: «De l'opportunité d'ouvrir des portes entre le chaos et l'ordre.»

Marchant à travers les légères forêts du Wald dans l'Axe Nader reconstruit, se rapprochant des arbres pour pousser ou attraper des racines et des branches, volant et grimpant à la fois dans sa rivière de souvenirs, Olmy Ap Sennen retourna à Lamarckia, où il était déjà mort de vieillesse et retrouva un paquet qu'il y avait laissé, emballé dans de minces feuilles de papier. Ses épouses et ses enfants le lui avaient gardé et maintenant ils le lui rendaient. Il y avait beaucoup de sourires et de rires, puis les derniers adieux, en terminant par ses fils qu'il avait laissés comme les occupants d'une autre terre, une autre vie.

Alors qu'ils disparaissaient de son esprit, il ouvrit le paquet qu'ils lui avaient donné et avala avidement son contenu.

Son âme.

Traduit de l'américain par Gregory DUCHESNES

Dans la même collection

David Ambrose
Superstition

Ayerdhal
Parleur

Ayerdhal / Jean-Claude Dunyach
Étoiles mourantes

Stephen Baxter
Voyage-1 / Voyage-2

Pierre Bordage
Les fables de l'Humpur

Arthur C. Clarke / Mike McQuay
10 sur l'échelle de Richter

Jeffrey Ford
Physiognomy

Christopher Fowler
Psychoville

Neil Gaiman
Neverwhere

Colin Greenland
Les chemins de l'espace

K. W. Jeter
Blade Runner 2

Serge Lehman
Aucune étoile aussi lointaine

Jean-Marc Ligny présente
Cosmic erotica

Paul J. McAuley
Féerie

Vonda N. McIntyre
La Lune et le Roi-Soleil

Robert J. Sawyer
Mutations

Cet ouvrage a été composé par
Photocomposition Assistance à Rezé
et imprimé par Bussière Camedan Imprimeries
à Saint-Amand-Montrond
pour le compte des Éditions J'ai lu
84, rue de Grenelle, 75007 Paris
Diffusion France et étranger : Flammarion

Achevé d'imprimer en mai 2000

Dépôt légal : mai 2000
N° d'édition : 6033. N° d'impression : 002166/4.

Imprimé en France